U0575031

"互联网+"生鲜农产品供应链的运营与合作

但　斌　张旭梅　刘墨林　田　宇◎著

本书是国家社会科学基金重大项目
"推进'互联网+'生鲜农产品供应链渠道发展研究"（15ZDB169）的最终研究成果

科 学 出 版 社
北　京

内 容 简 介

本书通过对“互联网+”生鲜农产品供应链中存在的运营问题进行建模分析，提出能够有效提升生鲜农产品流通效率与强化供应链成员合作关系的策略机制，主要包括“互联网+”生鲜农产品供应链的合作模式选择、多渠道运营、保鲜努力与增值服务等策略，考虑供应商或第三方物流保鲜的生鲜农产品供应链需求信息共享策略，以及“互联网+”生鲜农产品批发市场渠道的政府干预机制、生鲜农产品供应链零售渠道考虑主体差异的政府激励策略等内容。

本书内容系统全面，结构合理，紧密结合企业实际，反映了“互联网+”生鲜农产品供应链的最新研究成果，对从事生鲜农产品供应链研究和实践的企业领导、管理人员、技术人员，科研机构的研究人员，高等院校的教师和学生都有重要的参考价值。

图书在版编目（CIP）数据

“互联网+”生鲜农产品供应链的运营与合作 / 但斌等著. —北京：科学出版社，2025.3

ISBN 978-7-03-077600-6

Ⅰ. ①互… Ⅱ. ①但… Ⅲ. ①互联网络－关系－农产品－供应链管理－研究－中国 Ⅳ. ①F724.72-39

中国国家版本馆 CIP 数据核字（2024）第 015303 号

责任编辑：李 嘉 / 责任校对：张亚丹
责任印制：张 伟 / 封面设计：有道设计

科 学 出 版 社 出版
北京东黄城根北街 16 号
邮政编码：100717
http://www.sciencep.com
北京中科印刷有限公司印刷
科学出版社发行 各地新华书店经销
*
2025 年 3 月第 一 版 开本：720 × 1000 1/16
2025 年 3 月第一次印刷 印张：20 1/2
字数：410 000

定价：246.00 元

（如有印装质量问题，我社负责调换）

前　言

我国作为一个农业大国，“三农”问题是涉及国民素质、经济发展和社会稳定的重要问题。生鲜农产品作为居民最主要的食品来源，在人们日常生活中扮演着至关重要的角色。当前，生鲜农产品市场面临着流通受阻、冷链成本高等严峻考验，生鲜农产品供应链整体效率较为低下。随着电子商务的持续发展，结合电子商务创新生鲜农产品流通方式、提高供应链效率，已成为我国解决“三农”问题的重要抓手。2019 年的中央一号文件就强调“深入推进‘互联网＋农业’”；同年 12 月，农业农村部、国家发展和改革委员会（简称国家发展改革委）等多部门联合印发《关于实施“互联网+”农产品出村进城工程的指导意见》。2020 年《政府工作报告》指出“全面推进‘互联网+’，打造数字经济新优势”“健全农产品流通体系”“支持农产品深加工”[①]。2021 年，商务部、中央网络安全和信息化委员会办公室、国家发展和改革委员会三部门联合发布的《“十四五”电子商务发展规划》明确提出“‘互联网+’农产品出村进城工程”“优化提升农产品供应链、产业链现代化水平”。2022 年与 2023 年的中央一号文件也都有持续强调实施“互联网+”农产品出村进城工程。“互联网+”行动计划持续推动着传统生鲜农产品供应链发生变革，是促进生鲜农产品高效流通的重要举措。由于生鲜农产品供应链相关企业在实际运营中面临着更多变的环境、更复杂的挑战，企业如何借助“互联网+”开展生鲜农产品供应链优化运营与合作也成为整个生鲜农产品市场亟须解决的重要问题。

生鲜农产品通常具有易腐性、保质期短以及消费者新鲜度偏好等特征，其“从田间到餐桌”整个流通过程涉及生产商、供应商、销售商、零售商与物流服务商等多个供应链主体的参与。由于生鲜农产品的特殊性质，其供应链管理相对复杂且有难度，一般产品供应链管理的研究方法和实践经验难以直接借鉴和应用。因此，结合生鲜农产品的产品特性，研究生鲜农产品供应链的运营与合作问题可以更聚焦地为生鲜农产品供应链相关企业提供理论支撑和现实指导。近年来部分学者开始针对生鲜农产品供应链的相关问题展开研究，已有研究主要针对传统线下生鲜农产品供应链，对供应链的定价、库存与协调等问题进行了分析，相关文献

① 《政府工作报告——2020 年 5 月 22 日在第十三届全国人民代表大会第三次会议上》，https://www.gov.cn/zhuanti/2020lhzfgzbg/，2023 年 7 月 1 日。

多数是在信息对称情境下开展的。随着“互联网+”电子商务的发展，生鲜农产品供应链相关企业面临的市场环境与合作模式更加多变且复杂。因此，有必要结合“互联网+”电子商务的影响研究生鲜农产品供应链的运营与合作问题，以期为供应链企业在保鲜与服务资源投资、提高供应链效率、促进信息共享合作等方面提供更多理论依据和实践指导。

本书以生鲜农产品供应链为研究对象，结合“互联网+”对生鲜农产品供应链的运营与合作进行建模和量化分析，提出能够有效改善生鲜农产品供应链效率、促进供应链成员合作的策略机制。本书共分为 8 章，主要研究内容如下。

第 1 章主要介绍“互联网+”生鲜农产品供应链的运营与合作的研究背景，对本书涉及的生鲜农产品供应链相关问题的研究状况进行了综述和分析，给出本书的主要研究内容。

第 2 章针对生鲜电商与线下零售店合作解决生鲜农产品“最后一公里”配送难题、生鲜电商与生鲜供应商合作线上销售生鲜农产品这两种情形，构建了生鲜电商平台与零售店/生鲜供应商在批发与代理模式下的多阶段博弈模型，研究生鲜农产品供应链企业的合作模式选择问题。

第 3 章针对生鲜供应商线上销售生鲜农产品时可能会引入竞争产品或建立直销渠道的情形，分别研究不对称信息下生鲜供应商的产品入侵策略和渠道入侵策略，在此基础上，分析生鲜电商平台的信息共享策略，并讨论产品入侵和信息共享策略，以及渠道入侵和信息共享策略的交互影响。

第 4 章针对“互联网+”生鲜农产品供应链中的保鲜努力与增值服务的策略问题，分别从对称信息、不对称信息视角出发研究生鲜农产品供应链的协调契约、信息共享策略与激励机制，进一步分析激励契约实施对生鲜农产品供应链的保鲜努力与增值服务策略的影响。

第 5 章针对不确定市场需求环境下供应商提供保鲜努力的生鲜农产品供应链，提出考虑供应商保鲜的生鲜农产品供应链信息共享问题，分别在单个供应商提供保鲜服务和多个竞争性供应商提供保鲜服务两种情景下分析信息共享对生鲜农产品供应链各成员决策的影响，并设计相应的信息共享激励契约对生鲜农产品供应链绩效进行改善。

第 6 章结合第三方物流（third-party logistics，3PL）保鲜努力对生鲜农产品新鲜度的影响，研究上游成员间可能存在信息传递的生鲜销售商的需求信息共享问题，设计激励契约对信息共享策略进行改进，在此基础上，考虑供应商可以采用区块链技术对生鲜农产品进行防伪处理，研究 3PL 保鲜下生鲜农产品供应商的区块链采用策略和销售商的需求信息共享策略，并探讨两种策略之间的相互影响。

第 7 章针对由生鲜农产品产出不确定性造成的供给缺损和价格波动问题，研究生鲜批发市场的交易费补贴政策，并探究交易费补贴政策的公益性表现及其带来的福利影响，在此基础上，进一步针对突发事件造成的供给剧烈波动和价格激增问题研究生鲜批发市场的应急储备制度，并讨论应急储备制度下应对生鲜农产品供应链供给风险的双源供应策略。

第 8 章针对生鲜供应商冷链投入补贴问题进行研究，设计激励契约改善补贴策略的不足，对生鲜销售商的采购补贴与销售补贴策略进行对比分析，对生鲜供应商、销售商和消费者实施同一补贴策略进行差异分析，从补贴策略的有效性及提高财政补贴支出效率的视角积极探究可行的最优补贴方案。

本书的特色和创新之处体现在以下四个方面。

（1）结合保鲜努力与增值服务等重要因素研究生鲜电商供应链的协调与信息共享激励。

目前国内外学者围绕生鲜农产品供应链的最优决策与协调问题主要是针对传统线下供应链。有关生鲜电商供应链的研究刚起步，且缺乏将保鲜努力与增值服务等重要因素结合起来的生鲜电商供应链的建模研究。此外，现有关于生鲜农产品供应链的文献多数关注信息对称下的供应链运作问题，较少关注信息不对称下生鲜农产品供应链中的信息共享问题。随着“互联网+”推动生鲜电子商务的发展，产品保鲜和增值服务成为影响消费者线上购买决策的重要因素，此外不确定的市场环境对消费者需求也会产生重要影响。因此，结合保鲜资源与服务资源投资决策研究生鲜电商供应链的协调与信息共享问题，有助于提高生鲜农产品供应链绩效，降低信息不对称带来的不利影响。

（2）结合信息不对称的影响研究生鲜农产品供应链的线上销售合作模式选择问题。

已有关于合作模式选择的文献大多针对的是一般产品供应链，并且主要是在信息对称情形下分析合作模式选择对定价策略的影响。由于生鲜农产品的易腐特性，生鲜农产品供应链通常还涉及保鲜资源投入的问题，保鲜资源投入不仅受到不同合作模式的影响，在不确定市场环境下还与信息共享策略密切相关。然而，不同合作模式下利益分配方式的差异导致生鲜电商的信息共享动机存在差异，则生鲜供应商在选择合作模式时需考虑其选择对信息共享策略的影响，这使得生鲜农产品供应链中的合作模式选择问题与一般产品供应链相比更加复杂。因此，研究生鲜农产品供应链中考虑供应商保鲜行为的合作模式选择与信息共享策略，有助于在不确定市场环境下为不同类别生鲜供应商的合作模式选择，以及如何促进信息共享合作提供实践指导。

（3）结合 3PL 保鲜与区块链的影响研究生鲜农产品供应链的信息共享与区块链实施策略。

生鲜农产品供应链运营管理中涉及 3PL 提供保鲜的相关文献主要侧重于信息对称的情形，现实中由于供应链主体与消费端的距离大不相同，各主体对需求信息的掌握程度也不同。目前缺乏不对称信息下存在 3PL 参与保鲜的生鲜农产品供应链的运营决策与信息共享研究。此外，随着区块链技术的成熟与应用，越来越多生鲜农产品供应链企业采用区块链技术对生鲜农产品进行溯源，目前还缺乏不对称信息下生鲜农产品供应链中的区块链实施策略研究。为丰富不对称信息下 3PL 参与保鲜的生鲜农产品供应链的理论研究，有必要分析 3PL 提供保鲜下生鲜农产品供应链的需求信息共享策略与区块链实施策略。

（4）从社会效益和经济效益两个方面考察政府干预对生鲜农产品批发市场的影响。

已有关于生鲜农产品供应链的文献主要聚焦于零售端，研究由供应商和零售商组成的供应链的运营管理和决策行为，然而，在我国，农产品批发市场仍然是生鲜农产品的主要流通渠道。批发市场对生鲜农产品保供稳价至关重要，为此政府制定了大量的政策规定。目前少有文献开展有关批发市场运营管理决策和政府干预绩效的研究，且已有文献重点关注政府政策带来的社会效益。不同于已有文献只关注政府政策带来的社会效益，本书从保障供给、稳定价格，以及盈利性影响等方面衡量政府干预效果，探究合适的政府政策以引导生鲜农产品市场实现社会公益性和经济盈利性的双赢局面。

通过上述研究，可以得到“互联网+”生鲜农产品供应链的优化运营与合作策略，进一步丰富生鲜农产品供应链运营与合作的相关理论研究。同时，本书的研究结论能够为生鲜农产品供应链相关企业的优化运营、渠道合作、信息共享激励、改善供应链绩效等方面提供更多的理论借鉴和实践指导。

本书第 1 章由但斌、张旭梅撰写，第 2 章由但斌、田宇、张旭梅撰写，第 3 章由但斌、刘墨林、田宇撰写，第 4 章由但斌、刘墨林、掌曙光撰写；第 5 章由但斌、陈振江、马崧萱撰写，第 6 章由但斌、马崧萱、刘墨林撰写，第 7 章由但斌、雷婷、张旭梅撰写，第 8 章由张旭梅、朱江华、但斌撰写。全书由但斌、张旭梅统稿。

本书的有关研究工作得到国家社会科学基金重大项目“推进‘互联网+’生鲜农产品供应链渠道发展研究”（15ZDB169）的资助；本书的编写和出版得到科学出版社的大力支持和重庆大学经济与工商管理学院的资助，在此表示衷心感谢。

此外，本书在写作过程中参考了大量文献，已尽可能地列在书后的参考文献中，但其中仍难免有遗漏；特别是一些资料经过反复引用已难以查实原始出处，这里特向被漏列文献的作者表示歉意，并向所有的作者表示诚挚的谢意。

由于时间仓促及作者水平有限，本书不足之处在所难免，敬望读者批评指正。

作　者

2023 年 7 月

目　录

第1章 “互联网+”生鲜农产品供应链的运营与合作概述

1.1 引　　言

我国作为一个农业大国，“三农”问题是涉及国民素质、经济发展和社会稳定的重要问题。为此，2004～2024年的中央一号文件连续21次锁定“三农”。而生鲜农产品（主要包括蔬菜、水果、畜禽肉、蛋、水产品、奶制品等）作为居民最主要的食品来源，在人们日常生活中扮演着至关重要的角色。生鲜农产品的销售与流通渠道（供应链渠道）衔接着供需两侧，而当前生鲜农产品市场不健全、流通受阻、冷链成本高等，会导致生鲜农产品供需失衡。为了缓解这种局面，如何建立高效、畅通的生鲜农产品流通渠道，推进产—供—销—消的生鲜农产品供应链管理模式是十分重要的。

最近二十多年来，随着供应链研究的快速发展以及对公众健康、食品安全与质量等问题的重视，农产品供应链逐渐成为农业与供应链交叉的重要研究领域（Ahumada and Villalobos，2009）。其中，非易腐农产品（如谷物、豆类和茶叶等）以及防腐后的农产品由于保质期长、没有新鲜度要求以及在保质期内基本不变质等特性，其供应链管理相对容易，一般产品（非易腐产品）供应链管理的研究方法和实践经验往往可以借鉴和应用（Ahumada and Villalobos，2009）。然而，生鲜农产品是一类特殊的农产品，具有易腐性、保质期短以及消费者新鲜度偏好等特征。而生鲜农产品供应链可以定义为涉及生鲜农产品“从田间到餐桌”整个过程的核心组织构成的网络，这些核心组织包括生产商、供应商、销售商、零售商（传统零售商、生鲜电商等）与物流服务商等。由于生鲜农产品的典型特征，其供应链管理相对复杂且有难度，一般产品（非易腐产品）供应链管理的研究方法和实践经验难以直接借鉴和应用（但斌等，2012）。

伴随着电子商务的持续发展，结合电子商务创新（生鲜）农产品流通方式已成为我国解决“三农”问题的重要抓手。2015年中央一号文件强调“创新农产品流通方式”“支持电商、物流、商贸、金融等企业参与涉农电子商务平台建设”。2015年《农业部关于做好2015年农产品加工业重点工作的通知》中提及“发展直销直供、电子商务、移动互联网营销、第三方电子交易平台等新型流通业态”①。此外，李克强总理在 2015 年的《政府工作报告》中提出“制定‘互联网+’行动计划”②，标志着“互联网+”作为新的经济形态已上升为国家战略。同年 7 月，《国务院关于积极推进“互联网+”行动的指导意见》和《国务院办公厅关于加快转变农业发展方式的意见》均强调要开展“互联网+”现代农业。2019 年中央一号文件再一次强调“深入推进‘互联网+农业’”；2020 年《政府工作报告》指出“继续出台支持政策，全面推进‘互联网+’，打造数字经济新优势”“健全农产品流通体系”“支持农产品深加工”③。这都表明“互联网+”行动计划持续推动着传统生鲜农产品供应链渠道发生变革。

很明显，目前国内自上而下都在为生鲜农产品电子商务的发展创造良好环境，生鲜农产品交易与流通的互联网化已成为行业热点。近年来，生鲜农产品线上销售持续快速地增长。据艾瑞咨询统计，在 2018 年、2019 年和 2020 年生鲜农产品电子商务市场交易规模分别达到 2045 亿元、2796 亿元和 4585 亿元④

在此背景下，生鲜农产品企业在供应链实际运营中面临更多变的环境、更复杂的挑战，如何借助“互联网+”开展生鲜农产品供应链优化运营与合作研究具有重要意义。

总的来说，生鲜农产品供应链的相关研究时间较短，尚不够系统和深入，需要新的供应链管理方法研究和实践探索。因此，本书以生鲜农产品供应链为对象，剖析“互联网+”生鲜农产品供应链运营与合作的研究状况。作为本书的开篇和基础，本章主要介绍生鲜农产品供应链运营与合作的国内外相关研究状况与进展。

1.2　生鲜农产品供应链运营与合作的研究综述

生鲜农产品供应链运营与合作一直是国内外研究的热点。根据生鲜农产品供应链中研究内容的不同，结合本书的研究主题“互联网+”生鲜农产品供应链优化运营与合作策略，下面将从生鲜农产品供应链的定价、订货与协调策略，渠道竞争与合作模式策略，保鲜与服务策略，供应链中信息共享合作，以及政府政策等方面来进行研究综述。

---

①《农业部关于做好 2015 年农产品加工业重点工作的通知》，http://www.moa.gov.cn/nybgb/2015/er/201711/t20171129_5922898.htm，2023 年 7 月 1 日。

②《政府工作报告（全文）》，https://www.gov.cn/guowuyuan/2015-03/16/content_2835101.htm，2023 年 7 月 1 日。

③《政府工作报告——2020 年 5 月 22 日在第十三届全国人民代表大会第三次会议上》，https://www.gov.cn/zhuanti/2020lhzfgzbg/index.htm?jump=false，2023 年 7 月 1 日。

④《2021 年中国生鲜电商行业研究报告》，http://report.iresearch.cn/report/202105/3776.shtml，2023 年 7 月 1 日。

1.2.1 生鲜农产品供应链定价、订货与协调策略的研究

当前，生鲜农产品供应链管理问题已经得到了较为广泛的研究，且主要针对传统的线下供应链，已有一些学者对生鲜农产品供应链相关研究进行了综述（Borodin et al.，2016；Janssen et al.，2016；Soto-Silva et al.，2016）。此外，现有研究主要涉及生鲜农产品供应链的订货、定价与协调等问题。

1. 生鲜农产品供应链定价策略的研究

生鲜农产品作为消费者日常必需品，消费者在购买时往往会受到价格的影响。因此，一些学者针对生鲜农产品供应链的定价策略问题展开了研究。例如，王磊和但斌（2014）考虑生鲜农产品易变质的特征，构建了受价格与新鲜度影响的消费者时变选择模型，考察了零售商的最优产品定价与保鲜投入策略；杨磊等（2017）考虑零售商投入的努力水平对需求有正向影响，将生鲜农产品销售周期划分为折扣前与折扣后，分析了零售商的最优定价（折扣前后的产品定价）与供应商的最优批发价格；Chen 等（2019）研究了易腐食品供应链的最优定价策略，对比分析了单一定价、两阶段定价策略下的均衡，得到最优定价策略选择的条件，并指出产品变质率通常是零售商选择定价策略的重要因素；徐兵和邱芳（2021）将生鲜农产品销售周期划分为正常销售期与折扣销售期，考虑需求受到产品价格与新鲜度的影响，研究了生鲜农产品两个阶段的定价问题。

由于生鲜农产品的易腐性特征，其质量或价值会随着时间推移而衰减，固定不变的定价形式或许不再合适，一些企业可能会采取动态定价的形式。因此，一些学者研究了生鲜农产品动态定价问题。例如，Wang 和 Li（2012）考虑追踪技术可以动态识别易变质产品的质量特征，构建了基于质量评估的动态定价机制；李琳和范体军（2015）考虑生鲜农产品价值随时间推移而衰减，分别在固定定价、动态定价以及设定降价时点的定价这三种定价形式下，构建了单周期零售商的决策模型，考察相应的最优定价策略；王宪杰等（2016）引入了价格转折点，采用一种具有变质始点的三参数生存/危险 Weibull（威布尔）分布函数来拟合生鲜品的变质率，从而考察最优定价的表达式，并分析了价格敏感度和价格转折点改变的影响；Chen 等（2018）考虑了易腐产品质量随时间推移而衰减，对比分析了无菜单成本的动态定价、有菜单成本的动态定价、一次性调整的动态定价、固定定价这四种定价策略，并重点考察了菜单成本对易腐产品动态定价的影响。

此外，企业在实践运营中可能会同时考虑生鲜农产品的定价与订货问题，进而部分学者关注到了生鲜农产品定价与订货的联合决策问题。例如，Ferguson 和 Koenigsberg（2007）引入了旧新产品之间的质量竞争，研究了企业的最优生产与

定价决策，并分析了竞争强度对最优决策的影响；Qin 等（2014）考虑了生鲜农产品的质量与数量同时随时间推移而衰减，研究了供应链的联合定价和库存控制问题；唐跃武等（2018）考虑生鲜农产品价值随时间降低，引入消费者策略性行为，研究了单阶段与两阶段下生鲜农产品的定价与库存问题；Li 和 Teng（2018）假定产品新鲜度与保质期关联，考虑需求会受到销售价格、参考价格、产品新鲜度与展示库存的影响，考察了零售商的最优定价与订货策略；Otrodi 等（2019）针对分销商在多个市场销售同一产品并为顾客提供不同信用期的情形，考虑了时间与温度影响易腐产品的变质速率，而市场需求率依赖于销售价格、信用期限等，以最大化总产量与最小化总库存为目标研究了分销商的联合定价与订货问题；Zheng 等（2019）针对由一个供应商与多个零售商组成的生鲜农产品供应链，对比分析独立采购与联合采购两种形式，在数量折扣契约下研究了供应商的最优定价与零售商的最优采购策略，并考察了产品变质率对供应链成员利润的影响；李贵萍等（2021）考虑零售商通过保鲜技术投资来降低产品质量降低速率，考虑受实时质量、销售价格与最低质量限制影响的需求，研究了最优的生鲜产品订货、定价与保鲜投入策略；Fan 等（2020）提出了一种能够匹配实时新鲜度的多批次生鲜农产品动态定价策略，还在考虑前一批次生鲜农产品新鲜度与库存情况下考察了生鲜农产品的补货策略，并提出了四种启发式补货策略来获取近似最优解。

2. 生鲜农产品供应链订货策略的研究

生鲜农产品属于易腐产品，在供应链流通中可能会发生损耗与变质，进而会给生鲜农产品企业带来损失。基于以上考虑，企业需要思考如何制定合理的订货策略。当前，已有较多学者研究了生鲜农产品供应链的订货问题，主要从考虑缺货、存在库存限制、考虑延期支付、考虑损耗或保鲜影响这四个视角开展研究。

在考虑缺货的生鲜农产品供应链订货方面，Abad（2008）针对允许零售商部分缺货的情形，考虑变质率与缺货成本等的影响，研究了允许部分缺货情形下零售商的最优订货策略；Dye 和 Hsieh（2012）引入了保鲜技术的影响，进一步考察了允许部分缺货情形下企业的最优订货与保鲜投入问题；Muriana（2016）考虑了允许生鲜易腐品缺货情形下的缺货成本和舍弃成本，研究了企业的最优库存管理策略；苏雪玲和马中华（2016）针对零售商被要求向供应商提前支付的场景，考虑允许缺货且缺货数量部分拖后交付，研究了在时间、价格与变质率影响下零售商的最优库存问题；曹裕等（2019）则讨论了不存在缺货、存在缺货情形下易腐品的库存与订货问题，发现一定程度的缺货有助于削减总成本；Yu 等（2020）考虑易腐产品需求与销售价格、库存水平相关，在允许缺货情形下考察了两种碳排放规则下易腐品的最优订货与保鲜投资问题。

在存在库存限制的生鲜农产品供应链订货方面，Ishii 和 Nose（1996）从高、低优先级视角将消费者划分为两类，并依据生命周期差异将易腐产品也划分为两类，基于不同类别产品进行不同初始定价，在考虑两类产品都存在库存限制下研究了零售商的最优订货策略；Chung 和 Huang（2007）考虑双仓储库存管理模式，在有限库存容量与允许延迟支付下研究了零售商的最优订货问题；孙玉玲等（2013）针对损失规避型的鲜活农产品零售商，在库存能力约束下考察了零售商的最优订货策略，并分析了库存约束、损失规避程度等对订货策略的影响；靖富营和潘杨（2018）考虑仓储能力约束，结合缺货影响研究了两种易逝品的联合动态采购策略。

在考虑延期支付的生鲜农产品供应链订货方面，一些学者考虑部分延期支付的情形，Sarker 等（2000）针对供应商允许零售商部分延期支付的场景，研究了零售商的最优易腐品订货策略；贾涛等（2013）考虑供应商允许零售商延期支付的同时，零售商也允许下游客户部分延期支付，进而依据零售商的成本构成研究了易腐产品订货问题；Tiwari 等（2020）考虑允许部分延期支付与允许缺货的情形，以总库存成本最小化为目标，考察了零售商的最优订货和库存策略。还有一些学者考虑了全额延期支付的情形，耿凯平等（2009）将易腐产品的质量衰减状态划分为两个阶段，在允许零售商全额延期支付下，研究了零售商两阶段的库存决策问题；崔玲等（2016）考虑易腐产品需求会受到零售商库存量与延期支付期限的影响，在供应商与零售商均提供延期支付下研究了企业的库存问题；Jaggi 等（2019）考虑零售商从供应商处获取延期支付好处，分别在集中式决策、Stackelberg（斯塔克尔伯格）决策与 Nash（纳什）决策下讨论了供应链的最优库存与融资决策。

在考虑损耗或保鲜影响的生鲜农产品供应链订货方面，陈军等（2009）针对生鲜农产品的流通损耗问题，建立了基于新鲜度的变质库存模型，研究了零售商提供多级价格折扣下的生鲜农产品订货问题；Hsu 等（2010）考虑零售商会投入保鲜技术来降低产品变质速率，研究了零售商的最优订货决策；Piramuthu 和 Zhou（2013）考虑需求会受到新鲜度与货架空间的影响，研究了易腐产品的库存管理问题；张伟和周根贵（2015）在考虑供应商一次供货与两次供货下研究了生鲜农产品供应链的订货问题，发现二次供货使供应商与零售商共同承担了产品损耗带来的风险；Banerjee 和 Agrawal（2017）考虑易腐产品新鲜度在一定时间后才会随时间推移而衰减，考虑前期需求仅受价格影响、后期需求受价格与新鲜度影响，研究了零售商的最优折扣与订货策略；龚媛媛和肖勇波（2019）针对生鲜农产品一次采购、多周期销售的场景，考虑生鲜农产品新鲜度随时间推移而衰减并影响市场需求，采用动态规划研究了销售商的多周期动态库存管理与初期订货问题。

3. 生鲜农产品供应链协调策略的研究

生鲜农产品作为一类特殊农产品，企业在供应链实际运营中实现生鲜农产品的高效流通往往是有难度的。因此，生鲜农产品供应链上下游企业需要协同合作以促进生鲜农产品的高效流通，进而有部分学者对生鲜农产品供应链的协调问题进行了研究。

一些学者考虑了生鲜农产品损耗或新鲜度（质量、价值）对生鲜农产品供应链的影响。例如，但斌和陈军（2008）、陈军和但斌（2009）分别从考虑价值损耗与实体损耗两个视角，研究了损耗控制下的生鲜农产品供应链协调问题；针对由一个生产商、一个分销商与一个零售商组成的鲜活农产品三级供应链，林略等（2010，2011）在无时间约束、时间约束两种情形下考虑了对产品新鲜度与损耗的影响，提出相应的收益共享契约以有效实现三级供应链协调；Cai 等（2013）考虑了新鲜度对生鲜农产品定价和订货决策的影响，针对三级供应链中存在的供应链失调问题，设计了两种契约进行协调；Zhang 等（2015）针对供应商与零售商共同投入保鲜技术以减少生鲜农产品变质的场景，考虑需求会受到可控变质率与价格的影响，在此基础上探讨了易腐产品供应链的协调问题；Wang 和 Chen（2017）考虑在不确定需求下零售商通过批发价格与看涨期权组合契约从供应商处购买生鲜农产品，考虑生鲜农产品在流通中存在数量损耗，研究了零售商的最优订货策略与供应商的最优定价策略，并指出通过调整该组合契约能够实现供应链协调；Yan 等（2020）考虑生鲜农产品销售过程发生两次降价，并划分出对应不同产品新鲜度指数的三个销售时期，在构建不同时期策略性消费者的效用函数下，对比分散式与集中式决策，研究了基于批发价格与收益共享契约的生鲜农产品供应链协调问题。

此外，还有一些学者考虑了生鲜农产品远距离运输的问题。例如，肖勇波等（2008）考虑生鲜农产品在远距离运输中存在变质风险，考察了在集中式与分散式决策下供应链的最优发货量与最优定价，并设计了成本分担机制来促进供应链协调；Xiao 和 Chen（2012）考虑生产商将生鲜农产品从生产地运送至远距离的零售市场，设计生产商与零售商之间存在拉式（零售商先下订单、生产商再决定运输数量）与推式（生产商先运输产品至零售市场，零售商再采购）两种商业模式，研究了生鲜农产品供应链的最优决策，并提出了在两种商业模式下实现供应链成员帕累托改进的策略；张炎治等（2018）针对 3PL 提供商将供应商产出的生鲜农产品运输至零售商处进行销售的场景，考虑产品新鲜度受到产出与运输时间的影响，研究了基于转移支付价格出清契约与物流服务价格出清契约的供应链协调问题；Sebatjane 和 Adetunji（2020）针对易腐产品经由农民、加工商、零售商组成的三级供应链流通至消费者的场景，考虑需求率会受到销售价格与新鲜度指数的影响，考察了在分散式与集中式决策下的定价、补货与运输决策，并提出利润分享契约以促使供应链成员参与集中式决策。

当前涉及生鲜农产品供应链协调的相关文献多数是在信息对称下开展的，还有部分学者考虑了供应链中信息不对称的影响。例如，但斌等（2013）针对信息不对称下销地批发市场主导的生鲜农产品供应链，对比分析批发商完全隐瞒、部分隐瞒与共享采购价格信息的情形，提出了一种由批发市场运营商主导的供应链协调策略；吴忠和等（2015）、Yang 等（2016）都将零售商成本作为私有信息，在考虑损耗与新鲜度的影响下，研究了如何协调供应链以应对突发事件的问题；杨亚等（2016）考虑供应链上下游企业之间存在新鲜度信息不对称情况，研究了生产商可能隐瞒真实新鲜度信息下的供应链协调问题，提出的回购契约能够实现供应链协调以及保证信息共享；Hou 和 Liu（2017）针对生鲜农产品批发市场中的生鲜供应商与销售商之间关于产品新鲜度信息不对称问题，通过分析各供应商的产品新鲜度分布区间，研究了销售商的最优订货策略，设计了一种能够实现该供应链协调的契约机制；Ma 等（2019）针对由一个生鲜农产品供应商、销售商与第三方物流服务提供商（third party logistics service providers，TPLSP）组成的供应链，考虑销售商与 TPLSP 相较于供应商具有需求信息优势，分析了在分散式决策下销售商具有夸大市场需求的动机、TPLSP 具有隐藏真实信息的行为，设计了契约促进零售商公布实际需求并实现供应链协调，并且可以抑制信息不对称下销售商与 TPLSP 的相应行为。

1.2.2 生鲜农产品供应链渠道竞争与合作模式策略的研究

随着电子商务的发展，部分学者从供应链视角出发，开始关注电子商务环境下生鲜农产品供应链的运营情况，现有研究主要涉及生鲜农产品供应链的渠道竞争、合作模式策略等问题。

1. 生鲜农产品供应链渠道竞争策略的研究

有关生鲜农产品供应链渠道竞争策略的研究主要涉及供应链最优策略、供应链协调两个方面的问题。在从渠道竞争视角讨论生鲜农产品供应链最优策略方面，岳柳青等（2016）针对零售商主导的生鲜双渠道供应链，考虑生产商与零售商合作实施保鲜投入，研究了批发价契约与收益共享契约下供应链的最优决策；唐润等（2018）针对农业合作社通过超市与电商渠道销售生鲜农产品的双渠道供应链结构，考虑生鲜农产品随时间变化发生质量损失，考察了农业合作社与超市的市场出清策略；Yang 和 Tang（2019）考虑了消费者渠道偏好和零售商保鲜投入，研究了生鲜供应商和零售商对零售模式、双渠道模式以及 O2O（online to offline，线上线下商务）模式三种合作策略的偏好，分析了不同合作策略下供应链的定价和保鲜决策；He 等（2019）针对一个线下实体店与一个基于线上预售的零售店在线上线下渠道进行竞争的场景，考虑线下实体店可采取渗透定价策略与撇脂定价策略，研究了在线上线下渠道的生鲜农产品定价均衡问题；Zhang 和 Ma（2020）针对生鲜电商的线上渠道和供应商的线下渠道，分析了生鲜电商在不同退货模式（退货退款和换购产品）下的最优均衡策略，并讨论了线上线下渠道进行合作保鲜的影响。

此外，在从渠道竞争视角讨论生鲜农产品供应链协调策略方面，唐润和彭洋洋（2018）针对一个由供应商与零售商组成的生鲜食品供应链，考虑时间与温度影响生鲜食品的质量，研究了基于收益共享、成本共担与批发价格折扣组合契约的供应链协调机制；范林榜等（2019）考虑生鲜农产品双渠道需求会受到市场规模、价格与新鲜度的影响，分析了在集中式与分散式决策下的均衡结果，并提出收益共享契约以协调供应链；范辰等（2022）针对一个供应商与一个零售商组成的生鲜双渠道供应链，考虑供应商与零售商之间的三种渠道合作情形（双渠道、线上下单线下配送、线上线下一体化运营），研究了不同情形下供应链的定价与协调策略；曹晓宁等（2021）针对供应商提供保鲜的生鲜农产品双渠道供应链，从渠道合作和利润最大化的角度出发，设计两部定价契约、批发价协调契约和由成本分担与补偿策略构成的混合协调契约以实现供应链协调；张晓和安世阳（2021）考虑供应链中供应商与零售商以保鲜成本分担契约对生鲜农产品实施共同保鲜，引入零售商的公平关切行为，研究了基于收益共享契约的生鲜品双渠道供应链的协调问题。

2. 生鲜农产品供应链合作模式策略的研究

有关合作模式选择的文献较多，但较少有针对生鲜农产品供应链合作模式策略的研究，仅有 Yang 和 Tang（2019）针对生鲜农产品供应链的合作模式策略展开了研究。Yang 和 Tang（2019）针对一个供应商和零售商组成的供应链，比较了不同合作模式对保鲜投入、供应链绩效及消费者剩余的影响。该文献的合作模式更多地关注渠道结构的变化给供应链带来的影响。

此外，关于转销和代理模式选择的文献大多针对的是一般产品供应链（Hagiu and Wright，2015；Abhishek et al.，2016；Geng et al.，2018；Tian et al.，2018；He et al.，2019；Liu et al.，2020）。其中，有部分学者在研究中考虑了合作模式选择与其他策略的交互。例如，Abhishek 等（2016）针对一个拥有传统零售渠道的制造商与两个电商平台合作开辟线上渠道的情形，考虑线上渠道的销售价格对传统渠道需求具有溢出效应，分析了电商平台关于批发或代理模式的选择问题；Geng 等（2018）的研究考察了线下零售商的附加产品销售策略与平台的分销合同选择（代理还是转销）之间的相互影响；Tian 等（2018）研究了在两个供应商和一个线上平台组成的供应链中，竞争程度及履单成本对线上平台关于佣金、批发或混合模式选择的影响；孙书省等（2019）考虑了在由单个制造商、零售商和电商平台组成的双渠道供应链中，制造商在不同线下渠道的权力结构下应如何选择线上渠道的佣金或批发模式，并讨论了制造商的模式选择对价格决策的影响；Liu 等（2020）考虑平台可采取数据驱动营销（data-driven marketing，DDM）帮助供应商掌握消费者偏好，探讨了市场规模与 DDM 如何影响平台的合作模式选择；Qin 等（2020）考虑配送服务可由平台或供应商完成，讨论了不同合作模式与物流配送方式对供应链成员及最优决策的影响。随着电商行业的竞争日渐激烈，为吸引更多供应商入驻平台，平台逐渐将合作模式的选择权过渡给供应商，因此近些年来也有一些学者针对供应商选择合作模式的情形展开了研究。例如，Ye 等（2018）讨论了一个具有产能约束的酒店在传统渠道销售客房的基础上，是否应该通过 OTA（online travel agency，在线旅行社）销售以及通过何种销售模式进行在线销售的问题；Chen 等（2020）考虑一个制造商通过两阶段销售有限数量的产品，在第二阶段需决策与代理还是与转销类型的电商合作，或者与两者都合作，探讨了不同合作模式对制造商促销策略的影响。

上述文献均是在信息对称的背景下展开的研究，且主要关注非生鲜产品类别的供应链合作模式选择问题。目前，仅有少部分学者研究了不对称信息下的合作模式选择问题。例如，Zhang S C 和 Zhang J X（2020）在供应商可能会进行线下入侵的背景下，研究了电子零售商的合作模式选择及信息共享策略。该文献聚焦于合作模式和信息共享策略的变化对供应商入侵策略的影响。

1.2.3 生鲜农产品供应链中保鲜与服务策略的研究

生鲜农产品作为一类特殊的农产品，易腐性、新鲜度是生鲜农产品的典型特征。在生鲜农产品供应链的相关研究中，很多学者都会引入生鲜农产品质量（新鲜度）的影响。一些学者侧重关注生鲜农产品质量（新鲜度）随时间衰减的现象，进而引入时变需求或者变质率等的影响（Qin et al.，2014；Li and Teng，2018；Zheng et al.，2019；张云丰等，2020；华连连等，2021；Fan et al.，2020）。例如，Qin 等（2014）考虑生鲜质量与数量随时间变化衰减，研究了生鲜农产品供应链的联合定价和库存问题；Li 和 Teng（2018）考虑需求主要受新鲜度、价格和库存水平的影响，表明零售商仅通过价格调整难以实现长期盈利，零售商需要在保鲜技术上投入更多资金以提高产品新鲜度，通过增加需求来增加利润；Fan 等（2020）提出了一种能够匹配实时新鲜度的多批次生鲜农产品动态定价策略，以及基于上一批次生鲜新鲜度与库存水平的生鲜农产品补货策略。

还有一些学者侧重关注企业在实际运营中会进行生鲜农产品保鲜，进而引入保鲜努力这一重要因素的影响。例如，Cai 等（2010）考虑生鲜农产品的质量与数量均会受到分销商投入保鲜努力的影响，进而探讨了生鲜农产品供应链的协调策略；Zheng 等（2017）考虑新鲜度作为影响消费者购买的重要因素，在设定零售商提供保鲜努力下研究了供应链的协调问题，并设计了“收益共享 + 保鲜成本分担”契约来实现供应链协调；Wang 和 Zhao（2021）针对生鲜供应商投入保鲜努力以降低生鲜农产品新鲜度损耗的情形，研究了生鲜供应商和销售商的保鲜合作策略；熊峰等（2019）针对由合作社与核心企业组成的两级生鲜农产品供应链，考虑合作社与核心企业都会投入保鲜努力，考察了消费者偏好、合作社公平偏好与核心企业收益共享比例对供应链成员保鲜努力投入的影响；Liu 等（2021a）则同时考虑供应商保鲜努力水平和零售商广告努力水平对生鲜农产品市场需求的影响，分析了生鲜供应商在动态环境下的最优保鲜努力，并设计了一个线性奖励机制以激励供应商维持最优动态保鲜努力水平。

还有一些学者将 TPLSP 引入供应链，考虑 TPLSP 投入的物流服务或保鲜努力会影响生鲜农产品的新鲜度。例如，Wu 等（2015）针对由 TPLSP 提供保鲜配送的情形，探讨单位价格费用能否激励 TPLSP 提高保鲜努力，研究发现单位价格费用会造成供应链失调，因此设计了收益共享契约进行协调；冯颖等（2015，2018）针对由供应商、TPLSP 与零售商组成的供应链，考虑 TPLSP 提供的物流服务水平会影响产品新鲜度，分别研究了在供应商主导或零售商主导下供应链的协调与契约设计问题；Yu 和 Xiao（2017）考虑 3PL 服务水平对生鲜农产品数量损耗和质量损耗的影响，考察了在供应商主导和 3PL 主导下的生鲜农产品供应链定价和服务水平最优决策；马雪丽等（2018）针对农户将生鲜农产品存放在 TPLSP 而零售商到 TPLSP 多次采购的场景，考虑 TPLSP 提供的保鲜努力会同时影响产品数量与质量，研究了基于收益共享与成本分担的协调契约；Ma 等（2020）引入碳交易机制，考虑三级冷链供应链中 TPLSP 会投入保鲜努力，分析了碳排放配额的影响以及提出了实现供应链协调的激励机制；Yu 等（2020）则针对一个生鲜供应商和两个相互竞争的生鲜销售商组成的生鲜农产品供应链，考虑 TPLSP 对生鲜农产品进行保鲜，研究了生鲜销售商和供应商的定价决策以及 TPLSP 的保鲜努力决策；叶俊等（2023）考虑 3PL 的冷链物流服务价格内生或外生的情形，研究了不同跨境贸易模式下生鲜农产品供应链的定价与保鲜努力最优决策，并分析了供应链的跨境贸易模式选择。

此外，随着生鲜消费者需求的更新与升级，一些企业在销售生鲜农产品的同时还会提供增值服务，进而有部分学者在研究中逐渐关注到增值服务对生鲜农产品销售的影响。例如，Chamhuri 和 Batt（2013）从实证角度探讨了消费者购买生鲜农产品时的零售商选择行为，研究指出零售商应该提供优质服务以提升消费者忠诚度；张应语等（2015）在针对生鲜农产品 O2O 模式下消费者购买意愿的实证研究中，提到生鲜电商应在产品销售的同时提供服务，进而提升顾客感知价值以促进其购买；汪旭晖和张其林（2016）在针对生鲜电商破解流通困局的案例研究中，提出服务是影响消费者评判生鲜电商的重要因素之一；Lindberg 等（2018）在针对消费者对冷藏食品购买环境的行为研究中，建议零售商应该提供更多个性化服务和相关食品菜谱以改善消费者的购物体验。此外，还有部分学者讨论了特定类型增值服务的影响，如农产品推荐服务（Lian and Ke，2016）与物联网服务（Fagerstrøm et al.，2020），指出应该实施这些服务以促进生鲜农产品的线上销售。

1.2.4　供应链中信息共享合作的研究

供应链中信息共享合作逐渐被广泛研究。然而，当前多数研究是在制造业背景下开展的，主要针对一般产品（非易腐产品）供应链，仅有部分学者研究生鲜农产品供应链的信息共享决策与激励问题。例如，Ferguson 和 Ketzenberg（2006）考虑产品库龄为供应商的私有信息，分析了易腐产品供应链中的信息价值（value of information，VOI），发现信息共享有助于提高易腐产品的新鲜度；而 Ketzenberg 和 Ferguson（2008）考虑库存状态与需求信息为零售商的私有信息，分析了供应链中的信息价值，发现信息价值来源于供应商会提供更新鲜的产品；Lusiantoro 等（2018）提出了关于信息共享与易腐产品供应链绩效之间关系的理论框架，指出当前多数研究在很大程度上忽视了易腐产品特征的影响；Chernonog 和 Avinadav（2019）针对由制造商与具有信息优势的零售商组成的易腐产品供应链，考虑存在公认价值、概率信念两种需求估计方法，研究了零售商的信息共享问题，并发现在基于公认价值的需求估计方法下产品易腐性不会影响零售商的信息共享决策，而在基于概率信念的需求估计方法下会影响信息共享决策；Ma 等（2019）针对一个由生鲜供应商、零售商以及 TPLSP 构成的三级生鲜农产品供应链，分析了生鲜零售商隐瞒真实市场需求对各成员利润的影响，设计了能够实现供应链上下游成员信息对称的协调契约；Chernonog 和 Avinadav（2019）考虑生鲜农产品需求受价格、新鲜度以及广告投入水平的影响，在三种契约模式下，研究了生鲜农产品供应链中的合作广告和需求信息共享策略；Liu 等（2021b）针对生鲜供应商提供保鲜努力而电商提供增值服务这一现实背景，研究了生鲜电商供应链中的需求信息共享策略和激励机制。

1. 非竞争环境下供应链信息共享合作的研究

首先，部分学者考虑下游企业更接近消费市场，拥有相较于上游企业更多的信息，开展了供应链下游企业向上游企业共享信息的研究。例如，Mittendorf 等（2013）考虑供应商对市场需求提升的投资行为，考察了零售商的信息共享动机，发现零售商可能愿意共享信息，且信息共享对供应链企业均是有利的；Li 和

Zhang（2015）研究了零售商向按库存生产（make to stock，MTS）的制造商共享信息的问题，发现当需求不确定性处于中等水平时，零售商可能会自愿向供应商共享信息；士明军等（2019）考虑订货型、库存型两种生产方案，研究了绿色供应链中的信息共享问题，发现零售商仅在制造商绿色成本系数较低时才会愿意共享信息，而制造商在成本系数较高时可设计讨价还价合同，激励零售商共享信息；文悦等（2019）在由线上零售商、电商平台和3PL组成的销售系统中，研究了不同博弈结构下具有信息优势的线上零售商的信息共享策略；官子力等（2019）针对制造商在销售产品的同时进行服务投资的情形，考察了产品服务供应链中的需求信息共享与激励问题，发现当服务效率或消费者服务敏感性较高时，零售商有自愿信息共享的动机；Zhang等（2019a）针对制造商具有服务提供选择、零售商具有信息共享选择的情形，研究了供应链中的售后服务部署策略与信息共享策略，并与信息对称情形作对比，发现零售商的信息优势可能对供应链成员均不利从而导致囚徒困境；Wei 等（2021）针对一个制造商和零售商组成的供应链，讨论零售商的信息共享策略如何影响制造商的柔性生产建设。

其次，部分学者考虑上游企业拥有私有信息，开展了供应链上游企业向下游企业共享信息的研究。例如，Guo 和 Iyer（2010）考察了制造商最优信息获取与信息共享策略之间的交互关系，分析了制造商共享信息对下游零售的影响，在不同条件下制造商可能会自愿共享或保留信息；Jiang 等（2016）在无信息共享、自愿信息共享与强制信息共享三种模式下进行均衡分析，指出零售商的风险厌恶程度在制造商信息共享决策中起到重要作用，当零售商是风险厌恶时，制造商更偏好无信息共享模式，且预测信息精度越高反而越会带来损失。

最后，还有部分学者考虑供应链上下游企业均拥有私有信息，开展了供应链中双向信息共享的研究。例如，Mishra 等（2009）研究了 MTS 与按订单生产（make to order，MTO）两种模式下的预测信息共享问题，并在 MTS 模式下设计基于折扣的批发价格契约，在 MTO 模式下设计单边支付契约，以实现帕累托最优的双向信息共享；在此基础上，肖群和马士华（2016）在 MTS 与 MTO 两种模式下讨论了闭环供应链的信息共享问题，并提出基于讨价还价的利润分拨机制以实现双向信息共享；王文隆等（2012）考虑制造商成本创新的影响，对比了无信息共享、制造商单方共享、零售商单方共享、双向共享四种情形并分析了信息共享价值的影响。

2. 竞争环境下供应链信息共享合作的研究

当前，多数学者已在竞争环境下开展了供应链的信息共享研究。依据不同竞争情形视角，有关涉及下游横向竞争的供应链的信息共享研究较为成熟。例如，Li（2002）以一个供应商与多个基于 Cournot（古诺）竞争的零售商组成的供应链为研究对象，发现纵向信息共享会对产品批发价格产生影响，由此产生“直接效应”和“泄漏效应”阻碍零售商进行需求信息共享；Zhang（2002）分别讨论基于Cournot 或 Bertrand（伯川德）竞争的两个零售商与一个制造商的信息共享问题，同样也验证了零售商不会自愿共享需求信息；在后续工作中，Li 和 Zhang（2008）针对多个零售商基于 Bertrand 竞争的情形，考虑信息保密的影响，研究发现信息保密有助于促使零售商共享信息且使供应链成员均受益；Zhou 等（2017）讨论了两个基于 Cournot 竞争的制造商向一个集团采购组织（group purchasing organization，GPO）的信息共享，考虑制造商存在生产成本、信息精度等差异，研究了集团采购供应链的协调问题；周茂森等（2017）考察了两个互补型制造商向一个 GPO 的信息共享，并通过设计收益共享契约以激励制造商共享全部信息且实现帕累托改善；Li 等（2020）引入制造商信息获取与零售补贴策略的影响，讨论了制造商如何通过上述两种策略诱导下游竞争型零售商共享信息。上述文献均是考虑下游零售商是 Nash 博弈，还有部分文献考虑零售商为 Stackelberg 博弈。例如，Anand 和 Goyal（2009）针对两个零售商向供应商先后订货的情形，发现供应商总是有泄露先订货零售商信息的行为，进而导致先订货零售商不愿意提交真实需求；在此基础上，Kong 等（2013）进一步研究发现收益共享契约能阻止供应商泄露信息，有时供应商进行信息保密对自身与供应链整体都是有利的；Jain 和 Sohoni（2015）考察供应商对两个零售商收取差异化的批发价格，研究供应商信息保密对先动零售商的影响，并设计实现供应商信息保密的契约。

随着零售业的发展，下游零售商往往会同时销售多个上游供应商的同类别产品，部分学者开始关注涉及上游横向竞争的供应链的信息共享问题。例如，Shang 等（2016）研究了由两个竞争性供应商与一个零售商组成供应链的需求信息共享问题，分析了供应商竞争强度与规模经济性对零售商信息共享行为的影响，得出当竞争越激烈或生产规模经济越高时，零售商越有信息共享的动机；在相同供应链结构下，许明辉等（2018）引入制造商投入削减生产成本的努力，对比分析不同信息共享场景下的均衡，考察了零售商的信息共享策略，发现零售商可能更偏好向努力效率高的供应商共享信息；Huang 等（2017）针对多个供应商与一个零售商组成的供应链，讨论了信息共享对库存削减与供应链利润的影响；Wu 等（2019）同时考虑供应与需求不确定性，研究了由基于 Cournot 竞争的零售商与多个基于 Bertrand 竞争的供应商组成供应链的多源采购与纵向信息共享；Lei 等（2020）研究了两个供应商通过同一零售商销售差异化产品的事后信息共享问题，分析了无供应商知晓信息、一个供应商知晓信息、两个供应商知晓信息三种情形下，信息共享对供应链成员的影响，发现当产品差异化与需求规模满足一定条件时零售商可能会共享低需求信息。

在现实中，供应链与供应链之间进行竞争也十分常见，进而部分学者考察了涉及供应链竞争的信息共享问题。例如，Ha 和 Tong（2008）以两条均由一个制造商与一个零售商组成的供应链为研究对象，讨论了供应商信息共享投资下的契约设计与信息共享价值，并强调契约类型作为信息共享价值驱动因素的重要性；Ha 等（2011）引入制造商生产不经济的影响来考察竞争供应链的纵向信息共享激励问题，并给出零售商分别基于 Cournot 或 Bertrand 竞争下信息共享对供应链有利的条件；Ha 等（2017）讨论了在两条竞争供应链中，销售商的信息共享策略如何受制造商生产成本改善行为的影响；此外，Guo 等（2014）以基于 Cournot 竞争的一条集中式供应链与一条分散式供应链为研究对象，考察了零售商的事后信息共享策略，发现零售商会揭露低需求信息而保留高需求信息以诱导制造商降低批发价格；Bian 等（2016）考虑基于 Bertrand 竞争的供应链中的制造商与零售商均拥有部分信息，研究了供应链的双向信息共享，发现当竞争较为激烈时供应链的信息共享价值较高；Guan 等（2020）考虑价格与服务竞争的影响，研究了竞争供应链的信息共享问题，发现当服务投资效率较高时零售商会向制造商共享信息。

随着电子商务的发展，供应链双渠道运营也越来越普遍，部分学者针对涉及竞争的供应链中的信息共享展开研究。例如，Yue 和 Liu（2006）考虑制造商与零售商均有关于需求的预测信息，分别在 MOT 与 MTS 两种模式下，考察了双渠道供应链中双向共享信息的价值；Lei 等（2014）针对多个零售商与一个制造商组成的供应链，考察了在双渠道与零售渠道结构下供应链的横向与纵向信息共享问题，发现零售商有动机进行横向信息共享，但没有动机纵向共享信息，而制造商会从纵向信息共享中获益，但在横向信息共享下其利润不会发生变化；王聪等（2017）针对一个由制造商与风险偏好零售商组成的双渠道供应链，考察了零售商向制造商共享信息的动机并分析了风险偏好的影响，发现当零售商对市场需求预测更悲观时，信息共享更容易发生；Zhang 等（2019b）考虑制造商拥有批发定价权，考察了双渠道供应链中单边信息共享、双边信息共享的均衡结果，发现一定条件下制造商会放弃批发定价权以避免信息泄露；Wang 等（2021）针对一个制造商批发产品给一个线上零售商与一个中间商，而零售商又以佣金形式入驻中间商的混合型供应链，考虑中间商拥有更多私有信息，通过分析无信息共享、向制造商共享信息、向零售商共享信息与同时向制造商与零售商共享信息这四种情形，讨论中间商的信息共享策略以及信息共享的影响；Huang 等（2018）考虑上游供应商入侵渠道威胁的影响，研究了零售商的信息共享问题，发现供应商入侵对零售商是不利的，而当入侵成本处于中等水平且竞争强度较高时，零售商可能会自愿共享信息以阻止供应商入侵；在 Huang 等（2018）的基础上，Zhang S C 和 Zhang J X（2020）进一步引入制造商与零售商之间存在零售与代理两种合作模式，发现零售商在零售（代理）模式下可能会共享（持有）信息以阻止制造商的渠道开辟行为。

1.2.5 生鲜农产品供应链政府政策的研究

关于生鲜农产品供应链政府政策的研究是近年来的一个热点问题，其在三个方面与本书的研究密切相关：农业经济与运营管理中政府干预作用；生鲜农产品供应链政府补贴与激励；政府政策下生鲜农产品供应链公益性。

1. 农业经济与运营管理中政府干预作用的研究

政府干预在农业经济与运营管理领域中一直发挥着重要作用。早期的相关研究主要集中在农业政策的经济分析，其中 Sumner 等（2010）系统地综述了 2010 年以前政府政策对农业经济的作用，给出近百年来农业政策经济学的发展阶段和演变历程，主要针对发达国家的农业政策经济学问题。随着时代的变革与发展，发展中国家政府政策或政府干预机制在农业领域的作用也备受关注（Lemeilleur and Codron，2011；Bellemare et al.，2013；Warr and Yusuf，2014；Demirdöğen et al.，2016；Thow et al.，2018）。例如，Bellemare 等（2013）通过分析埃塞俄比亚农村家庭的面板数据，得到旨在稳定大宗商品价格的政府政策能够产生净福利收益，但同时加剧了富裕家庭与贫困家庭收益的分配不均；Thow 等（2018）针对印度消费者缺乏摄取新鲜果蔬等食品的现状，通过访谈研究确定了政府改善印度果蔬外部食品环境的具体战略。以上这些文献均通过实证分析的方法探究农业领域中的政府干预机制或政策工具。

近年来，越来越多的学者站在运营管理的角度分析政府干预作用及其带来的福利效应（Tang et al.，2015，2018；Guda et al.，2016；Gupta et al.，2017；Akkaya et al.，2021）。这一系列的文献研究主要集中在生产者的决策过程，以及它是如何受到政策工具执行的影响。例如，Tang 等（2015）考虑农作物的产出不确定性和需求不确定性，探讨了政府提供的市场信息及农业建议对指导农民生产计划以及消除农民贫困的影响。Gupta 等（2017）针对最小政府支持价格（government support price，GSP）计划下农民仍然低价抛售商品的问题，通过构建动态规划模型分析了农民的销售决策过程，发现政府有限和不确定的采购能力、农民的高持有成本以及农民缺乏负担得起的信贷是影响农民低价抛售的主要因素；Akkaya 等（2021）分析了政府政策工具（补贴和税收）对促进农业创新的作用，发现税收政策能够促进农民采用创新生产方法，但是会降低社会福利。相比而言，政府补贴政策能够更多增加社会福利但是更少促进创新生产方法的使用。然而，以上政府干预措施更多关注生产者（农民）利益，即基于生产者的干预，目前，也有部分学者关注基于消费端的干预措施（Levi et al.，2022；Yayla-Küllü et al.，2022）。例如，Levi 等（2012）针对人力短缺造成农产品市场价格飙升的现状，构建新的行为博弈模型，探究政府的现金补贴和供应分配等两种干预手段对改善产品可得性及消费者福利的影响；Yayla-Küllü 等（2022）为应对印度消费者市场洋葱价格剧烈波动的问题，为政府提供了洋葱加工替代品引入策略的政策建议，包括种植阶段引入还是收获阶段引入，依靠营利性组织引入还是非营利性组织引入等。

2. 生鲜农产品供应链政府补贴与激励的研究

从整个农产品供应链来看，常见的政府补贴与激励方式主要是分别对供应端、同时对供应端与需求端的补贴。为此，一些学者探讨了政府对供应端补贴问题，认为农业补贴对农产品的产出存在激励作用。例如，Amores 和 Contreras（2009）对安达卢西亚橄榄种植业的效率进行研究，发现如果没有欧洲农业补贴，60%以上的橄榄种植农场将会出现负增长；Demirdöğen 等（2016）比较分析投入补贴和产出补贴两种政策，发现投入补贴对农民土地配置决策的影响比产出补贴更强；Yu 和 Sumner（2018）研究补贴作物保险对作物选择的影响，发现保险补贴对风险作物投资的影响比投入补贴更强；余星等（2020）研究了农产品生产成本的补贴问题，发现农户、公司和政府的收益受政府补贴、价格波动、自然条件的综合影响，其中激励农户扩大生产的措施有利于增加供应链收益。但也有学者认为，农业补贴对农产品的产出并不存在激励作用，甚至有学者认为补贴政策对社会产生负外部性。例如，Sckokai 和 Moro（2006）对意大利专业可耕作物农场的分析，发现粮食补给品对农产品的增收没有任何激励效果；Akkaya 等（2016）分析了发展中国家政府以价格支持、成本支持或增产措施进行的干预，发现干预对社会并不总是产生正回报；Peng 和 Pang（2019）分析了政府对不同风险偏好的农民提供的投入补贴，发现农产品产量取决于投入的补贴量和农民对风险的厌恶程度。

部分学者还同时考虑了对供应端和需求端补贴的问题，重点分析不同补贴政策实施效果的相对差异。例如，朱满德和程国强（2011）研究我国农业政策对生产者和消费者的影响，发现价格支持和挂钩补贴对市场的干预日益明显；Guda 等（2016）研究了价格支持计划对农民和弱势消费群体的影响，发现价格支持对供应和需求的干预是有效的，但是对农民、消费者和政府的影响不同；Alizamir 等（2019）研究了美国的价格支持和收入保护对消费者、农民、政府的影响，发现价格支持促使耕种面积增加，而收入保护促使耕种面积减少，同时对市场过度干预将导致社会总体福利下降；柯炳生（2018）研究了保护价收购、目标价格补贴、脱钩补贴的基本原理和效果，发现不同补贴政策对农民、消费者和政府的影响不同。

此外，针对易腐易逝性产品的研究多集中在疫苗供应链补贴。例如，Arifoğlu 等（2012）研究了政府对疫苗供应链的干预，发现为避免干预的无效，政府要么对需求方进行干预，要么对供给方进行干预，但不能同时干预；Adida 等（2013）研究了中央决策者通过对消费者和疫苗制造商的补贴来诱导社会最优疫苗覆盖率，发现在不完全垄断市场中，固定的补贴效果不显著，而两种补贴的组合可提高疫苗覆盖率；Mamani 等（2012）研究了政府补贴对社会疫苗覆盖率的影响，发现在寡头垄断市场对疫苗生产商进行的补贴效果显著，同时还发现税收与补贴的中性组合，可达到同样效果。此外，较少有学者研究易腐易逝性生鲜农产品的政府补贴。熊峰等（2015）定量分析了“公司 + 农户”不同组织模式下政府对冷链设施的补贴，发现冷链设施补贴模式的恰当选择可提升生鲜农产品供应链关系契约的稳定性；朱江华等（2022）针对需求不确定环境下政府如何对生鲜农产品供应链进行补贴的问题，在考虑财政资金的约束下，对比分析了无政府补贴、采购补贴和销售补贴场景下的均衡情况，并探讨了政府的最优补贴策略，以及补贴策略对生鲜农产品供应链最优决策的影响；张旭梅等（2022a）在不确定需求下研究政府补贴对考虑公益性时生鲜冷链保鲜投入的影响，通过构建分散式和集中式生鲜冷链保鲜投入补贴博弈模型，设计“成本分担”契约和“收益共享 + 转移支付”契约对补贴策略进行改善；张旭梅等（2022b）针对政府如何选择合适的主体对生鲜农产品供应链进行补贴的问题，在需求不确定环境下考虑公益性的影响，分别构建无政府补贴、补贴供应商、补贴销售商、补贴消费者四种情形的博弈模型，通过比较分析得到政府的最优补贴策略，以及对供应链最优决策的影响。

3. 政府政策下生鲜农产品供应链公益性的研究

企业社会责任是近年的研究热点（曹裕等，2020；万光羽等，2021），其中针对易腐易逝品（包括生鲜农产品）的公益性研究集中于以下两个方面。一方面是农产品供应链公益性问题，此类研究侧重于农产品批发市场公益性的论证和公益性农产品市场体系建设。例如，张浩等（2009）通过数据包络方法研究了农产品批发市场类型对公益性的影响，得出集体或国营性质的批发市场效率高于私营性质的批发市场，应发挥集体或国营批发市场的示范和标杆作用；张闯等（2015）通过分析北京新发地市场来探索公益性的实现方式，发现政府可以通过合约或制度的安排，在不过度干预市场机制运行的基础上来实现公益性目标；古川（2015）比较分析公益性与民营批发市场各自的优势和不足，发现民营批发市场在追逐利润的过程中会偏离公益性，政府应以适当投资引导民营批发市场执行公益性职能。

另一方面是非农业的公益性问题，研究对象主要包括疫苗和疟疾药物等。对于疫苗公益性的研究主要侧重于接种疫苗的正外部性，以及如何提高疫苗覆盖率（Arifoğlu et al.，2012；Adida et al.，2013）。对于疟疾药物的公益性研究主要侧重于药品的可获得性，以及捐赠者如何选择有效的供货渠道（Kazaz et al.，2016；Berenguer et al.，2017）。例如，Arifoğlu 等（2012）分析了产量不确定性和消费者自利倾向对流感疫苗覆盖率的影响，发现通过减少分配机制的不确定性可以降低负外部性，同时政府对制造商实施激励后，疫苗覆盖率可以优于社会最优水平；

Adida 等（2013）研究了不确定供应和不确定需求对疫苗接种的影响，发现消极的网络效应会刺激潜在消费者免费搭乘接种人群的免疫力，但政府通过对消费者和疫苗制造商的补贴可诱导社会达到最优疫苗覆盖率；Kazaz 等（2016）研究了以青蒿素为基础的疟疾药物的可获得性问题，发现青蒿素市场价格的剧烈波动严重影响此类疟疾药物的有效供给，通过价格支持和精细化管理等措施可有效降低青蒿素价格波动，提高青蒿素产量，有利于控制非洲疟疾疫情；Berenguer 等（2017）分析了捐赠者通过不同性质的企业提供类似疟疾药物的有效性，发现对非营利企业实施采购补贴时扩大供给的效果较为显著，而对营利企业实施采购补贴不一定是最优策略，除非该营利企业是价格接受者。

1.3　本书的主要内容

在生鲜农产品供应链的运营与合作概述的基础上，本书进一步结合“互联网+”与“生鲜农产品供应链”的特征，研究“互联网+”生鲜农产品供应链优化运作与合作的问题。全书共分为 8 章，主要内容如下。

第 1 章，“互联网+”生鲜农产品供应链的运营与合作概述，主要介绍本书的研究背景，分析和综述研究状况，阐述本书研究的内容。

第 2 章，“互联网+”生鲜农产品供应链的合作模式选择。在“互联网+”背景下，许多生鲜电商平台一方面为解决生鲜农产品的“最后一公里”配送问题，与线下社区零售店采取不同的合作模式进行合作，另一方面为吸引更多供应商入驻平台，为供应商提供多样化的合作模式。生鲜电商平台与其合作者应如何通过最优的合作模式选择，提高生鲜农产品供应链绩效，日益成为各生鲜企业密切关注的问题。该章以生鲜农产品供应链为研究对象，针对“互联网+”生鲜农产品供应链中的合作模式选择问题，分别从对称信息、不对称信息视角出发，研究对称信息下生鲜农产品供应链的合作模式选择，以及不对称信息下的合作模式选择和信息共享策略，在此基础上，结合具体类别的生鲜农产品讨论不同合作模式与信息结构下生鲜农产品供应链的定价与保鲜策略，从而能够为生鲜农产品供应链的合作模式选择提供实践指导。

第 3 章，“互联网+”生鲜农产品供应链的多渠道运营策略。在“互联网+”背景下，许多生鲜供应商通过引入竞争性生鲜农产品或建立直销渠道的方式扩大市场覆盖率。产品入侵或渠道入侵策略会对生鲜供应商与生鲜电商平台的合作关系产生重大影响。尤其在不确定的市场环境下，生鲜供应商通常处于信息劣势，其需谨慎选择多渠道运营策略以激励生鲜电商平台共享信息，降低信息不对称带来的不利影响。该章以生鲜农产品供应链为研究对象，提出“互联网+”生鲜农产品供应链中的多渠道运营问题，分别研究不对称信息下生鲜供应商的产品入侵策略和渠道入侵策略，在此基础上，分析生鲜电商平台的信息共享策略，并讨论产品入侵和信息共享策略，以及渠道入侵和信息共享策略的交互影响，结合不同的生鲜农产品品类为生鲜供应商提供产品入侵或渠道入侵建议，从而能够为生鲜农产品供应链的多渠道运营策略提供实践指导。

第 4 章，“互联网+”生鲜农产品供应链的保鲜努力与增值服务策略。在“互联网+”背景下，越来越多的企业通过线上渠道销售生鲜农产品，同时还会提供增值服务以满足消费者日益升级与更新的需求，传统以生鲜农产品销售为核心的供应链逐步转变为保鲜努力与增值服务共同影响下的生鲜农产品供应链。该章以生鲜农产品供应链为研究对象，先提出“互联网+”生鲜农产品供应链中的保鲜努力与增值服务策略问题，再分别从对称信息、不对称信息视角出发研究生鲜农产品供应链的协调契约，以及信息共享策略与激励，在此基础上，进一步分别研究对称信息与不对称信息下生鲜农产品供应链的保鲜努力与增值服务策略，并且结合具体类别的生鲜农产品展开讨论，从而能够为生鲜农产品供应链的决策制定提供实践指导。

第 5 章，考虑供应商保鲜的生鲜农产品供应链需求信息共享策略。生鲜农产品生产具有较强的地域性，在物流过程中又易发生新鲜度损耗。为使其在达到目的市场时具有较高的新鲜度，生鲜供应商通常需要提供保鲜努力对其产品进行保鲜，而消费者需求个性化、多样化等因素带来的需求不确定风险给生鲜农产品供应链运营决策带来了挑战。“互联网+”环境下，具有信息优势的生鲜零售商可通过信息技术向上游供应商共享需求信息，为生鲜农产品供应链应对需求风险提供了有效途径。该章针对不确定市场需求环境下供应商提供保鲜努力的生鲜农产品供应链，先提出考虑供应商保鲜的生鲜农产品供应链信息共享问题，再分别在单个供应商提供保鲜服务和多个竞争性供应商提供保鲜服务两种现实情景下分析信息共享对生鲜农产品供应链各成员决策的影响，在此基础上，研究作为生鲜零售商的需求信息共享决策和供应链内的信息共享契约设计，以期为供应商提供保鲜服务情形下的生鲜农产品供应链需求信息共享合作提供相应的管理启示

第 6 章，考虑 3PL 保鲜的生鲜农产品供应链信息共享策略。随着消费者对生鲜农产品品质的逐渐关注，拥有丰富冷链资源的第三方物流成为生鲜企业的重要合作伙伴，3PL 的保鲜努力对生鲜农产品供应链整体绩效的提升起到重要作用。为有效应对需求波动风险、实现保鲜资源的合理投入，该章以由生鲜销售商及上游的供应商和 3PL 组成的生鲜农产品供应链为研究对象，考虑 3PL 保鲜努力对生鲜农产品新鲜度的影响，先研究在可能存在上游成员间信息传递下生鲜销售商的需求信息共享问题，然后设计激励契约对信息共享策略进行改进，在此基础上，结合消费者对精品生鲜真实性的要求，供应商可以考虑采用区块链技术对生鲜农产品进行防伪处理，由此进一步研究保鲜外包下生鲜农产品供应商的区块链采用

策略和销售商的需求信息共享策略，并探讨两种策略的相互影响，以期从信息共享的角度为生鲜农产品供应链相关企业的运营管理提供理论支撑与实践指导。

第 7 章，“互联网+”生鲜农产品批发市场渠道的政府干预机制。批发市场是我国生鲜农产品的主要分销渠道，其中绝大部分生鲜农产品都是经由批发市场流通，故批发市场承担着保障城市供应、稳定生鲜农产品价格等公益性功能。然而，生鲜农产品在生产过程中具有产出不确定性，并且在自然灾害、疫情等突发情况下容易形成供给的剧烈波动以及价格飞涨，不仅损害批发市场公益性同时损害消费者福利和社会福利。该章以生鲜农产品批发市场为研究对象，首先针对由生鲜农产品产出不确定性造成的供给缺损和价格波动问题，研究生鲜批发市场的交易费补贴政策，并探究交易费补贴政策的公益性表现及其带来的福利影响，在此基础上，进一步针对突发事件造成的供给剧烈波动和价格激增问题研究生鲜批发市场的应急储备制度，并讨论应急储备制度下应对生鲜农产品供应链供给风险的双源供应策略，以及双源供应策略的公益性表现及其福利影响，以期为针对生鲜批发市场的政府干预机制的制定提供建议。

第 8 章，生鲜农产品供应链零售渠道考虑主体差异的政府激励策略。生鲜农产品与民众的生活息息相关，中央及各地方政府以“菜篮子”项目为抓手，通过各种财政补贴工具加强生鲜农产品零售渠道建设，积极落实公益性市场“保供应、保质量、稳价格”的目标，然而不同补贴政策以及同一补贴政策对不同主体的影响是存在差异的。该章以生鲜农产品供应链的零售渠道为研究对象，先对生鲜供应商冷链投入补贴问题进行研究，并设计激励契约改善补贴策略的不足，再对生鲜销售商的采购补贴与销售补贴策略进行对比分析，在此基础上进一步研究了对生鲜供应商、销售商和消费者实施同一补贴策略的差异，并结合实际考虑公益性职能的可执行性以及补贴策略实施受财政预算约束等因素，从确保补贴策略的有效性及提高财政补贴支出效率的视角积极探究可行的最优补贴方案，以期为政府激励策略的制定及选择提供理论指导。

第2章　“互联网+”生鲜农产品供应链的合作模式选择

生鲜电商市场被誉为电子商务的最后一片蓝海，近年来生鲜电商平台发展迅速，越来越多的企业开展了生鲜农产品线上销售业务。例如，苏宁生鲜、京东生鲜、天猫超市、本来生活网、每日优鲜等生鲜电商平台逐渐崛起。生鲜电商平台的迅速发展也带动了线上销售的迅速增长。生鲜市场的蓬勃发展使得越来越多的生鲜电商致力于深耕生鲜农产品供应链，与上游供应商和下游的社区零售店都开展了深入的合作。在与上下游合作企业合作的过程中，生鲜电商平台为其合作伙伴提供了多种合作模式可供选择，其中较为普遍的是批发模式和代理模式。合作模式的不同可能使得生鲜供应链相关企业的价格和保鲜策略有所不同，进而影响生鲜农产品供应链相关企业的利益。因此，研究生鲜农产品供应链相关企业的合作模式选择问题具有一定的意义。

2.1　确定需求下生鲜农产品供应链的O2O模式选择策略

近年来，随着电子商务的快速发展和居民网购生鲜农产品的需求增加，生鲜电商发展迅速。为进一步刺激需求，生鲜电商为消费者提供了美食直播、社群服务、烹饪方法教学等增值服务以提升消费者购物体验。同时，众多生鲜电商与社区零售店合作，将零售店变为生鲜农产品的社区“前置仓”，由零售店完成生鲜农产品的“最后一公里”保鲜配送工作，从而形成“线上购买，线下配送”的社区生鲜O2O供应链。生鲜电商与零售店的合作模式主要有两种：批发模式和代理模式。在批发模式下，生鲜电商将生鲜农产品批发给零售店，同时为零售店提供线上销售渠道，零售店为线上销售的生鲜农产品提供线下保鲜配送，如爱鲜蜂、本来生活网等生鲜电商与零售店的合作。在代理模式下，生鲜电商直接负责生鲜农产品的定价与销售，同时通过向零售店支付佣金的方式委托零售店进行生鲜农产品的线下保鲜配送，如每日优鲜、易果生鲜等生鲜电商与社区零售店的合作。合作模式的不同可能使得生鲜农产品价格、服务水平和保鲜投入水平存在差异，从而影响生鲜电商和零售店利润。同时，由于不同合作模式下利润分配方式的差异，以及供应链各主体以自身利益最大化进行决策，这使得生鲜电商选择的合作模式不一定是对供应链整体最有利的，可能会降低供应链绩效。因此，研究生鲜电商该选择何种模式（批发/代理模式）与零售店合作，以及当生鲜电商的模式选择与供应链整体利益发生冲突时，如何设计契约实现供应链利润改善具有一定的意义。

2.1.1 问题描述

考虑由一个生鲜电商（用下标 e 表示）和社区零售店（简称零售店，用下标 r 表示）组成的社区生鲜 O2O 供应链。生鲜电商与零售店可以通过两种模式进行合作，分别为批发模式和代理模式。在批发模式下，生鲜电商以批发价格 w 将生鲜农产品销售给零售店，零售店以价格 p 通过生鲜电商提供的线上渠道销售生鲜农产品给消费者；在代理模式下，生鲜电商以价格 p 在线销售生鲜农产品，同时委托零售店负责生鲜农产品的线下保鲜配送工作，每单位订单生鲜电商需向零售店支付 α $(0<\alpha<1)$ 比例的佣金费用。考虑到现实生活中生鲜电商往往与众多社区零售店通过代理模式进行合作，不会为每一个合作的社区零售店单独制定佣金比例，进而本节假设生鲜电商佣金比例 α 为外生变量，这样的假设也被广泛应用在类似的研究中（Ye et al.，2018；Geng et al.，2018）。在两种模式下，零售店进行保鲜配送的保鲜投入水平为 τ 。同时，为吸引更多消费者在平台上购买生鲜农产品，生鲜电商还会提供与之相关的增值服务，如提供与生鲜农产品相关的内容服务（美食直播、社群服务、菜单搭配和烹饪方法推荐等），服务水平为 s 。

生鲜农产品的需求主要受生鲜农产品的价格、新鲜度和服务水平的影响，与生鲜农产品的销售价格成反比，与产品的新鲜度以及生鲜电商的服务水平成正比，故构建生鲜农产品需求函数为

$$d = 1 - p + \gamma s - \delta(\theta_0 - \theta(\tau)) \tag{2.1}$$

其中，γ 表示生鲜农产品需求的服务敏感系数；δ 表示生鲜农产品需求的新鲜度敏感系数；θ_0 表示生鲜农产品运达零售店时的初始新鲜度；$\theta(\tau)$ 表示对生鲜农产品进行保鲜后的新鲜度；$\delta(\theta_0 - \theta(\tau))$ 表示生鲜农产品新鲜度降低导致的需求流失。

考虑到生鲜农产品的新鲜度受保鲜投入水平的影响，保鲜投入水平越高，生鲜农产品新鲜度衰减得越慢。结合 Cai 等（2010）的研究，生鲜农产品新鲜度与保鲜投入水平呈正相关关系，并且满足 $\theta'(\tau)>0$ 以及 $\theta''(\tau)\leqslant 0$ ，后续研究通常据此假设生鲜农产品在进行保鲜以后的新鲜度与保鲜投入水平呈线性关系（Yang and Tang，2019；Yu and Xiao，2017；Wu et al.，2015）。因此，本节延续这一假定并考虑生鲜农产品新鲜度函数为：$\theta(\tau)=\theta_0\tau$ 。此外，不失一般性且不影响本节的计算结果，假设初始新鲜度 $\theta_0=1$ 。

在进行生鲜农产品的保鲜配送过程中，零售店需投入一定的人力和保鲜设备（如冷箱、冷链车等），同时考虑到保鲜投入成本随着保鲜投入水平的提高严格递增，故本节采用二次形式将零售店的保鲜配送成本表示为：$c(\tau)=k_\tau\tau^2/2$，其

中 k_τ 表示零售店的保鲜成本系数。此外，本节考虑生鲜电商提供增值服务的成本为：$c(s)=k_s s^2/2$，其中，k_s 表示生鲜电商的服务成本系数。

2.1.2　生鲜电商的 O2O 合作模式选择策略

首先分析批发模式下生鲜电商和零售店的最优策略，求解其最优利润；其次分析代理模式下生鲜电商和零售店的最优策略，求解其最优利润。

1. 批发模式（R 模式）

批发模式下，生鲜电商的决策目标为

$$\max_{w,s}\pi_e^{\mathrm{R}}=wd-\frac{1}{2}k_s s^2 \tag{2.2}$$

零售店的决策目标为

$$\max_{p,\tau}\pi_r^{\mathrm{R}}=(p-w)d-\frac{1}{2}k_\tau\tau^2 \tag{2.3}$$

生鲜电商与零售店均根据自身利润最大化原则进行决策，决策过程遵从 Stackelberg 博弈，生鲜电商为博弈的主方，零售店为博弈的从方。决策顺序如下：首先，生鲜电商决策生鲜农产品的批发价格 w 与服务水平 s；然后，零售店决策销售价格 p 与保鲜投入水平 τ。运用逆序求解法求解可得定理 2.1。

定理 2.1　批发模式下，生鲜电商和零售店的最优决策及利润如下。

（1）生鲜电商和零售店的最优决策为：$w^*=\dfrac{k_s(1-\delta)(2k_\tau-\delta^2)}{4k_sk_\tau-2k_s\delta^2-k_\tau\gamma^2}$，$s^{\mathrm{R}*}=\dfrac{k_\tau\gamma(1-\delta)}{4k_sk_\tau-2k_s\delta^2-k_\tau\gamma^2}$，$p^{\mathrm{R}*}=\dfrac{k_s(1-\delta)(3k_\tau-\delta^2)}{4k_sk_\tau-2k_s\delta^2-k_\tau\gamma^2}$，$\tau^{\mathrm{R}*}=\dfrac{k_s(1-\delta)\delta}{4k_sk_\tau-2k_s\delta^2-k_\tau\gamma^2}$。

（2）生鲜电商和零售店的最优利润为：$\pi_e^{\mathrm{R}*}=\dfrac{k_sk_\tau(1-\delta)^2}{2(4k_sk_\tau-2k_s\delta^2-k_\tau\gamma^2)}$，$\pi_r^{\mathrm{R}*}=\dfrac{k_\tau k_s^2(2k_\tau-\delta^2)(1-\delta)^2}{2(4k_sk_\tau-2k_s\delta^2-k_\tau\gamma^2)^2}$。

证明　采用逆序求解法，首先求解零售店在给定生鲜电商的批发价格和服务水平下的最优决策，验证 π_r^{R} 关于 τ 和 p 的联合凹性，π_r^{R} 关于 τ 和 p 的 Hessian（黑塞）矩阵为

$$H(\tau,p)=\begin{pmatrix}\dfrac{\partial^2\pi_r}{\partial p^2} & \dfrac{\partial^2\pi_r}{\partial p\partial\tau}\\ \dfrac{\partial^2\pi_r}{\partial\tau\partial p} & \dfrac{\partial^2\pi_r}{\partial\tau^2}\end{pmatrix}=\begin{pmatrix}-2 & \delta\\ \delta & -k_\tau\end{pmatrix}$$

其中，$H_1=-2<0$，$H_2=2k_s-\delta^2$，要使 Hessian 矩阵负定则应满足$H_2>0$，即$2k_s-\delta^2>0$。在此条件下令$\frac{\partial\pi_r}{\partial\tau}=0$，$\frac{\partial\pi_r}{\partial p}=0$，可求得$p^{R*}$和$\tau^{R*}$关于$w$和$s$的反应方程为$p^{R*}(w,s)=\frac{(\delta^2-k_\tau)w-k_\tau\gamma s-(1-\delta)}{\delta^2-2k_\tau}$，$\tau^{R*}(w,s)=\frac{\delta w-\delta\gamma s-(1-\delta)}{\delta^2-2k_\tau}$，然后将$p^{R*}$和$\tau^{R*}$关于$w$和$s$的反应方程代入$\pi_e^R$中求解可得生鲜电商的最优决策$w^*$和$s^{R*}$。同理，首先验证$\pi_e^R$关于$w$和$s$的联合凹性，$\pi_e^R$关于$w$和$s$的Hessian矩阵为

$$H(w,s)=\begin{pmatrix}\frac{\partial^2\pi_e}{\partial w^2} & \frac{\partial^2\pi_e}{\partial w\partial s}\\ \frac{\partial^2\pi_e}{\partial s\partial w} & \frac{\partial^2\pi_e}{\partial s^2}\end{pmatrix}=\begin{pmatrix}\frac{2k_\tau}{\delta^2-2k_\tau} & \frac{-\gamma k_\tau}{\delta^2-2k_\tau}\\ \frac{-\gamma k_\tau}{\delta^2-2k_\tau} & -k_s\end{pmatrix}$$

其中，$H_1=\frac{2k_\tau}{\delta^2-2k_\tau}$，$H_2=\frac{4k_sk_\tau^2-2\delta^2k_sk_\tau-\gamma^2k_\tau^2}{(\delta^2-2k_\tau)^2}$，由$H_1<0$可知$\delta^2<2k_\tau$，要使 Hessian 矩阵负定则应满足$H_2>0$，由此可得$4k_sk_\tau^2-2\delta^2k_sk_\tau-\gamma^2k_\tau^2>0$。故当$2k_s-\delta^2<0$，$4k_sk_\tau^2-2\delta^2k_sk_\tau-\gamma^2k_\tau^2>0$时，存在唯一的最优解使得生鲜电商的利润最大，令$\frac{\partial\pi_e}{\partial w}=0$，$\frac{\partial\pi_e}{\partial s}=0$，可求得生鲜电商的最优批发价格$w^*$和最优服务水平$s^{R*}$，将求解的$w^*$和$s^{R*}$代入$p^{R*}(w,s)$和$\tau^{R*}(w,s)$可得$p^{R*}$和$\tau^{R*}$，最后将最优决策代入生鲜电商和零售店的利润函数可得批发模式下生鲜电商和零售店的最优利润。

由定理 2.1 易知$\partial s^{R*}/\partial\gamma>0$，$\partial w^*/\partial\gamma>0$，$\partial p^{R*}/\partial\gamma>0$，$\partial\tau^{R*}/\partial\gamma>0$，表明随着消费者对服务的敏感度增加，生鲜电商会提高服务水平和批发价格，零售店会提高销售价格和保鲜投入水平。同时，我们可以发现$\partial\pi_e^{R*}/\partial\gamma>0$，$\partial\pi_r^{R*}/\partial\gamma>0$。这是因为，由$\partial d^{R*}/\partial\gamma>0$表明生鲜农产品的市场需求随着服务敏感性的增加而增加，使得生鲜电商（零售店）的边际收益大于提高服务水平（保鲜投入水平）的边际成本，生鲜电商（零售店）的利润得以增加。

推论 2.1 （1）当$0<\gamma<\gamma_0$，$0<\delta<\min(\delta_1,\delta_3)$时，$\partial w^*/\partial\delta<0$，$\partial p^{R*}/\partial\delta<0$，$\partial\tau^{R*}/\partial\delta>0$。

（2）当$\gamma_2<\gamma<\gamma_0$，$\delta_1<\delta<\min(\delta_2,\delta_0)$时，$\partial w^*/\partial\delta<0$，$\partial p^{R*}/\partial\delta>0$，$\partial\tau^{R*}/\partial\delta>0$。

（3）当$\max(\gamma_1,\gamma_2)<\gamma<\gamma_0$，$\delta_2<\delta<\delta_0$时，$\partial w^*/\partial\delta>0$，$\partial p^{R*}/\partial\delta>0$，$\partial\tau^{R*}/\partial\delta>0$。

（4）当$0<\gamma<\gamma_2$，$\delta_3<\delta<1$时，$\partial w^*/\partial\delta<0$，$\partial p^{R*}/\partial\delta<0$，$\partial\tau^{R*}/\partial\delta<0$。

证明 由$\tau^{R*}=\frac{k_s(1-\delta)\delta}{4k_sk_\tau-2k_s\delta^2-k_\tau\gamma^2}\in[0,1]$可得约束$f_0=\delta^2k_s+\delta k_s+k_\tau\gamma^2-$

$4k_s k_\tau \geqslant 0$，容易验证存在 $\gamma_0 = 2\sqrt{k_s}$ 及 $\delta_0 = \sqrt{\frac{1}{4} + k_\tau\left(4 - \frac{\gamma^2}{k_s}\right)} - \frac{1}{2}$ 使得 $f_0 = \delta^2 k_s + \delta k_s + k_\tau \gamma^2 - 4k_s k_\tau = 0$。下面在 $0 < \gamma < \gamma_0$ 及 $0 < \delta < \delta_0$ 区间内分析批发模式下最优决策关于新鲜度敏感系数的变化情况。

由定理 2.1 可得，$\frac{\partial p^{R*}}{\partial \delta} = \frac{k_s f_1}{(4k_s k_\tau - 2k_s \delta^2 - k_\tau \gamma^2)^2}$，$\frac{\partial w^*}{\partial \delta} = \frac{k_s f_2}{(4k_s k_\tau - 2k_s \delta^2 - k_\tau \gamma^2)^2}$，$\frac{\partial \tau^{R*}}{\partial \delta} = \frac{k_s f_3}{(4k_s k_\tau - 2k_s \delta^2 - k_\tau \gamma^2)^2}$。

其中，$f_1 = -2k_s \delta^4 + (-3k_\tau \gamma^2 + 6k_s k_\tau)\delta^2 + (2k_\tau \gamma^2 + 4k_s k_\tau)\delta + 3k_\tau^2 \gamma^2 - 12k_s k_\tau^2$，$f_2 = -2k_s \delta^4 + (-3k_\tau \gamma^2 + 8k_s k_\tau)\delta^2 + 2k_\tau \gamma^2 \delta + 2k_\tau^2 \gamma^2 - 8k_s k_\tau^2$，$f_3 = 2k_s \delta^3 + (2k_\tau \gamma^2 - 4k_s k_\tau)\delta^2 - (\gamma^2 k_\tau + 4k_s k_\tau)\delta - 2\gamma^2 k_\tau^2 + 8k_s k_\tau^2$。容易验证，在 $0 < \gamma < \gamma_0$ 及 $0 < \delta < \delta_0$ 内，存在 δ_1 为 $f_1 = 0$ 的内点解，δ_2 为 $f_2 = 0$ 的内点解，δ_3 为 $f_3 = 0$ 的内点解，$\gamma_1 = \sqrt{\frac{\left(\sqrt{1 + 6k_\tau} - 1 - 2k_\tau\right)k_s}{k_\tau}}$，$\gamma_2 = \sqrt{\frac{4k_\tau k_s - 2k_s}{k_\tau}}$。通过比较临界值大小并合并区间可得推论 2.1。

推论 2.1（1）表明，当新鲜度敏感系数低于一定阈值时，随着消费者对新鲜度的敏感性增加，新鲜度降低造成的需求流失逐渐增加，生鲜电商和零售店会降低价格来弥补该影响，同时零售店会提高保鲜投入水平以减缓需求流失。推论 2.1（2）表明当新鲜度敏感系数相对较高时，随着消费者对新鲜度的敏感性增加，批发价格会降低，销售价格和保鲜投入水平会增加。此时由于消费者对新鲜度的敏感性相对较高，零售店提高保鲜投入水平对需求流失的缓解作用较为明显，会选择提高销售价格以攫取更多利润。推论 2.1（3）表明当服务敏感系数和新鲜度敏感系数都较高时，随着消费者对新鲜度的敏感性增加，批发价格、销售价格和保鲜投入水平都会增加。推论 2.1（4）表明当服务敏感系数较低，新鲜度敏感系数很高时，随着消费者对新鲜度的敏感性增加，批发价格、销售价格和保鲜投入水平会降低。这是因为较低的服务敏感系数会抑制价格和保鲜投入水平的增加（$\partial p^{R*} / \partial \gamma > 0$），并且此时的保鲜成本较高（$k_\tau > 1/2$），零售店提高保鲜投入水平带来的边际收益不足以抵扣其边际成本，则生鲜电商和零售店更倾向通过降低价格的方式刺激需求，同时降低保鲜投入水平以节约成本。

2. 代理模式（A 模式）

代理模式下，生鲜电商的决策目标为

$$\max_{p,s} \pi_e^{A} = (1-\alpha)pd - \frac{1}{2}k_s s^2 \tag{2.4}$$

零售店的决策目标为

$$\max_{\tau} \pi_r^{\mathrm{A}} = \alpha p d - \frac{1}{2} k_\tau \tau^2 \tag{2.5}$$

生鲜电商与零售店均根据自身利润最大化原则进行决策，其决策过程仍遵从 Stackelberg 博弈，生鲜电商为博弈的主方，零售店为博弈的从方。决策顺序如下：首先，生鲜电商决策生鲜农产品的销售价格 p 、服务水平 s ；其次，零售店决策保鲜投入水平 τ 。通过逆序求解可得定理 2.2。

定理 2.2　代理模式下，生鲜电商和零售店的最优决策及利润如下。

（1）生鲜电商和零售店的最优决策为：$p^{\mathrm{A}*} = \dfrac{k_s k_\tau (1-\delta)}{\alpha k_\tau \gamma^2 + 2k_s k_\tau - 2\alpha k_s \delta^2 - k_\tau \gamma^2}$，$s^{\mathrm{A}*} = \dfrac{\gamma k_\tau (1-\delta)(1-\alpha)}{\alpha k_\tau \gamma^2 + 2k_s k_\tau - 2\alpha k_s \delta^2 - k_\tau \gamma^2}$，$\tau^{\mathrm{A}*} = \dfrac{k_s \alpha \delta (1-\delta)}{\alpha k_\tau \gamma^2 + 2k_s k_\tau - 2\alpha k_s \delta^2 - k_\tau \gamma^2}$。

（2）生鲜电商和零售店的最优利润为：$\pi_e^{\mathrm{A}*} = \dfrac{k_s k_\tau (1-\alpha)(1-\delta)^2}{2(\alpha k_\tau \gamma^2 + 2k_s k_\tau - 2\alpha k_s \delta^2 - k_\tau \gamma^2)}$，$\pi_r^{\mathrm{A}*} = \dfrac{\alpha k_s^{\,2} k_\tau (1-\delta)^2 (2k_\tau - 3\alpha\delta^2)}{2(\alpha k_\tau \gamma^2 + 2k_s k_\tau - 2\alpha k_s \delta^2 - k_\tau \gamma^2)^2}$。

证明　采用逆序求解法，首先分析在给定生鲜电商的销售价格和服务努力水平情形下零售店的最优决策，由于 $\dfrac{\partial \pi_r^{\mathrm{A}}}{\partial \tau} = -k_\tau < 0$，表明存在唯一的最优解 $\tau^{\mathrm{A}*}$ 使得 π_r^{A} 最大，令 $\dfrac{\partial \pi_r^{\mathrm{A}}}{\partial \tau} = 0$，求解可得 $\tau^{\mathrm{A}*}(p,s) = \dfrac{\alpha\delta p}{k_\tau}$；然后将 $\tau^{\mathrm{A}*}(p,s) = \dfrac{\alpha\delta p}{k_\tau}$ 代入式（2.4）中进行求解，可得 π_e^{A} 关于 p 和 s 的 Hessian 矩阵为

$$H(s,p) = \begin{pmatrix} \dfrac{\partial^2 \pi_e}{\partial p^2} & \dfrac{\partial^2 \pi_e}{\partial p \partial s} \\ \dfrac{\partial^2 \pi_e}{\partial s \partial p} & \dfrac{\partial^2 \pi_e}{\partial s^2} \end{pmatrix} = \begin{pmatrix} \dfrac{2(\delta^2\alpha - k_\tau)(1-\alpha)}{k_\tau} & (1-\alpha)\gamma \\ (1-\alpha)\gamma & -k_s \end{pmatrix}$$

保证 Hessian 矩阵负定则有 $H_1 = \dfrac{2(\delta^2\alpha - k_\tau)(1-\alpha)}{k_\tau} < 0$，$H_2 = \dfrac{2(\delta^2\alpha - k_\tau)(\alpha-1)k_s - k_\tau(1-\alpha)^2\gamma^2}{k_\tau} > 0$，从而得到存在唯一最优解使得生鲜电商利润最大的条件为 $\alpha\delta^2 - k_\tau < 0$，$(k_\tau\gamma^2 - 2\delta^2 k_s)\alpha + 2k_s k_\tau - k_\tau\gamma^2 > 0$，在此约束下联立求解 $\dfrac{\partial \pi_e^{\mathrm{A}}}{\partial p} = 0$ 以及 $\dfrac{\partial \pi_e^{\mathrm{A}}}{\partial s} = 0$，可得生鲜电商的最优决策 $p^{\mathrm{A}*}, s^{\mathrm{A}*}$。将 $p^{\mathrm{A}*}, s^{\mathrm{A}*}$ 代入 $\tau^{\mathrm{A}*}(p,s) = \dfrac{\alpha\delta p}{k_\tau}$ 可得 $\tau^{\mathrm{A}*}$。此外，为保证最优解满足 $p^{\mathrm{A}*} > 0$，$s^{\mathrm{A}*} > 0$，$\tau^{\mathrm{A}*} > 0$，

参数还需满足$\delta<1$。最后将求得的p^{A*}、s^{A*}和τ^{A*}代入式（2.4）和式（2.5）中可得代理模式下生鲜电商和零售店的最优利润。

由定理 2.2 可知$\partial p^{A*}/\partial\gamma>0$，$\partial s^{A*}/\partial\gamma>0$，$\partial\tau^{A*}/\partial\gamma>0$，$\partial\pi_e^{A*}/\partial\gamma>0$，$\partial\pi_r^{A*}/\partial\gamma>0$，表明随着消费者对服务的敏感度增加，服务水平和生鲜农产品的价格都会增加，保鲜投入水平也会提高，同时，生鲜电商和零售店的利润也会增加。

推论 2.2　（1）当$0<\gamma<\gamma_m$，$0<\delta<\min(\delta_4,\delta_5)$时，$\partial p^{A*}/\partial\delta<0$，$\partial\tau^{A*}/\partial\delta>0$。

（2）当$\gamma_3<\gamma<\gamma_m$，$\delta_4<\delta<\min(1,\delta_m)$时，$\partial p^{A*}/\partial\delta>0$，$\partial\tau^{A*}/\partial\delta>0$。

（3）当$0<\gamma<\gamma_3$，$\delta_5<\delta<\min(1,\delta_m)$时，$\partial p^{A*}/\partial\delta<0$，$\partial\tau^{A*}/\partial\delta<0$。

其中，$\gamma_m=\sqrt{\dfrac{2k_s}{1-\alpha}}$，$\gamma_3=\sqrt{\dfrac{2k_s(k_\tau-\alpha)}{(1-\alpha)k_\tau}}$，$\delta_m=\sqrt{\dfrac{1}{4}+M_0}-\dfrac{1}{2}$，$\delta_5=\dfrac{M_0}{2}-\sqrt{\dfrac{M_0^2}{4}-\dfrac{M_0}{2}}$，$\delta_4=1-\sqrt{1-\dfrac{M_0}{2}}$，$M_0=\dfrac{(\alpha-1)k_\tau\gamma^2}{\alpha k_s}+\dfrac{2k_\tau}{\alpha}$。

证明类似于推论 2.1，故略。

由推论 2.2（1）可知，当新鲜度敏感系数低于一定阈值时，随着消费者对新鲜度的敏感性增加，新鲜度降低造成的需求流失逐渐增加，生鲜电商会降低价格来弥补该影响，同时零售店会提高保鲜投入水平缓解需求流失。由推论 2.2（2）可知，当新鲜度敏感系数相对较高时，随着消费者对新鲜度的敏感性增加，保鲜投入水平和销售价格都会增加。这是因为当新鲜度敏感系数在较高范围内变化时，提升保鲜投入水平对需求流失的缓解作用较强，此时生鲜电商会提升价格以攫取更多利润。最后，推论 2.2（3）表明当服务敏感系数较低，新鲜度敏感系数很高时，随着消费者对新鲜度的敏感性增加，价格和保鲜投入水平都会降低。这是因为较低的服务敏感系数会抑制价格和保鲜投入水平的增加（$\partial p^{A*}/\partial\gamma>0$，$\partial\tau^{A*}/\partial\gamma>0$），然后，保鲜成本较高（$k_\tau>\alpha$）使得零售店提高保鲜投入水平获得的边际收益不足以抵扣其边际成本，生鲜电商和零售店更倾向降低价格刺激需求，同时降低保鲜投入水平以节约成本。

3. 生鲜 O2O 供应链合作模式分析

本节内容主要分析生鲜 O2O 供应链的合作策略。为便于分析，令$\eta_\tau=\delta^2/k_\tau$表示保鲜投入水平对需求的提升与保鲜成本之间的关系，称为保鲜效率，令$\eta_s=\gamma^2/k_s$表示服务水平对需求的提升与服务成本之间的关系，称为服务效率。

1）生鲜电商的合作策略

首先分析生鲜电商的合作策略选择问题，通过对比两种模式下生鲜电商的最优利润，得到命题 2.1。

命题 2.1　生鲜电商的合作策略选择受到佣金率和保鲜效率的影响，其具体的合作策略如下。

（1）当$0<\alpha<1/2$时，若$0<\eta_\tau<1$，$\pi_e^{A*}>\pi_e^{R*}$，生鲜电商选择代理模式（A）；若$1<\eta_\tau<\min(2,2/3\alpha)$，$\pi_e^{A*}<\pi_e^{R*}$，生鲜电商选择批发模式（R）。

（2）当$1/2<\alpha<1$时，若$0<\eta_\tau<\min(1,2/3\alpha)$，$\pi_e^{A*}<\pi_e^{R*}$，生鲜电商选择批发模式（R）；若$1<\eta_\tau<2/3\alpha$，$\pi_e^{A*}>\pi_e^{R*}$，生鲜电商选择代理模式（A）。

为了更直观地呈现命题 2.1，绘制图 2.1 表示上述区域。

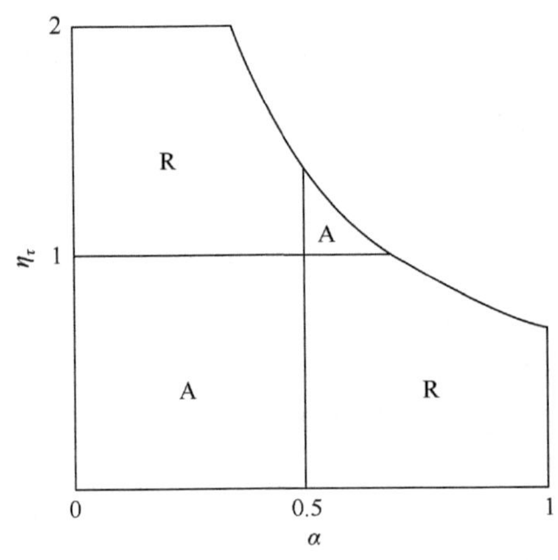

图 2.1　生鲜电商合作模式选择图

命题 2.1（1）表明，当佣金率低于 1/2 时，若保鲜效率较低，生鲜电商会选择代理模式与零售店合作；若保鲜效率较高，生鲜电商会选择批发模式。这是因为，若保鲜效率较低，意味着新鲜度提高带来的需求增长效果较弱，需更多依靠价格和服务来刺激需求。此时佣金率较低，生鲜电商选择代理模式能保留大部分利润，则生鲜电商更倾向选择代理模式从而直接掌握生鲜农产品的定价权，并通过调整价格和服务水平来刺激需求。若保鲜效率较高，新鲜度提高带来的需求增长效果较强，但此时较低的佣金率使得零售店在代理模式下只能分得小部分利润，其提高保鲜投入水平的动机不足，因此生鲜电商会选择批发模式，将生鲜农产品的定价权转移给零售店以刺激其提高保鲜投入水平，从而较大地提高生鲜农产品的市场需求。

命题 2.1（2）表明，当佣金率高于 1/2 时，若保鲜效率较低，生鲜电商会选择批发模式；若保鲜效率较高，生鲜电商会选择代理模式。这是因为，若保鲜效率较低，新鲜度提高带来的需求增长效果较弱，而较高的佣金率使得生鲜电商在代理模式下需向零售店支付大部分利润作为佣金，显然生鲜电商在这种情形下会选择批发模式；若保鲜效率较高，新鲜度提高带来的需求增长效果较强，并且较高的佣金率能进一步刺激零售店提高保鲜投入水平，使得生鲜电商由于需求增加所增长的利润大于其向零售店支付的高佣金成本，生鲜电商更倾向于选择代理模式。

由于不同种类的生鲜农产品的保鲜效率不同，结合实际，针对具有不同保鲜效率的生鲜农产品，生鲜电商的模式选择取决于佣金率的大小。针对保鲜效率较低的生鲜农产品，如苹果、梨、牛油果等易腐性较低的水果，此类生鲜农产品新鲜度提高带来的需求增长效果较弱，当佣金率低于 1/2 时，生鲜电商应选择代理模式与零售店进行合作；当佣金率高于 1/2 时，生鲜电商应选择批发模式与零售店进行合作。而针对保鲜效率较高的生鲜农产品，如菠菜、生菜等叶类蔬菜，或香蕉、樱桃等易腐性较高的水果，此类生鲜农产品新鲜度提高带来的需求增长效果较强，当佣金率低于 1/2 时，生鲜电商应选择批发模式与零售店进行合作；当佣金率高于 1/2 时，生鲜电商应选择代理模式与零售店进行合作。

2）零售店的合作策略

给定生鲜电商的模式选择，通过对比零售店和供应链（sc）利润，可以发现对生鲜电商和供应链最有利的合作模式对零售店并不总是最优的。那么，我们来考虑零售店在与生鲜电商合作时，是否可以事先通过与生鲜电商协商佣金率的大小，使生鲜电商选择对双方都最优的合作模式。由此我们得到命题 2.2。

命题 2.2　当 $0<\eta_\tau<\eta_{\tau1}$，$\max(0,\eta_{s2})<\eta_s<\eta_{s1}$，若 $1/2<\alpha<1$，则 $\pi_e^{A*}<\pi_e^{R*}$，$\pi_r^{A*}>\pi_r^{R*}$，$\pi_{sc}^{A*}<\pi_{sc}^{R*}$，生鲜电商选择批发模式，但此时零售店的最优选择为代理模式，则零售店有动机将佣金率降低至 $0<\alpha<1/2$ 内，使得 $\pi_e^{A*}>\pi_e^{R*}$，$\pi_r^{A*}>\pi_r^{R*}$，$\pi_{sc}^{A*}>\pi_{sc}^{R*}$，生鲜电商和零售店的最优选择都为代理模式。

其中，$\eta_{\tau1}=\dfrac{\alpha^2-\alpha+1-\sqrt{\alpha^4-2\alpha^3+5\alpha^2-4\alpha+1}}{2\alpha-2\alpha^2}$，$\eta_{s1}=$

$$\frac{2((\alpha-4\alpha^2)\eta_\tau{}^2+(8\alpha^2+\alpha-1)\lambda_\tau-6\alpha+2+\sqrt{\alpha(\eta_\tau-2)(\eta_\tau-1)^2(2\alpha-1)^2(3\alpha\eta_\tau-2)})}{(2\alpha^2+2\alpha-1)\eta_\tau+2\alpha^2-6\alpha+2},$$

$\eta_{s2}=\dfrac{2(M_1+M_2)}{(6\alpha^2-4\alpha+1)\lambda_\tau-2\alpha^2}$，$M_1=(6\alpha-8\alpha^2-2)\eta_\tau{}^2+6(4\alpha^2-3\alpha+1)\eta_\tau-8\alpha^2+4\alpha-2$，

$M_2=\sqrt{(\eta_\tau-1)^2(2\alpha-1)^2((7\alpha^2-4\alpha+1)\eta_\tau{}^2+(6\alpha-14\alpha^2-2)\eta_\tau+4\alpha^2+1)}$。

命题 2.2 表明，当保鲜效率很低，服务效率相对较高时，若零售店要求的佣金率高于 1/2，则生鲜电商会选择批发模式，零售店实际无法得到较高的佣金，被迫在次优的批发模式下合作。若零售店主动要求将佣金率降低至 1/2 以内，则生鲜电商会选择代理模式，此时生鲜电商和零售店的利润都在代理模式下更高，双方在代理模式下实现共赢。这是因为，对零售店而言，由于保鲜效率很低，新鲜

度的提升对需求的增长效果很弱，若以批发模式合作，零售店只能通过低价策略刺激需求。但双重边际效应的存在使零售店很难采取低价策略，零售店在批发模式下的销售风险较大，更愿意选择代理模式降低风险。对生鲜电商而言，服务效率较高说明服务水平的提高对需求的增长效果较强，生鲜电商需投入较高的服务水平，若此时零售店在代理模式下要求分得一大半的收入，显然生鲜电商不愿意让零售店搭便车，会选择批发模式。若零售店要求的佣金率低于 1/2，代理模式下生鲜电商可以保留大部分利润，在保鲜效率很低时其会选择代理模式。进一步地，命题 2.2 表明，当销售保鲜效率很低，服务效率相对较高的生鲜农产品时，如木瓜、牛油果等，这类生鲜农产品新鲜度衰减较慢，消费者对营养推荐、食疗菜谱等服务较为敏感，零售店在与生鲜电商协商佣金率时不应要求太高的佣金率，否则生鲜电商会选择对零售店次优的批发模式。

2.1.3 生鲜农产品供应链 O2O 合作模式的改善

通过对比生鲜电商、零售店和供应链整体在代理模式和批发模式下的利润大小，我们发现生鲜电商和零售店的模式偏好并不总是一致的，并且生鲜电商选择的合作模式也并不一定对供应链整体是最有利的。那么，当生鲜电商和零售店的模式偏好不一致时，是否可以设计契约使得双方在供应链总利润最大的情形下达成合作？为解决以上问题，本节将分析生鲜电商和零售店组成的生鲜 O2O 供应链中存在的合作模式改善情形并设计契约以改善双方合作模式。

首先，通过比较生鲜电商、零售店和供应链利润在两种模式下的大小，得到命题 2.3。

命题 2.3 生鲜电商和零售店在合作模式选择上存在以下两种可改善的情形。

（1）情形Ⅰ：当$0<\alpha<1/2$，$\eta_{\tau1}<\eta_\tau<1$，$0<\eta_s<\eta_{s3}$时［情形Ⅰ（ⅰ）］，或者当$1/2<\alpha<2/3$，$1<\eta_\tau<2/3\alpha$，$0<\eta_s<\eta_{s3}$时［情形Ⅰ（ⅱ）］，有$\pi_e^{A*}>\pi_e^{R*}$，$\pi_r^{A*}<\pi_r^{R*}$，$\pi_{sc}^{A*}<\pi_{sc}^{R*}$。

（2）情形Ⅱ：当$1/2<\alpha<1$，$0<\eta_\tau<\eta_{\tau1}$，$0<\eta_s<\eta_{s2}$时，有$\pi_e^{A*}<\pi_e^{R*}$，$\pi_r^{A*}>\pi_r^{R*}$，$\pi_{sc}^{A*}>\pi_{sc}^{R*}$。

其中，$\eta_{s3}=\dfrac{2(M_1-M_2)}{(6\alpha^2-4\alpha+1)\eta_\tau-2\alpha^2}$。

命题 2.3 中的情形Ⅰ表明，生鲜电商选择代理模式的利润更高，而零售店利润和供应链利润在批发模式下更高。这是因为，在情形Ⅰ（ⅰ）下，生鲜电商会选择代理模式，然而，由于此时服务效率和保鲜效率都较低，提高服务水平和保鲜投入水平对需求的增长效果较弱，生鲜电商将降低价格刺激需求，这使得零售店在低佣金率下分得的佣金很少，零售店更偏好批发模式。对供应链来说，由于代理模式下采取低价刺激需求，而批发模式下双重边际效应的存在使得供应链整体的边际收入较高，边际收入提高对利润的正向影响更大，供应链利润在批发模式下更大。在情形Ⅰ（ii）下，生鲜电商选择代理模式，此时在较高佣金率下，生鲜电商为提高保留收入会提高价格，对需求造成负向影响。而批发模式可以消除高佣金率对需求的负向影响，同时保鲜效率较高表明新鲜度提高对需求的增长效果较强。与代理模式相比，批发模式下的需求更大，需求增加给零售店和供应链带来了更多利润。情形Ⅰ意味着生鲜电商和零售店在合作过程中可设计一定的契约进行合作模式改善，使双方在批发模式下达成合作，实现双方利润改善。

命题 2.3 中的情形Ⅱ表明，生鲜电商选择批发模式的利润更高，而零售店利润和供应链利润在代理模式下更高。这是因为，在情形Ⅱ下生鲜电商会选择批发模式，但由于保鲜效率很低并且服务效率较低，提高新鲜度和服务水平对需求的增长效果很弱，零售店应采取降价措施刺激需求，但由于双重边际效应的存在，零售店降低价格将使得边际收入降低。而代理模式下由于佣金率较高，零售店可分得大部分利润，则较高佣金收入的代理模式更受零售店青睐。对供应链来说，由于代理模式是由生鲜电商直接掌握生鲜农产品的定价权，有较大的成本空间降低价格刺激需求，则供应链利润在代理模式下更高。与情形Ⅰ类似，生鲜电商和零售店在情形Ⅱ下仍可设计契约使双方在代理模式下合作，实现双方利润改善。

为了更直观地表示命题 2.3 中的结论，绘制图 2.2 进行分析。其中 $\Delta\pi_e = \pi_e^{A*} - \pi_e^{R*}$，$\Delta\pi_r = \pi_r^{A*} - \pi_r^{R*}$，$\Delta\pi_{sc} = \pi_{sc}^{A*} - \pi_{sc}^{R*}$。

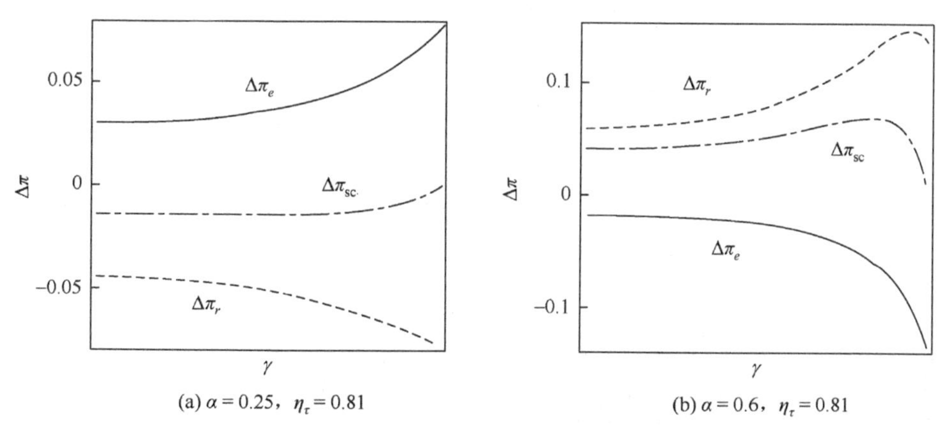

(a) $\alpha = 0.25$，$\eta_\tau = 0.81$　　(b) $\alpha = 0.6$，$\eta_\tau = 0.81$

图 2.2 供应链成员及整体利润比较

由图 2.2（a）可知，情形Ⅰ下，生鲜电商在代理模式下获得更高利润，但零售店和供应链在批发模式下获得的利润更高，说明此时生鲜电商和零售店若通过一定的契约使双方从代理模式转换到批发模式下达成合作，可以实现供应链利润和自身利润改善。由图 2.2（b）可知，在情形Ⅱ下，生鲜电商在批发模式下获得更高利润，但零售店和供应链在代理模式下获得的利润更大，说明此时若生鲜电商和零售店通过一定的契约使双方转换到代理模式下达成合作，可以实现自身利润和供应链利润改善。

2.1.4　生鲜农产品供应链 O2O 合作模式改善契约设计

由于以上两种情形分别代表两种不同的合作模式改善情形，并且参数条件较为复杂，因此，下面将分别针对情形Ⅰ和情形Ⅱ中可实现合作模式改善的参数区域设计契约以实现合作模式改善。

1. 情形Ⅰ的合作模式改善

在情形Ⅰ下，生鲜电商和零售店可通过一定契约进行合作模式改善，从而使双方在供应链利润更高的批发模式下进行合作，实现双方利润改善。在固定转移支付契约下（用上标 T 表示），生鲜电商和零售店的利润函数分别为

$$\pi_e^{\mathrm{T}} = wd - \frac{1}{2}k_s s^2 + F \tag{2.6}$$

$$\pi_r^{\mathrm{T}} = (p - w)d - \frac{1}{2}k_\tau \tau^2 - F \tag{2.7}$$

并且此时的最优利润需满足 $\pi_r^{\mathrm{T}*} > \pi_r^{\mathrm{A}*}$，$\pi_e^{\mathrm{T}*} > \pi_e^{\mathrm{A}*}$。求解上式可得命题 2.4。

命题 2.4　在情形Ⅰ下，当生鲜电商向零售店收取的固定费用 F 满足 $F \in (F_{\min}, F_{\max})$ 时，生鲜电商和零售店能够转换到批发模式下达成合作。

其中，$F_{\min} = \pi_e^{\mathrm{A}*} - \pi_e^{\mathrm{R}*}$，$F_{\max} = \pi_r^{\mathrm{R}*} - \pi_r^{\mathrm{A}*}$。

命题 2.4 表明，在情形Ⅰ下，当生鲜电商收取的固定费用满足上述区间条件时，转移支付契约能实现双方的利润改善，使得双方在供应链利润更高的批发模式下达成合作，其具体大小由生鲜电商和零售店讨价还价决定。

2. 情形Ⅱ的合作模式改善

在情形Ⅱ下，生鲜电商和零售店可设计一定契约进行合作模式改善，从而使双方在供应链利润更高的代理模式下进行合作，实现双方利润改善。在固定转移支付契约下，生鲜电商和零售店的利润函数分别为

$$\pi_e^{\mathrm{T}} = (1 - m)pd - \frac{1}{2}k_s s^2 + F \tag{2.8}$$

$$\pi_r^{\mathrm{T}} = mpd - \frac{1}{2}k_\tau \tau^2 - F \tag{2.9}$$

并且此时的最优利润需满足 $\pi_r^{\mathrm{T}*} > \pi_r^{\mathrm{R}*}$，$\pi_e^{\mathrm{T}*} > \pi_e^{\mathrm{R}*}$。求解上式可得命题 2.5。

命题 2.5　在情形Ⅱ下，当生鲜电商向零售店收取的固定费用 F 满足 $F \in (F_{\min}, F_{\max})$ 时，生鲜电商和零售店能够转换到代理模式下达成合作。

其中，$F_{\min} = \pi_e^{R*} - \pi_e^{A*}$，$F_{\max} = \pi_r^{A*} - \pi_r^{R*}$。

命题 2.5 表明，在情形Ⅱ下，当生鲜电商收取的固定费用满足上述区间条件时，转移支付契约能实现双方的利润改善，使得双方在供应链利润更高的代理模式下达成合作，其具体大小由双方讨价还价决定。

2.1.5　合作模式改善对价格和保鲜策略的影响

由上述分析可知，合作模式的改变不仅能实现供应链成员的利润改善，同时合作模式的改变也会带来生鲜电商和零售店定价、服务和保鲜策略的改变。因此，有必要分析合作模式转换后最优决策的变化情况，以期为企业实践带来更多启示。

1. 情形Ⅰ的合作模式改善对价格和保鲜策略的影响

推论 2.3　情形Ⅰ的合作模式改善给供应链最优决策带来的影响如下。

（1）情形Ⅰ（i）：当 $0 < \alpha < 1/2$，$\eta_{\tau 1} < \eta_\tau < 1$，$0 < \eta_s < \eta_{s3}$ 时，$p^{R*} > p^{A*}$，$s^{R*} < s^{A*}$，$\tau^{R*} > \tau^{A*}$。

（2）情形Ⅰ（ii）：当 $1/2 < \alpha < 2/3$，$1 < \eta_\tau < 2/3\alpha$，$0 < \eta_s < \eta_{s3}$ 时，$p^{R*} < p^{A*}$，$s^{R*} < s^{A*}$，$\tau^{R*} < \tau^{A*}$。

由推论 2.3 可知，当生鲜电商和零售店转换到批发模式进行合作后，在情形Ⅰ（i）下，由于服务效率较低，生鲜电商会降低服务水平以节约成本。同时，我们发现在情形Ⅰ（i）下，零售店会提高价格和保鲜投入水平，即实行“优质优价”策略。这是因为，相比低佣金率下的代理模式，批发模式下零售店自己负责销售生鲜农产品，其保鲜动机更高，因此零售店会提高保鲜投入水平刺激需求，进一步地，零售店会提高价格以弥补保鲜成本的增加。

推论 2.3 表明，在情形Ⅰ（ii）下，生鲜电商会降低服务水平，零售店会降低价格和保鲜投入水平，即实行“低价促销”策略。这是因为，在代理模式下，较高的佣金率使得生鲜电商会制定较高的销售价格以提高保留收入，对生鲜农产品需求的负向影响较大，生鲜电商需提供较高水平的服务以降低该负向影响。不过，以批发模式合作可以消除高佣金率导致的负向影响。因此，生鲜电商会降低服务水平以节约成本，零售店会降低价格刺激需求，同时降低保鲜投入水平以节约成本。

为了更直观地表示推论 2.3 中的结论，绘制图 2.3 进行分析。其中 $\Delta p^{\mathrm{I}} = p^{R*} - p^{A*}$，$\Delta s^{\mathrm{I}} = s^{R*} - s^{A*}$，$\Delta \tau^{\mathrm{I}} = \tau^{R*} - \tau^{A*}$。

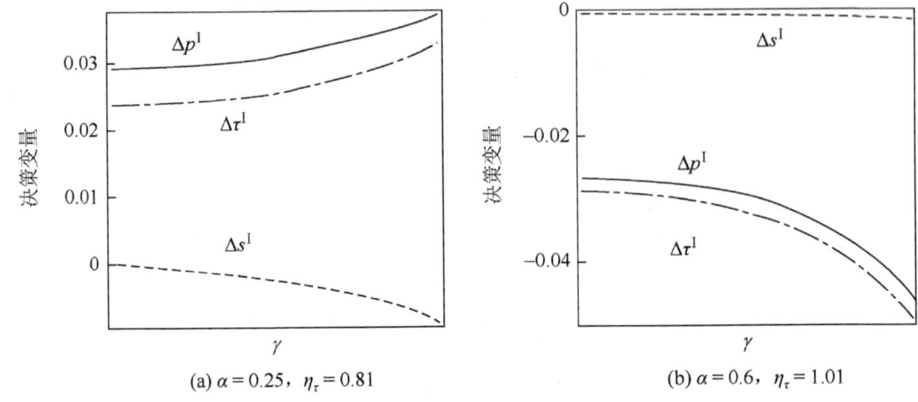

图 2.3　情形Ⅰ下合作模式改善对最优决策的影响

由图 2.3（a）可知，在情形Ⅰ下，当佣金率较低，保鲜效率相对较低时，批发模式下生鲜农产品的价格和保鲜投入水平将提高，服务水平将降低，说明此时生鲜电商和零售店实行“优质优价”策略。由图 2.3（b）可知，在情形Ⅰ下，当佣金率较高，保鲜效率相对较高时，批发模式下生鲜农产品的价格、保鲜投入水平和服务水平都将降低，说明此时生鲜电商和零售店实行“低价促销”策略。

2. 情形Ⅱ的合作模式改善对价格和保鲜策略的影响

推论 2.4　情形Ⅱ的合作模式改善给供应链最优决策带来的影响如下。

（1）情形Ⅱ（ⅰ）：当$1/2<\alpha<1$，$0<\eta_\tau<\eta_{\tau1}$，$\max(0,\eta_{s4})<\eta_s<\min(2,\eta_{s2})$时，$p^{A*}<p^{R*}$，$s^{A*}<s^{R*}$，$\tau^{A*}>\tau^{R*}$。

（2）情形Ⅱ（ⅱ）：当$1/2<\alpha<1$，$\eta_{\tau2}<\eta_\tau<\eta_{\tau1}$，$0<\eta_s<\eta_{s4}$时，$p^{A*}>p^{R*}$，$s^{A*}<s^{R*}$，$\tau^{A*}>\tau^{R*}$。

（3）情形Ⅱ（ⅲ）：当$1/2<\alpha<2/3$，$0<\eta_\tau<\eta_{\tau3}$，$2<\eta_s<\eta_{s2}$时，$p^{A*}<p^{R*}$，$s^{A*}<s^{R*}$，$\tau^{A*}<\tau^{R*}$。

其中，$\eta_{\tau2}=\dfrac{2-3\alpha}{1-\alpha}$，$\eta_{\tau3}=\dfrac{3}{2}-\sqrt{\dfrac{9}{4}-\dfrac{1}{\alpha}}$，$\eta_{s4}=\dfrac{2\alpha\eta_\tau^{\,2}-6\alpha\eta_\tau+2}{\alpha\eta_\tau-3\alpha-\eta_\tau+2}$。

由推论 2.4 可知，在情形Ⅱ下，由于佣金费用较高且服务效率较低，生鲜电商为节约成本总是会降低服务水平。在情形Ⅱ（ⅰ）下，生鲜农产品的销售价格会降低，保鲜投入水平会提高，即采取“优质低价”策略。由于情形Ⅱ（ⅰ）下保鲜效率很低并且服务效率较低，提高保鲜投入水平和服务水平对需求的增长效果较弱，此时生鲜电商会降低价格刺激需求，而零售店由于较高的佣金收入会选择提高保鲜水平以减缓需求流失，这意味着此时消费者能够以较低的价格购买到更新鲜的生鲜农产品，显然能增加消费者剩余。

在情形Ⅱ（ii）下，价格和保鲜投入水平都会提高，即采取“优质优价”策略。这是因为高佣金率下生鲜电商会提高价格以提高保留收入，并且由于保鲜效率较高，则高佣金收入和保鲜效率的提高会刺激零售店提高保鲜投入水平。

在情形Ⅱ（iii）下价格和保鲜投入水平都会降低，即采取“低价促销”策略。由于过低的保鲜效率使得保鲜投入的增加对需求的增长效果很弱，生鲜电商需采取低价策略刺激需求，零售店会降低保鲜投入水平以节约成本。

为了更直观地表示推论 2.4 中的结论，绘制图 2.4 进行分析。其中 $\Delta p^{\mathrm{II}} = p^{\mathrm{A}*} - p^{\mathrm{R}*}$，$\Delta s^{\mathrm{II}} = s^{\mathrm{A}*} - s^{\mathrm{R}*}$，$\Delta \tau^{\mathrm{II}} = \tau^{\mathrm{A}*} - \tau^{\mathrm{R}*}$。

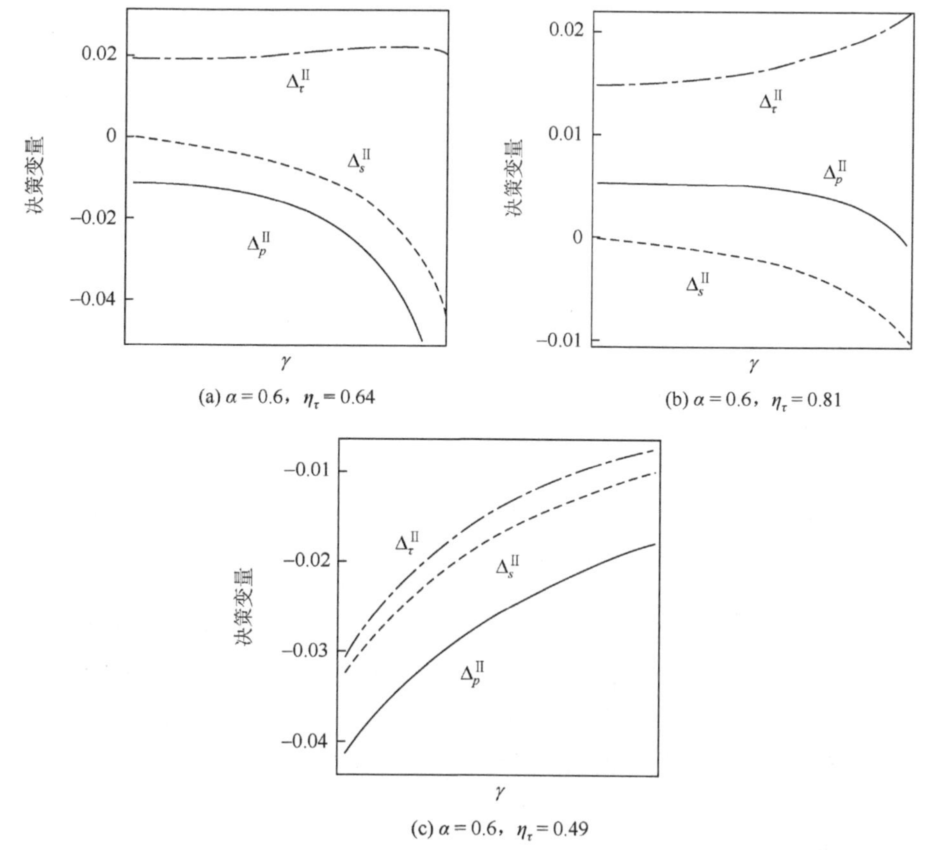

图 2.4　情形Ⅱ下合作模式改善对最优决策的影响

由图 2.4（a）可知，在情形Ⅱ下，当佣金率较高，保鲜效率较低时，代理模式下生鲜农产品的价格和服务水平将降低，保鲜投入水平将提高，说明此时生鲜电商和零售店实行“优质低价”策略。由图 2.4（b）可知，情形Ⅱ下，当佣金率较高，保鲜效率相对较低时，代理模式下生鲜农产品的价格和保鲜投入水平将提高，服务水平将降低，说明此时生鲜电商和零售店实行“优质优价”策略。由图 2.4（c）可知，当佣金率较高，保鲜效率过低时，生鲜农产品的价格、保鲜投入水平和服务水平都将下降，说明此时生鲜电商和零售店实行“低价促销”策略。

2.2　不确定需求下生鲜供应链的 O2O 模式选择策略

生鲜电商的迅速发展带来了平台合作模式的多样性，这为生鲜农产品供应商入驻平台的合作模式选择提供了更多可能性。例如，生鲜农产品供应商在入驻京东生鲜、天猫超市、苏宁生鲜等生鲜电商时，平台为供应商提供了批发或代理销售两种合作模式进行选择。由于不同合作模式的利益分配方式不同，供应商在加入生鲜电商时通常面临选择何种合作模式的问题。此外，由于生鲜农产品具有易腐性特征，生鲜供应商和生鲜电商为减少生鲜农产品在流通过程中的损耗，通常会选择直接由供应商将生鲜农产品保鲜配送到消费者手中。例如，京东生鲜、苏宁生鲜、达令家销售的部分生鲜农产品由供应商直接发货给消费者；拼多多、兴盛优选、果酷星选销售的生鲜农产品也直接由供应商进行保鲜配送。显然，由于不同合作模式下生鲜农产品供应链中的利益分配机制不同，将导致供应商的保鲜动机存在差异，这将直接影响生鲜农产品供应链绩效，使得供应商的合作模式选择问题变得更加重要也更加复杂。

在实践中，由于生鲜农产品的市场需求往往存在不确定性，这会对供应商的合作模式选择策略产生影响。在生鲜农产品供应链中，生鲜电商销售生鲜农产品往往可以积累大量消费者数据，从而有利于平台根据消费者数据预测生鲜农产品的市场需求数量。而生鲜农产品供应商由于距离消费端较远，往往较难掌握消费者数据从而预计消费者需求。因此，生鲜电商有权决策是否共享信息，且可以通过信息共享策略来影响供应商的合作模式选择策略。值此背景下，有必要探讨作为信息优势方的生鲜电商的信息共享策略，以及考察信息共享策略与供应商合作模式选择策略之间的交互关系，以期为电子商务环境下生鲜农产品供应链中相关企业的信息共享合作与合作模式选择策略给出管理学启示。

2.2.1　问题描述

在由一个生鲜农产品供应商（简称供应商，用下标 s 表示）和一个生鲜电商（简称生鲜电商，用下标 e 表示）组成的生鲜农产品供应链中，供应商可选择批发模式或代理模式与生鲜电商进行合作（图 2.5）。在批发模式下，供应商首先以批发价格 w 将生鲜农产品销售给生鲜电商，然后生鲜电商制定销售价格 p_e 将生鲜农产品销售给消费者；在代理模式下，供应商直接负责生鲜农产品的定价与销售，其

销售价格为 p_s，每单位订单供应商需向生鲜电商支付 α（$0<\alpha<1$）比例的佣金。考虑到现实生活中生鲜电商往往与众多生鲜农产品供应商通过代理模式进行合作，不会为每一位合作的供应商单独制定佣金比例，进而本节假设生鲜电商佣金比例 α 为外生变量，这样的假设也被广泛应用在类似的研究中，如 Ye 等（2018）、Geng 等（2018）的研究。

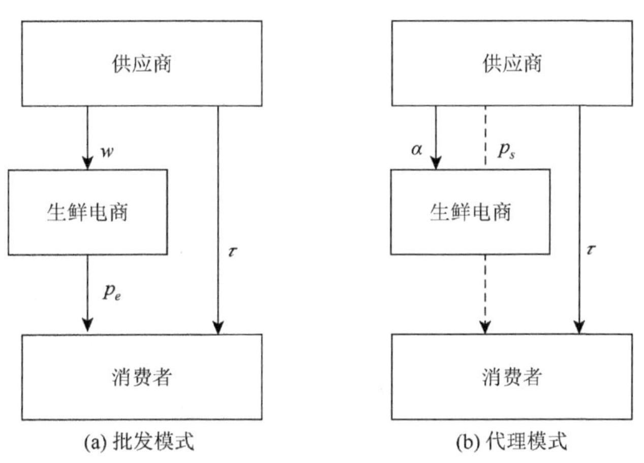

图 2.5　批发和代理模式下的供应链结构图

1. 需求函数

由于生鲜农产品具有易腐性，生鲜农产品通常需要保鲜配送，许多生鲜电商和供应商在合作过程中为减少损耗会选择由供应商将生鲜农产品保鲜配送到消费者手中，供应商的保鲜投入水平为 τ。考虑到生鲜农产品的新鲜度受保鲜投入水平的影响，保鲜投入水平越高，生鲜农产品新鲜度衰减得越慢，结合 Cai 等（2010）的研究，本节假设供应商投入保鲜努力以后的新鲜度函数为 $\theta(\tau)=\theta_0\tau$，其中 θ_0 为生鲜农产品的初始新鲜度。

由于生鲜农产品的新鲜度降低会造成一定比例的需求流失，可得生鲜农产品需求函数为

$$d = A - p_i - \delta(\theta_0 - \theta(\tau)) \tag{2.10}$$

其中，$i\in(e,s)$；$\delta(\theta_0-\theta(\tau))$ 表示新鲜度流失对生鲜农产品需求的影响；δ 表示消费者的新鲜度敏感系数，δ 越高表示消费者对新鲜度的敏感性越高；A 表示市场潜在需求，市场潜在需求 A 具有高低两种状态，$A=H$ 表示市场潜在需求为高状态，$A=L$ 表示市场潜在需求为低状态。不失一般性，本节假设市场潜在需求高低状态出现的概率相等，即 $\Pr(A=H)=\Pr(A=L)=1/2$，这一概率为生鲜电商和生产商的共同知识，由此可得平均市场需求 $\overline{A}=(H+L)/2$。

供应商在进行生鲜农产品的保鲜配送过程中需投入一定的人力和保鲜设备（如冷箱、冷链车等），同时考虑到保鲜投入成本随着保鲜投入水平的提高严格递增，即满足$\partial c(\tau)/\partial\tau > 0$以及$\partial^2 c(\tau)/\partial\tau^2 > 0$，故本节采用二次形式将供应商的保鲜成本表示为$c(\tau)=\tau^2/2$。

进一步地，不失一般性且不影响本节的计算结果，本节将生鲜农产品的初始新鲜度θ_0标准化为1。

2. 信息结构

生鲜电商通过平台销售生鲜农产品可积累大量消费者数据，从而可以更为准确地预测生鲜农产品需求数量。生鲜电商从消费者数据中获得需求预测信号 Y，当$Y=h$时代表需求信号显示市场潜在需求状态为H，当$Y=l$时表示需求信号显示市场潜在需求状态为L。本节定义信息精度为$\rho=\Pr(h\mid H)=\Pr(l\mid L)$，$\rho\in[1/2,1]$，信息精度越高表明获取的信息准确性越高，这一信息结构被广泛用于信息共享的相关文献中，如 Iyer 等（2007）、Guo 和 Iyer（2010）、Li 和 Zhang（2015）的研究。

由此我们可以得到$\Pr(H\mid h)=\Pr(L\mid l)=\rho$，$\Pr(L\mid h)=\Pr(H\mid l)=1-\rho$，$\hat{H}=E(A\mid h)=\rho H+(1-\rho)L$，$\hat{L}=E(A\mid l)=\rho L+(1-\rho)H$。

对任意的$\rho\in[1/2,1]$，都会有$\Pr(H\mid h)=\Pr(L\mid l)\geqslant\Pr(H)=\Pr(L)$成立，表明需求预测总是能增加需求信息，并且随着$\rho$的增加，生鲜电商对于需求预测的精确度也在提高。

3. 事件过程

考虑生鲜电商的信息共享策略和供应商的模式选择为长期决策，本节主要的决策顺序如下。

（1）合作初期，供应商首先决策合作模式（批发/代理）。

（2）给定供应商的合作策略选择，在观察到需求信号前，生鲜电商决策信息共享策略。

（3）生鲜电商观察到需求信号Y，并按之前的约定进行信息共享/不共享。在批发模式下，供应商首先决策批发价格w和保鲜投入水平τ，接着生鲜电商决策销售价格p_e；在代理模式下，供应商决策销售价格p_s和保鲜投入水平τ。

（4）实际需求发生，双方实现各自利润。

2.2.2 不同合作模式下的生鲜农产品供应链信息共享策略

本节采用上标X和Z分别表示供应商的合作模式选择策略和生鲜电商的信

息共享策略，$X=\mathrm{R}$ 表示供应商选择批发模式，$X=\mathrm{A}$ 表示供应商选择代理模式，$Z=\mathrm{I}$ 表示生鲜电商选择信息共享，$Z=\mathrm{N}$ 表示生鲜电商选择不共享信息。根据供应商和生鲜电商的策略选择，共有四种情形：RI、RN、AI、AN。接下来将通过逆序求解，分析生鲜电商和供应商在给定信息结构和合作模式下的最优决策和利润。

1. 批发模式下信息共享时的均衡分析

当供应商选择批发模式与生鲜电商进行合作，并且生鲜电商选择需求信息共享时，生鲜电商和供应商的期望利润函数分别为

$$E(\pi_e \mid Y)^{\mathrm{RI}} = E((p_e - w)d \mid Y) \tag{2.11}$$

$$E(\pi_s \mid Y)^{\mathrm{RI}} = E\left(wd - \frac{1}{2}\tau^2 \mid Y\right) \tag{2.12}$$

逆序求解，即先求得生鲜电商的销售价格决策，再求得供应商的批发价格和保鲜投入水平决策，由此可得生鲜电商和供应商的最优决策，得到定理 2.3。

定理 2.3 批发模式下，当生鲜电商选择信息共享时，生鲜电商与供应商的最优决策和最优利润如下。

（1）生鲜电商和供应商的最优决策分别为

$$w^{\mathrm{RI}*} = \frac{2(E(A\mid Y)-\delta)}{4-\delta^2}, \quad \tau^{\mathrm{RI}*} = \frac{\delta(E(A\mid Y)-\delta)}{4-\delta^2}, \quad p_e^{\mathrm{RI}*} = \frac{3(E(A\mid Y)-\delta)}{4-\delta^2}$$

（2）生鲜电商和供应商的最优利润分别为

$$E\pi_e^{\mathrm{RI}*} = \frac{(\hat{H}-\delta)^2+(\hat{L}-\delta)^2}{2(4-\delta^2)^2}, \quad E\pi_s^{\mathrm{RI}*} = \frac{(\hat{H}-\delta)^2+(\hat{L}-\delta)^2}{16-4\delta^2}$$

证明 采用逆序求解法，首先求解生鲜电商的销售价格决策，由 $\frac{\partial^2 E\pi_e}{\partial {p_e}^2} = -2$ 可知 $E\pi_e$ 为 p_e 的凹函数，令 $\frac{\partial E\pi_e}{\partial p_e} = 0$ 可得 $p_e^{\mathrm{RI}*}(w,\tau) = \frac{E(A\mid Y)+w-\delta(1-\tau)}{2}$，$p_e^{\mathrm{RI}*}$ 关于 w 和 τ 的反应方程代入 $E\pi_s^{\mathrm{RI}}$ 中求解可得供应商的最优决策 $w^{\mathrm{RI}*}$ 和 $\tau^{\mathrm{RI}*}$。首先验证 $E\pi_s^{\mathrm{RI}}$ 关于 w 和 τ 的联合凹性，$E\pi_s^{\mathrm{RI}}$ 关于 w 和 τ 的 Hessian 矩阵为

$$H(w,\tau) = \begin{pmatrix} \frac{\partial^2 E\pi_s}{\partial w^2} & \frac{\partial^2 E\pi_s}{\partial w \partial \tau} \\ \frac{\partial^2 E\pi_s}{\partial \tau \partial w} & \frac{\partial^2 E\pi_s}{\partial \tau^2} \end{pmatrix} = \begin{pmatrix} -1 & \frac{\delta}{2} \\ \frac{\delta}{2} & -1 \end{pmatrix}$$

其中，$H_1=-1<0$，$H_2=1-\delta^2/4$，要使 Hessian 矩阵负定则应满足 $H_2>0$，即 $1-\delta^2/4>0$。在此条件下令 $\frac{\partial E\pi_s}{\partial \tau}=0$，$\frac{\partial E\pi_s}{\partial w}=0$，可得供应商的最优决策 $w^{\mathrm{RI}*}$ 和

$\tau^{\text{RI*}}$。将求解的 $w^{\text{RI*}}$ 和 $\tau^{\text{RI*}}$ 代入 $p_e^{\text{RI*}}(w,\tau)$ 可得 $p_e^{\text{RI*}}$，最后将最优决策代入生鲜电商和供应商的利润函数可得批发模式信息共享下生鲜电商与供应商的最优利润。证毕。

2. 批发模式下无信息共享时的均衡分析

当供应商选择批发模式与生鲜电商进行合作，但生鲜电商选择不进行需求信息共享时，生鲜电商和供应商的期望利润函数分别为

$$E(\pi_e \mid Y)^{\text{RN}} = E((p_e - w)d \mid Y) \tag{2.13}$$

$$E\pi_s^{\text{RN}} = wd - \frac{1}{2}\tau^2 \tag{2.14}$$

通过逆序求解，可得生鲜电商和供应商此时的最优决策，由此得到定理 2.4。

定理 2.4 批发模式下，当生鲜电商选择不信息共享时，生鲜电商与供应商的最优决策和最优利润如下。

（1）生鲜电商和供应商的最优决策分别为：$w^{\text{RN*}} = \dfrac{2(\bar{A}-\delta)}{4-\delta^2}$，$\tau^{\text{RN*}} = \dfrac{\eta(\bar{A}-\delta)}{4-\delta^2}$，$p_e^{\text{RN*}} = \dfrac{4E(A \mid Y) + 2\bar{A} - 6\delta - \delta^2(E(A \mid Y) - \bar{A})}{8-2\delta^2}$。

（2）生鲜电商和供应商的最优利润分别为：$E\pi_e^{\text{RN*}} = \dfrac{(4\hat{H} + 2\bar{A} - 2\delta - \delta^2(\hat{H}-\bar{A}))^2}{8(4-\delta^2)^2} + \dfrac{(4\hat{L} + 2\bar{A} - 2\delta - \delta^2(\hat{L}-\bar{A}))^2}{8(4-\delta^2)^2}$，$E\pi_s^{\text{RN*}} = \dfrac{(\bar{A}-\delta)^2}{8-2\delta^2}$。

证明 采用逆序求解法，首先求解生鲜电商的销售价格决策，由 $\dfrac{\partial^2 E\pi_e}{\partial {p_e}^2} = -2$ 可知 $E\pi_e$ 为 p_e 的凹函数，令 $\dfrac{\partial E\pi_e}{\partial p_e} = 0$ 可得 $p_e^{\text{RN*}}(w,\tau) = \dfrac{E(A \mid Y) + w - \delta(1-\tau)}{2}$。由于生鲜电商此时并未共享信息，生鲜供应商根据期望市场需求进行求解，即对供应商而言 $p_e^{\text{RN*}} = \dfrac{\bar{A} + w - \delta(1-\tau)}{2}$，将 $p_e^{\text{RN*}} = \dfrac{\bar{A} + w - \delta(1-\tau)}{2}$ 关于 w 和 τ 的反应方程代入 $E\pi_s^{\text{RN}}$ 中求解可得供应商的最优决策 $w^{\text{RN*}}$ 和 $\tau^{\text{RN*}}$。首先验证 $E\pi_s^{\text{RN}}$ 关于 w 和 τ 的联合凹性，$E\pi_s^{\text{RN}}$ 关于 w 和 τ 的 Hessian 矩阵为

$$H(w,\tau) = \begin{pmatrix} \dfrac{\partial^2 E\pi_s}{\partial w^2} & \dfrac{\partial^2 E\pi_s}{\partial w \partial \tau} \\ \dfrac{\partial^2 E\pi_s}{\partial \tau \partial w} & \dfrac{\partial^2 E\pi_s}{\partial \tau^2} \end{pmatrix} = \begin{pmatrix} -1 & \dfrac{\delta}{2} \\ \dfrac{\delta}{2} & -1 \end{pmatrix}$$

其中，$H_1 = -1 < 0$，$H_2 = 1 - \delta^2/4$，要使 Hessian 矩阵负定则应满足 $H_2 > 0$，即

$1-\delta^2/4>0$。在此条件下令 $\frac{\partial E\pi_s}{\partial \tau}=0$，$\frac{\partial E\pi_s}{\partial w}=0$，可得供应商的最优决策 $w^{\text{RN*}}$ 和 $\tau^{\text{RN*}}$。将求解得到的 $w^{\text{RN*}}$ 和 $\tau^{\text{RN*}}$ 代入 $p_e^{\text{RN*}}(w,\tau)=\frac{E(A|Y)+w-\delta(1-\tau)}{2}$ 可得 $p_e^{\text{RN*}}$，最后将最优决策代入生鲜电商和供应商的利润函数可得批发模式无信息共享下生鲜电商和供应商的最优利润。证毕。

3. 代理模式下信息共享时的均衡分析

当供应商选择代理模式与生鲜电商进行合作，并且生鲜电商选择需求信息共享时，生鲜电商和供应商的期望利润函数分别为

$$E(\pi_e|Y)=E(\alpha p_s d|Y) \tag{2.15}$$

$$E(\pi_s|Y)=E\left((1-\alpha)p_s d-\frac{1}{2}\tau^2|Y\right) \tag{2.16}$$

通过求解可得供应商在信息共享下代理模式的最优销售价格和保鲜投入决策，同时可得到生鲜电商和供应商的最优利润，如定理 2.5 所示。

定理 2.5　代理模式下，当生鲜电商共享需求预测信息时，供应商的最优决策以及生鲜电商和供应商的最优利润如下。

（1）供应商的最优决策为

$$p_s^{\text{AI*}}=\frac{E(A|Y)-\delta}{2-\delta^2+\alpha\delta^2},\quad \tau^{\text{AI*}}=\frac{\delta(1-\alpha)(E(A|Y)-\delta)}{2-\delta^2+\alpha\delta^2}$$

（2）生鲜电商和供应商的最优利润分别为

$$E\pi_e^{\text{AI*}}=\frac{\alpha((\hat{H}-\delta)^2+(\hat{L}-\delta)^2)}{2(2-(1-\alpha)\delta^2)^2},\quad E\pi_s^{\text{AI*}}=\frac{(1-\alpha)((\hat{H}-\delta)^2+(\hat{L}-\delta)^2)}{8-4(1-\alpha)\delta^2}$$

证明　若生鲜电商共享信息，则供应商在 AI 策略下根据 $E(A|Y)$ 进行决策。首先验证 $E\pi_s^{\text{AI}}$ 关于 p_s 和 τ 的联合凹性，$E\pi_s^{\text{AI}}$ 关于 p_s 和 τ 的 Hessian 矩阵为

$$H(p_s,\tau)=\begin{pmatrix}\frac{\partial^2 E\pi_s}{\partial {p_s}^2} & \frac{\partial^2 E\pi_s}{\partial p_s\partial\tau}\\ \frac{\partial^2 E\pi_s}{\partial\tau\partial p_s} & \frac{\partial^2 E\pi_s}{\partial {p_s}^2}\end{pmatrix}=\begin{pmatrix}2\alpha-2 & (1-\alpha)\delta\\ (1-\alpha)\delta & -1\end{pmatrix}$$

其中，$H_1=2\alpha-2<0$，$H_2=2-\delta^2+\alpha\delta^2$，要使 Hessian 矩阵负定则应满足 $H_2>0$，即 $2-\delta^2+\alpha\delta^2>0$。在此条件下令 $\frac{\partial E\pi_s}{\partial\tau}=0$，$\frac{\partial E\pi_s}{\partial p_s}=0$，可得供应商的最优决策 $p_s^{\text{AI*}}$ 和 $\tau^{\text{AI*}}$。最后将最优决策代入生鲜电商和供应商的利润函数可得代理模式信息共享下生鲜电商和供应商的最优利润。证毕。

4. 代理模式下无信息共享时的均衡分析

当供应商选择代理模式与生鲜电商进行合作，但生鲜电商选择不进行需求信息共享时，生鲜电商和供应商的期望利润函数分别为

$$E(\pi_e \mid Y) = E(\alpha p_s d \mid Y) \tag{2.17}$$

$$E\pi_s = (1-\alpha) p_s d - \frac{1}{2}\tau^2 \tag{2.18}$$

通过求解可得供应商在无信息共享下代理模式的最优销售价格和保鲜投入决策，同时可得到生鲜电商和供应商的最优利润，如定理 2.6 所示。

定理 2.6　代理模式下，当生鲜电商不共享需求预测信息时，供应商的最优决策和利润以及生鲜电商的最优利润如下。

（1）供应商的最优决策为

$$p_s^{\mathrm{AN}*} = \frac{\overline{A}-\delta}{2-\delta^2+\alpha\delta^2},\quad \tau^{\mathrm{AN}*} = \frac{\delta(1-\alpha)(\overline{A}-\delta)}{2-\delta^2+\alpha\delta^2}$$

（2）生鲜电商和供应商的最优利润分别为

$$E\pi_e^{\mathrm{AN}*} = \frac{\alpha(\overline{A}-\delta)^2}{(2-(1-\alpha)\delta^2)^2},\quad E\pi_s^{\mathrm{AN}*} = \frac{(1-\alpha)(\overline{A}-\delta)^2}{4-2(1-\alpha)\delta^2}$$

证明　若生鲜电商不共享信息，则供应商在 AN 策略下根据 $E(A)=\overline{A}$ 进行决策。首先验证 $E\pi_s^{\mathrm{AN}}$ 关于 p_s 和 τ 的联合凹性，$E\pi_s^{\mathrm{AN}}$ 关于 p_s 和 τ 的 Hessian 矩阵为

$$H(p_s,\tau) = \begin{pmatrix} \dfrac{\partial^2 E\pi_s}{\partial {p_s}^2} & \dfrac{\partial^2 E\pi_s}{\partial p_s \partial \tau} \\ \dfrac{\partial^2 E\pi_s}{\partial \tau \partial p_s} & \dfrac{\partial^2 E\pi_s}{\partial {p_s}^2} \end{pmatrix} = \begin{pmatrix} 2\alpha-2 & (1-\alpha)\delta \\ (1-\alpha)\delta & -1 \end{pmatrix}$$

其中，$H_1 = 2\alpha - 2 < 0$，$H_2 = 2-\delta^2+\alpha\delta^2$，要使 Hessian 矩阵负定则应满足 $H_2 > 0$，即 $2-\delta^2+\alpha\delta^2 > 0$。在此条件下令 $\dfrac{\partial E\pi_s}{\partial \tau} = 0$，$\dfrac{\partial E\pi_s}{\partial p_s} = 0$，可得供应商的最优决策 $p_s^{\mathrm{AN}*}$ 和 $\tau^{\mathrm{AN}*}$。最后将最优决策代入生鲜电商和供应商的利润函数可得代理模式无信息共享下生鲜电商和供应商的最优利润。证毕。

5. 生鲜电商的信息共享策略

分别比较批发模式和代理模式下生鲜电商共享信息与不共享信息的均衡利润，得到生鲜电商在批发模式和代理模式下的信息共享均衡策略。

命题 2.6　（1）批发模式下，生鲜电商的信息共享策略主要受消费者的新鲜度敏感性影响，当 $0<\delta<\min(\sqrt{2},\overline{\delta})$，$E\pi_e^{\mathrm{RN}} > E\pi_e^{\mathrm{RI}}$；当 $\sqrt{2}<\delta<\overline{\delta}$，$E\pi_e^{\mathrm{RN}} < E\pi_e^{\mathrm{RI}}$。

（2）代理模式下，生鲜电商共享需求信息始终有利，即 $E\pi_e^{\mathrm{AN}} < E\pi_e^{\mathrm{AI}}$ 恒成立。其中，$\bar{\delta} = \min(L, 4/H)$。

证明　由定理 2.3 和定理 2.4 可得，$E\pi_e^{\mathrm{RI*}} - E\pi_e^{\mathrm{RN*}} = \dfrac{(6-\delta^2)(\delta^2-2)(2\rho-1)^2(H-L)^2}{16(4-\eta^2)^2}$，由此可得 $\mathrm{sign}(E\pi_e^{\mathrm{RI*}} - E\pi_e^{\mathrm{RN*}}) = \mathrm{sign}(\delta^2-2)$，则有当 $0 < \delta < \min(\sqrt{2}, \bar{\delta})$，$E\pi_e^{\mathrm{RN}} > E\pi_e^{\mathrm{RI}}$；当 $\sqrt{2} < \delta < \bar{\delta}$，$E\pi_e^{\mathrm{RN}} < E\pi_e^{\mathrm{RI}}$。由定理 2.5 和定理 2.6 可得，$E\pi_e^{\mathrm{AI*}} - E\pi_e^{\mathrm{AN*}} = \dfrac{\alpha(H-L)^2(2\rho-1)^2}{4(2-(1-\alpha)\delta^2)^2} > 0$。证毕。

由命题 2.6（1）可知，当消费者对生鲜农产品新鲜度变化的敏感性较低时，生鲜电商在批发模式不共享信息下更有利，而当消费者对生鲜农产品新鲜度变化的敏感性较高时，生鲜电商共享信息更有利。这是因为，一方面，生鲜电商在批发模式下共享需求信息将使生鲜供应商提高批发价格，从而加剧双重边际效应，给生鲜电商利润带来负向影响；另一方面，生鲜电商共享需求信息也可以使生鲜供应商更合理地投入保鲜资源从而实现一定的资源改善效应。然而，当消费者新鲜度敏感性较低时，生鲜电商共享信息带来的资源改善效应不足以抵扣双重边际效应带来的利润损失，因此生鲜电商共享信息将使其利润受损。而当消费者新鲜度敏感性较高时，共享信息带来的资源改善效应将占优于双重边际效应，使得生鲜电商从信息共享中获益。

命题 2.6（2）表明，生鲜电商在代理模式下共享需求信息对其自身始终是有利的。显然，在代理模式下生鲜电商主要通过佣金费用获得盈利，生鲜电商向供应商共享需求信息有利于供应商做出更准确的市场价格和保鲜投入决策，从而刺激消费者需求，最终也使得生鲜电商的佣金费用增加，生鲜电商总是愿意共享需求预测信息给供应商。

下面分析不同合作模式下信息共享对生鲜供应商和生鲜供应链的影响，可以得到推论 2.5。

推论 2.5　（1）批发模式下，信息共享总是对供应商有利；当 $\delta < \min(\delta_0, \bar{\delta})$，信息共享对生鲜供应链不利；当 $\delta_0 < \delta < \bar{\delta}$，信息共享对生鲜供应链有利。

（2）代理模式下，信息共享总是对供应商和生鲜供应链有利。

其中，$\delta_0 = \sqrt{3-\sqrt{5}}$。

由推论 2.5（1）可知，在批发模式下，由于生鲜电商共享信息有利于供应商根据市场波动做出更准确的定价和保鲜投入决策，信息共享总是对供应商有利。此外，当新鲜度弹性低时，信息共享对供应链不利，而当新鲜度弹性相对较高时，信息共享对供应链有利。当新鲜度弹性低时，资源改善效应较弱，双重边际效应占主导地位，使得信息共享给生鲜电商带来的损失较大，超过了信息共享给供应商带来的价值，导致供应链整体利润下降。随着新鲜度弹性的升高，信息共享带来的资源改善效应逐渐增强，当新鲜度弹性相对较高时，资源改善效应对供应链整体利润的正向影响较为显著，因此供应链从信息共享中获益。

由推论 2.5（2）可知，在代理模式下供应商也总能从信息共享中获益，并且结合命题 2.6，由于代理模式下信息共享总是为生鲜电商和供应商带来正的信息共享价值，显然信息共享对生鲜农产品供应链也是有利的。

令 $V_s^{\mathrm{RI}*}=E\pi_s^{\mathrm{RI}*}-E\pi_s^{\mathrm{RN}*}$，$V_e^{\mathrm{RI}*}=E\pi_e^{\mathrm{RI}*}-E\pi_e^{\mathrm{RN}*}$，$V_{\mathrm{sc}}^{\mathrm{RI}*}=E\pi_{\mathrm{sc}}^{\mathrm{RI}*}-E\pi_{\mathrm{sc}}^{\mathrm{RN}*}$，分别表示批发模式下供应商、生鲜电商和供应链的信息共享价值。令 $V_s^{\mathrm{AI}*}=E\pi_s^{\mathrm{AI}*}-E\pi_s^{\mathrm{AN}*}$，$V_e^{\mathrm{AI}*}=E\pi_e^{\mathrm{AI}*}-E\pi_e^{\mathrm{AN}*}$，$V_{\mathrm{sc}}^{\mathrm{AI}*}=E\pi_{\mathrm{sc}}^{\mathrm{AI}*}-E\pi_{\mathrm{sc}}^{\mathrm{AN}*}$，分别表示代理模式下供应商、生鲜电商和供应链的信息共享价值。下面结合图 2.6 进一步分析生鲜农产品供应链各主体的信息共享价值。图 2.6（a）和图 2.6（b）分别表示批发模式和代理模式下供应商、生鲜电商及供应链的信息共享价值。

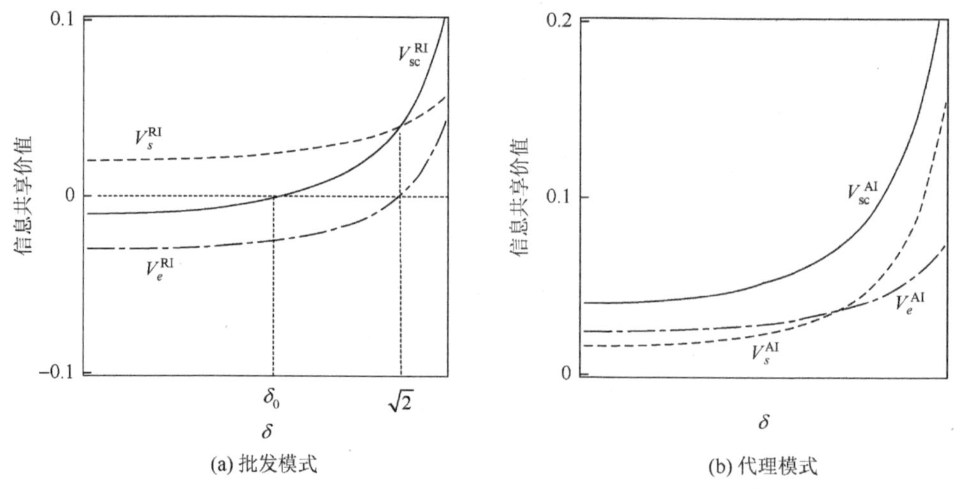

图 2.6　生鲜供应链信息共享价值

从图 2.6（a）可以看出，在批发模式下，信息共享价值随着新鲜度弹性的增加而增加，当新鲜度弹性逐渐增大到 $\delta_0<\delta<\sqrt{2}$ 区间，有 $V_s^{\mathrm{RI}*}>0$，$V_e^{\mathrm{RI}*}<0$，$V_{\mathrm{sc}}^{\mathrm{RI}*}>0$，此时信息共享对供应商和供应链都有利。这表明在此区域内，虽然生鲜电商不会主动共享信息给供应商，但由于信息共享能够增加供应商和供应链利润，供应商可以通过一定的契约激励生鲜电商在批发模式下进行信息共享。通过图 2.6（b）可以看出，在代理模式下信息共享总是有利于供应商、生鲜电商和供应链，并且，信息共享价值也随着新鲜度弹性的增大而逐渐增大。

2.2.3 生鲜农产品供应链的最优合作策略选择

1. 供应商的均衡合作策略选择

由命题 2.6 可知，当 $0<\delta<\min(\sqrt{2},\bar{\delta})$ 内，生鲜电商在批发模式下会选择不共享信息，在代理模式下选择共享信息；而当 $\sqrt{2}<\delta<\bar{\delta}$ 时，生鲜电商在批发模式和代理模式下都会共享信息。则通过比较 $0<\delta<\min(\sqrt{2},\bar{\delta})$ 内供应商在无信息共享下的批发模式与信息共享下的代理模式的利润，以及 $\sqrt{2}<\delta<\bar{\delta}$ 内供应商在信息共享下的批发模式与信息共享下的代理模式的利润，可以得到供应商的合作模式选择策略。

命题 2.7 供应商的合作模式选择策略如表 2.1 所示。

表 2.1 均衡合作策略

<table>
<tr><th colspan="3">参数条件</th><th>$E\pi_s^*$</th><th>均衡策略</th></tr>
<tr><td rowspan="2">$\alpha>1/2$</td><td>$\delta<\min(\sqrt{2},\bar{\delta})$</td><td>$\rho<\bar{\rho}_1$</td><td>$E\pi_s^{RN*}>E\pi_s^{AI*}$</td><td>RN</td></tr>
<tr><td>$\underline{\delta}_1<\delta<\min(\sqrt{2},\bar{\delta})$</td><td>$\rho>\rho_1$</td><td rowspan="2">$E\pi_s^{AI*}>E\pi_s^{RN*}$</td><td rowspan="3">AI</td></tr>
<tr><td rowspan="2">$\alpha<1/2$</td><td colspan="2">$\delta<\min(\sqrt{2},\bar{\delta})$</td></tr>
<tr><td colspan="2" rowspan="2">$\sqrt{2}<\delta<\bar{\delta}$</td><td>$E\pi_s^{AI*}>E\pi_s^{RI*}$</td></tr>
<tr><td>$\alpha>1/2$</td><td>$E\pi_s^{RI*}>E\pi_s^{AI*}$</td><td>RI</td></tr>
</table>

其中，$\delta_1=\dfrac{4(H+L)(1-2\alpha)+\sqrt{2(\alpha-1)(H-L)^2(4H^2\alpha+4L^2\alpha-3H^2+2HL-3L^2-32\alpha+16)}}{(H-L)^2(\alpha-1)-16\alpha+8}$，

$\underline{\delta}_1=\max(0,\delta_1)$，$\bar{\rho}_1=\min(\rho_1,1)$，$\rho_1=\dfrac{1}{2}+\dfrac{\sqrt{2(\delta^2-4)(2\alpha^2-3\alpha+1)(H+L-2\eta)^2}}{2(4-\delta^2)(1-\alpha)(H-L)}$。

证 明 （1）当 $\delta<\sqrt{2}$ 时，可以得到 $\Delta E\pi_s=E\pi_s^{RN*}-E\pi_s^{AI*}=\dfrac{f(\rho)}{8(\delta^2-4)(2-\delta^2+\alpha\delta^2)}$，其中 $f(\rho)=A\rho^2+B\rho+C$ 为关于 ρ 的二次函数，$A=4(\delta^2-4)(\alpha-1)(H-L)$，$B=-A$，$\Delta=32(\delta^2-4)(\alpha-1)(2\alpha-1)(H-L)^2(H+L-2\delta)^2$，由于 $8(\delta^2-4)(2-\delta^2+\alpha\delta^2)<0$，可以得到 $\mathrm{sign}(\Delta E\pi_s)=\mathrm{sign}(-f(\rho))$。当 $\alpha<1/2$，有 $\Delta<0$，则对于任意的 ρ 有 $f(\rho)>0$ 成立，由此可得 $\Delta E\pi_s<0$；当 $\alpha>1/2$，$\Delta>0$，由于 $f(\rho)=A\rho^2+B\rho+C$ 的对称轴为 1/2，令 $\rho_1>1/2$ 为 $f(\rho)=A\rho^2+$

$B\rho + C = 0$ 的唯一实数根，可得：当 $\rho < \min(\rho_1, 1)$，有 $f(\rho) < 0$，则 $\Delta E\pi_s > 0$；当 $\rho > \rho_1$，有 $\Delta E\pi_s < 0$。进一步地，为了使得 $\rho_1 < 1$ 成立，需要有 $\delta > \delta_1$。

（2）当 $\delta > \sqrt{2}$ 时，可以得到 $\Delta E\pi_s = E\pi_s^{\mathrm{RI}*} - E\pi_s^{\mathrm{AI}*} = \dfrac{-(2\alpha - 1)f(\rho)_1}{(\delta^2 - 4)(2 - \delta^2 + \alpha\delta^2)}$，其中，$f(\rho)_1 = A_1\rho^2 + B_1\rho + C_1$ 为关于 ρ 的二次函数，$A_1 = (H - L)^2$，$B_1 = -A_1$，$\Delta_1 = -(H - L)^2(H + L - 2\delta)^2 < 0$，意味着对于任意给定的 ρ 有 $f(\rho)_1 > 0$ 成立。由于有 $(4 - \delta^2)(2 - \delta^2 + \alpha\delta^2) > 0$，可以得到 $\mathrm{sign}(\Delta E\pi_s) = \mathrm{sign}(2\alpha - 1)$。则有，当 $\alpha < 1/2$，$2\alpha - 1 < 0$，则 $\Delta E\pi_s < 0$；当 $\alpha > 1/2$，$2\alpha - 1 > 0$，则 $\Delta E\pi_s > 0$。证毕。

由命题 2.7 可知，供应商的合作模式选择主要受佣金率、新鲜度弹性和预测精度的影响。当新鲜度弹性较低时，生鲜电商在批发模式下不会共享信息，而在代理模式下会共享信息，供应商的合作模式选择将改变生鲜电商的信息共享策略。由于信息共享总是对供应商有利，供应商在选择合作模式时还需考虑其对生鲜电商信息共享策略改变的影响。当佣金率较高时，供应商在代理模式下想要获得信息共享利润需付出较高的佣金成本，进而供应商选择合作模式时需平衡代理模式下较高的佣金成本与信息共享利润。当预测精度较低时，生鲜电商共享信息给供应商带来的信息共享利润较低，不足以抵扣其高额的佣金成本，因此供应商更愿意选择批发模式。当预测精度较高时，表明生鲜电商的需求预测能够较好地反映市场波动水平，这进一步提升了供应商的信息共享利润，使其在高佣金率下仍能弥补较高的佣金成本。因此，供应商在预测精度较高时仍然愿意选择代理模式。而当佣金率较低时，供应商只需付出少部分佣金成本就能获得信息共享利润，则供应商更愿意选择代理模式。

当新鲜度弹性较高时，生鲜电商在批发模式和代理模式下都会共享信息，此时供应商的合作策略选择不会改变生鲜电商的信息共享策略，则供应商的合作模式选择更多取决于两种模式的利润分配方式。当佣金率较低时，供应商选择代理模式只用分享少部分利润就可获得生鲜农产品的定价权，相比批发模式边际利润更高，因此供应商更愿意选择代理模式。当佣金率较高时，供应商在代理模式下需分享大部分利润给生鲜电商，此时选择批发模式反而会获得更高的边际利润，则供应商更愿意选择批发模式。

由于供应商选择合作模式时需考虑其是否会改变生鲜电商的信息共享策略，为了更直观地分析不对称信息下生鲜电商的信息共享行为对供应商合作模式选择的影响，我们绘制图 2.7。

观察图 2.7 容易得到，在不考虑信息不对称时，供应商在佣金率较低时总是选择代理模式，在佣金率较高时总是选择批发模式。然而，考虑信息不对称下生鲜电商有权决策是否共享信息时，研究发现在较高的佣金率下供应商仍然可能会

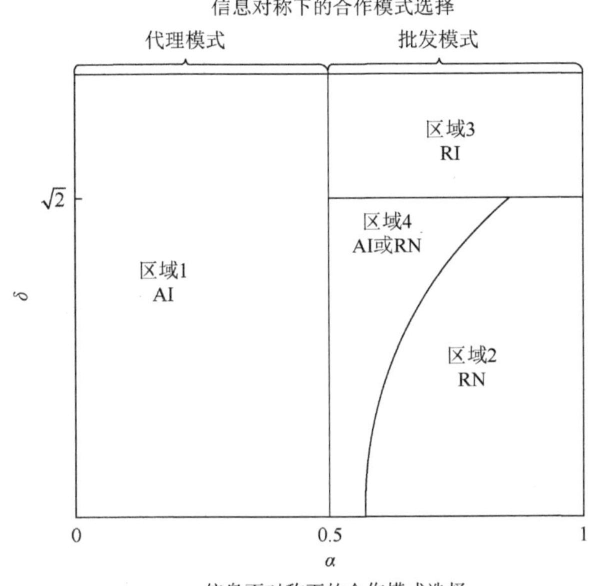

图 2.7 供应商的均衡合作模式选择

选择代理模式。进一步地，通过对比是否存在信息不对称时供应商的合作模式选择，可以发现，考虑信息不对称下生鲜电商的信息共享行为后，在某些供应商原本会选择批发模式的情形（无信息不对称），供应商可能会转而选择代理模式（图 2.7 中的区域 4）。这是由于不对称信息下生鲜电商在代理模式会共享信息，给供应商带来的信息共享利润将抵扣部分佣金成本，从而会扩大供应商选择代理模式的合作区域。

2. 均衡合作策略的影响

由于合作模式和信息共享策略会产生一定的交互作用，这种交互作用使得不同的策略组合对生鲜农产品供应链及其成员产生不同的影响，因此，本节将讨论不同策略组合的影响。首先分析策略组合对供应商和生鲜电商的影响，得到命题 2.8。

命题 2.8 当满足以下条件时，生鲜电商和供应商均可从合作模式选择和信息共享策略的交互中获益。

（1）当 $\alpha < 1/2$，$\underline{\delta}_2 < \delta < \min(\delta_3, \bar{\delta})$，$\rho < \bar{\rho}_2$ 时，供应商和生鲜电商可在 AI 策略下实现共赢。

（2）当 $\alpha > 2/3$，$\delta_3 < \delta < \bar{\delta}$ 时，供应商和生鲜电商可在 RI 策略下实现共赢。

其中，$\underline{\delta}_2 = \max(0, \delta_2)$，$\delta_2 = \sqrt{\dfrac{2-6\alpha-2\sqrt{\alpha(2\alpha-1)^2}}{\alpha^2-3\alpha+1}}$，$\delta_3 = \sqrt{\dfrac{2-6\alpha+2\sqrt{\alpha(2\alpha-1)^2}}{\alpha^2-3\alpha+1}}$，

$\rho_2 = \frac{1}{2} + \sqrt{\frac{(H+L-2\delta)^2((3\alpha-\alpha^2-1)\delta^4-(12\alpha-4)\delta^2+16\alpha-4)}{4(1-\alpha)(4-\delta^2)(H-L)(\delta^4-\alpha\delta^4-4\delta^2+4)}}$，$\bar{\rho}_2 = \min(\rho_2, 1)$。

为了更直观地表达命题 2.8，绘制图 2.8 表示上述区域。

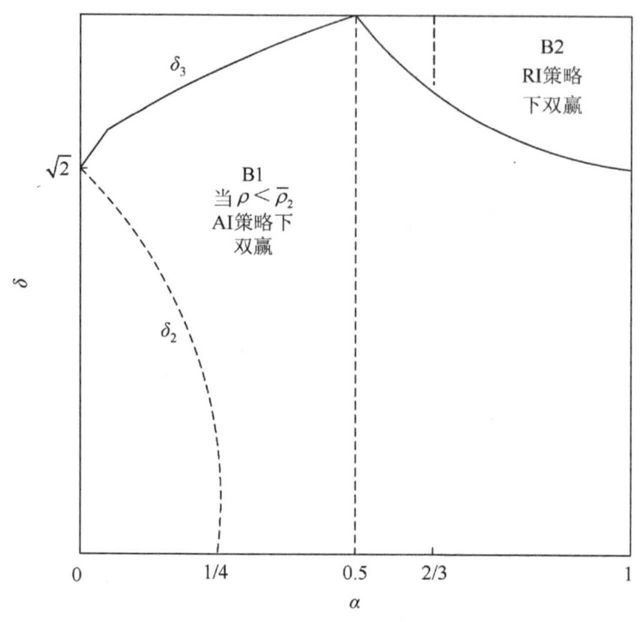

图 2.8　生鲜电商和供应商双赢区域

由命题 2.8 可知，供应商和生鲜电商在某些条件下可以实现合作共赢。通常认为，供应商在较低的佣金率下更偏好代理模式，生鲜电商在较高的佣金率下更偏好代理模式（图 2.8 中的 B1 区域）。然而，命题 2.8（1）表明较低佣金率下供应商和生鲜电商都可能更偏好代理模式，这依赖于新鲜度弹性和预测精度的大小。当新鲜度弹性不是很高时，生鲜电商在批发模式下不一定会共享信息。即使共享信息，由于新鲜度弹性和预测精度均不是很高，信息共享带来的资源改善效应的正向影响并不显著。相反，生鲜电商在代理模式下共享信息不存在双重边际效应的负向影响，仅存在资源改善效应的正向影响。生鲜电商只用收取佣金费用就可获益，因此生鲜电商在佣金率较低时也会偏好代理模式。这说明，针对新鲜度弹性不是很高的生鲜农产品，如柑橘类水果等，消费者对这类生鲜农产品的新鲜度不是很敏感，生鲜电商和供应商应更多地促进双方在代理模式的信息共享合作，这有助于双方取得合作共赢。

此外，与直觉不同的是，命题 2.8（2）表明，当佣金率和新鲜度弹性都很高时，供应商和生鲜电商在 RI 策略下能够实现双赢（图 2.8 B2 区域）。这是因为，当新鲜度弹性很高时，生鲜电商在代理模式和批发模式下都会共享信息，有利于保鲜资源的合理投入和最优价格的制定。然而，由于佣金率很高，会抑制代理模式下保鲜投入水平的增长。从而使得代理模式下的资源改善效应较弱，低于批发模式下资源改善效应和双重边际效应抵扣后的净效应，生鲜电商反而更偏好批发模式。这说明，针对新鲜度弹性很高的生鲜农产品，如海鲜、草莓等，消费者对此类生鲜农产品的新鲜度十分敏感，生鲜电商和供应商应更多地促进双方在批发模式下的信息共享合作，这有助于双方取得合作共赢。

接下来分析合作模式和信息共享策略的交互对供应链绩效的影响，得到命题 2.9。

命题 2.9 合作模式选择与信息共享策略的交互对生鲜供应链的影响如下。

（1）当 $\delta < \min(\delta_4, \bar{\delta})$，生鲜供应链在 AI 策略下获得最高利润。

（2）当 $\delta_4 < \delta < \bar{\delta}$，生鲜供应链在 RI 策略下获得最高利润。

其中，$\delta_4 = \sqrt{\dfrac{4\alpha^2 - 2\alpha + 1 - \sqrt{(4\alpha^2 + 1)(2\alpha - 1)^2}}{\alpha^2}}$。

由命题 2.9 可知，当新鲜度弹性不是很高时，AI 策略能够更有效地提高供应链绩效；当新鲜度弹性高时，RI 策略能够更有效地提高供应链绩效。这是因为，当新鲜度弹性不是很高时，信息共享带来的资源改善效应不是特别显著，但代理模式可以避免双重边际效应的影响，因此，AI 策略对供应链最优。当新鲜度弹性高时，信息共享带来的资源改善效应较为显著。然而，由于代理模式下佣金的存在会抑制保鲜投入水平的提升，并且在新鲜度弹性较高时这种抑制作用更强。从而批发模式下信息共享带来的资源改善效应更为显著，并且在新鲜度弹性较高时明显占优于双重边际效应。因此，RI 策略对供应链更优。命题 2.9 表明，针对新鲜度弹性不是很高的生鲜农产品，如柑橘类水果等，生鲜电商和供应商在代理模式下开展信息共享合作有利于生鲜农产品供应链提高绩效。针对新鲜度弹性高的生鲜农产品，如有机蔬菜、海鲜、草莓等，生鲜电商和供应商在批发模式下开展信息共享合作有助于生鲜农产品供应链提高绩效。

一般而言，代理模式类似于收益共享契约，可以实现供应链协调（Cachon and Lariviere，2005；Tan and Carrillo，2017），对供应链整体更优。而批发模式由于双重边际效应的存在对供应链来说是次优的（Tan and Carrillo，2017）。然而，命题 2.9 表明，考虑了企业间的信息共享行为以后，信息共享下企业通过批发模式合作也可能会提高供应链绩效，这得益于信息共享产生的资源改善效应对供应链绩效的正向影响。在实践中，越来越多的生鲜电商与其供应商开展了信息共享方面的合作，以提高生鲜供应链的整体绩效。例如，京东生鲜对其平台上的供应商进行数据赋能；电商平台美菜网根据不同地区不同需求完善大数据分析报告，帮助供应商实时了解农产品行情；电商平台宋小菜在收集下游需求的基础上，把结构化的数据开放给供应商。

2.2.4　生鲜农产品供应链的信息共享与合作策略改善

由于生鲜电商的信息共享行为和供应商的合作模式选择行为都是基于自身利益最大化来进行决策的，其最优信息共享策略和合作模式选择可能与对方的信息共享偏好及合作模式选择策略产生冲突，甚至会对供应链利润产生不利影响。因此，本节将考虑生鲜农产品供应链中是否存在可实现供应链绩效改善的情形，并针对这些情形设计契约。

通过比较生鲜电商、供应商和供应链整体在 RI、AI、RN 三种情形下的利润，可得命题 2.10。

命题 2.10　生鲜供应链中存在四种可实现供应链绩效改善的情形，具体如表 2.2 所示。

表 2.2　可实现供应链绩效改善的情形

策略/偏好	情形 1	情形 2	情形 3	情形 4
条件	$\alpha<1/2$	$1/2<\alpha$	$2/3<\alpha$	$2/3<\alpha$
	$\delta_3<\delta<\bar{\delta}$	$\delta<\min(\delta_4,\sqrt{2})$	$\delta_4<\delta<\sqrt{2}$	$\delta_4<\delta<\sqrt{2}$
		$\rho<\tilde{\rho}_2$	$\rho<\bar{\rho}_1$	$\rho>\rho_1$
均衡策略	AI	RN	RN	AI
供应商偏好	AI	RI	RI	RI
生鲜电商偏好	RI	AI	AI 或 RN	AI 或 RN
供应链最优策略	RI	AI	RI	RI

其中，$\tilde{\rho}_2=\min(\bar{\rho}_1,\bar{\rho}_2)$。

命题 2.10 表明，在生鲜农产品供应链中存在四种可实现供应链绩效改善的情形。其中，情形 1 表明，当佣金率较低、新鲜度弹性很高时，供应商的最优合作策略为 AI 策略，生鲜电商和供应链整体的最优策略为 RI 策略。这表明供应商可通过向生鲜电商提出一个补偿契约，从 AI 策略转为 RI 策略，实现合作模式的改善，从而改善供应链绩效。

命题 2.10 中的情形 2 表明，当佣金率较高、新鲜度弹性相对较低时，若需求预测精度不是很高，均衡策略为 RN 策略，生鲜电商和供应链的最优策略为 AI 策略。这表明供应商可以通过向生鲜电商提出一个补偿契约将合作模式转换为代理模式。此外，由于代理模式下生鲜电商总是会主动共享信息，双方从 RN 策略转为 AI 策略后，除实现合作模式的改善以外还可实现信息共享。

命题 2.10 中的情形 3 表明，当佣金率很高、新鲜度弹性适中时，若需求预测精度不是很高，对供应商和供应链整体而言，RI 策略为最优策略。然而，由于生鲜电商不会主动共享信息，使得均衡策略为 RN 策略。这表明供应商选择批发模式后，可提供一个激励契约激励生鲜电商共享信息，双方从最初的 RN 策略转化为 RI 策略，从而改善供应链绩效。

命题 2.10 中的情形 4 表明，当佣金率很高、新鲜度弹性适中时，若需求预测精度较高，均衡策略为 AI 策略。然而，对供应商和供应链整体而言，RI 策略为最优策略。这说明虽然批发模式下生鲜电商不会主动共享信息，但供应商选择批发模式后可提供一个信息共享激励契约激励生鲜电商进行信息共享，从而实现合作模式和信息共享的双重改善，最终改善供应链绩效。

针对以上可实现供应链绩效改善的情形，下面将设计激励契约进行改善，具体如命题 2.11 所示。

命题 2.11 生鲜电商或供应商可通过支付固定费用的方式调整策略以改善供应链绩效，如表 2.3 所示。

表 2.3 改善供应链绩效的合同设计

情形		固定支付合同
情形 1	AI → RI	生鲜电商支付 $F_1 \in (F_{1\min}, F_{1\max})$
情形 2	RN → AI	生鲜电商支付 $F_2 \in (F_{2\min}, F_{2\max})$
情形 3	RN → RI	供应商支付 $F_3 \in (F_{3\min}, F_{3\max})$
情形 4	AI → RI	供应商支付 $F_4 \in (F_{4\min}, F_{4\max})$

其中，$F_{1\min} = E\pi_s^{\mathrm{AI}*} - E\pi_s^{\mathrm{RI}*}$，$F_{1\max} = E\pi_e^{\mathrm{RI}*} - E\pi_e^{\mathrm{AI}*}$。若 $\delta < \min(\delta_0, \bar{\delta})$，$F_{2\min} = E\pi_s^{\mathrm{RN}*} - E\pi_s^{\mathrm{AI}*}$，$F_{2\max} = E\pi_e^{\mathrm{AI}*} - E\pi_e^{\mathrm{RN}*}$；若 $\delta > \delta_0$，$F_{2\min} = E\pi_s^{\mathrm{RI}*} - E\pi_s^{\mathrm{AI}*} - \hat{F}_2$，$F_{2\max} = E\pi_e^{\mathrm{AI}*} - E\pi_e^{\mathrm{RI}*} - \hat{F}_2$，$\hat{F}_2 \in (E\pi_e^{\mathrm{RN}*} - E\pi_e^{\mathrm{RI}*}, E\pi_s^{\mathrm{RI}*} - E\pi_s^{\mathrm{RN}*})$。$F_{3\min} = E\pi_e^{\mathrm{RN}*} - E\pi_e^{\mathrm{RI}*}$，$F_{3\max} = E\pi_s^{\mathrm{RI}*} - E\pi_s^{\mathrm{RN}*}$。$F_{4\min} = E\pi_e^{\mathrm{AI}*} - E\pi_e^{\mathrm{RI}*}$，$F_{4\max} = E\pi_s^{\mathrm{RI}*} - E\pi_s^{\mathrm{AI}*}$。

命题 2.11 表明，情形 1 下，若供应商向生鲜电商提出一个基于固定转移支付的契约，供应商会选择从 AI 策略转为 RI 策略与生鲜电商合作，供应商提出的契约需满足 $F_1 \in (F_{1\min}, F_{1\max})$，其具体大小由供应商和生鲜电商在实际合作过程中的讨价还价决定。此外，命题 2.11 表明，在情形 2 中，若供应商向生鲜电商提出一个基于固定转移支付的契约 $F_2 \in (F_{2\min}, F_{2\max})$，供应商会从 RN 策略转为 AI 策略与生鲜电商合作，从而改善供应链绩效。值得注意的是，当新鲜度弹性低时，由于供应链利润满足 $E\pi_{\mathrm{sc}}^{\mathrm{AI}*} > E\pi_{\mathrm{sc}}^{\mathrm{RN}*} > E\pi_{\mathrm{sc}}^{\mathrm{RI}*}$，供应商选择批发模式后无法激励生鲜电商共享信息，因此转移支付契约需满足契约实施后供应链各主体的利润大于 RN 策略下的利润。当新鲜度弹性相对较高时，由于供应链利润满足 $E\pi_{sc}^{AI*}>E\pi_{sc}^{RI*}>E\pi_{sc}^{RN*}$，供应商选择批发模式后可以激励生鲜电商共享信息，从而实现激励契约下的 RI 策略。因此，为使供应商愿意选择 AI 策略，转移支付契约需满足契约实施后供应链各主体的利润大于激励契约下 RI 策略的利润。这表明较高的新鲜度弹性反而会加大契约实施的难度。

进一步地，命题 2.11 表明在情形 3 中，若供应商在批发模式下提供一个转移支付契约，使得在该契约下生鲜电商选择共享信息的利润高于不共享信息的利润，则生鲜电商愿意共享信息给供应商，从而实现双方利润的帕累托改善，进而提高供应链绩效。最后，由命题 2.11 可知，在情形 4 中，供应商有动机主动寻求双方合作模式的改善，并且供应商会提供一定的转移支付激励生鲜电商共享信息，从而改善供应链绩效。

2.2.5　信息共享和合作模式改善的影响

生鲜农产品供应链中的合作模式改善和信息共享激励不仅会实现企业利润的改善，还会改变生鲜农产品供应链的价格和保鲜投入决策。此外，考虑到生鲜农产品作为居民生活的必需品，生鲜农产品供应链相关企业的合作策略改变还会对消费者剩余和社会福利产生一定的影响。因此，有必要分析生鲜农产品供应链中合作模式改善和信息共享对企业决策、消费者剩余和社会福利产生的影响，以期为企业实践提供更多管理启示。

1. 信息共享和合作模式改善对均衡决策的影响

首先，分析供应商和生鲜电商的合作策略改变以后，供应商和生鲜电商应如何调整其价格和保鲜投入决策以实现自身利润最大化。通过比较以上四种情形中合作策略改变前后的价格和保鲜投入水平的变化，可得到命题 2.12。

命题 2.12　信息共享策略和合作模式改善对均衡策略的影响如表 2.4 所示。.

表 2.4　合作策略和信息共享策略改善对均衡决策的影响

参数条件			$Y=h$	$Y=l$
情形 1		AI → RI	$\Delta p^*<0$，$\Delta\tau^*<0$	$\Delta p^*<0$，$\Delta\tau^*<0$
情形 2	$\rho<\min(\tilde{\rho}_2,\rho_3)$	RN → AI	$\Delta p^*<0$，$\Delta\tau^*<0$	$\Delta p^*<0$，$\Delta\tau^*<0$
	$\rho_3<\rho<\tilde{\rho}_2$		$\Delta p^*<0$，$\Delta\tau^*>0$	$\Delta p^*<0$，$\Delta\tau^*<0$
情形 3		RN → RI	$\Delta p^*>0$，$\Delta\tau^*>0$	$\Delta p^*<0$，$\Delta\tau^*<0$
情形 4		AI → RI	$\Delta p^*>0$，$\Delta\tau^*>0$	$\Delta p^*>0$，$\Delta\tau^*>0$

其中，$\rho_3 = \dfrac{(\alpha-1)(H-L)\delta^2 + 4(1-2\alpha)\delta + 8\alpha L + 2H - 6L}{2(1-\alpha)(4-\delta^2)(H-L)}$，$\Delta p$ 和 $\Delta\tau$ 分别表示契约实施前后的价格和保鲜投入水平的差异。

为了更直观地表达命题2.12中各种情形下生鲜农产品销售价格和保鲜投入水平的变动情况，绘制图2.9。

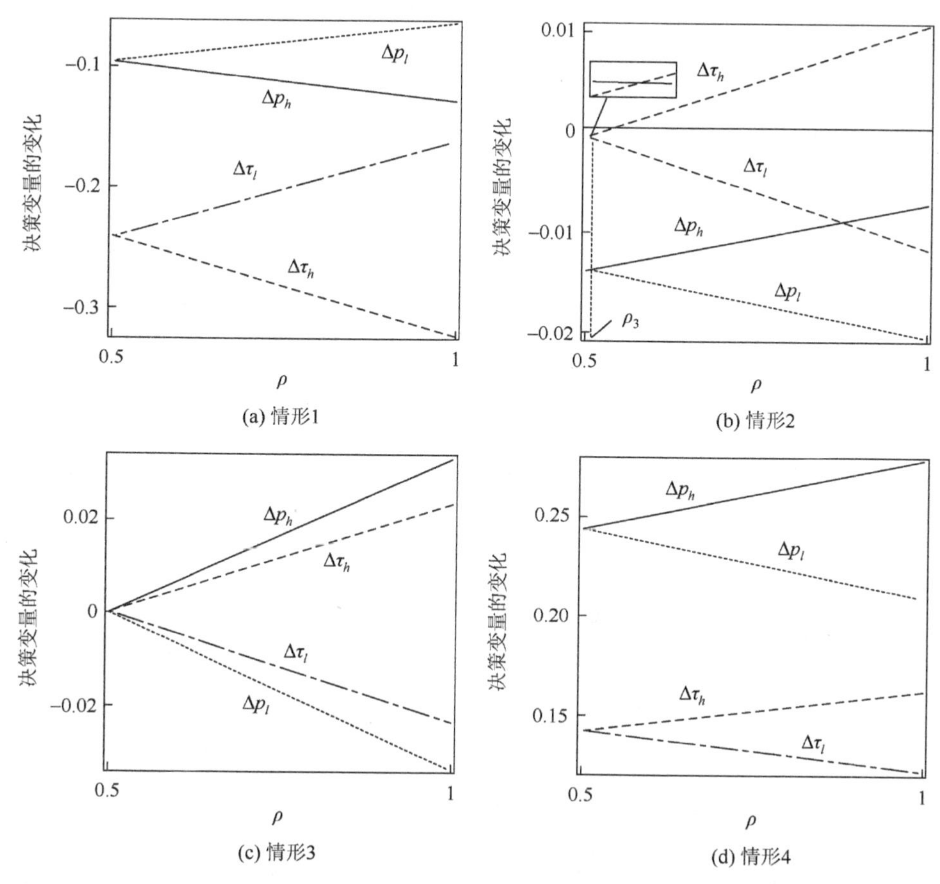

图2.9 价格和保鲜投入水平的比较

结合命题2.12和图2.9（a）可以发现，情形1下，当供应商和生鲜电商从AI策略转换为RI策略后，无论市场需求信号的高低，供应商和生鲜电商分别应该降低保鲜投入水平和销售价格。这说明针对新鲜度弹性很高的生鲜农产品，如海鲜、草莓等，生鲜电商和供应商除了寻求合作模式的改善，还应采取“降价促销”策略。

此外，结合命题2.12和图2.9（b）可以发现，情形2下，供应商和生鲜电商从RN策略转为AI策略后，当预测精度相对较高且市场需求信号为高时，供应商

需提升保鲜投入水平并降低销售价格。一方面，AI 策略可以克服双重边际效应的影响，有利于供应商制定较低的销售价格。另一方面，当需求预测精度相对较高时，高需求信号下的信息共享表示高需求的可能性较大，使得供应商提高保鲜投入水平的动机更大（$\partial\tau^* / \partial E(a|Y) > 0$）。这说明针对新鲜度弹性相对较低的生鲜农产品，如苹果、梨等，供应商和生鲜电商除了应努力实现合作模式改善和信息共享外，若预测精度较低，供应商应采取“降价促销”策略。若预测精度较高，则在高市场需求信号下，供应商应采取“优质低价”策略，在低市场需求信号下采取“降价促销”策略。

进一步地，结合命题 2.12 和图 2.9（c）可以发现，情形 3 下，当生鲜电商和供应商从 RN 策略转为 RI 策略后，高需求信号下生鲜电商应提高销售价格，供应商应提高保鲜投入水平，低需求信号下生鲜电商应降低销售价格，供应商应降低保鲜投入水平。这说明，针对新鲜度弹性适中的生鲜农产品，如芒果、柑橘等，若生鲜电商的信息预测精度不是很高，生鲜电商和供应商在批发模式下达成信息共享合作后，在高需求信号时应采取“优质优价”策略，在低需求信号时应采取“降价促销”策略。

最后，结合命题 2.12 和图 2.9（d）可以发现，情形 4 下，当供应商和生鲜电商从 AI 策略转换为 RI 策略后，无论市场需求信号的高低，生鲜电商均应该提高销售价格，供应商均应该提高保鲜投入水平。这说明针对新鲜度弹性适中的生鲜农产品，如芒果、柑橘等，若生鲜电商的信息预测精度较高，供应商和生鲜电商在寻求合作模式改善和信息共享合作的同时，应该采取“优质优价”策略。

2. 信息共享和合作模式改善对消费者剩余和社会福利的影响

考虑到生鲜农产品作为居民生活必需品，生鲜农产品供应链中的信息共享策略和合作模式的改善对消费者剩余和社会福利都会产生重大影响。因此，本节将讨论生鲜农产品供应链信息共享策略和合作模式的改善对消费者剩余（CS）和社会福利（SW）的影响。

参考 Ma 等（2019）、Liu 等（2021）对消费者剩余的定义，本节定义消费者剩余的公式如下：

$$E(\mathrm{CS}^{\mathrm{XZ}}) = E\left[\int_0^{d^{\mathrm{XZ}}} p(d^{\mathrm{XZ}})\mathrm{d}d^{\mathrm{XZ}} - p^{\mathrm{XZ}}d^{\mathrm{XZ}}\right] = \frac{1}{2}E\left[(a - p^{\mathrm{XZ}} - \eta(1-\tau^{\mathrm{XZ}}))^2\right] \quad (2.19)$$

此外，参考 Wu 和 Zhou（2019）、Liu 等（2020）对社会福利的定义，本节定义社会福利的公式如下：

$$E(\mathrm{SW}^{\mathrm{XZ}}) = E(\mathrm{CS}^{\mathrm{XZ}}) + \pi_e^{\mathrm{XZ}} + \pi_s^{\mathrm{XZ}} \quad (2.20)$$

通过比较激励契约实施前后消费者剩余和社会福利的变化，我们得到了命题 2.13。

命题 2.13 （1）情形 1 中，当$\delta_5<\delta<\delta_6$，$\rho<\min(\rho_4,1)$时，有$CS^{RI*}>CS^{AI*}$，$SW^{RI*}>SW^{AI*}$，否则，有$CS^{RI*}<CS^{AI*}$或者$SW^{RI*}<SW^{AI*}$。

（2）情形 2 中，有$CS^{AI*}>CS^{RN*}$，$SW^{AI*}>SW^{RN*}$。

（3）情形 3 中，当$\rho_5<\rho<\overline{\rho}_1$时，有$CS^{RI*}<CS^{RN*}$，$SW^{RI*}>SW^{RN*}$，否则，有$CS^{RI*}<CS^{RN*}$，$SW^{RI*}<SW^{RN*}$。

（4）情形 4 中，有$CS^{RI*}<CS^{AI*}$，$SW^{RI*}<SW^{AI*}$。

其中，$\delta_5=\sqrt{\dfrac{8\alpha^2-2\alpha+4-2\sqrt{2(2\alpha^2+\alpha+2)(2\alpha-1)^2}}{\alpha(\alpha+2)}}$，$\delta_6$是在区域$\delta_3<\delta<\overline{\delta}$内方程$f(\delta)=12+2\alpha(\alpha-1)\delta^6+(6\alpha-9\alpha^2+4)\delta^4+(16\alpha^2-4\alpha-16)\delta^2=0$的唯一实数根，$\rho_4=\dfrac{(3(\alpha-1)\delta^4+(16-11\alpha)\delta^2-18)(H-L)+\sqrt{M_1}}{2(H-L)(2(\alpha-1)\delta^4+(10-7\alpha)\delta^2-10)}$，$\rho_5=\dfrac{5\delta^4-28\delta^2+44}{2\delta^4-8\delta^2+24}$。

命题 2.13（1）表明，在情形 1 中，只有当新鲜度弹性很高且预测精度低于一定阈值时，合作模式的改善才会同时提高消费者剩余和社会福利，否则合作模式的改善会降低消费者剩余甚至会降低社会福利。这表明针对新鲜度弹性很高的生鲜农产品，只有当消费者对新鲜度非常敏感时，政府才应该鼓励企业进行合作模式的改善。此外，命题 2.13（2）表明，在情形 2 下，合作模式的改善总是能够提高消费者剩余和社会福利。这也意味着，对于销售新鲜度弹性相对较低生鲜农产品（如苹果、梨等）的企业，政府应鼓励企业积极主动寻求合作模式的改善和信息共享方面的合作。进一步地，由命题 2.13（3）可知，在情形 3 下，信息共享激励总是会降低消费者剩余，只有当预测精度很高时，社会福利才会增加。这也意味着，从社会福利最大化的角度考虑，当销售新鲜度弹性适中的生鲜农产品（如芒果、柑橘等），企业在实施信息共享合作的同时也应注重提高信息预测的精度。此外，政府也可鼓励企业进行信息技术方面的投资以改善预测精度。最后，由命题 2.13（4）可知，情形 4 下，信息共享和合作模式的双重改善会降低消费者剩余和社会福利。

第 3 章 “互联网+”生鲜农产品供应链的多渠道运营策略

随着生鲜电商市场的蓬勃发展，越来越多的生鲜供应商与生鲜电商平台展开了合作，通过生鲜电商平台线上销售生鲜农产品。与此同时，为扩大市场覆盖率，众多生鲜供应商开始引入新品类生鲜农产品或开辟直销渠道吸引更多消费者。例如，中粮集团与光明食品集团等供应商建立线上直销渠道销售生鲜农产品；褚橙早期通过本来生活网进行线上零售，后期逐步发展起自营直销渠道（如在天猫自建旗舰店）；类似地，奇异果品牌佳沛通过本来生活网、京东生鲜、天猫生鲜等经销商渠道进行销售，另外也开辟了佳沛天猫旗舰店进行直销。此外，佳沛还推出了新品莓果味奇异果，褚橙推出了新品云冠橙。引入新品类的生鲜农产品或开辟直销渠道都将使得供应商与生鲜电商平台之间产生竞争。并且，由于生鲜供应商距离消费端较远，往往不具有信息优势，其在决策产品引入策略或渠道入侵策略时需考虑其策略对平台信息共享策略的影响，这使得生鲜供应商的多渠道运营变得更加复杂。因此，研究信息不对称下生鲜农产品供应链的多渠道运营策略具有一定意义。

3.1 不确定需求下生鲜农产品供应链的产品入侵策略

随着消费者对生鲜农产品的需求升级，生鲜供应商逐渐开始生产、引入新品种的生鲜农产品以满足消费者的多样化需求。例如，佳沛推出了新品莓果味奇异果，褚橙推出了新品云冠橙。生产、引入新品种的生鲜农产品通常需要生鲜供应商进行质量改善以扩大产品市场需求，进行质量改善需要生鲜供应商付出一定的成本，并且引入新品种的生鲜农产品可能会蚕食原有生鲜农产品的市场需求。因此，生鲜供应商需衡量引入新品种生鲜农产品的利弊以决策是否引入。此外，随着生鲜电商平台的发展，其与供应商的合作模式趋于多样化，许多生鲜电商平台在自营销售生鲜农产品的同时，还与供应商通过代理模式进行合作，如天猫、京东等平台除自营销售生鲜农产品，还有众多供应商在平台上开设旗舰店直接销售生鲜农产品。合作模式的多样化使得供应商在引入新品种产品进行销售时有了更多的销售模式选择。因此，当生鲜供应商决定引入新品种的生鲜农产品时，还需决策引入产品的销售策略。

由于市场环境复杂多变，生鲜供应商与生鲜电商平台的运营决策不仅受到销售模式的影响，还与生鲜农产品市场需求波动息息相关。然而，生鲜供应商由于距离消费端较远，较难掌握消费者需求，从而较难根据市场需求做出准确的定价和保鲜投入决策，造成决策失调，进一步可能损害生鲜供应链整体效益。生鲜电商平台由于信息系统发达，并且线上销售生鲜农产品可以积累大量消费者数据，可以较为准确地进行需求信息预测。因此，结合生鲜供应商的引入策略与竞争激烈程度，生鲜电商平台该如何决策其信息共享策略，而生鲜供应商又该如何通过其产品引入策略引导生鲜电商平台共享信息，这些都是生鲜农产品供应链中亟须解决的重要问题。

3.1.1 问题描述

1. 模型构建

考虑由一个生鲜供应商（用下标 s 表示）和一个生鲜电商平台（用下标 e 表示）组成的生鲜农产品供应链，供应商以批发价格 w_1 将生鲜农产品 1 销售给平台自营渠道，然后平台以销售价格 p_1 销售给最终消费者。随着消费者对生鲜农产品的多样性需求，供应商可以考虑是否生产、引入生鲜农产品 2 以扩大其市场覆盖率。考虑到供应商在生产、引入生鲜农产品 2 时会进行一定的质量改善 u，从而生鲜农产品 2 的基础市场需求相较于生鲜农产品 1 会有一定的提升，即生鲜农产品 2 的基础市场需求为 $a+u$。与 Cui（2019）、Zhang 等（2021）的研究类似，本节假设供应商的质量改善水平 u 为外生参数。此外，考虑到供应商进行质量改善需进行一定的种植技术革新，本节假设质量改善产生的成本为 C。

随着平台合作模式的多样性，供应商在引入生鲜农产品 2 时可以考虑是以转销还是以代理模式进行销售，如图 3.1 所示。若供应商选择转销模式销售生鲜农产品 2，则以批发价格 w_2 将产品 2 销售给平台，然后平台以价格 p_{e2} 将产品销售给最终消费者。若供应商选择代理模式销售生鲜农产品 2，则需向平台支付 $\alpha(0<\alpha<1)$ 比例的佣金，然后以销售价格 p_{s2} 将产品 2 直接销售给最终消费者。与 Ye 等（2018）、Geng 等（2018）的研究类似，本节假设 α 为外生变量。由于生鲜农产品具有易腐性，为保证新鲜度，供应商会为生鲜农产品提供保鲜配送，其保鲜投入水平为 τ。

当供应商仅销售生鲜农产品 1 时，市场需求主要受销售价格和新鲜度的影响，其表达式为

$$d = A - p_1 - \delta(\theta_0 - \theta(\tau)) \tag{3.1}$$

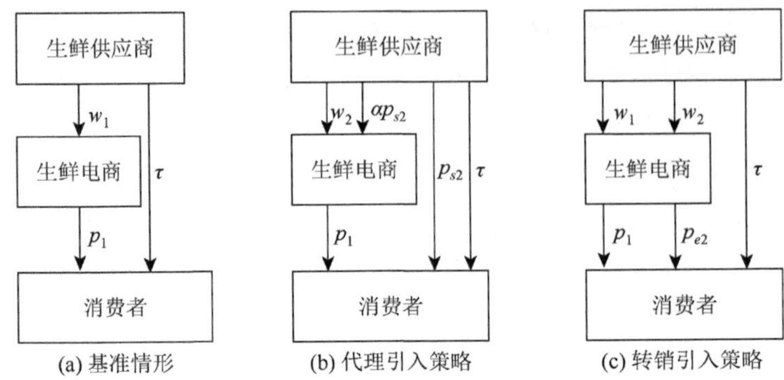

(a) 基准情形　(b) 代理引入策略　(c) 转销引入策略

图 3.1　生鲜供应链结构图

当供应商生产、引入生鲜农产品 2 后，生鲜农产品的市场需求主要受销售价格、新鲜度和竞争强度的影响，参考 Guo 等（2014）、Chen 等（2017）、Huang 等（2018）的研究，根据典型消费者效用函数最大化可得两种生鲜农产品的市场需求分别为

$$d_1 = \frac{1}{1-b^2}\left[(1-b)A - bu - p_1 + bp_{i2} - (1-b)\delta\left(\theta_0 - \theta(\tau)\right)\right] \tag{3.2}$$

$$d_2 = \frac{1}{1-b^2}\left[(1-b)A + u - p_{i2} + bp_1 - (1-b)\delta\left(\theta_0 - \theta(\tau)\right)\right] \tag{3.3}$$

其中，$i \in (s,e)$；$b(0<b<1)$ 表示两种产品的竞争强度，b 越接近于 1 代表竞争强度越大；$\delta>0$ 表示新鲜度弹性，δ 越高表示消费者对新鲜度越敏感；θ_0 表示生鲜农产品的初始新鲜度；$\theta(\tau)$ 表示生鲜农产品保鲜后的新鲜度。因此，$\delta(\theta_0 - \theta(\tau))$ 可表示新鲜度流失对需求的影响。

生鲜农产品的新鲜度受保鲜投入水平的影响，保鲜投入水平越高，新鲜度衰减得越慢，因此本节考虑供应商投入保鲜努力后的实际新鲜度函数为 $\theta(\tau) = \theta_0 \tau$。不失一般性，本节将生鲜农产品的初始新鲜度 θ_0 标准化为 1。生鲜农产品通常通过冷箱、冷链车等保鲜设备进行保鲜配送，此外，供应商在保鲜配送过程中需投入一定的人力，其涉及的人力和设备成本随着保鲜投入水平的提高严格递增，即满足 $\partial c(\tau)/\partial\tau > 0$ 以及 $\partial^2 c(\tau)/\partial^2\tau > 0$，则本节采用二次形式将供应商的保鲜成本表示为 $c(\tau) = \tau^2/2$。

由于市场需求具有不确定性，与 Ha 和 Tong（2008）、Kong 等（2013）、Jiang 等（2016）的研究类似，本节假设基础市场需求 A 服从二元分布，$A = H$（$A = L$）表示市场需求为高（低）状态。两种市场需求状态出现的概率相等，即 $\Pr(A=H) = \Pr(A=L) = 1/2$，这一概率为电商平台和供应商的共同知识。此外，令 $\bar{A} = (H+L)/2$ 表示市场平均需求。

假设平台可以从消费者数据中获得需求预测信号 Y，当 $Y = h$（$Y = l$）时代表需求信号显示市场基本需求状态为 H（L）。与 Guo 和 Iyer（2010）、Li 和 Zhang

(2015)、Shamir 和 Shin(2016)的研究类似，本节假设需求预测信号Y以$\rho \in [1/2,1]$的概率表示市场真实的需求状态，其中$\rho = \Pr(h|H) = \Pr(l|L)$。

由此我们可以得到$\Pr(H|h) = \Pr(L|l) = \rho$，$\Pr(L|h) = \Pr(H|l) = 1-\rho$，$\hat{H} = E(a|h) = \rho H + (1-\rho)L$，$\hat{L} = E(a|l) = \rho L + (1-\rho)H$。

ρ可以视为市场需求预测的预测精度。对任意的$\rho \in [1/2,1]$，都会有$\Pr(H|h) = \Pr(L|l) \geqslant \Pr(H) = \Pr(L)$成立，表明电商平台的需求预测精度随着$\rho$的增加而增加。

由于供应商的产品引入策略与平台的信息共享策略均为长期决策，本节主要的决策顺序如下。

(1)供应商首先决策是否生产、引入生鲜农产品 2，如果引入，供应商需进一步决策生鲜农产品 2 的销售模式(转销/代理)，以下用 A 代表代理引入策略，R 代表转销引入策略，B 代表不引入策略。

(2)给定供应商的产品引入策略，在观察到需求信号Y前，平台决策信息共享策略。

(3)平台观察到需求信号Y，并按之前的约定实施信息共享策略。当供应商不引入生鲜农产品 2 时，供应商首先决策批发价格w_1和保鲜投入水平τ，然后平台决策销售价格p_1。当供应商引入生鲜农产品 2 时，若选择转销模式引入，供应商首先决策批发价格w_1、w_2和保鲜投入水平τ，接着平台决策销售价格p_1、p_{e2}；若选择代理模式引入，供应商决策批发价格w_1、销售价格p_{s2}和保鲜投入水平τ，平台决策销售价格p_1。

(4)实际需求发生，双方实现各自利润。

2. 基准情形

当生鲜供应商选择不引入策略，若平台共享/不共享信息，供应商的利润函数分别为

$$E(\pi_s|Y)^{\mathrm{BI}} = E\left[w_1 d - \frac{\tau^2}{2}|Y\right] \tag{3.4}$$

$$E\pi_s^{\mathrm{BN}} = E\left[w_1 d - \frac{\tau^2}{2}\right] \tag{3.5}$$

平台的期望利润函数为

$$E(\pi_e|Y)^{\mathrm{B}} = E[(p_1 - w_1)d|Y] \tag{3.6}$$

通过逆序求解可得供应商和平台在不引入策略下的最优决策和最优利润，如定理 3.1 所示。

定理 3.1　不引入策略下生鲜供应链的最优决策和最优利润如表 3.1 所示。

表 3.1 不引入策略下的最优决策和利润

均衡决策	BI	BN
w_1^{B*}	$\frac{2(E(A\|Y)-\delta)}{4-\delta^2}$	$\frac{2(\bar{A}-\delta)}{4-\delta^2}$
τ^{B*}	$\frac{\delta(E(A\|Y)-\delta)}{4-\delta^2}$	$\frac{\delta(\bar{A}-\delta)}{4-\delta^2}$
p_1^{B*}	$\frac{3(E(A\|Y)-\delta)}{4-\delta^2}$	$\frac{4E(A\|Y)+2\bar{A}-6\delta-\delta^2(E(A\|Y)-\bar{A})}{8-2\delta^2}$
$E\pi_s^{B*}$	$\frac{(\hat{H}-\delta)^2+(\hat{L}-\delta)^2}{16-4\eta^2}$	$\frac{(\bar{A}-\delta)^2}{8-2\delta^2}$
$E\pi_e^{B*}$	$\frac{(\hat{H}-\delta)^2+(\hat{L}-\delta)^2}{2(4-\delta^2)^2}$	$\frac{(4\hat{H}-2\bar{A}-2\delta-\delta^2(\hat{H}-\bar{A}))^2}{8(4-\delta^2)^2}+\frac{(4\hat{L}-2\bar{A}-2\delta-\delta^2(\hat{L}-\bar{A}))^2}{8(4-\delta^2)^2}$

证明 采用逆序求解法，首先求解生鲜电商的销售价格决策，由 $\frac{\partial^2 E\pi_e}{\partial {p_1}^2}=-2$ 可知 $E\pi_e$ 为 p_1 的凹函数，令 $\frac{\partial E\pi_e}{\partial p_1}=0$ 可得 $p_1^{B*}(w_1,\tau)=\frac{E(A|Y)+w_1-\delta(1-\tau)}{2}$。若生鲜电商共享信息，则供应商根据 $p_1^{B*}(w_1,\tau)=\frac{E(A|Y)+w_1-\delta(1-\tau)}{2}$ 进行求解，若生鲜电商不共享信息，则供应商根据 $p_1^{B*}(w_1,\tau)=\frac{\bar{A}+w_1-\delta(1-\tau)}{2}$ 进行决策。然后，将 $p_1^{B*}(w_1,\tau)$ 关于 w_1 和 τ 的反应方程分别代入信息共享和无信息共享下供应商的期望利润函数 $E\pi_s^{B}$ 中求解可得供应商的最优决策 w_1^{B*} 和 τ^{B*}。

首先验证 $E\pi_s^{B}$ 关于 w_1 和 τ 的联合凹性，$E\pi_s^{B}$ 关于 w_1 和 τ 的 Hessian 矩阵为

$$H(w_1,\tau)=\begin{pmatrix}\frac{\partial^2 E\pi_s}{\partial {w_1}^2} & \frac{\partial^2 E\pi_s}{\partial w_1\partial\tau}\\ \frac{\partial^2 E\pi_s}{\partial\tau\partial w_1} & \frac{\partial^2 E\pi_s}{\partial\tau^2}\end{pmatrix}=\begin{pmatrix}-1 & \frac{\delta}{2}\\ \frac{\delta}{2} & -1\end{pmatrix}$$

其中，$H_1=-1<0$，$H_2=1-\delta^2/4$，要使 Hessian 矩阵负定则应满足 $H_2>0$，即 $1-\delta^2/4>0$。在此条件下令 $\frac{\partial E\pi_s}{\partial\tau}=0$，$\frac{\partial E\pi_s}{\partial w_1}=0$，可得供应商的最优决策 w_1^{B*} 和 τ^{B*}。将求解的 w_1^{B*} 和 τ^{B*} 代入 $p_1^{B*}(w_1,\tau)$ 可得 p_1^{B*}。证毕。

通过比较不引入策略下平台在信息共享和无信息共享下的期望利润，可得平台在不引入策略下的信息共享策略，如命题 3.1 所示。

命题 3.1 不引入策略下，平台的信息共享策略为：若 $\delta<\sqrt{2}$，平台不会主动共享信息；若 $\delta>\sqrt{2}$，平台会主动共享信息。

由命题 3.1 可知，当供应商仅销售生鲜农产品 1 时，若新鲜度弹性较低，则平台不会主动共享信息，若新鲜度弹性较高，则平台会主动共享信息。这是因为，平台的信息共享行为将使得供应商根据需求预测信息更为准确地调整保鲜投入决策和批发价格决策，由此产生两种不同的效应。我们将供应商调整保鲜投入决策产生的效应称为资源改善效应，并将其调整批发价格产生的效应称为双重边际效应。由于保鲜投入水平的调整有利于更好地满足消费者需求，对平台会起到一定的正向影响，而双重边际效应的加剧将损害平台的利益，对平台起到一定的负向影响。因此，平台的信息共享决策主要取决于两种效应的相对大小。当新鲜度弹性较低时，消费者对新鲜度的敏感性较弱，使得资源改善效应给平台带来的正向影响较弱，不足以抵扣双重边际效应给平台带来的负向影响，因此平台不愿意主动共享市场需求信息。而当新鲜度弹性较高时，消费者对新鲜度较为敏感，此时资源改善效应带来的正向影响较强，占优于双重边际效应带来的负向影响，平台愿意主动共享需求信息给供应商。

3.1.2　代理模式下的生鲜农产品供应链信息共享策略

当供应商选择代理引入策略，若平台选择信息共享/不共享时，供应商的期望利润函数分别为

$$E(\pi_s \mid Y)^{\mathrm{AI}} = E\left[(1-\alpha)p_{s2}d_2 + w_1 d_1 - \frac{\tau^2}{2} - C \mid Y\right] \tag{3.7}$$

$$E\pi_s^{\mathrm{AN}} = E\left[(1-\alpha)p_{s2}d_2 + w_1 d_1 - \frac{\tau^2}{2} - C\right] \tag{3.8}$$

平台的期望利润函数为

$$E(\pi_e \mid Y)^{\mathrm{A}} = E[\alpha p_{s2}d_2 + (p_1 - w_1)d_1 \mid Y] \tag{3.9}$$

通过逆序求解可得当供应商以代理模式引入生鲜农产品 2 时的最优决策，如定理 3.2 所示。其中，为保证 $E\pi_s^{\mathrm{A}}$ 为关于 w_1 、 p_{s2} 和 τ 的联合凹函数， $E\pi_e^{\mathrm{A}}$ 为关于 p_1 的凹函数，参数需满足 $4b+4-((1-2\alpha)b+3-2\alpha)\delta^2>0$ 。

定理 3.2　代理引入策略下，平台和供应商的最优决策如表 3.2 所示。

表 3.2　代理引入策略下的最优决策

均衡	AI	AN
$w_1^{\mathrm{A}*}$	$\dfrac{4(b+1)(1-\alpha b)(E(A\|Y)-\delta)+M_2 u}{8b+8-2M_1\delta^2}$	$\dfrac{4(b+1)(1-\alpha b)(\bar{A}-\delta)+M_2 u}{8b+8-2M_1\delta^2}$
$\tau^{\mathrm{A}*}$	$\dfrac{\delta(M_1(E(A\|Y)+u-\delta)-u)}{4b+4-M_1\delta^2}$	$\dfrac{\delta(M_1(\bar{A}+u-\delta)-u)}{4b+4-M_1\delta^2}$

续表

均衡	AI	AN
p_1^{A*}	$\dfrac{M_5(E(A\mid Y)-\delta)-M_3u}{8b+8-2M_1\delta^2}$	$\dfrac{M_4\delta^2(E(A\mid Y)-\overline{A})-2(b+1)^2\overline{A}-4(1-b^2)E(A\mid Y)-M_5\delta-M_3u}{8b+8-2M_1\delta^2}$
p_{s2}^{A*}	$\dfrac{4(b+1)(E(A\mid Y)+u-\delta)-u\delta^2}{8b+8-2M_1\delta^2}$	$\dfrac{4(b+1)(\overline{A}+u-\delta)-u\delta^2}{8b+8-2M_1\delta^2}$

其中，$M_1=(1-2\alpha)b+3-2\alpha$，$M_2=(1-\alpha)(b+2)\delta^2-4\alpha b(b+1)$，$M_3=2b^2+2b-((2-3\alpha)b+3-3\alpha)\delta^2$，$M_4=((1-2\alpha)b^2-2b+2\alpha-3)$，$M_5=2(b+1)(3-b)$。

证明　采用逆序求解法，首先求解生鲜电商的销售价格决策，由 $\dfrac{\partial^2 E\pi_e^A}{\partial p_1^2}=\dfrac{2}{b^2-1}<0$ 可知 $E\pi_e$ 为 p_1 的凹函数，令 $\dfrac{\partial E\pi_e^A}{\partial p_1}=0$ 可得 $p_1^{A*}(w_1,p_{s2},\tau)=\dfrac{(1-b)E(A\mid Y)-bu+w_1-(1-b)\delta(1-\tau)+b(1+\alpha)p_{s2}}{2}$。若生鲜电商共享信息，则供应商根据 $p_1^{A*}(w_1,p_{s2},\tau)=\dfrac{(1-b)E(A\mid Y)-bu+w_1-(1-b)\delta(1-\tau)+b(1+\alpha)p_{s2}}{2}$ 进行求解，若生鲜电商不共享信息，则供应商根据 $p_1^{A*}(w_1,p_{s2},\tau)=\dfrac{(1-b)\overline{A}-bu+w_1-(1-b)\delta(1-\tau)+b(1+\alpha)p_{s2}}{2}$ 进行决策。然后，将 $p_1^{A*}(w_1,p_{s2},\tau)$ 关于 w_1、p_{s2} 和 τ 的反应方程分别代入信息共享和无信息共享下供应商的期望利润函数 $E\pi_s^A$ 中求解可得供应商的最优决策 w_1^{A*}、p_{s2} 和 τ^{A*}。

首先验证 $E\pi_s^A$ 关于 w_1、p_{s2} 和 τ 的联合凹性，$E\pi_s^A$ 关于 w_1，p_{s2} 和 τ 的 Hessian 矩阵为

$$H=\begin{pmatrix}\dfrac{\partial^2 E\pi_s}{\partial w_1^2} & \dfrac{\partial^2 E\pi_s}{\partial w_1\partial\tau} & \dfrac{\partial^2 E\pi_s}{\partial w_1\partial p_{s2}}\\ \dfrac{\partial^2 E\pi_s}{\partial\tau\partial w_1} & \dfrac{\partial^2 E\pi_s}{\partial\tau^2} & \dfrac{\partial^2 E\pi_s}{\partial\tau\partial p_{s2}}\\ \dfrac{\partial^2 E\pi_s}{\partial p_{s2}\partial w_1} & \dfrac{\partial^2 E\pi_s}{\partial p_{s2}\partial\tau} & \dfrac{\partial^2 E\pi_s}{\partial p_{s2}^2}\end{pmatrix}=\begin{pmatrix}\dfrac{1}{b^2-1} & \dfrac{\delta}{2+2b} & \dfrac{(1-\alpha)b}{1-b^2}\\ \dfrac{\delta}{2+2b} & -1 & \dfrac{(1-\alpha)(2+b)\delta}{2b+2}\\ \dfrac{(1-\alpha)b}{1-b^2} & \dfrac{(1-\alpha)(2+b)\delta}{2b+2} & \dfrac{(1-\alpha)(\alpha b^2+b^2-2)}{1-b^2}\end{pmatrix}$$

其中，$H_1=\dfrac{1}{b^2-1}<0$，$H_2=\dfrac{4b+4-(1-b)\delta^2}{4(1-b)(1+b)^2}$，$H_3=\dfrac{((2\alpha b+2\alpha-b-3)\delta^2+4b+4)(1-\alpha)}{2(1+b)(b^2-1)}$，要使 Hessian 矩阵负定则应满足 $H_2>0$，$H_3<0$，即 $4b+4-(1-b)\delta^2>0$ 和 $(2\alpha b+2\alpha-b-3)\delta^2+4b+4>0$。在此条件下令

$\frac{\partial E\pi_s}{\partial \tau}=0$，$\frac{\partial E\pi_s}{\partial w_1}=0$，$\frac{\partial E\pi_s}{\partial p_{s2}}=0$，可得供应商的最优决策 w_1^{A*}、p_{s2}^{A*} 和 τ^{A*}。将求解的 w^{A*} 和 τ^{A*} 代入 $p_1^{A*}(w_1,p_{s2},\tau)$ 可得 p_1^{A*}。证毕。

观察定理 3.2 可以得到，由于代理引入策略下两种生鲜农产品的定价权归属于不同的主体，信息共享和无信息共享下两种生鲜农产品的价格差异程度不相同，表明平台的信息共享策略会改变产品的差异化定价策略。

将代理引入策略下供应商和平台的最优决策代入平台利润函数中，可分别得到代理引入策略下平台共享信息与不共享信息的期望利润。通过比较平台的期望利润可得其在代理引入策略下的信息共享策略，如命题 3.2 所示。

命题 3.2 代理引入策略如下。

（1）当 $\alpha<3/4$ 时，若 $b<b_1$，$\delta<\delta_1$，平台不会主动共享信息；否则，平台会主动共享信息。

（2）当 $\alpha<3/4$ 时，若 $b<b_2$，有 $\partial\delta_1/\partial b>0$ 成立，若 $b_2<b<b_1$，有 $\partial\delta_1/\partial b<0$ 成立。

其中，$b_1=\frac{3-4\alpha}{3+4\alpha}$，$b_2$ 为 $f(\alpha,b)=4(b^2+6b-23)(1+b)^2\alpha^2+3(1-b)^4-16(1+b)^4\alpha^4+(8b^3-12b^4+16b^2-8b-4)\alpha-16(b-5)(b+1)^3\alpha^3=0$ 在 $b<b_1$ 内的唯一解，$\delta_1=\sqrt{\frac{2(1+b)(2b-2+\sqrt{-4b^2\alpha+b^2+4\alpha-2b+1})}{(1-b)(2b\alpha+2\alpha-b-3)}}$。

命题 3.2（1）表明，代理引入策略下，当佣金率不是特别高、竞争强度和新鲜度弹性都较低时，平台不会主动共享信息给供应商。当供应商选择代理引入策略时，供应商与平台之间由单一的合作关系变为竞合关系。一方面，平台共享信息将使得供应商调整保鲜投入决策和生鲜农产品 1 的批发价格决策，从而产生资源改善效应和双重边际效应。另一方面，平台共享信息也有利于供应商调整生鲜农产品 2 的销售价格，从而有利于提升生鲜农产品 2 的销售收入，进而提升平台的佣金费用。因此，平台需衡量信息共享带来的佣金费用变化、资源改善效应和双重边际效应的大小以决策其信息共享策略。当佣金率不是很高时，表明生鲜农产品 2 的销售收入增加带来的佣金费用增加不是很高。此时，若竞争强度和新鲜度弹性都较低，意味着平台共享信息带来的资源改善效应较弱，从而使得信息共享带来的资源改善效应和佣金费用的增加不足以抵扣双重边际效应的负向影响，平台会选择保留信息。

此外，命题 3.2（1）还表明在代理引入策略下如果竞争激烈程度较高，平台会主动共享信息给供应商。这是因为随着竞争的加剧供应商总是会降低生鲜农产品 2 的销售价格，在竞争强度较高时，生鲜农产品 2 的价格降低使其对生鲜农产品 1 的市场需求蚕食较为严重。为避免供应商过度降价导致佣金费用降低和生鲜农产品 1 的需求急剧转移，平台会选择共享信息以使供应商制定更为合理的销售价格。

最后，命题 3.2（2）表明，代理引入策略下若竞争强度低，平台的信息共享动机随着竞争的加剧会降低，若竞争强度适中，平台的信息共享动机随着竞争的加剧会提高。由于竞争的加剧会造成保鲜投入水平和价格的降低，尤其佣金率的存在会促进保鲜投入水平和价格随着竞争强度变化（$\partial\tau^{A*}/\partial b\partial\alpha>0$，$\partial p_{s2}^{*}/\partial b\partial\alpha>0$）。当佣金率不是很高且竞争强度适中时，竞争的加剧将使得价格和保鲜投入水平的下降幅度增大，但此时价格下降带来的需求增长会超过保鲜投入水平降低带来的需求流失，对平台利润起到一定的正向作用，因此平台的信息共享动机提升。

3.1.3　转销引入策略下的信息共享策略

当供应商选择转销引入策略时，若平台共享/不共享信息，可得供应商的期望利润函数分别为

$$E(\pi_s\,|\,Y)^{\mathrm{RI}}=E\left[w_1d_1+w_2d_2-\frac{\tau^2}{2}-C\,|\,Y\right] \tag{3.10}$$

$$E\pi_s^{\mathrm{RN}}=E\left[w_1d_1+w_2d_2-\frac{\tau^2}{2}-C\right] \tag{3.11}$$

平台的期望利润函数为

$$E(\pi_e\,|\,Y)^{\mathrm{R}}=E[(p_{e2}-w_2)d_2+(p_1-w_1)d_1\,|\,Y] \tag{3.12}$$

通过逆序求解可得转销模式引入策略下供应商和平台的最优决策，如定理 3.3 所示。其中，为保证 $E\pi_s^{\mathrm{R}}$ 为关于 w_1、w_2 和 τ 的联合凹函数，$E\pi_e^{\mathrm{R}}$ 为关于 p_1、p_2 的联合凹函数，参数需满足 $\delta<\sqrt{2b+2}$。

定理 3.3　转销引入策略下，供应商和平台的最优决策如表 3.3 所示。

表 3.3　转销引入策略下的均衡决策

均衡	RI	RN
$w_1^{\mathrm{R}*}$	$\dfrac{4(b+1)(E(A\|Y)-\delta)+u\delta^2}{8b+8-4\delta^2}$	$\dfrac{4(b+1)(\bar{A}-\delta)+u\delta^2}{8b+8-4\delta^2}$
$w_2^{\mathrm{R}*}$	$\dfrac{4(b+1)(E(A\|Y)+u-\delta)-u\delta^2}{8b+8-4\delta^2}$	$\dfrac{4(b+1)(\bar{A}+u-\delta)-u\delta^2}{8b+8-4\delta^2}$
$\tau^{\mathrm{R}*}$	$\dfrac{\delta(2E(A\|Y)-2\delta+u)}{4b+4-2\delta^2}$	$\dfrac{\delta(2\bar{A}-2\delta+u)}{4b+4-2\delta^2}$

续表

均衡	RI	RN
p_1^{R*}	$\frac{12(b+1)(E(A\|Y)-\delta)+3u\delta^2}{16b+16-8\delta^2}$	$\frac{4(b+1)(\bar{A}+2E(A\|Y)-3\delta)+4\delta^2(\bar{A}-E(A\|Y))+3u\delta^2}{16b+16-8\delta^2}$
p_{e2}^{R*}	$\frac{12(b+1)(E(A\|Y)+u-\delta)-3u\delta^2}{16b+16-8\delta^2}$	$\frac{4(b+1)(\bar{A}+2E(A\|Y)+3u-3\delta)+4\delta^2(\bar{A}-E(A\|Y))-3u\delta^2}{16b+16-8\delta^2}$

证明　采用逆序求解法，首先求解生鲜电商的销售价格决策，验证 $E\pi_e^R$ 关于 p_1 和 p_{e2} 的联合凹性，$E\pi_e^R$ 关于 p_1 和 p_{e2} 的 Hessian 矩阵为

$$H(p_1,p_{e2})=\begin{pmatrix}\dfrac{\partial^2 E\pi_e}{\partial p_1^{\ 2}} & \dfrac{\partial^2 E\pi_e}{\partial p_{e2}\partial p_1}\\ \dfrac{\partial^2 E\pi_e}{\partial p_1\partial p_{e2}} & \dfrac{\partial^2 E\pi_e}{\partial p_{e2}^2}\end{pmatrix}=\begin{pmatrix}\dfrac{2}{b^2-1} & \dfrac{2b}{1-b^2}\\ \dfrac{2b}{1-b^2} & \dfrac{2}{b^2-1}\end{pmatrix}$$

其中，$H_1=\dfrac{2}{b^2-1}<0$，$H_2=\dfrac{4}{1-b^2}>0$，则 $E\pi_e^R$ 为关于 p_1 和 p_{e2} 的联合凹函数。令 $\dfrac{\partial E\pi_e}{\partial p_1}=0$，$\dfrac{\partial E\pi_e}{\partial p_{e2}}=0$，可得 $p_1^{R*}(w_1,\tau)=\dfrac{E(A|Y)+w_1-\delta(1-\tau)}{2}$，$p_{e2}^{R*}(w_2,\tau)=\dfrac{E(A|Y)+u+w_2-\delta(1-\tau)}{2}$。若生鲜电商共享信息，则供应商根据 $p_1^{R*}(w_1,\tau)=\dfrac{E(A|Y)+w_1-\delta(1-\tau)}{2}$，$p_{e2}^{R*}(w_2,\tau)=\dfrac{E(A|Y)+u+w_2-\delta(1-\tau)}{2}$ 进行决策，若生鲜电商不共享信息，则供应商根据 $p_1^{R*}(w_1,\tau)=\dfrac{\bar{A}+w_1-\delta(1-\tau)}{2}$，$p_{e2}^{R*}(w_2,\tau)=\dfrac{\bar{A}+u+w_2-\delta(1-\tau)}{2}$ 进行决策。然后，将 $p_1^{R*}(w_1,\tau)$ 关于 w_1 和 τ 的反应方程，以及 $p_{e2}^{R*}(w_2,\tau)$ 关于 w_2 和 τ 的反应方程分别代入信息共享和无信息共享下供应商的期望利润函数 $E\pi_s^R$ 中，求解可得供应商的最优决策 w_1^{R*}、w_2^{R*} 和 τ^{R*}。

验证 $E\pi_s^R$ 关于 w_1、w_2 和 τ 的联合凹性，$E\pi_s^R$ 关于 w_1、w_2 和 τ 的 Hessian 矩阵为

$$H(w,w_2,\tau)=\begin{pmatrix}\dfrac{\partial^2 E\pi_s}{\partial w_1^{\ 2}} & \dfrac{\partial^2 E\pi_s}{\partial w_1\partial\tau} & \dfrac{\partial^2 E\pi_s}{\partial w_1\partial w_2}\\ \dfrac{\partial^2 E\pi_s}{\partial\tau\partial w_1} & \dfrac{\partial^2 E\pi_s}{\partial\tau^2} & \dfrac{\partial^2 E\pi_s}{\partial\tau\partial w_2}\\ \dfrac{\partial^2 E\pi_s}{\partial w_2\partial w_1} & \dfrac{\partial^2 E\pi_s}{\partial w_2\partial\tau} & \dfrac{\partial^2 E\pi_s}{\partial w_2^{\ 2}}\end{pmatrix}=\begin{pmatrix}\dfrac{1}{b^2-1} & \dfrac{\delta}{2+2b} & \dfrac{b}{1-b^2}\\ \dfrac{\delta}{2+2b} & -1 & \dfrac{\delta}{2b+2}\\ \dfrac{b}{1-b^2} & \dfrac{\delta}{2b+2} & \dfrac{1}{b^2-1}\end{pmatrix}$$

其中，$H_1=\dfrac{1}{b^2-1}<0$，$H_2=\dfrac{4b+4-(1-b)\delta^2}{4(1-b)(1+b)^2}$，$H_3=\dfrac{2b+2-\delta^2}{2(1+b)(b^2-1)}$，要使 Hessian 矩阵负定则应满足$H_2>0$，$H_3<0$，即$4b+4-(1-b)\delta^2>0$和$2b+2-\delta^2>0$。在此条件下令$\dfrac{\partial E\pi_s}{\partial\tau}=0$，$\dfrac{\partial E\pi_s}{\partial w_1}=0$，$\dfrac{\partial E\pi_s}{\partial w_2}=0$，可得供应商的最优决策$w_1^{R*}$、$w_2^{R*}$和$\tau^{R*}$。将求解的$w_1^{R*}$、$w_2^{R*}$和$\tau^{R*}$代入$p_{e2}^{R*}(w_2,\tau)$可得$p_1^{R*}$和$p_{e2}^{R*}$。证毕。

将转销引入策略下供应商和平台的最优决策代入平台利润函数中，可分别得到转销引入策略下平台共享信息与不共享信息的期望利润。通过比较平台的期望利润可得其在转销引入策略下的信息共享策略，如命题 3.3 所示。

命题 3.3　转销引入策略下，平台的信息共享策略为：若$\delta<\delta_2$，平台不会主动共享信息；若$\delta>\delta_2$，平台会主动共享信息。

其中，$\delta_2=\sqrt{1+b}$。

命题 3.3 表明，平台在新鲜度弹性低时不会主动共享信息，在新鲜度弹性较高时会主动共享信息。由于在转销引入策略下供应商和平台的合作形式没有发生改变，两种生鲜农产品的最终定价权都归平台所有，则平台的信息共享策略仍主要取决于信息共享产生的双重边际效应和资源改善效应的大小。值得注意的是，对比命题 3.1 和命题 3.3 可以发现$\delta_2<\sqrt{2}$，表明转销引入策略下平台的信息共享动机相比于不引入时有所增强。这是由于转销引入策略下保鲜投入水平有所提高，使得转销引入策略下的资源改善效应相比于不引入策略下的资源改善效应更加显著。进一步地，由命题 3.2 容易得到$\partial\delta_2/\partial b>0$，表明在转销引入策略下竞争的加剧会降低平台的信息共享动机。这是因为，供应商的保鲜投入水平随着竞争的加剧会降低（$\partial\tau^{R*}/\partial b<0$），保鲜投入水平的降低将削弱平台共享信息带来的资源改善效应，从而使得平台的信息共享动机降低。

由于平台在不同的产品引入策略下的信息共享动机存在差异，下面将结合图 3.2 进一步分析产品引入策略对平台信息共享策略的影响。

观察图 3.2 可以发现，平台的信息共享阈值之间的关系为$\delta_1<\delta_2<\sqrt{2}$，表明平台在代理引入策略下的信息共享动机最高，在不引入策略下的信息共享动机最低。造成平台在不同产品引入策略下的信息共享动机发生差异的原因是不同引入策略下供应商和平台的合作关系不太一样。在转销引入策略下，平台与供应商属于合作关系，但引入产品将促使供应商提高保鲜投入水平，给平台带来一定的正向影响，因此转销引入策略可以激励平台共享信息。而代理引入策略下平台和供应商之间属于竞合关系，代理引入产品的收益增加会提高平台的佣金费用，这也将增强平台的信息共享动机。由此，我们发现，供应商可以通过引入竞争性生鲜农产品来激励平台共享信息。

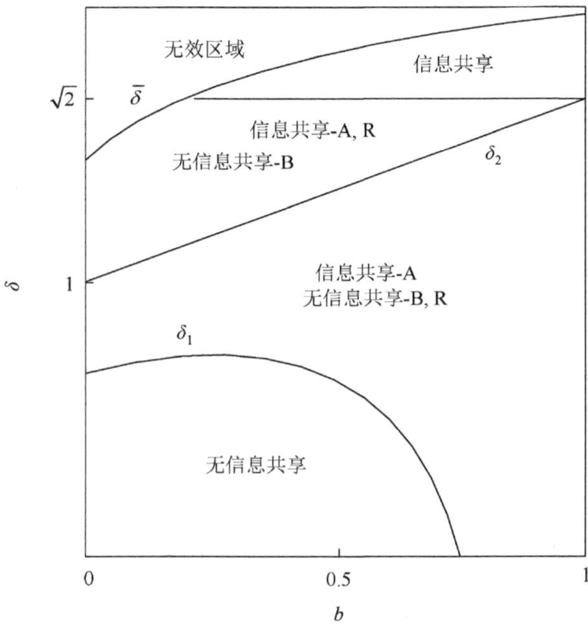

图 3.2 信息共享策略

3.1.4 产品引入策略的影响

首先分析产品引入策略对生鲜农产品 1 批发价格的影响，得到命题 3.4。

命题 3.4 （1）在代理引入策略下：当满足以下条件时，有 $w_1^{A*} < w_1^{B*}$：①当 $\delta < \delta_3$，$u > \max(0, u_1, u_2)$；②当 $\delta_3 < \delta < \bar{\delta}$，$u < \min(u_1, u_2, u_3)$。

（2）在转销引入策略下：当 $\delta < \delta_2$ 或 $\delta > \sqrt{2}$，有 $w_1^{R*} > w_1^{B*}$；当 $\delta_2 < \delta < \sqrt{2}$，若 $Y = h$，有 $w_1^{R*} > w_1^{B*}$，若 $Y = l$，$\rho_1 < \rho < 1$，有 $w_1^{R*} < w_1^{B*}$，否则，有 $w_1^{R*} > w_1^{B*}$。

其中，

$$\delta_3 = \sqrt{\frac{4b\alpha(1+b)}{(1-\alpha)(2+b)}}$$

$$u_1 = \frac{4(\bar{A}-\delta)((2+\alpha b^2-\alpha b-2\alpha)\delta^2-4b\alpha(1+b))}{(4-\delta^2)((\alpha-1)(2+b)\delta^2+4b\alpha(1+b))}$$

$$u_2 = \frac{\begin{array}{c}4(\alpha b^2-\alpha b-2\alpha+2)\delta^3-16b\alpha(1+b)\delta+16(1+b)((\alpha b-1)E(A|Y)+\bar{A})+\\4((2b\alpha-b+2\alpha-3)\bar{A}+(b-\alpha b+1-\alpha b^2)E(A|Y))\delta^2\end{array}}{(\delta^2-4)((\alpha-1)(2+b)\delta^2+4b\alpha(1+b))}$$

$$u_3 = \frac{4(E(A|Y)-\delta)((2+\alpha b^2-\alpha b-2\alpha)\delta^2-4b\alpha(1+b))}{((\alpha-1)(2+b)\delta^2+4b\alpha(1+b))(4-\delta^2)}$$

$$\rho_1 = \frac{\delta^4 u + 4(1-b)\delta^3 + 4(Hb - L - u)\delta^2 - 8(H-L)(1+b)}{4(H-L)(1+b)(\delta^2 - 4)}$$

命题 3.4（1）表明，在一定条件下代理引入策略有利于供应商降低产品 1 的批发价格。具体而言，当新鲜度弹性较低但质量改善水平较高时，或者当新鲜度弹性较高，质量改善水平低于一定水平时，供应商会降低生鲜农产品 1 的批发价格。这是因为，当新鲜度弹性较低时，保鲜投入水平的提升对需求的正向影响较弱。而在较高的质量改善水平下产品 2 对产品 1 市场需求的蚕食较强，为激励平台降低价格刺激需求，供应商会主动降低产品 1 的批发价格。而当新鲜度弹性较高时，虽然保鲜投入水平的提升能较大地提升需求，但较低的质量改善水平使得两种生鲜农产品的质量差异不是特别高，为避免两种产品激烈的价格竞争，供应商会主动降低产品 1 的批发价格以促使平台降低产品 1 的销售价格。

命题 3.4（2）表明，当新鲜度弹性较低或者较高时，在转销引入策略下供应商会提高生鲜农产品 1 的批发价格。这是因为，当新鲜度弹性较低或较高时，保鲜投入水平相比未引入时会提高，供应商为分担保鲜成本会提高生鲜农产品 1 的批发价格。此外，命题 3.4（2）表明，当新鲜度弹性适中时，供应商在高市场需求信号下总是会提高生鲜农产品 1 的批发价格，而在低市场需求信号下可能会降低生鲜农产品 1 的批发价格。由于此时平台在转销引入下会共享信息，在基准情形下不会共享信息，则其在转销引入策略下会根据市场需求信号调整批发价格。当市场需求信号为高时，意味着市场需求状态较为乐观，此时供应商会提高生鲜农产品 1 的批发价格以攫取更多利润。而当市场需求信号为低时，在较高的预测精度下悲观的市场需求状态对批发价格的影响较大，供应商会降低生鲜农产品 1 的批发价格以激励平台降低销售价格刺激需求。

产品引入策略同样会对生鲜农产品 1 的需求造成影响，以下将结合命题 3.5 进行具体分析。

命题 3.5　（1）当满足以下条件时，有 $d_1^{A*} > d_1^{B*}$：① $b < \min(b_3, 1)$，$\delta > \max(\delta_4, \delta_5)$；② $\alpha < 1/2$，$\delta_5 < \delta < \delta_4$，$u < u_4$；③ $\alpha > 1/2$，$\delta_4 < \delta < \delta_5$，$u > u_4$。

（2）当 $\delta < \sqrt{4b}$，有 $d_1^{R*} < d_1^{B*}$；当 $\sqrt{4b} < \delta < \bar{\delta}$，有 $d_1^{R*} > d_1^{B*}$。

其中，$b_3 = \dfrac{2-2\alpha}{2\alpha - 1}$，$\delta_4 = \sqrt{\dfrac{2b}{1-\alpha}}$，$\delta_5 = \sqrt{\dfrac{4b}{2+b-2b\alpha-2\alpha}}$，$u_4 = \dfrac{(((2\alpha-1)b + 2\alpha - 2)\delta^2 + 4b)(1-b)(\hat{H} + \hat{L} - 2\delta)}{((\alpha-1)\delta^2 + 2b)(\delta^2 - 4)}$。

命题 3.5（1）表明，代理引入策略可能会带来生鲜农产品 1 的需求增长。首先，当竞争强度不是很高，新鲜度弹性较高时，代理引入策略下的保鲜投入水平会有所提高，从而对生鲜农产品 1 的需求产生较大的正向影响。其次，当新鲜度弹性适中时，若佣金率和质量改善水平较低，两种生鲜农产品的质量差异不是很大，从而产品 2 的引入对产品 1 的市场需求蚕食较弱。因此，保鲜投入水平的增加仍然能提高生鲜农产品 1 的市场需求。最后，当新鲜度弹性适中时，若佣金率和质量改善水平较高，代理引入策略也会提升生鲜农产品 1 的需求。由 $\partial p_1^* / \partial \alpha < 0$ 可知佣金率的提高会使得平台降低生鲜农产品 1 的销售价格，则在较高的佣金率下生鲜农产品 1 的销售价格有所降低，并且此时保鲜投入水平的提高会进一步促进生鲜农产品 1 的需求增加。

命题 3.5（2）表明，相较于基准情形，当新鲜度弹性较低（较高）时，转销引入策略下产品 1 的市场需求将下降（提高）。由于供应商在引入产品 2 后会提高保鲜投入水平，从而对产品 1 的市场需求带来正向影响。当消费者对新鲜度不是很敏感时，提升保鲜投入水平带来的需求增长小于引入竞争性产品 2 带来的需求流失，产品 1 的市场需求有所降低。相反，当新鲜度弹性较高时，提高保鲜投入水平带来的需求增长较强，高于引入竞争性产品 2 带来的需求流失，产品 1 的市场需求有所提高。命题 3.5（2）为供应商在引入竞争性产品时的产品选择提供了一定指导。供应商在引入竞争性生鲜农产品时，可着重选择新鲜度弹性比较高的生鲜农产品（如海鲜、车厘子等），这不仅有利于扩大整体市场占有率，也有利于扩大原有产品的市场需求。

由于产品引入策略还会影响平台的信息共享动机，进一步影响平台收益，下面将分析产品引入策略对平台利润的影响，得到命题 3.6。

命题 3.6 （1）代理引入策略给平台利润带来的影响为：①当 $\delta < \sqrt{2}$ 时，若 $\rho < \bar{\rho}_2$，有 $E\pi_e^{A*} > E\pi_e^{B*}$，若 $\rho > \underline{\rho}_2$，有 $E\pi_e^{A*} < E\pi_e^{B*}$；②当 $\sqrt{2} < \delta < \min(\delta_6, \bar{\delta})$ 时，若 $\rho < \bar{\rho}_3$，有 $E\pi_e^{A*} < E\pi_e^{B*}$，若 $\rho > \underline{\rho}_3$，有 $E\pi_e^{A*} > E\pi_e^{B*}$；③当 $\alpha > 1/3$，$b > b_4$，$\delta_6 < \delta < \bar{\delta}$ 时，若 $\rho < \bar{\rho}_3$，有 $E\pi_e^{A*} > E\pi_e^{B*}$，若 $\rho > \underline{\rho}_3$，有 $E\pi_e^{A*} < E\pi_e^{B*}$。

（2）转销引入策略下，平台的利润总是满足 $E\pi_e^{R*} > E\pi_e^{B*}$。

其中，b_4 为 $f(b) = (4\alpha - 1)b^3 + (1-2\alpha)b^2 + (1-\alpha^2-2\alpha)b - (1-\alpha)^2 = 0$ 的根。$\underline{\rho}_2 = \max(1/2, \rho_4, \rho_2)$，$\bar{\rho}_2 = \min(\bar{\rho}_4, \rho_2)$，$\underline{\rho}_3 = \max(\rho_3, 1/2)$，$\bar{\rho}_3 = \min(\rho_3, 1)$，$\bar{\rho}_4 = \min(\rho_4, 1)$，$F(u) = (4-\delta^2)^2 M_6 u^2 + M_7 u + 2M_8(1-b)(H+L-2\delta)^2 = 0$，$\rho_2 = \frac{1}{2} + \sqrt{\frac{2(1+b)F(u)}{b(1-b)(4-\delta^2)^2(H-L)^2(4b+4-((1-2\alpha)b+3-2\alpha)\delta^2)^2}}$，$\rho_3 = \frac{1}{2} + \sqrt{\frac{F(u)}{2M_3(1-b)(H-L)^2}}$，$\rho_4 = \frac{1}{2} + \sqrt{\frac{4F(u)}{(1-b)(4-\delta^2)^2(H-L)^2 M_9}}$，$M_6 = ((3\alpha-\alpha^2-1)b-\alpha^2+\alpha-1)\delta^4 + (4(1-3\alpha)b^2 + 4(1-\alpha)b + 8\alpha)\delta^2 + 4(1+b)(4\alpha b^2 - b^2 - 4\alpha)$，$M_7 = 2(4-\delta^2)^2(b^2-1)(H+L-2\delta)((8b+$

$8-3\delta^2)\alpha+\delta^2-2b)$，$M_8=((2\alpha^2-4\alpha+1)b^2+(4\alpha^2-12\alpha+3)b+2\alpha^2-8\alpha+4)\delta^4+8(1+b)^2(3\alpha-1)\delta^2-16(1+b)(2\alpha b-b+2\alpha)$，$M_9=((2\alpha-1)b+2\alpha-3)^2\delta^4+4(2(2\alpha-1)b^2+8(\alpha-1)b+4\alpha-6)\delta^2+4(5-4\alpha)b^2+8(1-\alpha)b-4\alpha+3$。

命题 3.6（1）表明，代理引入策略可能对平台是有利或不利的。当新鲜度弹性较低时，平台在基准情形下不会共享信息（BN），平台完全掌握信息优势。而在代理引入策略下，平台可能会共享信息给供应商，平台并不一定具有信息优势。当预测精度较低时，平台共享信息带来的佣金费用提升能较大地弥补双重边际效应的负向影响，从而代理引入策略能够提升平台利润，对平台有利。而当预测精度较高时，平台共享信息会加剧双重边际效应的负向影响，平台利润相比基准情形有所下降，代理引入策略对平台不利。

命题 3.6（1）还表明，当新鲜度弹性适中时，若预测精度较低，则代理引入策略对平台不利，若预测精度较高，则代理引入策略对平台有利。这是因为，在新鲜度弹性适中时，平台在代理引入策略和基准情形下都会共享信息给供应商。同时，在代理引入策略下供应商可能会提高生鲜农产品 1 的批发价格，从而加剧代理引入策略下的双重边际效应。若预测精度较低，则平台在代理引入策略下共享信息带来的资源改善效应和佣金费用的增加不足以抵扣加剧的双重边际效应带来的负向影响，平台利润相比于基准情形有所降低。相反，若预测精度较高，则平台在代理引入策略下共享信息带来的资源改善效应和佣金费用的增加可以抵扣加剧的双重边际效应带来的负向影响，平台利润相比于基准情形有所提升。

此外，命题 3.6（1）表明，当佣金率、竞争强度和新鲜度弹性都较高时，若预测精度较低，则代理引入策略对平台有利；若预测精度较高，则代理引入策略对平台不利。由于此时平台在代理引入策略和基准情形下都会共享信息。并且，在较高的竞争强度下供应商会降低生鲜农产品 1 的批发价格，则代理引入策略将削弱双重边际效应的负向影响。当预测精度较低时，供应商根据需求信息对批发价格的调整幅度较小，使得代理引入策略下的批发价格相比基准情形有所降低，对平台利润产生正向影响。当预测精度较高时，供应商根据需求信息对批发价格的调整幅度较大，这将削弱供应商在代理引入策略下降低批发价格的正向影响，最终使得平台利润相比基准情形有所降低。

最后，命题 3.6（2）表明，转销引入策略总是有利于平台增长利润。由于供应商引入生鲜农产品 2 可以有效扩张市场需求。并且，在转销引入策略下两种生鲜农产品的定价权都归平台所有，平台可以通过价格决策避免两种生鲜农产品的激烈竞争，从而有效地从扩张的市场需求中获益，实现利润的增长。

3.1.5 生鲜农产品供应链的引入策略均衡

1. 供应商的引入策略偏好

下面将首先分析生鲜供应商的产品引入策略偏好，通过对比生鲜供应商在不同引入策略下的期望利润，可以得到命题 3.7。

命题 3.7 供应商的产品引入策略偏好如表 3.4 所示。

表 3.4 生鲜供应商的产品引入策略偏好

<table>
<tr><th colspan="5">条件</th><th>供应商偏好</th></tr>
<tr><td>S1</td><td rowspan="2">$\alpha<1/2$</td><td>$b<b_1$</td><td>$\delta<\delta_1$</td><td>$C<C_1$</td><td>AN</td></tr>
<tr><td>S2</td><td colspan="2">$\underline{\delta}_1<\delta<\overline{\delta}$</td><td rowspan="2">$C<C_{j1}$</td><td rowspan="2">AI</td></tr>
<tr><td>S3</td><td rowspan="3">$\alpha>1/2$</td><td rowspan="2">$\delta<\delta_2$</td><td>$\rho>\rho_5$</td></tr>
<tr><td>S4</td><td>$\rho<\overline{\rho}_5$</td><td>$C<C_4$</td><td>RN</td></tr>
<tr><td>S5</td><td colspan="2">$\delta_2<\delta<\overline{\delta}$</td><td>$C<C_{j2}$</td><td>RI</td></tr>
<tr><td>S6</td><td rowspan="2">$\alpha<1$</td><td colspan="2">$\delta<\sqrt{2}$</td><td>$C>C_{j3}$</td><td>BN</td></tr>
<tr><td>S7</td><td colspan="2">$\sqrt{2}<\delta<\overline{\delta}$</td><td>$C>C_{j4}$</td><td>BI</td></tr>
</table>

其中

$$\underline{\delta}_1=\max(0,\delta_1),\quad \overline{\rho}_5=\min(\rho_5,1)$$

$$C_{j1}\in\{C_2,C_3\},\quad C_{j2}\in\{C_5,C_6\}$$

$$C_{j3}\in\{C_1,C_2,C_4,C_5\},\quad C_{j4}\in\{C_3,C_6\}$$

$$\rho_5=\frac{1}{2}+\sqrt{\frac{(2\alpha-1)(2(1+b)(H+L+2u)-u\delta^2-4(1+b)\delta)^2}{2(H-L)^2(2b+2-\delta^2)(3+b-2b\alpha-2\alpha)}}$$

$$M_{10}=(\alpha-1)\delta^2+2(2\alpha-1)b^2-4\alpha+4$$

$$M_{11}=((2\alpha-1)b-2+2\alpha)(4-\delta^2)(1-b)$$

$$C_1=\frac{M_{10}(4-\delta^2)u^2-4(\overline{A}-\delta)M_{11}u+16(\alpha b+\alpha-1)(b-1)(\overline{A}-\delta)^2}{4(4-\delta^2)(1-b)(4b+4-M_1\delta^2)}$$

$$C_2=\frac{\begin{array}{c}2M_1(4-\delta^2)u^2-8(\overline{A}-\delta)M_{11}u+2(2b+10-8\alpha-8\alpha b)\hat{H}^2-4\hat{L}^2(4\alpha+4\alpha b-b-5)\\-8\hat{H}\hat{L}(1+b)+(2((\hat{H}-\hat{L})^2-16)(1+b)\alpha+32-(b+3)(\hat{H}-\hat{L})^2)\delta^2+64\overline{a}\delta(\alpha b+\alpha-1)\end{array}}{8(4-\delta^2)(1-b)(4b+4-M_1\delta^2)}$$

$$C_3 = \frac{M_1(4-\delta^2)u^2 - 4(\bar{A}-\delta)M_{11}u + 8(\alpha b+\alpha-1)(b-1)((\hat{H}-\delta)^2+(\hat{L}-\delta)^2)}{4(4-\delta^2)(1-b)(4b+4-M_1\delta^2)}$$

$$C_4 = \frac{(u\delta^2+4b\bar{A}-4\delta b-4\bar{A}+4\delta-4u)^2}{16(1-b)(4-\delta^2)(2b+2-\delta^2)}$$

$$C_5 = \frac{(\delta^2-4)^2u^2+8(1-b)(4-\delta^2)(\bar{A}-\delta)u-2(1-b)(((\hat{H}-\hat{L})^2+8b-8)\delta^2+16(1-b)\bar{A}\delta+8\bar{A}^2b-6\hat{H}^2+4\hat{H}\hat{L}-6\hat{L}^2)}{16(1-b)(4-\delta^2)(2b+2-\delta^2)}$$

$$C_6 = \frac{(\delta^2-4)^2u^2+8(1-b)(4-\delta^2)(\bar{A}-\delta)u+8(b-1)^2((\hat{H}-\delta)^2+(\hat{L}-\delta)^2)}{16(1-b)(4-\delta^2)(2b+2-\delta^2)}$$

为了更直观地表示命题 3.7 中各区域，绘制图 3.3 做进一步分析。

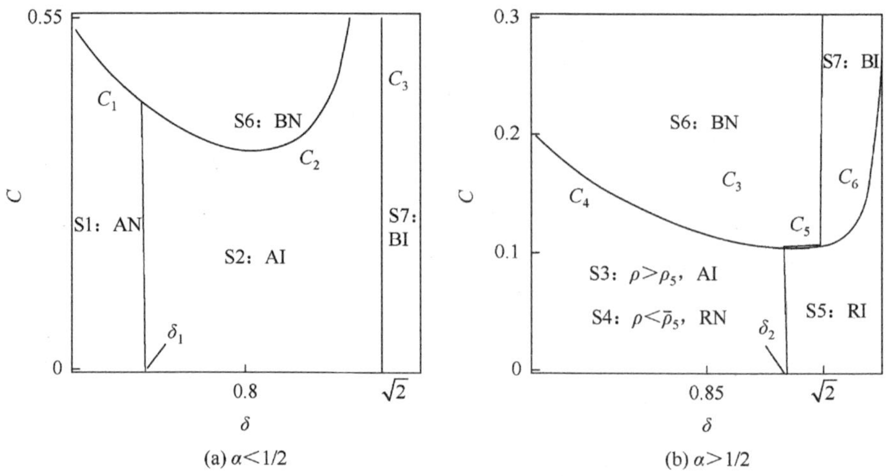

图 3.3　供应商的引入策略偏好

由命题 3.7 可知，当供应商生产、引入生鲜农产品 2 付出的质量改善成本较低时，供应商总是愿意引入生鲜农产品 2，而当供应商付出的质量改善成本较高时，供应商不愿意引入生鲜农产品 2，如图 3.3 中的 S6 和 S7 区域。显然，由于引入生鲜农产品 2 能够扩大供应商的产品市场覆盖率，较低的质量改善成本意味着供应商引入生鲜农产品 2 所付出的成本较低，供应商愿意引入生鲜农产品 2 以通过需求扩张增加利润。而较高的质量改善成本将使得供应商引入生鲜农产品 2 带来的销售收入增长不足以抵扣其高额的成本，供应商不会引入生鲜农产品 2。

此外，命题 3.7 表明，在较低的质量改善成本下，若佣金率较低，供应商总是会选择代理引入策略，如图 3.3（a）中的 S1 和 S2 区域。虽然代理引入策略会使得供应商与平台之间存在竞争，但由于供应商可以直接掌握生鲜农产品 2 的定价权，在较低的佣金率下供应商只用付出较低的佣金费用即可获得销售产品 2 的直接收益，供应商更愿意选择代理引入策略。

进一步地，命题 3.7 表明，在较低的质量改善成本下，当佣金率较高且新鲜度弹性较低时，若预测精度较高，供应商仍然愿意选择代理引入策略，如图 3.3（b）中的 S3 区域。这是因为，当新鲜度弹性较低时，平台在代理引入策略下会共享信息，在转销引入策略下不会共享信息，代理引入策略此时会为供应商带来一部分信息共享利润。因此，供应商会进一步衡量佣金费用、信息共享利润的大小以决策其引入策略选择。当新鲜度弹性较低但预测精度较高时，代理引入策略下的信息共享利润能够弥补高额的佣金费用，则供应商更偏好代理引入策略。反之，供应商更偏好转销引入策略。

最后，命题 3.7 表明，在质量改善成本较低时，若新鲜度弹性和佣金率都较高，供应商更愿意选择转销引入策略，如图 3.3（b）中的 S5 区域。由于新鲜度弹性较高时平台在代理引入和转销引入下都会共享信息给供应商，供应商的引入策略选择不会改变电商平台的信息共享策略。供应商此时的引入策略选择主要通过衡量佣金费用以及转销策略下边际收益的大小。然而，在佣金率较高时供应商需付出高额的佣金成本，使得其边际收益低于转销引入策略，则供应商更偏好转销引入策略。

下面将进一步讨论竞争强度对供应商产品引入策略的影响，如推论 3.1 所示。

推论 3.1 竞争强度对产品引入策略的影响如下。

（1）当 $u<\min(u_5,\bar{u})$，有 $\partial C_j/\partial b<0$，当 $\delta<\min(\delta_3,\delta_7)$ 且 $u_5<u<\bar{u}$，有 $\partial C_j/\partial b>0$。

（2）当 $u<\min(u_6,\bar{u})$，有 $\partial C_m/\partial b<0$，当 $\delta<\min(\sqrt{4b},\bar{\delta})$ 且 $u_6<u<\bar{u}$，有 $\partial C_m/\partial b>0$。

其中，$j\in\{1,2,3\}$，$m\in\{4,5,6\}$，$\delta_7=\sqrt{\dfrac{4}{1+b-2\alpha b}}$，$u_5$ 为 $f(u_6)=((2\alpha b-b-1)\delta^2+4)((\alpha-1)\delta^2+2b)u^2+2(\bar{A}-\delta)(1-b)^2((2\alpha-1)\delta^2-4)u-4(1-b)^2(2\delta^2-2(\hat{H}+\hat{L})\delta+\hat{H}^2+\hat{L}^2)=0$ 在 $u>0$ 内的唯一实数根，u_6 为 $f(u_7)=(\delta^4-4(1+b)\delta^2+16b)u^2-8(1-b)^2(\hat{H}+\hat{L}-2\delta)u-8(1-b)^2(2\delta^2-4\bar{A}\delta+\hat{H}^2+\hat{L}^2)=0$ 在 $u>0$ 内的唯一实数根。

推论 3.1 表明，无论供应商以何种模式引入生鲜农产品 2，在质量改善水平较低时，其引入动机总是随着竞争的加剧而降低；而当新鲜度弹性较低且质量改善水平较高时，其引入动机会随着竞争的加剧而提高。这是因为，随着竞争的加剧保鲜投入水平和价格会降低。当质量改善水平较低时，引入生鲜农产品 2 带来的需求增长较弱，使得质量改善和价格降低对需求的正向影响小于保鲜投入水平降低带来的负向影响，则供应商的引入动机随着竞争加剧而降低。当质量改善水平较高时，引入生鲜农产品 2 带来的需求增长较强。并且在新鲜度弹性较低时，质量改善和价格降低对需求的正向影响将大于保鲜投入水平降低带来的负向影响，则供应商的引入动机随着竞争的加剧而提升。

2. 供应链的引入策略均衡

由于平台并非总是从供应商的产品引入策略中获益，平台在利润受损的情形下可能会拒绝供应商的引入策略，这使得供应商可能会调整自己的引入策略。结合命题 3.6 和命题 3.7 可得供应链的引入策略均衡，如命题 3.8 所示。

命题 3.8　生鲜供应链的引入策略均衡如表 3.5 所示。

表 3.5　供应链的均衡引入策略

<table>
<tr><th colspan="5">参数条件</th><th>均衡引入策略</th></tr>
<tr><td rowspan="7">$\alpha<1/2$</td><td>$b<b_1$</td><td>$\delta<\delta_1$</td><td rowspan="2">$u>\underline{u}_7$</td><td>$\rho<\rho_2$</td><td>AN</td></tr>
<tr><td colspan="2">$\delta<\delta_2$</td><td>$\rho>\underline{\rho}_1$</td><td rowspan="2">RN</td></tr>
<tr><td colspan="2">$\delta<\delta_8$</td><td colspan="2">$u<u_7$</td></tr>
<tr><td colspan="2">$\delta_2<\delta<\bar{\delta}$</td><td>$u>\underline{u}_7$</td><td>$\rho>\max(\rho_4,\rho_3)$</td><td rowspan="2">RI</td></tr>
<tr><td colspan="2">$\sqrt{2}<\delta<\bar{\delta}$</td><td>$u<u_7$</td><td>$\rho<\bar{\rho}_3$</td></tr>
<tr><td colspan="2">$\underline{\delta}_1<\delta<\bar{\delta}$</td><td>$u>\underline{u}_7$</td><td>$\rho<\min(\rho_3,\bar{\rho}_4)$</td><td rowspan="3">AI</td></tr>
<tr><td colspan="2">$\sqrt{2}<\delta<\min(\delta_6,\bar{\delta})$</td><td colspan="2">$\rho>\underline{\rho}_3$</td></tr>
<tr><td rowspan="3">$\alpha>1/2$</td><td colspan="2" rowspan="2">$\delta<\delta_2$</td><td colspan="2">$\rho_5<\rho<\bar{\rho}_4$</td></tr>
<tr><td colspan="2">$\rho<\bar{\rho}_5$ 或 $\rho>\rho_4$</td><td>RN</td></tr>
<tr><td colspan="4">$\delta_6<\delta<\bar{\delta}$</td><td>RI</td></tr>
</table>

其中，$\underline{u}_7=\max(0,u_7)$，$u_7$ 为 $F(u)=(4-\delta^2)^2M_6u^2+M_7u+2M_8(1-b)(H+L-2\delta)^2=0$ 在定义域内的实数根。

命题 3.8 表明，由于供应商的引入策略并非总是对平台有益，在某些情形下供应商可能会选择次优的引入策略以促使平台接受产品 2 的引入。在佣金率较低时，供应商更偏好以代理模式引入生鲜农产品 2（如命题 3.7 所示）。但当质量改善水平和预测精度都较高时，或者当质量改善水平较低时，代理引入策略会使平台利润受损，平台会拒绝供应商的代理引入策略。此时供应商只能被迫选择次优的转销引入策略。同时，由于转销引入策略下平台在新鲜度弹性较低时不会共享信息，在新鲜度弹性较高时会共享信息，最终使得新鲜度弹性较低（较高）时供应链的均衡策略为 RN（RI）策略。

在佣金率较高时，若新鲜度弹性较低，供应商在较高的预测精度下更偏好代理引入策略。但命题 3.8 表明此时若预测精度很高，由于平台在代理引入策略下利润会受损，供应商无法成功过实施代理引入策略，只能被迫选择次优的转销引入策略。并且，由于平台在较低的新鲜度弹性下不会共享信息，最终使得在预测精度很高时供应链的均衡策略为 RN 策略。

3.2 不确定性需求下生鲜农产品供应商的渠道入侵策略

随着电子商务的持续发展，入侵逐渐成为供应商渗透终端市场的一种有吸引力的渠道策略（Huang et al.，2020；Li et al.，2020）。供应商建立直销渠道，会与原有渠道产生竞争（Li et al.，2014；Huang et al.，2018）。在生鲜农产品行业领域，中粮集团与光明食品集团等供应商建立直销渠道销售生鲜农产品（Yang and Tang，2019）；褚橙、佳沛等生鲜农产品供应商早期与本来生活网等生鲜电商进行线上零售合作，后期建立天猫旗舰店进行直销；此外，一些产地供应商、农业公司等通过微信、直播、入驻或自建网站等形式与消费者直接建立联系。

在实践中，由于市场需求往往存在不确定性，这会对供应商的渠道策略产生影响（Cao et al.，2010）。在生鲜电商供应链中，作为上游企业的供应商相对远离消费市场，获取关于需求不确定性的信息较少，进而在决定是否入侵方面会有所犹豫。然而，作为下游企业的生鲜电商更接近消费者，且通过平台运营能够获取更多关于需求不确定性的私有信息。因此，生鲜电商有权决策是否共享信息，且可以通过信息共享策略来影响供应商的运营决策以及渠道决策。值此背景下，有必要探讨作为信息优势方的生鲜电商的信息共享策略，以及考察信息共享策略与供应商入侵策略之间的交互关系，以期为电子商务环境下生鲜农产品企业的信息共享合作与渠道策略给出管理学启示。

3.2.1 问题描述

在一个由生鲜供应商（用下标 s 表示）与生鲜电商（用下标 e 表示）组成的供应链中，供应商以批发价格 w 向生鲜电商供应生鲜农产品，生鲜电商再以零售价格 p_e 向消费者销售。为促进消费者在生鲜电商购买生鲜农产品，生鲜电商还会向消费者提供服务水平为 s 的增值服务，主要包括生鲜社群服务、个性化推荐与定制等。在该供应链中，供应商投入保鲜努力 τ 以负责生鲜农产品的保鲜配送。此外，供应商还能够选择是否开辟直销渠道，也就是供应商入侵。若供应商进行入侵，供应商则以直销价格 p_s 向消费者直接销售生鲜农产品。

1. 需求函数

若供应商选择不入侵（用 U 表示），生鲜农产品需求主要会受到零售价格、

服务水平与产品新鲜度的影响。因此采用线性函数刻画需求为

$$D_{e|\mathrm{U}} = A - p_e + \gamma s - \delta\left(\theta_0 - \theta(\tau)\right) \tag{3.13}$$

若供应商选择入侵（用 E 表示），生鲜农产品需求还会受到渠道竞争的影响。此外，考虑到供应商入侵引入新渠道会扩大基本市场规模，故参考涉及渠道策略与供应商入侵等方面的文献（Ingene and Parry，2004；Cai et al.，2010；Chen et al.，2017；Zhang S C and Zhang X J，2020），得到零售渠道与直销渠道的需求为

$$D_{e|\mathrm{E}} = \frac{1}{1-b^2}\left[(1-b)A - p_e + bp_s + \gamma s - (1-b)\delta\left(\theta_0 - \theta(\tau)\right)\right] \tag{3.14}$$

$$D_{s|\mathrm{E}} = \frac{1}{1-b^2}\left[(1-b)A - p_s + bp_e - b\gamma s - (1-b)\delta\left(\theta_0 - \theta(\tau)\right)\right] \tag{3.15}$$

其中，$\delta\left(\theta_0 - \theta(\tau)\right)$ 表示新鲜度流失对需求的影响；θ_0 表示生鲜农产品的初始新鲜度；$\theta(\tau)$ 表示生鲜农产品的实际新鲜度；δ 表示新鲜度弹性；γ 表示服务弹性；b 表示竞争强度，是渠道之间的替代性。

类似于 Iyer 等（2007）的研究，假设基本市场潜在需求 $A \in \{H, L\}$ 服从等概率的二元分布，即 $\Pr(A = H) = \Pr(A = L) = 1/2$。$H$ 与 L 分别表示高类型、低类型需求状态，并且 $L < H$。为便于分析，进一步标准化 $L = 1$，那么 $H > 1$ 还表示市场波动程度。

2. 信息结构

由于生鲜电商更接近消费者并且能够通过生鲜电商平台获取数据，因此生鲜电商可以获取私有预测信号 $Y \in \{h, l\}$，h 与 l 分别表示基本市场潜在需求为高与低的预测信号。每一预测信号 $Y \in \{h, l\}$ 独立于真实需求状态 $A \in \{H, L\}$，且以概率 $\rho \in \left(1/2, 1\right]$ 产生，即 $\Pr\left(h|H\right) = \Pr\left(l|L\right) = \rho$。在此基础上，总结出引理 3.1。

引理 3.1 （1）$\Pr\left(H|h\right) = \Pr\left(L|l\right) = \rho$，$\Pr\left(H|l\right) = \Pr\left(L|h\right) = 1 - \rho$。

（2）$\hat{H} = E\left[A|h\right] = 1 + (H-1)\rho$，$\hat{L} = E\left[A|l\right] = H - (H-1)\rho$。

依据引理 3.1，ρ 能够视为预测信号精度。当 $\rho = 1$ 时，$\Pr\left(H|h\right) = \Pr\left(L|l\right) = 1$。此时，预测信号是完美的。当 $\rho = \dfrac{1}{2}$ 时，$\Pr\left(H|h\right) = \Pr(H) = \dfrac{1}{2}$，$\Pr\left(L|l\right) = \Pr(L) = \dfrac{1}{2}$。此时，先验概率与后验概率是一致的，预测信号则是无作用的。类似的信号结构已在信息共享文献中广泛应用（Iyer et al.，2007；Li and Zhang，2015；Jiang et al.，2016）。

3. 成本结构

生鲜农产品新鲜度主要受到供应商投入保鲜努力的影响。参考 Cai 等（2010）

的研究，采用 $\theta(\tau)=\theta_0\tau$ 刻画生鲜农产品的实际新鲜度。为便于分析且不影响结果，进一步假设 $\theta_0=1$。供应商的保鲜资源投资主要包含租赁保鲜资源（如冷藏车、冻库等）的费用以及配送与搬运等劳动力成本等。考虑到保鲜资源投资的边际收益递减，采用二次形式将保鲜成本函数刻画为 $c(\tau)=\tau^2/2$，并满足 $\partial c(\tau)/\partial\tau>0$ 与 $\partial^2 c(\tau)/\partial\tau^2>0$。类似的成本结构已在涉及生鲜农产品保鲜问题的文献中广泛应用（Wu et al.，2015；Ma et al.，2020）。

生鲜电商的增值服务资源投资主要涉及服务人员（如社群运营人员、营养师与健康专家等）的薪酬与培训费用。服务资源投资产生的成本 $c(s)$ 满足 $\partial c(s)/\partial s>0$ 与 $\partial^2 c(s)/\partial s^2>0$，这反映了服务资源投资的边际收益递减。与以往的研究类似（Tsay and Agrawal，2000；Xiao and Xu，2013），采用二次形式将服务成本函数表示为 $c(s)=s^2/2$。

此外，与 Huang 等（2018）的研究类似，供应商入侵时会涉及网站建设、销售人员培训等方面的投入，需要花费入侵成本 C。

4. 事件过程

考虑信息共享与供应商入侵均为长期战略决策，供应商在选择是否入侵时会受到对消费市场熟悉程度的影响，而生鲜电商更接近消费者，对消费市场更熟悉。因此，供应商的入侵决策与运营决策会受到生鲜电商信息共享决策的影响。故主要事件与决策顺序如图 3.4 所示。

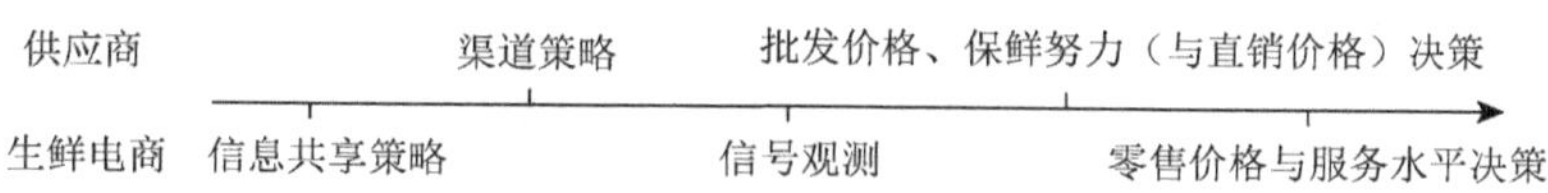

图 3.4 事件发生顺序

（1）在销售季前，生鲜电商选择信息共享策略［即无信息共享（用 N 表示）与信息共享（用 I 表示）］。

（2）供应商选择渠道策略（即不入侵与入侵）。

（3）在销售季开始时，生鲜电商观察到需求预测信号 Y，依据步骤（1）中的信息共享策略来实施是否共享信息。

（4）若供应商选择不入侵，供应商首先决策批发价格 w 与保鲜努力 τ，生鲜电商再决策零售价格 p_e 与服务水平 s；若供应商选择入侵，供应商首先决策批发价格 w、保鲜努力 τ 与直销价格 p_s，生鲜电商再决策零售价格 p_e 与服务水平 s。

（5）在销售季后，实际需求与企业利润均实现。

为保证最优解有意义以及后续讨论有价值，先给出假设 3.1。

假设 3.1　$\underline{b}<b<\overline{b}$ 且 $0<\delta<1$。

其中，$\underline{b}=\max(b_{c1},0)$，$b_{c1}=\dfrac{H\delta-\sqrt{(4-\gamma^2)H^2\delta^2-2(8-3\gamma^2)H\delta+8(2-\gamma^2)}}{4-H\delta}$，$\overline{b}=\min(b_{c2},1)$，$b_{c2}=\dfrac{H\delta+\sqrt{(4-\gamma^2)H^2\delta^2-2(8-3\gamma^2)H\delta+8(2-\gamma^2)}}{4-H\delta}$，$b_{c1}$ 或 b_{c2} 为满足 $(H\delta-4)b^2+2H\delta b+H\delta\gamma^2-3H\delta+4-2\gamma^2=0$ 的临界值 b，$\underline{b}<\overline{b}$。

假设 3.1 来源于保证以下两个条件：①生鲜农产品的实际新鲜度应该低于初始新鲜度；②保证后续讨论的所有情形均能够存在。

在本节中，NE（NU）表示无信息共享与（无）供应商入侵，IE（IU）表示信息共享与（无）供应商入侵。

3.2.2　无信息共享时的生鲜农产品供应商渠道入侵策略

1. 无信息共享时的均衡分析

当供应商不入侵时（NU），供应商首先依据期望的市场需求决策批发价格 w 与保鲜努力 τ。然后，生鲜电商依据私有信息决策零售价格 p_e 与服务水平 s。其中，$\overline{A}=(H+1)/2$ 表示期望的基本市场需求。供应商与生鲜电商的期望利润为

$$E\left[\pi_s^{\mathrm{NU}}\right]=wE\left[D_{e|\mathrm{U}}\right]-c(\tau) \tag{3.16}$$

$$E\left[\pi_e^{\mathrm{NU}}\middle|Y\right]=(p_e-w)E\left[D_{e|\mathrm{U}}\middle|Y\right]-c(s) \tag{3.17}$$

当供应商入侵时（NE），供应商首先依据期望的市场需求决策批发价格 w、直销价格 p_s 与保鲜努力 τ。然后，生鲜电商依据私有信息决策零售价格 p_e 与服务水平 s。供应商与生鲜电商的期望利润为

$$E\left[\pi_s^{\mathrm{NE}}\right]=wE\left[D_{e|\mathrm{E}}\right]+p_sE\left[D_{s|\mathrm{E}}\right]-c(\tau)-C \tag{3.18}$$

$$E\left[\pi_e^{\mathrm{NE}}\middle|Y\right]=(p_e-w)E\left[D_{e|\mathrm{E}}\middle|Y\right]-c(s) \tag{3.19}$$

定理 3.4　给定生鲜电商不共享信息时，供应链的均衡决策与均衡利润如表 3.6 所示。

表 3.6　无信息共享时的均衡决策与均衡利润

变量	无信息共享（N）	
	无供应商入侵（U）	供应商入侵（E）
w	$w^{\mathrm{NU}}=\dfrac{(2-\gamma^2)(\bar{A}-\delta)}{4-2\gamma^2-\delta^2}$	$w^{\mathrm{NE}}=\dfrac{(2-\gamma^2-2b^2)(\bar{A}-\delta)}{M_1}$
τ	$\tau^{\mathrm{NU}}=\dfrac{\delta(\bar{A}-\delta)}{4-2\gamma^2-\delta^2}$	$\tau^{\mathrm{NE}}=\dfrac{\delta(3-\gamma^2-b^2-2b)(\bar{A}-\delta)}{M_1}$
p_e	p_e^{NU}	p_e^{NE}
s	s^{NU}	s^{NE}
p_s	N/A	$p_s^{\mathrm{NE}}=\dfrac{(2-\gamma^2-2b^2)(\bar{A}-\delta)}{M_1}$
π_s	$\pi_s^{\mathrm{NU}}=\dfrac{(\bar{A}-\delta)^2}{2(4-2\gamma^2-\delta^2)}$	$\pi_s^{\mathrm{NE}}=\dfrac{(3-b^2-2b-\gamma^2)(\bar{A}-\delta)^2}{2M_1}-C$
π_e	π_e^{NU}	π_e^{NE}

其中，

$$p_e^{\mathrm{NU}}=\frac{1}{2-\gamma^2}E\left[A|Y\right]+\frac{(2+\delta^2+\gamma^4-3\gamma^2)}{(2-\gamma^2)(4-2\gamma^2-\delta^2)}\bar{A}-\frac{(3-\gamma^2)\delta}{4-2\gamma^2-\delta^2}$$

$$s^{\mathrm{NU}}=\frac{\gamma}{2-\gamma^2}E\left[A|Y\right]-\frac{\gamma(2-\gamma^2-\delta^2)}{(2-\gamma^2)(4-2\gamma^2-\delta^2)}\bar{A}-\frac{\delta\gamma}{4-2\gamma^2-\delta^2}$$

$$p_e^{\mathrm{NE}}=\frac{(1+b)(1-b)^2}{2-\gamma^2-2b^2}E\left[A|Y\right]-\frac{\delta(3+b^3-3b^2-b-\gamma^2)}{M_1}$$
$$-\frac{(1+b)(1-b)^2(b^2+2b+\gamma^2-3)\delta^2+(b^3+b^2+\gamma^2-b-1)(2-\gamma^2-2b^2)}{(2-\gamma^2-2b^2)M_1}\bar{A}$$

$$s^{\mathrm{NE}}=\frac{\gamma(1-b)}{2-\gamma^2-2b^2}E\left[A|Y\right]-\frac{\gamma(1-b)(M_1-(2-\gamma^2-2b^2))}{(2-\gamma^2-2b^2)M_1}\bar{A}-\frac{\delta\gamma(1-b)}{M_1}$$

$$\pi_e^{\mathrm{NU}}=\sum_{i=H,L}\frac{((4-2\gamma^2-\delta^2)\hat{i}-(2-\gamma^2-\delta^2)\bar{A}-\delta(2-\gamma^2))^2}{4(2-\gamma^2)(4-2\gamma^2-\delta^2)^2}$$

$$\pi_e^{\mathrm{NE}}=\sum_{i=H,L}\frac{(1-b)^2(M_1\hat{i}+(2-\gamma^2-2b^2-M_1)\bar{A}-\delta(2-\gamma^2-2b^2))^2}{4(2-\gamma^2-2b^2)M_1^2}$$

$$M_1=4-2\gamma^2-4b^2+\delta^2(b^2+2b+\gamma^2-3)>0$$

2. 无信息共享时供应商的最优入侵策略

对比分析定理 3.4 中在无入侵与入侵时供应商的最优利润，进而获得命题 3.9。

命题 3.9　给定生鲜电商不共享信息时如下。

（1）当$0\leqslant C<C^{\mathrm{N}}$时，供应商选择入侵（NE）；当$C\geqslant C^{\mathrm{N}}$时，供应商选择不入侵（NU）。

（2）当$b\leqslant 1-\dfrac{\gamma^2}{2}$时，$\dfrac{\partial C^{\mathrm{N}}}{\partial b}\leqslant 0$；当$b>1-\dfrac{\gamma^2}{2}$时，$\dfrac{\partial C^{\mathrm{N}}}{\partial b}>0$。

其中，$C^{\mathrm{N}}=\dfrac{M_2(\bar{A}-\delta)^2}{M_1(4-2\gamma^2-\delta^2)}$，$M_1=4-2\gamma^2-4b^2+\delta^2(b^2+2b+\gamma^2-3)>0$，$M_2=4+b^2\gamma^2+\gamma^4+2b\gamma^2-4\gamma^2-4b>0$。

证明 （1）依据定理 3.4，通过求解$\pi_s^{\mathrm{NE}}-\pi_s^{\mathrm{NU}}=0$能够得到$C^{\mathrm{N}}$。

（2）依据$\dfrac{\partial C^{\mathrm{N}}}{\partial b}=\dfrac{2(1-b)(A-\delta)^2(2b+\gamma^2-2)}{M_1^2}$，得到$\mathrm{sign}\left\{\dfrac{\partial C^{\mathrm{N}}}{\partial b}\right\}=\mathrm{sign}\{2b+\gamma^2-2\}$。

证毕。

命题 3.9 揭示了在无信息共享时供应商的最优入侵策略，以及竞争强度对供应商入侵动机的影响。

命题 3.9（1）表明供应商的最优入侵策略与入侵成本有关。一方面，供应商入侵引入直销渠道会扩大潜在市场需求，供应商能够从两个渠道获取利润。此外，供应商在入侵后会提高保鲜努力（$\tau^{\mathrm{NE}}>\tau^{\mathrm{NU}}$），产生对需求的正向影响，进而有助于获取更多利润。另一方面，供应商选择入侵需要花费相应的入侵成本以建设直销渠道。因此，供应商需要平衡入侵成本与新增利润来进行决策。当入侵成本较低时，入侵带来的新增利润能够弥补入侵成本，此时供应商会选择入侵。然而，随着入侵成本增加，供应商入侵动机会被削弱，当入侵成本超过一定阈值时，供应商不会选择入侵。

命题 3.9（2）表明入侵成本阈值C^{N}会随竞争强度b的增加呈现先降低后增加的趋势，即竞争强度增加会先削弱后提升供应商的入侵动机。通常，当$b\leqslant 1-\gamma^2/2$时，越为激烈的竞争会使得竞争的负向影响增强，进而会削弱供应商的盈利能力（$\partial\pi_s^{\mathrm{NE}}/\partial b\leqslant 0$）。此时，随着竞争强度的增加，供应商越会不愿意入侵。然而，当$b>1-\gamma^2/2$时，随着竞争强度的增加，供应商在入侵后投入的保鲜努力会随之增加（$\partial\tau^{\mathrm{NE}}/\partial b>0$），这会对需求产生正向影响，进而有助于提高供应商的盈利能力（$\partial\pi_s^{\mathrm{NE}}/\partial b>0$）。因此，在竞争相对激烈的市场环境下，在竞争强度增加时，供应商反而更有可能去入侵。

3. 无信息共享时供应商入侵对生鲜电商的影响

在本节中，将探讨在无信息共享时供应商入侵如何影响生鲜电商的利润。为便于阐述，定义$\Delta\pi_e^{\mathrm{NEV}}=\pi_e^{\mathrm{NE}}-\pi_e^{\mathrm{NU}}$表示无信息共享时的入侵价值。

命题 3.10 给定生鲜电商不共享信息时，供应商入侵对生鲜电商利润的影响如表 3.7 所示。

表 3.7　无信息共享时供应商入侵对生鲜电商利润的影响

<table>
<tr><th colspan="3">参数范围</th><th>入侵价值</th></tr>
<tr><td rowspan="3">$\delta \geqslant \delta_1$</td><td colspan="2">$1/2 < \rho \leqslant \min(\rho_1, 1)$</td><td rowspan="2">$\Delta\pi_e^{\text{NEV}} \geqslant 0$</td></tr>
<tr><td rowspan="2">$\rho_1 \leqslant \rho \leqslant 1$</td><td>$b \leqslant b_1^{\text{N}}$，$b \geqslant b_2^{\text{N}}$</td></tr>
<tr><td>$b_1^{\text{N}} < b < b_2^{\text{N}}$</td><td>$\Delta\pi_e^{\text{NEV}} < 0$</td></tr>
<tr><td colspan="2" rowspan="2">$\delta < \delta_1$</td><td>$b \leqslant b_1^{\text{N}}$，$b \geqslant b_2^{\text{N}}$</td><td>$\Delta\pi_e^{\text{NEV}} \geqslant 0$</td></tr>
<tr><td>$b_1^{\text{N}} < b < b_2^{\text{N}}$</td><td>$\Delta\pi_e^{\text{NEV}} < 0$</td></tr>
</table>

其中，$\delta_1 = \sqrt{\dfrac{2(2-\gamma^2)\left(4-\sqrt{2}\gamma\right)}{8-\gamma^2}}$，$\rho_1 > 1/2$ 为满足 $\Delta\pi_e^{\text{NEV}}\Big|_{b=1-\gamma^2/2} = 0$ 的唯一解；b_1^{N} 或 b_2^{N} 为满足 $\Delta\pi_e^{\text{NEV}} = 0$ 的临界值 b，$b_1^{\text{N}} < 1-\gamma^2/2 < b_2^{\text{N}}$。

证明　首先，得到 $\dfrac{\partial\Delta\pi_e^{\text{NEV}}}{\partial b} = \dfrac{(1-b)(2b+\gamma^2-2)G_1(\delta,\rho,b)}{(2-\gamma^2-2b^2)^2 M_1^3}$。接下来，判断 $\dfrac{\partial\Delta\pi_e^{\text{NEV}}}{\partial b}$ 的符号，能够得到：

$$\frac{\partial^2\Delta\pi_e^{\text{NEV}}}{\partial b\partial\rho} = \frac{(H-1)^2(2\rho-1)(1-b)(2b+\gamma^2-2)}{(2-\gamma^2-2b^2)^2}$$

$$\frac{\partial\Delta\pi_e^{\text{NEV}}}{\partial b}\Big|_{\rho\to1/2} = \frac{\left(M_1+2\delta^2(1-b)^2\right)(H+1-2\delta)^2(1-b)(2b+\gamma^2-2)}{4M_1^3}$$

当 $b < 1-\gamma^2/2$ 时，$\dfrac{\partial^2\Delta\pi_e^{\text{NEV}}}{\partial b\partial\rho} < 0$，$\dfrac{\partial\Delta\pi_e^{\text{NEV}}}{\partial b} < \dfrac{\partial\Delta\pi_e^{\text{NEV}}}{\partial b}\Big|_{\rho\to1/2} < 0$；当 $b \geqslant 1-\gamma^2/2$ 时，$\dfrac{\partial^2\Delta\pi_e^{\text{NEV}}}{\partial b\partial\rho} \geqslant 0$，$\dfrac{\partial\Delta\pi_e^{\text{NEV}}}{\partial b} \geqslant \dfrac{\partial\Delta\pi_e^{\text{NEV}}}{\partial b}\Big|_{\rho\to1/2} \geqslant 0$。

因此，得到 $\Delta\pi_e^{\text{NEV}} \geqslant \Delta\pi_e^{\text{NEV}}\Big|_{b=1-\gamma^2/2} = \Delta\pi_{e\text{-min}}^{\text{NEV}}$。

接下来，依据 $\Delta\pi_{e\text{-min}}^{\text{NEV}}$ 的一阶导，得到：$\dfrac{\partial\Delta\pi_{e\text{-min}}^{\text{NEV}}}{\partial\rho} = -\dfrac{(H-1)^2(2\rho-1)}{4} < 0$。

因此，$\Delta\pi_{e\text{-min}}^{\text{NEV}}\Big|_{\rho=1} < \Delta\pi_{e\text{-min}}^{\text{NEV}}\Big|_{\rho\to1/2}$。

$$\Delta\pi_{e\text{-min}}^{\text{NEV}}\Big|_{\rho\to1/2} = \frac{(2-\gamma^2)^2(H+1-2\delta)^2 M_3}{8(8-4\gamma^2-4\delta^2+\gamma^2\delta^2)^2(4-2\gamma^2-\delta^2)^2}$$

其中，$M_3 = (\gamma^2-8)\delta^4 + 16(2-\gamma^2)\delta^2 - 8(2-\gamma^2)^2$。

由于 $\text{sign}\left(\Delta\pi_{e\text{-min}}^{\text{NEV}}\Big|_{\rho\to1/2}\right) = \text{sign}(M_3)$，通过计算 $M_3(\delta) = 0$，能够得到阈值

$\delta_1=\sqrt{\dfrac{2(2-\gamma^2)(4-\sqrt{2}\gamma)}{8-\gamma^2}}$。接下来，讨论以下两种情况。

情形 1：当$\delta \geqslant \delta_1$时，$M_3 \geqslant 0$，$\Delta\pi_{e-\min}^{\text{NEV}}\big|_{\rho\to 1/2} \geqslant 0$。由于$\partial\Delta\pi_{e-\min}^{\text{NEV}}/\partial\rho<0$，此时一定存在$\rho_1>1/2$使得$\Delta\pi_{e-\min}^{\text{NEV}}=0$。

情形 1.1：当$1/2<\rho\leqslant \min(\rho_1,1)$时，$\Delta\pi_e^{\text{NEV}} \geqslant \Delta\pi_{e-\min}^{\text{NEV}} \geqslant 0$。

情形 1.2：当$\rho_1<\rho\leqslant 1$时，$\Delta\pi_{e-\min}^{\text{NEV}}<0$，即可能存在$b_1^{\text{N}}$或$b_2^{\text{N}}$满足$\Delta\pi_e^{\text{NEV}}=0$，以及$b_1^{\text{N}}<1-\gamma^2/2<b_2^{\text{N}}$。此时，当$b\leqslant b_1^{\text{N}}$或$b\geqslant b_2^{\text{N}}$时，$\Delta\pi_e^{\text{NEV}}\geqslant 0$；当$b_1^{\text{N}}<b<b_2^{\text{N}}$时，$\Delta\pi_e^{\text{NEV}}<0$。

情形 2：当$\delta<\delta_1$时，$M_3<0$，$\Delta\pi_{e-\min}^{\text{NEV}}\big|_{\rho\to 1/2}<0$。

由于$\partial\Delta\pi_{e-\min}^{\text{NEV}}/\partial\rho<0$，因此，$\Delta\pi_{e-\min}^{\text{NEV}} \leqslant \Delta\pi_{e-\min}^{\text{NEV}}\big|_{\rho\to 1/2}<0$，即可能存在$b_1^{\text{N}}$或$b_2^{\text{N}}$满足$\Delta\pi_e^{\text{NEV}}=0$，以及$b_1^{\text{N}}<1-\gamma^2/2<b_2^{\text{N}}$。此时，当$b\leqslant b_1^{\text{N}}$或$b\geqslant b_2^{\text{N}}$时，$\Delta\pi_e^{\text{NEV}}\geqslant 0$；当$b_1^{\text{N}}<b<b_2^{\text{N}}$时，$\Delta\pi_e^{\text{NEV}}<0$。

证毕。

命题3.10揭示了在无信息共享时，供应商入侵并非总是会损害生鲜电商的利润。一方面，入侵会引入渠道竞争，且供应商在入侵后会提高批发价格（$w^{\text{NE}}>w^{\text{NU}}$），这会导致零售渠道的需求流失并产生竞争的负向影响；另一方面，供应商在入侵后还会提高保鲜努力（$\tau^{\text{NE}}>\tau^{\text{NU}}$），向消费市场提供更新鲜的生鲜农产品，进而产生新鲜度改善的正向影响。

命题3.10表明当新鲜度弹性低于某一阈值时（$\delta<\delta_1$），供应商入侵对生鲜电商的影响与竞争强度b有关。当竞争强度较低时（$b\leqslant b_1^{\text{N}}$），入侵引入竞争产生的负向影响较弱，生鲜电商承受较少的需求流失；当竞争强度较高时（$b\geqslant b_2^{\text{N}}$），入侵带来新鲜度改善的正向影响较为显著，生鲜电商即使面临更激烈的竞争也会从供应商入侵中获益。因此，当竞争强度较低或较高时，生鲜电商均会从供应商入侵中获取更多利润。此外，当新鲜度弹性高于某一阈值时（$\delta\geqslant\delta_1$），这里存在一个有趣的结论，较低的预测精度（$\rho\leqslant\rho_1$）有助于生鲜电商更可能从供应商入侵中获利。这是由于供应链上下游企业之间存在信息不对称，越高的预测精度可能会加剧竞争的负向影响。因此，拥有较高精度信息的生鲜电商反而更可能从供应商入侵中遭受损失，而拥有较低精度信息时更可能从供应商入侵中获取收益。

3.2.3　信息共享时的生鲜农产品供应商渠道入侵策略

1. 有信息共享时的均衡分析

当供应商不入侵时（IU），供应商首先依据获取的共享信息决策批发价格w与

保鲜努力τ。然后，生鲜电商依据私有信息决策零售价格p_e与服务水平s。供应商与生鲜电商的期望利润为

$$E\left[\pi_s^{\mathrm{IU}}\middle|Y\right]=wE\left[D_{e|\mathrm{U}}\middle|Y\right]-c(\tau) \tag{3.20}$$

$$E\left[\pi_e^{\mathrm{IU}}\middle|Y\right]=(p_e-w)E\left[D_{e|\mathrm{U}}\middle|Y\right]-c(s) \tag{3.21}$$

当供应商入侵时（IE），供应商首先依据获取的共享信息决策批发价格w、直销价格p_s与保鲜努力τ。然后，生鲜电商依据私有信息决策零售价格p_e与服务水平s。供应商与生鲜电商的期望利润为

$$E\left[\pi_s^{\mathrm{IE}}\middle|Y\right]=wE\left[D_{e|\mathrm{E}}\middle|Y\right]+p_sE\left[D_{s|\mathrm{E}}\middle|Y\right]-c(\tau)-C \tag{3.22}$$

$$E\left[\pi_e^{\mathrm{IE}}\middle|Y\right]=(p_e-w)E\left[D_{e|\mathrm{E}}\middle|Y\right]-c(s) \tag{3.23}$$

定理 3.5　给定生鲜电商共享信息时，供应链的均衡决策与均衡利润如表 3.8 所示。

表 3.8　有信息共享时的均衡决策与均衡利润

变量	信息共享（I）	
	无供应商入侵（U）	供应商入侵（E）
w	$w^{\mathrm{IU}}=\frac{(2-\gamma^2)\left(E\left[A\middle|Y\right]-\delta\right)}{4-\delta^2-2\gamma^2}$	$w^{\mathrm{IE}}=\frac{(2-\gamma^2-2b^2)\left(E\left[A\middle|Y\right]-\delta\right)}{M_1}$
τ	$\tau^{\mathrm{IU}}=\frac{\delta\left(E\left[A\middle|Y\right]-\delta\right)}{4-\delta^2-2\gamma^2}$	$\tau^{\mathrm{IE}}=\frac{\delta(3-b^2-2b-\gamma^2)\left(E\left[A\middle|Y\right]-\delta\right)}{M_1}$
p_e	$p_e^{\mathrm{IU}}=\frac{(3-\gamma^2)\left(E\left[A\middle|Y\right]-\delta\right)}{4-\delta^2-2\gamma^2}$	$p_e^{\mathrm{IE}}=\frac{(3+b^3-3b^2-b-\gamma^2)\left(E\left[A\middle|Y\right]-\delta\right)}{M_1}$
s	$s^{\mathrm{IU}}=\frac{\gamma\left(E\left[A\middle|Y\right]-\delta\right)}{4-\delta^2-2\gamma^2}$	$s^{\mathrm{IE}}=\frac{\gamma(1-b)\left(E\left[A\middle|Y\right]-\delta\right)}{M_1}$
p_s	N/A	$p_s^{\mathrm{IE}}=\frac{(2-\gamma^2-2b^2)\left(E\left[A\middle|Y\right]-\delta\right)}{M_1}$
π_s	$\pi_s^{\mathrm{IU}}=\frac{(\hat{H}-\delta)^2+(\hat{L}-\delta)^2}{4(4-\delta^2-2\gamma^2)}$	$\pi_s^{\mathrm{IE}}=\frac{(3-b^2-2b-\gamma^2)\left((\hat{H}-\delta)^2+(\hat{L}-\delta)^2\right)}{4M_1}-C$
π_e	$\pi_e^{\mathrm{IU}}=\frac{(2-\gamma^2)\left((\hat{H}-\delta)^2+(\hat{L}-\delta)^2\right)}{4(4-\delta^2-2\gamma^2)^2}$	$\pi_e^{\mathrm{IE}}=\frac{(1-b)^2(2-\gamma^2-2b^2)\left((\hat{H}-\delta)^2+(\hat{L}-\delta)^2\right)}{4M_1^2}$

2. 有信息共享时供应商的最优入侵策略

命题 3.11　给定生鲜电商共享信息时如下。

（1）当$0 \leqslant C < C^{\mathrm{I}}$时，供应商选择入侵（IE）；当$C \geqslant C^{\mathrm{I}}$时，供应商选择不入侵（IU）。

（2）当$b \leqslant 1-\dfrac{\gamma^2}{2}$时，$\dfrac{\partial C^{\mathrm{I}}}{\partial b} \leqslant 0$；当$b > 1-\dfrac{\gamma^2}{2}$时，$\dfrac{\partial C^{\mathrm{I}}}{\partial b} > 0$。

其中，$C^{\mathrm{I}} = \dfrac{M_2\left((\hat{H}-\delta)^2+(\hat{L}-\delta)^2\right)}{2M_1(4-2\gamma^2-\delta^2)}$，$M_1 = 4-2\gamma^2-4b^2+\delta^2(b^2+2b+\gamma^2-3) > 0$，$M_2 = 4+b^2\gamma^2+\gamma^4+2b\gamma^2-4\gamma^2-4b > 0$。

证明 （1）依据定理3.5，通过求解$\pi_s^{\mathrm{IE}}-\pi_s^{\mathrm{IU}}=0$能够得到$C^{\mathrm{I}}$。

（2）依据$\dfrac{\partial C^{\mathrm{I}}}{\partial b} = \dfrac{(1-b)\left((\hat{H}-\delta)^2+(\hat{L}-\delta)^2\right)(2b+\gamma^2-2)}{M_1^2}$，得到$\operatorname{sign}\left\{\dfrac{\partial C^{\mathrm{N}}}{\partial b}\right\} = \operatorname{sign}\{2b+\gamma^2-2\}$。

证毕。

命题3.11揭示了在有信息共享时供应商的最优入侵策略，以及竞争强度对供应商入侵动机的影响。

命题3.11(1)表明在有信息共享时供应商的最优入侵策略也与入侵成本有关。在入侵时，供应商投入的保鲜努力会提高（$\tau^{\mathrm{IE}} > \tau^{\mathrm{IU}}$），这有助于供应商从入侵中获取更多利润。相应地，供应商入侵还会产生入侵成本。入侵成本越高越会削弱供应商的盈利性，进而供应商在入侵成本较高时不会选择入侵。反之，入侵成本降低会增强供应商的盈利能力，进而供应商在入侵成本较低时会选择入侵。

命题3.11（2）表明入侵成本阈值C^{I}也是随着竞争强度b呈现先降低后增加的趋势，这反映了更为激烈的竞争并非总会削弱供应商的入侵动机。当$b > 1-\gamma^2/2$时，随着竞争强度的增加，供应商在入侵后越会提高保鲜努力以提供更新鲜的生鲜农产品（$\partial\tau^{\mathrm{IE}}/\partial b > 0$）。这使得在更激烈的竞争环境下，供应商反而能够获取更多利润（$\partial\pi_s^{\mathrm{IE}}/\partial b > 0$）。因此，此时供应商越会有动机选择去入侵。

3. 有信息共享时供应商入侵对生鲜电商的影响

在本节中，将探讨在有信息共享时供应商入侵如何影响生鲜电商的利润。为便于阐述，定义$\Delta\pi_e^{\mathrm{IEV}} = \pi_e^{\mathrm{IE}} - \pi_e^{\mathrm{IU}}$表示有信息共享时的入侵价值。

命题3.12 给定生鲜电商共享信息时：当$\delta \geqslant \delta_1$时，或当$0 < \delta < \delta_1$且$b \leqslant b_1$或$b \geqslant b_2$时，$\Delta\pi_e^{\mathrm{IEV}} \geqslant 0$；当$\delta < \delta_1$且$b_1 < b < b_2$时，$\Delta\pi_e^{\mathrm{IEV}} < 0$。

证明 首先，求解$\Delta\pi_e^{\mathrm{IEV}}$的一阶导：

$$\frac{\partial\Delta\pi_e^{\mathrm{IEV}}}{\partial b} = \frac{(\gamma^2-2+2b)(1-b)\left(M_1+2(1-b)^2\delta^2\right)\left((\hat{H}-\delta)^2+(\hat{L}-\delta)^2\right)}{2M_1^3}$$

那么，有 $\text{sign}\left(\frac{\partial\Delta\pi_e^{\text{IEV}}}{\partial b}\right)=\text{sign}(\gamma^2-2+2b)$。通过求解 $\gamma^2-2+2b=0$，得到：当 $b<1-\gamma^2/2$ 时，$\frac{\partial\Delta\pi_e^{\text{IEV}}}{\partial b}<0$；当 $b\geqslant 1-\gamma^2/2$ 时，$\frac{\partial\Delta\pi_e^{\text{IEV}}}{\partial b}\geqslant 0$。

因此，得到 $\Delta\pi_e^{\text{IEV}}\geqslant\Delta\pi_e^{\text{IEV}}\Big|_{b=1-\gamma^2/2}$，$\Delta\pi_e^{\text{IEV}}\Big|_{b=1-\gamma^2/2}=\frac{\left((\hat{H}-\delta)^2+(\hat{L}-\delta)^2\right)(2-\gamma^2)^2M_3}{4(8-4\gamma^2-4\delta^2+\gamma^2\delta^2)^2\times(4-2\gamma^2-\delta^2)^2}$。

其中，$M_3=(\gamma^2-8)\delta^4+16(2-\gamma^2)\delta^2-8(2-\gamma^2)^2$。

由于 $\text{sign}\left(\Delta\pi_e^{\text{IEV}}\Big|_{b=1-\gamma^2/2}\right)=\text{sign}(M_3)$，通过求解 $M_3(\delta)=0$，得到阈值 $\delta_1=\sqrt{\frac{2(2-\gamma^2)(4-\sqrt{2}\gamma)}{8-\gamma^2}}$。

因此，能够总结以下两种情形。

情形 1：当 $\delta\geqslant\delta_1$ 时，$M_3\geqslant 0$，$\Delta\pi_e^{\text{IEV}}\geqslant\Delta\pi_e^{\text{IEV}}\Big|_{b=1-\gamma^2/2}\geqslant 0$。

情形 2：当 $\delta<\delta_1$ 时，$M_3<0$，$\Delta\pi_e^{\text{IEV}}\Big|_{b=1-\gamma^2/2}<0$。因此，可能存在 $b_1<1-\gamma^2/2$ 或 $b_2>1-\gamma^2/2$ 满足 $\Delta\pi_e^{\text{IEV}}=0$。当 $b\leqslant b_1$ 或 $b\geqslant b_2$ 时，$\Delta\pi_e^{\text{IEV}}\geqslant 0$；当 $b_1<b<b_2$ 时，$\Delta\pi_e^{\text{IEV}}<0$。

证毕。

命题 3.12 揭示了在有信息共享时，供应商入侵也并非总是损害生鲜电商的利润。与命题 3.10 类似，供应商入侵会产生两种影响，即由于竞争引入与批发价格提高（$w^{\text{IE}}>w^{\text{IU}}$）产生的竞争的负向影响，以及由于供应商投入保鲜努力的提高（$\tau^{\text{IE}}>\tau^{\text{IU}}$）而产生新鲜度改善的正向影响。

当新鲜度弹性低于某一阈值时（$\delta<\delta_1$），供应商入侵对生鲜电商是否有利取决于竞争强度 b。当竞争强度较低或较高时，供应商入侵产生的新鲜度改善的正向影响能够占优于竞争的负向影响，此时供应商入侵有助于提升生鲜电商的利润。此外，当新鲜度弹性高于某一阈值时（$\delta\geqslant\delta_1$），由于消费者较为关注产品新鲜度，供应商入侵产生的新鲜度改善的正向影响显著，且总是占优于竞争的负向影响。此时，供应商入侵对生鲜电商总是有利的。与命题 3.10（无信息共享的情形）有所不同，命题 3.12 表明当 $\delta\geqslant\delta_1$ 时，预测精度 ρ 变化不会改变供应商入侵对生鲜电商的影响。这是因为在有信息共享时，供应链上下游企业之间不存在信息不对称，预测精度的改变会同时引起生鲜电商与供应商的决策调整，进而可能并不会改变供应商入侵产生的影响。

3.2.4　信息共享对生鲜农产品供应商渠道入侵策略的影响

在本节中，将考察生鲜电商的最优信息共享策略，以及信息共享策略与供应商入侵策略之间的交互关系。考虑到供应商的入侵决策，总结出在无信息共享与有信息共享时，生鲜电商的最优利润 π_e^{N} 、 π_e^{I} 分别为

$$\pi_e^{\mathrm{N}}=\begin{cases}\pi_e^{\mathrm{NE}} & \text{若 } C<C^{\mathrm{N}}, \text{供应商入侵,}\\ \pi_e^{\mathrm{NU}} & \text{若 } C\geqslant C^{\mathrm{N}}, \text{无供应商入侵。}\end{cases} \tag{3.24}$$

$$\pi_e^{\mathrm{I}}=\begin{cases}\pi_e^{\mathrm{IE}} & \text{若 } C<C^{\mathrm{I}}, \text{供应商入侵,}\\ \pi_e^{\mathrm{IU}} & \text{若 } C\geqslant C^{\mathrm{I}}, \text{无供应商入侵。}\end{cases} \tag{3.25}$$

定义 $\Delta\pi_e=\pi_e^{\mathrm{I}}-\pi_e^{\mathrm{N}}$ 表示生鲜电商从信息共享中获取的新增利润。

依据 $C^{\mathrm{N}}<C^{\mathrm{I}}$ ，这表明供应商在生鲜电商信息共享时更有可能会入侵。相应地，在图 3.5 中呈现出在无信息共享与有信息共享时的策略选择情况。在此基础上，在不同入侵成本下进一步分析信息共享策略与入侵策略之间的关系。然后，能够划分出两种场景来讨论生鲜电商的信息共享策略。

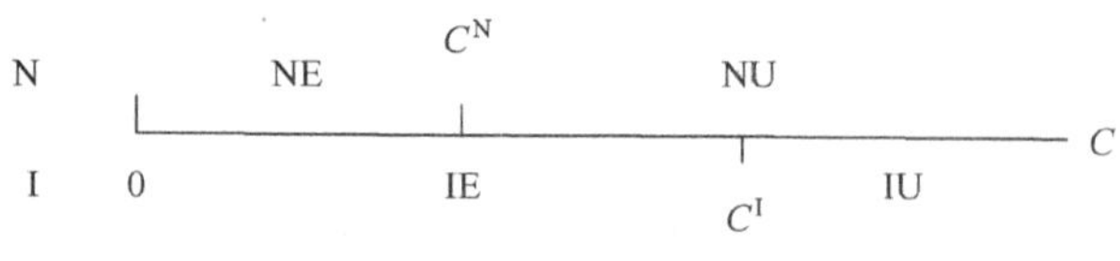

图 3.5　策略选择

（1）不改变供应商入侵策略下的信息共享策略。

当 $C<C^{\mathrm{N}}$ 或 $C>C^{\mathrm{I}}$ 时，信息共享不会改变供应商的入侵策略。也就是说，不论生鲜电商共享信息与否，供应商仅有唯一的均衡策略且独立于信息共享策略。此时，生鲜电商的信息共享动机只会受到信息共享价值的影响，并且生鲜电商不能通过调整信息共享策略来影响供应商的入侵策略。

（2）改变供应商入侵策略下的信息共享策略。

当 $C^{\mathrm{N}}\leqslant C\leqslant C^{\mathrm{I}}$ 时，信息共享会改变供应商的入侵策略。也就是说，依赖于生鲜电商的信息共享策略，供应商会制定不同的入侵策略。此时，生鲜电商的信息共享动机不仅会受到信息共享价值的影响，还会受到入侵策略改变产生入侵价值的影响。因此，生鲜电商可以通过调整信息共享策略来影响供应商对于入侵策略的选择。

接下来，将分别讨论两种场景。

1. 不改变供应商入侵策略下的信息共享策略

在此场景下，当入侵成本较低（较高）时，供应商一定会入侵（不入侵）。通过对比在无信息共享与有信息共享时生鲜电商的最优利润，探讨生鲜电商的最优信息共享策略。因此，能够获得命题 3.13 与 3.14。

命题 3.13 当 $C > C^{\mathrm{I}}$ 时，在供应商一定不会入侵时，

（1）当 $\delta \geqslant \delta_{\mathrm{uu}}$ 时，$\Delta\pi_e \geqslant 0$，生鲜电商会选择共享信息（IU）；当 $\delta < \delta_{\mathrm{uu}}$ 时，$\Delta\pi_e < 0$，生鲜电商会选择不共享信息（NU）。

（2）$\dfrac{\partial \delta_{\mathrm{uu}}}{\partial \gamma} < 0$。

其中，$\Delta\pi_e = \pi_e^{\mathrm{IU}} - \pi_e^{\mathrm{NU}}$，$\delta_{\mathrm{uu}} = \sqrt{2-\gamma^2}$。

命题 3.13（1）揭示了在供应商一定不会入侵时，当新鲜度弹性 δ 高于一定阈值时生鲜电商会选择共享信息。通常来说，信息共享有助于供应商更好地调整批发价格决策，这会加剧双重边际效应的负向影响。然而，信息共享也有助于供应链中保鲜资源与服务资源投资更合理地调整，进而还会产生资源改善效应的正向影响。当新鲜度弹性高于或等于一定阈值时（$\delta \geqslant \delta_{\mathrm{uu}}$），消费者对产品新鲜度十分关注，此时信息共享产生资源改善效应的正向影响较为显著，且能够占优于双重边际效应。因此，信息共享有助于生鲜电商获取更多利润，进而生鲜电商会愿意向供应商共享信息。相反地，当新鲜度弹性低于某一阈值时（$\delta < \delta_{\mathrm{uu}}$），消费者对产品新鲜度的关注度有所降低，信息共享产生资源改善效应的正向影响可能不能弥补双重边际效应的负向影响。因此，生鲜电商会选择保持信息优势以获取更多盈利。

命题 3.13（2）表明新鲜度弹性阈值 δ_{uu} 会随着服务弹性 γ 的增加而降低，即服务弹性越高越会提高生鲜电商共享信息的动机。这是因为消费者对增值服务的关注度越高时，信息共享产生资源改善效应的正向影响会增加，进而信息共享更有可能会发生。

命题 3.13 能够在供应商一定不入侵时（即入侵成本较高）提供一些管理学启示。在实践中，不同类别的生鲜农产品往往具有不同的新鲜度弹性。一些具有相对高新鲜度弹性的生鲜农产品新鲜度往往衰减更快，并且消费者也会对此类生鲜农产品的新鲜度情况更为关注。因此，当销售具有高新鲜度弹性的生鲜农产品时（如海鲜等），生鲜电商应该考虑向供应商共享信息以获取更多利润。此外，生鲜电商还可以通过向消费者提供更具吸引力的增值服务，进而有助于提高信息共享合作的可能性以实现共赢。

命题 3.14 当 $0 \leqslant C < C^{\mathrm{N}}$ 时，在供应商一定会入侵时，

（1）当$\delta \geqslant \delta_{ee}$时，或当$\delta < \delta_{ee}$且$b \leqslant b_{e1}$或$b \geqslant b_{e2}$时，$\Delta\pi_e \geqslant 0$，生鲜电商会选择共享信息（IE）；当$\delta < \delta_{ee}$且$b_{e1} < b < b_{e2}$时，$\Delta\pi_e < 0$，生鲜电商会选择不共享信息（NE）。

（2）$\dfrac{\partial \delta_{ee}}{\partial \gamma} < 0$，$\dfrac{\partial \Delta b_e}{\partial \gamma} < 0$；$\dfrac{\partial \Delta b_e}{\partial \delta} < 0$。

其中，$\Delta\pi_e = \pi_e^{\mathrm{IE}} - \pi_e^{\mathrm{NE}}$，$b_{e1} = \dfrac{\delta^2 - \sqrt{(1+\delta)(1-\delta)\left((\gamma^2-4)\delta^2+4-2\gamma^2\right)}}{2-\delta^2}$，$\delta_{ee} = \sqrt{\dfrac{2(2-\gamma^2)}{4-\gamma^2}}$，$b_{e2} = \dfrac{\delta^2 + \sqrt{(1+\delta)(1-\delta)\left((\gamma^2-4)\delta^2+4-2\gamma^2\right)}}{2-\delta^2}$，$b_{e1} < b_{e2}$，$\Delta b_e = b_{e2} - b_{e1}$。

命题 3.14（1）揭示了在供应商一定会入侵时，当新鲜度弹性δ高于或等于一定阈值时（$\delta \geqslant \delta_{ee}$）生鲜电商可能会共享信息。此外，即使当新鲜度弹性低于一定阈值时（$\delta < \delta_{ee}$），在竞争强度b较低或较高时仍可能会共享信息。此时，由于保鲜资源与服务资源投资的合理调整，信息共享产生资源改善效应的正向影响较为显著，在一定程度上能够弥补批发价格调整导致双重边际效应加剧的负向影响。因此，生鲜电商会愿意向供应商共享信息。相反地，当新鲜度弹性低于一定阈值（$\delta < \delta_{ee}$）且竞争强度处于中等水平时，信息共享产生资源改善效应的正向影响较弱，以至于不能弥补负向影响，进而生鲜电商不会选择共享信息。

命题 3.14（2）表明新鲜度弹性阈值δ_{ee}与竞争强度阈值差值Δb_e均随着服务弹性γ的增加而减小。与命题 3.13（2）类似，在供应商一定入侵时，服务弹性增加也会提高生鲜电商共享信息的动机。此外，命题 3.14（2）揭示了当新鲜度弹性低于一定阈值时（$\delta < \delta_{ee}$），竞争强度阈值差值Δb_e会随着新鲜度弹性的增加而减小，这表明新鲜度弹性增加会提高生鲜电商的信息共享动机。这是由于消费者对产品新鲜度的关注度提高，信息共享产生资源改善效应的正向影响会增强，即使在竞争强度趋近于中等水平时，信息共享仍有可能会发生。

在供应商一定会入侵时（即入侵成本较低），命题 3.14 能够为供应链上下游企业的信息共享合作提供一些管理学启示。当销售具有较高新鲜度弹性的生鲜农产品时（如海鲜、有机蔬菜等），生鲜电商应该与供应商共享信息。此外，即使在销售具有较低新鲜度弹性的生鲜农产品时（如苹果、梨等），在较轻微或较激烈的竞争环境下，生鲜电商也可以考虑进行信息共享。此外，生鲜电商还可以考虑提供更具吸引力的增值服务，进而更有可能与供应商达成信息共享合作并实现共赢。

2. 改变供应商入侵策略下的信息共享策略

在此场景下，当入侵成本处于中等水平时，供应商会在（无）信息共享时选择（不）入侵。因此，将依据$\Delta\pi_e = \pi_e^{\mathrm{IE}} - \pi_e^{\mathrm{NU}}$来讨论生鲜电商的最优信息共享策略。

首先，定义 $\Delta\pi_e = \pi_e^{\mathrm{IE}} - \pi_e^{\mathrm{NU}} = \Delta\pi_e^{\mathrm{EV}} + \Delta\pi_e^{\mathrm{IV}}$。其中，$\Delta\pi_e^{\mathrm{IV}} = \pi_e^{\mathrm{IU}} - \pi_e^{\mathrm{NU}}$ 表示在无供应商入侵时，生鲜电商从信息共享中获取的新增利润，将其定义为信息共享价值；$\Delta\pi_e^{\mathrm{EV}} = \pi_e^{\mathrm{IE}} - \pi_e^{\mathrm{IU}}$ 表示在有信息共享时，生鲜电商从供应商入侵中获取的新增利润，将其定义为入侵价值。因此，获得命题 3.15。

命题 3.15 当 $C^{\mathrm{N}} \leqslant C \leqslant C^{\mathrm{I}}$ 时，在信息共享会改变供应商入侵策略下，生鲜电商的最优信息共享策略如表 3.9 所示。

表 3.9 当 $C^{\mathrm{N}} \leqslant C \leqslant C^{\mathrm{I}}$ 时的均衡策略

<table>
<tr><th colspan="3">参数范围</th><th>信息共享价值</th><th>入侵价值</th><th>新增利润</th><th>策略</th></tr>
<tr><td colspan="3">$\delta > \delta_{\mathrm{uu}}$</td><td>$\Delta\pi_e^{\mathrm{IV}} > 0$</td><td>$\Delta\pi_e^{\mathrm{EV}} > 0$</td><td>$\Delta\pi_e > 0$</td><td>IE（类型Ⅰ）</td></tr>
<tr><td colspan="3">$\delta_2 \leqslant \delta \leqslant \delta_{\mathrm{uu}}$</td><td rowspan="3">$\Delta\pi_e^{\mathrm{IV}} \leqslant 0$</td><td rowspan="3">$\Delta\pi_e^{\mathrm{EV}} \geqslant 0$</td><td rowspan="3">$\Delta\pi_e \geqslant 0$</td><td rowspan="3">IE（类型Ⅱ）</td></tr>
<tr><td rowspan="3">$\delta_1 \leqslant \delta < \delta_2$</td><td colspan="2">$1/2 < \rho \leqslant \min(\rho_2, 1)$</td></tr>
<tr><td rowspan="2">$\rho_2 < \rho \leqslant 1$</td><td>$b \leqslant b_3$，$b \geqslant b_4$</td></tr>
<tr><td>$b_3 < b < b_4$</td><td rowspan="2">$\Delta\pi_e^{\mathrm{IV}} < 0$</td><td rowspan="2">$\Delta\pi_e^{\mathrm{EV}} > 0$</td><td rowspan="2">$\Delta\pi_e < 0$</td><td rowspan="2">NU（类型Ⅰ）</td></tr>
<tr><td colspan="2" rowspan="3">$0 < \delta < \delta_1$</td><td>$b_3 < b \leqslant b_1$，
$b_2 \leqslant b < b_4$</td></tr>
<tr><td>$b_1 < b < b_2$</td><td>$\Delta\pi_e^{\mathrm{IV}} < 0$</td><td>$\Delta\pi_e^{\mathrm{EV}} < 0$</td><td>$\Delta\pi_e < 0$</td><td>NU（类型Ⅱ）</td></tr>
<tr><td>$b \leqslant b_3$，$b \geqslant b_4$</td><td>$\Delta\pi_e^{\mathrm{IV}} < 0$</td><td>$\Delta\pi_e^{\mathrm{EV}} > 0$</td><td>$\Delta\pi_e \geqslant 0$</td><td>IE（类型Ⅱ）</td></tr>
</table>

其中，b_3 或 b_4 为满足 $\Delta\pi_e = 0$ 的临界值 b；$b_3 < b_1 < 1 - \gamma^2 / 2 < b_2 < b_4$。

为更直观地表达命题 3.15，进而绘制图 3.6。在图 3.6 中，IE-Ⅰ表示 IE（类型Ⅰ）；IE-Ⅱ表示 IE（类型Ⅱ）；NU-Ⅰ表示 NU（类型Ⅰ）；NU-Ⅱ表示 NU（类型Ⅱ）。

命题 3.15 揭示了当入侵成本处于中等水平时，生鲜电商有动机通过调整信息共享策略来影响供应商的入侵策略。

首先，当新鲜度弹性高于某一阈值时（$\delta > \delta_{\mathrm{uu}}$），生鲜电商一定会向供应商共享信息（IE）。此时，消费者对生鲜农产品新鲜度十分关注，信息共享产生资源改善效应的正向影响占优于双重边际效应的负向影响。此外，信息共享会促使供应商入侵，而入侵后保鲜努力提高产生新鲜度改善的正向影响较为显著，能够占优于入侵后产生竞争的负向影响。此时，信息共享会同时产生正向的信息共享价值（$\Delta\pi_e^{\mathrm{IV}} > 0$）与入侵价值（$\Delta\pi_e^{\mathrm{EV}} > 0$），进而生鲜电商会十分愿意共享信息以诱导供应商建立直销渠道。

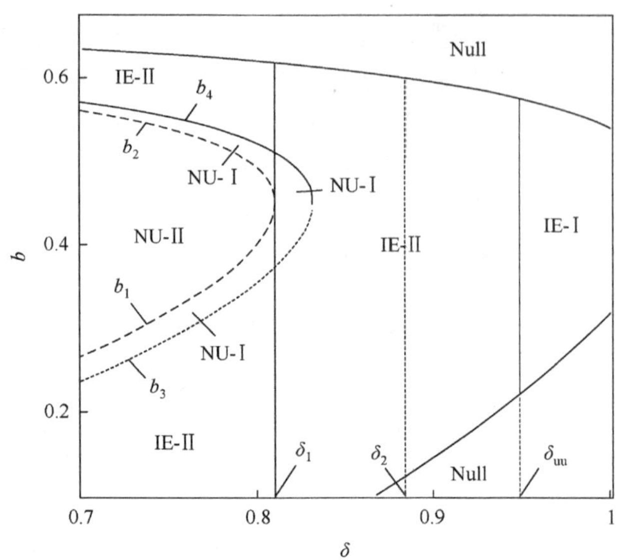

图 3.6　当 $C^{N} \leqslant C \leqslant C^{I}$ 时的均衡策略示意图

Null 表示空集

其次，当新鲜度弹性较高时（$\delta_1 \leqslant \delta \leqslant \delta_{uu}$），生鲜电商的最优信息共享策略可能会受到竞争强度 b 的影响。此时，由于消费者对产品新鲜度的关注度有所降低，信息共享产生资源改善效应的正向影响不足以弥补双重边际效应的负向影响，进而产生负向的信息共享价值（$\Delta\pi_e^{IV} \leqslant 0$）。不过，信息共享仍会产生正向的入侵价值（$\Delta\pi_e^{EV} > 0$）。值得注意的是，当竞争强度较低或较高时（$b \leqslant b_3$ 或 $b \geqslant b_4$），正向的入侵价值较为显著并占优于负向的信息共享价值，信息共享仍有助于生鲜电商获取更多利润。因此，此时生鲜电商会愿意共享信息以引入供应商入侵。

最后，当新鲜度弹性低于某一阈值时（$\delta < \delta_1$），生鲜电商总是会依据不同竞争强度 b 来选择不同的信息共享策略。当竞争强度处于中等水平时（$b_3 < b < b_4$），生鲜电商会选择无信息共享策略（NU）。当 $b_3 < b \leqslant b_1$ 或 $b_2 \leqslant b < b_4$ 时，信息共享会产生负向的信息共享价值（$\Delta\pi_e^{IV} < 0$）与正向的入侵价值（$\Delta\pi_e^{EV} \geqslant 0$）。此时，由于负向的信息共享价值更为显著，生鲜电商会选择无信息共享策略来规避双重边际效应加剧，但并非为阻止供应商入侵。当 $b_1 < b < b_2$ 时，信息共享会同时产生负向的信息共享价值（$\Delta\pi_e^{IV} < 0$）与入侵价值（$\Delta\pi_e^{EV} < 0$），进而生鲜电商会选择持有信息以规避双重边际效应加剧以及阻止供应商入侵。

为更直观地分析，设定 $H = 1.2$，$\gamma^2 = 1.2$，进而绘制图 3.7 以讨论均衡策略。

依据图 3.7（a）和图 3.7（b），均衡策略一定是 IE。当新鲜度弹性 δ 很高时，由于会同时获取正向的信息共享价值与入侵价值，生鲜电商一定会共享信息以诱导供应商入侵［图 3.7（a）］。此外，当新鲜度弹性有所降低时，即使信息共享会产生负向的信息共享价值，但仍会产生正向的入侵价值。在预测精度较低时（$\rho<\rho_2$），正向的入侵价值更为显著且总占优于负向的信息共享价值［图 3.7（b）］。此时，生鲜电商仍愿意共享信息以引入供应商入侵。

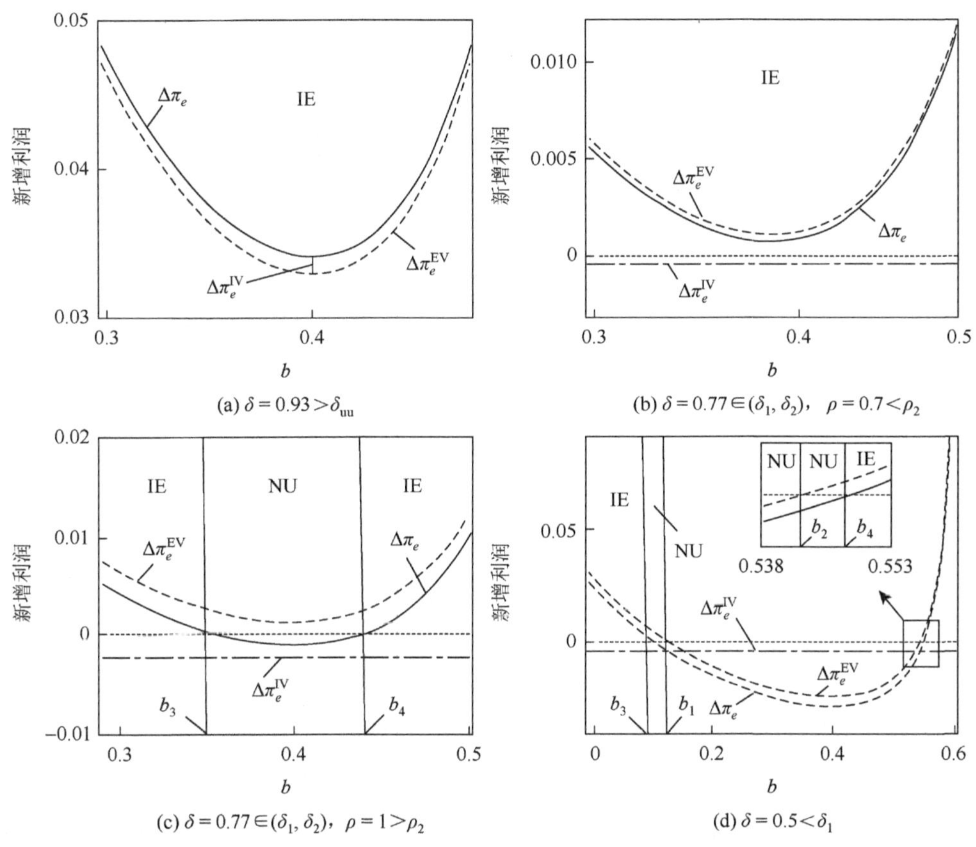

图 3.7　当 $C^{N}\leqslant C\leqslant C^{I}$ 时 b 对均衡策略的影响

依据图 3.7（c）与图 3.7（d），均衡策略会受到竞争强度 b 的影响。当新鲜度弹性较高时，信息共享会产生正向的入侵价值与负向的信息共享价值。在预测精度较高（$\rho>\rho_2$）且竞争强度处于中等水平时（$b_3<b<b_4$），正向的入侵价值减弱，而负向的信息共享价值增强并占优于正向的入侵价值［图 3.7（c）］。此时，生鲜电商会选择保留信息以规避双重边际效应加剧。此外，当新鲜度弹性较低且竞争强度处于中等水平时（$b_1<b<b_2$），由于会同时产生负向的信息共享价值与入侵价值，生鲜电商总是会选择无信息共享以阻止供应商入侵［图 3.7（d）］。

结合命题 3.15 与图 3.7，当入侵成本处于中等水平时，结合具有不同新鲜度弹性的生鲜农产品类别来给出相应管理学启示。首先，当销售具有高新鲜度弹性的农产品时（如海鲜等），生鲜电商应该选择共享信息。其次，当销售具有较高新鲜度弹性的生鲜农产品时（如有机蔬菜、车厘子与猕猴桃等），生鲜电商应该依据预测精度以及竞争强度来做出更合理的决策。一些情况下，在生鲜电商拥有较低精度的私有信息时，反而更可能与供应商达成信息共享合作并实现共赢。最后，当销售具有较低新鲜度弹性的生鲜农产品时（如苹果、梨等），生鲜电商更多地需要依据竞争强度来制定相应的信息共享策略。当面临中等程度的竞争时生鲜电商应该持有信息，反而在面临较为轻微或激烈的竞争时可以考虑共享信息。

结合命题 3.13～命题 3.15，进一步探讨入侵成本对供应链成员均衡利润的影响，进而得到推论 3.2。

推论 3.2　（1）生鲜电商的利润随入侵成本 C 增加呈现单调递增或递减的趋势。

（2）供应商与供应链的利润可能随入侵成本 C 增加呈现非单调变化的趋势。

为更直观地呈现分析，设定 $H=1.3$，$\gamma^2=1.15$，$\delta=0.67$，$\rho=1$，进而绘制图 3.8 来讨论推论 3.2。

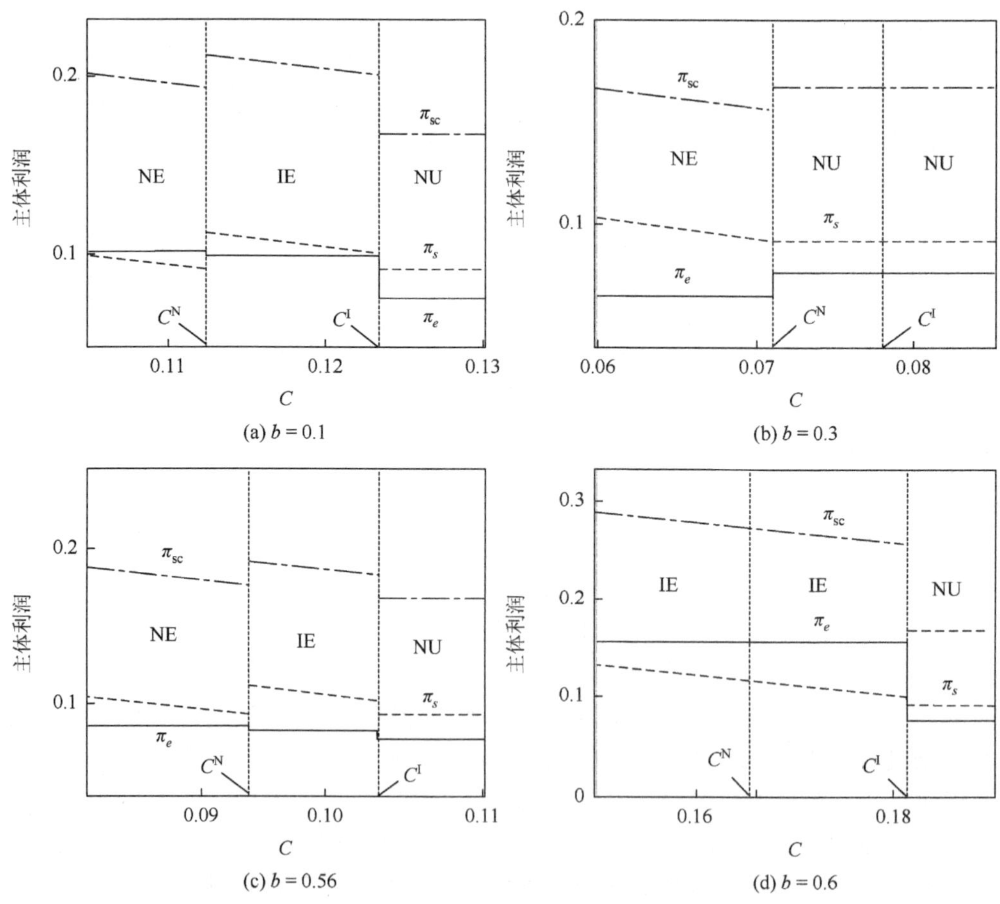

图 3.8　入侵成本 C 对供应链成员利润的影响

推论 3.2（1）表明生鲜电商的利润随着入侵成本 C 的增加而呈现单调递增或递减的趋势。通常，入侵成本增加可能会削弱供应商入侵的动机，避免了渠道竞争的引入，进而对生鲜电商可能是有利的［图 3.8（b）］。然而，入侵成本增加也可能会削弱生鲜电商的盈利能力［图 3.8（a）、图 3.8（c）和图 3.8（d）］。这是因为当竞争强度较低或较高时，供应商入侵可能有助于生鲜电商获取更多利润，但是入侵成本增加会阻止供应商建立直销渠道。此时，生鲜电商将会失去从供应商入侵中获利的机会。

推论 3.2（2）揭示了一个有趣的结论，即入侵成本增加并非总是会损害供应商的利润。由于信息共享策略与供应商入侵策略之间存在交互关系，供应商的入侵策略不仅会受到入侵成本的影响，还会受到生鲜电商信息共享策略的影响。当竞争强度较低或较高时，入侵成本增加可能会促使生鲜电商向供应商共享信息［图 3.8（a）和图 3.8（c）］。因此，即使需要付出更多的入侵成本，但是供应商也能够从信息共享中获取更多利润。

3.2.5 入侵选择对信息共享策略的影响

在本节中，将拓展讨论供应商入侵选择对信息共享策略的影响。通过与无供应商入侵选择的情形进行对比，研究供应商的入侵选择如何改变生鲜电商的信息共享策略。

为便于阐述，当供应商有入侵选择时，将其定义为情形 O。当供应商没有入侵选择时，即考虑供应商不入侵的情形，将其定义为情形 X。在情形 X 下，能够得到生鲜电商的均衡信息共享策略：当 $\delta \geqslant \delta_{\mathrm{uu}}$ 时，生鲜电商会共享信息，此时 $\pi_e^{\mathrm{X}} = \pi_e^{\mathrm{IU}}$；当 $\delta < \delta_{\mathrm{uu}}$ 时，生鲜电商不会共享信息，此时 $\pi_e^{\mathrm{X}} = \pi_e^{\mathrm{NU}}$。

接下来，通过对比在情形 O 与情形 X 下生鲜电商的信息共享策略，能够获得三个有趣的结论。

命题 3.16 当 $C > C^{\mathrm{I}}$ 时，两种情形下生鲜电商信息共享策略的对比如表 3.10 所示。此时，供应商的入侵选择不会影响生鲜电商的信息共享策略。

表 3.10 当 $C > C^{\mathrm{I}}$ 时的信息共享策略对比

参数范围	情形 O	情形 X	对比
$\delta \geqslant \delta_{\mathrm{uu}}$	IU	IU	$\pi_e^{\mathrm{O}} = \pi_e^{\mathrm{X}}$（IU）
$\delta < \delta_{\mathrm{uu}}$	NU	NU	$\pi_e^{\mathrm{O}} = \pi_e^{\mathrm{X}}$（NU）

其中，$\delta_{\mathrm{uu}} = \sqrt{2-\gamma^2}$。

从命题 3.16 中看出，由于入侵成本较高，无论供应商是否具有入侵选择，供应商都不会选择入侵。此时，供应商的入侵选择并不会改变生鲜电商的信息共享策略。

命题 3.17　当 $C^{\mathrm{N}} \leqslant C \leqslant C^{\mathrm{I}}$ 时，两种情形下生鲜电商信息共享策略的对比如表 3.11 所示。此时，供应商的入侵选择可能会促进生鲜电商共享信息，并且有助于生鲜电商提升利润。

表 3.11　当 $C^{\mathrm{N}} \leqslant C \leqslant C^{\mathrm{I}}$ 时的信息共享策略对比

<table>
<tr><th colspan="2">参数范围</th><th>情形 O</th><th>情形 X</th><th>对比</th></tr>
<tr><td colspan="2">$\delta \geqslant \delta_{\mathrm{uu}}$</td><td rowspan="3">IE</td><td>IU</td><td rowspan="3">$\pi_e^{\mathrm{O}} > \pi_e^{\mathrm{X}}$ （IE）</td></tr>
<tr><td colspan="2">$\delta_2 \leqslant \delta < \delta_{\mathrm{uu}}$，或 $\delta_1 \leqslant \delta < \delta_2$ 且 $1/2 < \rho \leqslant \min(\rho_2,1)$</td><td rowspan="3">NU</td></tr>
<tr><td rowspan="2">$\delta_1 \leqslant \delta < \delta_2$ 且 $\rho_2 < \rho \leqslant 1$，或 $\delta < \delta_1$</td><td>$b \leqslant b_3$，$b \geqslant b_4$</td></tr>
<tr><td>$b_3 < b < b_4$</td><td>NU</td><td>$\pi_e^{\mathrm{O}} = \pi_e^{\mathrm{X}}$ （NU）</td></tr>
</table>

从命题 3.17 中看出，当入侵成本处于中等水平时，若竞争强度较低或较高，供应商的入侵选择可能会使生鲜电商的策略从无信息共享策略（NU）转变为信息共享策略（IE）。同时，信息共享策略的改变也有助于生鲜电商获取更多利润。

命题 3.18　当 $C < C^{\mathrm{N}}$ 时，两种情形下生鲜电商信息共享策略的对比如表 3.12 所示。此时，供应商的入侵选择可能会促进生鲜电商共享信息，但可能提高或损害生鲜电商的利润。

表 3.12　当 $C < C^{\mathrm{N}}$ 时的信息共享策略对比

<table>
<tr><th colspan="2">参数范围</th><th>情形 O</th><th>情形 X</th><th>对比</th></tr>
<tr><td colspan="2">$\delta \geqslant \delta_{\mathrm{uu}}$</td><td rowspan="8">IE</td><td>IU</td><td rowspan="4">$\pi_e^{\mathrm{O}} \geqslant \pi_e^{\mathrm{X}}$ （IE）</td></tr>
<tr><td colspan="2">$\delta_2 \leqslant \delta < \delta_{\mathrm{uu}}$</td><td rowspan="7">NU</td></tr>
<tr><td colspan="2">$\delta_3 \leqslant \delta < \delta_2$ 且 $1/2 < \rho \leqslant \min(\rho_2,1)$</td></tr>
<tr><td rowspan="2">$\delta_3 \leqslant \delta < \delta_2$ 且 $\rho_2 < \rho \leqslant 1$，
或 $\delta_{\mathrm{ee}} \leqslant \delta < \delta_1$</td><td>$b \leqslant b_3$，$b \geqslant b_4$</td></tr>
<tr><td>$b_3 < b < b_4$</td><td>$\pi_e^{\mathrm{O}} < \pi_e^{\mathrm{X}}$ （NU）</td></tr>
<tr><td>$\delta_1 \leqslant \delta < \delta_{\mathrm{ee}}$ 且
$1/2 < \rho \leqslant \min(\rho_2,1)$</td><td>$b \leqslant b_{e1}$，$b \geqslant b_{e2}$</td><td rowspan="2">$\pi_e^{\mathrm{O}} > \pi_e^{\mathrm{X}}$ （IE）</td></tr>
<tr><td rowspan="2">$\delta_1 \leqslant \delta < \delta_{\mathrm{ee}}$ 且 $\rho_2 < \rho \leqslant 1$，
或 $\delta < \delta_3$</td><td>$b \leqslant \min(b_3,b_{e1})$，$b \geqslant \max(b_4,b_{e2})$</td></tr>
<tr><td>$b_3 < b \leqslant b_{e1}$，$b_{e2} < b < b_4$</td><td>$\pi_e^{\mathrm{O}} < \pi_e^{\mathrm{X}}$ （NU）</td></tr>
</table>

续表

<table>
<tr><th colspan="2">参数范围</th><th>情形 O</th><th>情形 X</th><th>对比</th></tr>
<tr><td>$\delta_1 \leqslant \delta < \delta_{ee}$ 且 $1/2 < \rho \leqslant \min(\rho_1, 1)$</td><td>$b_{e1} < b < b_{e2}$</td><td rowspan="3">NE</td><td rowspan="3">NU</td><td rowspan="2">$\pi_e^{O} > \pi_e^{X}$（NE）</td></tr>
<tr><td rowspan="2">$\delta_1 \leqslant \delta < \delta_{ee}$ 且 $\rho_1 < \rho \leqslant 1$，或 $\delta < \delta_3$</td><td>$b_{e1} < b \leqslant b_1^{N}$，$b_2^{N} \leqslant b < b_{e2}$</td></tr>
<tr><td>$\max\left(b_1^{N}, b_{e1}\right) < b < \min\left(b_2^{N}, b_{e2}\right)$</td><td>$\pi_e^{O} < \pi_e^{X}$（NU）</td></tr>
</table>

证明　在考虑供应商是否有入侵选择时（即情形 O 与情形 X），当 $C < C^{N}$，两种情形下生鲜电商的信息共享策略如表 3.13 所示。

表 3.13　当 $C < C^{N}$ 时情形 O 与情形 X 下生鲜电商的信息共享策略

<table>
<tr><th colspan="2">参数范围</th><th>情形 O</th><th>情形 X</th></tr>
<tr><td colspan="2">$\delta \geqslant \delta_{uu}$</td><td rowspan="3">IE</td><td>IU</td></tr>
<tr><td colspan="2">$\delta_{ee} \leqslant \delta < \delta_{uu}$</td><td rowspan="3">NU</td></tr>
<tr><td rowspan="2">$\delta < \delta_{ee}$</td><td>$b \leqslant b_{e1}$，$b \geqslant b_{e2}$</td></tr>
<tr><td>$b_{e1} < b < b_{e2}$</td><td>NE</td></tr>
</table>

情形 1：当 $\delta \geqslant \delta_{uu}$ 时，$\pi_e^{IE} \geqslant \pi_e^{IU}$（依据命题 3.11 的证明）。

情形 2：当 $\delta_{ee} \leqslant \delta < \delta_{uu}$ 时，或当 $\delta < \delta_{ee}$ 且 $b \leqslant b_{e1}$ 或 $b \geqslant b_{e2}$ 时，需要对比 π_e^{IE} 与 π_e^{NU}。依据命题 3.15 的证明，可证。

情形 3：当 $\delta < \delta_{ee}$ 且 $b_{e1} < b < b_{e2}$ 时，需要对比 π_e^{NE} 与 π_e^{NU}。依据命题 3.10 的证明，可证。

综合情形 1～3，能够得到表 3.13。

证毕。

为更直观地呈现，进而绘制图 3.9 来呈现命题 3.18。

从命题 3.18 中看出，当入侵成本较低时，在新鲜度弹性处于一定条件时，供应商的入侵选择可能会促使生鲜电商共享信息。此外，依据不同的竞争强度，信息共享策略的改变可能会提高或损害生鲜电商的利润。在图 3.9 中，当 $b_3 < b < b_4$ 时，$\pi_e^{IE} < \pi_e^{NU}$。此时，供应商的入侵选择促使生鲜电商从无信息共享策略（NU）转变为信息共享策略（IE），这会损害生鲜电商的利润。

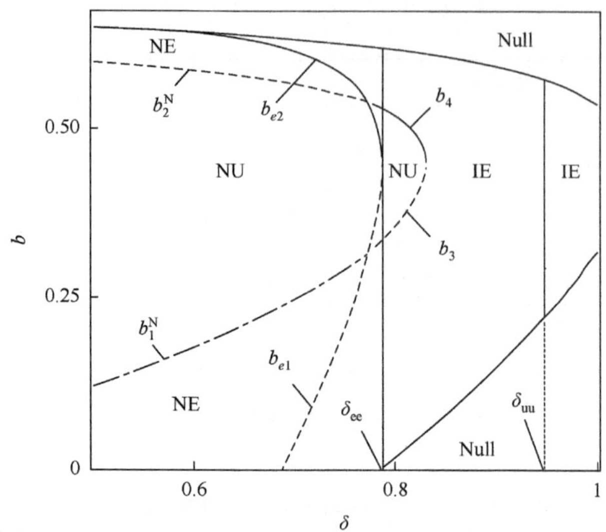

图 3.9　当 $C < C^N$ 时对比情形 X 与情形 O 的最优信息共享策略示意图

第4章　“互联网+”生鲜农产品供应链的保鲜努力与增值服务策略

随着互联网的快速发展与电子商务的迅速普及，我国生鲜电商行业持续高速发展，越来越多的企业涉足生鲜电商行业领域（Wang et al.，2017；He et al.，2019）。与此同时，生鲜消费者的消费习惯与观念也在发生改变与升级，一些消费者购买生鲜农产品的同时还会关注线上购买的服务体验（波士顿咨询和阿里研究院，2016；艾瑞咨询，2018）。这也促使越来越多的生鲜电商企业重视与生鲜农产品关联的增值服务投资，包括提供信息与咨询服务（如美食经验交流、保健、养生）、内容服务（如菜谱教程）和定制化服务（如营养配餐）等。例如，达令家、每日一淘等投资线上社群服务（如社群营销）以吸引更多消费者参与平台交互；京东生鲜、天猫超市、本来生活网等通过“直播带货”等形式，推出美食视频和主播试吃等服务，帮助消费者了解生鲜农产品特征并促进其购买；苏宁生鲜依据消费者个性化需求向其推荐生鲜农产品以打造“私人定制”；豆果美食、Gousto（一家英国的生鲜电商）等持续产出并精准推送内容服务（如菜谱定制、在线烹饪指导等）；Oisix（一家日本的生鲜电商）建立“食品技术基金”以开发营养指导、个性化定制等增值服务。生鲜电商提供的增值服务能够满足消费者多样化与个性化的需求，进而有助于促进生鲜农产品的线上销售。

此外，由于生鲜农产品具有易腐性等典型特征，在流通中通常需要进行保鲜（Cai et al.，2010；Song and He，2019）。在实践中，一些生鲜电商通常会与负责生鲜农产品保鲜与配送的供应商合作，由供应商提供保鲜努力实施生鲜农产品的保鲜配送。例如，早期苏宁推出线上自营品牌“苏鲜生”销售的生鲜农产品，是由上游供应商进行保鲜配送；达令家销售的部分生鲜农产品由上游供应商直接保鲜配送；部分京东自营的生鲜农产品可以通过厂家直发送达消费者；果酷星选（一家国内的生鲜电商）通过“自营＋产地直发”形式搭建生鲜供应链，其销售的部分生鲜农产品由供应商直接发货；九曳（一家国内的生鲜农产品运营商）承担供应商角色，为下游生鲜电商提供生鲜农产品的保鲜配送；高州市盛日农业科技有限公司是一家荔枝供销服务公司，为下游电商企业提供产地直发与代发。供应商在实施生鲜农产品保鲜配送中提供的保鲜努力会影响生鲜农产品的新鲜度，进而对保证生鲜农产品的线上销售产生一定作用。

基于上述背景，保鲜努力与增值服务作为供应链成员的重要运营决策，对于保证与提升生鲜农产品销售具有一定正向作用。针对“互联网+”环境下生鲜农产品供应链中存在的保鲜努力与增值服务高效提供与有效配置问题，本章分别在对称信息、不对称信息两个视角下，研究生鲜农产品供应链的保鲜努力与增值服务策略问题。

4.1 对称信息下生鲜农产品供应链的保鲜努力与增值服务策略

随着生鲜农产品电子商务行业的发展，一些生鲜电商企业与上游供应商分别进行服务投资与保鲜投资以促进生鲜农产品的线上销售。在该生鲜农产品供应链中，保鲜努力与增值服务作为生鲜农产品供应链成员的重要运营决策，对于保证与提升生鲜农产品销售具有一定正向作用。然而，在信息对称下，由于保鲜努力与增值服务分别由不同供应链成员提供，双方均以自身利益最大化为目标，可能导致最优决策产生偏离，进而降低供应链绩效。值此背景下，探究信息对称下生鲜农产品供应链成员双方的合作关系，如何激励双方共同提高努力水平以实现供应链协调，以及供应商成员如何更好地实施保鲜努力与增值服务策略，对提高生鲜农产品供应链绩效具有重要意义。

鉴于此，本节以一个由提供保鲜努力的生鲜供应商与提供增值服务的生鲜电商组成的供应链为研究对象，讨论保鲜努力与增值服务共同影响生鲜农产品的市场需求。在对称信息下，本节开展集中式与分散式决策下的均衡分析与对比，设计一种有效的契约以完美协调该供应链。在此基础上，探讨对称信息下生鲜农产品供应链的保鲜努力与增值服务策略。

4.1.1 问题描述

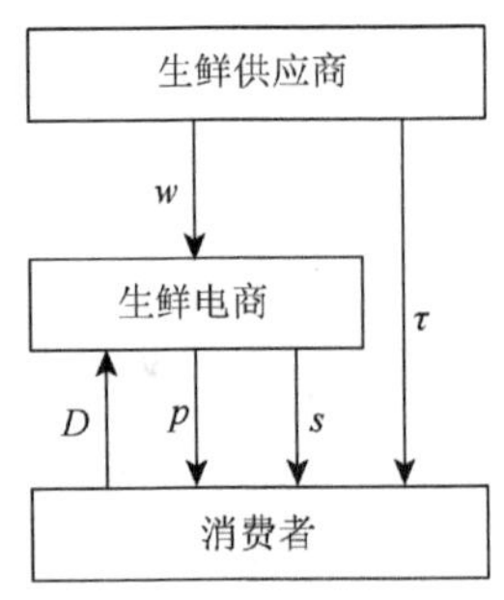

图 4.1 生鲜农产品供应链结构图

考虑一个由生鲜供应商（用下标 S 表示）与生鲜电商（用下标 E 表示）组成的供应链，如图 4.1 所示。其中，供应商以批发价 w 向生鲜电商供应单位生产成本为 c 的生鲜农产品，生鲜电商再通过线上平台以销售价格 p 销售生鲜农产品。不失一般性，假定 $c<w<p$ 。为吸引更多消费者在线上平台购买生鲜农产品，生鲜电商还向消费者提供服务水平为 s 的增值服务，包括与生鲜农产品关联的促销、推荐、咨询与内容服务等。在该生鲜农产品供应链中，生鲜电商主要专注于销售生鲜农产品与提供增值服务，而由

供应商直接向消费者提供生鲜农产品保鲜配送。在此过程中，供应商会投入保鲜努力 τ 对生鲜农产品实施保鲜。

1. 需求函数

考虑到生鲜农产品区别于其他类别产品，产品新鲜度是影响消费者购买行为的主要因素之一（胡定寰等，2003；Tsiros and Heilman，2005；Victor and Michael，2013）。在"互联网+"环境下，生鲜农产品购买具有长期性、周期性等特征，生鲜消费者可以在购买前参考和依据咨询、评价等方式来评估产品新鲜度，所以消费者能够预期在该电商平台购买生鲜农产品的新鲜度情况。考虑到生鲜农产品的市场需求会受到销售价格、服务水平与产品新鲜度的影响，生鲜农产品需求与服务水平、产品新鲜度成正比，与销售价格成反比。因此，采用线性函数刻画生鲜农产品的需求：

$$D = 1 - p + \gamma s - \delta\left(\theta_0 - \theta(\tau)\right) \tag{4.1}$$

其中，$\delta\left(\theta_0 - \theta(\tau)\right)$ 表示新鲜度降低对需求流失的影响；θ_0 表示生鲜农产品的初始新鲜度；$\theta(\tau)$ 表示生鲜农产品的实际新鲜度，为新鲜度弹性；δ 表示消费者对新鲜度的敏感性；γ 表示服务弹性，是消费者对增值服务的敏感性。

2. 成本结构

由于供应商需要投入保鲜努力来实施生鲜农产品的保鲜配送，生鲜农产品新鲜度主要会受到保鲜努力的影响。参考 Cai 等（2010）的研究，采用 $\theta(\tau) = \theta_0 \tau$ 刻画生鲜农产品的新鲜度。考虑到不影响研究结果，进一步假设 $\theta_0 = 1$。同时，供应商投入保鲜努力会带来相应成本，主要涉及租赁保鲜设备（如冷藏车、冻库等）的费用以及配送与搬运等劳动力成本等。考虑到保鲜资源投资的边际收益递减，即 $\partial c(\tau) / \partial \tau > 0$ 与 $\partial^2 c(\tau) / \partial \tau^2 > 0$，假设保鲜成本函数为 $c(\tau) = k_\tau \tau^2 / 2$。其中，$k_\tau$ 表示保鲜成本系数。

此外，生鲜电商提供增值服务会付出相应成本，涉及服务人员（如客服人员、营养师与健康专家等）的薪酬与培训费用等。类似于 Tsay 和 Agrawal（2000）、Xiao 和 Xu（2013）的研究，考虑到服务资源投资的边际收益递减，即 $\partial c(s) / \partial s > 0$ 与 $\partial^2 c(s) / \partial s^2 > 0$，假设服务成本函数为 $c(s) = k_s s^2 / 2$。其中，k_s 表示服务成本系数。

4.1.2 集中式与分散式决策下的均衡分析

本节首先考察将生鲜电商供应链集中式决策模型作为基准，然后分析分散式决策下服务弹性和新鲜度弹性对最优决策与利润的影响，并与集中式决策进行对比，进而揭示分散式供应链失调的原因，以作为协调研究的参考。

1. 集中式决策模型

在集中式（用上标 C 表示）决策下，将供应商与生鲜电商视为一个决策主体，从供应链系统利润最大化角度考虑，统一决策生鲜农产品销售价格 p 、服务水平 s 与保鲜努力 τ 。此时，集中式供应链的利润函数为

$$\pi_{sc}=(p-c)D-c(s)-c(\tau)=(p-c)\big(1-p+\gamma s-\delta(1-\tau)\big)-\frac{1}{2}k_s s^2-\frac{1}{2}k_\tau \tau^2 \quad (4.2)$$

以式（4.2）求解最优化问题可得定理 4.1。

定理 4.1 集中式生鲜电商供应链的最优决策与最优利润为

$$p^{C}=\frac{k_s k_\tau(1-c-\delta)}{2k_s k_\tau-k_\tau\gamma^2-k_s\delta^2}+c \quad (4.3)$$

$$s^{C}=\frac{\gamma k_\tau(1-c-\delta)}{2k_s k_\tau-k_\tau\gamma^2-k_s\delta^2} \quad (4.4)$$

$$\tau^{C}=\frac{\delta k_s(1-c-\delta)}{2k_s k_\tau-k_\tau\gamma^2-k_s\delta^2} \quad (4.5)$$

$$\pi_{sc}^{C}=\frac{k_s k_\tau(1-c-\delta)^2}{2\left(2k_s k_\tau-k_\tau\gamma^2-k_s\delta^2\right)} \quad (4.6)$$

证明 通过验证 π_{sc} 关于 p 、 s 与 τ 的 Hessian 矩阵，易知当 $2k_s k_\tau-k_\tau\gamma^2-k_s\delta^2>0$ 时， π_{sc} 是关于 p 、 s 与 τ 的联合凹函数。联立求解 $\frac{\partial\pi_{sc}}{\partial p}=0$ 、 $\frac{\partial\pi_{sc}}{\partial s}=0$ 与 $\frac{\partial\pi_{sc}}{\partial\tau}=0$ 可得最优解 p^{C} 、 s^{C} 与 τ^{C} 。将最优解代入式（4.2）得到最优利润 π_{sc}^{C} 。

2. 分散式决策模型

在分散式（用上标 D 表示）供应链中，供应商与生鲜电商以各自利润最大化为原则进行决策。双方的博弈顺序为：供应商首先制定生鲜农产品批发价格 w 与保鲜努力 τ ；然后，生鲜电商再决策生鲜农产品销售价格 p 以及服务水平 s 。

此时，生鲜电商的利润函数为

$$\pi_E=(p-w)D-c(s)=(p-w)\big(1-p+\gamma s-\delta(1-\tau)\big)-\frac{1}{2}k_s s^2 \quad (4.7)$$

供应商的利润函数为

$$\pi_S=(w-c)D-c(\tau)=(w-c)\big(1-p+\gamma s-\delta(1-\tau)\big)-\frac{1}{2}k_\tau\tau^2 \quad (4.8)$$

联合式（4.7）与式（4.8）求解最优化问题可得定理 4.2。

定理 4.2 （1）分散式决策下，供应链中最优生鲜农产品批发价格、保鲜努力以及生鲜农产品销售价格、服务水平分别为

$$w^{\mathrm{D}}=\frac{k_\tau\left(2k_s-\gamma^2\right)(1-c-\delta)}{4k_sk_\tau-2k_\tau\gamma^2-k_s\delta^2}+c \tag{4.9}$$

$$\tau^{\mathrm{D}}=\frac{\delta k_s(1-c-\delta)}{4k_sk_\tau-2k_\tau\gamma^2-k_s\delta^2} \tag{4.10}$$

$$p^{\mathrm{D}}=\frac{k_\tau\left(3k_s-\gamma^2\right)(1-c-\delta)}{4k_sk_\tau-2k_\tau\gamma^2-k_s\delta^2}+c \tag{4.11}$$

$$s^{\mathrm{D}}=\frac{\gamma k_\tau(1-c-\delta)}{4k_sk_\tau-2k_\tau\gamma^2-k_s\delta^2} \tag{4.12}$$

（2）分散式决策下，供应链中供应商与生鲜电商的最优利润分别为

$$\pi_S^{\mathrm{D}}=\frac{k_sk_\tau(1-c-\delta)^2}{2\left(4k_sk_\tau-2k_\tau\gamma^2-k_s\delta^2\right)} \tag{4.13}$$

$$\pi_E^{\mathrm{D}}=\frac{k_sk_\tau^2\left(2k_s-\gamma^2\right)(1-c-\delta)^2}{2\left(4k_sk_\tau-2k_\tau\gamma^2-k_s\delta^2\right)^2} \tag{4.14}$$

证明 采用逆向归纳法求解。通过验证 π_E 关于 p 与 s 的 Hessian 矩阵，易知当 $2k_s-\gamma^2>0$ 时，π_E 是关于 p 与 s 的联合凹函数。联立求解 $\frac{\partial\pi_E}{\partial p}=0$ 与 $\frac{\partial\pi_E}{\partial s}=0$ 可得

$$p(w,\tau)=\frac{k_s\delta(\tau-1)+w(k_s-\gamma^2)+k_s}{2k_s-\gamma^2} \tag{4.15}$$

$$s(w,\tau)=\frac{\gamma(\delta\tau-\delta-w+1)}{2k_s-\gamma^2} \tag{4.16}$$

进一步代入式（4.8），通过验证 π_S 关于 w 与 τ 的 Hessian 矩阵，易知当 $4k_sk_\tau-2k_\tau\gamma^2-k_s\delta^2>0$ 时，π_S 是关于 w 与 τ 的联合凹函数。联立求解 $\frac{\partial\pi_S}{\partial w}=0$ 与 $\frac{\partial\pi_S}{\partial\tau}=0$ 可得最优解 w^{D} 与 τ^{D}。再将 w^{D} 与 τ^{D} 代入式（4.15）和式（4.16）可得最优解 p^{D} 与 s^{D}。最后，将最优解代入式（4.7）和式（4.8）得到最优利润 π_S^{D} 与 π_E^{D}。

为保证最优解有意义以及后续讨论有价值，先给出假设 4.1。

假设 4.1 $0<\delta<\bar{\delta}_1$

其中，$\bar{\delta}_1=\min\left(\delta_{\max}^1,1-c\right)$，$\delta_{\max}^1=\frac{k_\tau\left(2k_s-\gamma^2\right)}{k_s(1-c)}$。

证明 依据定理 4.1 与定理 4.2，可得约束条件：$2k_sk_\tau-k_\tau\gamma^2-k_s\delta^2>0$、$4k_sk_\tau-2k_\tau\gamma^2-k_s\delta^2>0$ 与 $1-c-\delta>0$，进而得到 $\delta<\min\left(\frac{\sqrt{k_sk_\tau\left(2k_s-\gamma^2\right)}}{k_s},1-c\right)$。

此外，考虑保鲜努力具有$0<\tau<1$的约束，与生鲜农产品运作管理部分文献类似（Yu and Xiao，2017），求解得到约束条件$\delta<\delta_{\max}^{1}$以保证$\tau^{\mathrm{C}}<1$与$\tau^{\mathrm{D}}<1$。因此，能够得到假设$\delta<\min\left(\delta_{\max}^{1},1-c\right)$。

接下来，依据定理4.2，进一步分析分散式决策下服务弹性、新鲜度弹性对供应链最优决策与利润的影响，可进一步得到命题4.1和命题4.2。

命题4.1　（1）$\frac{\partial w^{\mathrm{D}}}{\partial\gamma}>0$，$\frac{\partial p^{\mathrm{D}}}{\partial\gamma}>0$，$\frac{\partial\tau^{\mathrm{D}}}{\partial\gamma}>0$，$\frac{\partial s^{\mathrm{D}}}{\partial\gamma}>0$。

（2）$\frac{\partial\pi_{S}^{\mathrm{D}}}{\partial\gamma}>0$，$\frac{\partial\pi_{E}^{\mathrm{D}}}{\partial\gamma}>0$。

证明　由w^{D}可得$\frac{\partial w^{\mathrm{D}}}{\partial\gamma}=\frac{2k_{s}k_{\tau}\gamma\delta^{2}(1-c-\delta)}{\left(4k_{s}k_{\tau}-2k_{\tau}\gamma^{2}-k_{s}\delta^{2}\right)^{2}}$，由$1-c-\delta>0$可知$\frac{\partial w^{\mathrm{D}}}{\partial\gamma}>0$；同理可证$\frac{\partial p^{\mathrm{D}}}{\partial\gamma}>0$，$\frac{\partial\tau^{\mathrm{D}}}{\partial\gamma}>0$，$\frac{\partial s^{\mathrm{D}}}{\partial\gamma}>0$。

由π_{S}^{D}、π_{E}^{D}分别可得

$$\frac{\partial\pi_{S}^{\mathrm{D}}}{\partial\gamma}=\frac{2k_{s}k_{\tau}^{2}\gamma(1-c-\delta)^{2}}{\left(4k_{s}k_{\tau}-2k_{\tau}\gamma^{2}-k_{s}\delta^{2}\right)^{2}}$$

$$\frac{\partial\pi_{E}^{\mathrm{D}}}{\partial\gamma}=\frac{k_{s}k_{\tau}^{2}\gamma(1-c-\delta)^{2}\left(4k_{s}k_{\tau}-2k_{\tau}\gamma^{2}+k_{s}\delta^{2}\right)}{\left(4k_{s}k_{\tau}-2k_{\tau}\gamma^{2}-k_{s}\delta^{2}\right)^{3}}$$

由$1-c-\delta>0$与$4k_{s}k_{\tau}-2k_{\tau}\gamma^{2}-k_{s}\delta^{2}>0$可知$\frac{\partial\pi_{S}^{\mathrm{D}}}{\partial\gamma}>0$，$\frac{\partial\pi_{E}^{\mathrm{D}}}{\partial\gamma}>0$。

命题4.1表明在分散式决策下，最优生鲜农产品批发价格、销售价格、服务水平、保鲜努力与服务弹性均成正比。随着服务弹性的增加，增值服务对消费者需求产生的正向影响增强，生鲜电商会愿意提升服务水平，此时采取服务增强策略更为有效。同时，供应商也愿意提高保鲜努力，说明服务弹性增加会同时提高服务水平与保鲜努力。然后，供应商与生鲜电商均会提高价格来平衡保鲜与服务两方面的成本，从而保证自身利润增加。

命题4.2　（1）$\frac{\partial w^{\mathrm{D}}}{\partial\delta}<0$，$\frac{\partial p^{\mathrm{D}}}{\partial\delta}<0$，$\frac{\partial s^{\mathrm{D}}}{\partial\delta}<0$。

（2）当$0<k_{\tau}\leqslant\frac{(1-c)^{2}}{3}$时：当$0<\delta<\overline{\delta}_{1}$时，$\frac{\partial\tau^{\mathrm{D}}}{\partial\delta}>0$。当$k_{\tau}>\frac{(1-c)^{2}}{3}$时：当$0<\gamma<\gamma_{1}$且$0<\delta<\delta_{\tau}$，或当$\gamma\geqslant\gamma_{1}$且$0<\delta<\overline{\delta}_{1}$时，$\frac{\partial\tau^{\mathrm{D}}}{\partial\delta}>0$；当$\delta_{\tau}\leqslant\delta<\overline{\delta}_{1}$时，$\frac{\partial\tau^{\mathrm{D}}}{\partial\delta}\leqslant0$。

（3）$\frac{\partial \pi_S^{\mathrm{D}}}{\partial \delta}<0$，$\frac{\partial \pi_E^{\mathrm{D}}}{\partial \delta}<0$。

其中，δ_τ 为 $X_1=k_s(1-c)\delta^2+2k_\tau(2k_s-\gamma^2)(1-c-2\delta)=0$ 的临界值 δ，$\gamma_1=\frac{\sqrt{6k_sk_\tau\left(3k_\tau-(1-c)^2\right)}}{3k_\tau}$ 为 $\delta=\delta_\tau$ 与 $\delta=\bar{\delta}_1$ 交点的横坐标 γ，$\delta_{\max}^1=\frac{k_\tau\left(2k_s-\gamma^2\right)}{k_s(1-c)}$，$\bar{\delta}_1=\min\left(\delta_{\max}^1,1-c\right)$。

证明　（1）由 w^{D} 可得 $\frac{\partial w^{\mathrm{D}}}{\partial \delta}=\frac{k_\tau\left(2k_s-\gamma^2\right)\left(-k_s\delta^2+2k_s(1-c)\delta-2k_\tau\left(2k_s-\gamma^2\right)\right)}{\left(4k_sk_\tau-2k_\tau\gamma^2-k_s\delta^2\right)^2}$，结合参数范围 $0<\delta<\bar{\delta}_1$，可判定 $\frac{\partial w^{\mathrm{D}}}{\partial \delta}<0$。同理可证 $\frac{\partial p^{\mathrm{D}}}{\partial \delta}<0$，$\frac{\partial s^{\mathrm{D}}}{\partial \delta}<0$。

（2）由 τ^{D} 可得 $\frac{\partial \tau^{\mathrm{D}}}{\partial \delta}=\frac{k_sX_1}{\left(4k_sk_\tau-2k_\tau\gamma^2-k_s\delta^2\right)^2}$，其中，$X_1=k_s(1-c)\delta^2+2k_\tau\left(2k_s-\gamma^2\right)(1-c-2\delta)=0$。

因此，$\operatorname{sign}\left\{\frac{\partial \tau^{\mathrm{D}}}{\partial \delta}\right\}=\operatorname{sign}\{X_1\}$。经过计算，得到 δ_τ 为 $X_1=0$ 的临界值 δ。其中，$\delta_\tau=\frac{2k_\tau\left(2k_s-\gamma^2\right)-\sqrt{2k_\tau\left(\gamma^2-2k_s\right)\left(c^2k_s+2k_\tau\gamma^2-2ck_s-4k_sk_\tau+k_s\right)}}{k_s(1-c)}$。

结合 $\delta=\delta_\tau$ 与 $\delta=\bar{\delta}_1$ 的图像性质可知如下。

（a）当 $k_\tau\leqslant\frac{(1-c)^2}{3}$ 时，$\delta=\delta_\tau$ 与 $\delta=\bar{\delta}_1$ 不相交，$X_1>0$。因此，$\frac{\partial \tau^{\mathrm{D}}}{\partial \delta}>0$。

（b）当 $k_\tau>\frac{(1-c)^2}{3}$ 时，$\delta=\delta_\tau$ 与 $\delta=\bar{\delta}_1$ 相交且横坐标为 γ_1（图 4.2）。很明显，当 $0<\gamma<\gamma_1$ 且 $0<\delta<\delta_\tau$，或当 $\gamma\geqslant\gamma_1$ 且 $0<\delta<\bar{\delta}_1$ 时，$X_1>0$，即 $\frac{\partial \tau^{\mathrm{D}}}{\partial \delta}>0$；当 $\delta\geqslant\delta_\tau$ 时，$X_1\leqslant 0$，即 $\frac{\partial \tau^{\mathrm{D}}}{\partial \delta}\leqslant 0$。

（3）由 π_S^{D}、π_E^{D} 可得

$$\frac{\partial \pi_S^{\mathrm{D}}}{\partial \delta}=\frac{k_sk_\tau(1-c-\delta)\left(2k_\tau\gamma^2+k_s\delta-4k_sk_\tau-k_s\delta c\right)}{\left(4k_sk_\tau-2k_\tau\gamma^2-k_s\delta^2\right)^2}$$

$$\frac{\partial \pi_E^{\mathrm{D}}}{\partial \delta}=\frac{k_\tau^2\left(2k_s-\gamma^2\right)(1-c-\delta)\left(-k_s\delta^2+2k_s(1-c)\delta-2k_\tau\left(2k_s-\gamma^2\right)\right)}{\left(4k_sk_\tau-2k_\tau\gamma^2-k_s\delta^2\right)^3}$$

结合参数范围 $0<\delta<\bar{\delta}_1$，可判定 $\frac{\partial \pi_S^{\mathrm{D}}}{\partial \delta}<0$ 与 $\frac{\partial \pi_E^{\mathrm{D}}}{\partial \delta}<0$。

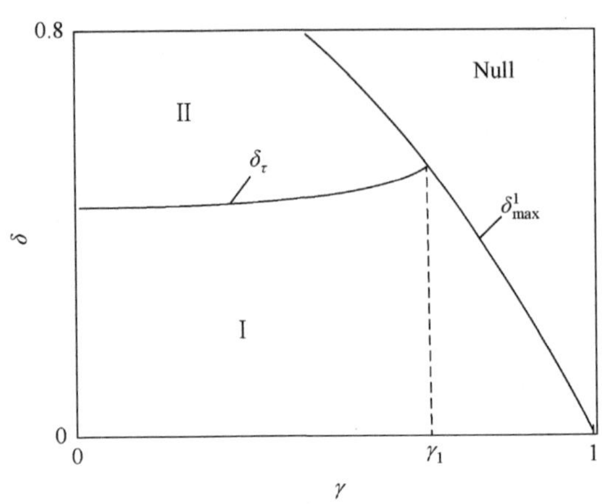

图 4.2　分散式决策下 δ 对最优保鲜努力的影响示意图

首先，命题 4.2（1）表明在分散式决策下，最优生鲜农产品批发价格、销售价格、服务水平与新鲜度弹性总是呈负相关。随着新鲜度弹性的增加，供应商与生鲜电商总是会选择降价策略，分别降低产品批发价格与销售价格，这是由于新鲜度弹性越大意味着新鲜度降低对需求流失的影响越大，供应商与生鲜电商需要通过产品降价来弥补该影响。此外，考虑到有供应商的保鲜资源投入，生鲜电商会选择降低服务水平以节约成本。

其次，命题 4.2（2）揭示了最优生鲜农产品保鲜努力与新鲜度弹性的关系。在保鲜成本系数低于某一阈值时，保鲜努力与新鲜度弹性总是呈正相关关系。这说明，当生鲜农产品保鲜较为经济时，随着新鲜度弹性的增加，供应商总是愿意投入更多保鲜努力来提高产品新鲜度，进而缓解生鲜农产品需求流失。然而，在保鲜成本系数高于某一阈值时，生鲜供应商会面临是否提高保鲜努力的抉择。当新鲜度弹性低于某一阈值时（图 4.2 的区域Ⅰ），随着新鲜度弹性的增加，供应商在降低批发价格的同时还会提高保鲜努力；在新鲜度弹性高于某一阈值时（图 4.2 的区域Ⅱ），随着新鲜度弹性的增加，生鲜供应商不选择提高保鲜努力来缓解需求流失，反而会选择降低保鲜努力。这是由于此时新鲜度弹性处于较高水平，供应商提高保鲜努力带来的生鲜农产品需求流失抑制效果较弱。同时，生鲜农产品保鲜努力投入的边际收益不足以抵消边际成本，所以供应商不如削减保鲜成本并做出降低保鲜努力的决策，更倾向于通过降价策略来缓解生鲜消费者的流失。

最后，结合命题 4.2（3），可以发现随着新鲜度弹性的增加，供应商与生鲜电商的最优利润会降低。这侧面反映了一个现实现象，随着消费者对生鲜农产品新鲜度重视程度的增加，新鲜度降低对需求流失的影响增大，供应商与生鲜电商往往更倾向于实施产品降价，这在一定程度上反而会降低供应商与生鲜电商的盈利。

4.1.3 集中式与分散式决策的对比

接下来，通过对比分析在分散式和集中式决策下的供应链最优决策与利润，进而考察供应链失调的原因。

命题 4.3 （1）$\tau^{\mathrm{D}} < \tau^{\mathrm{C}}$，$s^{\mathrm{D}} < s^{\mathrm{C}}$。

（2）$\dfrac{\tau^{\mathrm{D}}}{\tau^{\mathrm{C}}} = \dfrac{s^{\mathrm{D}}}{s^{\mathrm{C}}} = \chi$，$\dfrac{\partial \chi}{\partial k_\tau} > 0$，$\dfrac{\partial \chi}{\partial k_s} > 0$。

（3）$\pi_{\mathrm{sc}}^{\mathrm{D}} = \pi_E^{\mathrm{D}} + \pi_S^{\mathrm{D}} < \pi_{\mathrm{sc}}^{\mathrm{C}}$。

其中，$\chi = \dfrac{2k_s k_\tau - k_\tau \gamma^2 - k_s \delta^2}{4k_s k_\tau - 2k_\tau \gamma^2 - k_s \delta^2}$。

证明 （1）依据定理 4.1 与定理 4.2，能够得到$\dfrac{s^{\mathrm{D}}}{s^{\mathrm{C}}} = \dfrac{\tau^{\mathrm{D}}}{\tau^{\mathrm{C}}} = \dfrac{2k_s k_\tau - k_\tau \gamma^2 - k_s \delta^2}{4k_s k_\tau - 2k_\tau \gamma^2 - k_s \delta^2}$。由于 $2k_s k_\tau - k_\tau \gamma^2 - k_s \delta^2 < 4k_s k_\tau - 2k_\tau \gamma^2 - k_s \delta^2$，可得 $\dfrac{s^{\mathrm{D}}}{s^{\mathrm{C}}} = \dfrac{\tau^{\mathrm{D}}}{\tau^{\mathrm{C}}} < 1$，即 $s^{\mathrm{D}} < s^{\mathrm{C}}$ 与 $\tau^{\mathrm{D}} < \tau^{\mathrm{C}}$。

（2）求解 χ 关于的 k_τ 或 k_s 一阶导为

$$\frac{\partial \chi}{\partial k_\tau} = \frac{\left(2k_s - \gamma^2\right) k_s \delta^2}{\left(4k_s k_\tau - 2k_\tau \gamma^2 - k_s \delta^2\right)^2}, \quad \frac{\partial \chi}{\partial k_s} = \frac{k_\tau \delta^2 \gamma^2}{\left(4k_s k_\tau - 2k_\tau \gamma^2 - k_s \delta^2\right)^2}$$

由于 $2k_s - \gamma^2 > 0$，可证 $\dfrac{\partial \chi}{\partial k_\tau} > 0$，$\dfrac{\partial \chi}{\partial k_s} > 0$。

（3）依据定理 4.1 与定理 4.2，$\pi_{\mathrm{sc}}^{\mathrm{D}} - \pi_{\mathrm{sc}}^{\mathrm{C}} = \dfrac{-k_s k_\tau^3 (1-c-\delta)^2 \left(2k_s - \gamma^2\right)^2}{2\left(4k_s k_\tau - 2k_\tau \gamma^2 - k_s \delta^2\right)\left(2k_s k_\tau - k_\tau \gamma^2 - k_s \delta^2\right)}$。由 $2k_s k_\tau - k_\tau \gamma^2 - k_s \delta^2 > 0$，可得 $\pi_{\mathrm{sc}}^{\mathrm{D}} < \pi_{\mathrm{sc}}^{\mathrm{C}}$。

命题 4.3 揭示了与集中式决策相比，分散式决策不能使供应链系统决策达到最优状态。相较于集中式决策，在分散式决策下为实现各自利益最大化，供应商会投入较低水平的保鲜努力，生鲜电商也会提供较低水平的增值服务。这说明，在分散式决策下，生鲜农产品保鲜与增值服务分别由不同供应链成员负责，双方的自利行为使得供应链成员提升保鲜努力与服务水平的动力均被削弱，最终导致均衡保鲜努力与服务水平均降低。

此外，相较于集中式决策，分散式决策下最优保鲜努力与最优服务水平同比例 χ 降低。同时，随着保鲜成本系数 k_τ 与服务成本系数 k_s 的降低，比例 χ 会随之降低。也就是说，当生鲜农产品保鲜资源或增值服务资源的投资越为经济时，分散式决策越会远离集中式决策。经分析，当保鲜资源或服务资源投资越为经济时，集中式决策和分散式决策下的保鲜努力与服务水平会提高。这说明，无论集中式决策还是分散式决策，保鲜资源或服务资源投资越经济越会给保鲜努力与服务水平带来正向效果，但分散式决策下的自利行为会抑制供应链成员双方的提升努力，使得分散式决策下保鲜努力与服务水平共同提高的正向效果弱于集中式决策下的情况，进而导致分散式决策越偏离集中式决策。最后，很明显分散式决策下的供应链系统利润总是小于集中式决策下的。

命题 4.4　（1）当$0<\delta<\min\left(\bar{\delta}_1,\delta_p\right)$时，$p^{\mathrm{D}}>p^{\mathrm{C}}$。

（2）当$0<\gamma<\gamma_2$且$\delta_p<\delta<\bar{\delta}_1$，或当$\gamma\geqslant\gamma_2$且$0<\delta<\bar{\delta}_1$时，$p^{\mathrm{D}}<p^{\mathrm{C}}$。

其中，$\delta_p=\sqrt{\dfrac{k_\tau\left(k_s-\gamma^2\right)}{k_s}}$为$X_2=k_sk_\tau-k_s\delta^2-k_\tau\gamma^2=0$的临界值$\delta$，$\gamma_2=\sqrt{k_s}$为$\delta=\delta_p$与$\delta=0$交点的横坐标$\gamma$，$\delta_{\max}^1=\dfrac{k_\tau\left(2k_s-\gamma^2\right)}{k_s(1-c)}$，$\bar{\delta}_1=\min\left(\delta_{\max}^1,1-c\right)$。

证明　由p^{D}、p^{C}可得，$p^{\mathrm{D}}-p^{\mathrm{C}}=\dfrac{k_\tau(1-c-\delta)\left(2k_s-\gamma^2\right)X_2}{\left(4k_sk_\tau-2k_\tau\gamma^2-k_s\delta^2\right)\left(2k_sk_\tau-k_\tau\gamma^2-k_s\delta^2\right)}$，其中，$X_2=k_sk_\tau-k_s\delta^2-k_\tau\gamma^2$。

因此，$\operatorname{sign}\{p^{\mathrm{D}}-p^{\mathrm{C}}\}=\operatorname{sign}\{X_2\}$。经过计算，得到$\delta_p=\sqrt{\dfrac{k_\tau\left(k_s-\gamma^2\right)}{k_s}}$为$X_2=0$的临界值$\delta$。

那么，可以得到：当$\delta<\delta_p$时，$X_2>0$，$p^{\mathrm{D}}-p^{\mathrm{C}}>0$；当$0<\gamma<\sqrt{k_s}$且$\delta>\delta_p$，或当$\gamma\geqslant\sqrt{k_s}$时，$X_2<0$，$p^{\mathrm{D}}-p^{\mathrm{C}}<0$。

最后，考虑到参数范围$0<\delta<\bar{\delta}_1$，并结合$\delta=\delta_p$与$\delta=\bar{\delta}_1$的图像性质，总结出$k_\tau<\dfrac{(1-c)^2}{4}$、$\dfrac{(1-c)^2}{4}<k_\tau<\dfrac{(1-c)^2}{2}$、$\dfrac{(1-c)^2}{2}<k_\tau<(1-c)^2$与$k_\tau>(1-c)^2$四种情形下的示意图（图 4.3），进而合并区间后得到命题 4.4。

命题 4.4 揭示了分散式决策与集中式决策下生鲜农产品最优销售价格的比较情况。与集中式决策相比，分散式决策下的生鲜农产品销售价格总是会出现偏离，导致更高或更低的生鲜农产品销售价格，这依赖于新鲜度弹性与服务弹性等系数。

首先，命题 4.4（1）表明当新鲜度弹性与服务弹性较低时，即在图 4.3 的区域Ⅰ中，分散式决策下的销售价格高于集中式决策下的销售价格。此时，分散式决策下产品新鲜度与服务水平降低给消费者带来的负向影响相对较弱，加上存在批发价格与销售价格的双重定价，生鲜电商会制定高于集中式决策下的产品销售价格以保证盈利。其次，命题 4.4（2）表明，在图 4.3 的区域Ⅱ中，分散式决策

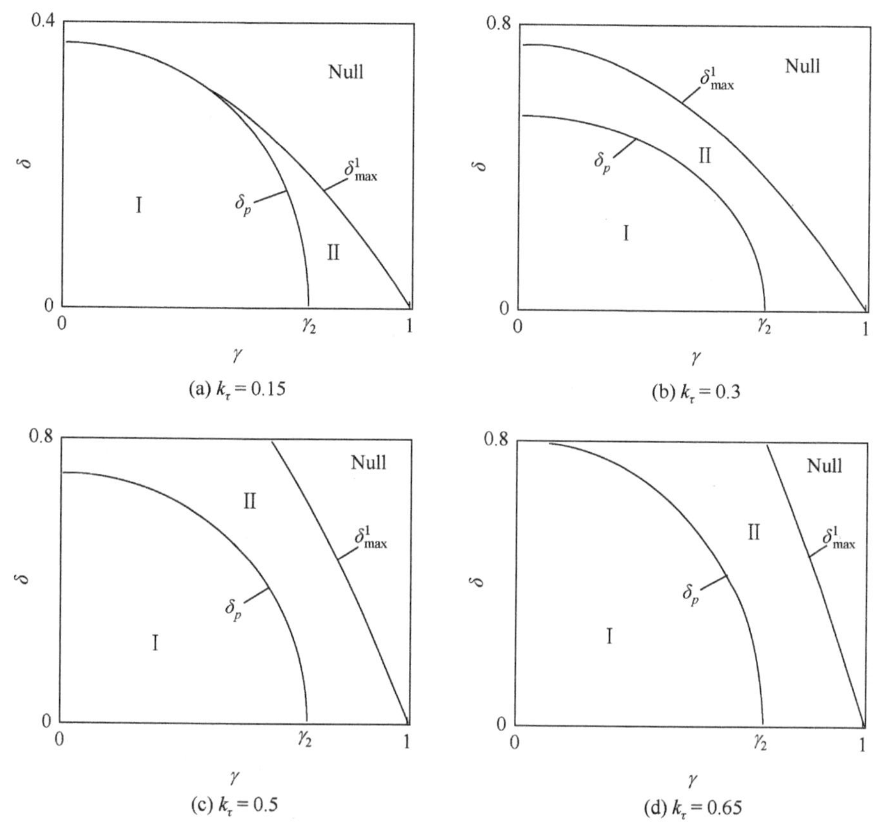

图 4.3 分散式决策与集中式决策下的最优销售价格对比示意图

下的销售价格低于集中式决策下的销售价格。一是当新鲜度弹性高于某一水平时，消费者更加重视生鲜农产品的品质化消费；二是当服务弹性高于某一水平时，消费者更加重视生鲜农产品的体验式消费，但相较于集中式决策，分散式决策下产品新鲜度与服务水平均会降低，这会给消费者带来较大程度的负向影响。此时，即使分散式决策下存在双重边际效应，生鲜电商仍会制定低于集中式决策下的销售价格以弥补给消费者带来的负向影响。

结合实际生活，可以发现，不同类别的生鲜农产品具有差异化的新鲜度弹性与服务弹性。因此，针对不同类别的生鲜农产品，生鲜电商在分散式决策下会制定差异化的产品销售价格。针对具有较低新鲜度弹性与服务弹性的生鲜农产品，如苹果、梨与橙子等新鲜度衰减较慢的产品，新鲜度衰减对消费者的影响相对较弱，消费者也不会很关注与其关联的增值服务，此时生鲜电商会做出偏离集中式决策的提价行为。此时，在分散式决策下消费者会以更高价购买此类生鲜农产品，增加了生鲜农产品的消费压力。同时，还会导致生鲜农产品消费市场整体定价偏高，这并不利于生鲜电商进行此类生鲜农产品的有效销售。针对具有较高新鲜度弹性或较高服务弹性的生鲜农产品，生鲜电商会做出偏离集中式决策的降价行为。其中，针对具有较高新鲜度弹性的生鲜农产品，如有机蔬菜、车厘子等新鲜度衰减较快的产品，新鲜度衰减对消费者的影响相对较大；针对具有较高服务弹性的生鲜农产品，如海鲜类等产品，消费者会比较关注生鲜电商提供的菜谱定制、烹饪指导与养生咨询等增值服务，但是由于分散式决策下消费者感知到的是低于集中式决策的产品新鲜度与服务水平，从而较大程度地降低了自身感知价值，所以生鲜电商会采取降价策略来弥补消费者。此时，在分散式决策下消费者虽然以更低价购买此类生鲜农产品，但感知的产品新鲜度与服务水平均降低，实际上会降低消费体验与感知价值。同时，还会导致生鲜农产品消费市场中相对高端农产品售价偏低，这并不利于生鲜电商谋取更多盈利。最后，可以明确的是，在分散式决策下，无论生鲜电商采取产品提价或降价，都会导致供应链最优利润始终低于集中式决策下的最优利润。这说明，供应商与生鲜电商首要应考虑从保鲜努力与服务水平两方面向集中式决策改进。

4.1.4 供应链的协调契约设计

在该生鲜农产品供应链中，由供应商投入保鲜努力，一方面可以减少生鲜消费者需求流失，另一方面也是给生鲜电商销售的产品提供质量保障，因此生鲜电商有动机激励供应商提高保鲜努力，并为其分担部分保鲜成本。另外，生鲜电商在销售生鲜农产品时也会提供增值服务，吸引更多生鲜消费者购买，这种对需求增加的正向作用等同于增加生鲜电商从供应商处的订购量，进而给供应商带来间接好处，因此供应商也是有动机激励生鲜电商提升服务水平，并为其分担部分服务成本。基于此，首先采取"双向成本分担"的契约$T(\lambda_s,\lambda_\tau)$进行分析，即供应商分担生鲜电商$\lambda_s(0<\lambda_s<1)$比例的服务成本，生鲜电商分担供应商$\lambda_\tau(0<\lambda_\tau<1)$比例的保鲜成本。然而，经验证，单一的"双向成本分担"契约无法实现该生鲜电商供应链协调，也无法实现帕累托改进。

因此，考虑到在该供应链中，供应商实际上是给生鲜电商获取的线上订单提供保鲜配送，所以生鲜电商还有必要将部分收益分享给供应商，而此部分支付可以看作生鲜电商让供应商代其配送的保证金。在此背景下，设计了一种基于"收益共享-双向成本分担"的协调契约$T(\lambda_s,\lambda_\tau,\varphi,w)$，为促使双方共同提升努力水平，供应商与生鲜电商进行双向成本分担。另外，在销售季节前，供应商向生鲜电商收取一个较低的生鲜农产品批发价格w，在销售季节结束后将获取生鲜电商$\varphi(0<\varphi<1)$比例的销售收益作为补偿。由此可得如下函数。

（1）供应商的利润函数为

$$\begin{aligned}\pi_S &= (w-c+\varphi p)D-(1-\lambda_\tau)c(\tau)-\lambda_s c(s)\\ &= (w-c+\varphi p)\big(1-p+\gamma s-\delta(1-\tau)\big)-\frac{(1-\lambda_\tau)k_\tau\tau^2}{2}-\frac{\lambda_s k_s s^2}{2}\end{aligned} \tag{4.17}$$

（2）生鲜电商的利润函数为

$$\begin{aligned}\pi_E &= \big((1-\varphi)p-w\big)D-\lambda_\tau c(\tau)-(1-\lambda_s)c(s)\\ &= \big((1-\varphi)p-w\big)\big(1-p+\gamma s-\delta(1-\tau)\big)-\frac{\lambda_\tau k_\tau\tau^2}{2}-\frac{(1-\lambda_s)k_s s^2}{2}\end{aligned} \tag{4.18}$$

为实现生鲜农产品供应链协调，实施该契约下的最优决策与集中式决策下的最优决策应该一致，由此可以得到命题 4.5。

命题 4.5 （1）在“收益共享-双向成本分担”的协调契约下，当协调契约参数 $(\lambda_s,\lambda_\tau,\varphi,w)$ 设置为 $w=(1-\varphi)c$ ，$\lambda_\tau=1-\varphi$ ，$\lambda_s=\varphi$ 时，$p^T=p^{\mathrm{C}}$ ，$s^T=s^{\mathrm{C}}$ ，$\tau^T=\tau^{\mathrm{C}}$ ，$\pi_{\mathrm{sc}}^T=\pi_{\mathrm{sc}}^{\mathrm{C}}$ 。

（2）在“收益共享-双向成本分担”的协调契约下，存在 $0<\varphi_1<\varphi_2<1$，当契约参数 $\varphi\in(\varphi_1,\varphi_2)$ 时，$\pi_S^T>\pi_S^{\mathrm{D}}$ ，$\pi_E^T>\pi_E^{\mathrm{D}}$ ，即供应商与生鲜电商均可以实现帕累托改善，进而实现供应链的完美协调。

证明 根据逆向归纳法，联立式（4.17）与式（4.18），得到该契约下的最优生鲜农产品销售价格 p^T 、服务水平 s^T 与保鲜努力 τ^T 。

为实现生鲜农产品供应链协调，需要保证该契约下的最优决策与集中式决策下的最优决策一致，即满足：$p^T=p^{\mathrm{C}}$ ，$s^T=s^{\mathrm{C}}$ ，$\tau^T=\tau^{\mathrm{C}}$ 。

联立式（4.3）～式（4.5），易得：$w=(1-\varphi)c$ 、$\lambda_\tau=1-\varphi$ 以及 $\lambda_s=\varphi$ 。

接下来，为使该协调契约有效实施，需要满足各参与者的参与条件，即满足：$\pi_i^T>\pi_i^{\mathrm{D}}$ ，$i=S,E$ 。

从命题 4.5（1）可以发现，参数 φ 与 w 、λ_s 、λ_τ 呈线性关系，由于 φ 在 $[0,1]$ 内任意变化，所以仅需调整 φ 便可以实现生鲜农产品供应链成员之间利润的任意分配。

因此，将 $w=(1-\varphi)c$ 、$\lambda_\tau=1-\varphi$ 与 $\lambda_s=\varphi$ 代入式（4.17）与式（4.18），得到协调契约下供应商与生鲜电商的最优利润分别为

$$\pi_S^T=\frac{\varphi k_s k_\tau(1-c-\delta)^2}{2\left(2k_s k_\tau-k_\tau\gamma^2-k_s\delta^2\right)}$$

$$\pi_E^T=\frac{(1-\varphi)k_s k_\tau(1-c-\delta)^2}{2\left(2k_s k_\tau-k_\tau\gamma^2-k_s\delta^2\right)}$$

令 $\Delta\pi_S(\varphi)=\pi_S^T-\pi_S^{\mathrm{D}}$ ，由于 $\dfrac{\partial\Delta\pi_S(\varphi)}{\partial\varphi}>0$ ，故 $\Delta\pi_S(\varphi)$ 为关于 φ 的单调递增函数，

并且在 $\varphi\in[0,1]$ 上为连续函数。由于 $\lim\limits_{\varphi\to 1}\Delta\pi_S(\varphi)>0$，所以存在一个区间范围 $\varphi\in(\varphi_1,1]$ 使得供应商在协调后的利润大于协调前的利润。

同理可证，存在一个区间范围 $\varphi\in[0,\varphi_2)$ 使得生鲜电商在协调后的利润大于协调前的利润。

通过计算可得 $\varphi_2-\varphi_1=\dfrac{k_\tau^2\left(2k_s-\gamma^2\right)^2}{\left(4k_sk_\tau-2k_\tau\gamma^2-k_s\delta^2\right)^2}>0$，$\varphi_2>\varphi_1$。因此，存在一个区间范围 $\varphi\in(\varphi_1,\varphi_2)$ 使得供应商与生鲜电商在协调后的利润均大于协调前的利润。

命题 4.5 表明，当上述协调参数满足一定相互关系时，分散式决策下生鲜电商供应链可以实现系统最优。在该协调契约下：①供应商会给予生鲜电商低于生鲜农产品生产成本的批发价格，并且该批发价格 w 与保鲜成本分担比例 λ_τ 成同等比例；②供应商承担的服务成本分担比例 λ_s 与其分得的销售收益比例 φ 相等。此外，命题 4.5 还表明，在实施该协调契约后，通过调节契约参数可以实现供应链协调，并使得供应商与生鲜电商均实现帕累托改善。至于契约参数具体如何取值，取决于供应商与生鲜电商之间讨价还价的能力。由此可见，基于“收益共享-双向成本分担”的契约能够实现供应链的完美协调。

在实践中，供应商与生鲜电商可以考虑基于“收益共享-双向成本分担”契约进行进一步合作，有助于提高供应链整体以及个体的利润。供应商可以分担生鲜电商在增值服务资源投资方面的成本，同时生鲜电商可以分担供应商在保鲜资源投资方面的成本以及向供应商共享部分收益。依据供应商与生鲜电商之间的谈判能力，在一定范围内合理地分配供应链整体的利润，进而促进供应商与生鲜电商实现共赢。

为验证“收益共享-双向成本分担”协调契约的有效性，将检验在协调契约实施后，供应商与生鲜电商的利润变化情况。接下来，以数值算例来更为直观地呈现命题 4.5。设定 $c=0.2$、$k_\tau=0.4$、$k_s=0.4$、$\gamma=0.5$、$\delta=0.4$，以 φ 为横坐标，绘制出协调契约对供应链成员利润的影响，进而得到图 4.4。

在图 4.4 中，$\Delta\pi_S(\varphi)=\pi_S^T-\pi_S^{\mathrm{D}}$，$\Delta\pi_E(\varphi)=\pi_E^T-\pi_E^{\mathrm{D}}$，分别表示在协调契约实施后，供应商与生鲜电商的利润变化量。

观察图 4.4 可以发现，在实施协调契约后，随着收益共享比例 φ 的增大，供应商的利润变化随之单调递增，而生鲜电商的利润变化会随之单调递减。因此，当 φ 处于一定水平时，即 $\varphi\in(\varphi_1,\varphi_2)$ 时，其中 $\varphi_1\approx 0.415$，$\varphi_2\approx 0.757$，在实施契约后供应商与生鲜电商的利润变化同为增量。此时，实施该契约不仅可以实现生鲜电商供应链的完美协调，还能够实现供应链成员双方的帕累托改善。此外，结合命题 4.5，经验算随着 φ 的增大，供应商会制定更低的生鲜农产品批发价格，同时也会替生鲜电商分担更多增值服务成本，而生鲜电商会削减替供应商分担的保鲜成本。

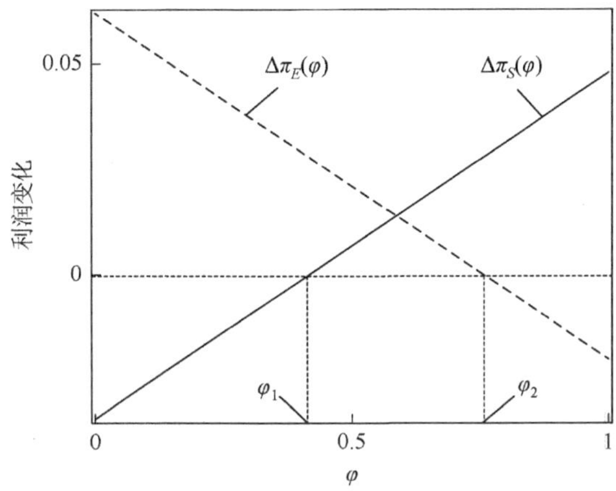

图 4.4　协调契约对供应链成员利润的影响

4.1.5　供应链的保鲜努力与增值服务策略

在供应链协调契约下，进一步考察供应链的保鲜努力与增值服务策略，并得到命题 4.6，进而为供应链成员的运营策略提供指导。

命题 4.6　（1）当 δ 与 γ 较低时，$\tau^T > \tau^D$，$s^T > s^D$，$p^T < p^D$。供应链在协调后会提高保鲜努力、服务水平，但会降低销售价格。

（2）当 δ 或 γ 较高时，$\tau^T > \tau^D$，$s^T > s^D$，$p^T > p^D$。供应链在协调后会提高保鲜努力、服务水平与销售价格。

首先，命题 4.6（1）表明当新鲜度弹性与服务弹性较低时，供应链在协调后不仅会提高保鲜努力与服务水平，还会降低生鲜农产品销售价格。此时，消费者以更低价格购买到更新鲜的生鲜农产品并感知更优质的增值服务，从而有效提升了消费者剩余。这说明，当面向偏好价格的普通消费者时，生鲜电商与供应商应该定位于“薄利多销”并采取“优质低价”策略，这种策略不仅能够为双方创造更多利润空间，还能提高消费者剩余，进而实现生鲜农产品供应链成员与消费者的双向共赢。

其次，命题 4.6（2）表明当新鲜度弹性或服务弹性高于某一水平时，供应链在协调后会提高保鲜努力与服务水平，同时也会提高生鲜农产品销售价格。此时，消费者虽然以更高价格购买生鲜农产品，但能购买到更新鲜的生鲜农产品并感知更优质的增值服务，一方面消费者心理上会比较容易接受产品提价，另一方面也从产品质量与服务两个维度增强消费者感知价值，最终仍会提高消费者剩余。这说明，当面对偏好质量或服务的高端消费者时，生鲜电商与供应商应定位于“品质消费”并采取“优质优价”策略，这种策略着重引导消费者花费更高价去进行品质化与体验式消费，进而在提高消费者感知价值的基础上实现供应链成员的持续性盈利。

在实际生活中，针对不同类别的生鲜农产品，消费者对产品新鲜度与增值服务的敏感性具有差异性，所以生鲜电商在产品定价时应实施差异化定价策略。针对具有较低新鲜度弹性与服务弹性的生鲜农产品，如苹果、梨与橙子等新鲜度衰减较慢的产品，消费者对新鲜度与其关联增值服务的关注度相对较低，生鲜电商更适合采取“优质低价”策略来促销此类生鲜农产品；针对具有较高新鲜度弹性的生鲜农产品，如有机蔬菜、车厘子等新鲜度衰减较快的产品，以及针对具有较高服务弹性的生鲜农产品，如海鲜类等产品，消费者相对更重视产品新鲜度或增值服务，生鲜电商更适合采取“优质优价”策略销售此类生鲜农产品。

为直观呈现供应链在协调前后的最优决策变化，以数值算例来呈现命题 4.6。设定 $c=0.2$ 与 $k_s=0.5$。首先，设定 $k_\tau=0.15<(1-c)^2/4$ 与 $\delta=0.2$，以 γ 为横坐标，绘制供应链在协调前后的最优决策变化，进而得到图 4.5（a）。其次，将 k_τ 分别设定为 $0.3\in\left((1-c)^2/4,(1-c)^2/2\right)$、$0.5\in\left((1-c)^2/2,(1-c)^2\right)$ 与 $0.65>(1-c)^2$ 以及 $\gamma=0.5$，以 δ 为横坐标，绘制供应链在协调前后的最优决策变化，进而得到图 4.5（b）～图 4.5（d）。

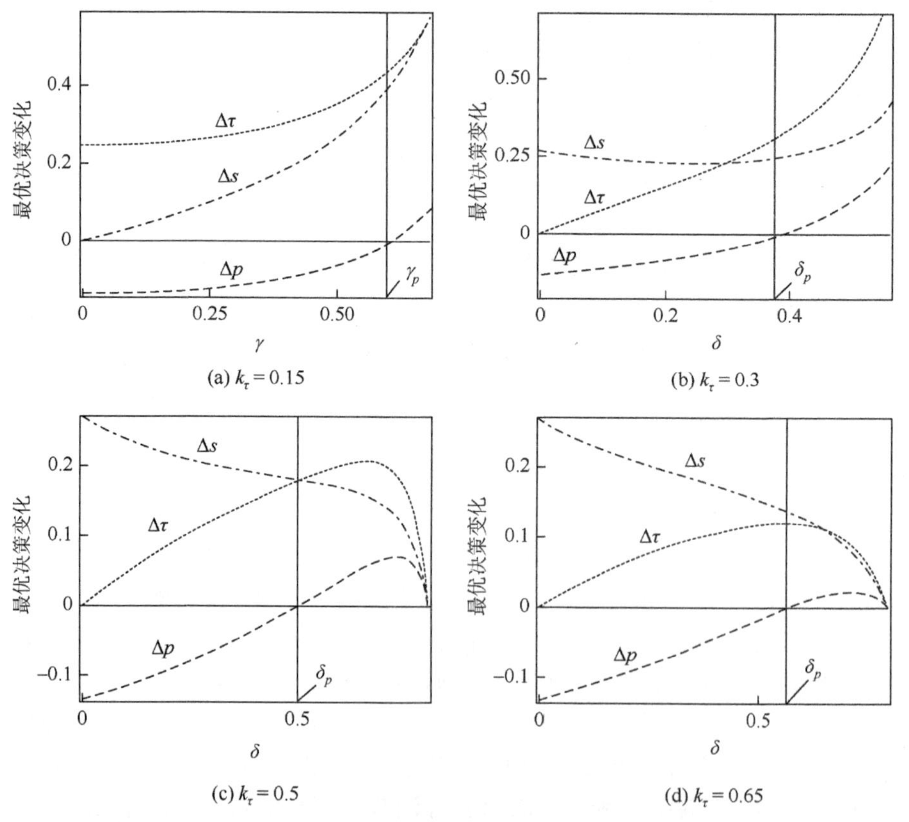

(a) $k_\tau=0.15$　　(b) $k_\tau=0.3$

(c) $k_\tau=0.5$　　(d) $k_\tau=0.65$

图 4.5　供应链在协调前后的最优决策变化

在图 4.5 中，$\Delta p = p^T - p^D$，$\Delta s = s^T - s^D$，$\Delta \tau = \tau^T - \tau^D$，分别表示在协调契约实施后，最优销售价格、服务水平与保鲜努力的变化情况。

观察图 4.5 可以发现：①供应链在协调后的保鲜努力与服务水平总是高于协调前，这说明该协调契约有效激励了供应商与生鲜电商同时提高努力水平；②当服务弹性γ低于一定阈值时，协调后的生鲜农产品销售价格低于协调前，但当γ高于某一阈值时，协调后的产品销售价格反而会高于协调前。这说明，当服务弹性高于一定水平时，协调后服务水平的提高给消费者带来的正向影响较高，生鲜电商还能够提高生鲜农产品销售价格来扩大盈利；③当新鲜度弹性δ低于一定阈值时，生鲜电商在协调后会制定更低的产品销售价格，但当δ高于某一阈值时，协调后保鲜努力的提高给消费者带来的正向影响较高，此时生鲜电商还会提高生鲜农产品销售价格来获取更多盈利。

结合实践，考虑不同类别的生鲜农产品具有差异化的新鲜度弹性与服务弹性，总结在对称信息下生鲜农产品供应链的保鲜努力与增值服务策略。在实施协调契约后，针对所有类别的生鲜农产品，供应商与生鲜电商应分别提高保鲜努力与服务水平。针对具有较低新鲜度弹性与服务弹性的生鲜农产品，生鲜电商应降低销售价格，实施“优质低价”策略；针对具有较高新鲜度弹性或较高服务弹性的生鲜农产品，生鲜电商应提高销售价格，实施“优质优价”策略。

4.2 不对称信息下生鲜农产品供应链的保鲜努力与增值服务策略

在实践中，一些生鲜电商往往会提供增值服务来吸引更多消费者，此外还会与承担生鲜农产品保鲜配送的生鲜供应商进行合作，由供应商投入保鲜努力将生鲜农产品送达消费者。在该生鲜农产品供应链中，保鲜努力与增值服务作为供应链成员的重要运营决策，对保证生鲜农产品线上销售具有一定正向影响。

然而，生鲜农产品市场环境不断发生变化，消费多样化等因素加剧了市场需求的不确定性，这给企业的供应链运营带来挑战。对于在保鲜努力与增值服务影响下的生鲜农产品供应链而言，需求不确定性不仅会影响供应链企业的产品决策（如价格、数量等），还会影响供应链中保鲜资源与服务资源的有效投资与配置。其中，可能产生资源投资过度或不足的现象，进而造成供应链的效率损失和成本增加。在“互联网+”环境下，生鲜电商运营电商平台且作为下游企业更接近消费者，基于平台可以更好地了解消费者个体特征，能够掌握较上游供应商更多关于不确定需求的信息（Guo，2009；Ha et al.，2017；Zhang et al.，2019）。

此时，生鲜农产品供应链中存在信息不对称，故而可能会扭曲企业决策并降低供应链运作效率。同时，生鲜电商能够通过信息共享策略来影响供应链中保鲜努力与增值服务等投资决策。在实践中，供应链上下游企业之间往往通过信息共享合作来应对市场不确定性、解决信息不对称问题以及提高供应链绩效（Chen，2003）。值此背景下，为应对复杂多变的市场环境，有必要探究作为信息优势方的生鲜电商的信息共享策略，以及讨论信息共享对供应链中价格决策、保鲜资源与服务资源投资决策的影响，以期为电子商务环境下生鲜农产品企业的决策制定以及信息共享合作给出管理学启示。

鉴于此，本节针对一个由提供保鲜努力的生鲜供应商与提供增值服务的生鲜电商组成的供应链，生鲜电商拥有关于需求不确定性的私有信息。考虑供应链中保鲜努力与增值服务的影响，首先进行无信息共享与有信息共享时的均衡分析，然后研究供应链的信息共享与激励问题，并且分析信息共享对消费者剩余与社会福利的影响。在此基础上，探讨不对称信息下生鲜农产品供应链的保鲜努力与增值服务策略。

4.2.1　问题描述

考虑一个由生鲜供应商（用下标 S 表示）和生鲜电商（用下标 E 表示）组成的供应链。其中，供应商以批发价格 w 向生鲜电商供应生鲜农产品，生鲜电商再以销售价格 p 向消费者销售。为吸引更多消费者购买生鲜农产品，生鲜电商还会向消费者提供服务水平为 s 的增值服务，主要涉及烹饪指导、菜谱定制与精准推荐等。此外，供应商会投入保鲜努力 τ 负责生鲜农产品的保鲜配送。

1. 需求函数

生鲜农产品的市场需求会受到销售价格、服务水平与产品新鲜度的影响。因此，采用线性函数刻画生鲜农产品的需求为

$$D = A - p + \gamma s - \delta\big(\theta_0 - \theta(\tau)\big) \tag{4.19}$$

其中，$\delta\big(\theta_0 - \theta(\tau)\big)$ 表示新鲜度降低对需求流失的影响；θ_0 表示生鲜农产品的初始新鲜度；$\theta(\tau)$ 表示生鲜农产品的实际新鲜度；δ 表示新鲜度弹性，是消费者对新鲜度的敏感性；γ 表示服务弹性，是消费者对增值服务的敏感性。

此外，A 表示基本市场潜在需求。参考 Iyer 等（2007）的研究，假设 $A \in \{H, L\}$ 为随机变量，并且服从等概率的二元分布，即 $\Pr(A = H) = \Pr(A = L) = 1/2$ 。H 表示相对乐观市场的高类型需求状态，L 表示相对低迷市场的低类型需求状态，并且 $L < H$ 。类似地，进一步标准化 $L = 1$ ，那么 $H > 1$ 也表示市场波动程度。

2. 信息结构

由于生鲜电商能够通过平台积累大量的数据与信息，并且更接近消费者，进

而能够获取较供应商更多的关于需求不确定性的私有预测信号 Y 。预测信号 Y 有两种可能性，$Y=h$ 表示生鲜电商的预测信号显示基本市场潜在需求为 H ，$Y=l$ 表示生鲜电商的预测信号显示基本市场潜在需求为 L 。与 Guo 和 Iyer（2010）、Li 和 Zhang（2015）的研究类似，每一预测信号 $Y\in\{h,l\}$ 独立于真实需求状态 $A\in\{H,L\}$ ，且以概率 $\rho\in(1/2,1]$ 产生，即 $\Pr(h|H)=\Pr(l|L)=\rho$ 。类似的信息结构已广泛应用于信息共享研究领域（Iyer et al.，2007；Jiang et al.，2016）。

在此基础上，依据条件概率公式，观测到预测信号 $Y\in\{h,l\}$ 的概率为

$$\Pr(h)=\Pr(H)\Pr(h|H)+\Pr(L)\Pr(h|L)=1/2 \tag{4.20}$$

$$\Pr(l)=\Pr(H)\Pr(l|H)+\Pr(L)\Pr(l|L)=1/2 \tag{4.21}$$

基于上述预测信号 $Y\in\{h,l\}$ 的性质，可得

$$\Pr(H|h)=\frac{\Pr(h|H)\Pr(H)}{\Pr(h)}=\rho，\quad \Pr(L|l)=\frac{\Pr(l|L)\Pr(L)}{\Pr(l)}=\rho \tag{4.22}$$

$$\Pr(H|l)=\frac{\Pr(l|H)\Pr(H)}{\Pr(l)}=1-\rho，\quad \Pr(L|h)=\frac{\Pr(h|L)\Pr(L)}{\Pr(h)}=1-\rho \tag{4.23}$$

那么，基于预测信号 $Y\in\{h,l\}$ 的期望的基本市场潜在需求 A 为

$$\hat{H}=E[A|h]=H\Pr(H|h)+L\Pr(L|h)=1+(H-1)\rho \tag{4.24}$$

$$\hat{L}=E[A|l]=H\Pr(H|l)+L\Pr(L|l)=H-(H-1)\rho \tag{4.25}$$

因此，ρ 能够视为预测信号精度。当 $\rho=1$ 时，$\Pr(H|h)=\Pr(L|l)=1$ 。此时，预测信号是完美的，表示观测到高（低）预测信号时，真实的市场需求状态一定为高（低）类型；当 $\rho=1/2$ 时，$\Pr(H|h)=\Pr(H)=1/2$ ，$\Pr(L|l)=\Pr(L)=1/2$ 。此时，先验概率与后验概率是一致的，预测信号则是无作用的。

3. 成本结构

供应商需要投入保鲜努力来实施生鲜农产品的保鲜配送，生鲜农产品新鲜度会受到保鲜努力的影响。参考 Cai 等（2010）的研究，采用 $\theta(\tau)=\theta_0\tau$ 刻画生鲜农产品的新鲜度。为便于分析且不影响结果，进一步假设 $\theta_0=1$ 。供应商发生的保鲜成本主要是固定成本，包含租赁保鲜设备（如冷藏车、冻库等）的费用以及配送与搬运等劳动力成本等。同时，依据 $\partial c(\tau)/\partial\tau>0$ 与 $\partial^2 c(\tau)/\partial\tau^2>0$ ，考虑到保鲜资源投资的边际收益递减，进而假设保鲜成本函数为 $c(\tau)=k_\tau\tau^2/2$ 。其中，k_τ 表示保鲜成本系数。这一成本函数在涉及生鲜农产品保鲜的文献中十分常见（Cai et al.，2010；Wu et al.，2015；Zheng et al.，2017）。

此外，生鲜电商的服务成本 $c(s)$ 主要包含服务人员（如客服人员、营养师与健康专家等）的薪酬与培训费用等。同时，与一些关于需求提升服务的研究类似

（Tsay and Agrawal，2000；Xiao and Xu，2013；Perdikaki et al.，2016），考虑到服务资源投资的边际收益递减，即 $\partial c(s)/\partial s>0$ 与 $\partial^2 c(s)/\partial s^2>0$，进而假设服务成本函数为 $c(s)=k_s s^2/2$。其中，k_s 表示服务成本系数。不失一般性，标准化供应商的单位生产成本与生鲜电商的单位销售成本为零。

4. 事件过程

考虑信息共享为长期决策，即生鲜电商需要首先决策是否共享需求信息。因此，主要事件与决策顺序如下。

（1）在获取预测信号 Y 之前，生鲜电商选择信息共享策略（即无信息共享与信息共享）。

（2）在生鲜电商观测到预测信号 Y 之后，依据步骤（1）做出的决策实施相应的信息共享策略。若选择共享信息，供应商根据生鲜电商共享的预测信号 Y 决策批发价格 w 与保鲜努力 τ；若不进行信息共享，供应商则根据期望的市场需求来决策批发价格 w 与保鲜努力 τ。

（3）生鲜电商根据预测信号 Y 决策销售价格 p 和服务水平 s。

（4）实际需求发生，供应商与生鲜电商分别实现利润 π_S 和 π_E。

4.2.2 不同信息共享场景下的均衡分析

本节主要考察在生鲜农产品供应链中供应商与生鲜电商之间的博弈过程，结合逆向归纳法，分别分析无信息共享与信息共享两种场景下供应链成员的均衡决策与均衡利润。

1. 无信息共享场景下的均衡分析

若生鲜电商选择不向供应商共享信息，供应商将依据期望的市场需求 $E[D]=\overline{A}-E[p]+\gamma E[s]-\delta(1-\tau)$ 进行批发价格与保鲜努力决策，其中 $\overline{A}=(H+1)/2$ 为期望的基本市场潜在需求。然后，生鲜电商进行销售价格与服务水平决策。因此，供应商与生鲜电商的期望利润分别为

$$\begin{aligned}E[\pi_S]&=wE[D]-c(\tau)\\&=w\left(\overline{A}-E\left[p(w,\tau)\right]+\gamma E\left[s(w,\tau)\right]-\delta(1-\tau)\right)-\frac{1}{2}k_\tau\tau^2\end{aligned} \tag{4.26}$$

$$\begin{aligned}E\left[\pi_E\middle|Y\right]&=(p-w)E\left[D\middle|Y\right]-c(s)\\&=(p-w)\left(E\left[A\middle|Y\right]-p+\gamma s-\delta(1-\tau)\right)-\frac{1}{2}k_s s^2\end{aligned} \tag{4.27}$$

首先，验证 $E\left[\pi_E\middle|Y\right]$ 关于 p 与 s 的联合凹性，得到 Hessian 矩阵并有 $2k_s-\gamma^2>0$。

为了最大化生鲜电商的期望利润，生鲜电商的销售价格与服务水平决策须满足一阶条件 $\frac{\partial E\left[\pi_E|Y\right]}{\partial p}=0$、$\frac{\partial E\left[\pi_E|Y\right]}{\partial s}=0$，能够得到：

$$p\left(w,\tau|Y\right)=\frac{w\left(k_s-\gamma^2\right)+k_s\left(E\left[A|Y\right]-\delta(1-\tau)\right)}{2k_s-\gamma^2} \tag{4.28}$$

$$s\left(w,\tau|Y\right)=\frac{\gamma\left(E\left[A|Y\right]-w-\delta(1-\tau)\right)}{2k_s-\gamma^2} \tag{4.29}$$

然后，验证 $E[\pi_S]$ 关于 w 与 τ 的联合凹性，得到 Hessian 矩阵并有 $4k_sk_\tau-2k_\tau\gamma^2-k_s\delta^2>0$。为了最大化供应商的期望利润，通过联立求解 $\frac{\partial E[\pi_S]}{\partial w}=0$、$\frac{\partial E[\pi_S]}{\partial \tau}=0$ 可得最优解 w^{N} 和 τ^{N}，再将 w^{N} 和 τ^{N} 代入式（4.28）和式（4.29）可得最优解 p^{N} 和 s^{N}。此外，再结合式（4.26）和式（4.27）可得最优解 π_S^{N} 和 π_E^{N}。

因此，具体的均衡结果见定理 4.3。

定理 4.3　（1）在无信息共享时，供应商与生鲜电商的最优决策为

$$w^{\mathrm{N}}=\frac{k_\tau\left(2k_s-\gamma^2\right)(\bar{A}-\delta)}{4k_sk_\tau-k_s\delta^2-2k_\tau\gamma^2},\quad \tau^{\mathrm{N}}=\frac{k_s\delta(\bar{A}-\delta)}{4k_sk_\tau-2k_\tau\gamma^2-k_s\delta^2}$$

$$p^{\mathrm{N}}=\frac{k_sE\left[A|Y\right]}{2k_s-\gamma^2}+\frac{\left(k_\tau\gamma^4+k_s^2\delta^2-3k_sk_\tau\gamma^2+2k_s^2k_\tau\right)\bar{A}}{\left(4k_sk_\tau-k_s\delta^2-2k_\tau\gamma^2\right)\left(2k_s-\gamma^2\right)}-\frac{k_\tau\delta\left(3k_s-\gamma^2\right)}{4k_sk_\tau-k_s\delta^2-2k_\tau\gamma^2}$$

$$s^{\mathrm{N}}=\frac{\gamma E\left[A|Y\right]}{2k_s-\gamma^2}-\frac{\gamma\left(2k_sk_\tau-k_s\delta^2-k_\tau\gamma^2\right)\bar{A}}{\left(4k_sk_\tau-k_s\delta^2-2k_\tau\gamma^2\right)\left(2k_s-\gamma^2\right)}-\frac{k_\tau\delta\gamma}{4k_sk_\tau-k_s\delta^2-2k_\tau\gamma^2}$$

（2）在无信息共享时，供应商与生鲜电商的期望利润为

$$\pi_S^{\mathrm{N}}=\frac{k_sk_\tau(\bar{A}-\delta)^2}{2\left(4k_sk_\tau-2k_\tau\gamma^2-k_s\delta^2\right)}$$

$$\pi_E^{\mathrm{N}}=\left\{\begin{array}{l}\dfrac{k_s\left(\left(4k_sk_\tau-2k_\tau\gamma^2-k_s\delta^2\right)\hat{H}+\left(2k_sk_\tau-k_\tau\gamma^2-k_s\delta^2\right)\bar{A}-k_\tau\delta\left(2k_s-\gamma^2\right)\right)^2}{4\left(4k_sk_\tau-2k_\tau\gamma^2-k_s\delta^2\right)^2\left(2k_s-\gamma^2\right)}+\\ \dfrac{k_s\left(\left(4k_sk_\tau-2k_\tau\gamma^2-k_s\delta^2\right)\hat{L}+\left(2k_sk_\tau-k_\tau\gamma^2-k_s\delta^2\right)\bar{A}-k_\tau\delta\left(2k_s-\gamma^2\right)\right)^2}{4\left(4k_sk_\tau-2k_\tau\gamma^2-k_s\delta^2\right)^2\left(2k_s-\gamma^2\right)}\end{array}\right\}$$

依据定理 4.3，在无信息共享时，供应商的最优决策独立于生鲜电商的私有信息。当期望的基本市场需求 $\bar{A}$ 提高时，供应商会同时提高批发价格与保鲜努力。此外，生鲜电商的最优决策会受到预测信息的影响，当预测的基本市场需求

$E\left[A|Y\right]$提高时，对生鲜电商的销售价格与服务水平均会产生正向影响。

2. 信息共享场景下的均衡分析

若生鲜电商选择向供应商共享信息，供应商将依据预测的市场需求$E\left[D|Y\right]=E\left[A|Y\right]-p+\gamma s-\delta(1-\tau)$进行批发价格与保鲜努力决策。然后，生鲜电商决策销售价格与服务水平。因此，供应商与生鲜电商的期望利润分别为

$$\begin{aligned}E\left[\pi_S|Y\right]&=wE\left[D|Y\right]-c(\tau)\\&=w\left(E\left[A|Y\right]-p\left(w,\tau|Y\right)+\gamma s\left(w,\tau|Y\right)-\delta(1-\tau)\right)-\frac{1}{2}k_\tau\tau^2\end{aligned}\tag{4.30}$$

$$\begin{aligned}E\left[\pi_E|Y\right]&=(p-w)E\left[D|Y\right]-c(s)\\&=(p-w)\left(E\left[A|Y\right]-p+\gamma s-\delta(1-\tau)\right)-\frac{1}{2}k_s s^2\end{aligned}\tag{4.31}$$

因此，具体的均衡结果见定理 4.4。

定理 4.4　（1）在有信息共享时，供应商与生鲜电商的最优决策为

$$w^{\mathrm{I}}=\frac{k_\tau\left(2k_s-\gamma^2\right)\left(E\left[A|Y\right]-\delta\right)}{4k_sk_\tau-2k_\tau\gamma^2-k_s\delta^2},\quad \tau^{\mathrm{I}}=\frac{k_s\delta\left(E\left[A|Y\right]-\delta\right)}{4k_sk_\tau-2k_\tau\gamma^2-k_s\delta^2}$$

$$p^{\mathrm{I}}=\frac{k_\tau\left(3k_s-\gamma^2\right)\left(E\left[A|Y\right]-\delta\right)}{4k_sk_\tau-2k_\tau\gamma^2-k_s\delta^2},\quad s^{\mathrm{I}}=\frac{k_\tau\gamma\left(E\left[A|Y\right]-\delta\right)}{4k_sk_\tau-2k_\tau\gamma^2-k_s\delta^2}$$

（2）在有信息共享时，供应商与生鲜电商的期望利润为

$$\pi_S^{\mathrm{I}}=\frac{k_sk_\tau(\hat{H}-\delta)^2}{4\left(4k_sk_\tau-2k_\tau\gamma^2-k_s\delta^2\right)}+\frac{k_sk_\tau(\hat{L}-\delta)^2}{4\left(4k_sk_\tau-2k_\tau\gamma^2-k_s\delta^2\right)}$$

$$\pi_E^{\mathrm{I}}=\frac{k_sk_\tau^2\left(2k_s-\gamma^2\right)(\hat{H}-\delta)^2}{4\left(4k_sk_\tau-2k_\tau\gamma^2-k_s\delta^2\right)^2}+\frac{k_sk_\tau^2\left(2k_s-\gamma^2\right)(\hat{L}-\delta)^2}{4\left(4k_sk_\tau-2k_\tau\gamma^2-k_s\delta^2\right)^2}$$

依据定理 4.4，供应商与生鲜电商的最优决策均受到预测信息的影响。当预测的基本市场需求$E\left[A|Y\right]$提高时，供应商会同时提高批发价格与保鲜努力。相应地，生鲜电商会同时提高销售价格与服务水平。

为保证最优解有意义以及后续讨论有价值，考虑到生鲜农产品的实际新鲜度应低于初始新鲜度，先给出假设 4.2。

假设 4.2　$0<\delta<\bar{\delta}$。

其中，$\bar{\delta}=\min(\delta_{\max},1)$，$\delta_{\max}=\dfrac{2k_\tau\left(2k_s-\gamma^2\right)}{k_sH}$。

证明　依据定理 4.3 与定理 4.4，可得到约束条件：$4k_sk_\tau-2k_\tau\gamma^2-k_s\delta^2>0$与

$1-\delta>0$，进而能够得到 $\delta<\min\left(\sqrt{\frac{2k_\tau\left(2k_s-\gamma^2\right)}{k_s}},1\right)$。此外，考虑到保鲜努力具有 $0<\tau<1$ 的约束，求解得到约束条件 $\delta<\delta_{\max}$ 以保证 $\tau^{\mathrm{N}}<1$ 与 $\tau^{\mathrm{I}}<1$。因此，能够得到假设 $\delta<\min(\delta_{\max},1)$。

4.2.3　供应链的信息共享策略与激励

1. 供应链的信息共享策略

结合定理 4.3 和定理 4.4，本节将讨论生鲜电商向供应商共享信息的动机，进而研究生鲜电商的信息共享策略。

为便于后续分析与讨论，先定义 T_i（$i\in\{S,E,\mathrm{sc}\}$）表示信息共享对不同供应链成员利润产生的影响，并称之为信息共享利润。因此，$T_S=\pi_S^{\mathrm{I}}-\pi_S^{\mathrm{N}}$，$T_E=\pi_E^{\mathrm{I}}-\pi_E^{\mathrm{N}}$，$T_{\mathrm{sc}}=\left(\pi_S^{\mathrm{I}}+\pi_E^{\mathrm{I}}\right)-\left(\pi_S^{\mathrm{N}}+\pi_E^{\mathrm{N}}\right)=T_S+T_E$。因此，得到命题 4.7。

命题 4.7　（1）当 $0<\delta<\bar{\delta}$ 时，$T_S>0$，信息共享对供应商总是有利的。

（2）当 $0<\delta<\min(\bar{\delta},\delta_E)$，$T_E<0$，生鲜电商不会选择向供应商共享信息；当 $\delta_E\leqslant\delta<\bar{\delta}$ 时，$T_E\geqslant0$，生鲜电商会选择向供应商共享信息。

（3）当 $0<\delta<\min(\bar{\delta},\delta_{\mathrm{sc}})$，$T_{\mathrm{sc}}<0$，共享信息对供应链整体是不利的；当 $\delta_{\mathrm{sc}}\leqslant\delta<\bar{\delta}$ 时，$T_{\mathrm{sc}}\geqslant0$，共享信息对供应链整体是有利的。

其中，$\delta_E=\sqrt{\frac{k_\tau\left(2k_s-\gamma^2\right)}{k_s}}$，$\delta_{\mathrm{sc}}=\sqrt{\frac{k_\tau(3-\sqrt{5})\left(2k_s-\gamma^2\right)}{2k_s}}$，$\delta_{\mathrm{sc}}<\delta_E$，$\delta_{\max}=\frac{2k_\tau\left(2k_s-\gamma^2\right)}{k_sH}$，$\bar{\delta}=\min(\delta_{\max},1)$。

证明　依据定理 4.3 与定理 4.4，得到：

$$T_S=\pi_S^{\mathrm{I}}-\pi_S^{\mathrm{N}}=\frac{k_sk_\tau\left(2\rho-1\right)^2(H-1)^2}{8\left(4k_sk_\tau-2k_\tau\gamma^2-k_s\delta^2\right)}$$

$$T_E=\pi_E^{\mathrm{I}}-\pi_E^{\mathrm{N}}=\frac{k_s(2\rho-1)^2(H-1)^2\left(6k_sk_\tau-3k_\tau\gamma^2-k_s\delta^2\right)M_1}{8\left(4k_sk_\tau-2k_\tau\gamma^2-k_s\delta^2\right)^2\left(2k_s-\gamma^2\right)}$$

$$T_{\mathrm{sc}}=\pi_{\mathrm{sc}}^{\mathrm{I}}-\pi_{\mathrm{sc}}^{\mathrm{N}}=\frac{k_s(2\rho-1)^2(H-1)^2M_2}{8\left(4k_sk_\tau-2k_\tau\gamma^2-k_s\delta^2\right)^2\left(2k_s-\gamma^2\right)}$$

其中，$M_1=k_\tau\gamma^2+k_s\delta^2-2k_sk_\tau$，$M_2=-k_s^2\delta^4+k_\tau\left(2k_s-\gamma^2\right)\left(3k_s\delta^2+k_\tau\gamma^2-2k_sk_\tau\right)$。

（1）由 $4k_s k_\tau - 2k_\tau \gamma^2 - k_s \delta^2 > 0$ 可证 $T_S > 0$。

（2）$\text{sign}(T_E) = \text{sign}(M_1)$。求解 $M_1 = 0$，进而得到阈值 $\delta_E = \sqrt{\dfrac{k_\tau\left(2k_s - \gamma^2\right)}{k_s}}$。因此，当 $\delta \geqslant \delta_E$ 时，$M_1 \geqslant 0$，$T_E \geqslant 0$；当 $\delta < \delta_E$ 时，$M_1 < 0$，$T_E < 0$。

（3）$\text{sign}(T_{sc}) = \text{sign}(M_2)$。求解 $M_2 = 0$，进而得到阈值 $\delta_{sc} = \sqrt{\dfrac{k_\tau(3-\sqrt{5})\left(2k_s - \gamma^2\right)}{2k_s}}$。因此，当 $\delta \geqslant \delta_{sc}$ 时，$M_2 \geqslant 0$，$T_{sc} \geqslant 0$；当 $\delta < \delta_{sc}$ 时，$M_2 < 0$，$T_{sc} < 0$。

命题 4.7（1）表明信息共享对供应商总是有利的，供应商总是有动机去促成信息共享合作。这是因为生鲜电商向供应商信息共享，能够提高供应商应对需求不确定性的能力，促使供应商能够更准确地调整决策，进而获取更多利润。

命题 4.7（2）表明信息共享对生鲜电商可能是有利的。一方面，信息共享使供应商依据共享获取的信息能够更准确地制定批发价格决策，进而会加剧双重边际效应的负向影响；另一方面，信息共享有助于供应链中保鲜资源与服务资源投资更有效地调整，进而能够产生资源改善效应的正向影响。当新鲜度弹性高于某一阈值时（即 $\delta \geqslant \delta_E$，图 4.6 区域 B_1），生鲜电商共享信息对自身是有利的。这是由于当消费者对产品新鲜度十分关注时，信息共享产生资源改善效应的正向影响较为显著，能够占优于双重边际效应的负向影响。此时，生鲜电商会自愿选择向供应商共享信息。然而，当新鲜度弹性低于某一阈值时（即 $\delta < \delta_E$，图 4.6 区域 B_2 和 B_3），信息共享会损害生鲜电商的利润。此时，消费者对产品新鲜度的关注度有所降低，信息共享产生资源改善效应的正向影响减弱，并且不能弥补双重边际效应的负向影响。因此，生鲜电商不会选择主动共享信息。

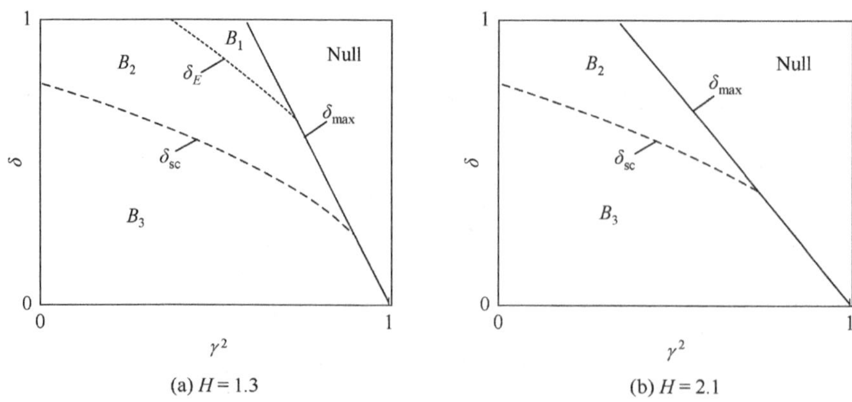

图 4.6　供应链的信息共享策略示意图

命题 4.7（3）表明信息共享可能会削减或提升供应链整体的利润。当新鲜度弹性较低时（即 $\delta<\delta_{sc}$，图 4.6 区域 B_3），信息共享对供应商利润的正向影响较弱，不能弥补对生鲜电商利润的负向影响（即 $|T_S|<|T_E|$）。因此，供应链整体的利润会从信息共享中受损。依据 $\partial T_{sc}/\partial\delta>0$，这表明供应链整体的信息共享利润会随着新鲜度弹性增加而增加。因此，当新鲜度弹性较高时（即 $\delta\geqslant\delta_{sc}$，图 4.6 区域 B_1 和 B_2），信息共享产生的正向影响较为显著，能够占优于负向影响（即 $|T_S|\geqslant|T_E|$）。此时，供应链可以从信息共享中获利。

对比图 4.6（a）与图 4.6（b），当市场波动程度高于某一阈值时，生鲜电商不愿自愿共享信息［图 4.6（b）］。在这种情况下，供应商已经提供足够高水平的保鲜努力。因此，信息共享并不能促进供应商保鲜资源投资的持续改进，信息共享产生资源改善效应的正向影响是有限的。

为了使研究更有价值以及更具现实意义，后续都将基于信息共享区间存在的情形进行讨论。接下来，以数值算例来更为直观地呈现命题 4.7。设定 $H=1.3$，$k_\tau=1$，$k_s=0.5$，$\gamma^2=0.7$，并且设定 δ 分别为 $0.4\in(0,\delta_{sc}]$，$0.6\in(\delta_{sc},\delta_E]$，$0.8\in(\delta_E,\bar{\delta}]$，进而绘制如图 4.7 所示的供应链成员的信息共享利润情况。

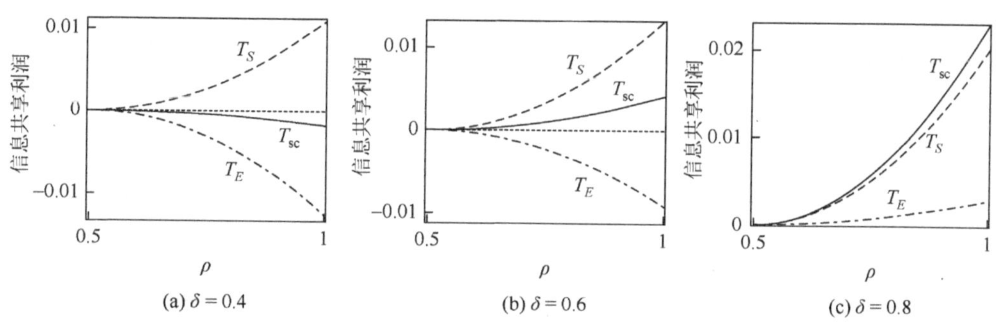

(a) $\delta=0.4$　(b) $\delta=0.6$　(c) $\delta=0.8$

图 4.7　供应链成员的信息共享利润

依据 $T_S>0$，信息共享总是可以提高供应商的利润，并且供应商的信息共享利润会随着信息精度的提高而提高。由图 4.7（a）可以看出 $T_E<0$ 与 $T_{sc}<0$，当新鲜度弹性较低时，信息共享会同时削减生鲜电商与供应链整体的利润，进而生鲜电商不会选择信息共享。由图 4.7（b）可以看出 $T_E<0$ 与 $T_{sc}>0$，信息共享虽然会削减生鲜电商的利润，但是却会提高供应链整体的利润。在这种情况下，若生鲜电商能够获取一定补偿，也可能会产生信息共享的动机。此外，在图 4.7（c）中，依据 $T_E>0$ 与 $T_{sc}>0$，信息共享会同时提高生鲜电商与供应链整体的利润，进而生鲜电商会自愿共享信息。

接下来，进一步讨论外生参数对信息共享策略的影响，进而得到推论 4.1。

推论 4.1　$\frac{\partial \delta_E}{\partial k_\tau} > 0$，$\frac{\partial \delta_E}{\partial \eta_s} < 0$。

其中，$\delta_E = \sqrt{\frac{k_\tau\left(2k_s - \gamma^2\right)}{k_s}} = \sqrt{k_\tau(2-\eta_s)}$ 为自愿信息共享的阈值，$\eta_s = \frac{\gamma^2}{k_s}$，且被定义为服务效率。

证明　$\frac{\partial \delta_E}{\partial k_\tau} = \frac{1}{2}\sqrt{\frac{2-\eta_s}{k_\tau}}$，$\frac{\partial \delta_E}{\partial \eta_s} = -\frac{1}{2}\sqrt{\frac{k_\tau}{(2-\eta_s)}}$。由 $2k_s - \gamma^2 > 0$ 可得 $2-\eta_s > 0$，那么可证 $\frac{\partial \delta_E}{\partial k_\tau} > 0$ 与 $\frac{\partial \delta_E}{\partial \eta_s} < 0$。

推论 4.1 表明自愿信息共享阈值 δ_E 会随着保鲜成本系数 k_τ 的增加而提高，随着服务效率 η_s 的增加而降低。这反映在该生鲜电商供应链中，保鲜资源与服务资源的投资能够有助于提高达成信息共享合作的可能性。当保鲜资源投资更为经济时，或者当服务资源投资更为效率时，信息共享合作更有可能会发生。

在实践中，不同类别的生鲜农产品可能会具有不同的新鲜度弹性与服务弹性。结合命题 4.7，分别定义较高与较低新鲜度弹性，以及较高与较低服务弹性之间的边界。在此基础上，在定义 4.1 中给出生鲜农产品的分类。

定义 4.1　基于差异化的新鲜度弹性与服务弹性，生鲜农产品能够被划分为四类，如表 4.1 所示。

表 4.1　生鲜农产品的分类

新鲜度弹性	服务弹性	
	较低：$\gamma^2 < R_1$	较高：$\gamma^2 \geqslant R_1$
较高：$\delta \geqslant \delta_{sc}$	类别Ⅰ： 如有机蔬菜、车厘子	类别Ⅱ： 如海鲜、猕猴桃、牛油果
较低：$\delta < \delta_{sc}$	类别Ⅲ： 如苹果、梨	类别Ⅳ： 如牛排、椰子、榴莲

其中，$\delta_{sc} = \sqrt{\frac{k_\tau(3-\sqrt{5})\left(2k_s - \gamma^2\right)}{2k_s}}$，$R_1 = \max(R_{11}, R_{12})$，$R_{11} = \frac{k_s\left(H(1-\delta) + 4k_\tau - 2\right)}{2k_\tau}$，$R_{12} = \frac{k_s H\left(\sqrt{2k_\tau} - \delta\right)}{2k_\tau}$。

接下来，结合图 4.8，更直观地呈现生鲜农产品的分类，并且总结四类生鲜农产品的特征。

类别Ⅰ：对于具有较高新鲜度弹性与较低服务弹性的生鲜农产品，如有机蔬菜、车厘子等，消费者可能更关注此类生鲜农产品的新鲜度。

类别Ⅱ：对于具有较高新鲜度弹性与服务弹性的生鲜农产品，特征如下。

（1）如海鲜等（高新鲜度弹性），消费者更关注此类生鲜农产品的新鲜度，并且也会感兴趣相关增值服务（如烹饪指导等）。

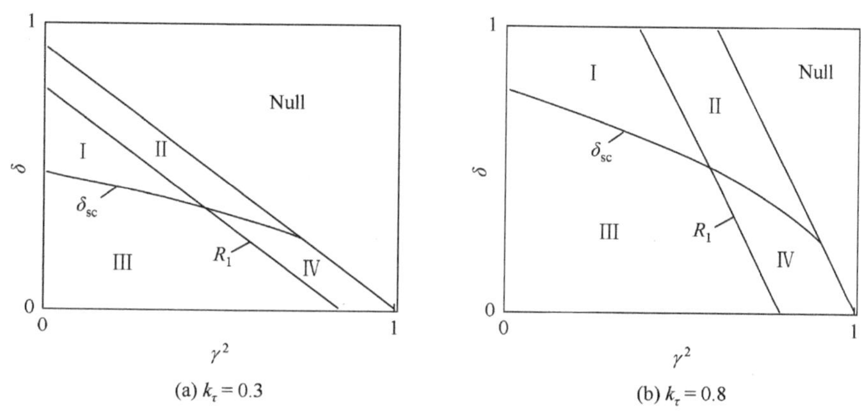

图 4.8　生鲜农产品的分类示意图

（2）如猕猴桃和牛油果等（较高新鲜度弹性），消费者可能会对相关增值服务（如菜谱定制、饮食指导等）较为感兴趣。

类别Ⅲ：对于具有较低新鲜度弹性与服务弹性的生鲜农产品，如苹果、梨等，相对而言，消费者可能对此类生鲜农产品的新鲜度与相关增值服务的关注度要低一些。

类别Ⅳ：对于一些具有较低新鲜度弹性与较高服务弹性的生鲜农产品，如牛排、椰子和榴莲等，此类生鲜农产品的衰减速度较为缓慢，消费者对产品新鲜度的关注度相对较低一些，但可能需要饮食指导等相关增值服务。

结合命题 4.7 与定义 4.1，在实践中，生鲜电商可以针对不同类别的生鲜农产品采取不同的信息共享策略。

推论 4.2　（1）当 $\delta_E < \delta < \bar{\delta}$ 时，生鲜电商应该采取自愿信息共享策略。

（2）当 $\delta_{sc} \leqslant \delta < \min(\bar{\delta}, \delta_E)$ 时：① $0 < \gamma^2 < R_1$；② $\gamma^2 \geqslant R_1$，生鲜电商不应该采取自愿信息共享策略。

（3）当 $0 < \delta < \min(\bar{\delta}, \delta_{sc})$ 时：① $0 < \gamma^2 < R_1$；② $\gamma^2 \geqslant R_1$，生鲜电商应该采取无信息共享策略。

其中，$\delta_{sc} = \sqrt{\dfrac{k_\tau(3-\sqrt{5})(2k_s-\gamma^2)}{2k_s}}$，$\delta_E = \sqrt{\dfrac{k_\tau(2k_s-\gamma^2)}{k_s}}$，$\delta_{\max} = \dfrac{2k_\tau(2k_s-\gamma^2)}{k_s H}$，

$\bar{\delta}=\min(\delta_{\max},1)$，$R_1=\max(R_{11},R_{12})$，$R_{11}=\dfrac{k_s\left(H(1-\delta)+4k_\tau-2\right)}{2k_\tau}$，$R_{12}=\dfrac{k_sH\left(\sqrt{2k_\tau}-\delta\right)}{2k_\tau}$。

推论 4.2 给出了生鲜电商在信息共享策略选择方面的实践指导，下面结合图 4.9 进行详细说明。

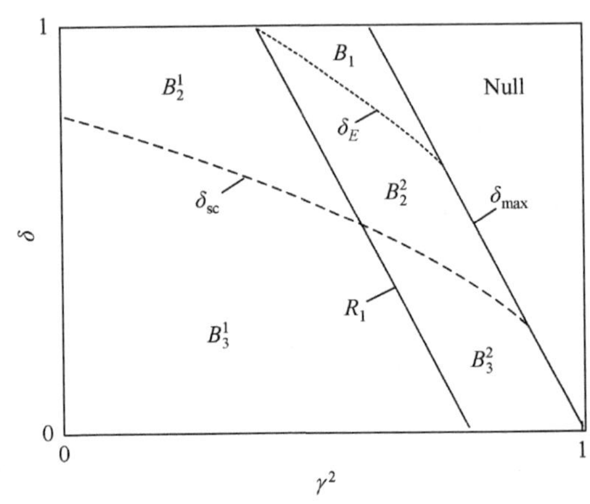

图 4.9　信息共享合作的分类示意图

推论 4.2（1）表明当销售具有 $(\gamma^2,\delta)\in\{B_1\}$ 的生鲜农产品时，生鲜电商应该采取向供应商自愿共享信息的策略。此类生鲜农产品新鲜度衰减相对较快，同时也可能需要烹饪指导等（如海鲜等），消费者会较为关注产品新鲜度以及相关增值服务（如烹饪指导等）。此时，保鲜资源与服务资源投资可能产生较为显著的正向影响，生鲜电商应主动与供应商进行信息共享合作以实现共赢。

推论 4.2（2）表明当销售具有 $(\gamma^2,\delta)\in\left\{B_2^1,B_2^2\right\}$ 的生鲜农产品时，生鲜电商不应该采取自愿信息共享策略。在 B_2^1 中，此类生鲜农产品新鲜度衰减较快（如有机蔬菜、车厘子等），消费者较为关注产品新鲜度。在 B_2^2 中，对于此类生鲜农产品（如猕猴桃、牛油果等），消费者可能较为关注菜谱定制、饮食指导等相关增值服务。此时，供应链中的资源投资会产生一定的正向影响，但信息共享导致双重边际效应加剧而产生的负向影响占据主导。因此，生鲜电商不应该主动选择共享信息，除非获得相应补偿则可以考虑信息共享。

推论 4.2（3）表明当销售具有 $(\gamma^2,\delta)\in\left\{B_3^1,B_3^2\right\}$ 的生鲜农产品时，生鲜电商应该采取无信息共享策略。消费者对此类生鲜农产品新鲜度的关注度相对较低，如苹果、梨与榴莲等，信息共享产生的资源改善效应的正向影响相对较弱。因此，生鲜电商应该保留信息优势且不与供应商进行信息共享合作。

2. 供应链的信息共享激励

依据命题4.7，当$\delta_{sc} \leqslant \delta < \min(\bar{\delta}, \delta_E)$时，信息共享对供应链整体是有利的，但生鲜电商却不愿意共享信息。此时，供应商有动机去激励生鲜电商共享信息。在实践中，较为常见的是基于转移支付的信息共享激励契约，即供应商将因信息共享所产生的部分新增利润划拨给生鲜电商以补充其损失。因此，本小节将聚焦信息共享激励契约设计的问题。考虑供应商向生鲜电商提供转移支付以促进信息共享合作，F为由讨价还价达成的转移支付。

命题 4.8 当$\delta_{sc} \leqslant \delta < \min(\bar{\delta}, \delta_E)$时，若$F \in [F_{\min}, F_{\max}]$，生鲜电商将选择接受该契约并向供应商共享信息。

其中，$\delta_{sc} = \sqrt{\dfrac{k_\tau(3-\sqrt{5})\left(2k_s-\gamma^2\right)}{2k_s}}$，$\delta_E = \sqrt{\dfrac{k_\tau\left(2k_s-\gamma^2\right)}{k_s}}$，$\delta_{\max} = \dfrac{2k_\tau\left(2k_s-\gamma^2\right)}{k_s H}$，$\bar{\delta} = \min(\delta_{\max}, 1)$，$F_{\min} = |T_E|$，$F_{\max} = |T_S|$。

证明 转移支付F应该满足$\pi_E^{\mathrm{I}} + F - \pi_E^{\mathrm{N}} \geqslant 0$与$\pi_S^{\mathrm{I}} - F - \pi_S^{\mathrm{N}} \geqslant 0$，可得

$$\pi_S^{\mathrm{N}} - \pi_S^{\mathrm{I}} \leqslant F \leqslant \pi_S^{\mathrm{I}} - \pi_S^{\mathrm{N}}$$

依据命题4.7，即得到$|T_E| \leqslant F \leqslant |T_S|$。

命题4.8表明当供应商提供有效的转移支付时，即$F \in [F_{\min}, F_{\max}]$，生鲜电商会愿意向供应商共享信息。此外，依据供应商与生鲜电商之间的讨价还价能力，它们能够以任意比例来分配信息共享产生的新增利润。在实践中，当销售具有较高新鲜度弹性的生鲜农产品时（如车厘子、猕猴桃等），供应商可以考虑以支付信息费（基于转移支付的契约）的形式与生鲜电商达成信息共享合作，进而有助于供应商与生鲜电商实现共赢。

接下来，定义$\Delta F = F_{\max} - F_{\min}$以表示该激励契约的实施难度，进一步考察服务弹性、新鲜度弹性与信息精度对激励契约实施的影响，进而得到推论4.3。

推论 4.3 当$\delta_{sc} \leqslant \delta < \min(\bar{\delta}, \delta_E)$时，$\dfrac{\partial \Delta F}{\partial \gamma} > 0$，$\dfrac{\partial \Delta F}{\partial \delta} > 0$，$\dfrac{\partial \Delta F}{\partial \rho} \geqslant 0$。

证明 由ΔF可得

$$\frac{\partial \Delta F}{\partial \gamma} = \frac{k_s \gamma(\rho - 1/2)(H-1)^2 M_3}{2\left(8k_s k_\tau - 4k_\tau\gamma^2 - 2k_s\delta^2\right)^3\left(2k_s - \gamma^2\right)^2}$$

$$\frac{\partial \Delta F}{\partial \delta} = \frac{k_s^2 k_\tau \delta(2\rho-1)^2(H-1)^2\left(8k_s k_\tau - 4k_\tau\gamma^2 - k_s\delta^2\right)}{4\left(4k_s k_\tau - 2k_\tau\gamma^2 - k_s\delta^2\right)^3}$$

$$\frac{\partial \Delta F}{\partial \rho}=\frac{k_s(2\rho-1)^2(H-1)^2 M_2}{2\left(2k_s-\gamma^2\right)\left(4k_s k_\tau-2k_\tau\gamma^2-k_s\delta^2\right)^2}$$

其中，$M_2=-k_s^2\delta^4+k_\tau\left(2k_s-\gamma^2\right)\left(3k_s\delta^2+k_\tau\gamma^2-2k_s k_\tau\right)$，$M_3=k_s^2\delta^2\left(k_s\delta^2+6k_\tau\gamma^2-12k_s k_\tau\right)+11k_s k_\tau^2\left(2k_s-\gamma^2\right)^2\delta-k_\tau^3\left(2k_s-\gamma^2\right)^3$。

依据命题 4.7，在 $\delta_{sc}\leqslant\delta<\min(\bar{\delta},\delta_E)$ 范围内，有 $M_2\geqslant 0$。

基于 $M_2=0$ 与 $M_3=0$ 的图像性质，可证明在该范围内 $M_3>0$。

结合 $4k_s k_\tau-2k_\tau\gamma^2-k_s\delta^2>0$，可以证明 $\frac{\partial\Delta F}{\partial\gamma}>0$，$\frac{\partial\Delta F}{\partial\delta}>0$，$\frac{\partial\Delta F}{\partial\rho}\geqslant 0$。

推论 4.3 表明当新鲜度弹性、服务弹性或信息精度越高时，该信息共享激励契约越容易实施。当消费者更为关注产品新鲜度或增值服务时，依据 $\partial\Delta T_{sc}/\partial\delta>0$，$\partial\Delta T_{sc}/\partial\gamma>0$，供应链整体的信息共享利润会随之提高。因此，供应商更有能力去弥补生鲜电商共享信息后损失的利润。此外，越高的信息精度使得供应商与生鲜电商能够更准确地调整其均衡决策，进而有助于提高生鲜农产品供应链整体的信息共享利润。相应地，供应商能够获取更多来自信息共享的新增利润，进而补偿生鲜电商的损失。

4.2.4 信息共享对消费者剩余与社会福利的影响

依据命题 4.7 与命题 4.8，当 $\delta_{sc}\leqslant\delta<\bar{\delta}$ 时，生鲜电商与供应商之间均有可能达成信息共享合作。为便于阐述，当 $\delta_E\leqslant\delta<\bar{\delta}$ 时，生鲜电商会自愿向供应商共享信息，将之称为“自愿信息共享”（场景 V）。当 $\delta_{sc}\leqslant\delta<\min(\bar{\delta},\delta_E)$ 时，在供应商提供有效的激励契约下，生鲜电商也会共享信息，将之称为“基于契约的信息共享”（场景 T）。因此，接下来将在自愿信息共享与基于契约的信息共享两种场景下开展研究。

由于生鲜农产品作为消费者重要食物来源，在居民日常消费中扮演着重要的角色。因此，本节还将从社会政策制定的视角出发，探讨信息共享对消费者剩余与社会福利的影响。消费者剩余被定义为消费者愿意付出的最高价与实际支付价之间的差异，能够用来测量消费者额外满意度（Ma et al.，2019）。而社会福利定义为社会成员个体福利的总和（Pigou，1920）。在运营管理研究领域，社会福利通常为消费者福利与企业利润的总和（Goering，2008；Wu and Zhou，2019）。因此，在无信息共享与有信息共享时，期望消费者剩余与期望社会福利分别为

$$E[\mathrm{CS}^i]=E\left[\int_0^{D^i}p(D)\mathrm{d}D-p^iD^i\right]=\frac{1}{2}E\left[\left(A-p^i+\gamma s^i-\delta(1-\tau^i)\right)^2\right],\quad i=\mathrm{N},\mathrm{I} \tag{4.32}$$

$$E[W^i]=E[\mathrm{CS}^i]+\pi_E^i+\pi_S^i,\quad i=\mathrm{N},\mathrm{I} \tag{4.33}$$

基于对比分析，考察信息共享对消费者剩余与社会福利的影响，进而得到命题 4.9。

命题 4.9　(1) 在自愿信息共享场景下：当 $\delta_E\leqslant\delta<\bar{\delta}$ 时，$\Delta\mathrm{CS}\geqslant0$，$\Delta W>0$。此时，信息共享会同时提高期望消费者剩余与期望社会福利。

(2) 在基于契约的信息共享场景下：①当 $\delta_{\mathrm{sc}}\leqslant\delta<\min(\bar{\delta},\delta_W)$ 时，$\Delta\mathrm{CS}<0$，$\Delta W<0$。此时，信息共享会同时降低期望消费者剩余与期望社会福利。②当 $\delta_W\leqslant\delta<\min(\bar{\delta},\delta_E)$ 时，$\Delta\mathrm{CS}<0$，$\Delta W\geqslant0$。此时，信息共享会降低期望消费者剩余，但会提高期望社会福利。

其中，$\Delta\mathrm{CS}=E[\mathrm{CS}^{\mathrm{I}}]-E[\mathrm{CS}^{\mathrm{N}}]$，$\Delta W=E[W^{\mathrm{I}}]-E[W^{\mathrm{N}}]$，$\delta_E=\sqrt{\dfrac{k_\tau\left(2k_s-\gamma^2\right)}{k_s}}$，$\delta_{\mathrm{sc}}=\sqrt{\dfrac{k_\tau(3-\sqrt{5})\left(2k_s-\gamma^2\right)}{2k_s}}$，$\delta_W=\sqrt{\dfrac{k_\tau\left(2k_s-\gamma^2\right)\left(10k_s-3\gamma^2-\sqrt{5\gamma^4-28k_s\gamma^2+40k_s^2}\right)}{2k_s\left(3k_s-\gamma^2\right)}}$，$\delta_{\mathrm{sc}}<\delta_W<\delta_E$，$\delta_{\max}=\dfrac{2k_\tau\left(2k_s-\gamma^2\right)}{k_sH}$，$\bar{\delta}=\min(\delta_{\max},1)$。

证明　依据式 (4.32) 与式 (4.33)，可得

$$\Delta\mathrm{CS}=E[\mathrm{CS}^{\mathrm{I}}]-E[\mathrm{CS}^{\mathrm{N}}]=\frac{k_s^2(2\rho-1)^2(H-1)^2\left(6k_sk_\tau-3k_\tau\gamma^2-k_s\delta^2\right)M_1}{8\left(4k_sk_\tau-2k_\tau\gamma^2-k_s\delta^2\right)^2\left(2k_s-\gamma^2\right)^2}$$

$$\Delta W=E[W^{\mathrm{I}}]-E[W^{\mathrm{N}}]=\frac{k_s(2\rho-1)^2(H-1)^2M_4}{8\left(4k_sk_\tau-2k_\tau\gamma^2-k_s\delta^2\right)^2\left(2k_s-\gamma^2\right)^2}$$

其中，$M_1=k_\tau\gamma^2+k_s\delta^2-2k_sk_\tau$，$M_4=-k_s^2\left(3k_s-\gamma^2\right)\delta^4+k_sk_\tau\left(10k_s-3\gamma^2\right)\left(2k_s-\gamma^2\right)\delta^2-k_\tau^2\left(5k_s-\gamma^2\right)\left(2k_s-\gamma^2\right)^2$。

因此，可得 $\mathrm{sign}(\Delta\mathrm{CS})=\mathrm{sign}(M_1)$，$\mathrm{sign}(\Delta W)=\mathrm{sign}(M_4)$。

求解 $M_1=0$，进而得到阈值 δ_E：当 $\delta\geqslant\delta_E$ 时，$M_1\geqslant0$，$\Delta\mathrm{CS}\geqslant0$；当 $\delta<\delta_E$ 时，$M_1<0$，$\Delta\mathrm{CS}<0$。

求解 $M_4=0$，进而得到阈值 δ_W：当 $\delta\geqslant\delta_W$ 时，$M_4\geqslant0$，$\Delta W\geqslant0$；当 $\delta<\delta_W$ 时，$M_4<0$，$\Delta W<0$。

经计算，$\delta_{\mathrm{sc}}<\delta_W<\delta_E$。再结合参数范围 $\delta_{\mathrm{sc}}\leqslant\delta<\bar{\delta}$，命题 4.9 得证。下面结合图 4.10 进行详细说明。

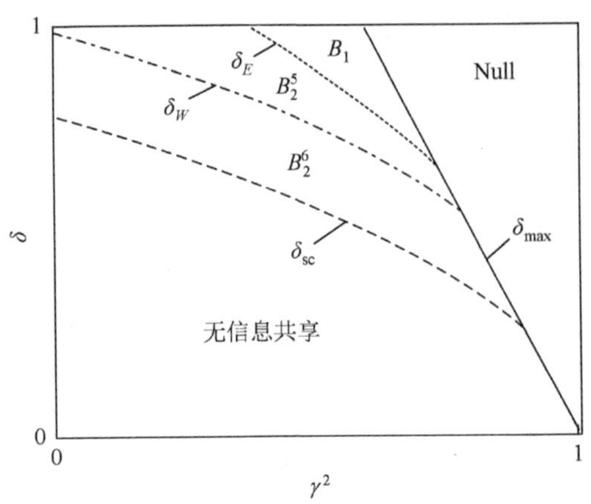

图 4.10　社会政策制定视角下信息共享的影响示意图

命题 4.9（1）表明了在自愿信息共享场景下（即 $\delta \geqslant \delta_E$），期望消费者剩余与期望社会福利均会提高。此时，自愿信息共享不仅有助于提升供应链整体的利润，还有助于创造更多正向的社会价值。从社会政策制定的视角出发，当生鲜农产品企业销售具有 $(\gamma^2,\delta)\in\{B_1\}$ 的生鲜农产品时，如海鲜等（参见定义 4.1），政府应该鼓励企业之间开展信息共享合作。

命题 4.9（2）揭示了基于契约的信息共享总是会降低期望消费者剩余，但可能降低或提高期望社会福利。该结论与 Li（2002）提到的“信息共享会降低期望社会福利与期望消费者剩余”有所不同。原因是 Li（2002）聚焦涉及下游横向竞争的供应链的需求信息共享，只重点关注了产品决策（价格与数量决策）的影响。本节还考虑到供应链中涉及保鲜资源与服务资源的投资决策的影响。

在基于契约的信息共享场景下，当 $\delta_{sc} \leqslant \delta < \delta_W$ 时，期望消费者剩余与期望社会福利均会降低。依据 $\partial \Delta W / \partial \delta > 0$ 和 $\partial \Delta \mathrm{CS} / \partial \delta > 0$，新鲜度弹性降低不利于社会福利与消费者剩余的改善。此时，基于契约的信息共享虽然会提高供应链整体的利润，但却创造了负向的社会价值。从社会政策制定的视角出发，当生鲜农产品企业销售具有 $(\gamma^2,\delta)\in\left\{B_2^6\right\}$ 的生鲜农产品时，如猕猴桃等（参见定义 4.1），政府不应该鼓励企业之间实施信息共享合作。然而，当 $\delta_W \leqslant \delta < \delta_E$ 时，虽然期望消费者剩余有所降低，但期望社会福利仍会提高。此时，基于契约的信息共享是有利于社会整体，不过企业将攫取大部分效益。从社会福利整体改善的视角出发，当生鲜农产品企业销售具有 $(\gamma^2,\delta)\in\left\{B_2^5\right\}$ 的生鲜农产品时，如有机蔬菜等（参见定义 4.1），政府仍可以考虑鼓励企业之间开展信息共享合作。

4.2.5 供应链的保鲜努力与增值服务策略

在不对称信息下，信息共享有助于供应链成员更准确地调整其均衡决策。因此，本节将分析信息共享对均衡决策的影响，进而侧重探讨不对称信息下生鲜农产品供应链的保鲜努力与增值服务策略。

命题 4.10 信息共享对供应链均衡决策（产品定价、保鲜努力与增值服务策略）的影响如表 4.2 所示。

表 4.2 信息共享对均衡决策的影响

信息共享场景			高预测需求信息（h）	低预测需求信息（l）
场景 V	$\delta_E \leqslant \delta < \bar{\delta}$		$\tau_{\text{fh}}^{\text{I}} > \tau_{\text{fh}}^{\text{N}}$，$s_{\text{fh}}^{\text{I}} \geqslant s_{\text{fh}}^{\text{N}}$，$p_{\text{fh}}^{\text{I}} > p_{\text{fh}}^{\text{N}}$	$\tau_{\text{fl}}^{\text{I}} < \tau_{\text{fl}}^{\text{N}}$，$s_{\text{fl}}^{\text{I}} \leqslant s_{\text{fl}}^{\text{N}}$，$p_{\text{fl}}^{\text{I}} < p_{\text{fl}}^{\text{N}}$
场景 T	$\gamma^2 < k_s$	$\delta_{\text{sc}} \leqslant \delta < \min(\bar{\delta}, \delta_E)$	$\tau_{\text{fh}}^{\text{I}} > \tau_{\text{fh}}^{\text{N}}$，$s_{\text{fh}}^{\text{I}} < s_{\text{fh}}^{\text{N}}$，$p_{\text{fh}}^{\text{I}} \geqslant p_{\text{fh}}^{\text{N}}$	$\tau_{\text{fl}}^{\text{I}} < \tau_{\text{fl}}^{\text{N}}$，$s_{\text{fl}}^{\text{I}} > s_{\text{fl}}^{\text{N}}$，$p_{\text{fl}}^{\text{I}} \leqslant p_{\text{fl}}^{\text{N}}$
	$\gamma^2 \geqslant k_s$	$\delta_T \leqslant \delta < \min(\bar{\delta}, \delta_E)$		
	$\delta_{\text{sc}} \leqslant \delta < \min(\bar{\delta}, \delta_T)$		$\tau_{\text{fh}}^{\text{I}} < \tau_{\text{fh}}^{\text{N}}$，$s_{\text{fh}}^{\text{I}} < s_{\text{fh}}^{\text{N}}$，$p_{\text{fh}}^{\text{I}} < p_{\text{fh}}^{\text{N}}$	$\tau_{\text{fl}}^{\text{I}} < \tau_{\text{fl}}^{\text{N}}$，$s_{\text{fl}}^{\text{I}} > s_{\text{fl}}^{\text{N}}$，$p_{\text{fl}}^{\text{I}} > p_{\text{fl}}^{\text{N}}$

其中，$\delta_{\text{sc}} = \sqrt{\dfrac{k_\tau(3-\sqrt{5})\left(2k_s-\gamma^2\right)}{2k_s}}$，$\delta_E = \sqrt{\dfrac{k_\tau\left(2k_s-\gamma^2\right)}{k_s}}$，$\delta_{\text{sc}} < \delta_E$，$\delta_T = \max(\delta_{\text{sc}}, \delta_1)$，$\delta_1 = \dfrac{\sqrt{k_\tau\left(2k_s-\gamma^2\right)\left(\gamma^2-k_s\right)}}{k_s}$，$\delta_{\max} = \dfrac{2k_\tau\left(2k_s-\gamma^2\right)}{k_s H}$，$\bar{\delta} = \min(\delta_{\max}, 1)$。

在表 4.2 中，τ_i^{I}、s_i^{I} 与 p_i^{I}（τ_i^{N}、s_i^{N} 与 p_i^{N}）表示在有信息共享（无信息共享）时的最优保鲜努力、最优服务水平与最优销售价格，$i = \text{fh}, \text{fl}$。下标 fh 、 fl 分别表示当生鲜电商观测到高预测需求信息 h、低预测需求信息 l。

证明 依据定理 4.3 与定理 4.4，可得

$$\Delta\tau = \tau^{\text{I}} - \tau^{\text{N}} = \frac{\delta k_s\left(E\left[A|Y\right]-\bar{A}\right)}{4k_s k_\tau - 2k_\tau\gamma^2 - k_s\delta^2}$$

$$\Delta s = s^{\text{I}} - s^{\text{N}} = \frac{\gamma\left(E\left[A|Y\right]-\bar{A}\right)M_1}{\left(4k_s k_\tau - 2k_\tau\gamma^2 - k_s\delta^2\right)\left(2k_s-\gamma^2\right)}$$

$$\Delta p = p^{\text{I}} - p^{\text{N}} = \frac{\left(E\left[A|Y\right]-\bar{A}\right)M_3}{\left(4k_s k_\tau - 2k_\tau\gamma^2 - k_s\delta^2\right)\left(2k_s-\gamma^2\right)}$$

其中，$M_1 = k_\tau\gamma^2 + k_s\delta^2 - 2k_s k_\tau$，$M_3 = k_s^2\delta^2 + k_\tau\left(2k_s-\gamma^2\right)(k_s-\gamma^2)$。

当 $E\left[A|Y\right] = \hat{H}$ 时，得到 $\Delta\tau_{\text{fh}}$、Δs_{fh} 与 Δp_{fh}。可得 $\text{sign}(\Delta s_{\text{fh}}) = \text{sign}(M_1)$，

$\text{sign}(\Delta p_{\text{fh}}) = \text{sign}(M_3)$。

当 $E\left[A|Y\right] = \hat{L}$ 时，得到 $\Delta\tau_{\text{fl}}$、Δs_{fl} 与 Δp_{fl}。可得 $\text{sign}(\Delta s_{\text{fl}}) = \text{sign}(-M_1)$，$\text{sign}(\Delta p_{\text{fl}}) = \text{sign}(-M_3)$。

由于 $\hat{L} < \bar{A} < \hat{H}$，有 $\Delta\tau_{\text{fh}} > 0$，$\Delta\tau_{\text{fl}} < 0$。

通过求解 $M_1 = 0$，进而得到阈值 $\delta_E = \sqrt{\dfrac{k_\tau\left(2k_s - \gamma^2\right)}{k_s}}$：当 $\delta \geqslant \delta_E$ 时，$M_1 \geqslant 0$，$\Delta s_{\text{fh}} \geqslant 0$，$\Delta s_{\text{fl}} \leqslant 0$；当 $\delta < \delta_E$ 时，$M_1 < 0$，$\Delta s_{\text{fh}} < 0$，$\Delta s_{\text{fl}} > 0$。

通过求解 $M_3 = 0$，进而得到阈值 $\delta_1 = \dfrac{\sqrt{k_\tau\left(2k_s - \gamma^2\right)\left(\gamma^2 - k_s\right)}}{k_s}$：当 $\gamma^2 < k_s$ 时或当 $\gamma^2 \geqslant k_s$ 且 $\delta \geqslant \delta_1$ 时，$M_3 \geqslant 0$，$\Delta p_{\text{fh}} \geqslant 0$ 与 $\Delta p_{\text{fl}} \leqslant 0$；当 $\delta < \delta_1$ 时，$M_3 < 0$，$\Delta p_{\text{fh}} < 0$ 与 $\Delta p_{\text{fl}} > 0$。

经过计算，可得 $\delta_1 < \delta_E$。再结合参数范围 $\delta_{\text{sc}} \leqslant \delta < \bar{\delta}$，命题 4.10 得证。

为便于阐述，当生鲜电商观测到高（低）预测需求信息并将其共享给供应商时，称为高（低）需求信息共享。命题 4.10 给出了信息共享对供应链均衡决策的影响，下面结合图 4.11 进行详细说明。

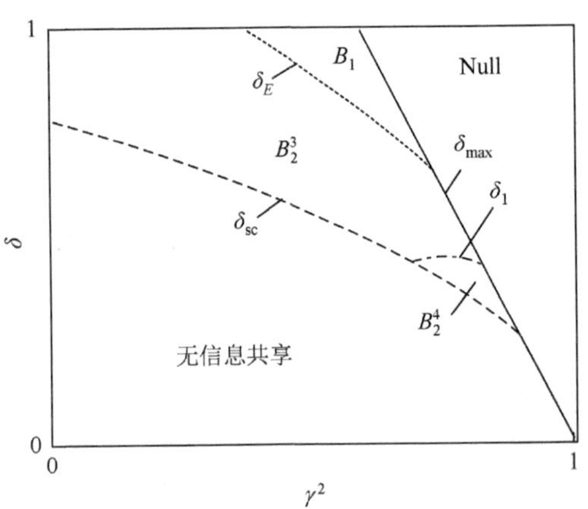

图 4.11 信息共享对均衡决策的影响示意图

首先，命题 4.10 揭示了当新鲜度弹性高于一定阈值时（即图 4.11 区域 B_1），自愿信息共享对均衡决策的影响。在高需求信息共享时，保鲜努力、服务水平与销售价格均会提高。这是因为当消费者很关注产品新鲜度时，面对相对乐观的市场，供应链成员更会聚焦增加保鲜资源与服务资源投资以满足消费者需求。在低需求信息共享时，保鲜努力、服务水平与销售价格均会降低。面对相对低迷的市场，供应链成员侧重避免过多低效资源投资，同时会以较低销售价格刺激市场消费。

其次，命题 4.10 呈现了当新鲜度弹性处于中等水平时（即图 4.11 区域 B_2^3），基于契约的信息共享对均衡决策的影响。在高需求信息共享时，保鲜努力与销售价格均会增加，但服务水平会降低。这是由于新鲜度弹性有所降低削弱了新鲜度改善的正向影响，生鲜电商有必要削减服务资源投资以实现成本节约与维持盈利。在低需求信息共享时，保鲜努力与销售价格均会降低，但服务水平会提高。这是因为当消费者对新鲜度的关注度有所降低时，生鲜电商需要从提高服务水平层面去吸引消费者。

最后，命题 4.10 揭示了当新鲜度弹性低于一定阈值时（即图 4.11 区域 B_2^4），基于契约的信息共享对均衡策略的影响。在高需求信息共享时，保鲜努力会增加，但服务水平与销售价格均会降低。此时，新鲜度改善的正向影响继续减弱，生鲜电商还需要降低销售价格以刺激生鲜农产品销售。在低需求信息共享时，保鲜努力会降低，但服务水平与销售价格均会增加。此时，生鲜电商需要提高销售价格以平衡增加服务资源投资带来的成本。

在不对称信息下，当实施高（低）需求信息共享时，对于销售不同类别的生鲜农产品，生鲜农产品企业可以考虑采取差异化的定价与投资策略。当销售任意类别的生鲜农产品时，供应商应该提高（降低）保鲜努力。不过，生鲜电商在销售不同类别的生鲜农产品时的策略相对复杂。当销售具有 $(\gamma^2,\delta)\in\{B_1\}$ 的生鲜农产品时，如海鲜等（见定义 4.1），生鲜电商应该提高（降低）销售价格与服务水平。当销售具有 $(\gamma^2,\delta)\in\left\{B_2^3\right\}$ 的生鲜农产品时，如车厘子等（见定义 4.1），生鲜电商应该提高（降低）销售价格，但降低（提高）服务水平。当销售具有 $(\gamma^2,\delta)\in\left\{B_2^4\right\}$ 的生鲜农产品时，如牛油果等（见定义 4.1），生鲜电商应该降低（提高）销售价格与服务水平。

接下来，以数值算例来更为直观地呈现命题 4.10。设定 $H=1.3$，$k_\tau=1$，$k_s=0.5$，$\gamma^2=0.75$，$\rho=0.8$，进而绘制信息共享时均衡决策的变化情况，如图 4.12 所示。

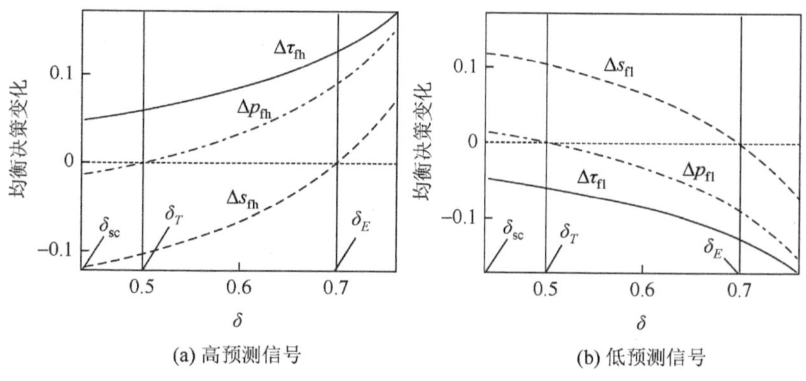

图 4.12 信息共享时均衡决策的变化

在图 4.12 中，$\Delta\tau_{\mathrm{fh}}=\tau_{\mathrm{fh}}^{\mathrm{I}}-\tau_{\mathrm{fh}}^{\mathrm{N}}$，$\Delta s_{\mathrm{fh}}=s_{\mathrm{fh}}^{\mathrm{I}}-s_{\mathrm{fh}}^{\mathrm{N}}$，$\Delta p_{\mathrm{fh}}=p_{\mathrm{fh}}^{\mathrm{I}}-p_{\mathrm{fh}}^{\mathrm{N}}$，$\Delta\tau_{\mathrm{fl}}=\tau_{\mathrm{fl}}^{\mathrm{I}}-\tau_{\mathrm{fl}}^{\mathrm{N}}$，$\Delta s_{\mathrm{fl}}=s_{\mathrm{fl}}^{\mathrm{I}}-s_{\mathrm{fl}}^{\mathrm{N}}$，$\Delta p_{\mathrm{fl}}=p_{\mathrm{fl}}^{\mathrm{I}}-p_{\mathrm{fl}}^{\mathrm{N}}$，$\delta_{\mathrm{sc}}\approx 0.437$，$\delta_T=0.5$，$\delta_E\approx 0.707$。

图 4.12 呈现了在信息共享时均衡策略的变化情况。依据$\Delta\tau_{\mathrm{fh}}>0$（$\Delta\tau_{\mathrm{fl}}<0$），供应商投入的保鲜努力在高（低）需求信息共享时总是会提高（降低）。在自愿信息共享场景下（即$\delta\geqslant\delta_E$），依据$\Delta p_{\mathrm{fh}}>0$（$\Delta p_{\mathrm{fl}}<0$）和$\Delta s_{\mathrm{fh}}\geqslant 0$（$\Delta s_{\mathrm{fl}}\leqslant 0$），生鲜电商制定的销售价格与服务水平在高（低）需求信息共享时将会提高（降低）。在基于契约的信息共享场景下，当$\delta_T\leqslant\delta<\delta_E$时，很明显$\Delta p_{\mathrm{fh}}\geqslant 0$（$\Delta p_{\mathrm{fl}}\leqslant 0$）和$\Delta s_{\mathrm{fh}}<0$（$\Delta s_{\mathrm{fl}}>0$）。也就是说，在高（低）需求信息共享时，销售价格会提高（降低）而服务水平会降低（提高）。当$\delta_{\mathrm{sc}}\leqslant\delta<\delta_T$时，很明显$\Delta p_{\mathrm{fh}}<0$（$\Delta p_{\mathrm{fl}}>0$）和$\Delta s_{\mathrm{fh}}<0$（$\Delta s_{\mathrm{fl}}>0$）。此时，销售价格与服务水平在高（低）需求信息共享时将会降低（提高）。

结合实践，考虑不同类别的生鲜农产品具有差异化的新鲜度弹性与服务弹性，总结在不对称信息下生鲜农产品供应链的保鲜努力与增值服务策略。在高（低）需求信息共享时，对于供应商而言，无论销售何种类型的生鲜农产品，都应该提高（降低）保鲜努力。对于生鲜电商而言，当销售如海鲜等具有高新鲜度弹性的生鲜农产品时，应该提高（降低）销售价格与服务水平；当销售如车厘子等具有中等新鲜度弹性的生鲜农产品时，应该提高（降低）销售价格但降低（提高）服务水平；当销售如牛油果等具有较高新鲜度弹性的生鲜农产品时，应该降低（提高）销售价格与服务水平。

第 5 章　考虑供应商保鲜的生鲜农产品供应链需求信息共享策略

近年来，随着居民生活水平的逐渐提升，消费者对生鲜农产品的需求也不断增加。艾瑞（iResearch）咨询数据显示，2015～2020 年中国生鲜农产品零售市场规模年平均增长率在 4.8%以上，预计 2025 年市场规模将达到 6.8 万亿元。在美国，以生鲜农产品为主的食品消费在零售市场消费总规模的占比可达 50%，并日益成为零售企业的主要利润来源。消费者对生鲜农产品需求增加的同时，对产品新鲜度的要求也不断提高。为消费者提供更加新鲜的生鲜农产品不仅是生鲜农产品供应链成员企业增加需求、扩大利润的重要方法，同时也是供应链内各成员企业的社会责任。

现实中，生鲜农产品的生产具有较强的地域性，往往需要长距离运输销往目的市场。由于生鲜农产品极易发生新鲜度损耗，在物流过程中，生鲜供应商通常需要对所供生鲜农产品进行保鲜，以使其在到达零售商卖场时具有较高的新鲜度。例如，为保障从菲律宾出口至中国的香蕉等水果的新鲜度，都乐公司签订了价值 1.8 亿美元的冷链集装箱船订造合同；鑫荣懋通过全程冷链对供应沃尔玛超市的香蕉等水果进行保鲜运输等。较高的保鲜努力投入能够有效降低生鲜农产品新鲜度损耗，进而增加消费者购买意愿、提高产品购买需求。然而，保鲜努力投入也会产生较高的保鲜成本，根据中国物流与采购联合会的一项调研报告，生鲜农产品冷链物流成本通常高出一般工业品物流成本的 40%～60%。因此，如何制定合理的保鲜努力水平是生鲜供应商面临的重要问题。

受消费者需求个性化、多样化等因素的影响，生鲜农产品市场需求往往存在不确定风险，这将影响生鲜供应商的保鲜努力决策，并可能造成保鲜资源投入不足或浪费，导致消费者流失或保鲜成本过高。由于生鲜零售商更靠近消费市场，能够通过市场调研、数据分析等方式获取更多的需求预测信息，在应对不确定的市场需求风险中拥有信息优势。“互联网+”环境下，生鲜零售商通过信息技术实现合作伙伴之间的信息共享，可使供应商更加合理地制定保鲜努力投入决策，有利于提升供应链整体效率。但同时，生鲜供应商也可以据此制定相应的批发价格以攫取更多的利润，加剧供应链的双重边际效应，这显然对零售商不利。因此，生鲜零售商需要权衡是否向供应商共享需求预测信息。

此外，随着生鲜消费市场的不断发展，生鲜零售商还可能同时销售多家供应商提供的同类生鲜农产品。例如，沃尔玛超市同时销售都乐和鑫荣懋等鲜果供应商提供的香蕉；阿里巴巴集团旗下的盒马鲜生同时销售多家海鲜供应商提供的帝王蟹。由于供应商之间相互竞争，销售商向部分或全部供应商共享信息可能会使供应商具有不同的保鲜和价格策略，从而影响消费者对不同供应商产品的需求，使得生鲜销售商的信息共享决策更加复杂。因此，面对供应链上游供应商之间的横向竞争，生鲜销售商还需要考虑如何向各供应商共享需求信息。

鉴于此，为降低需求不确定性对生鲜农产品供应链带来的不利影响，本章围绕生鲜农产品供应链内的需求信息共享问题，在单个供应商提供保鲜服务和多个竞争性供应商提供保鲜服务两种现实情景下分析信息共享对生鲜农产品供应链各参与成员决策的影响，研究作为信息优势方的零售商需求信息共享决策和供应链内的信息共享契约设计，以期为供应商提供保鲜情形下的生鲜农产品供应链相关主体最优决策和需求信息共享合作策略提供相应的管理启示。

5.1　供应商提供保鲜服务下的生鲜供应链需求信息共享策略

现实中，为使生鲜农产品快速销往目的市场，不少生鲜供应商采用自行投入保鲜服务将产品运往销地进行销售的到岸价格（cost insurance and freight，CIF）商务模式。然而，生鲜农产品消费市场往往存在需求不确定的风险，不仅影响生鲜供应商的批发价格与保鲜努力水平决策，而且生鲜销售商与供应商之间关于市场需求信息的不对称，还可能会导致该供应链面临供应量与订货量不匹配的矛盾。因此，如何激励作为信息优势方的销售商共享需求信息以应对 CIF 模式生鲜农产品供应链市场需求风险是一个亟待研究的重要问题。

5.1.1　问题描述与假设

在不确定市场环境下，考虑一个由生鲜供应商 S 与生鲜销售商 R 组成的供应链，两者采用 CIF 模式进行合作，如图 5.1 所示。其中，生鲜农产品的单位成本为 c，初始新鲜度为 θ_0。在销售期开始时，生鲜供应商首先依据市场需求信息决策对销售地的供应量 Q 以及物流过程中的保鲜努力（人力、冷链设施等资源投入）τ。当该批次生鲜农产品到达销售地后，生鲜供应商根据产品的实际新鲜度 $\theta(\tau)$ 决策出售给销售商的批发价格 w，生鲜销售商结合自身市场需求信息决策生鲜农产品订货量 q 并制定销售价格 p。最后，消费者综合考虑新鲜度以及价格选择购买该批次生鲜农产品，销售期结束。参考 Cai 等（2013）与 Xiao 和 Chen（2012）的研究，不失一般性，假设剩余生鲜农产品残值为 0。

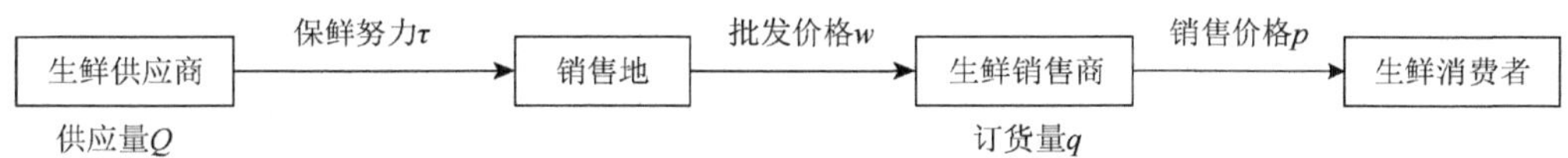

图 5.1　CIF 模式生鲜供应链运作流程

1. 需求函数

区别于其他易逝品，新鲜度对消费者生鲜农产品购买行为具有重要影响，即新鲜度越高消费者的购买意愿越强。结合 Li 和 Zhang（2015）的研究，将不确定市场环境下生鲜农产品的逆需求函数表示为

$$p = \hat{A} - q - \delta\left(\theta_0 - \theta(\tau)\right) \tag{5.1}$$

其中，$\delta(\delta>0)$ 表示新鲜度弹性；$\delta\left(\theta_0 - \theta(\tau)\right)$ 表示新鲜度降低造成的需求流失；$\hat{A}$ 表示随机潜在市场需求量，其均值为 $\bar{A}$，且服从具有相同概率值的二元分布（Guo，2009；Jiang et al.，2016），即 $\Pr(\hat{A}=H)=\Pr(\hat{A}=L)=1/2$。其中，$H$、$L$ 分别表示高、低需求状态下的市场需求量，据此，$H-L$ 还可以用来衡量市场波动性。

此外，参考 Cai 等（2010）的研究，采用 $\theta(\tau)=\theta_0\tau$ 刻画生鲜农产品到达销售地时的实际新鲜度，保鲜努力成本记为 $c(\tau)=\tau^2/2$，该函数刻画了保鲜成本随保鲜努力水平边际递增。联系 CIF 模式生鲜供应链运营实际，还应保证到达销售地的生鲜农产品新鲜度不高于其初始新鲜度，即生鲜供应商的保鲜努力水平 $\tau \in (0,1]$。这是因为，在实际运营过程中，供应商进行生鲜农产品保鲜一方面会尽量节约保鲜成本，另一方面也会考虑减少由新鲜度损耗带来的需求流失，保鲜努力水平小于 0 或恒大于 1 均是较为极端的情况。最后，将 θ_0 简化为 1，该简化并不影响本节主要结论。

2. 信息结构

CIF 模式下，由于生鲜销售商更接近消费市场，能够通过市场调研、数据分析等方式提前获取更多的市场需求信息，故而相较于生鲜供应商具有更强的需求预测能力。作为供应链中的信息优势方，假设生鲜销售商在进行决策前能够观测到需求预测信息 Y，并有权决策是否向生鲜供应商共享需求预测信息。该需求预测信息 Y 存在 h、l 两种可能性，h（l）代表高（低）市场需求信号，表示高（低）市场需求的可能性更高。假定 $\Pr\left(h|H\right)=\Pr\left(l|L\right)=\rho\in[1/2,1]$，$\rho$ 表示信息精度，信息精度越高说明获取信息的准确性越高。于是，在观测到需求预测信息 Y 条件下市场需求状态的贝叶斯更新概率为

$$\Pr\left(H|h\right)=\Pr\left(L|l\right)=\rho;\quad \Pr\left(H|l\right)=\Pr\left(L|h\right)=1-\rho$$

可以发现，当 $\rho=1/2$ 时，信号并不起作用；当 $\rho=1$ 时，信号是完美的。故而，在观测到需求预测信息 h 或 l 的条件下，能够对生鲜农产品市场需求的预测进

行更新。

根据条件概率公式，当需求预测信息为h或l时，更新的市场潜在需求预期值分别为

$$\hat{H}=E\left[\hat{a}\middle|h\right]=H\Pr\left(H\middle|h\right)+L\Pr\left(L\middle|h\right)=H\rho+L(1-\rho)$$

$$\hat{L}=E\left[\hat{a}\middle|l\right]=H\Pr\left(H\middle|l\right)+L\Pr\left(L\middle|l\right)=H(1-\rho)+L\rho$$

3. 决策顺序

鉴于需求信息共享为长期决策，生鲜销售商首先需要决策是否共享需求预测信息。因此，主要事件与决策顺序如下。

（1）在观测到具体需求信号前，生鲜销售商决策是否共享需求预测信息Y。

（2）生鲜销售商观测到需求预测信息Y。若进行需求信息共享，生鲜供应商根据生鲜销售商共享的需求预测信息Y决策运往批发市场的生鲜农产品供应量Q、保鲜努力τ以及销地批发价格w；若不进行信息共享，生鲜供应商则根据期望订购量来决策生鲜农产品供应量Q、保鲜努力τ以及销地批发价格w。

（3）生鲜销售商根据供应商的批发价格w、供应量Q、保鲜努力τ以及需求预测信息Y决策订货量q。

（4）实际需求发生，生鲜供应商与生鲜销售商分别实现利润π_S与π_R。

4. 假设条件

假设 5.1　$H-L\leqslant\min\{\mu,\nu\}$，即 CIF 模式生鲜供应链面临的市场波动性不会过高且低于一定阈值。

其中，

$$\mu=\begin{cases}\infty, & \rho\in\left(\dfrac{1}{2},\dfrac{3}{4}\right)\text{ 或 }\rho\in\left(\dfrac{3}{4},1\right)\text{ 且}\delta\in\left(\sqrt{\dfrac{8\rho-6}{2\rho-1}},2\right)\\[2ex] \dfrac{4(L-\delta-c)}{(2\rho-1)(4-\delta^2)-2}, & \rho\in\left(\dfrac{3}{4},1\right)\text{ 且}\delta\in\left(0,\sqrt{\dfrac{8\rho-6}{2\rho-1}}\right)\end{cases}$$

$$\nu=[4-\delta(L-c)]^+/(\rho\delta)$$

假设 5.1 使得生鲜供应商与生鲜销售商博弈均衡决策均为内点解，即无论在高需求状态还是在低需求状态下，供应量、订购量以及批发价格、销售价格等均衡解均为正值。

5.1.2　不完全信息下的动态博弈均衡

根据生鲜供应商与生鲜销售商之间的博弈过程，采取逆向归纳法求解博弈

均衡并展开分析，即先分析生鲜销售商的订购量决策，在此基础上再分析销售商在无信息共享及信息共享两种情形下的生鲜供应商批发价格、保鲜努力与供应量决策。

1. 生鲜销售商的决策

在给定批发价格 w 、保鲜努力 τ 下，生鲜销售商的条件期望利润为

$$\max_{q,Y} E\left[\pi_R \middle| Y\right] = q\left(E\left[\hat{A}\middle|Y\right] - q - \delta\left(\theta_0 - \theta(\tau)\right) - w\right) \tag{5.2}$$

推导可得，生鲜销售商的最优订购量 $q^*(w,\tau|Y) = [E[\hat{A}|Y] - w - \delta(1-\tau)]/2$ 。鉴于在 CIF 模式下，生鲜供应商先发货而后销售商再订货，因此，生鲜销售商订购量还受供应量 Q 的限制，据此可得，销售商最终订购量 $q(w,\tau,Q|Y) = \min\{q^*(w,\tau|Y), Q\}$ 。

2. 生鲜供应商的决策

1）无信息共享的情形（N）

当生鲜销售商不进行需求信息共享时，生鲜供应商预期销售商的订购量为

$$E_Y\left[q(w,\tau,Q|Y)\right] = E_Y\{\min[q^*(w,\tau|Y), Q]\}$$

$$= \begin{cases} Q, & \dfrac{\hat{L} - w - \delta(1-\tau)}{2} \geqslant Q \\ (\bar{A} - w - \delta(1-\tau))/2, & \dfrac{\hat{H} - w - \delta(1-\tau)}{2} \leqslant Q \\ (\hat{L} - w - \delta(1-\tau) + 2Q)/4, & \dfrac{\hat{L} - w - \delta(1-\tau)}{2} < Q < \dfrac{\hat{H} - w - \delta(1-\tau)}{2} \end{cases} \tag{5.3}$$

生鲜供应商的期望利润为

$$\max_{w,\tau,Q} E\left[\pi_S\right] = wE_Y\left[q(w,\tau,Q|Y)\right] - cQ - \tau^2/2 \tag{5.4}$$

运用 K-T 条件求解，当 $4-\delta^2 > 0$ 时， $E[\pi_S]$ 满足联合凹性；而当 $\delta \geqslant 2$ 时，有 $\partial E[\pi_S]/\partial\tau \geqslant 0$ ，说明生鲜供应商总能通过提高保鲜努力增加利润，这与一般现实不符。因此，参考 Lee 等（2016）和 Guan 等（2020）的研究，令 $\delta \in (0,2)$ ，即新鲜度弹性不会过高且有上限。比较不同条件下生鲜供应商的最大利润，得到定理 5.1。

定理 5.1　（1）当生鲜销售商不共享需求信息时，CIF 模式生鲜供应链的均衡决策为

$$w^{\mathrm{N}}=\begin{cases}[2(\overline{A}-\delta+c)-\delta^2c]/(4-\delta^2), & H-L\geqslant\alpha\\ [2(\hat{L}-\delta+c)-\delta^2c]/(4-\delta^2), & H-L<\alpha\end{cases}$$

$$\tau^{\mathrm{N}}=\begin{cases}\delta(\overline{A}-\delta-c)/(4-\delta^2), & H-L\geqslant\alpha\\ \delta(\hat{L}-\delta-c)/(4-\delta^2), & H-L<\alpha\end{cases}$$

$$Q^{\mathrm{N}}=\begin{cases}(\hat{H}-\overline{A})/2+(\overline{A}-\delta-c)/(4-\delta^2), & H-L\geqslant\alpha\\ (\hat{L}-\delta-c)/(4-\delta^2), & H-L<\alpha\end{cases},\quad q^{\mathrm{N}}=\min\{q^*(w^{\mathrm{N}},\tau^{\mathrm{N}}|Y),Q^{\mathrm{N}}\}$$

（2）销售商不共享需求信息时，CIF 模式下生鲜销售商及供应商期望利润为

$$\pi_R^{\mathrm{N}}=\begin{cases}[(4-\delta^2)(\hat{H}-\delta-c)-(2-\delta^2)(\overline{A}-\delta-c)]^2/[8(4-\delta^2)^2]\\ +[(4-\delta^2)(\hat{L}-\delta-c)-(2-\delta^2)(\overline{A}-\delta-c)]^2/[8(4-\delta^2)^2], & H-L\geqslant\alpha\\ (\hat{H}-\delta-c)(\hat{L}-\delta-c)/[2(4-\delta^2)]\\ -(2-\delta^2)(\hat{L}-\delta-c)^2/[2(4-\delta^2)^2], & H-L<\alpha\end{cases}$$

$$\pi_S^{\mathrm{N}}=\begin{cases}[(\overline{A}-\delta-c)^2-(4-\delta^2)(\hat{H}-\overline{A})c]/[2(4-\delta^2)], & H-L\geqslant\alpha\\ (\hat{L}-\delta-c)^2/[2(4-\delta^2)], & H-L<\alpha\end{cases}$$

其中，$\alpha=[2(4-\delta^2)c-4(L-\delta-c)]^+/(3-2\rho)$。

证明　当生鲜销售商不进行需求预测信息共享时，生鲜供应商利润函数可表示为：$\pi_S^{\mathrm{N}}(w,\tau,Q)=wE_Y[q(w,\tau,Q,Y)]-cQ-\tau^2/2$。

当$Q\leqslant[\hat{L}-w-\delta(1-\tau)]/2$时，其期望利润函数为：$\pi_S^{\mathrm{N}}(w,\tau,Q)=(w-c)Q-\tau^2/2$。

解得此时供应商的均衡解分别为：$w^{\mathrm{N}}=[2(\hat{L}-\delta+c)-\delta^2c]/(4-\delta^2)$，$\tau^{\mathrm{N}}=\delta(\hat{L}-\delta-c)/(4-\delta^2)$，$Q^{\mathrm{N}}=(\hat{L}-\delta-c)/(4-\delta^2)$。

当$Q\geqslant[\hat{H}-w-\delta(1-\tau)]/2$时，其期望利润函数为：$\pi_S^{\mathrm{N}}(w,\tau,Q)=w[\overline{a}-w-\delta(1-\tau)]/2-cQ-\tau^2/2$。

解得此时供应商的最优批发价格、保鲜努力以及供应量分别为：$w^{\mathrm{N}}=[2(\overline{A}-\delta+c)-\delta^2c]/(4-\delta^2)$，$\tau^{\mathrm{N}}=\delta(\overline{A}-\delta-c)/(4-\delta^2)$，$Q^{\mathrm{N}}=[(4-\delta^2)(\hat{H}-\delta-c)-(2-\delta^2)(\overline{A}-\delta-c)]/[2(4-\delta^2)]$。

当生鲜供应商供应量$[\hat{L}-w-\delta(1-\tau)]/2<Q<[\hat{H}-w-\delta(1-\tau)]/2$时，其期望利润函数为：$\pi_S^{\mathrm{N}}(w,\tau,Q)=w[\hat{L}-w-\delta(1-\tau)+2Q]/4-cQ-\tau^2/2$。

此时供应商有两组均衡解，分别为：$w^{\mathrm{NC}}=[2(\hat{L}-\delta+c)-\delta^2c]/(4-\delta^2)$，$\tau^{\mathrm{NC}}=\delta(\hat{L}-\delta-c)/(4-\delta^2)$，$Q^{\mathrm{NC}}=(\hat{L}-\delta-c)/(4-\delta^2)$；$w^{\mathrm{NA}}=[2(\overline{A}-\delta+c)-\delta^2c]/(4-\delta^2)$，$\tau^{\mathrm{NA}}=\delta(\overline{A}-\delta-c)/(4-\delta^2)$，$Q^{\mathrm{NA}}=[(4-\delta^2)(\hat{H}-\delta-c)-(2-\delta^2)(\overline{A}-\delta-c)]/[2(4-\delta^2)]$。C 代表保守策略，A 代表冒险策略。

分别求这两组值所对应的最大利润，当其均衡解为$(w^{\mathrm{NC}},\tau^{\mathrm{NC}},Q^{\mathrm{NC}})$时，

$\pi_S^{\mathrm{NC}}=(\hat{L}-\delta-c)^2/[2(4-\delta^2)]$；当其均衡解分别为$(w^{\mathrm{NA}},\tau^{\mathrm{NA}},Q^{\mathrm{NA}})$时，$\pi_S^{\mathrm{NA}}=[(\overline{A}-\delta-c)^2-(4-\delta^2)(\hat{H}-\overline{A})c]/[2(4-\delta^2)]$。比较其利润最大化取值：当$c<c_\alpha=2(L-\delta)/(6-\delta^2)$时，生鲜供应商的最优均衡解为$(w^{\mathrm{NA}},\tau^{\mathrm{NA}},Q^{\mathrm{NA}})$。当$c>c_\alpha$时，若$H-L<[2(4-\delta^2)c-4(L-\delta-c)]/(3-2\rho)$，则生鲜供应商的最优均衡解为$(w^{\mathrm{NC}},\tau^{\mathrm{NC}},Q^{\mathrm{NC}})$；反之，则生鲜供应商的最优均衡解为$(w^{\mathrm{NA}},\tau^{\mathrm{NA}},Q^{\mathrm{NA}})$。记$\alpha=[(2(4-\delta^2)c-4\quad(L-\delta-c)]^+/(3-2\rho)$可得：若$H-L\geqslant\alpha$，则$(w^{\mathrm{N}},\tau^{\mathrm{N}},Q^{\mathrm{N}})=(w^{\mathrm{NA}},\tau^{\mathrm{NA}},Q^{\mathrm{NA}})$；若$H-L<\alpha$，则$(w^{\mathrm{N}},\tau^{\mathrm{N}},Q^{\mathrm{N}})=(w^{\mathrm{NC}},\tau^{\mathrm{NC}},Q^{\mathrm{NC}})$。

接下来，比较μ,ν,α三者之间的大小关系。

当$\rho\in(1/2,3/4)$或$\rho\in(3/4,1)$且$\delta\in(\sqrt{(8\rho-6)/(2\rho-1)},2)$时，若$c>c_{\alpha\nu}$，$\nu<\alpha<\mu$；若$c<c_{\alpha\nu}$，$\alpha<\nu<\mu$。当$\rho\in(3/4,1)$且$\delta\in(0,\sqrt{(8\rho-6)/(2\rho-1)})$时，若$c>c_{\alpha\nu}$，$\alpha>\nu$，反之亦然；若$c>c_{\mu\nu}$，$\nu>\mu$，反之亦然；若$c>c_{\alpha\mu}$，$\mu<\alpha$，反之亦然。其中，$c_{\alpha\nu}=[(3-2\rho)(4-L\delta)+4\rho\delta(L-\delta)]/[2\rho\delta(4-\delta^2)+(6\rho-3)\delta]$，$c_{\mu\nu}=L-[8(2\rho-1)-4(1-\rho)(4-\delta^2)]/[(2\rho-1)\delta(6-\delta^2)]$，$c_{\alpha\mu}=[2(2\rho-1)(L-\delta)(3-\delta^2)]/[(2\rho-1)(4-\delta^2)^2-(2-2(2\rho-1))(4-\delta^2)-2(2\rho-1)]$。

此外，容易证得c_α、$c_{\alpha\nu}$、$c_{\mu\nu}$以及$c_{\alpha\mu}$均小于c的上限$L-\delta$。证毕。

根据定理 5.1 可知，当$H-L\geqslant\alpha$时，生鲜销售商的最优订购量$q^*(w^{\mathrm{N}},\tau^{\mathrm{N}}|Y)=(E[\hat{A}|Y]-\overline{A})/2+(\overline{A}-\delta-c)/(4-\delta^2)$。此时，若销售商观测到高市场需求信号，则$q^*(w^{\mathrm{N}},\tau^{\mathrm{N}}|h)=Q^{\mathrm{N}}$；若销售商观测到低市场需求信号，则$q^*(w^{\mathrm{N}},\tau^{\mathrm{N}}|l)<Q^{\mathrm{N}}$。即无论生鲜销售商观测到高或者低市场需求信号，供应商的供应量均可以满足销售商的最优订购量，且若销售商观测到低市场需求信号，则供应商面临生鲜农产品滞销的风险。据此，我们将该情形称为供应商冒险策略。当$H-L<\alpha$时，生鲜销售商最优订购量$q^*(w^{\mathrm{N}},\tau^{\mathrm{N}}|Y)=(E[\hat{A}|Y]-\hat{L})/2+(\hat{L}-\delta-c)/(4-\delta^2)$。此时，若销售商观测到高市场需求信号，则$q^*(w^{\mathrm{N}},\tau^{\mathrm{N}}|h)>Q^{\mathrm{N}}$；若生鲜销售商观测到低市场需求信号，则$q^*(w^{\mathrm{N}},\tau^{\mathrm{N}}|l)=Q^{\mathrm{N}}$。即该情形下供应商的供应量仅能满足低市场需求信号下销售商的最优订购量，且若销售商观测到高市场需求信号，则销售商面临生鲜农产品缺货的风险。据此，我们将该情形称为供应商保守策略。

定理 5.1 还表明，在供应商冒险策略下，生鲜供应商的决策w^{N}与τ^{N}受期望市场需求$\overline{A}$的影响，Q^{N}受$\overline{A}$与$\hat{H}$的共同影响，且由$Q^{\mathrm{N}}-q^*(w^{\mathrm{N}},\tau^{\mathrm{N}}|l)=(2\rho-1)(H-L)/2$可知，信息精度与市场波动性的提升均会增加生鲜供应商的滞销量；生鲜销售商的决策q^{N}受$\overline{A}$与更新的市场需求预期值（$E[\hat{A}|Y]$）的共同影响，且由$\partial q^{\mathrm{N}}/\partial E[\hat{A}|Y]>0$可知，$E[\hat{A}|Y]$带来的信息优势使得生鲜销售商可以更有效地根据市场情况调整订购量决策。在供应商保守策略下，生鲜供应商的决策

w^{N}、τ^{N}以及Q^{N}受$\hat{L}$的影响，由$\partial\hat{L}/\partial\rho<0$可知，信息精度提升会降低供应商的批发价格、保鲜努力以及生鲜农产品供应量；生鲜销售商的决策q^{N}不仅受$\bar{A}$与（$E[\hat{A}|Y]$）的共同影响，而且当高市场需求信号发生时，还受生鲜供应商供应量Q^{N}的限制，且由$q^*(w^{\mathrm{N}},\tau^{\mathrm{N}}|h)-Q^{\mathrm{N}}=(2\rho-1)(H-L)$可知，信息精度与市场波动性的提升均会增加生鲜销售商的缺货量。

2）信息共享的情形（I）

当生鲜销售商进行需求信息共享时，生鲜供应商的条件期望利润为

$$\max_{w,\tau,Q} E[\pi_S|Y]=wq(w,\tau,Q|Y)-cQ-\tau^2/2 \tag{5.5}$$

求解生鲜供应商的最大利润，得到均衡结果见定理 5.2。

定理 5.2　（1）生鲜销售商共享需求信息时，CIF 模式生鲜供应链的均衡决策为

$$w^{\mathrm{I}}=[2(E[\hat{A}|\mathrm{Y}]-\delta+c)-\delta^2c]/(4-\delta^2)，\quad \tau^{\mathrm{I}}=\delta(E[\hat{A}|\mathrm{Y}]-\delta-c)/(4-\delta^2)，$$

$$q^{\mathrm{I}}=Q^{\mathrm{I}}=(E[\hat{A}|\mathrm{Y}]-\delta-c)/(4-\delta^2)$$

（2）销售商共享需求预测信息时，CIF 模式下生鲜销售商及供应商的期望利润分别为

$$\pi_R^{\mathrm{I}}=[(\hat{H}-\delta-c)^2+(\hat{L}-\delta-c)^2]/[2(4-\delta^2)^2]$$

$$\pi_S^{\mathrm{I}}=[(\hat{H}-\delta-c)^2+(\hat{L}-\delta-c)^2]/[4(4-\delta^2)]$$

证明　参照定理 5.1 的证明过程，此处略。

由定理 5.2 可知，当销售商进行需求信息共享时，其最优订货量$q^*(w^{\mathrm{I}},\tau^{\mathrm{I}}|Y)=(E[\hat{A}|\mathrm{Y}]-\delta-c)/(4-\delta^2)$。此时，生鲜供应商能够准确预期销售商的订货量，并使其所供应的生鲜农产品数量刚好满足销售商的最优订货量，即生鲜农产品的滞销和缺货风险能够通过需求信息共享得到有效缓解。另外，生鲜供应商及销售商的均衡决策主要受到更新的市场需求预期值（$E[\hat{A}|Y]$）的影响，且由$\partial w^{\mathrm{I}}/\partial E[\hat{A}|Y]>0$, $\partial\tau^{\mathrm{I}}/\partial E[\hat{A}|Y]>0$以及$\partial q^{\mathrm{I}}/\partial E[\hat{A}|Y]=\partial Q^{\mathrm{I}}/\partial E[\hat{A}|Y]>0$可知，$E[\hat{A}|Y]$带来的信息优势使得生鲜供应商与销售商均可以更有效地根据市场情况调整其均衡决策。具体而言，当生鲜销售商观测到高需求信号时，生鲜供应商一方面会增加保鲜努力以带动生鲜农产品的销售量，另一方面也会提高批发价格以攫取更多利润。同时，生鲜供应商还将增加生鲜农产品供应量以有效满足高需求信号下生鲜销售商的订货需求。反之，当生鲜销售商观测到低需求信号时，供应商则会降低生鲜农产品批发价格与供应量以避免订购量减少带来的滞销损失，同时还会降低保鲜努力以避免需求不足造成的保鲜资源浪费。

结合定理 5.1 与定理 5.2，当生鲜销售商进行需求信息共享时，由$\partial\pi_R^{\mathrm{I}}/\partial\rho>0$,

$\partial\pi_S^{\mathrm{I}}/\partial\rho>0$ 可知，随着信息精度的提高，市场需求不确定逐渐降低，生鲜供应商与销售商均可以更有效地根据市场情况调整其均衡决策，所带来的信息优势使得双方的利润均随之上升。当生鲜销售商不与供应商进行需求信息共享合作时，分析信息精度对双方利润的影响可得推论 5.1。

推论 5.1　（1）$\partial\pi_S^{\mathrm{N}}/\partial\rho<0$。

（2）若 $H-L\geqslant\alpha$，$\partial\pi_R^{\mathrm{N}}/\partial\rho>0$。若 $H-L<\alpha$，当 $\delta\in(\sqrt{2},2)$ 时，$\partial\pi_R^{\mathrm{N}}/\partial\rho<0$；当 $\delta\in(0,\sqrt{2})$ 时，存在市场波动值 β，使得生鲜销售商利润随信息精度变化趋势如表 5.1 所示。

表 5.1　$\delta\in(0,\sqrt{2})$ 时信息精度变化对生鲜销售商利润的影响

项目	$\rho\in(1/2,2/3)$ 且 $\delta\in(0,\delta_1)$	$\rho\in(1/2,2/3)$ 且 $\delta\in(\delta_1,\sqrt{2})$			$\rho\in(2/3,1)$ 且 $\delta\in(0,\sqrt{2})$		
		$\alpha>\beta$		$\alpha\leqslant\beta$	$\alpha>\beta$		$\alpha\leqslant\beta$
$H-L$	$(0,\alpha)$	$(0,\beta)$	(β,α)	$(0,\alpha)$	$(0,\beta)$	(β,α)	$(0,\alpha)$
$\partial\pi_R^{\mathrm{N}}/\partial\rho$	+	+	−	+	+	−	+

其中，$\beta=2(2-\delta^2)(L-\delta-c)/[(12\rho-8)-(4\rho-3)\delta^2],\delta_1=\sqrt{(8-12\rho)/(3-4\rho)}$，“+”表示 $\partial\pi_R^{\mathrm{N}}/\partial\rho>0$，“−”表示 $\partial\pi_R^{\mathrm{N}}/\partial\rho<0$。

证 明　若 $H-L\geqslant\alpha$，$\partial\pi_S^{\mathrm{N}}/\partial\rho=-(4-\delta^2)(H-L)c/[2(4-\delta^2)]<0$；若 $H-L<\alpha$，$\partial\pi_S^{\mathrm{N}}/\partial\rho=2[\hat{L}-c-\delta](L-H)/[2(4-\delta^2)]<0$。因此，$\partial\pi_S^{\mathrm{N}}/\partial\rho<0$ 恒成立。

若 $H-L\geqslant\alpha$，$\partial\pi_R^{\mathrm{N}}/\partial\rho=H^2\rho/2-H\rho L+L^2\rho/2-H^2/4+HL/2-L^2/4>0$。

若 $H-L<\alpha$，由 $\partial\pi_R^{\mathrm{N}}/\partial\rho=(H-L)[(4\rho-3)\delta^2-(12\rho-8)]-2(\delta^2-2)(L-\delta-c)$ 知，当 $\rho\in(1/2,2/3)$ 且 $\delta\in(0,\sqrt{(8-12\rho)/(3-4\rho)})$ 时，$\partial\pi_R^{\mathrm{N}}/\partial\rho>0$。若 $\delta\in(\sqrt{(8-12\rho)/(3-4\rho)},\sqrt{2})$，则当 $H-L>\beta$ 时，$\partial\pi_R^{\mathrm{N}}/\partial\rho<0$，反之，$\partial\pi_R^{\mathrm{N}}/\partial\rho>0$；同理，当 $\rho\in(2/3,1)$ 且 $\delta\in(0,\sqrt{2})$ 时，也有当 $H-L>\beta$ 时，$\partial\pi_R^{\mathrm{N}}/\partial\rho<0$，反之，$\partial\pi_R^{\mathrm{N}}/\partial\rho>0$；当 $\delta\in(\sqrt{2},2)$ 时，$\partial\pi_R^{\mathrm{N}}/\partial\rho<0$ 恒成立。

其中，$\beta=2(2-\delta^2)(L-\delta-c)/[(12\rho-8)-(4\rho-3)\delta^2]$。

鉴于该推论的前提条件为 $H-L<\alpha$，现讨论 β 与 α 之间的大小关系，当 $(4-\delta^2)c>2(L-\delta-c)$ 时：

$$\begin{aligned}\alpha-\beta&=2[(12\rho-8)-(4\rho-3)\delta^2](4-\delta^2)c\\&\quad-[4(12\rho-8)-4(4\rho-3)\delta^2+2(3-2\rho)(2-\delta^2)](L-\delta-c)\\&>2(3-2\rho)(L-\delta-c)(\delta^2-2)\end{aligned}$$

因此，当$\delta \in (\sqrt{2},2)$时，一定有$\alpha > \beta$。

若$\delta \in (0,\sqrt{2})$，容易推出，当$c > c_{\alpha\beta}$时，$\alpha > \beta$；反之，则$\alpha < \beta$。且$c_{\alpha\beta} = (2\rho-1)(20-6\delta^2)(L-\delta)/[(2(12\rho-8)-2(4\rho-3)\delta^2)(4-\delta^2)+(2\rho-1)(20-6\delta^2)]$。

此外，由于本节的前提条件为$H-L \leqslant \min\{\mu,\nu\}$，现讨论$\beta$与$\mu,\nu$之间的大小关系。

首先，当β出现时，需满足$\rho \in (1/2,2/3)$。而在该信息精度范围内，$\mu = \infty$，因此，$\beta < \mu$恒成立。

其次，$\beta - \nu = \dfrac{(4-\delta(L-c))[(12\rho-8)-(4\rho-3)\delta^2]-2\rho\delta(2-\delta^2)(L-\delta-c)}{\rho\delta[(12\rho-8)-(4\rho-3)\delta^2]}$，

其中，分母大于 0，现分析其分子，易知，当$c > c_{\nu\beta} = \dfrac{2\rho\delta(2-\delta^2)(L-\delta)-(4-L\delta)[(12\rho-8)-(4\rho-3)\delta^2]}{(2\rho-1)\delta(3-\delta^2)+\delta[(12\rho-8)-(4\rho-3)\delta^2]}$时，$\nu > \beta$，反之亦然。证毕。

推论 5.1 表明，当生鲜销售商不进行需求信息共享时，供应商的利润随信息精度的提升而减少。原因在于，在供应商冒险策略下，信息精度提升会增加低需求信号发生时生鲜供应商的滞销损失；而在供应商保守策略下，信息精度提升会降低供应商的批发价格、保鲜努力以及生鲜农产品供应量，两种情形下均对生鲜供应商利润产生负向影响。对于生鲜销售商，在供应商冒险策略下，信息精度的提升能够使其更有效地根据市场情况调整订购量，对其利润产生正向影响。然而，在供应商保守策略下，销售商的利润却可能随信息精度提升而减少。具体而言，信息精度的提升会对生鲜销售商利润产生四个方面的影响：一是缓解供应链中的双重边际效应；二是使得销售商更有效地根据市场情况调整订购量；三是降低供应商的保鲜努力；四是增大高市场需求信号发生时销售商的缺货损失。其中，前两个方面为对生鲜销售商利润的正向影响，后两个方面为对销售商利润的负向影响。当$\delta \in (\sqrt{2},2)$或信息精度、市场波动性以及新鲜度弹性位于表 5.1 中标“−”所示范围时，信息精度提升带来的正向影响小于负向影响，销售商利润随信息精度提升反而减少。

推论 5.1 揭示了 CIF 模式生鲜供应链中存在“信息精度陷阱”（Jiang et al.，2016)，即当生鲜销售商不与供应商进行信息共享合作时，双方利润均随信息精度提升反而降低。本节与 Jiang 等（2016）的研究的不同之处在于，该文献所研究的供应链中，拥有需求预测信息的一方进行决策时会发出信号进而影响另一方的决策行为，信息精度提升不仅会扩大后者的信息劣势，同时也会增加前者的信号成本，从而产生“信息精度陷阱”。本节研究发现，当供应链上下游决策不存在

信号博弈行为时，如果信息精度、市场波动性等外部因素满足一定条件，信息优势方不进行需求信息共享同样存在“信息精度陷阱”。故而，生鲜销售商应根据信息共享策略综合考虑已有信息精度、市场波动性以及新鲜度弹性等因素，慎重考虑加强信息基础设施建设、提高需求数据分析能力等利于提升信息精度的措施，避免“信息精度陷阱”带来的影响。

5.1.3　信息共享决策与价值分析

为进一步分析生鲜销售商的需求信息共享策略，首先比较信息共享与无信息共享两种情形下的事前期望利润。结合定理 5.1 与定理 5.2，用 $V_i(i\in\{S,R,\mathrm{SC}\})$ 分别表示需求信息共享对生鲜供应商、销售商以及供应链所产生的价值，具体表述如下：

$$V_S=\begin{cases}(\hat{H}-\overline{A})[\hat{H}-\hat{L}+2(4-\delta^2)c]/[4(4-\delta^2)], & H-L\geqslant\alpha\\(\hat{H}-\hat{L})(\overline{A}-\delta-c)/[2(4-\delta^2)], & H-L<\alpha\end{cases}\tag{5.6}$$

$$V_R=\begin{cases}(2-\delta^2)(6-\delta^2)(\hat{L}-\hat{H})(\overline{A}-\hat{L})/[8(4-\delta^2)], & H-L\geqslant\alpha\\(\hat{H}-\hat{L})[((2\rho-1)-(2-\delta^2)(1-\rho))(H-L) & \\-(2-\delta^2)(L-\delta-c)]/[2(4-\delta^2)^2], & H-L<\alpha\end{cases}\tag{5.7}$$

$$V_{\mathrm{SC}}=\begin{cases}4(H-L)(2\rho-1)c(4-\delta^2)^2/[16(4-\delta^2)^2 & \\-(2\rho-1)^2(H-L)^2(\delta^4-6\delta^2+4)]/[16(4-\delta^2)^2], & H-L\geqslant\alpha\\4(H-L)(2\rho-1)(L-\delta-c)/[4(4-\delta^2)^2 & \\-(2\rho-1)(H-L)^2((2\rho-1)\delta^2-8\rho+2)]/[4(4-\delta^2)^2], & H-L<\alpha\end{cases}\tag{5.8}$$

由式（5.6）可知，$V_S>0$ 恒成立，即无论在冒险策略还是保守策略下，信息共享对生鲜供应商总是有利的。这是由于需求信息共享后，供应商可以更加准确地依据市场环境调整批发价格、保鲜努力以及供应量决策，使其在信息共享中始终受益。但对生鲜销售商而言，能否从信息共享策略中获利还受信息精度、新鲜度弹性以及市场波动性等因素的影响。鉴于在不同市场波动条件下，CIF 模式生鲜供应链具有不同的决策均衡，从而产生不同的信息共享价值。接下来分别在供应商冒险策略与保守策略下，分析生鲜销售商的信息共享策略以及信息共享给供应链利润带来的影响。

1. 供应商冒险策略下的信息共享决策与价值

依据式（5.7），分析在供应商冒险策略下信息共享对生鲜销售商所产生的价值，可得以下命题。

命题 5.1 当 $\delta \in (0,\sqrt{2}]$ 时，$V_R \leqslant 0$；当 $\delta \in (\sqrt{2},2)$ 时，$V_R > 0$。

证明 由式（5.7）易证，此处略。

命题 5.1 表明，在生鲜供应商冒险策略下，生鲜销售商进行需求信息共享是有利还是不利主要受新鲜度弹性的影响。原因在于，此情形下生鲜销售商共享需求信息一方面利于供应商更加有效地调整保鲜努力，提高供应链的整体效率，称之为资源改善效应；另一方面，也使得生鲜供应商利用得到的需求信息制定相应的批发价格以攫取更多的利润，从而加剧供应链的双重边际效应。相较于无信息共享情形，当新鲜度弹性较低时，由于此时消费者对生鲜农产品新鲜度的关注度相对较低，供应商调整保鲜努力带来的需求增量有限，故而由资源改善效应带来的正向影响弱于双重边际效应加剧带来的负向影响，因此信息共享对生鲜销售商不利；反之，当新鲜度弹性较高时，由资源改善效应带来的正向影响占优于双重边际效应加剧带来的负向影响，从而生鲜销售商愿意主动进行需求信息共享。

结合上文中有关信息共享对生鲜供应商价值的分析，发现当 $\delta \in (0,\sqrt{2}]$ 时，生鲜销售商与供应商关于需求信息共享的动机并不一致。生鲜供应商可通过一定的补偿契约激励销售商进行信息共享，但需注意的是，只有当需求信息共享能够提高该供应链整体利润时，生鲜供应商获得的利润增量方能弥补销售商的利润损失。据此，结合式（5.8）可得命题 5.2。

命题 5.2 存在市场波动值 $\eta > \alpha$，当 $\delta \in (0,0.87)$ 且 $H-L < \eta$ 或 $\delta \in (0.87,2)$ 时，$V_{\mathrm{SC}} > 0$。

其中，$\eta = 4c(4-\delta^2)^2/[(2\rho-1)(\delta^4-6\delta^2+4)]$。

证明 $V_{\mathrm{SC}} = (H-L)(2\rho-1)[4c(4-\delta^2)^2-(2\rho-1)(H-L)(\delta^4-6\delta^2+4)]/[16(4-\delta^2)^2]$ 中，当 $\delta \in (0,\sqrt{3-\sqrt{5}})$ 时，$\delta^4-6\delta^2+4>0$，此时，若 $H-L<\eta, \eta = 4c(4-\delta^2)^2/[(2\rho-1)(\delta^4-6\delta^2+4)]$，$V_{\mathrm{SC}}>0$；若 $H-L>\eta$，$V_{\mathrm{SC}}<0$。当 $\delta \in (\sqrt{3-\sqrt{5}},2)$ 时，$\delta^4-6\delta^2+4<0$，此时，$V_{\mathrm{SC}}>0$。

鉴于本节的前提条件为 $H-L \leqslant \min\{\mu,\nu\}$，现讨论 η 与 μ,ν 之间的大小关系：

$$\eta - \frac{4(L-\delta-c)}{(2\rho-1)(4-\delta^2)-2}$$

$$= \frac{4c[(2\rho-1)(4-\delta^2)^3-2(4-\delta^2)^2+(2\rho-1)(\delta^4-6\delta^2+4)] - 4(2\rho-1)(\delta^4-6\delta^2+4)(L-\delta-c)}{[(2\rho-1)(\delta^4-6\delta^2+4)][(2\rho-1)(4-\delta^2)-2]}$$

其中，分母大于 0，现分析分子部分：若 $\delta \in (0,\min\{\sqrt{3-\sqrt{5}},\sqrt{(8\rho-6)/(2\rho-1)}\})$，

$c > c_{\mu\eta} = (2\rho-1)(\delta^4-6\delta^2+4)(L-\delta)/[(2\rho-1)(4-\delta^2)^3-2(4-\delta^2)^2+(2\rho-1)(\delta^4-6\delta^2+4)]$ 时，$\mu < \eta$，反之亦然。若 $\delta \in (\min\{\sqrt{3-\sqrt{5}}, \sqrt{(8\rho-6)/(2\rho-1)}\}, 2)$，$\mu > \eta$。

$$\nu-\eta = \frac{(4-L\delta)(2\rho-1)(\delta^4-6\delta^2+4)-c\delta[4\rho(4-\delta^2)^2-(2\rho-1)(\delta^4-6\delta^2+4)]}{\rho\delta(2\rho-1)(\delta^4-6\delta^2+4)},$$

其中，分母大于 0，现分析其分子：易知，当 $c > c_{\nu\eta} = \dfrac{(4-L\delta)(2\rho-1)(\delta^4-6\delta^2+4)}{\delta[4\rho(4-\delta^2)^2-(2\rho-1)(\delta^4-6\delta^2+4)]}$ 时，$\nu < \eta$，反之亦然。

此外，由定理 5.2 已知，生鲜供应商采取冒险策略还是保守策略受市场波动性的影响，阈值为 α，因此，现讨论 η 与 α 之间的大小关系，当 $(4-\delta^2)c > 2(L-\delta-c)$ 时：

$$\eta-\alpha = \frac{4c(4-\delta^2)^2}{(2\rho-1)(\delta^4-6\delta^2+4)} - \frac{2(4-\delta^2)c-4(L-\delta-c)}{3-2\rho}$$
$$= \frac{4(3-2\rho)c(4-\delta^2)^2-2(2\rho-1)(\delta^4-6\delta^2+4)(4-\delta^2)c+4(2\rho-1)(\delta^4-6\delta^2+4)(L-\delta-c)}{(2\rho-1)(3-2\rho)(\delta^4-6\delta^2+4)}$$

其中，已知分母大于 0，现分析其分子：

$$\begin{aligned}&4(3-2\rho)c(4-\delta^2)^2-2(2\rho-1)(\delta^4-6\delta^2+4)(4-\delta^2)c\\&+4(2\rho-1)(\delta^4-6\delta^2+4)(L-\delta-c)\\=&\,2c(4-\delta^2)[2(3-2\rho)(4-\delta^2)-(2\rho-1)(\delta^4-6\delta^2+4)]\\&+4(2\rho-1)(\delta^4-6\delta^2+4)(L-\delta-c)\end{aligned}$$

由 $0 < (2\rho-1) < 1, 0 < 4-\delta^2 < 4$ 知，$2(3-2\rho)(4-\delta^2)-(2\rho-1)(\delta^4-6\delta^2+4) > 0$。

当 $(4-\delta^2)c < 2(L-\delta-c)$ 时，$\eta-\alpha > 0$。

因此，$\eta > \alpha$ 恒成立。证毕。

命题 5.2 揭示了生鲜供应商冒险策略下，需求信息共享能够增加 CIF 模式生鲜供应链总利润的区间。从供应链系统视角出发，需求信息共享不仅会产生资源改善效应和加剧双重边际效应，而且还会引导生鲜供应商在低市场需求信号发生时减少生鲜农产品供应量，消除生鲜农产品的滞销风险。由 $\partial V_{\mathrm{SC}}/\partial\delta > 0$ 可知，当新鲜度弹性低于阈值 0.87 时，资源改善效应带来的供应链效率提升较小。若此时市场波动性低于阈值 η，据 $\partial(w^{\mathrm{I}}|h-w^{\mathrm{N}})/\partial(H-L) > 0$ 知，高市场需求信号发生时生鲜供应商的批发价格提升幅度相对较小，双重边际效应加剧带来的负向影响并不太大，信息共享给生鲜销售商带来的利润损失低于对供应商带来的利润增量，即 $V_S > |V_R|$，需求信息共享会增加供应链的利润；相应地，若市场波动性高于阈

值η，则双重边际效应加剧带来的负向影响相对较大，此时，由信息共享给生鲜供应商带来的利润增量无法弥补给销售商带来的损失，即$V_S<|V_R|$，导致需求信息共享会降低供应链的利润。当新鲜度弹性高于阈值0.87时，由资源改善效应带来的供应链效率相对较高，再加上消除滞销风险带来的利润增量，使得由信息共享给供应商带来的利润增量始终高于给销售商带来的损失，即$V_S>|V_R|$，销售商进行需求信息共享会增加生鲜供应链的利润。

2. 供应商保守策略下的信息共享决策与价值

接下来分析在供应商保守策略下信息共享对生鲜销售商所产生的价值，结合式（5.7），得到命题5.3。

命题 5.3 供应商保守策略下，当$\delta\in(\sqrt{2},2)$时，$V_R>0$；当$\delta\in(0,\sqrt{2})$时，存在市场波动值γ，使得信息共享对生鲜销售商所产生的价值如表5.2所示。

表 5.2 $\delta\in(0,\sqrt{2})$时信息共享对生鲜销售商所产生的价值

项目	$\rho\in(1/2,3/4)$且$\delta\in(0,\delta_2)$	$\rho\in(1/2,3/4)$且$\delta\in(\delta_2,\sqrt{2})$			$\rho\in(3/4,1)$且$\delta\in(0,\sqrt{2})$		
		$\alpha>\gamma$		$\alpha\leqslant\beta$	$\alpha>\beta$		$\alpha\leqslant\beta$
$H-L$	$(0,\alpha)$	$(0,\gamma)$	(γ,α)	$(0,\alpha)$	$(0,\gamma)$	(γ,α)	$(0,\alpha)$
V_R	–	–	+	–	–	+	+

其中，$\gamma=(2-\delta^2)(L-\delta-c)/[(2\rho-1)-(2-\delta^2)(1-\rho)]$，$\delta_2=\sqrt{(3-4\rho)/(1-\rho)}$，“+”表示$V_R>0$，“–”表示$V_R<0$。

证明 当$H-L<\alpha$时，由$V_R=[(2\rho-1)-(2-\delta^2)(1-\rho)](H-L)-(2-\delta^2)(L-\delta-c)$可知，当$\delta\in(\sqrt{2},2)$时，$V_R>0$；记$\gamma=(2-\delta^2)(L-\delta-c)/[(2\rho-1)-(2-\delta^2)(1-\rho)]$，当$\rho\in(1/2,3/4)$时，若$\delta\in(0,\sqrt{(3-4\rho)/(1-\rho)})$，$V_R<0$，若$\delta\in(\sqrt{(3-4\rho)/(1-\rho)},\sqrt{2})$，则$H-L<\gamma$时，$V_R<0$；$H-L>\gamma$时，$V_R>0$。若$\rho\in(3/4,1)$，则$H-L<\gamma$时，$V_R<0$；$H-L>\gamma$时，$V_R>0$。

鉴于本节的前提条件为$H-L\leqslant\min\{\mu,\nu\}$，现讨论$\gamma$与$\mu,\nu$之间的大小关系：

$$\gamma-\frac{4(L-\delta-c)}{(2\rho-1)(4-\delta^2)-2}$$
$$=\frac{(L-\delta-c)\{(2-\delta^2)[(2\rho-1)(4-\delta^2)-2]-4[(2\rho-1)-(2-\delta^2)(1-\rho)]\}}{[(2\rho-1)-(2-\delta^2)(1-\rho)][(2\rho-1)(4-\delta^2)-2]}$$

其中，分母大于0，现分析分子部分。

由 $(2-\delta^2)[(2\rho-1)(4-\delta^2)-2]-4[(2\rho-1)-(2-\delta^2)(1-\rho)]=(2\rho-1)\delta^2(\delta^2-4)$ 可知，该式子分子小于 0，因此，$\mu>\gamma$。

$$\gamma-\nu=\frac{(2\rho-1)\delta(3-\delta^2)(L-\delta-c)-(4-\delta^2)[(2\rho-1)-(2-\delta^2)(1-\rho)]}{\rho\delta[(2\rho-1)-(2-\delta^2)(1-\rho)]}$$

其中，分母大于 0，现分析其分子。

易知，当 $c>c_{\nu\gamma}=L-\delta-(4-\delta^2)[(2\rho-1)-(1-\rho)(2-\delta^2)]/[(2\rho-1)\delta(3-\delta^2)]$ 时，$\nu>\gamma$，反之亦然。

此外，由定理 5.2 已知，生鲜供应商采取冒险策略或保守策略还受市场波动性的影响，阈值为 α，因此，现讨论 γ 与 α 之间的大小关系，当 $(4-\delta^2)c>2(L-\delta-c)$ 时：

$$\gamma-\alpha=\frac{(2\rho-1)(6-\delta^2)(L-\delta-c)-2c(4-\delta^2)[(2\rho-1)-(2-\delta^2)(1-\rho)]}{(3-2\rho)[(2\rho-1)-(2-\delta^2)(1-\rho)]}$$

其中，分母大于 0，现分析其分子。

易知，当 $c>c_{\alpha\gamma}=(2\rho-1)(6-\delta^2)(L-\delta)/[(2\rho-1)(14-3\delta^2)-2(1-\rho)(4-\delta^2)(2-\delta^2)]$ 时，$\alpha>\gamma$，反之亦然。当 $(4-\delta^2)c<2(L-\delta-c)$ 时，恒有 $\alpha<\gamma$。证毕。

命题 5.3 表明，在生鲜供应商保守策略下，销售商进行需求信息共享有利还是不利受信息精度、市场波动性以及新鲜度弹性的共同影响。这是因为，生鲜销售商共享需求信息除产生资源改善效应及双重边际效应之外，还可以消除其所面临的缺货风险。当 $\rho\in(1/2,3/4)$ 且 $\delta\in(0,\delta_2)$ 时，由资源改善效应带来的正向影响非常小，同时由于信息精度较低，此时消除缺货风险带来的正向影响也较小，使得双重边际效应提升带来的负向影响占优，信息共享对生鲜销售商不利；当 $\rho\in(1/2,3/4)$ 且 $\delta\in(\delta_2,\sqrt{2})$ 或 $\rho\in(3/4,1)$ 且 $\delta\in(0,\sqrt{2})$ 时，资源改善效应带来的正向影响仍弱于双重边际效应提升带来的负向影响。此时，若 $\alpha>\gamma$，则当市场波动性高于阈值 γ 时，由消除缺货风险带来的正向影响增大，占优于双重边际效应提升带来的负向影响，信息共享使得生鲜销售商获益；反之亦然。若 $\alpha\leqslant\gamma$，则在供应商采取保守策略的整个市场波动阈值区间（$H-L<\alpha$）内，由消除缺货风险以及资源改善效应带来的正向影响始终弱于双重边际效应提升带来的负向影响，因此，信息共享对生鲜销售商不利。

当 $\delta\in(\sqrt{2},2)$ 时，消费者对生鲜品新鲜度的关注度相对较高，供应商调整保鲜努力带来的需求增量相对较大，使得资源改善效应带来的正向影响提升，再加上消除缺货风险带来的正向影响，两者综合起来占优于双重边际效应提升带来的负向影响，因此，生鲜销售商愿意主动进行需求信息共享。

推论 5.2　（1）$\partial\delta_2/\partial\rho<0$。

（2）$\partial\gamma/\partial c<0$。

推论 5.2（1）表明，生鲜销售商与供应商进行需求信息共享的新鲜度弹性阈值随信息精度的增加而减小。结合现实生活，对于一些消费者对新鲜度关注度相对较低的生鲜农产品，随着信息精度水平的提升，销售商应依据新鲜度弹性的高低，并结合市场波动性的大小逐步考虑与此类生鲜供应商进行信息共享合作。

推论 5.2（2）表明，一定条件下，生鲜农产品单位成本增加会拉低生鲜销售商进行需求信息共享的市场波动阈值，使其在市场波动较低时仍愿意共享需求信息。又由 $\partial\alpha/\partial c \geqslant 0$ 与 $\partial(\alpha-\gamma)/\partial c \geqslant 0$ 可知，生鲜农产品单位成本增加会扩大生鲜销售商进行需求信息共享的合作空间。结合现实，生鲜销售商应根据产品单位成本大小灵活考虑其信息共享的市场波动性阈值，制定有效的信息共享策略。

由式（5.6）已知，信息共享给生鲜供应商带来的价值始终为正，当信息精度、市场波动性以及新鲜度弹性位于表 5.2 中标“–”所示范围时，生鲜销售商与供应商关于需求信息共享的动机并不一致。类似于生鲜供应商冒险策略情形，当需求信息共享能够提高该供应链整体利润时，生鲜供应商可通过一定的补偿契约激励销售商进行信息共享。据此，结合式（5.8）得到命题 5.4。

命题 5.4　$V_{\mathrm{SC}}>0$ 恒成立。

证明　$V_{\mathrm{SC}}=(H-L)(2\rho-1)[4(L-\delta-c)-((2\rho-1)\delta^2-8\rho+2)(H-L)]/[4(4-\delta^2)^2]$，当 $\delta\in(0,2)$ 时，$V_{\mathrm{SC}}>0$ 恒成立。证毕。

命题 5.4 表明，在生鲜供应商保守策略下，销售商进行需求信息共享对 CIF 模式生鲜供应链总利润始终是有利的。原因在于，此情形下供应商的均衡决策主要取决于 $\hat{L}$ 的大小，因此，需求信息共享主要对高市场需求信号发生时供应链利润产生影响。从供应链系统视角出发，需求信息共享不仅会提升高市场需求信号发生时生鲜供应商的保鲜努力与批发价格，进而产生资源改善效应以及加剧双重边际效应，而且还使得生鲜供应商在高市场需求信号发生时增加生鲜品供应量，消除生鲜品的缺货风险。尽管信息共享导致的双重边际效应加剧会对生鲜销售商利润产生负向影响，但同时也会通过资源改善效应以及消除缺货风险对生鲜销售商利润产生一定补偿作用，使得由信息共享给生鲜供应商带来的利润增量始终高于给销售商带来的损失，即 $V_S>|V_R|$，因此，生鲜销售商进行需求信息共享会增加供应链系统总利润。

5.1.4　信息共享激励与影响

依据前文分析，CIF 模式生鲜供应链整体利润存在可通过信息共享实现帕累托改善的区间。当新鲜度弹性较高时，生鲜销售商会主动进行需求信息共享，但当新鲜度弹性较低时，销售商可能会因利润受损而不愿意进行信息共享。故在前文分析的基础上，本节首先设计相应的契约以激励生鲜销售商进行需求信息共享。在此基础上，分析需求信息共享对社会整体福利的影响。

1. 信息共享激励契约

鉴于转移支付契约在实践中较常见且更利于实现，因此，我们考虑生鲜供应商承诺向销售商提供的补偿支付为 F ，F 为双方通过讨价还价确定的补偿性转移支付，进而得到命题 5.5。

命题 5.5　（1）在供应商冒险策略下，当 $\delta \in (0, 0.87)$ 且 $H-L<\eta$ 或 $\delta \in (0.87, \sqrt{2})$ 时，若转移支付 $F \in (F_{\min}^{\mathrm{A}}, F_{\max}^{\mathrm{A}})$，生鲜销售商与供应商可达成信息共享合作。

（2）在供应商保守策略下，对于所有销售商不愿意主动进行需求信息共享的参数区间，若转移支付 $F \in (F_{\min}^{\mathrm{C}}, F_{\max}^{\mathrm{C}})$，销售商与供应商均可达成信息共享合作。

其中，$F_{\min}^{X} = -V_R$，$F_{\max}^{X} = V_S$，当 $H-L \geqslant \alpha$ 时，X=A，当 $H-L<\alpha$ 时，$X=\mathrm{C}$。

命题 5.5 表明，在不同的决策均衡下，生鲜供应商可以选取相应的转移支付契约，实现生鲜销售商的需求信息共享，并且，通过以上契约，生鲜供应商与销售商利润均可实现帕累托改善。对于因信息共享所增加的系统利润，则由双方讨价还价能力的大小来决定各自获得的比例。现实生活中，大多数生鲜供应商仍采取小规模分散经营，使得生鲜销售商在供应链中处于强势地位，在信息共享契约谈判中能够获得较高的补偿支付以增加自身利润。鉴于此，上游生鲜供应商可通过共同组建农业生产合作社、利用当地行业协会与销售商进行谈判等方式提高在供应链中的地位。

推论 5.3　（1）$\partial \Delta F^{\mathrm{A}} / \partial c>0$；当 $\delta \in (0, 0.87)$ 时，若 $H-L<\eta/2$，则 $\partial \Delta F^{\mathrm{A}} / \partial \rho>0$，若 $\eta/2<H-L<\eta$，则 $\partial \Delta F^{\mathrm{A}} / \partial \rho<0$；当 $\delta \in (0.87, \sqrt{2})$ 时，$\partial \Delta F^{\mathrm{A}} / \partial \rho>0$。其中，$\Delta F^{\mathrm{A}} = F_{\max}^{\mathrm{A}} - F_{\min}^{\mathrm{A}}$。

（2）$\partial \Delta F^{\mathrm{C}} / \partial c<0$；$\partial \Delta F^{\mathrm{C}} / \partial \rho>0$。其中，$\Delta F^{\mathrm{C}} = F_{\max}^{\mathrm{C}} - F_{\min}^{\mathrm{C}}$。

推论 5.3（1）表明，在供应商冒险策略下，随着生鲜品单位成本的提高，生鲜销售商与供应商之间基于转移支付的讨价还价区间增大，即转移支付契约的实施难度降低。此外，尽管随信息精度的提升，生鲜供应商的新增利润增加，即 $\partial V_S / \partial \rho>0$，但提升信息精度并不一定会降低双方转移支付契约的实施难度。具体而言，当新鲜度弹性位于区间 $(0, 0.87)$ 时，若市场波动性高于阈值 $\eta/2$，则 $\partial V_{\mathrm{SC}} / \partial \rho<0$，说明随着信息精度的提高，生鲜销售商的利润损失减少量高于供应商的利润提升增加量，双方转移支付契约的实施难度提高；反之亦然。当新鲜度弹性位于区间 $(0.87, \sqrt{2})$ 时，则 $\partial V_{\mathrm{SC}} / \partial \rho>0$，说明随信息精度的提高，生鲜销售商的利润损失减少量始终会低于供应商的利润提升增加量，进而降低双方转移支付契约的实施难度。

由推论 5.3（2）可知，在供应商保守策略下，随着生鲜品单位成本的提高，生鲜销售商与供应商之间基于转移支付的讨价还价区间减小，即双方实施转移支付契约的难度增大。同时，由 $\partial V_S/\partial\rho>0$，$\partial V_R/\partial\rho>0$ 可知，随着信息精度的提升，生鲜供应商新增利润增加，生鲜销售商的利润损失减少。因此，信息精度的提升可使生鲜供应商更有效地通过转移支付契约激励销售商共享需求信息。

2. 需求信息共享对社会福利的影响

前文主要从企业视角分析信息共享对 CIF 模式生鲜农产品供应链各主体利润的影响。鉴于生鲜农产品消费与居民社会生活密切相关，接下来将从社会政策制定视角分析信息共享对消费者剩余以及社会总体福利的影响。首先，结合模型，设置 $L=2.5$，$\delta=0.5$，$\rho=0.7$，固定生鲜品单位成本 c 等于 0.5 或 0.9，根据供应商均衡决策情形的不同，设置相应的市场波动范围，如表 5.3 所示。

表 5.3　生鲜供应商不同策略情形下的参数设置

ρ	δ	c	α	μ	ν	$H-L$	供应商策略情形
0.7	0.5	0.5	0	∞	8.57	(0，8.57)	冒险策略
		0.9	1.47	∞	9.14	(0，1.47)	保守策略
						(1.47，9.14)	冒险策略
	1.5	0.5	0	∞	0.95	(0，0.95)	冒险策略
		0.9	1.72	∞	1.52	(0，1.52)	保守策略
0.8	0.5	0.5	0	24.0	7.50	(0，7.5)	冒险策略
		0.9	1.68	17.6	8.00	(0，1.68)	保守策略
						(1.68，8)	冒险策略
	1.5	0.5	0	∞	0.83	(0，0.83)	冒险策略
		0.9	1.96	∞	1.33	(0，1.33)	保守策略

已知生鲜销售商信息共享与无信息共享策略下期望消费者剩余与期望社会福利分别为 $E[\mathrm{CS}^i]=E\left((q^i)^2\right)/2,\ i=\mathrm{I,N}$，$E[\mathrm{SW}^i]=E\left[\pi_s^i\right]+E\left[\pi_R^i\right]+E[\mathrm{CS}^i],\ i=\mathrm{I,N}$，比较需求信息共享前后的期望社会福利与期望消费者剩余，并记 $\Delta\mathrm{SW}=E[\mathrm{SW}^{\mathrm{I}}]-E[\mathrm{SW}^{\mathrm{N}}]$，$\Delta\mathrm{CS}=E[\mathrm{CS}^{\mathrm{I}}]-E[\mathrm{CS}^{\mathrm{N}}]$，绘制信息共享对消费者剩余以及社会总福利的影响，如图 5.2 所示。

观察图 5.2 可以发现，在供应商冒险策略下，信息共享会降低期望消费者剩余以及期望社会福利，且随着市场波动性的增大，信息共享对二者的削弱作用越来越大；而在供应商保守策略下，信息共享总是能够同时提高期望消费者剩余以及期望社会福利，且随着市场波动性增大，信息共享对二者的提升作用越来越大。结合实际，政策制定者应重点鼓励单位产品成本较高［图 5.2（b）、图 5.2（d）、

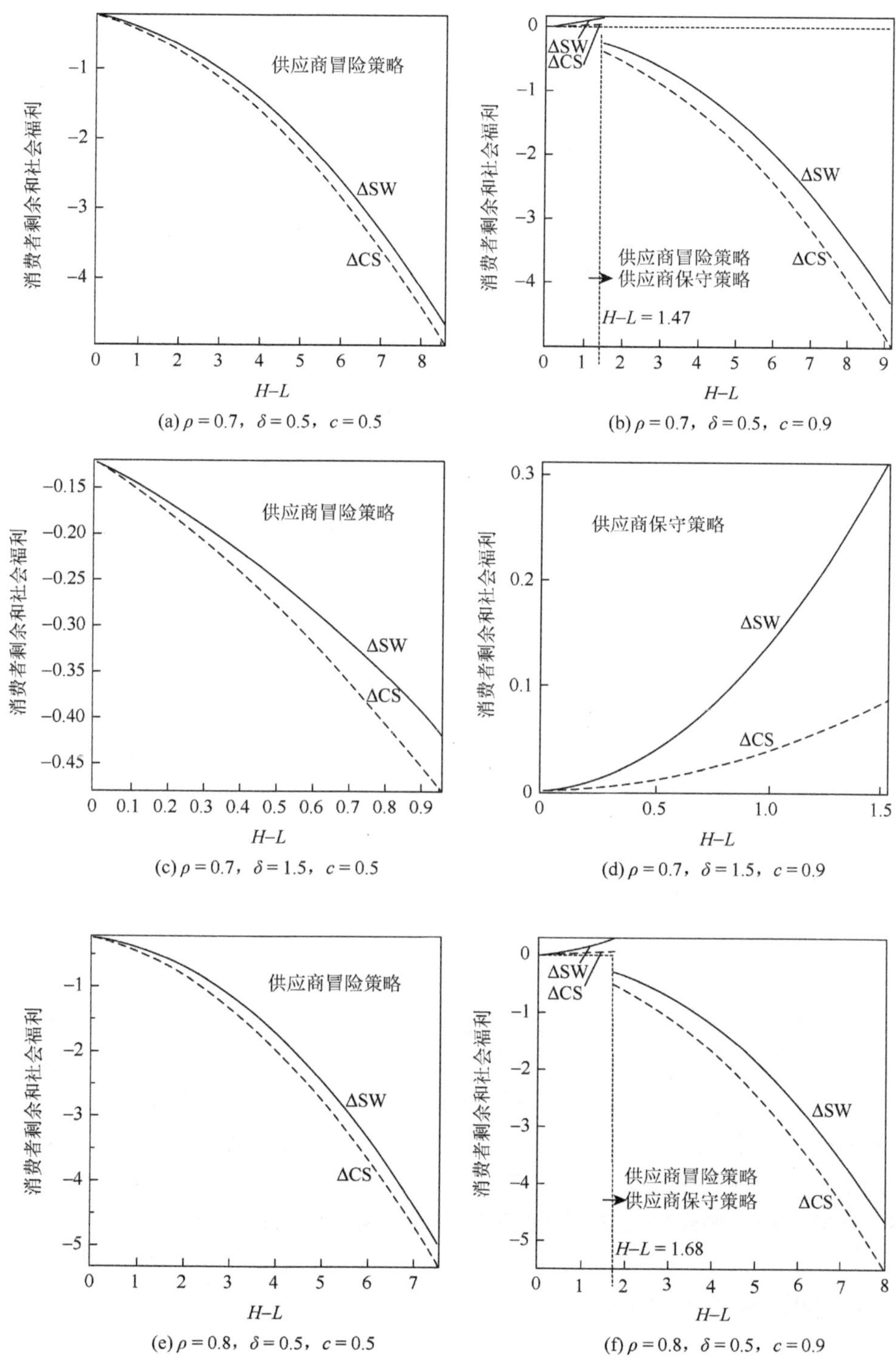
供应商冒险策略
ΔSW
ΔCS
消费者剩余和社会福利
H–L
(a) ρ = 0.7，δ = 0.5，c = 0.5
ΔSW
ΔCS
供应商冒险策略
→供应商保守策略
H–L = 1.47
(b) ρ = 0.7，δ = 0.5，c = 0.9
供应商冒险策略
(c) ρ = 0.7，δ = 1.5，c = 0.5
供应商保守策略
(d) ρ = 0.7，δ = 1.5，c = 0.9
(e) ρ = 0.8，δ = 0.5，c = 0.5
H–L = 1.68
(f) ρ = 0.8，δ = 0.5，c = 0.9

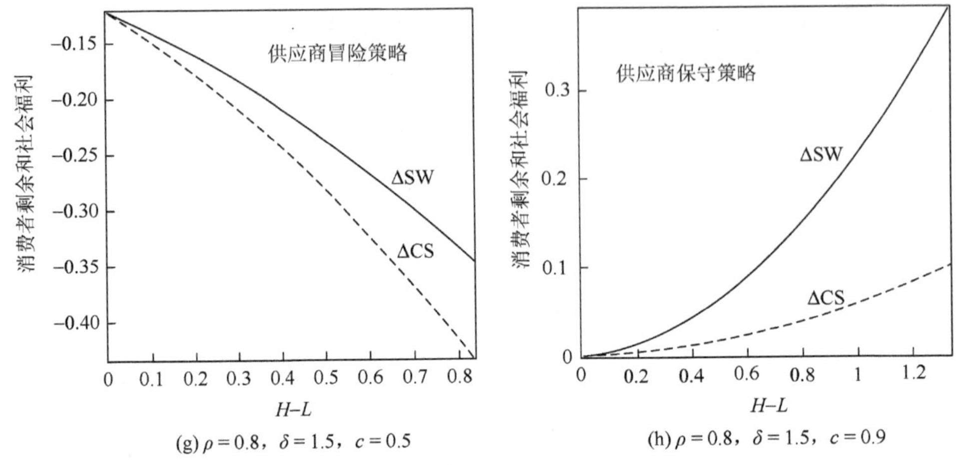

(g) $\rho=0.8$，$\delta=1.5$，$c=0.5$　　(h) $\rho=0.8$，$\delta=1.5$，$c=0.9$

图 5.2　信息共享对消费者剩余以及社会福利的影响

图 5.2（f）以及图 5.2（h）］的生鲜农产品企业开展需求信息共享。同时，由图 5.2（d）和图 5.2（h）可知，当生鲜品消费市场中的新鲜度弹性也较高时，生鲜供应商倾向于采取保守策略，因而需求信息共享总是能够产生正向的社会价值；当新鲜度弹性相对较低时，如图 5.2（b）和图 5.2（f）所示，如果市场波动性较大，需求信息共享会造成负向的社会价值，反之亦然。但当市场波动性低于一定阈值时，政府部门通过干预机制平稳市场需求波动的政策措施可能会抑制生鲜农产品企业开展信息共享所发挥的积极作用。

5.2　考虑供应商竞争与保鲜的生鲜供应链需求信息共享策略

为提升产品多样性和丰富性、扩大市场占有率，不少生鲜销售商会选择同时销售多家供应商提供的同类生鲜农产品。面对不确定的市场需求风险，拥有信息优势的销售商与提供保鲜努力的供应商进行信息共享，可使得供应商合理调整批发价格和保鲜努力水平，有助于提升供应链整体效率。然而，由于供应商之间存在竞争关系，销售商向部分或全部供应商共享信息可能会使得供应商具有不同的保鲜和价格策略，从而使得销售商的需求信息共享决策更加复杂。值此背景下，考虑供应链上游供应商之间的横向竞争和上下游成员之间的纵向需求信息不对称，研究生鲜销售商如何向竞争性供应商进行需求信息共享十分必要。

5.2.1　问题描述与假设

在不确定市场环境下，考虑由两个供应同类生鲜农产品的供应商 S_1、S_2 以及

一个销售商 R 组成的生鲜农产品供应链，如图 5.3 所示。生鲜供应商 S_i（$i \in \{1,2\}$）以批发价格 w_i 向销售商供应生鲜农产品，并以保鲜努力 τ_i 在生鲜农产品的流通过程中进行保鲜管理。生鲜销售商向供应商 S_i 订购数量为 q_i 的生鲜农产品，并以销售价格 p_i 将产品销售给消费者。此外，不失一般性，将生鲜供应商的生产成本以及销售商的销售成本标准化为零。

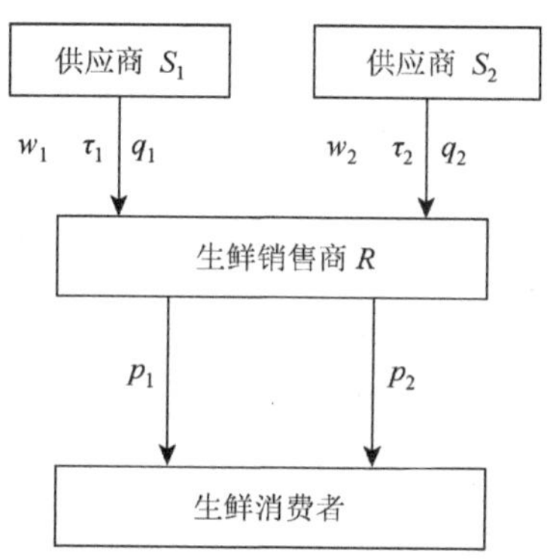

图 5.3　考虑供应商竞争的生鲜农产品供应链

1. 需求函数

考虑到生鲜农产品的新鲜度对消费者购买行为具有重要影响，即新鲜度越高消费者的购买意愿越强，反之，则会导致部分需求流失。据此，我们将竞争环境下生鲜农产品的逆需求函数表示为

$$p_i = \hat{A} - q_i - bq_{3-i} - \delta\left(\theta_0 - \theta(\tau_i)\right),\ \ i = 1,2 \tag{5.9}$$

其中，$\hat{A}$ 表示随机潜在市场需求量；δ（$\delta > 0$）表示新鲜度弹性；θ_0 表示生鲜农产品初始新鲜度；$\theta(\tau_i)$ 表示生鲜农产品保鲜后的实际新鲜度；$\delta(\theta_0 - \theta(\tau_i))$ 表示新鲜度降低造成的需求流失（Liu et al.，2021）；b（$0 < b < 1$）表示生鲜农产品之间的替代系数，b 越大说明两个供应商之间的竞争越激烈。

与 Guo（2009）和 Jiang 等（2016）的研究类似，我们假设 $\hat{A}$ 服从具有相同概率值的二元分布，其均值为 $\overline{A}$，且 $\Pr(\hat{A} = H) = \Pr(\hat{A} = L) = 1/2$。其中，$H$、$L$ 分别表示高、低需求状态下的潜在市场需求量，据此，$H - L$ 还可以用来衡量市场波动性。此外，参考 Cai 等（2010）的研究，我们采用 $\theta(\tau_i) = \theta_0 \tau_i$ 刻画供应商 S_i 所供应生鲜农产品保鲜后的实际新鲜度，其保鲜努力成本记为 $c(\tau_i) = \tau_i^2 / 2$，该函数刻画了保鲜成本随保鲜努力水平边际递增。最后，假定两个供应商所提供的生鲜农产品初始新鲜度相同，并将 θ_0 简化为 1，该简化并不影响本节主要结论。

2. 信息结构

作为供应链中的信息优势方，生鲜销售商在进行决策前能够观测到需求预测信息Y，并有权决策是否向生鲜供应商共享需求预测信息。该需求预测信息Y存在h、l两种可能性，h（l）代表高（低）市场需求信号，表示高（低）市场需求的可能性更高。参照有关信息共享的研究文献（Iyer et al.，2007；Guo and Iyer，2010；Li and Zhang，2015），记$\Pr\left(h|H\right)=\Pr\left(l|L\right)=\rho\in[1/2,1]$，则根据条件概率公式可知，需求信号$Y$发生时的市场需求状态贝叶斯更新概率为

$$\Pr(H|h)=\Pr(H)\Pr(h|H)/\Pr(h)=\rho\text{；}\quad \Pr(L|h)=\Pr(L)\Pr(h|L)/\Pr(h)=1-\rho$$

$$\Pr(H|l)=\Pr(H)\Pr(l|H)/\Pr(l)=1-\rho\text{；}\quad \Pr(L|l)=\Pr(L)\Pr(l|L)/\Pr(l)=\rho$$

可以发现，ρ可被视作信息精度，特别地，当信息精度取最小值 1/2 时，信号并不起作用；当信息精度取最大值 1 时，信号是完美的。

据此，生鲜销售商可以通过观测到的需求信号对潜在市场需求预期值进行更新，即

$$E[\widehat{A}|h]=H\times\Pr(H|h)+L\times\Pr(L|h)=H\rho+L(1-\rho)$$

$$E[\widehat{A}|l]=H\times\Pr(H|l)+L\times\Pr(L|l)=H(1-\rho)+L\rho$$

由$L<E[\widehat{A}|l]<\overline{A}<E[\widehat{A}|h]<H$，以及$\partial E[\widehat{A}|l]/\partial\rho<0$且$\partial E[\widehat{A}|h]/\partial\rho>0$可知，信息精度越高，生鲜销售商对潜在市场需求规模的预期值越接近于真实市场需求状态。

3. 事件发生顺序

鉴于需求信息共享通常为企业的长期战略决策，故考虑生鲜销售商首先进行需求预测信息共享决策。本节主要事件与决策顺序如下。

（1）在观测到具体需求信号前，生鲜销售商首先进行信息共享决策。本节中，销售商可以选择向$n\in\{0,1,2\}$个供应商共享需求信息，从而有三种信息共享策略可供选择。其中，$n=0$表示销售商无信息共享；$n=1$表示销售商向部分供应商共享需求信息；$n=2$表示销售商向所有供应商共享需求信息。

（2）生鲜销售商观测到需求预测信息Y，并根据事件（1）制定的信息共享策略选择向（不向）供应商S_i共享该信息。

（3）两个生鲜供应商同时决策批发价格w_1和w_2以及保鲜努力τ_1和τ_2。

（4）根据各供应商的批发价格和保鲜努力水平，生鲜销售商决策两种产品的订购量q_1和q_2。

（5）实际需求发生，生鲜供应商与生鲜销售商分别实现各自利润。

4. 假设条件

假设 5.2　$L<2(2+b-b^2)/\delta$，$H-L\leqslant\min\{\phi,\varphi\}$，即生鲜农产品供应链最低市场需求规模以及所面临的市场波动性均不会过高且低于一定阈值。

其中，$\phi=\min\{\phi_1,\phi_2\}$，$\varphi=\min\{\varphi_1,\varphi_2\}$，

$$\phi_1=\begin{cases}\infty, & \rho<\min\{\rho_1,1\}\\ \dfrac{4(1+b)(L-\delta)}{2\rho[4+2b(1-b)-\delta^2]-[6+2b(2-b)-\delta^2]}, & \rho>\min\{\rho_1,1\}\end{cases}$$

$$\phi_2=\begin{cases}\infty, & \rho<\min\{\rho_2,1\}\\ \dfrac{2(4-4b^2-\delta^2)(L-\delta)}{2\rho(1-b)[4+2b(1-b)-\delta^2]-[2(4-b)(1-b^2)-(2-b)\delta^2]}, & \rho>\min\{\rho_2,1\}\end{cases}$$

并且，$\rho_1=\dfrac{6+2b(2-b)-\delta^2}{2[4+2b(1-b)-\delta^2]}$，$\rho_2=\dfrac{2(4-b)(1-b^2)-(2-b)\delta^2}{2(1-b)[4+2b(1-b)-\delta^2]}$。$\varphi_1=\dfrac{4+2b-2b^2-L\delta}{\rho\delta}$，$\varphi_2=\dfrac{2(4-4b^2-\delta^2)(4+2b-2b^2-L\delta)}{\delta[2(1-b^2)(4\rho+b-2b\rho)-(2\rho+b-2b\rho)\delta^2]}$。

假设 5.2 使得生鲜供应商与销售商博弈均衡决策均为内点解，即无论在高需求状态还是在低需求状态下，供应量、订购量以及批发价格、销售价格等均衡解均为正值。

5.2.2　不同信息共享策略下的博弈均衡

本节在上述三种信息共享策略下，分别求解生鲜供应商和销售商的均衡决策和期望利润。为便于表达，用上标 X_i 表示供应商 S_i 的信息状态，其中，$X_i=\mathrm{I}$（$X_i=\mathrm{N}$）表示销售商向（不向）供应商 S_i 共享需求信息，并称 S_i 为（不）知晓信息的供应商。令 $\Pi_{S_i}^{X_i}(n)$、$\Pi_R(n)$ 和 $\Pi_{\mathrm{SC}}(n)$（$n\in\{0,1,2\}$）分别表示生鲜供应商、销售商以及生鲜农产品供应链在三种信息共享策略下的期望利润。

1. 均衡决策

根据生鲜供应商与生鲜销售商之间的博弈过程，采取逆向归纳法求解博弈均衡并展开分析，即先分析生鲜销售商的订购量决策，再分析不同信息共享策略下供应商的批发价格与保鲜努力决策。首先，给定各生鲜供应商的批发价格和保鲜努力，生鲜销售商的条件期望利润为

$$\max_{q_1,q_2}E[\pi_R|Y]=\sum_{i=1}^{2}q_i[E[\widehat{A}|Y]-q_i-bq_{3-i}-\delta(1-\tau_i)-w_i] \tag{5.10}$$

推导可得，生鲜销售商在供应商 S_i 处的最优订购量为

$$q_i(w_i,\tau_i,w_{3-i},\tau_{3-i})=\frac{(1-b)E[\hat{A}|Y]-[w_i+\delta(1-\tau_i)]+b[w_{3-i}+\delta(1-\tau_{3-i})]}{2(1-b^2)} \tag{5.11}$$

接下来，考察两个生鲜供应商之间的 Nash 博弈。

当生鲜销售商不向供应商 S_i 共享需求信息时，则 S_i 基于期望订购量 $E[q_i]$ 进行决策，其期望利润为

$$\max_{w_i,\tau_i} E[\pi_{S_i}^{\mathrm{N}}]=w_iE[q_i]-\tau_i^2/2 \tag{5.12}$$

推导可知，当 $4(1-b^2)-\delta^2>0$ 时，$E[\pi_S]$ 关于 w_i 和 τ_i 满足联合凹性。参考 Lee 等（2016）和 Guan 等（2020）的研究，令 $\delta\in(0,\bar{\delta})$，其中，$\bar{\delta}=2\sqrt{1-b^2}$，表示新鲜度弹性不会过高且有上限。

分别求解式（5.12）关于 w_i 和 τ_i 的一阶条件，可得生鲜供应商 S_i 的最优反应函数为

$$w_i=\frac{2(1-b^2)((1-b)(\bar{A}-\delta)+bE[w_{3-i}]-b\delta E[\tau_{3-i}])}{4(1-b^2)-\delta^2} \tag{5.13}$$

$$\tau_i=\frac{\delta((1-b)(\bar{A}-\delta)+bE[w_{3-i}]-b\delta E[\tau_{3-i}])}{4(1-b^2)-\delta^2} \tag{5.14}$$

当生鲜销售商向供应商 S_i 共享需求信息时，则 S_i 基于知晓信息后的期望订购量 $E[q_i|Y]$ 进行决策，其期望利润为

$$\max_{w_i,\tau_i} E[\pi_{S_i}^{\mathrm{I}}|Y]=w_iE[q_i|Y]-\tau_i^2/2 \tag{5.15}$$

同样地，当 $\delta\in(0,\bar{\delta})$ 时，$E[\pi_{S_i}^{\mathrm{I}}|Y]$ 关于 w_i 和 τ_i 满足联合凹性。分别求解式（5.15）关于 w_i 和 τ_i 的一阶条件，可得生鲜供应商 S_i 的最优反应函数为

$$w_i=\frac{2(1-b^2)[(1-b)(E[\hat{A}|Y]-\delta)+bE[w_{3-i}|Y]-b\delta E[\tau_{3-i}|Y]]}{4(1-b^2)-\delta^2} \tag{5.16}$$

$$\tau_i=\frac{\delta[(1-b)(E[\hat{A}|Y]-\delta)+bE[w_{3-i}|Y]-b\delta E[\tau_{3-i}|Y]]}{4(1-b^2)-\delta^2} \tag{5.17}$$

根据两个生鲜供应商的最优反应函数，可得到其在均衡状态下的批发价格以及保鲜努力；进一步，将以上均衡决策代入式（5.11），可得到生鲜销售商在不同信息共享策略下的最优订购量。根据以上分析，可得定理 5.3。

定理 5.3　不同信息共享策略下，生鲜供应商和销售商的最优均衡决策如表 5.4 所示。

表 5.4　不同信息共享策略下供应链各成员的均衡决策

均衡决策	$n=0$	$n=1$		$n=2$
		$X_i=\mathrm{N}$	$X_i=\mathrm{I}$	
$w_i^{X_i}(n)$	$\overline{w}$	$\overline{w}$	$\overline{w}+A_i^{\mathrm{I}}(1)(E[\widehat{A}\|Y]-\overline{a})$	$\overline{w}+A_i^{\mathrm{I}}(2)(E[\widehat{A}\|Y]-\overline{a})$
$\tau_i^{X_i}(n)$	$\overline{\tau}$	$\overline{\tau}$	$\overline{\tau}+B_i^{\mathrm{I}}(1)(E[\widehat{A}\|Y]-\overline{a})$	$\overline{\tau}+B_i^{\mathrm{I}}(2)(E[\widehat{A}\|Y]-\overline{a})$
$q_i^{X_i}(n)$	$\overline{q}+C_i^{\mathrm{N}}(0)(E[\widehat{A}\|Y]-\overline{a})$	$\overline{q}+C_i^{\mathrm{N}}(1)(E[\widehat{A}\|Y]-\overline{a})$	$\overline{q}+C_i^{\mathrm{I}}(1)(E[\widehat{A}\|Y]-\overline{a})$	$\overline{q}+C_i^{\mathrm{I}}(2)(E[\widehat{A}\|Y]-\overline{a})$

其中，$\overline{w}=2(1-b^2)(\overline{A}-\delta)/K_1$，$\overline{\tau}=\delta(\overline{A}-\delta)/K_1$，$\overline{q}=(\overline{A}-\delta)/K_1$；$A_i^{\mathrm{I}}(1)=2(1-b)(1-b^2)/K_2$，$B_i^{\mathrm{I}}(1)=\delta(1-b)/K_2$，$A_i^{\mathrm{I}}(2)=2(1-b^2)/K_1$，$B_i^{\mathrm{I}}(2)=\delta/K_1$，$C_i^{\mathrm{N}}(0)=1/[2(1+b)]$，$C_i^{\mathrm{N}}(1)=(K_1-4b)/(2K_2)$，$C_i^{\mathrm{I}}(1)=(1-b)/K_2$，$C_i^{\mathrm{I}}(2)=1/K_1$；$K_1=4+2b(1-b)-\delta^2$，$K_2=4(1-b^2)-\delta^2$。

证明　首先，当生鲜销售商选择无信息共享策略时，两个生鲜供应商的最优反应函数分别为

$$w_1=2(1-b^2)((1-b)(\overline{A}-\delta)+bE[w_2]-b\delta E[\tau_2])/[4(1-b^2)-\delta^2]$$
$$\tau_1=\delta((1-b)(\overline{A}-\delta)+bE[w_2]-b\delta E[\tau_2])/[4(1-b^2)-\delta^2]$$
$$w_2=2(1-b^2)((1-b)(\overline{A}-\delta)+bE[w_1]-b\delta E[\tau_1])/[4(1-b^2)-\delta^2]$$
$$\tau_2=\delta((1-b)(\overline{A}-\delta)+bE[w_1]-b\delta E[\tau_1])/[4(1-b^2)-\delta^2]$$

由于两个生鲜供应商均不知晓需求信息，因此，其均衡决策均不受预测信号的影响，即 $E[w_i]=w_i$ 以及 $E[\tau_i]=\tau_i$，其中，$i=1,2$。由以上式子进行联立求解，即可得 $w_i^{\mathrm{N}}(0)=\overline{w}=2(1-b^2)(\overline{A}-\delta)/K_1$，$\tau_i^{\mathrm{N}}(0)=\overline{\tau}=\delta(\overline{A}-\delta)/K_1$，其中，$K_1=4+2b(1-b)-\delta^2$。

当生鲜销售商选择向部分供应商共享信息时，不妨假设 S_1 知晓需求信息，而 S_2 不知晓需求信息。则生鲜供应商 S_1 的最优反应函数为

$$w_1=2(1-b^2)[(1-b)(E[\widehat{A}|Y]-\delta)+bw_2-b\delta\tau_2]/[4(1-b^2)-\delta^2]$$
$$\tau_1=\delta[(1-b)(E[\widehat{A}|Y]-\delta)+bw_2-b\delta E\tau_2]/[4(1-b^2)-\delta^2]$$

生鲜供应商 S_2 的最优反应函数仍不变。分别对两个供应商的最优反应函数左右两边求期望可得

$$E[w_1]=2(1-b^2)[(1-b)(\overline{A}-\delta)+bw_2-b\delta\tau_2]/[4(1-b^2)-\delta^2]$$
$$E[\tau_1]=\delta((1-b)(\overline{A}-\delta)+bw_2-b\delta\tau_2)/[4(1-b^2)-\delta^2]$$
$$w_2=2(1-b^2)((1-b)(\overline{A}-\delta)+bE[w_1]-b\delta E[\tau_1])/[4(1-b^2)-\delta^2]$$
$$\tau_2=\delta((1-b)(\overline{A}-\delta)+bE[w_1]-b\delta E[\tau_1])/[4(1-b^2)-\delta^2]$$

联立以上式子进行求解，可得 $w_2^{\mathrm{N}}(1)=2(1-b^2)(\overline{A}-\delta)/K_1$，$\tau_2^{\mathrm{N}}(1)=\delta(\overline{A}-\delta)/K_1$；

将其代入供应商 S_1 的最优反应函数，即可得到生鲜供应商 S_1 的最优均衡决策：$w_1^{\mathrm{I}}(1)=\overline{w}+2(1-b)(1-b^2)(E[\widehat{A}|Y]-\overline{A})/K_2$，$\tau_1^{\mathrm{I}}(1)=\overline{\tau}+\delta(1-b)(E[\widehat{A}|Y]-\overline{A})/K_2$，其中，$K_2=4(1-b^2)-\delta^2$。

当生鲜销售商选择向所有供应商共享信息时，两个生鲜供应商的最优反应函数分别为

$$w_1=2(1-b^2)[(1-b)(E[\widehat{A}|Y]-\delta)+bw_2-b\delta\tau_2]/[4(1-b^2)-\delta^2]$$

$$\tau_1=\delta[(1-b)(E[\widehat{A}|Y]-\delta)+bw_2-b\delta\tau_2]/[4(1-b^2)-\delta^2]$$

$$w_2=2(1-b^2)[(1-b)(E[\widehat{A}|Y]-\delta)+bw_1-b\delta\tau_1]/[4(1-b^2)-\delta^2]$$

$$\tau_2=\delta[(1-b)(E[\widehat{A}|Y]-\delta)+bw_1-b\delta\tau_1]/[4(1-b^2)-\delta^2]$$

联立以上式子进行求解，可得 $w_i^{\mathrm{I}}(2)=\overline{w}+2(1-b^2)(E[\widehat{A}|Y]-\overline{A})/K_1$，$\tau_i^{\mathrm{I}}(2)=\overline{\tau}+\delta(E[\widehat{A}|Y]-\overline{A})/K_1$。

将以上生鲜供应商均衡决策代入 $q_i(w_i,\tau_i,w_{3-i},\tau_{3-i})$，可得到不同信息共享策略下的销售商订购量最优决策：$q_i^{\mathrm{N}}(0)=\overline{q}+(E[\widehat{A}|Y]-\overline{A})/[2(1+b)]$，$q_i^{\mathrm{N}}(1)=\overline{q}+(K_1-4b)(E[\widehat{A}|Y]-\overline{A})/(2K_2)$，$q_i^{\mathrm{I}}(1)=\overline{q}+(1-b)(E[\widehat{A}|Y]-\overline{A})/K_2$，$q_i^{\mathrm{I}}(2)=\overline{q}+(E[\widehat{A}|Y]-\overline{A})/K_1$，其中，$\overline{q}=(\overline{A}-\delta)/K_1$。证毕。

定理 5.3 中，$\overline{w}$、$\overline{\tau}$ 以及 $\overline{q}$ 表示不受需求预测信息影响的确定性量；$E[\widehat{A}|Y]-\overline{A}$ 表示信息给预期潜在市场需求带来的变化量；$A_i^{\mathrm{I}}(n)$、$B_i^{\mathrm{I}}(n)$ 和 $C_i^{\mathrm{I}}(n)$ 分别表示需求信息对批发价格、保鲜努力以及订购量的影响程度。由定理 5.3 可知，生鲜销售商的订购量决策始终受需求信息的影响，说明销售商可凭借信息优势合理调整生鲜农产品订购量，从而有效应对市场需求波动。对于生鲜供应商 S_i 而言，当销售商不向其共享需求信息时，由 $w_i^{\mathrm{N}}(0)=w_i^{\mathrm{N}}(1)$ 和 $\tau_i^{\mathrm{N}}(0)=\tau_i^{\mathrm{N}}(1)$ 可知，S_i 的均衡决策不受预测信息的影响，且销售商是否向供应商 S_{3-i} 共享信息并不影响 S_i 的均衡决策。而当销售商向供应商 S_i 共享需求信息时，由 $A_i^{\mathrm{I}}(n)>0$，$B_i^{\mathrm{I}}(n)>0$ 可知，信息共享有利于供应商 S_i 根据需求波动有效调整批发价格和保鲜努力决策。进一步分析生鲜销售商向供应商 S_{3-i} 共享信息对知晓信息供应商 S_i 均衡决策的影响，可得推论 5.4。

推论 5.4 对于知晓信息的生鲜供应商而言，当 $\delta\in(0,0.7\overline{\delta})$ 时，$A_i^{\mathrm{I}}(2)>A_i^{\mathrm{I}}(1)$，$B_i^{\mathrm{I}}(2)>B_i^{\mathrm{I}}(1)$；当 $\delta\in(0.7\overline{\delta},\overline{\delta})$ 时，$A_i^{\mathrm{I}}(2)<A_i^{\mathrm{I}}(1)$，$B_i^{\mathrm{I}}(2)<B_i^{\mathrm{I}}(1)$。

证明 根据定理 5.3，分别比较 $A_i^{\mathrm{I}}(1)$ 和 $A_i^{\mathrm{I}}(2)$ 以及 $B_i^{\mathrm{I}}(1)$ 和 $B_i^{\mathrm{I}}(2)$ 即可得证。此处略。

推论 5.4 表明，对于知晓信息的生鲜供应商而言，当新鲜度弹性较低时，竞争对手知晓信息可使该供应商根据需求波动更加有效地调整批发价格和保鲜努力

决策；而当新鲜度弹性较高时，竞争对手知晓信息不利于该供应商根据需求波动有效调整均衡决策。这是因为，生鲜供应商在均衡决策时需考虑信息共享对竞争对手批发价格和保鲜努力决策的影响。容易验证，竞争对手 S_{3-i} 知晓信息后的批发价格调整会提高需求信息对销售商订购量 q_i 的影响程度（ $C_i^{\rm I}(2) > C_i^{\rm I}(1)$ ），而其保鲜努力调整会降低需求信息对 q_i 的影响程度（ $C_i^{\rm I}(2) < C_i^{\rm I}(1)$ ）。由于供应商 S_i 根据知晓信息后的期望订购量 $E[q_i|Y]$ 决策批发价格 w_i 和保鲜努力 τ_i ，从而竞争对手 S_{3-i} 知晓需求信息后的批发价格（保鲜努力）调整，会加强（减弱）需求信息对 w_i 和 τ_i 决策的影响。当新鲜度弹性较低时，消费者对生鲜农产品新鲜度的关注度较小，竞争对手 S_{3-i} 知晓信息后的批发价格调整对 w_i 和 τ_i 受信息影响程度的增强作用更显著，使得该供应商能够更加有效地应对市场需求波动。反之，当新鲜度弹性较高时，竞争对手 S_{3-i} 知晓信息后的保鲜努力调整对 w_i 和 τ_i 受信息影响程度的削弱作用更显著，从而不利于该供应商有效应对市场需求波动。

2. 期望利润

根据上文对生鲜供应商和销售商均衡决策的讨论，结合式（5.10）、式（5.12）和式（5.15），可以得到三种信息共享策略下供应链各成员的期望利润，如定理 5.4 所示。

定理 5.4　三种信息共享策略下，生鲜供应商和销售商的最优期望利润如表 5.5 所示。

表 5.5　不同信息共享策略下供应链各成员的期望利润

最优利润	$n=0$	$n=1$		$n=2$
		$X_1=\mathrm{I}, X_2=\mathrm{N}$	$X_1=\mathrm{N}, X_2=\mathrm{I}$	
$\Pi_{S_1}^{X_1}(n)$	$\bar{\Pi}_S$	$\bar{\Pi}_S+F_1(1)$	$\bar{\Pi}_S$	$\bar{\Pi}_S+F_1(2)+G_2(2)$
$\Pi_{S_2}^{X_2}(n)$	$\bar{\Pi}_S$	$\bar{\Pi}_S$	$\bar{\Pi}_S+F_2(1)$	$\bar{\Pi}_S+F_2(2)+G_1(2)$
$\Pi_R(n)$	$\bar{\Pi}_R+O$	$\bar{\Pi}_R+M_1(1)+O$	$\bar{\Pi}_R+M_2(1)+O$	$\bar{\Pi}_R+M_1(2)+N_2(2)+M_2(2)+N_1(2)+O$

其中， $\bar{\Pi}_S = K_2(\bar{A}-\delta)^2/(2K_1^2)$ ， $\bar{\Pi}_R = 2(1+b)(\bar{A}-\delta)^2/K_1^2$ ； $O = J/(2+2b)$ ， $F_i(n) = [A_i^{\rm I}(n)(1-b-\chi_i^{\rm I}(n)) - (1-b^2)B_i^{\rm I}(n)^2]J/(2-2b^2)$ ， $G_i(2) = b\chi_i^{\rm I}(2)(1-b+b\chi_i^{\rm I}(2))J/K_2$ ， $M_i(n) = \chi_i^{\rm I}(n)[\chi_i^{\rm I}(n)-2(1-b)]J/(4-4b^2)$ ， $N_i(2) = [\delta^2 - 2(1-b^2)]G_i(2)/[4(1-b^2)]$ ， $\chi_i^{\rm I}(n) = A_i^{\rm I}(n) + \delta B_i^{\rm I}(n)$ ， $J = (2\rho-1)^2(H-L)^2/4$ 。

证明　根据定理 5.3 中关于供应链各成员均衡决策的分析，结合各生鲜供应商的批发价格和保鲜努力决策的最优反应函数，分别将各均衡决策值代入生鲜供应商和销售商的利润表达式即可得证。证毕。

定理 5.4 中，$\bar{\Pi}_R$ 和 $\bar{\Pi}_S$ 表示与需求预测信息无关的确定性利润。$F_i(n)$ 和 $M_i(n)$ 与需求信息对供应商 S_i 均衡决策的影响程度（即 $A_i^{\mathrm{I}}(n)$ 和 $B_i^{\mathrm{I}}(n)$）有关，表示生鲜销售商向供应商 S_i 共享需求信息给 S_i 与销售商期望利润带来的直接影响；$G_{3-i}(2)$ 和 $N_{3-i}(2)$ 与需求信息对供应商 S_{3-i} 均衡决策的影响程度（即 $A_{3-i}^{\mathrm{I}}(2)$ 和 $B_{3-i}^{\mathrm{I}}(2)$）有关，表示生鲜销售商向供应商 S_{3-i} 共享需求信息给供应商 S_i 与销售商期望利润带来的间接影响；O 与各供应商均衡决策调整均无关，表示进行需求信息预测给生鲜销售商带来的利润增加量。根据定理 5.4，在向部分供应商共享信息策略下，知晓信息的供应商和生鲜销售商期望利润主要受信息共享所带来的直接影响；而在向所有供应商共享信息策略下，知晓信息的供应商和生鲜销售商期望利润还受信息共享所带来的间接影响。

进一步分析信息共享对供应链各成员期望利润的直接影响和间接影响，可得命题 5.6。

命题 5.6　（1）对于知晓信息的供应商而言：① $F_i(n)>0$。②当 $\delta\in(0,0.7\bar{\delta})$ 时，$G_{3-i}(2)>0$；当 $\delta\in(0.7\bar{\delta},\bar{\delta})$ 时，$G_{3-i}(2)<0$。

（2）对于生鲜销售商而言：①当 $\delta\in(0,0.7\bar{\delta})$ 时，$M_i(n)>0$；当 $\delta\in(0.7\bar{\delta},\bar{\delta})$ 时，$M_i(n)<0$。② $N_i(2)<0$。

证明　根据定理 5.3，将 $A_i^{\mathrm{I}}(1)$ 和 $A_i^{\mathrm{I}}(2)$ 以及 $B_i^{\mathrm{I}}(1)$ 和 $B_i^{\mathrm{I}}(2)$ 分别代入 $F_i(n)$、$M_i(n)$、$G_{3-i}(2)$ 和 $N_{3-i}(2)$ 即可得证。证毕。

由命题 5.6（1）①可知，信息共享总是会对知晓信息供应商的期望利润产生正向的直接影响。这是由于，生鲜销售商共享需求信息有利于供应商根据需求波动有效调整批发价格和保鲜努力决策，使其能够更好地应对市场需求不确定性。命题 5.6（1）②揭示了信息共享对知晓信息供应商期望利润的间接影响，当新鲜度弹性较低时，竞争对手知晓信息会提高需求信息对该供应商均衡决策的影响程度，有利于其更加有效地应对市场需求波动，从而给知晓信息的供应商期望利润带来正向的间接影响。反之，当新鲜度弹性较高时，竞争对手知晓信息会降低需求信息对该供应商均衡决策的影响程度，不利于其有效应对市场需求波动，从而给知晓信息供应商期望利润带来负向的间接影响。

命题 5.6（1）①揭示了信息共享对生鲜销售商期望利润的直接影响。需求信息共享一方面会增加生鲜供应商在调整批发价格决策时的信息优势，加剧供应链内的双重边际效应；另一方面也利于供应商有效调整保鲜努力投入水平，使得生鲜农产品供应链能够更好地应对市场需求不确定性。只有当新鲜度弹性较高时，由保鲜努力有效调整带来的正向影响才会占优于双重边际效应加剧带来的负向影响，信息共享才会给生鲜销售商期望利润带来正向的直接影响。由命题 5.6（2）②可知，信息共享总是会对销售商期望利润产生负向的间接影响。这是由于，当新鲜度弹性较低时，需求信息共享引发的双重边际效应加剧对销售商的负向影响更显著，而竞争对手知晓信息会提高需求信息对供应商批发价格决策的影响程度，从而更加加剧双重边际效应给销售商带来的负向影响。反之，当新鲜度弹性较高时，需求信息共享带来的保鲜努力有效调整对销售商的正向影响更显著，而竞争对手知晓信息会降低需求信息对供应商保鲜努力决策的影响程度，从而削弱保鲜努力有效调整给销售商带来的正向影响，最终给生鲜销售商期望利润带来负向影响。

5.2.3　生鲜供应链的需求信息共享策略

基于上文对生鲜农产品供应链各成员期望利润的分析，首先比较生鲜销售商在不同信息共享策略下获得的期望利润，可得以下命题。

命题 5.7　生鲜销售商的最优信息共享策略如下。

（1）若 $\delta\in(0,0.7\bar{\delta})$，则 $\Pi_R(2)<\Pi_R(1)<\Pi_R(0)$，销售商应选择无信息共享策略。

（2）若 $\delta\in(0.7\bar{\delta},\delta_1)$，则 $\Pi_R(0)<\Pi_R(1)<\Pi_R(2)$，销售商应向所有供应商共享信息。

（3）若 $\delta\in(\delta_1,\bar{\delta})$，则 $\Pi_R(0)<\Pi_R(2)<\Pi_R(1)$，销售商应向部分供应商共享信息。

其中，δ_1 为 $\delta^6+A_1\delta^4+A_2\delta^2+A_3=0$ 在区间 $(0.7\bar{\delta},\bar{\delta})$ 内的唯一解。其中，$A_1=10b^2-4b-14$，$A_2=4(1-b^2)(16+6b-7b^2)$，$A_3=8(1-b^2)^2(3b^2-4b-12)$。

证明　首先，比较三种信息共享策略下生鲜销售商的事前期望利润，可得

$$\Pi_R(0)-\Pi_R(1)=(1-b)[\delta^2-2(1-b^2)][-K_2-2(1-b^2)](2\rho-1)^2(H-L)^2/[16(1+b)K_2^2]$$

$$\Pi_R(0)-\Pi_R(2)=[\delta^2-2(1-b^2)][-K_1-2(1+b)](2\rho-1)^2(H-L)^2/[8(1+b)K_1^2]$$

$$\Pi_R(1)-\Pi_R(2)=[\delta^2-2(1-b^2)]f_1(\delta)(2\rho-1)^2(H-L)^2/[16K_1^2K_2^2]$$

其中，$f_1(\delta)=\delta^6+A_1\delta^4+A_2\delta^2+A_3$，并且，$A_1=10b^2-4b-14$，$A_2=4(1-b^2)(16+6b-7b^2)$，$A_3=8(1-b^2)^2(3b^2-4b-12)$。

由 $\delta<\bar{\delta}=2\sqrt{1-b^2}$ 可知，当 $\delta\in(0,0.7\bar{\delta})$ 时，$\Pi_R(1)<\Pi_R(0)$ 以及 $\Pi_R(2)<\Pi_R(0)$；当 $\delta\in(0.7\bar{\delta},\bar{\delta})$ 时，$\Pi_R(1)>\Pi_R(0)$ 以及 $\Pi_R(2)>\Pi_R(0)$。接下来，比较 $\Pi_R(1)$ 和 $\Pi_R(2)$。易知，二者大小取决于 $f_1(\delta)$ 的正负性。

为便于分析，不妨记 $x=\delta^2$，则 $x\in(0,\bar{x})$，其中，$\bar{x}=4(1-b^2)$；$f_1(\delta)$ 可以转化为 $g_1(x)=x^3+A_1x^2+A_2x+A_3$。对 $g_1(x)$ 进行微分并令其导函数等于 0，可得一阶导函数的两个解分别为

$$x_1=(14+4b-10b^2+2\sqrt{(1+b)(1+9b-6b^2+4b^3)})/3$$

$$x_2=(14+4b-10b^2-2\sqrt{(1+b)(1+9b-6b^2+4b^3)})/3$$

可以验证，$x_1>\bar{x}$，$x_2\in(0.5\bar{x},\bar{x})$。并且，$g_1(0)<0$，$g_1(\bar{x})>0$，$g_1(x_2)>0$。因此，$g_1(x)$在区间$(0,\bar{x})$内先增后减，且存在唯一解$x_3$，使得$g_1(x)$在区间$(0,x_3)$内小于0，在区间$(x_3,\bar{x})$内大于0。

将δ以$\sqrt{x}$进行替换，并记$\delta_1=\sqrt{x_3}$。进一步，可以验证$g_1(0.5\bar{x})<0$，从而可知$x_3>0.5\bar{x}$，于是有$0.7\bar{\delta}<\delta_1$。

综上，当$\delta\in(0,0.7\bar{\delta})$时，$\Pi_R(2)<\Pi_R(1)<\Pi_R(0)$；当$\delta\in(0.7\bar{\delta},\delta_1)$时，$\Pi_R(0)<\Pi_R(1)<\Pi_R(2)$；当$\delta\in(\delta_1,\bar{\delta})$时，则$\Pi_R(0)<\Pi_R(2)<\Pi_R(1)$。证毕。

命题 5.7 表明，只有当新鲜度弹性较高时，生鲜销售商才会向供应商共享需求信息，并且随着新鲜度弹性的提升，销售商最优信息共享策略会由向所有供应商共享信息转换为向部分供应商共享信息。该发现与 Liu 等（2021）的研究结论不同。他们考虑了单一供应商情形下的生鲜农产品供应链需求信息共享问题，认为新鲜度弹性越高，销售商越具有向供应商共享需求信息的动机。我们在多个供应商竞争情形下对生鲜农产品供应链需求信息共享问题进行研究发现，当新鲜度弹性高于一定阈值时，销售商反而应该向更少的供应商共享需求信息。这是由于，首先，只有当新鲜度弹性较高时，信息共享才会给生鲜销售商期望利润带来正向的直接影响，销售商也才会向供应商共享信息。其次，相较于向部分供应商共享信息情形，若销售商选择向所有供应商共享信息，一方面会增强信息共享给其期望利润带来的正向影响，另一方面该信息共享策略还会对其利润产生负向的间接影响。当新鲜度弹性高于阈值δ_1时，由间接影响对销售商期望利润造成的损失占优于由直接影响增强带来的利润增量，故销售商应向部分供应商共享信息。

命题 5.7 对同时从多家供应商订购同类生鲜农产品的销售商信息共享决策具有一定的指导意义。具体而言，对于新鲜度弹性较低的生鲜农产品（如香蕉、梨等），由于此类产品新鲜度衰减较缓慢，通过增加保鲜努力投入来降低需求流失的效果较弱，销售商应保持自身信息优势不向供应商共享信息。对于新鲜度弹性较高的生鲜农产品（如柑橘、猕猴桃等），消费者对上述产品的新鲜度敏感性较高，供应商的保鲜努力水平对消费者需求影响较大，销售商应积极主动向各供应商共享信息。对于新鲜度弹性很高的生鲜农产品（如叶菜、海鲜等），由于向多个供应商共享需求信息所产生的负向间接影响较强，进而会对销售商期望利润造成较大损失，因而生鲜销售商应选择只与部分供应商共享需求信息。

生鲜销售商的信息共享决策主要受新鲜度弹性高低的影响，但对于生鲜供应商和整体生鲜农产品供应链而言，不同的信息共享策略对二者期望利润的影响可能与销售商的信息共享动机不一致。接下来，结合定理 5.4，分别比较三种信息共享策略下供应商和生鲜农产品供应链的期望利润，可得命题 5.8。

命题 5.8　不同信息共享策略对生鲜供应商和生鲜农产品供应链期望利润具有如下影响。

（1）信息共享对知晓信息的生鲜供应商总是有利的，并且，若 $\delta \in (0, 0.7\overline{\delta})$，则 $\Pi_{S_i}^{\mathrm{N}}(0) = \Pi_{S_i}^{\mathrm{N}}(1) < \Pi_{S_i}^{\mathrm{I}}(1) < \Pi_{S_i}^{\mathrm{I}}(2)$；若 $\delta \in (0.7\overline{\delta}, \overline{\delta})$，则 $\Pi_{S_i}^{\mathrm{N}}(0) = \Pi_{S_i}^{\mathrm{N}}(1) < \Pi_{S_i}^{\mathrm{I}}(2) < \Pi_{S_i}^{\mathrm{I}}(1)$。

（2）对于生鲜农产品供应链而言，若 $\delta \in (0, \delta_2)$，则 $\max\{\Pi_{\mathrm{SC}}(1), \Pi_{\mathrm{SC}}(2)\} < \Pi_{\mathrm{SC}}(0)$；若 $\delta \in (\delta_2, \delta_3)$，则 $\max\{\Pi_{\mathrm{SC}}(0), \Pi_{\mathrm{SC}}(1)\} < \Pi_{\mathrm{SC}}(2)$；若 $\delta \in (\delta_3, \overline{\delta})$，则 $\Pi_{\mathrm{SC}}(0) < \Pi_{\mathrm{SC}}(2) < \Pi_{\mathrm{SC}}(1)$。

其中，$\delta_2 = [(1+b)(3-2b-\sqrt{5-4b})]^{1/2}$；$\delta_3$ 为 $\delta^8 + B_1\delta^6 + B_2\delta^4 + B_3\delta^2 + B_4 = 0$ 在区间 $(0.7\overline{\delta}, \delta_1)$ 内的唯一解。并且，$B_1 = 10b^2 - 14$，$B_2 = 4(1-b^2)(17-2b-8b^2)$，$B_3 = 8(1-b^2)^2(5b^2+6b-16)$，$B_4 = 16(1-b^2)^3(4-b^2-4b)$。

为了更直观地表示在不同新鲜度弹性区间内，生鲜农产品供应链各成员的信息共享策略偏好和供应链整体最优信息共享策略，设置参数 $H = 2.5$，$L = 2.0$，$b = 0.5$，$\rho = 0.8$，绘制图 5.4。其中，$\overline{\Pi}_R = \max\{\Pi_R(0), \Pi_R(1), \Pi_R(2)\}$，$\overline{\Pi}_{S_i} = \max\{\Pi_{S_i}^{\mathrm{N}}, \Pi_{S_i}^{\mathrm{I}}(1), \Pi_{S_i}^{\mathrm{I}}(2)\}$，$\overline{\Pi}_{\mathrm{SC}} = \max\{\Pi_{\mathrm{SC}}(0), \Pi_{\mathrm{SC}}(1), \Pi_{\mathrm{SC}}(2)\}$。

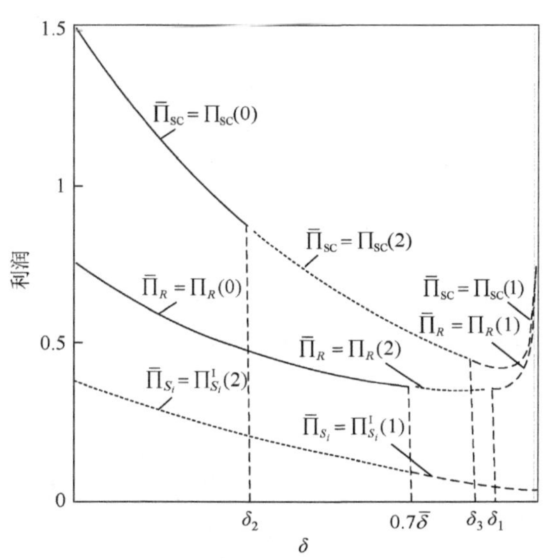

图 5.4　供应链成员的信息共享策略偏好和整体最优信息共享策略

证明　首先，比较生鲜供应商在三种信息共享策略下的期望利润。

根据定理 5.4 易知，$\Pi_{S_i}^{\mathrm{N}}(0)=\Pi_{S_i}^{\mathrm{N}}(1)$。接下来，对比 $\Pi_{S_i}^{\mathrm{N}}(1)$、$\Pi_{S_i}^{\mathrm{I}}(1)$ 以及 $\Pi_{S_i}^{\mathrm{I}}(2)$

可得

$$\Pi_{S_i}^{\mathrm{N}}(1)-\Pi_{S_i}^{\mathrm{I}}(1)=-(1-b^2)(2\rho-1)^2(H-L)^2/(32K_2)$$

$$\Pi_{S_i}^{\mathrm{N}}(1)-\Pi_{S_i}^{\mathrm{I}}(2)=-K_2(2\rho-1)^2(H-L)^2/(32K_1^2)$$

$$\Pi_{S_i}^{\mathrm{I}}(1)-\Pi_{S_i}^{\mathrm{I}}(2)=b[\delta^2-2(1-b^2)][(b-2)\delta^2+2(4-b)(1-b^2)](2\rho-1)^2(H-L)^2/(8K_2K_1^2)$$

结合$\delta<\bar{\delta}=2\sqrt{1-b^2}$可知，$\Pi_{S_i}^{\mathrm{N}}(1)-\Pi_{S_i}^{\mathrm{I}}(1)<0$，$\Pi_{S_i}^{\mathrm{N}}(1)-\Pi_{S_i}^{\mathrm{I}}(2)<0$。并且，当$\delta\in(0,0.7\bar{\delta})$时，$\Pi_{S_i}^{\mathrm{I}}(1)-\Pi_{S_i}^{\mathrm{I}}(2)<0$；当$\delta\in(0.7\bar{\delta},\delta_1)$时，$\Pi_{S_i}^{\mathrm{I}}(1)-\Pi_{S_i}^{\mathrm{I}}(2)>0$。

接下来，比较三种信息共享策略下的生鲜农产品供应链事前期望利润，可以得到：

$$\Pi_{\mathrm{SC}}(0)-\Pi_{\mathrm{SC}}(1)=(1-b)[\delta^4-6(1-b^2)\delta^2+4(1-b^2)^2](2\rho-1)^2(H-L)^2/[16(1+b)K_2^2]$$

$$\Pi_{\mathrm{SC}}(0)-\Pi_{\mathrm{SC}}(2)=[\delta^4-2(1+b)(3-2b)\delta^2+4(1-b^2)^2](2\rho-1)^2(H-L)^2/[8(1+b)K_1^2]$$

$$\Pi_{\mathrm{SC}}(1)-\Pi_{\mathrm{SC}}(2)=f_2(\delta)(2\rho-1)^2(H-L)^2/[16K_1^2K_2^2]$$

其中，$f_2(\delta)=\delta^8+B_1\delta^6+B_2\delta^4+B_3\delta^2+B_4$，并且，$B_1=10b^2-14$，$B_2=4(1-b^2)\times(17-2b-8b^2)$，$B_3=8(1-b^2)^2(5b^2+6b-16)$，$B_4=16(1-b^2)^3(4-b^2-4b)$。

为便于分析，同样记$x=\delta^2$，则$x\in(0,\bar{x})$，其中，$\bar{x}=4(1-b^2)$；观察上式可知，$\Pi_{\mathrm{SC}}(0)-\Pi_{\mathrm{SC}}(1)$的正负性主要受$g_2(x)=x^2-6(1-b^2)x+4(1-b^2)^2$的影响。

可以求得$g_2(x)=0$的两个解分别为：$x_4=(3-\sqrt{5})(1-b^2)$，$x_5=(3+\sqrt{5})(1-b^2)$。易知，$x_4<0.5\bar{x}$且$x_5>\bar{x}$。

因此，当$x<x_4$时，$\Pi_{\mathrm{SC}}(0)>\Pi_{\mathrm{SC}}(1)$；当$x>x_4$时，$\Pi_{\mathrm{SC}}(0)<\Pi_{\mathrm{SC}}(1)$。

接着，$\Pi_{\mathrm{SC}}(0)-\Pi_{\mathrm{SC}}(2)$的正负性主要受$g_3(x)=x^2-2(1+b)(3-2b)x+4(1-b^2)^2$的影响。

可以求得$g_3(x)=0$的两个解分别为：$x_6=(3-2b+\sqrt{5-4b})(1+b)$，$x_7=(3-2b-\sqrt{5-4b})(1+b)$。易知，$x_6>\bar{x}$且$x_7<x_4$。

因此，当$x<x_7$时，$\Pi_{\mathrm{SC}}(0)>\Pi_{\mathrm{SC}}(2)$；当$x>x_7$时，$\Pi_{\mathrm{SC}}(0)<\Pi_{\mathrm{SC}}(2)$。

然后，$\Pi_{\mathrm{SC}}(1)-\Pi_{\mathrm{SC}}(2)$的正负性主要受$g_4(x)=x^4+B_1x^3+B_2x^2+B_3x+B_4$的影响。

对$g_4(x)$求二阶微分可得，$\partial^2 g_4(x)/\partial x^2=12x^2+6(10b^2-14)x+8(1-b^2)\times(17-2b-8b^2)$，令其等于0，可得二阶导函数的两个解分别为

$$x_8=(21-15b^2+\sqrt{33b^4-48b^3-30b^2+48b+33})/6$$

$$x_9=(21-15b^2-\sqrt{33b^4-48b^3-30b^2+48b+33})/6$$

可以验证，$x_8>\bar{x}$，$x_9\in(0.5\bar{x},\bar{x})$。并且，$\partial^2 g_4(x)/\partial x^2|x=0>0$，$\partial^2 g_4(x)/\partial x^2|x=\bar{x}<0$。

因此，$\partial^2 g_4(x)/\partial x^2$ 在区间 $(0,x_9)$ 大于 0，在区间 $(x_9,\overline{x})$ 小于 0。

由此可知，$g_4(x)$ 的一阶微分 $\partial g_4(x)/\partial x$ 在区间 $(0,x_9)$ 内单调递增，在区间 $(x_9,\overline{x})$ 内单调递减，并在 x_9 处取得最大值。

易证，$\partial g_4(x)/\partial x|x=0<0$，$\partial g_4(x)/\partial x|x=x_9>0$，$\partial g_4(x)/\partial x|x=\overline{x}<0$。因此，$\partial g_4(x)/\partial x$ 必存在两个零点 x_{10} 和 x_{11}。从而，$g_4(x)$ 在区间 $(0,x_{10})$ 内单调递减，在区间 (x_{10},x_{11}) 内单调递增，在区间 $(x_{11},\overline{x})$ 内单调递减。

可以验证，$g_4(x)|x=x_9<0$，$g_4(x)|x=\overline{x}>0$。结合对 $g_4(x)$ 单调性的分析可知，$g_4(x)$ 在区间 $(x_9,\overline{x})$ 内一定有解 x_{12}。

综上，当 $x\in(0,x_7)$ 时，$\max\{\Pi_{SC}(1),\Pi_{SC}(2)\}<\Pi_{SC}(0)$；当 $x\in(x_7,x_{12})$ 时，$\max\{\Pi_{SC}(0),\Pi_{SC}(1)\}<\Pi_{SC}(2)$；当 $x\in(x_{12},\overline{x})$ 时，则 $\Pi_{SC}(0)<\Pi_{SC}(2)<\Pi_{SC}(1)$。

同样将 δ 以 $\sqrt{x}$ 进行替换，并记 $\delta_2=\sqrt{x_7}$，$\delta_3=\sqrt{x_{12}}$。可得，当 $\delta\in(0,\delta_2)$ 时，$\max\{\Pi_{SC}(1),\Pi_{SC}(2)\}<\Pi_{SC}(0)$；当 $\delta\in(\delta_2,\delta_3)$ 时，$\max\{\Pi_{SC}(0),\Pi_{SC}(1)\}<\Pi_{SC}(2)$；当 $\delta\in(\delta_3,\overline{\delta})$ 时，则 $\Pi_{SC}(0)<\Pi_{SC}(2)<\Pi_{SC}(1)$。

最后，比较 δ_3 与 δ_1 之间的大小关系。

已知 $g_4(x)=x^4+B_1x^3+B_2x^2+B_3x+B_4$，可将其变形为 $g_4(x)=(x+4b)g_1(x)+4(1+b)M(x)$，其中，$M(x)=B_5x^2+B_6x+B_7$，$B_5=b^3-3b^2+5b+1$，$B_6=4(b-1)(b^4-2b^3+3b^2+11b+2)$，$B_7=4(1+b)(1-b)^2(b^4-2b^3+3b^2+20b+4)$。

可以得到 $M(x)=0$ 的两个解分别为

$$x_{13}=2(1-b)(b^4-2b^3+3b^2+11b+2-\sqrt{B_8})/(b^3-3b^2+5b+1)\in(0.5\overline{x},\overline{x})$$

$$x_{14}=2(1-b)(b^4-2b^3+3b^2+11b+2+\sqrt{B_8})/(b^3-3b^2+5b+1)>\overline{x}$$

其中，$B_8=b^6-6b^5+10b^4+10b^3+2b^2$。

将 x_{13} 代入 $g_1(x)$，可知 $g_1(x_{13})>0$，因此，$x_3<x_{13}$，$M(x_3)>0$。

从而可得，$g_4(x_3)=(x_3+4b)g_1(x_3)+4(1+b)M(x_3)>0$，因此，$x_3>x_{12}$，即 $\delta_3<\delta_1$。证毕。

命题 5.8（1）表明，生鲜供应商总是愿意接受销售商共享的需求信息。直觉上，当企业间存在横向竞争时，竞争对手知晓更多信息会降低企业的竞争优势，使企业更偏好于独自拥有需求信息。命题 5.8（1）揭示了，当新鲜度弹性较低时，竞争对手也知晓需求信息反而对生鲜供应商更有利。这是由于，一方面，生鲜销售商共享需求信息带来的直接影响会提高知晓信息供应商的期望利润；另一方面，在向所有供应商共享信息策略下，当新鲜度弹性较低时，信息共享还会对知晓信息供应商期望利润产生正向的间接影响，使得知晓信息供应商的期望利润更高。

命题 5.8（2）中，当新鲜度弹性低于阈值 δ_2 时，信息共享给知晓信息的供应商带来的利润增量不能弥补给销售商自身带来的利润损失，故需求信息共享会降低供应链期望利润。当新鲜度弹性位于区间(δ_2,δ_3)时，在向所有供应商共享信息策略下，生鲜农产品供应链整体绩效最高，这说明，对于新鲜度弹性相对较低的生鲜农产品，需求信息透明能够提高供应链整体效率。这也与现实实践相吻合，如科学技术部支持物美集团等大型生鲜农产品连锁超市构建供应链集成信息管理系统，以实现生鲜农产品供应链全流通过程的信息透明化；然而，如图 5.4 所示，在区间$(\delta_2,0.7\bar{\delta})$内，生鲜销售商会选择无信息共享策略，由于供应商偏好于销售商向所有供应商共享信息，故此时可以通过信息共享契约实现供应链绩效改善。当新鲜度弹性高于δ_3时，在向部分供应商共享信息策略下，生鲜农产品供应链整体绩效最高，这说明，对于新鲜度弹性相对较高的生鲜农产品，需求信息完全透明对于供应链绩效提升反而是不利的。因此，相关部门应慎重考虑供应商竞争与生鲜农产品新鲜度弹性的影响，在选择提升生鲜农产品供应链整体绩效的措施时，不应过度依赖需求信息共享的作用。此外，如图 5.4 所示，在区间(δ_3,δ_1)内，销售商会选择向所有供应商共享信息，而供应商偏好于销售商只向其自身共享信息，故此时可通过一定的契约机制改善供应链整体绩效。

5.2.4　信息共享契约与影响

根据上文对生鲜农产品供应链需求信息共享策略的分析，在新鲜度弹性位于区间$(\delta_2,0.7\bar{\delta})$和$(\delta_3,\delta_1)$时，可以通过信息共享契约实现供应链绩效的帕累托改善。本节首先在上述两个可行区间内设计相应的契约使得销售商选择利于供应链整体绩效改善的信息共享策略。在此基础上，进一步分析销售商信息共享策略改善对各成员均衡决策的影响，以丰富管理学启示。

1. 信息共享契约

鉴于生鲜销售商为供应链内的信息优势方，因此，我们考虑销售商可通过收取信息费用T的形式与供应商开展信息共享合作。基于可实现供应链绩效改善的不同情形，我们考虑两种不同的收费契约：当新鲜度弹性位于区间$(\delta_2,0.7\bar{\delta})$时，生鲜销售商向两供应商各收取需求预测信息费用$T_1$；当新鲜度弹性位于区间$(\delta_3,\delta_1)$时，生鲜销售商只向一个供应商收取需求预测信息费用$T_2$。

命题 5.9　（1）当$\delta\in(\delta_2,0.7\bar{\delta})$时，生鲜销售商可通过向各供应商收取信息费用$T_1\in[T_{1\min},T_{1\max}]$，与所有供应商达成信息共享合作。

（2）当$\delta\in(\delta_3,\delta_1)$时，生鲜销售商可通过向任一供应商$S_i$收取信息费用$T_2\in[T_{2\min},T_{2\max}]$，与供应商$S_i$达成信息共享合作。

其中，$T_{1\min}=(\Pi_R(0)-\Pi_R(2))/2$，$T_{1\max}=\Pi_{S_i}^{\mathrm{I}}(2)-\Pi_{S_i}^{\mathrm{N}}(0)$，$T_{2\min}=\Pi_R(2)-\Pi_R(1)$，$T_{2\max}=\Pi_{S_i}^{\mathrm{I}}(1)-\Pi_{S_i}^{\mathrm{I}}(2)$。

由命题 5.9（1）可知，当新鲜度弹性相对较低时，生鲜销售商可以通过收取信息费用实现向各供应商共享需求信息。这与 Jiang 和 Hao（2016）的研究结论不同。他们同样考虑了存在供应商竞争情形下的供应链需求信息共享问题，认为供应商知晓需求信息后给批发价格进行有效调整带来的利润增量，不能弥补信息共享对销售商带来的利润损失，因此，各供应商无法通过支付信息费用使得销售商共享需求信息。然而，对于存在供应商竞争的生鲜农产品供应链而言，销售商信息共享不仅利于生鲜供应商有效调整批发价格决策，还能够促使生鲜供应商根据需求波动有效调整保鲜努力决策，从而增加信息共享给供应商带来的利润增量，使其能够弥补生鲜销售商信息共享后的利润损失，实现供应链整体绩效的帕累托改善。

命题 5.9（2）表明，当新鲜度弹性相对较高时，生鲜销售商可通过收费契约使其最优信息共享策略由向所有供应商信息共享调整为向部分供应商信息共享。一般而言，供应链内的信息劣势方通过支付信息费用激励信息优势方共享需求信息，可以实现上下游主体利润的帕累托改善，提升供应链整体绩效。命题 5.9（2）则揭示了，一定条件下，供应链内的信息优势方通过收取信息费用仅向部分信息劣势方共享信息，同样有利于提升供应链整体绩效。该发现为供应链中的需求信息共享策略改善提供了新的视角。

观察信息费用合同可以发现，上述契约主要受新鲜度弹性、市场波动的影响，为了进一步直观考察新鲜度弹性、市场波动性变化对契约机制实施的影响，设置参数 $L=2.0$，$b=0.5$，$\rho=0.8$，分别取 $H=2.5$ 以及 $\delta=1.0\in(\delta_2,0.7\overline{\delta})$、$\delta=1.5\in(\delta_3,\delta_1)$，绘制图 5.5。

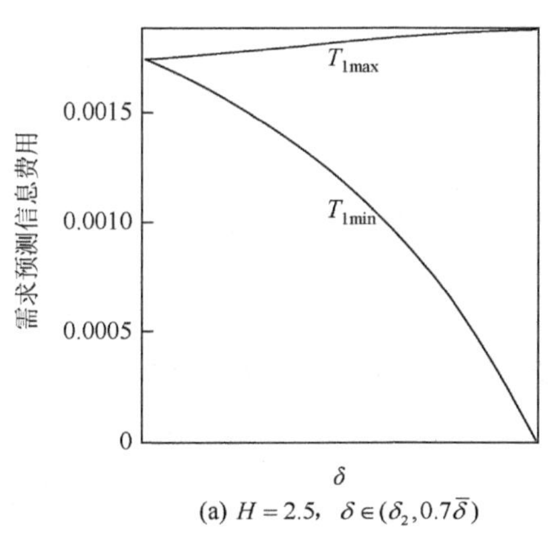

(a) $H=2.5$，$\delta\in(\delta_2,0.7\overline{\delta})$

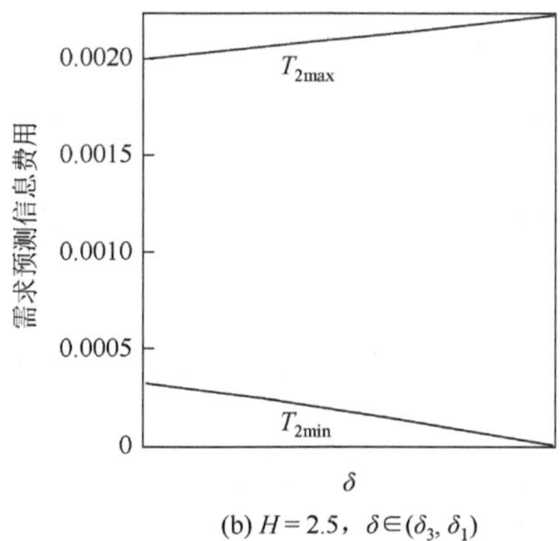

(b) $H=2.5$，$\delta\in(\delta_3,\delta_1)$

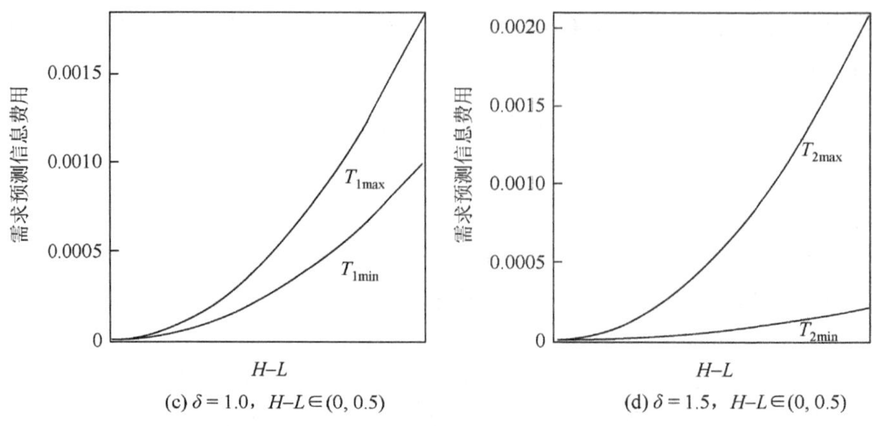

(c) $\delta=1.0$，$H\text{–}L\in(0, 0.5)$　　(d) $\delta=1.5$，$H\text{–}L\in(0, 0.5)$

图 5.5　信息费用取值区间变化趋势

观察图 5.5（a）和图 5.5（b）可以看出，随着新鲜度弹性的增加，$T_{1\max}$ 和 $T_{2\max}$ 的取值逐渐增大，而 $T_{1\min}$ 和 $T_{2\min}$ 的取值逐渐减小。由于生鲜销售商需求信息共享策略改善后，供应商的利润增量随新鲜度弹性的增加而提高，而销售商的利润损失随新鲜度弹性增加而降低，因此，生鲜销售商和供应商之间基于转移支付契约的讨价还价区间增大，即收费契约的实施难度降低。由图 5.5（c）和图 5.5（d）可以看出，$T_{1\min}$、$T_{1\max}$、$T_{2\min}$ 以及 $T_{2\max}$ 的取值均随市场波动性增强而增大，说明生鲜销售商需求信息共享策略改善后，知晓信息供应商的利润增加量和生鲜销售商的利润减少量均随市场波动增强而提高。由于知晓信息供应商的利润增加幅度高于生鲜销售商的利润减少幅度（即 $\partial T_{1\max}/\partial(H-L)>\partial T_{1\min}/\partial(H-L)$，$\partial T_{2\max}/\partial(H-L)>\partial T_{2\min}/\partial(H-L)$），因此，$T_1$ 和 T_2 的取值范围逐渐扩大，市场波动增强同样会降低销售商和供应商之间收费契约的实施难度。

2. 信息共享策略改善对供应链均衡决策的影响

依据前文分析，通过契约设计可以改善生鲜销售商需求信息共享策略，从而提升供应链整体绩效。在上述两种信息共享策略改善情形下比较各参与成员的均衡决策变化，可得以下命题。

命题 5.10　需求信息共享策略对生鲜农产品供应链中各成员最优决策的影响如表 5.6 所示。

表 5.6　信息共享策略改善对供应链参与成员均衡决策的影响

δ	高需求信号	低需求信号
$\delta\in(\delta_2,0.7\bar{\delta})$	$\tau_i^{hI}(2)>\tau_i^{hN}(0)$，$q_i^{hI}(2)<q_i^{hN}(0)$	$\tau_i^{lI}(2)<\tau_i^{lN}(0)$，$q_i^{lI}(2)>q_i^{lN}(0)$
$\delta\in(\delta_3,\delta_1)$	$\tau_i^{hN}(1)<\tau_i^{hI}(2)<\tau_i^{hI}(1)$，$q_i^{hN}(1)<q_i^{hI}(2)<q_i^{hI}(1)$	$\tau_i^{lI}(1)<\tau_i^{lI}(2)<\tau_i^{lN}(1)$，$q_i^{lI}(1)<q_i^{lI}(2)<q_i^{lN}(1)$

其中，$\tau_i^{fX_i}(n)$ 和 $q_i^{fX_i}(n)$ 分别表示若需求信号为 f （$f=\{h,l\}$），当生鲜销售商向 n 个供应商共享需求信息时，供应链内的保鲜努力和订购量决策。

为进一步直观考察信息共享策略改善对供应链内各成员决策的影响，设置 $H=2.5$，$L=2.0$，$b=0.5$，ρ=0.8，绘制各主体均衡决策在不同信息共享策略改善情形下的变化趋势，如图 5.6 所示。其中，$\Delta q_i^{\mathrm{I}}(2)=q_i^{\mathrm{I}}(2)-q_i^{\mathrm{N}}(0)$，$\Delta\tau_i^{\mathrm{I}}(2)=\tau_i^{\mathrm{I}}(2)-\tau_i^{\mathrm{N}}(0)$，$\Delta q_i^{\mathrm{I}}(1)=q_i^{\mathrm{I}}(1)-q_i^{\mathrm{I}}(2)$，$\Delta q_i^{\mathrm{N}}(1)=q_i^{\mathrm{N}}(1)-q_i^{\mathrm{I}}(2)$，$\Delta\tau_i^{\mathrm{I}}(1)=\tau_i^{\mathrm{I}}(1)-\tau_i^{\mathrm{I}}(2)$，$\Delta\tau_i^{\mathrm{N}}(1)=\tau_i^{\mathrm{N}}(1)-\tau_i^{\mathrm{I}}(2)$。

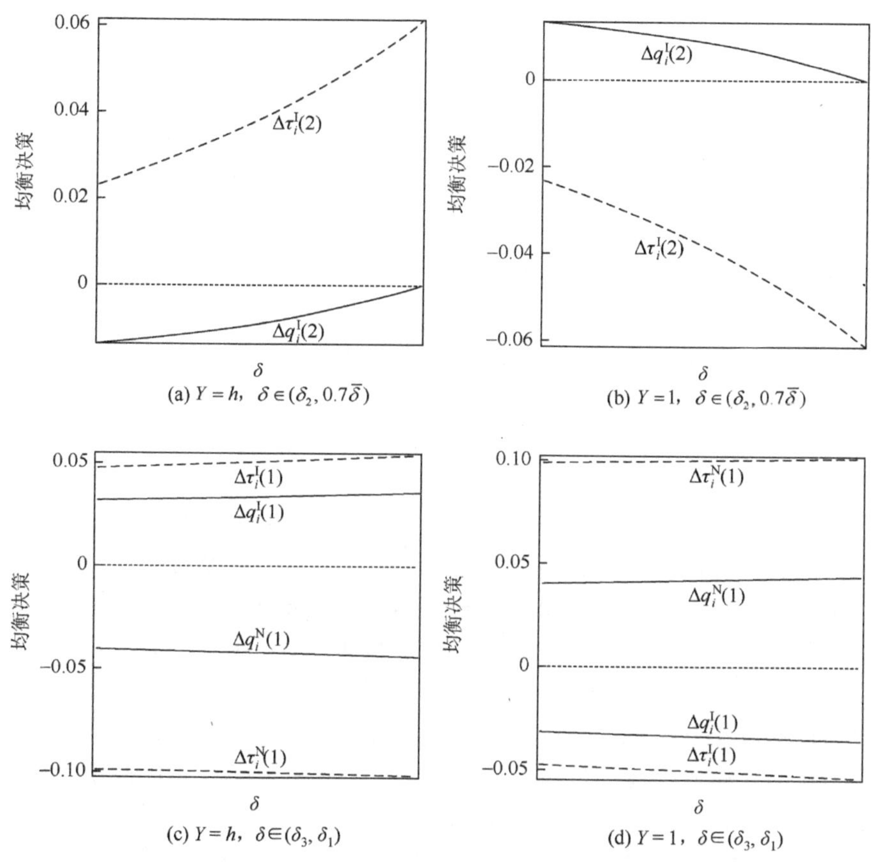

图 5.6　信息共享策略改善对供应链参与成员均衡决策的影响

证明　根据定理 5.3 可得

$$\Delta\tau_i^{\mathrm{I}}(2)=\delta(E[\widehat{A}|Y]-\overline{A})/K_1\text{；}\quad \Delta\tau_i^{\mathrm{I}}(1)=(1-b)\delta(E[\widehat{A}|Y]-\overline{A})/K_2$$

$$\Delta q_i^{\mathrm{I}}(2)=(\delta^2-2+2b^2)(E[\widehat{A}|Y]-\overline{A})/[2(1+b)K_1]$$

$$\Delta q_i^{\mathrm{I}}(1)=(\delta^2-2+2b^2)(E[\widehat{A}|Y]-\overline{A})/[2(1+b)K_2]$$

$$\Delta q_i^{\mathrm{N}}(1)=b(2-2b^2-\delta^2)(E[\widehat{A}|Y]-\overline{A})/[2(1+b)K_2]$$

观察以上式子可知，当$Y=h$时，$\Delta\tau_i^{\mathrm{I}}(2)>0$，$\Delta\tau_i^{\mathrm{I}}(1)>0$；反之，当$Y=l$时，$\Delta\tau_i^{\mathrm{I}}(2)<0$，$\Delta\tau_i^{\mathrm{I}}(1)<0$。

此外，由$\delta\in(0,\overline{\delta})$可知，当$Y=h$时，若$\delta\in(0,0.7\overline{\delta})$，则$\Delta q_i^{\mathrm{I}}(2)<0$，$\Delta q_i^{\mathrm{I}}(1)<0$，$\Delta q_i^{\mathrm{N}}(1)>0$；若$\delta\in(0.7\overline{\delta},\overline{\delta})$，则$\Delta q_i^{\mathrm{I}}(2)>0$，$\Delta q_i^{\mathrm{I}}(1)>0$，$\Delta q_i^{\mathrm{N}}(1)<0$。反之，当$Y=l$时，若$\delta\in(0,0.7\overline{\delta})$，则$\Delta q_i^{\mathrm{I}}(2)>0$，$\Delta q_i^{\mathrm{I}}(1)>0$，$\Delta q_i^{\mathrm{N}}(1)<0$；若$\delta\in(0.7\overline{\delta},\overline{\delta})$，则$\Delta q_i^{\mathrm{I}}(2)<0$，$\Delta q_i^{\mathrm{I}}(1)<0$，$\Delta q_i^{\mathrm{N}}(1)>0$。证毕。

命题 5.10 表明，当新鲜度弹性位于区间$(\delta_2,0.7\overline{\delta})$时，生鲜销售商信息共享策略由无信息共享调整为向所有供应商信息共享后，若销售商观测到高（低）市场需求信号，生鲜供应商应提高（降低）保鲜努力水平，而销售商需增加（减少）生鲜农产品订购量，如图 5.6（a）和图 5.6（b）所示。此外，可以验证，信息共享策略改善后生鲜农产品销售价格将提高（降低）。这说明，对于新鲜度弹性相对较低的生鲜农产品（如香蕉、梨等），销售商在调整信息共享策略以增加自身期望利润的同时，应在高需求信号发生时采取“优质优价”策略。同时，由于新鲜度弹性相对较低，保鲜努力提高给生鲜消费者带来的感知价值提升有限，因此，生鲜销售商应对此时相对乐观的市场环境保持谨慎态度，不应盲目追求扩大销售规模。反之，在低需求信号发生时，生鲜销售商应对此时相对悲观的市场环境保持积极态度，利用产品价格优势，加大订购量和促销力度，通过“降价促销”策略吸引更多生鲜消费者进行购买。

当新鲜度弹性位于区间(δ_3,δ_1)时，如图 5.6（c）和图 5.6（d）所示，生鲜销售商由向所有供应商共享信息调整为向部分供应商共享信息策略后，若高（低）市场需求信号发生，一方面，知晓信息的供应商应提高（降低）保鲜努力水平，而生鲜销售商应增加（减少）在该供应商处的订货量；另一方面，对于不知晓信息的供应商而言，销售商信息共享策略改善会使其保鲜努力水平变低（高），同时，生鲜销售商应减少（增加）在该供应商处的订货量。此外，可以验证，知晓信息供应商所供应生鲜农产品的价格将提高（降低），不知晓信息供应商所供应生鲜农产品的价格将降低（提高）。这说明，对于新鲜度弹性相对较高的生鲜农产品（如猕猴桃等），销售商通过收取信息费用调整其信息共享策略后，在高（低）信号发生时，对知晓（不知晓）信息供应商所供产品采取“优质优价”策略。同时，由于新鲜度弹性相对较高，保鲜努力提高能够有效提升生鲜农产品对消费者带来的感知价值，因此，销售商应加大对该供应商所供产品的销售规模，引导消费者以较高价格进行品质化消费。对于不知晓（知晓）信息供应商而言，由于该供应商保鲜努力降低会减少消费者对生鲜农产品的感知价值，因此，销售商应减少该供应商所供产品的销售规模，通过降价策略将产品销售给消费者。

第6章　考虑3PL保鲜的生鲜农产品供应链信息共享策略

随着收入的增加和生活水平的提高，消费者越来越关注生鲜农产品的品质，新鲜度作为生鲜农产品质量的一个重要参考指标，影响着生鲜农产品的市场需求，新鲜度的降低带来的需求的减少会对生鲜农产品供应链相关企业的利润产生负向影响，因此，对生鲜农产品进行保鲜管理是必要且亟须的。随着物流行业的迅速发展，将流通环节的业务外包给3PL已成为企业的普遍做法，以此降低运营成本、提高效率。在生鲜领域，供应商常常委托拥有专业冷链设备的3PL在存储、运输等流通环节对生鲜农产品进行冷藏保鲜，减缓新鲜度的流失以保证生鲜农产品的品质，从而满足消费者需求。

受产品本身和消费者喜好等影响，生鲜农产品消费市场存在诸多不确定性，导致生鲜农产品供应链在实际运营中会面临不确定的市场需求风险。需求不确定性不仅会影响供应链中的生鲜农产品定价决策，还会影响3PL对保鲜资源的投入决策，从而产生资源投入过度或不足的现象，造成生鲜农产品供应链效率损失和成本增加。不过，生鲜销售商面对终端市场能够较为有效地获得与需求相关的预测信息。在由供应商、3PL和销售商组成的生鲜农产品供应链中，销售商凭借信息优势能够依据对自身是否有利来选择是否以及向谁共享需求信息，从而存在销售商不共享信息（NN）、只与供应商信息共享（IN）、只与3PL信息共享（NI）、同时与供应商和3PL信息共享（II）四种可能的信息共享策略。销售商对供应商的信息共享能够使供应商更好地依据市场波动合理调整相应价格决策，销售商对3PL的信息共享能够使3PL对保鲜资源的投入更加准确地调整以应对不同的市场环境。因此，销售商如何进行信息共享对提高自身利润和供应链整体运作效率有着重要意义。

基于此，为降低需求不确定性给生鲜农产品供应链带来的不利影响，分析在NN、IN、NI以及II四种可能的信息共享策略下供应链主体的均衡决策，探究供应链中作为信息优势方的销售商需求信息共享策略和生鲜农产品供应链的需求信息共享激励策略，讨论需求信息共享对供应链中价格决策与保鲜资源投入决策的影响。在此基础上，结合消费者对精品生鲜真实性的要求，供应商可以考虑采用区块链技术对生鲜农产品进行防伪处理，由此进一步研究保鲜外包下生鲜农产品供应商的区块链采用策略和销售商的需求信息共享策略，并探讨两种策略的相互影响，以期从信息共享的角度为生鲜农产品供应链相关企业的运营管理提供更多理论支撑与实践指导。

6.1 3PL 提供保鲜服务的生鲜农产品供应链需求信息共享

6.1.1 问题描述

考虑一条由供应商（用下标 s 表示）、销售商（用下标 r 表示）和 3PL（用下标 t 表示）组成的生鲜农产品供应链。供应商以批发价 w 向销售商提供生鲜农产品，同时委托 3PL 将生鲜农产品运输至销售商处，3PL 投入保鲜努力 $\tau(0<\tau<1)$ 对生鲜农产品进行保鲜，销售商则以销售价格 p 向消费者出售生鲜农产品。为激励 3PL 提高保鲜努力以保证产品质量（吴庆等，2014；Wu et al.，2015），现实中生鲜企业与 3PL 逐渐采用收益共享合同展开外包合作（Walker，2009）。故本节考虑供应商按固定的收益分配比例 $\alpha(0<\alpha<1)$ 支付 3PL 外包服务费，α 为事先拟定，在本节中不进行决策。生鲜农产品供应链结构如图 6.1 所示。

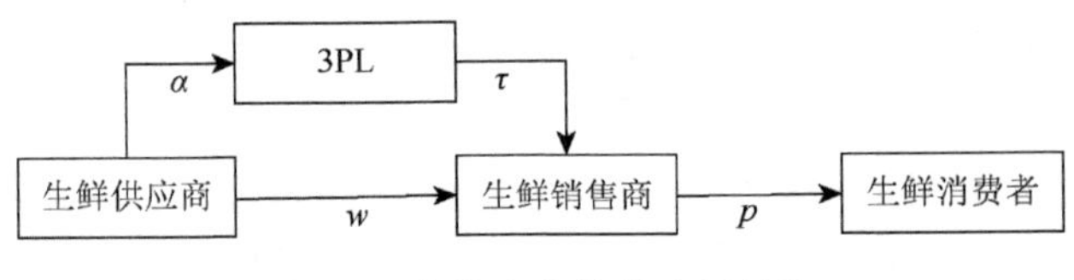

图 6.1 生鲜农产品供应链结构

1. 市场需求函数

生鲜农产品新鲜度作为产品质量的重要体现，是影响消费者购买行为的主要因素。因此，生鲜农产品的市场需求受到产品新鲜度和销售价格的共同影响，即与新鲜度成正比，与销售价格成反比，参考 Yu 和 Xiao（2017）以及 Liu 等（2021）的研究，生鲜农产品市场需求函数表示为

$$D = A - p - \delta\left(\theta_0 - \theta(\tau)\right) \tag{6.1}$$

其中，A 表示随机的潜在市场需求；$\delta\left(\theta_0 - \theta(\tau)\right)$ 表示新鲜度降低对需求流失的影响；δ 表示新鲜度弹性；$\theta_0(0<\theta_0\leqslant 1)$ 表示生鲜农产品的初始新鲜度；$\theta(\tau)$ 表示保鲜后的生鲜农产品新鲜度。

参考 Ha 和 Tong（2008）的研究，随机的潜在市场需求 A 存在高低两种状态，$A=H$（$A=L$）表示潜在市场需求为高（低）状态，$H>L>0$，假设潜在市场需求的两种状态出现概率相等，$\Pr(A=H)=\Pr(A=L)=1/2$。不失一般性，本节将低市场状态下的潜在需求标准化为 1（即 $L=1$），则 $H>1$ 也可以表示生鲜农产品的市场波动。

考虑到 3PL 提高保鲜努力可以减缓生鲜农产品新鲜度降低，结合 Cai 等（2013）的研究，本节假设 $\theta(\tau)=\theta_0\tau$，进一步简化且不影响计算结果，将生鲜农产品的初始新鲜度 θ_0 标准化为 1。相应地，3PL 对生鲜农产品进行保鲜需要投入保鲜资源，产生保鲜成本。考虑到保鲜努力的提升对保鲜资源投入呈现出边际递增的规律，本节采用常见的二次形式表示保鲜成本，即 $c(\tau)=k_\tau\tau^2/2$，其中 $k_\tau(k_\tau>0)$ 表示保鲜成本系数。不失一般性，考虑到供应商的单位生产成本和销售商的单位销售成本均为固定值，且不会影响各主体运营决策，因此将其标准化为 0（Jiang and Hao，2016；Guan，2020）。

2. 信息结构

面对不确定的生鲜农产品市场需求，由于销售商靠近终端市场，能够较为有效地获得与需求相关的预测信息 Y。需求预测信息 Y 存在 h、l 两种可能性，$Y=h$ 表示预测的市场状态为高，$Y=l$ 则表示预测的市场状态为低。假设 $\Pr(h|H)=\Pr(l|L)=\rho\in[1/2,1]$，该信息结构被广泛应用于信息共享的相关文献（Guo and Iyer，2010；Li and Zhang，2015）。

由此，可以得到在观测到需求预测信息 Y 条件下市场需求状态的贝叶斯更新概率为

$$\Pr(H|h)=\Pr(L|l)=\rho \tag{6.2}$$

$$\Pr(H|l)=\Pr(L|h)=1-\rho \tag{6.3}$$

基于需求预测信息 Y 更新后的市场潜在需求为

$$\hat{H}=E[A|h]=H\Pr(H|h)+L\Pr(L|h)=1+(H-1)\rho \tag{6.4}$$

$$\hat{L}=E[A|l]=H\Pr(H|l)+L\Pr(L|l)=H-(H-1)\rho \tag{6.5}$$

ρ 可视为信息精度，当 $\rho=1/2$ 时，$\Pr(H|h)=\Pr(h)=1/2$ 且 $\Pr(L|l)=\Pr(l)=1/2$，说明信号不起作用；当 $\rho=1$ 时，$\Pr(H|h)=\Pr(h)=1$ 且 $\Pr(L|l)=\Pr(l)=1$，说明信号是完美的；当 $1/2<\rho<1$ 时，$\Pr(H|h)=\Pr(L|l)>\Pr(h)=\Pr(l)$，说明随着 ρ 的增加，销售商对于需求预测的精确度也在提高。

3. 事件发生顺序

考虑到需求信息共享为长期决策，销售商需要先决策其信息共享策略，因此主要事件与决策顺序如下。

（1）销售期开始前，销售商决策信息共享策略，定义需求信息共享策略为 X_1X_2，X_1、$X_2\in\{\mathrm{N,I}\}$，当 $X_1=\mathrm{N}$（$X_1=\mathrm{I}$）时表示销售商不向（向）供应商共享

需求预测信息；当 $X_2 = \mathrm{N}$（$X_2 = \mathrm{I}$）时表示销售商不向（向）3PL 共享需求预测信息。由此，根据销售商的策略选择，将出现四种策略情形，定义策略情形为 $Z \in \{\mathrm{NN}, \mathrm{IN}, \mathrm{NI}, \mathrm{II}\}$。

（2）销售期开始，销售商在观测到需求预测信息 Y 后，依据（1）中的策略选择实施需求共享策略；然后，供应商和 3PL 分别同时决策 $w^{X_1X_2}$ 和 $\tau^{X_1X_2}$；最后，销售商根据需求预测信息 Y 决策销售价格 $p^{X_1X_2}$。

（3）实际需求发生，供应商、3PL 与销售商分别实现各自利润。

6.1.2　不同信息共享策略下的博弈分析

本节主要探讨在不同的信息共享策略下，供应商和销售商的最优定价决策与 3PL 的最优保鲜努力决策，以及供应链各主体的均衡期望利润。依据生鲜农产品供应链中供应商、3PL 以及销售商之间的博弈，采取逆向归纳法求解博弈均衡：先考察销售商的销售价格决策，再同时考察供应商的批发价格决策和 3PL 的保鲜努力决策。为便于表达，定义 π_i^Z（$i \in \{s,t,r\}$）为在 Z 策略情形下供应商、3PL 和销售商获得的利润。

在销售商不进行需求信息共享（NN 策略）时，供应商和 3PL 将根据期望需求 $E[D]$ 进行决策，销售商将根据其预测需求信息 $E[D|Y]$ 进行决策。$E[D] = \bar{A} - E[p] - \delta(1-\tau)$，其中 $\bar{A} = (H+1)/2$ 表示期望潜在市场需求，$E[D|Y] = E[A|Y] - p - \delta(1-\tau)$。由此可得在 NN 策略下供应商、3PL 和销售商的期望利润分别为

$$E\left(\pi_s^{\mathrm{NN}}\right) = (1-\alpha)w\left(\bar{A} - E[p] - \delta(1-\tau)\right) \tag{6.6}$$

$$E\left[\pi_t^{\mathrm{NN}}\right] = \alpha w\left(\bar{A} - E[p] - \delta(1-\tau)\right) - k_\tau \tau^2 / 2 \tag{6.7}$$

$$E\left[\pi_r^{\mathrm{NN}} | Y\right] = (p-w)\left(E[A|Y] - p - \delta(1-\tau)\right) \tag{6.8}$$

在销售商只与供应商进行需求预测信息共享（IN 策略）时，供应商将依据预测需求信息 $E[D|Y]$ 进行决策，3PL 将根据期望需求 $E[D]$ 进行决策，销售商将根据其预测需求信息 $E[D|Y]$ 进行决策。由此可得在 IN 策略下供应商、3PL 和销售商的期望利润分别为

$$E\left[\pi_s^{\mathrm{IN}} | Y\right] = (1-\alpha)w\left(E[A|Y] - p - \delta(1-\tau)\right) \tag{6.9}$$

$$E\left[\pi_t^{\mathrm{IN}}\right] = \alpha w\left(\bar{A} - E[p] - \delta(1-\tau)\right) - k_\tau \tau^2 / 2 \tag{6.10}$$

$$E\left[\pi_r^{\mathrm{IN}} | Y\right] = (p-w)\left(E[A|Y] - p - \delta(1-\tau)\right) \tag{6.11}$$

在销售商只与 3PL 进行需求预测信息共享（NI 策略）时，供应商将根据期望需求 $E[D]$ 进行决策，3PL 将依据预测需求信息 $E[D|Y]$ 进行决策，销售商将根据

其预测需求信息 $E[D|Y]$ 进行决策。由此可得在 NI 策略下供应商、3PL 和销售商的期望利润分别为

$$E\left[\pi_s^{\mathrm{NI}}\right]=(1-\alpha)w\left(\bar{A}-E[p]-\delta(1-\tau)\right) \tag{6.12}$$

$$E\left[\pi_t^{\mathrm{NI}}|Y\right]=\alpha w\left(E[A|Y]-p-\delta(1-\tau)\right)-k_\tau\tau^2/2 \tag{6.13}$$

$$E\left[\pi_r^{\mathrm{NI}}|Y\right]=(p-w)\left(E[A|Y]-p-\delta(1-\tau)\right) \tag{6.14}$$

当销售商同时与供应商和 3PL 进行需求预测信息共享（II 策略）时，供应商、3PL 和销售商都将依据预测需求信息 $E[D|Y]$ 进行决策。由此可得在 II 策略下供应商、3PL 和销售商的期望利润分别为

$$E\left[\pi_s^{\mathrm{II}}|Y\right]=(1-\alpha)w\left(E[A|Y]-p-\delta(1-\tau)\right) \tag{6.15}$$

$$E\left[\pi_t^{\mathrm{II}}|Y\right]=\alpha w\left(E[A|Y]-p-\delta(1-\tau)\right)-k_\tau\tau^2/2 \tag{6.16}$$

$$E\left[\pi_r^{\mathrm{II}}|Y\right]=(p-w)\left(E[A|Y]-p-\delta(1-\tau)\right) \tag{6.17}$$

通过对四种策略下生鲜农产品供应链的博弈分析，求解生鲜农产品供应链的均衡决策与利润，进而得到定理 6.1。

定理 6.1　不同信息共享策略下，生鲜农产品供应链的均衡决策和均衡利润如表 6.1 和表 6.2 所示。

表 6.1　生鲜农产品供应链均衡决策

策略	w^*	τ^*	p^*
NN	$2M_1(\bar{A}-\delta)$	$\frac{M_2}{\delta}(\bar{A}-\delta)$	$\frac{1}{2}E[A|Y]+\left(3M_1-\frac{1}{2}\right)\bar{A}-3\delta M_1$
IN	$\frac{1}{2}E[A|Y]+\frac{M_2}{2}\bar{A}-2\delta M_1$	$\frac{M_2}{\delta}(\bar{A}-\delta)$	$\frac{3}{4}E[A|Y]+\frac{3M_2}{4}\bar{A}-3\delta M_1$
NI	$2M_1(\bar{A}-\delta)$	$\frac{M_2}{\delta}\left(E[A|Y]-\delta\right)$	$2M_1E[A|Y]+M_1\bar{A}-3\delta M_1$
II	$2M_1\left(E[A|Y]-\delta\right)$	$\frac{M_2}{\delta}\left(E[A|Y]-\delta\right)$	$3M_1E[A|Y]-3\delta M_1$

表 6.2　生鲜农产品供应链均衡利润

策略	$E[\pi_s^*]$	$E[\pi_t^*]$	$E[\pi_r^*]$
NN	$2(1-\alpha)M_1^2(\bar{A}-\delta)^2$	$\frac{\alpha M_1(\bar{A}-\delta)^2}{2}$	$\frac{\left(\hat{H}-(1-2M_1)\bar{A}-2\delta M_1\right)^2}{8}+\frac{\left(\hat{L}-(1-2M_1)\bar{A}-2\delta M_1\right)^2}{8}$

续表

策略	$E[\pi_s^*]$	$E[\pi_t^*]$	$E[\pi_r^*]$
IN	$\frac{(1-\alpha)(\hat{H}+M_2\bar{A}-4\delta M_1)^2}{16}+\frac{(1-\alpha)(\hat{L}+M_2\bar{A}-4\delta M_1)^2}{16}$	$\frac{\alpha M_1(\bar{A}-\delta)^2}{2}$	$\frac{(\hat{H}+M_2\bar{A}-4\delta M_1)^2}{32}+\frac{(\hat{L}+M_2\bar{A}-4\delta M_1)^2}{32}$
NI	$2(1-\alpha)M_1^2(\bar{A}-\delta)^2$	$\frac{\alpha M_1\left((\hat{H}-\delta)^2-(M_2+1)(\hat{H}-\bar{A})^2\right)}{4}+\frac{\alpha M_1\left((\hat{L}-\delta)^2-(M_2+1)(\hat{L}-\bar{A})^2\right)}{4}$	$\frac{M_1^2(\hat{H}-\bar{A}-\delta)^2}{2}+\frac{M_1^2(2\hat{L}-\bar{A}-\delta)^2}{2}$
II	$(1-\alpha)M_1^2(\hat{H}-\delta)^2+(1-\alpha)M_1^2(\hat{L}-\delta)^2$	$\frac{\alpha M_1(\hat{H}-\delta)^2}{4}+\frac{\alpha M_1(\hat{L}-\delta)^2}{4}$	$\frac{M_1^2(\hat{H}-\delta)^2}{2}+\frac{M_1^2(\hat{L}-\delta)^2}{2}$

其中，$M_1=k_\tau/\left(4k_\tau-\alpha\delta^2\right)$，$M_2=\alpha\delta^2/\left(4k_\tau-\alpha\delta^2\right)$。

证明　根据逆向归纳法，首先验证 $E[\pi_r|Y]$ 关于 p 的凹性。由 $\partial^2E[\pi_r|Y]/\partial p^2=-2<0$ 可知，$E[\pi_r|Y]$ 存在最大值。在给定 w 和 τ 的条件下，通过一阶条件 $\partial E[\pi_r|Y]/\partial p=0$ 可得销售价格的反应函数为：$p(w,\tau|Y)=\left(E[A|Y]+w+\delta\tau-\delta\right)/2$。

（1）无信息共享（NN 策略）。

将 $E[p]=(\bar{A}+w+\delta\tau-\delta)/2$ 代入 $E\left[\pi_s^{\text{NN}}\right]$ 和 $E\left[\pi_t^{\text{NN}}\right]$，分别验证 $E\left[\pi_s^{\text{NN}}\right]$ 关于 w 的凹性和 $E\left[\pi_t^{\text{NN}}\right]$ 关于 τ 的凹性。由 $\partial^2E\left[\pi_s^{\text{NN}}\right]/\partial w^2=\alpha-1<0$、$\partial^2E\left[\pi_t^{\text{NN}}\right]/\partial\tau^2=-k_\tau<0$ 可知 $E\left[\pi_s^{\text{NN}}\right]$、$E\left[\pi_t^{\text{NN}}\right]$ 存在最大值；进一步地，通过联立求解 $\partial E\left[\pi_s^{\text{NN}}\right]/\partial w=0$ 和 $\partial E\left[\pi_t^{\text{NN}}\right]/\partial\tau=0$，可得 $w^{\text{NN}*}$ 和 $\tau^{\text{NN}*}$；再将 $w^{\text{NN}*}$ 和 $\tau^{\text{NN}*}$ 代入 $p(w,\tau|Y)$ 可得 $p^{\text{NN}*}$；最后将 $w^{\text{NN}*}$、$\tau^{\text{NN}*}$ 和 $p^{\text{NN}*}$ 分别代入 $E\left[\pi_s^{\text{NN}}\right]$、$E\left[\pi_t^{\text{NN}}\right]$ 和 $E\left[\pi_r^{\text{NN}}|Y\right]$，可求得 NN 策略下供应商、3PL 和销售商的均衡利润。

（2）销售商只与供应商共享信息（IN 策略）。

将 $p(w,\tau|Y)$ 代入 $E\left[\pi_s^{\text{IN}}|Y\right]$，$E[p]$ 代入 $E\left[\pi_t^{\text{IN}}\right]$，与（1）类似，验证函数凹性后通过一阶条件 $\partial E\left[\pi_s^{\text{IN}}|Y\right]/\partial w=0$ 和 $\partial E\left[\pi_t^{\text{IN}}\right]/\partial\tau=0$ 可得 $w(\tau|Y)=(E[A|Y]+\delta\tau-\delta)/2$、$\tau(w)=\alpha w\delta/2k_\tau$。IN 策略下 3PL 只能根据批发价格的期望进行决策，将 $E[w]=(\bar{A}+\delta\tau-\delta)/2$ 代入 $\tau(w)$ 再联立求解，可得 $w^{\text{IN}*}$ 和 $\tau^{\text{IN}*}$；再将 $w^{\text{IN}*}$ 和 $\tau^{\text{IN}*}$ 代入 $p(w,\tau|Y)$ 可得 $p^{\text{IN}*}$；最后将 $w^{\text{IN}*}$、$\tau^{\text{IN}*}$ 和 $p^{\text{IN}*}$ 分别代入 $E\left[\pi_s^{\text{IN}}|Y\right]$、$E\left[\pi_t^{\text{IN}}\right]$ 和 $E\left[\pi_r^{\text{IN}}|Y\right]$，可求得 IN 策略下供应商、3PL 和销售商的均衡利润。

（3）销售商只与 3PL 共享信息（NI 策略）。

将 $E[p]$ 代入 $E\left[\pi_s^{\mathrm{NI}}\right]$，$p(w,\tau|Y)$ 代入 $E\left[\pi_t^{\mathrm{NI}}|Y\right]$，与（1）类似，验证函数凹性后通过一阶条件 $\partial E\left[\pi_s^{\mathrm{NI}}\right]/\partial w=0$ 和 $\partial E\left[\pi_t^{\mathrm{NI}}|Y\right]/\partial\tau=0$ 可得 $w(\tau)=(\bar{A}+\delta\tau-\delta)/2$、$\tau(w|Y)=\alpha w(\tau|Y)\delta/2k_\tau$。NI 策略下供应商只能根据保鲜努力的期望进行决策，将 $E[\tau]=\alpha E[w]\delta/2k_\tau$ 代入 $w(\tau)$ 再联立求解，可得 $w^{\mathrm{NI}*}$ 和 $\tau^{\mathrm{NI}*}$；再将 $w^{\mathrm{NI}*}$ 和 $\tau^{\mathrm{NI}*}$ 代入 $p(w,\tau|Y)$ 可得 $p^{\mathrm{NI}*}$；最后将 $w^{\mathrm{NI}*}$、$\tau^{\mathrm{NI}*}$ 和 $p^{\mathrm{NI}*}$ 分别代入 $E\left[\pi_s^{\mathrm{NI}}\right]$、$E\left[\pi_t^{\mathrm{NI}}|Y\right]$ 和 $E\left[\pi_r^{\mathrm{NI}}|Y\right]$，即可求得 NI 策略下供应商、3PL 和销售商的均衡利润。

（4）销售商与供应商和 3PL 共享信息（II 策略）。

将 $p(w,\tau|Y)$ 分别代入 $E\left[\pi_s^{\mathrm{II}}|Y\right]$ 和 $E\left[\pi_t^{\mathrm{II}}|Y\right]$，与（1）类似，验证函数凹性后通过一阶条件 $\partial E\left[\pi_s^{\mathrm{II}}|Y\right]/\partial w=0$ 和 $\partial E\left[\pi_t^{\mathrm{II}}|Y\right]/\partial\tau=0$ 联立求解，可得 $w^{\mathrm{II}*}$ 和 $\tau^{\mathrm{II}*}$；再将 $w^{\mathrm{II}*}$ 和 $\tau^{\mathrm{II}*}$ 代入 $p(w,\tau|Y)$ 可得 $p^{\mathrm{II}*}$；最后将 $w^{\mathrm{II}*}$、$\tau^{\mathrm{II}*}$ 和 $p^{\mathrm{II}*}$ 分别代入 $E\left[\pi_s^{\mathrm{II}}|Y\right]$、$E\left[\pi_t^{\mathrm{II}}|Y\right]$ 和 $E\left[\pi_r^{\mathrm{II}}|Y\right]$，得到 II 策略下供应商、3PL 和销售商的均衡利润。

定理 6.1 表明 $\bar{A}$ 和 $E\left[A|Y\right]$ 对均衡决策的影响都是正向的，即随着 $\bar{A}$ 和 $E\left[A|Y\right]$ 的增加，供应商、3PL 和销售商总会分别提高批发价格、保鲜努力和销售价格。此外，由定理 6.1 易得 $\partial w^{X_1X_2}/\partial\alpha>0$，$\partial\tau^{X_1X_2}/\partial\alpha>0$，$\partial p^{X_1X_2}/\partial\alpha>0$，表明无论在何种信息共享策略下，随着收益分配比例的提高，供应商、3PL 和销售商总会分别提高批发价格、保鲜努力和销售价格。因为收益分配比例的提高增加了供应商的物流外包成本，供应商需要提高其批发价格以维持利润；对于 3PL 而言，由于能够获取更高比例的外包收益，更有提高保鲜努力水平的动机，3PL 往往通过提高保鲜努力水平刺激需求从而获取更多盈利；销售商则可以通过提高销售价格来弥补由批发价格增加带来的利润损失，同时还可以在由保鲜努力提高引起需求增加的过程中攫取更多利润。由定理 6.1 还可知 $\partial w^{X_1X_2}/\partial k_\tau<0$，$\partial\tau^{X_1X_2}/\partial k_\tau<0$，$\partial p^{X_1X_2}/\partial k_\tau<0$，表明无论在何种信息共享策略下，随着保鲜成本系数的提高（即保鲜资源投入越不经济），供应商、3PL 和销售商总会分别降低批发价格、保鲜努力和销售价格。此时，3PL 不愿提高保鲜努力从而避免保鲜资源浪费，既然无法通过保鲜努力刺激需求，供应商和销售商只能通过降低价格以刺激需求、维持利润。

此外，发现新鲜度弹性对均衡决策的影响是非单调的，进一步分析得到命题 6.1。

命题 6.1　新鲜度弹性对批发价格、保鲜努力和销售价格的影响如下。

（1）当 $0<\hat{A}<\sqrt{4k_\tau/\alpha}$ 时，$\partial w^{X_1X_2}/\partial\delta<0$，$\partial\tau^{X_1X_2}/\partial\delta<0$，$\partial p^{X_1X_2}/\partial\delta<0$。

（2）当$\hat{A} \geqslant \sqrt{4k_\tau / \alpha}$时，$\partial\tau^{X_1X_2}/\partial\delta > 0$，若$0 < \delta < \delta_1$，$\partial w^{X_1X_2}/\partial\delta < 0$，$\partial p^{X_1X_2}/\partial\delta < 0$；若$\delta_1 < \delta < \bar{\delta}$，$\partial w^{X_1X_2}/\partial\delta > 0$，$\partial p^{X_1X_2}/\partial\delta > 0$。

其中，$\hat{A} \in \{\bar{A}, \hat{H}, \hat{L}\}$，$\bar{\delta} = \min(\sqrt{4k_\tau / \alpha H}, 1)$，$\delta_1 = \hat{A} - \sqrt{\hat{A}^2 - 4k_\tau / \alpha}$。

证明 首先给定约束条件，由$0 < \tau^{X_1X_2} < 1$可以得到δ的约束条件为$0 < \delta < \bar{\delta}$，其中，$\bar{\delta} = \min(\sqrt{4k_\tau / \alpha H}, 1)$。

求解批发价格w关于δ的一阶导数，可得$\frac{\partial w^{\mathrm{NN}*}}{\partial\delta} = \frac{\partial w^{\mathrm{NI}*}}{\partial\delta} = \frac{\partial w^{\mathrm{IN}*}}{\partial\delta} = \frac{2k_\tau\left(2\bar{A}\alpha\delta - \alpha\delta^2 - 4k_\tau\right)}{\left(\alpha\delta^2 - 4k_\tau\right)^2}$，$\frac{\partial w^{\mathrm{II}*}}{\partial\delta} = \frac{2k_\tau\left(2E\left[A|Y\right]\alpha\delta - \alpha\delta^2 - 4k_\tau\right)}{\left(\alpha\delta^2 - 4k_\tau\right)^2}$。用“sign（）”表示括号中式子的符号（正负），从而$\mathrm{sign}\left(\frac{\partial w^{\mathrm{NN}*}}{\partial\delta}\right) = \mathrm{sign}\left(\frac{\partial w^{\mathrm{NI}*}}{\partial\delta}\right) = \mathrm{sign}\left(\frac{\partial w^{\mathrm{IN}*}}{\partial\delta}\right) = \mathrm{sign}\left(2\bar{A}\alpha\delta - \alpha\delta^2 - 4k_\tau\right)$，$\mathrm{sign}\left(\frac{\partial w^{\mathrm{II}*}}{\partial\delta}\right) = \mathrm{sign}\left(2E[A|Y]\alpha\delta - \alpha\delta^2 - 4k_\tau\right)$。为简化表达，记$\hat{A} \in \{\bar{A}, \hat{H}, \hat{L}\}$，进一步计算可知，当$0 < \hat{A} < \sqrt{4k_\tau / \alpha}$时，$2\hat{A}\alpha\delta - \alpha\delta^2 - 4k_\tau < 0$恒成立，故$\frac{\partial w^{X_1X_2*}}{\partial\delta} < 0$；当$\hat{A} \geqslant \sqrt{4k_\tau / \alpha}$时，求解$2\hat{A}\alpha\delta - \alpha\delta^2 - 4k_\tau = 0$可以得到$\delta_1 = \hat{A} - \frac{\sqrt{A^2\alpha^2 - 4\alpha k_\tau}}{\alpha}$或$\delta_2 = \hat{A} + \frac{\sqrt{A^2\alpha^2 - 4\alpha k_\tau}}{\alpha}$，由于$0 < \delta < \bar{\delta}$，所以当$0 < \delta < \delta_1$时，$2\hat{A}\alpha\delta - \alpha\delta^2 - 4k_\tau < 0$，故$\partial w^{X_1X_2}/\partial\delta < 0$；当$\delta_1 < \delta < \bar{\delta}$时，$2\hat{A}\alpha\delta - \alpha\delta^2 - 4k_\tau > 0$，故$\partial w^{X_1X_2}/\partial\delta > 0$。

求解保鲜努力τ关于δ的一阶导数，可得$\frac{\partial\tau^{\mathrm{NN}*}}{\partial\delta} = \frac{\partial\tau^{\mathrm{IN}*}}{\partial\delta} = \frac{\alpha\left(\bar{A}\alpha\delta^2 + 4\bar{A}k_\tau - 8\delta k_\tau\right)}{\left(\alpha\delta^2 - 4k_\tau\right)^2}$，$\frac{\partial\tau^{\mathrm{NI}*}}{\partial\delta} = \frac{\partial\tau^{\mathrm{II}*}}{\partial\delta} = \frac{\alpha\left(E[A|Y]\alpha\delta^2 + 4E[A|Y]k_\tau - 8\delta k_\tau\right)}{\left(\alpha\delta^2 - 4k_\tau\right)^2}$，从而$\mathrm{sign}\left(\frac{\partial\tau^{\mathrm{NN}*}}{\partial\delta}\right) = \mathrm{sign}\left(\frac{\partial\tau^{\mathrm{IN}*}}{\partial\delta}\right) = \mathrm{sign}\left(\bar{A}\alpha\delta^2 + 4\bar{A}k_\tau - 8\delta k_\tau\right)$，$\mathrm{sign}\left(\frac{\partial\tau^{\mathrm{NI}*}}{\partial\delta}\right) = \mathrm{sign}\left(\frac{\partial\tau^{\mathrm{II}*}}{\partial\delta}\right) = \mathrm{sign}(E[A|Y]\alpha\delta^2 + 4E[A|Y]k_\tau - 8\delta k_\tau)$。进一步计算可知当$0 < \hat{A} < \sqrt{4k_\tau / \alpha}$时，求解$\hat{A}\alpha\delta^2 + 4\hat{A}k_\tau - 8\delta k_\tau = 0$发现$\delta \in (0, \bar{\delta})$处于方程两根之间，因此对于$0 < \delta < \bar{\delta}$，总有$\hat{A}\alpha\delta^2 + 4\hat{A}k_\tau - 8\delta k_\tau < 0$，故$\partial\tau^{X_1X_2}/\partial\delta < 0$；当$\hat{A} \geqslant \sqrt{4k_\tau / \alpha}$时，总有$\hat{A}\alpha\delta^2 + 4\hat{A}k_\tau - 8\delta k_\tau > 0$，故$\partial\tau^{X_1X_2}/\partial\delta > 0$。

求解销售价格p关于δ的一阶导数，可得$\frac{\partial p^{\mathrm{NN}*}}{\partial\delta} = \frac{\partial p^{\mathrm{IN}*}}{\partial\delta} = \frac{3k_\tau\left(2\bar{A}\alpha\delta - \alpha\delta^2 - 4k_\tau\right)}{\left(\alpha\delta^2 - 4k_\tau\right)^2}$，

$$\frac{\partial p^{\mathrm{NI}*}}{\partial \delta}=\frac{k_{\tau}\left(2\bar{A}\alpha\delta+4E[A|Y]\alpha\delta-3\alpha\delta^{2}-12k_{\tau}\right)}{\left(\alpha\delta^{2}-4k_{\tau}\right)^{2}},\quad \frac{\partial p^{\mathrm{II}*}}{\partial \delta}=\frac{3k_{\tau}\left(2E[A|Y]\alpha\delta-\alpha\delta^{2}-4k_{\tau}\right)}{\left(\alpha\delta^{2}-4k_{\tau}\right)^{2}}。$$

后续的符号判断与批发价格部分类似，在此不予赘述。

命题 6.1（1）表明当潜在市场需求较小时，随着新鲜度弹性的增加，供应商、3PL 和销售商将分别降低批发价格、保鲜努力和销售价格。虽然消费者越来越重视生鲜农产品的新鲜度，但是由于市场规模较小，提高保鲜努力带来的利润增量无法弥补其产生的保鲜成本，因此 3PL 不愿意提高保鲜努力。既然无法通过 3PL 提高保鲜努力促进需求增长，此时供应商和销售商则考虑通过降价促销以维持利润。命题 6.1（2）表明，当潜在市场需求较大时，随着新鲜度弹性的增加，3PL 将会提高保鲜努力，因为在市场规模较大时提高保鲜努力促进需求增长带来的利润增加将超过保鲜成本。与此同时，针对不同新鲜度弹性的生鲜农产品，供应商的批发价格和销售商的销售价格决策的变化也不相同。如果生鲜农产品的新鲜度弹性较小，消费者不太重视其新鲜度，那么提高新鲜度对需求增长的效果不明显，此时供应商和销售商可以考虑分别降低批发价格和销售价格以增加需求，提高利润。如果生鲜农产品的新鲜度弹性较大，消费者比较重视新鲜度，那么提高新鲜度对需求增长的效果比较显著，此时供应商和销售商可以通过提高相应的批发价格和销售价格以攫取更多利润。

从命题 6.1 可知，保鲜努力的调整会受到生鲜市场规模的限制，只有在生鲜市场达到一定规模时冷链企业才有提高保鲜努力的积极性。这与现实情况相符，由于保鲜资源（如冷链）具有高投入、高运营成本的特性，冷链业务量若无法达到一定规模便不能分摊相关成本，导致部分冷链物流企业承受着较大的成本压力，从而盈利水平较低，这也是目前国内冷链物流普及率低的主要原因。因此，冷链建设最好以较大规模的生鲜农产品消费市场为依托。例如，《海南省“十四五”冷链物流发展规划》中指出“强化大型农产品批发市场、大型农贸市场零售性冷库建设”。

6.1.3　生鲜农产品供应链的需求信息共享策略

通过对比 NN、IN、NI、II 四种信息共享策略下供应链主体的均衡期望利润，分析不同的信息共享策略对供应链主体利润的影响，进一步探讨销售商的信息共享策略，由此得到命题 6.2。

命题 6.2　通过比较不同信息共享策略下供应链主体的均衡期望利润，得到销售商的信息共享策略偏好和信息共享策略均衡，如表 6.3 所示。

表 6.3 信息共享策略偏好与均衡

供应链主体	$0<\delta<\delta_r$	$\delta_r<\delta<\bar{\delta}$	策略偏好
销售商	$E\left[\pi_r^{\mathrm{IN}}\right]<E\left[\pi_r^{\mathrm{II}}\right]<E\left[\pi_r^{\mathrm{NN}}\right]<E\left[\pi_r^{\mathrm{NI}}\right]$	$E\left[\pi_r^{\mathrm{IN}}\right]<E\left[\pi_r^{\mathrm{NN}}\right]<E\left[\pi_r^{\mathrm{II}}\right]<E\left[\pi_r^{\mathrm{NI}}\right]$	NI
供应商	$E\left[\pi_s^{\mathrm{NI}}\right]=E\left[\pi_s^{\mathrm{NN}}\right]<E\left[\pi_s^{\mathrm{IN}}\right]<E\left[\pi_s^{\mathrm{II}}\right]$		II
3PL	$E\left[\pi_t^{\mathrm{NI}}\right]<E\left[\pi_t^{\mathrm{II}}\right]<E\left[\pi_t^{\mathrm{NN}}\right]=E\left[\pi_t^{\mathrm{IN}}\right]$		NN 或 IN
销售商的策略选择	NN	NI	
信息共享策略均衡	NN	II	

其中，$\delta_r=\sqrt{2k_\tau/\alpha}$，$\bar{\delta}=\min(\sqrt{4k_\tau/\alpha H},1)$。

证明 不同信息共享策略下销售商的利润比较：$E\left[\pi_r^{\mathrm{IN}}\right]-E\left[\pi_r^{\mathrm{NN}}\right]=-\dfrac{3(2\rho-1)^2(H-1)^2}{64}<0$，故$E\left[\pi_r^{\mathrm{IN}}\right]<E\left[\pi_r^{\mathrm{NN}}\right]$。

$$E\left[\pi_r^{\mathrm{NI}}\right]-E\left[\pi_r^{\mathrm{NN}}\right]=\frac{1}{16\left(\delta^2\alpha-4k_\tau\right)^2}\left(\begin{aligned}&4H^2\delta^4\rho^2\alpha^2-4H^2\delta^4\rho\alpha^2-8H\delta^4\rho^2\alpha^2\\&+H^2\delta^4\alpha^2-32H^2\delta^2k_\tau\rho^2\alpha+8H\delta^4\rho\alpha^2\\&+4\delta^4\rho^2\alpha^2+32H^2\delta^2k_\tau\rho\alpha-2H\delta^4\alpha^2\\&+64H\delta^2k_\tau\rho^2\alpha-4\delta^4\rho\alpha^2-8H^2\delta^2k_\tau\alpha\\&+64H^2k_\tau^2\rho^2-64H\delta^2k_\tau\rho\alpha+\delta^4\alpha^2\\&-32\delta^2k_\tau\rho^2\alpha-64H^2k_\tau^2\rho+16H\delta^2k_\tau\alpha\\&-128Hk_\tau^2\rho^2+32\delta^2k_\tau\rho\alpha+20H^2k_\tau^2-16H\delta k_\tau^2\\&+128Hk_\tau^2\rho+16\delta^2k_\tau^2-8\delta^2k_\tau\alpha+64k_\tau^2\rho^2\\&-24Hk_\tau^2-16\delta k_\tau^2-64k_\tau^2\rho+20k_\tau^2\end{aligned}\right)$$

令

$$\begin{aligned}M=&4H^2\delta^4\rho^2\alpha^2-4H^2\delta^4\rho\alpha^2-8H\delta^4\rho^2\alpha^2+H^2\delta^4\alpha^2-32H^2\delta^2k_\tau\rho^2\alpha\\&+8H\delta^4\rho\alpha^2+4\delta^4\rho^2\alpha^2+32H^2\delta^2k_\tau\rho\alpha-2H\delta^4\alpha^2+64H\delta^2k_\tau\rho^2\alpha\\&-4\delta^4\rho\alpha^2-8H^2\delta^2k_\tau\alpha+64H^2k_\tau^2\rho^2-64H\delta^2k_\tau\rho\alpha+\delta^4\alpha^2-32\delta^2k_\tau\rho^2\alpha\\&-64H^2k_\tau^2\rho+16H\delta^2k_\tau\alpha-128Hk_\tau^2\rho^2+32\delta^2k_\tau\rho\alpha+20H^2k_\tau^2-16H\delta k_\tau^2\\&+128Hk_\tau^2\rho+16\delta^2k_\tau^2-8\delta^2k_\tau\alpha+64k_\tau^2\rho^2-24Hk_\tau^2-16\delta k_\tau^2-64k_\tau^2\rho+20k_\tau^2\end{aligned}$$

则$\mathrm{sign}\left(E\left[\pi_r^{\mathrm{NI}}\right]-E\left[\pi_r^{\mathrm{NN}}\right]\right)=\mathrm{sign}(M)$，将$M$按$H$降幂排列后发现$\Delta=-64k_\tau^2\times(2\rho-1)^2(\delta-1)^2\left(\delta^2t-4k_\tau\right)^2<0$，且首项大于 0，从而$M>0$，故$E\left[\pi_r^{\mathrm{NI}}\right]>E\left[\pi_r^{\mathrm{NN}}\right]$。

$E\left[\pi_r^{\mathrm{II}}\right]-E\left[\pi_r^{\mathrm{NN}}\right]=-\dfrac{(2\rho-1)^2\left(\delta^2\alpha-2k_\tau\right)\left(\delta^2\alpha-6k_\tau\right)(H-1)^2}{16\left(\delta^2\alpha-4k_\tau\right)^2}$，由 $\delta^2\alpha-4k_\tau<0$ 可知，当 $0<\delta<\sqrt{2k_\tau/\alpha}$ 时，$E\left[\pi_r^{\mathrm{II}}\right]<E\left[\pi_r^{\mathrm{NN}}\right]$；当 $\sqrt{2k_\tau/\alpha}<\delta<\bar{\delta}$ 时，$E\left[\pi_r^{\mathrm{II}}\right]>E\left[\pi_r^{\mathrm{NN}}\right]$。

$E\left[\pi_r^{\mathrm{II}}\right]-E\left[\pi_r^{\mathrm{IN}}\right]=-\dfrac{\delta^2\alpha(2\rho-1)^2(H-1)^2\left(\delta^2\alpha-8k_\tau\right)}{64\left(\delta^2\alpha-4k_\tau\right)^2}$，由 $\delta^2\alpha-4k_\tau<0$ 得 $\delta^2\alpha-8k_\tau<0$，故 $E\left[\pi_r^{\mathrm{II}}\right]>E\left[\pi_r^{\mathrm{IN}}\right]$。

$E\left[\pi_r^{\mathrm{II}}\right]-E\left[\pi_r^{\mathrm{NI}}\right]=-\dfrac{3k_\tau^2(2\rho-1)^2(H-1)^2}{4\left(\delta^2\alpha-4k_\tau\right)^2}<0$，故 $E\left[\pi_r^{\mathrm{II}}\right]<E\left[\pi_r^{\mathrm{IN}}\right]$。综上可得，当 $0<\delta<\sqrt{2k_\tau/\alpha}$ 时，$E\left[\pi_r^{\mathrm{IN}}\right]<E\left[\pi_r^{\mathrm{II}}\right]<E\left[\pi_r^{\mathrm{NN}}\right]<E\left[\pi_r^{\mathrm{NI}}\right]$；当 $\sqrt{2k_\tau/\alpha}<\delta<\bar{\delta}$ 时，$E\left[\pi_r^{\mathrm{IN}}\right]<E\left[\pi_r^{\mathrm{NN}}\right]<E\left[\pi_r^{\mathrm{II}}\right]<E\left[\pi_r^{\mathrm{NI}}\right]$。

不同信息共享策略下供应商和 3PL 的利润比较与之类似，在此不予赘述。

首先，命题 6.2 表明相较于不进行信息共享，销售商向供应商、3PL 共享信息对自身可能是不利或有利的。若销售商向供应商共享信息，信息共享会增加供应商在批发价格决策时的信息优势，从而加剧双重边际效应，对销售商利润产生负向影响，所以向供应商共享信息对销售商是不利的。若销售商向 3PL 共享信息，信息共享有助于 3PL 更加准确地调整保鲜资源以应对需求波动，从而产生资源改善效应，对销售商利润产生正向影响，所以向 3PL 共享信息对销售商是有利的。由此可知，IN 策略对销售商最不利，NI 策略对销售商最有利。而销售商选择 II 策略会同时产生信息共享带来的正向、负向两种影响，对销售商是否有利取决于两种影响的相对大小。具体而言：当新鲜度弹性较低时（$\delta<\delta_r$），消费者不太会关注生鲜农产品的新鲜度，信息共享产生的双重边际效应加剧对利润的负向影响占优于资源改善效应对利润的正向影响，此时相较于 NN 策略，II 策略对销售商是不利的；当新鲜度弹性较高时（$\delta>\delta_r$），消费者更关注生鲜农产品的新鲜度，信息共享产生的资源改善效应对利润的正向影响占优于双重边际效应加剧对利润的负向影响，此时相较于 NN 策略，II 策略对销售商是有利的。总体而言，销售商偏好的信息共享策略是 NI 策略。

其次，命题 6.2 表明销售商向供应商共享信息对供应商总是有利的。IN 策略下供应商可以根据需求信息准确地调整批发价格以应对市场波动，从而对其利润产生正向作用。进一步地，II 策略下由于 3PL 根据预测信息调整保鲜努力对需求进行刺激，供应商还可以从中获益，因此供应商更偏好 II 策略。然而，销售商向 3PL 共享信息对 3PL 总是不利的。这是因为 3PL 虽然可以根据需求信息准确地调整保鲜努力以应对市场波动，但保鲜努力的调整会产生相应的保鲜成本，且由分析可知 3PL 根据高或低需求预测信息调整保鲜努力引起的需求量变化相同，其利润侧重受保鲜成本变化的影响。进一步地，由于保鲜成本呈现出边际递增的规律，3PL 根据高市场需求预测信息提高保鲜努力产生的保鲜成本较高，超过根据低市场需求预测信息降低保鲜努力所节约的成本，导致 3PL 获取信息后的期望利润反而会减少。因此，3PL 偏好的信息共享策略是 NN 策略或 IN 策略。

综上可以发现，NI 策略虽是销售商偏好的策略，但并非供应链均衡策略。这是因为当销售商选择 NI 策略时，3PL 会自发地将信息传递给供应商，即 NI 策略转变为 II 策略。相较于 NI 策略，II 策略下 3PL 可以从供应商获得预测信息增加收益中间接获益，以弥补共享信息给自身利润带来的不利影响（$E\left[\pi_t^{\mathrm{NI}}\right]<E\left[\pi_t^{\mathrm{II}}\right]$）。因此，生鲜销售商在制定信息共享策略时，会进一步考虑到 3PL 和供应商之间信息传递导致 NI 策略转变为 II 策略的情形。具体而言，当新鲜度弹性较低（$\delta<\delta_r$）时，NN 策略相较于 II 策略对销售商更有利，从而销售商的策略选择将从 NI 策略转为 NN 策略，以避免 II 策略的实现；当新鲜度弹性较高（$\delta>\delta_r$）时，II 策略对销售商最有利，则销售商不必改变策略选择，即仍然选择 NI 策略。因此，当新鲜度弹性较低和较高时，销售商会分别选择 NN 策略和 NI 策略；相应地，供应链的信息共享均衡为 NN 策略和 II 策略。

6.1.4　生鲜农产品供应链的信息共享策略改进

由于 3PL 和供应商之间存在信息传递，供应链的信息共享均衡会偏离于销售商的信息共享策略偏好，可能导致供应链整体绩效的降低。基于此，本节通过比较不同信息共享策略下供应链整体利润的变化，考察是否存在帕累托改善的空间，进而探讨如何设计契约对原有信息共享策略进行改进以提高供应链绩效。

命题 6.3　不同信息共享策略对供应链的影响如下：当 $0<\delta<\min(\delta_{\mathrm{sc}},\bar{\delta})$ 时，$\pi_{\mathrm{sc}}^{\mathrm{IN}}<\pi_{\mathrm{sc}}^{\mathrm{II}}<\pi_{\mathrm{sc}}^{\mathrm{NN}}<\pi_{\mathrm{sc}}^{\mathrm{NI}}$；当 $\delta_{\mathrm{sc}}<\delta<\bar{\delta}$ 时，$\pi_{\mathrm{sc}}^{\mathrm{IN}}<\pi_{\mathrm{sc}}^{\mathrm{NN}}<\pi_{\mathrm{sc}}^{\mathrm{II}}<\pi_{\mathrm{sc}}^{\mathrm{NI}}$。

其中，$\delta_{\mathrm{sc}}=\sqrt{\left(4-\alpha-\sqrt{\alpha^2-8\alpha+12}\right)k_\tau/\alpha}$。

证明　由定理 6.1 可知，不同信息共享策略下供应链的利润分别为

$$\pi_{\mathrm{sc}}^{\mathrm{NN}}=\frac{1}{16\left(\delta^2\alpha-4k_\tau\right)^2}\left(\begin{array}{l}4H^2\delta^4\rho^2\alpha^2-4H^2\delta^4\rho\alpha^2-8H\delta^4\rho^2\alpha^2+H^2\delta^4\alpha^2-32H^2\delta^2k_\tau\rho^2\alpha\\+8H\delta^4\rho\alpha^2+4\delta^4\rho^2\alpha^2+32H^2\delta^2k_\tau\rho\alpha-2H^2\delta^2k_\tau\alpha^2-2H\delta^4\alpha^2\\+8H\delta^3k_\tau\alpha^2+64H\delta^2k_\tau\rho^2\alpha-8\delta^4k_\tau\alpha^2-4\delta^4\rho\alpha^2-8H^2\delta^2k_\tau\alpha\\+64H^2k_\tau^2\rho^2-64H\delta^2k_\tau\rho\alpha-4H\delta^2k_\tau\alpha^2+\delta^4\alpha^2+8\delta^3k_\tau\alpha^2-32\delta^2k_\tau\rho^2\alpha\\-64H^2k_\tau^2\rho+16H\delta^2k_\tau\alpha-128Hk_\tau^2\rho^2+32\delta^2k_\tau\rho\alpha-2\delta^2k_\tau\alpha^2+28H^2k_\tau^2\\-48H\delta k_\tau^2+128Hk_\tau^2\rho+48\delta^2k_\tau^2-8\delta^2k_\tau\alpha+64k_\tau^2\rho^2-8Hk_\tau^2-48\delta k_\tau^2\\-64k_\tau^2\rho+28k_\tau^2\end{array}\right)$$

$$\pi_{\mathrm{sc}}^{\mathrm{IN}}=-\frac{1}{64\left(\delta^2\alpha-4k_\tau\right)^2}\left(\begin{array}{l}8H^2\delta^4\rho^2\alpha^3-12H^2\delta^4\rho^2\alpha^2-8H^2\delta^4\rho\alpha^3-16H\delta^4\rho^2\alpha^3\\+12H^2\delta^4\rho\alpha^2+2H^2\delta^4\alpha^3-64H^2\delta^2k_\tau\rho^2\alpha^2+24H\delta^4\rho^2\alpha^2\\+16H\delta^4\rho\alpha^3+8\delta^4\rho^2\alpha^3-3H^2\delta^4\alpha^2+96H^2\delta^2k_\tau\rho^2\alpha\\+64H^2\delta^2k_\tau\rho\alpha^2-24H\delta^4\rho\alpha^2-4H\delta^4\alpha^3+128H\delta^2k_\tau\rho^2\alpha^2\\-12\delta^4\rho^2\alpha^2-8\delta^4\rho\alpha^3-96H^2\delta^2k_\tau\rho\alpha-8H^2\delta^2k_\tau\alpha^2\\+128H^2k_\tau^2\rho^2\alpha+6H\delta^4\alpha^2-32H\delta^3k_\tau\alpha^2-192H\delta^2k_\tau\rho^2\alpha\\-128H\delta^2k_\tau\rho\alpha^2+32\delta^4k_\tau\alpha^2+12\delta^4\rho\alpha^2+2\delta^4\alpha^3\\-64\delta^2k_\tau\rho^2\alpha^2+24H^2\delta^2k_\tau\alpha-192H^2k_\tau^2\rho^2-128H^2k_\tau^2\rho\alpha\\+192H\delta^2k_\tau\rho\alpha+48H\delta^2k_\tau\alpha^2-256Hk_\tau^2\rho^2\alpha-3\delta^4\alpha^2\\-32\delta^3k_\tau\alpha^2+96\delta^2k_\tau\rho^2\alpha+64\delta^2k_\tau\rho\alpha^2+192H^2k_\tau^2\rho\\+32H^2k_\tau^2\alpha-48H\delta^2k_\tau\alpha+384Hk_\tau^2\rho^2+256Hk_\tau^2\rho\alpha\\-96\delta^2k_\tau\rho\alpha-8\delta^2k_\tau\alpha^2+128k_\tau^2\rho^2\alpha-96H^2k_\tau^2+192H\delta k_\tau^2\\-384Hk_\tau^2\rho-64Hk_\tau^2\alpha-192\delta^2k_\tau^2+24\delta^2k_\tau\alpha-192k_\tau^2\rho^2\\-128k_\tau^2\rho\alpha+192\delta k_\tau^2+192k_\tau^2\rho+32k_\tau^2\alpha-96k_\tau^2\end{array}\right)$$

$$\pi_{\mathrm{sc}}^{\mathrm{NI}}=-\frac{k_\tau}{4\left(\delta^2\alpha-4k_\tau\right)^2}\left(\begin{array}{l}2H^2\delta^2\rho^2\alpha^2-2H^2\delta^2\rho\alpha^2-4H\delta^2\rho^2\alpha^2+H^2\delta^2\alpha^2-2H\delta^3\alpha^2\\+4H\delta^2\rho\alpha^2+2\delta^4\alpha^2+2\delta^2\rho^2\alpha^2-16H^2k_\tau\rho^2-2\delta^3\alpha^2\\-2\delta^2\rho\alpha^2+16H^2k_\tau\rho+32Hk_\tau\rho^2+\delta^2\alpha^2-7H^2k_\tau+12H\delta k_\tau\\-32Hk_\tau\rho-12\delta^2k_\tau-16k_\tau\rho^2+2Hk_\tau+12\delta k_\tau+16k_\tau\rho-7k_\tau\end{array}\right)$$

$$\pi_{\mathrm{sc}}^{\mathrm{II}}=\frac{k_\tau(2H^2\rho^2-2H^2\rho-4H\rho^2+H^2-2H\delta+4H\rho+2\delta^2+2\rho^2-2\delta-2\rho+1)\left(\delta^2\alpha^2-6k_\tau\right)}{4\left(\delta^2\alpha-4k_\tau\right)^2}$$

利润比较的证明过程与命题 6.2 类似，故略。

由命题 6.3 可知 IN 或 NI 分别是对供应链而言最不利或有利的策略，而 II 与 NN 两种策略对供应链的影响会受到新鲜度弹性的影响。以 NN 策略为基准，IN 策略下信息共享仅加剧了双重边际效应，供应商的利润增加，3PL 的利润不变，但供应商增加的利润无法弥补零售商因双重边际效应加剧而减少的利润，供应链的利润最低。而 NI 策略下信息共享只产生资源改善效应，供应商利润不变，3PL 利润减少，不过零售商因资源改善效应而增加的利润可以弥补 3PL 的利润损失，供应链的利润最高。NN 策略和 II 策略下供应链的利润变化取决于两种效应的相对大小。当新鲜度弹性较低时，双重边际效应加剧占主导，信息共享使得供应链整体利润减少，从而 NN 策略下的供应链利润比 II 策略下更高；当新鲜度弹性较高时，随着消费者对生鲜农产品新鲜度的逐渐关注，资源改善效应占主导，信息共享使得供应链整体利润增加，从而 II 策略下的供应链利润比 NN 策略下更高。

结合命题 6.2 和命题 6.3 可知，NI 策略下销售商与供应链整体的利润均最高。因此，当均衡策略不是 NI 策略时，销售商有动机对 3PL 进行激励防止其向供应商传递需求预测信息。接下来，将探讨销售商如何设计激励契约防止 3PL 进行需求信息传递。本节选择常见也易为实施的基于转移支付的激励契约，考虑销售商承诺向 3PL 提供的补偿支付为F，F为双方通过讨价还价确定的补偿性转移支付，进而得到命题 6.4。

命题 6.4　销售商向 3PL 提供基于转移支付的激励契约，以防止 3PL 与供应商传递信息，转移支付F满足以下条件。

（1）当$0<\delta<\delta_r$时，$F\in[F_{1\min},F_{1\max}]$，生鲜农产品供应链的信息共享均衡从 NN 转变为 NI 策略。

（2）当$\delta_r<\delta<\bar{\delta}$时，$F\in[F_{2\min},F_{2\max}]$，生鲜农产品供应链的信息共享均衡从 II 策略转变为 NI 策略。

其中$F_{1\min}=\pi_t^{NN}-\pi_t^{NI}$，$F_{1\max}=\pi_r^{NI}-\pi_r^{NN}$，$F_{2\min}=\pi_t^{II}-\pi_t^{NI}$，$F_{2\max}=\pi_r^{NI}-\pi_r^{II}$。

命题 6.4 表明，销售商向 3PL 共享需求预测信息的同时可以提供有效的激励契约，通过改进原有信息共享策略以提高生鲜农产品供应链整体绩效。具体而言，命题 6.4（1）表明当新鲜度弹性较低时，销售商提供基于转移支付的激励契约将原有信息共享策略从无信息共享策略（NN）调整为部分信息共享策略（NI），此时激励契约通过规避信息传递侧重于促成销售商和 3PL 之间的信息共享。命题 6.4（2）表明当新鲜度弹性较高时，销售商提供的激励契约将原有信息共享策略从完全信息共享策略（II）调整为部分信息共享策略（NI）。这说明供应链所有主体之间的信息共享反而不利于供应链绩效提升，此时激励契约防止信息传递侧重于避免供应商知晓需求预测信息。

值得注意的是，关于需求信息共享激励的研究，以往文献通常是由信息劣势方提供契约激励信息优势方进行信息共享（Huang et al.，2018；Li et al.，2019），从而提升供应链整体绩效。而在涉及多个主体的信息共享激励问题中，与已有文献有所不同，本节提出激励契约以改进原有的信息共享策略，目的在于规避某一信息劣势方在获取共享信息后进行信息传递，这为供应链的信息共享研究提供了新的视角。此外，结合实际不难发现，现实中销售商与 3PL（或物流服务提供商）的联系越来越紧密，如天猫生鲜（销售平台）将 3PL 纳入其体系中，并将其推荐给品牌商（供应商），这种紧密的联系有利于激励契约的实施。

此外，进一步讨论新鲜度弹性、信息精度与保鲜成本系数对激励契约实施的影响，得到推论 6.1。

推论 6.1　$\partial\Delta F_i/\partial\delta>0$，$\partial\Delta F_i/\partial\rho>0$，$\partial\Delta F_i/\partial k_\tau<0$，其中$i\in\{1,2\}$，$\Delta F_i=F_{i\max}-f_{i\min}$。

证明　由命题 6.4 可知，$\partial\Delta F_1/\partial\delta=\dfrac{\delta\alpha(2\rho-1)^2(H-1)^2k_\tau\left(\delta^2\alpha^2+4k_\tau\alpha-16k_\tau\right)}{4\left(\delta^2\alpha-4k_\tau\right)^3}$。由 $\delta^2\alpha-4k_\tau<0$ 且 $0<\alpha<1$ 可知，$\delta^2\alpha^2+4k_\tau\alpha-16k_\tau<0$，故 $\partial\Delta F_1/\partial\delta>0$；同理可证 $\partial\Delta F_2/\partial\delta>0$。$\partial\Delta F_i/\partial\rho>0$，$\partial\Delta F_i/\partial k_\tau<0$ 的证明过程类似，故略。

推论 6.1 表明随着新鲜度弹性和信息精度的增加，以及对保鲜资源的投入越来越经济，转移支付的范围会扩大，即生鲜农产品供应链的激励契约更容易实施。当消费者更加关注生鲜农产品的新鲜度时，相较于 NN 和 II 策略，NI 策略下 3PL 对保鲜努力的调整能给销售商和整个供应链带来更高的利润，此时销售商更容易将自身利润增加的部分用于补偿 3PL 的利润损失。随着信息精度的增加，3PL 和销售商都可以更精确地调整自身的运营决策以应对需求波动，而在 NI 策略下整个供应链的利润最大，因此销售商也更容易将自身利润增加的部分用于补偿 3PL 的利润损失。保鲜资源投入越来越经济，意味着保鲜效率的增加，相较于 NN 和 II 策略下，在 NI 策略下整个供应链的利润最大，因此销售商也更容易将自身利润增加的部分用于补偿 3PL 的利润损失。

6.1.5　信息共享策略改进对均衡决策的影响

随着生鲜销售商与 3PL 之间激励契约的实施，生鲜农产品供应链的信息共享策略得以调整，相应会改变生鲜农产品供应链的均衡决策。接下来将探讨信息共享策略的改进对生鲜农产品供应链均衡决策的影响，即生鲜供应商的批发价格、3PL 的保鲜努力以及销售商的销售价格在不同信息共享策略下的变化。

命题 6.5　信息共享策略改进对生鲜农产品供应链均衡决策的影响如表 6.4 所示。

表 6.4　信息共享策略改进对均衡决策的影响

参数范围	策略变化	高市场信号 h	低市场信号 l
$0<\delta<\min(\delta_r,\bar{\delta})$	NN → NI	$w_h^{\mathrm{NI}}=w_h^{\mathrm{NN}}$ $\tau_h^{\mathrm{NI}}>\tau_h^{\mathrm{NN}}$ $p_h^{\mathrm{NI}}>p_h^{\mathrm{NN}}$	$w_l^{\mathrm{NI}}=w_l^{\mathrm{NN}}$ $\tau_l^{\mathrm{NI}}<\tau_l^{\mathrm{NN}}$ $p_l^{\mathrm{NI}}<p_l^{\mathrm{NN}}$
$\delta_r<\delta<\bar{\delta}$	II → NI	$w_h^{\mathrm{NI}}<w_h^{\mathrm{II}}$ $\tau_h^{\mathrm{NI}}=\tau_h^{\mathrm{II}}$ $p_h^{\mathrm{NI}}<p_h^{\mathrm{II}}$	$w_l^{\mathrm{NI}}>w_l^{\mathrm{II}}$ $\tau_l^{\mathrm{NI}}=\tau_l^{\mathrm{II}}$ $p_l^{\mathrm{NI}}>p_l^{\mathrm{II}}$

证明　当 $0<\delta<\min(\delta_r,\bar{\delta})$ 时，高市场信息下，$w_h^{\mathrm{NI}}-w_h^{\mathrm{NN}}=0$，$\tau_h^{\mathrm{NI}}-\tau_h^{\mathrm{NN}}=$

$\dfrac{\delta\alpha(2\rho-1)(H-1)}{2\left(4k_\tau-\delta^2\alpha\right)}>0$，$p_h^{\mathrm{NI}}-p_h^{\mathrm{NN}}=\dfrac{\delta^2\alpha(2\rho-1)(H-1)}{4\left(4k_\tau-\delta^2\alpha\right)}>0$；低市场信息下的变化趋势与之相反，证明略。

当$\delta_r<\delta<\bar{\delta}$时，高市场信息下，$w_h^{\mathrm{NI}}-w_h^{\mathrm{II}}=\dfrac{k_\tau(2\rho-1)(H-1)}{\delta^2\alpha-4k_\tau}<0$，$\tau_h^{\mathrm{NI}}-\tau_h^{\mathrm{II}}=0$，$p_h^{\mathrm{NI}}-p_h^{\mathrm{II}}=\dfrac{k_\tau(2\rho-1)(H-1)}{2\left(\delta^2\alpha-4k_\tau\right)}<0$；低市场信息下的变化趋势与之相反，证明略。

为了更直观地呈现命题 6.5 中生鲜农产品供应链的均衡决策在信息共享策略改进前后的变化，令k_τ=0.03，α=0.2，$\rho=0.6$，H=1.2，绘制图 6.2，其中Δw、$\Delta\tau$和Δp分别表示信息共享策略改进前后的均衡批发价格、保鲜努力和销售价格差值。

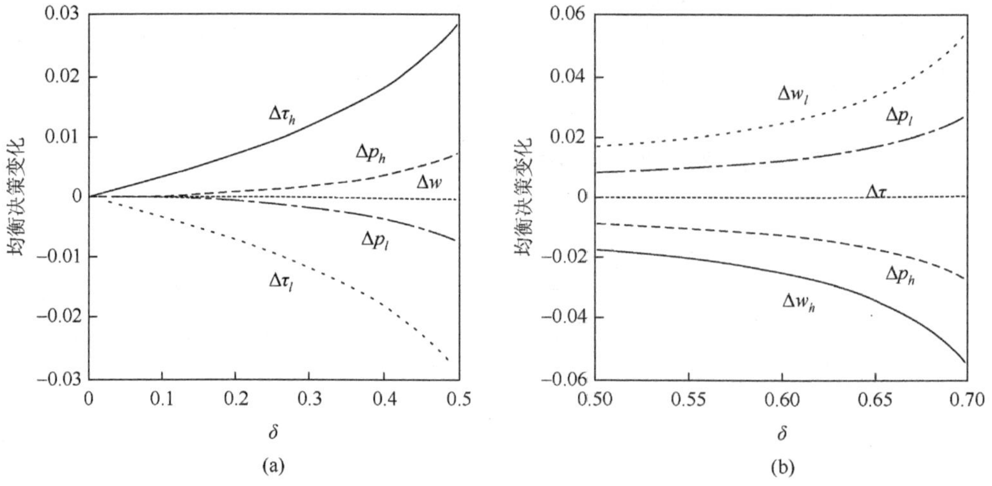

图 6.2　信息共享策略改进前后均衡决策的变化

命题 6.5 表明当新鲜度弹性较低时（$\delta<\delta_r$），激励契约的实施使生鲜供应链的均衡策略由 NN 策略变为 NI 策略，当预测信息为高（低）市场需求时，3PL 和销售商都会提高（降低）保鲜努力和销售价格［图 6.2（a)］。这是因为 3PL 对保鲜努力决策的调整将受到共享信息策略的影响，在预计市场情况比较乐观时提高保鲜努力以增加需求，此时销售商也会提高销售价格以攫取更多利润；反之，在预计市场情况比较低迷时降低保鲜努力、减少保鲜投入，避免保鲜资源的浪费并节约成本，此时销售商也会通过降价促销的方式以刺激生鲜消费。当新鲜度弹性较高时（$\delta>\delta_r$），激励契约的实施使生鲜供应链的均衡策略由 II 策略变为 NI 策略，当预测信息为高（低）市场需求时，供应商和销售商都会降低（提高）批发价格和销售价格［图 6.2（b）］。这是因为策略改进后供应商不知晓共享信息，从而无法准确地调整批发价格以应对不确定的市场需求。具体而言，相较于 II 策略，NI 策略下供应商无法策略性地增加批发价格以应对比较乐观的市场，也无法准确地降低批发价格以应对比较低迷的市场。相应地，销售商在预计市场比较乐观时可以适当降价以进一步刺激需求，从而获取更多利润；而在预计市场比较低迷时不得不通过提高销售价格以提高边际收益，从而保证自身盈利。

6.2　考虑保鲜外包的生鲜农产品供应链的区块链应用与信息共享策略

6.2.1　问题描述

考虑一条由供应商（用下标 s 表示）、销售商（用下标 r 表示）和 3PL（用下标 t 表示）组成的生鲜农产品供应链。供应商以批发价格 w 向销售商提供生鲜农产品，并委托 3PL 将生鲜农产品运输至销售商处，3PL 投入保鲜努力 $\tau(0<\tau<1)$ 对其进行保鲜，销售商则以销售价格 p 向消费者销售生鲜农产品。为激励 3PL 提高保鲜努力以保证生鲜农产品质量（Wu et al.，2015），基于收益共享的外包合作成为 3PL 与货主企业合作的主要方式之一（Walker，2009）。故本节考虑供应商将一定比例 $\alpha(0<\alpha<1)$ 的产品收益作为 3PL 外包费用，α 为事先拟定，在本节中不进行决策。

1. 市场需求函数

生鲜农产品新鲜度作为产品质量的重要体现，是影响消费者购买行为的主要因素。因此，生鲜农产品的市场需求主要受到产品新鲜度和销售价格的共同影响。对于高附加值的精品生鲜，消费者还会关注产品描述（如原产地等信息）的真实性，若缺乏相关认证、追溯信息，消费者会对此产生怀疑，从而影响其对产品的需求。参考 Niu 等（2021）、Choi 和 Ouyang（2021）的研究，供应商不采用区块链时（记为 U）生鲜农产品需求函数表示为

$$D^{\mathrm{U}}=(1-\lambda)A-p-\delta\left(\theta_0-\theta(\tau)\right) \tag{6.18}$$

其中，$\delta\left(\theta_0-\theta(\tau)\right)$ 表示新鲜度降低对需求流失的影响（Li et al.，2021）；δ 表示新鲜度弹性；$\theta_0(0<\theta_0\leqslant 1)$ 表示生鲜农产品的初始新鲜度；$\theta(\tau)$ 表示保鲜后的生鲜农产品新鲜度；A 表示随机的潜在市场需求；$\lambda(0<\lambda<1)$ 表示消费者对生鲜农产品的怀疑程度，反映了消费者对产品的不信任造成的潜在市场需求流失。若供应商采用区块链技术，区块链记录的溯源、认证信息以其不可篡改的特点可以完

全消除消费者对产品的怀疑，即 $\lambda=0$（Niu et al.，2021；Wu et al.，2023），由此供应商采用区块链时（记为 B）生鲜农产品需求函数为

$$D^{\mathrm{B}}=A-p-\delta\left(\theta_0-\theta(\tau)\right) \tag{6.19}$$

参考 Ha 和 Tong（2008）的研究，假设随机的潜在市场需求 A 存在高低两种状态，$A=H$ $(A=L)$ 表示潜在市场需求为高（低）状态，$H>L>0$，且潜在市场需求的两种状态出现概率相等，$\Pr(A=H)=\Pr(A=L)=1/2$。不失一般性，本节将低市场状态下的潜在需求标准化为 1（即 $L=1$），则 $H>1$ 也可以表示生鲜农产品的市场波动。

考虑到 3PL 提高保鲜努力可以减缓生鲜农产品新鲜度降低，结合 Cai 等（2013）的研究，本节假设 $\theta(\tau)=\theta_0\tau$，进一步简化且不影响计算结果，将生鲜农产品的初始新鲜度 θ_0 标准化为 1。相应地，3PL 对生鲜农产品进行保鲜需要投入保鲜资源，产生保鲜成本。考虑到保鲜努力的提升对保鲜资源投入呈现出边际递增的规律，本节采用常见的二次形式表示保鲜成本，即 $c(\tau)=\tau^2/2$。此外，供应商选择采取区块链技术时会产生相应的固定成本 C（$C>0$），如购买用于建立区块链认证的机器等。不失一般性，考虑到供应商的单位生产成本和销售商的单位销售成本均为固定值，且不会影响各主体运营决策，因此将其标准化为 0（Jiang and Hao，2016；Guan et al.，2020）。

2. 信息结构

面对不确定的生鲜农产品市场需求，由于销售商靠近终端市场，能够较为有效地获得与需求相关的预测信息 Y。需求预测信息 Y 存在 h、l 两种可能性，$Y=h$ 表示预测的市场状态为高，$Y=l$ 则表示预测的市场状态为低。假设 $\Pr\left(h|H\right)=\Pr\left(l|L\right)=\rho\in[1/2,1]$，该信息结构被广泛应用于信息共享的相关文献（Guo and Iyer，2010；Li and Zhang，2015）。

由此，可以得到在观测到需求预测信息 Y 条件下市场需求状态的贝叶斯更新概率为

$$\Pr\left(H|h\right)=\Pr\left(L|l\right)=\rho \tag{6.20}$$

$$\Pr\left(H|l\right)=\Pr\left(L|h\right)=1-\rho \tag{6.21}$$

基于需求预测信息 Y 更新后的市场潜在需求为

$$\hat{H}=E\left[A|h\right]=H\Pr\left(H|h\right)+L\Pr\left(L|h\right)=1+(H-1)\rho \tag{6.22}$$

$$\hat{L}=E\left[A|l\right]=H\Pr\left(H|l\right)+L\Pr\left(L|l\right)=H-(H-1)\rho \tag{6.23}$$

ρ 可视为信息精度，当 $\rho=1/2$ 时，$\Pr\left(H|h\right)=\Pr(h)=1/2$ 且 $\Pr\left(L|l\right)=\Pr(l)=1/2$，说明信号不起作用；当 $\rho=1$ 时，$\Pr\left(H|h\right)=\Pr(h)=1$ 且 $\Pr\left(L|l\right)=\Pr(l)=1$，

说明信号是完美的；当$1/2<\rho<1$时，$\Pr\left(H|h\right)=\Pr\left(L|l\right)>\Pr(h)=\Pr(l)$，说明随着$\rho$的增加，销售商对于需求预测的精确度也在提高。

3. 事件发生顺序

由于销售商的信息共享和供应商的区块链部署均为长期决策，主要事件与决策顺序如图 6.3 所示。

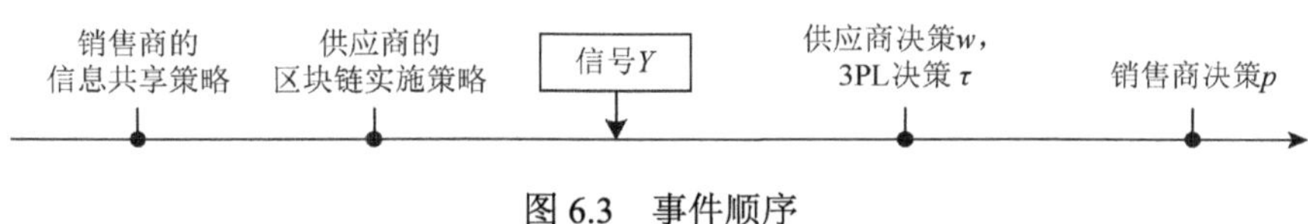

图 6.3　事件顺序

（1）销售商决策需求信息共享策略，定义该策略为$R_1\in\{X_1X_2\}$，X_1、$X_2\in\{\mathrm{N,I}\}$，当$X_1=\mathrm{N}$（$X_1=\mathrm{I}$）时表示销售商不向（向）供应商共享需求预测信息；当$X_2=\mathrm{N}$（$X_2=\mathrm{I}$）时表示销售商不向（向）3PL 共享需求预测信息，由此$R_1\in\{\mathrm{NN,IN,NI,II}\}$。

（2）供应商选择是否采用区块链，定义区块链部署为$R_2\in\{\mathrm{U,B}\}$，$R_2=\mathrm{U}$表示供应商不采用区块链；$R_2=\mathrm{B}$表示供应商采用区块链。

（3）销售商观察到需求预测信息Y并根据（1）实施相应信息共享策略。供应商和 3PL 分别同时决策$w^{R_1R_2}$和$\tau^{R_1R_2}$，然后销售商根据需求预测信息Y决策销售价格$p^{R_1R_2}$。

（4）实际需求发生，供应商、3PL 与销售商分别实现各自利润。

6.2.2　生鲜农产品供应链均衡决策与利润

在本节中，考察不同信息策略情形下供应商区块链采用的均衡策略。首先，分析在不同信息共享策略情形下供应链成员的最优决策与最优利润。在此基础上，进一步探讨供应商的区块链采用策略。

1. 无信息共享——NNU 与 NNB

在 NNU 情形下，供应商和 3PL 将根据期望需求$E[D^{\mathrm{U}}]$进行决策，销售商将根据其预测需求信息$E\left[D^{\mathrm{U}}|Y\right]$进行决策。$E[D^{\mathrm{U}}]=(1-\lambda)\bar{A}-E[p]-\delta(1-\tau)$，其中$\bar{A}=(H+1)/2$表示期望潜在市场需求，$E\left[D^{\mathrm{U}}|Y\right]=\left(1-\lambda\right)E\left[A|Y\right]-p-\delta\left(1-\tau\right)$。由此可得在 NNU 策略下供应商、3PL 和销售商的期望利润分别为

$$E\left[\pi_s^{\mathrm{NNU}}\right]=(1-\alpha)w\left((1-\lambda)\bar{A}-E[p]-\delta(1-\tau)\right)\tag{6.24}$$

$$E\left[\pi_t^{\mathrm{NNU}}\right]=\alpha w\left((1-\lambda)\bar{A}-E[p]-\delta(1-\tau)\right)-\tau^2/2 \tag{6.25}$$

$$E\left[\pi_r^{\mathrm{NNU}}\middle|Y\right]=(p-w)\left((1-\lambda)E\left[A\middle|Y\right]-p-\delta(1-\tau)\right) \tag{6.26}$$

在 NNB 情形下，供应商和 3PL 将根据期望需求$E\left[D^{\mathrm{B}}\right]$进行决策，销售商将根据其预测需求信息$E\left[D^{\mathrm{B}}\middle|Y\right]$进行决策。$E\left[D^{\mathrm{B}}\right]=\bar{A}-E[p]-\delta(1-\tau)$，$E\left[D^{\mathrm{B}}\middle|Y\right]=E\left[A\middle|Y\right]-p-\delta(1-\tau)$。由此可得在 NNB 策略下供应商、3PL 和销售商的期望利润分别为

$$E\left[\pi_s^{\mathrm{NNB}}\right]=(1-\alpha)w\left(\bar{A}-E[p]-\delta(1-\tau)\right)-C \tag{6.27}$$

$$E\left[\pi_t^{\mathrm{NNB}}\right]=\alpha w\left(\bar{A}-E[p]-\delta(1-\tau)\right)-\tau^2/2 \tag{6.28}$$

$$E\left[\pi_r^{\mathrm{NNB}}\middle|Y\right]=(p-w)\left(E\left[A\middle|Y\right]-p-\delta(1-\tau)\right) \tag{6.29}$$

定理 6.2 无信息共享下，当供应商不采用和采用区块链时，生鲜农产品供应链的均衡决策和均衡利润如表 6.5 所示。

表 6.5 无信息共享下供应链成员的最优决策和利润

项目	$R_2=\mathrm{U}$	$R_2=\mathrm{B}$
$w^{\mathrm{NN}R_2}$	$2M_1\left((1-\lambda)\bar{A}-\delta\right)$	$2M_1(\bar{A}-\delta)$
$\tau^{\mathrm{NN}R_2}$	$\frac{M_2}{\delta}\left((1-\lambda)\bar{A}-\delta\right)$	$\frac{M_2}{\delta}(\bar{A}-\delta)$
$p^{\mathrm{NN}R_2}$	$\frac{(1-\lambda)}{2}E\left[A\middle|Y\right]+\left(3M_1-\frac{1}{2}\right)(1-\lambda)\bar{A}-3\delta M_1$	$\frac{1}{2}E\left[A\middle|Y\right]+\left(3M_1-\frac{1}{2}\right)\bar{A}-3\delta M_1$
$E\left[\pi_s^{\mathrm{NN}R_2}\right]$	$2(1-\alpha)M_1^2\left((1-\lambda)\bar{A}-\delta\right)^2$	$2(1-\alpha)M_1^2(\bar{A}-\delta)^2-C$
$E\left[\pi_t^{\mathrm{NN}R_2}\right]$	$\frac{\alpha M_1\left((1-\lambda)\bar{A}-\delta\right)^2}{2}$	$\frac{\alpha M_1(\bar{A}-\delta)^2}{2}$
$E\left[\pi_r^{\mathrm{NN}R_2}\right]$	$\frac{\left((1-\lambda)\hat{H}-(1-2M_1)(1-\lambda)\bar{A}-2\delta M_1\right)^2}{8}+\frac{\left((1-\lambda)\hat{L}-(1-2M_1)(1-\lambda)\bar{A}-2\delta M_1\right)^2}{8}$	$\frac{\left(\hat{H}-(1-2M_1)\bar{A}-2\delta M_1\right)^2}{8}+\frac{\left(\hat{L}-(1-2M_1)\bar{A}-2\delta M_1\right)^2}{8}$

其中，$M_1=1/(4-\alpha\delta^2)$，$M_2=\alpha\delta^2/(4-\alpha\delta^2)$。

2. 销售商与供应商信息共享——INU 与 INB

在 INU 情形下，供应商将依据预测需求信息$E\left[D^{\mathrm{U}}\middle|Y\right]$进行决策，3PL 将根据

期望需求 $E\left[D^{\mathrm{U}}\right]$ 进行决策，销售商将根据其预测需求信息 $E\left[D^{\mathrm{U}}\middle|Y\right]$ 进行决策。由此可得在 INU 策略下供应商、3PL 和销售商的期望利润分别为

$$E\left[\pi_s^{\mathrm{INU}}\middle|Y\right]=(1-\alpha)w\Big((1-\lambda)E\left[A\middle|Y\right]-p-\delta(1-\tau)\Big) \tag{6.30}$$

$$E\left[\pi_t^{\mathrm{INU}}\right]=\alpha w\Big((1-\lambda)\overline{A}-E[p]-\delta(1-\tau)\Big)-\tau^2/2 \tag{6.31}$$

$$E\left[\pi_r^{\mathrm{INU}}\middle|Y\right]=(p-w)\Big((1-\lambda)E\left[A\middle|Y\right]-p-\delta(1-\tau)\Big) \tag{6.32}$$

在 INB 情形下，供应商将依据预测需求信息 $E\left[D^{\mathrm{B}}\middle|Y\right]$ 进行决策，3PL 将根据期望需求 $E[D^{\mathrm{B}}]$ 进行决策，销售商将根据其预测需求信息 $E\left[D^{\mathrm{B}}\middle|Y\right]$ 进行决策。由此可得在 INB 策略下供应商、3PL 和销售商的期望利润分别为

$$E\left[\pi_s^{\mathrm{INB}}\middle|Y\right]=(1-\alpha)w\Big(E[A|Y]-p-\delta(1-\tau)\Big)-C \tag{6.33}$$

$$E\left[\pi_t^{\mathrm{INB}}\right]=\alpha w\Big(\overline{A}-E[p]-\delta(1-\tau)\Big)-\tau^2/2 \tag{6.34}$$

$$E\left[\pi_r^{\mathrm{INB}}\middle|Y\right]=(p-w)\Big(E[A|Y]-p-\delta(1-\tau)\Big) \tag{6.35}$$

定理 6.3　在销售商只向供应商共享信息的策略下，当供应商不采用和采用区块链时，生鲜农产品供应链的均衡决策和均衡利润如表 6.6 所示。

表 6.6　销售商只向供应商共享信息策略下供应链成员的最优决策和利润

项目	$R_2=\mathrm{U}$	$R_2=\mathrm{B}$
$w^{\mathrm{IN}R_2}$	$\frac{(1-\lambda)}{2}E\left[A\middle|Y\right]+\frac{M_2(1-\lambda)}{2}\overline{A}-2\delta M_1$	$\frac{1}{2}E\left[A\middle|Y\right]+\frac{M_2}{2}\overline{A}-2\delta M_1$
$\tau^{\mathrm{IN}R_2}$	$\frac{M_2}{\delta}\Big((1-\lambda)\overline{A}-\delta\Big)$	$\frac{M_2}{\delta}(\overline{A}-\delta)$
$p^{\mathrm{IN}R_2}$	$\frac{3(1-\lambda)}{4}E\left[A\middle|Y\right]+\frac{3M_2(1-\lambda)}{4}\overline{A}-3\delta M_1$	$\frac{3}{4}E\left[A\middle|Y\right]+\frac{3M_2}{4}\overline{A}-3\delta M_1$
$E\left[\pi_s^{\mathrm{IN}R_2}\right]$	$\frac{(1-\alpha)\Big((1-\lambda)\hat{H}+M_2(1-\lambda)\overline{A}-4\delta M_1\Big)^2}{16}+\frac{(1-\alpha)\Big((1-\lambda)\hat{L}+M_2(1-\lambda)\overline{A}-4\delta M_1\Big)^2}{16}$	$\frac{(1-\alpha)\Big(\hat{H}+M_2\overline{A}-4\delta M_1\Big)^2}{16}+\frac{(1-\alpha)\Big(\hat{L}+M_2\overline{A}-4\delta M_1\Big)^2}{16}-C$
$E\left[\pi_t^{\mathrm{IN}R_2}\right]$	$\frac{\alpha M_1\Big((1-\lambda)\overline{A}-\delta\Big)^2}{2}$	$\frac{\alpha M_1(\overline{A}-\delta)^2}{2}$
$E\left[\pi_r^{\mathrm{IN}R_2}\right]$	$\frac{\Big((1-\lambda)\hat{H}+M_2(1-\lambda)\overline{A}-4\delta M_1\Big)^2}{32}+\frac{\Big((1-\lambda)\hat{L}+M_2(1-\lambda)\overline{A}-4\delta M_1\Big)^2}{32}$	$\frac{(\hat{H}+M_2\overline{A}-4\delta M_1)^2}{32}+\frac{(\hat{L}+M_2\overline{A}-4\delta M_1)^2}{32}$

3. 销售商与 3PL 信息共享——NIU 与 NIB

在 NIU 情形下，供应商将根据期望需求 $E[D^{\mathrm{U}}]$ 进行决策，3PL 将依据预测需求信息 $E\left[D^{\mathrm{U}}|Y\right]$ 进行决策，销售商将根据其预测需求信息 $E\left[D^{\mathrm{U}}|Y\right]$ 进行决策。由此可得在 NIU 策略下供应商、3PL 和销售商的期望利润分别为

$$E\left[\pi_s^{\mathrm{NIU}}\right]=(1-\alpha)w\left((1-\lambda)\bar{A}-E[p]-\delta(1-\tau)\right) \tag{6.36}$$

$$E\left[\pi_t^{\mathrm{NIU}}|Y\right]=\alpha w\left((1-\lambda)E\left[A|Y\right]-p-\delta(1-\tau)\right)-\tau^2/2 \tag{6.37}$$

$$E\left[\pi_r^{\mathrm{NIU}}|Y\right]=(p-w)\left((1-\lambda)E\left[A|Y\right]-p-\delta(1-\tau)\right) \tag{6.38}$$

在 NIB 情形下，供应商将根据期望需求 $E[D^{\mathrm{B}}]$ 进行决策，3PL 将依据预测需求信息 $E\left[D^{\mathrm{B}}|Y\right]$ 进行决策，销售商将根据其预测需求信息 $E\left[D^{\mathrm{B}}|Y\right]$ 进行决策。由此可得在 NIB 策略下供应商、3PL 和销售商的期望利润分别为

$$E\left[\pi_s^{\mathrm{NIB}}\right]=(1-\alpha)w\left(\bar{A}-E[p]-\delta(1-\tau)\right)-C \tag{6.39}$$

$$E\left[\pi_t^{\mathrm{NIB}}|Y\right]=\alpha w\left(E\left[A|Y\right]-p-\delta(1-\tau)\right)-\tau^2/2 \tag{6.40}$$

$$E\left[\pi_r^{\mathrm{NIB}}|Y\right]=(p-w)\left(E\left[A|Y\right]-p-\delta(1-\tau)\right) \tag{6.41}$$

定理 6.4　在销售商只向 3PL 共享信息的策略下，当供应商不采用和采用区块链时，生鲜农产品供应链的均衡决策和均衡利润如表 6.7 所示。

表 6.7　销售商只向 3PL 共享信息策略下供应链成员的最优决策和利润

项目	$R_2=\mathrm{U}$	$R_2=\mathrm{B}$
$w^{\mathrm{NI}R_2}$	$2M_1\left((1-\lambda)\bar{A}-\delta\right)$	$2M_1(\bar{A}-\delta)$
$\tau^{\mathrm{NI}R_2}$	$\frac{M_2}{\delta}\left((1-\lambda)E\left[A|Y\right]-\delta\right)$	$\frac{M_2}{\delta}\left(E\left[A|Y\right]-\delta\right)$
$p^{\mathrm{NI}R_2}$	$2M_1(1-\lambda)E\left[A|Y\right]+M_1(1-\lambda)\bar{A}-3\delta M_1$	$2M_1E\left[A|Y\right]+M_1\bar{A}-3\delta M_1$
$E\left[\pi_s^{\mathrm{NI}R_2}\right]$	$2(1-\alpha)M_1^2\left((1-\lambda)\bar{A}-\delta\right)^2$	$2(1-\alpha)M_1^2(\bar{A}-\delta)^2-C$
$E\left[\pi_t^{\mathrm{NI}R_2}\right]$	$\frac{\alpha M_1\begin{pmatrix}\left((1-\lambda)\hat{H}-\delta\right)^2\\-(M_2+1)(1-\lambda)^2(\hat{H}-\bar{A})^2\end{pmatrix}}{4}+\frac{\alpha M_1\begin{pmatrix}\left((1-\lambda)\hat{L}-\delta\right)^2\\-(M_2+1)(1-\lambda)^2(\hat{L}-\bar{A})^2\end{pmatrix}}{4}$	$\frac{\alpha M_1\left((\hat{H}-\delta)^2-(M_2+1)(\hat{H}-\bar{A})^2\right)}{4}+\frac{\alpha M_1\left((\hat{L}-\delta)^2-(M_2+1)(\hat{L}-\bar{A})^2\right)}{4}$
$E\left[\pi_r^{\mathrm{NI}R_2}\right]$	$\frac{M_1^2\left(2(1-\lambda)\hat{H}-(1-\lambda)\bar{A}-\delta\right)^2}{2}+\frac{M_1^2\left(2(1-\lambda)\hat{L}-(1-\lambda)\bar{A}-\delta\right)^2}{2}$	$\frac{M_1^2(2\hat{H}-\bar{A}-\delta)^2}{2}+\frac{M_1^2(2\hat{L}-\bar{A}-\delta)^2}{2}$

4. 完全信息共享——IIU 与 IIB

在 IIU 情形下，供应商、3PL 和销售商都将依据预测需求信息 $E\left[D^{\mathrm{U}}|Y\right]$ 进行决策。由此可得在 IIU 策略下供应商、3PL 和销售商的期望利润分别为

$$E\left[\pi_s^{\mathrm{IIU}}|Y\right]=(1-\alpha)w\left((1-\lambda)E\left[A|Y\right]-p-\delta(1-\tau)\right) \tag{6.42}$$

$$E\left[\pi_t^{\mathrm{IIU}}|Y\right]=\alpha w\left((1-\lambda)E\left[A|Y\right]-p-\delta(1-\tau)\right)-\tau^2/2 \tag{6.43}$$

$$E\left[\pi_r^{\mathrm{IIU}}|Y\right]=(p-w)\left((1-\lambda)E\left[A|Y\right]-p-\delta(1-\tau)\right) \tag{6.44}$$

在 IIB 情形下，供应商、3PL 和销售商都将依据预测需求信息 $E\left[D^{\mathrm{B}}|Y\right]$ 进行决策。由此可得在 IIB 策略下供应商、3PL 和销售商的期望利润分别为

$$E\left[\pi_s^{\mathrm{IIB}}|Y\right]=(1-\alpha)w\left(E\left[A|Y\right]-p-\delta(1-\tau)\right)-C \tag{6.45}$$

$$E\left[\pi_t^{\mathrm{IIB}}|Y\right]=\alpha w\left(E\left[A|Y\right]-p-\delta(1-\tau)\right)-\tau^2/2 \tag{6.46}$$

$$E\left[\pi_r^{\mathrm{IIB}}|Y\right]=(p-w)\left(E\left[A|Y\right]-p-\delta(1-\tau)\right) \tag{6.47}$$

定理 6.5　在完全信息共享下，当供应商不采用和采用区块链时，生鲜农产品供应链的均衡决策和均衡利润如表 6.8 所示。

表 6.8　完全信息共享下供应链成员的最优决策和利润

项目	$R_2=\mathrm{U}$	$R_2=\mathrm{B}$
$w^{\mathrm{II}R_2}$	$2M_1\left((1-\lambda)E\left[A|Y\right]-\delta\right)$	$2M_1\left(E\left[A|Y\right]-\delta\right)$
$\tau^{\mathrm{II}R_2}$	$\dfrac{M_2}{\delta}\left((1-\lambda)E\left[A|Y\right]-\delta\right)$	$\dfrac{M_2}{\delta}\left(E\left[A|Y\right]-\delta\right)$
$p^{\mathrm{II}R_2}$	$3M_1(1-\lambda)E\left[A|Y\right]-3\delta M_1$	$3M_1E\left[A|Y\right]-3\delta M_1$
$E\left[\pi_s^{\mathrm{II}R_2}\right]$	$(1-\alpha)M_1^2\left((1-\lambda)\hat{H}-\delta\right)^2+$ $(1-\alpha)M_1^2\left((1-\lambda)\hat{L}-\delta\right)^2$	$(1-\alpha)M_1^2(\hat{H}-\delta)^2+(1-\alpha)M_1^2(\hat{L}-\delta)^2-C$
$E\left[\pi_t^{\mathrm{II}R_2}\right]$	$\dfrac{\alpha M_1\left((1-\lambda)\hat{H}-\delta\right)^2}{4}+$ $\dfrac{\alpha M_1\left((1-\lambda)\hat{L}-\delta\right)^2}{4}$	$\dfrac{\alpha M_1(\hat{H}-\delta)^2}{4}+\dfrac{\alpha M_1(\hat{L}-\delta)^2}{4}$
$E\left[\pi_r^{\mathrm{II}R_2}\right]$	$\dfrac{M_1^2\left((1-\lambda)\hat{H}-\delta\right)^2}{2}+\dfrac{M_1^2\left((1-\lambda)\hat{L}-\delta\right)^2}{2}$	$\dfrac{M_1^2(\hat{H}-\delta)^2}{2}+\dfrac{M_1^2(\hat{L}-\delta)^2}{2}$

由定理 6.2～定理 6.5 可知，$\frac{\partial p^{R_1R_2}}{\partial\hat{A}}>\frac{\partial w^{R_1R_2}}{\partial\hat{A}}>\frac{\partial\tau^{R_1R_2}}{\partial\hat{A}}>0$，$\hat{A}\in\left\{\overline{A},E\left[A|Y\right]\right\}$，表明无论在何种策略情形下，随着潜在市场需求的增加，供应商、3PL 和销售商将分别提高批发价格、保鲜努力和销售价格，且销售价格的增幅最大。又由于对潜在市场需求的准确估计需要依赖需求预测信息，因此 3PL、供应商和销售商的相关决策对需求信号的依赖性依次递增。由定理 6.1 还可得 $\frac{\partial p^{R_1\mathrm{U}}}{\partial\lambda}<\frac{\partial w^{R_1\mathrm{U}}}{\partial\lambda}<\frac{\partial\tau^{R_1\mathrm{U}}}{\partial\lambda}<0$，表明无论在何种信息共享策略下，当供应商不采用区块链时，随着消费者对生鲜农产品怀疑程度的提高，供应商、3PL 和销售商将分别降低批发价格、保鲜努力和销售价格，且销售价格的降幅最大。这是因为随着仿冒产品对生鲜市场的不断冲击，消费者对生鲜农产品的怀疑程度不断增加，导致潜在市场需求流失加剧。此时 3PL 提高保鲜努力尽管也会提高消费者购买意愿，但市场规模的缩减使得 3PL 付出保鲜努力的成本得不到回报，3PL 会通过降低保鲜努力减少成本。供应商和销售商也只能通过降低批发价格和销售价格以维持收益，且销售商因双重边际效应对销售价格的调整幅度更大。进一步地，由 $\frac{\partial^2 p^{R_1\mathrm{U}}}{\partial\hat{A}\partial\lambda}<\frac{\partial^2 w^{R_1\mathrm{U}}}{\partial\hat{A}\partial\lambda}<\frac{\partial^2\tau^{R_1\mathrm{U}}}{\partial\hat{A}\partial\lambda}<0$ 可知，消费者怀疑程度的提高会削弱需求信号对供应链各主体决策的影响，其中对销售商的销售价格决策调整的削弱作用最显著。

6.2.3 不同信息共享策略下生鲜农产品供应链的区块链采用策略

不同于 3PL 和销售商的利润在采用区块链下总是会增加，供应商采用区块链还将投入一定的成本，接下来分析在不同信息共享策略情形下供应商采用区块链与否的利润变化，分析其区块链采用策略，得到命题 6.6。

命题 6.6　记 g^{R_1} 为信息共享策略 $R_1\in\{\mathrm{NN},\mathrm{IN},\mathrm{NI},\mathrm{II}\}$ 下不考虑区块链成本投入时供应商采用区块链前后的利润差，在该信息共享策略下，供应商的区块链实施策略如下。

（1）当 $0<C<g^{R_1}(\tilde{\lambda}^{R_1})$ 时，若 $0<\lambda<\lambda^{R_1}$，供应商不会采用区块链技术；若 $\lambda^{R_1}<\lambda<1$，供应商会采用区块链。

（2）当 $C\geqslant g^{R_1}(\tilde{\lambda}^{R_1})$ 时，供应商不会采用区块链。

其中，$g^{R_1}=\left(\pi_s^{R_1\mathrm{B}}|C=0\right)-\pi_s^{R_1\mathrm{U}}$，$\tilde{\lambda}^{R_1}$ 是 $\partial g^{R_1}/\partial\lambda=0$ 关于 λ 的解，λ^{R_1} 是 $g^{R_1}=C$ 关于 λ 的解。

证明　给定一个特定的信息共享策略（如 $R_1=\mathrm{NN}$），比较区块链实施前后供应商的期望利润，有 $E\left[\pi_s^{\mathrm{NNB}}\right]-E\left[\pi_s^{\mathrm{NNU}}\right]=g^{\mathrm{NN}}-C$，其中，$g^{\mathrm{NN}}=$

$\frac{\lambda(H+L)\big((H+L)(\lambda-2)+4\delta\big)(\alpha-1)}{2(\alpha\delta^2-4)^2}$。求解 g^{NN} 关于 λ 的二阶导数可得 $\frac{\partial^2 g^{NN}}{\partial\lambda^2}=\frac{(H+L)^2(\alpha-1)}{(\alpha\delta^2-4)^2}<0$，从而 g^{NN} 是关于 λ 的凹函数。接着令 $\frac{\partial g^{NN}}{\partial\lambda}=0$ 可得 $\tilde{\lambda}^{NN}=1-\frac{2\delta}{H+L}$。因此当 $C\geqslant g^{NN}\big|\lambda=\tilde{\lambda}^{NN}$ 时，供应商不会采用区块链。当 $C<g^{NN}\big|\lambda=\tilde{\lambda}^{NN}$ 时，由于 $(H+L)(\lambda-1)+2\delta<0$（为满足 $0<\tau^{NNU}<1$），可得 $\frac{\partial g^{NN}}{\partial\lambda}=\frac{(\alpha-1)(H+L)\big((H+L)(\lambda-1)+2\delta\big)}{(\alpha\delta^2-4)^2}>0$，从而可以证明 g^{NN} 随着 λ 递增。求解方程 $g^{NN}-C=0$ 关于 λ 的根可以得到 λ^{NN}。当 $0<\lambda<\lambda^{NN}$ 时，有 $g^{NN}-C<0$。当 $\lambda^{NN}<\lambda<1$ 时，有 $g^{NN}-C>0$。其他信息共享策略下的区块链实施策略证明与此类似，故省略。

命题 6.6 表明在给定信息共享策略下，供应商是否采用区块链取决于区块链投入的固定成本和消费者对生鲜农产品的怀疑程度。只有当区块链投入的固定成本不是很高且消费者对生鲜农产品的怀疑程度较高时供应商才会采用区块链。这是因为只有当消费者对生鲜农产品的怀疑程度较高时，区块链的采用才能显著提升消费者信任，从而大幅度提高生鲜农产品的潜在市场规模。市场规模的提高会促使供应商提高批发价格，由此带来的收益得以抵消不是很高的区块链固定成本，供应商才会采用区块链。否则，即便区块链投入的固定成本不是很高，如果消费者对生鲜农产品的怀疑程度较低，采用区块链对潜在市场规模的提升作用有限，导致采用区块链带来的收益无法弥补其成本投入，供应商也不会采用区块链。显然，当采用区块链固定成本很高时，采用区块链带来的收益无法弥补其高昂的成本，供应商是不会采用区块链的。

现实中，对于某些因产地特定、产量有限的生鲜农产品，其较大的盈利空间使得市场上出现许多以次充好的仿冒产品，而生鲜农产品品牌号召力普遍偏弱，容易受到仿冒产品的影响，导致消费者对市场上销售的这类产品怀疑程度较高。对于某些大型生鲜供应商或者区域品牌而言，可以通过规模优势分散区块链投入的固定成本，满足区块链实施的条件，如全球最大的三文鱼供应品牌商 Marine Harvest、大闸蟹知名品牌蟹状元、江西赣州链橙科技等均采用区块链对所供应的产品进行防伪与溯源。

由命题 6.6 可知不同信息共享策略下实施区块链的固定成本阈值不同，即对应的 g^{R_1} 不同，g^{R_1} 的大小可以反映供应商实施区块链的难易程度。g^{R_1} 越大，说明采用区块链带来的收益越有可能弥补其成本投入，供应商就越容易采用区块链；反之，g^{R_1} 越小，供应商就越难采用区块链。为了探究信息共享策略对供应商区块链实施策略的影响，对四种信息共享策略下的 g^{R_1} 进行比较，得到推论 6.2。

推论 6.2 供应商在 II 策略下最容易采用区块链，IN 策略下次之，NN 和 NI 策略下最不容易采用区块链，即 $g^{\text{II}} > g^{\text{IN}} > g^{\text{NI}} = g^{\text{NN}}$。

证明 因为 $0<\alpha<1$，$0<\lambda<1$，且 $\alpha\delta^2-4<0$，可得 $g^{\text{NN}}-g^{\text{NI}}=0$，$g^{\text{IN}}-g^{\text{II}}=(\alpha-1)\alpha\delta^2(2\rho-1)^2(H-L)^2\lambda(\lambda-2)(\alpha\delta^2-8)/32(\alpha\delta^2-4)^2<0$，$g^{\text{NN}}-g^{\text{IN}}=-(\alpha-1)(2\rho-1)^2(H-L)^2\lambda(\lambda-2)/32<0$，且 $g^{\text{NN}}-g^{\text{II}}=-(\alpha-1)(2\rho-1)^2(H-L)^2\lambda(\lambda-2)/2(\alpha\delta^2-4)^2<0$。由此可得 $g^{\text{II}} > g^{\text{IN}} > g^{\text{NI}} = g^{\text{NN}}$。

推论 6.2 表明供应商知晓需求信息会增加其采用区块链的可能性（$g^{NX_2}<g^{IX_2}$），且供应链成员间的完全信息透明会进一步增加该可能性（$g^{\text{IN}}<g^{\text{II}}$）。首先，信息共享都可以增加供应商的利润，因为相较于 NN 策略和 NI 策略，在 IN 策略和 II 策略下供应商可以根据需求信息准确地调整批发价格以应对市场波动，增加利润。在 II 策略下供应商还能从 3PL 根据共享信息调整保鲜努力刺激需求中获益，进一步增加利润。此外，信息共享对供应商利润的提升作用在其采用区块链时会更显著。相较于不采用区块链的情形，区块链的采用可以消除消费者的怀疑对生鲜农产品潜在需求的抑制，增加生鲜农产品的潜在需求，从而使供应商根据信息共享调整批发价格带来更多的利润增长。因此，相较于无信息透明和部分信息透明，完全信息透明下供应商采用区块链后带来的利润增量更大，更有可能抵消区块链投入的固定成本 C，从而供应商更有动机采用区块链。命题 6.3 揭示了供应链的信息透明对供应商采用区块链具有促进作用，说明销售商可以通过策略性的信息共享去引导供应商采取区块链，以获得由区块链采用带来的利润增长。

结合推论 6.2 可知，由于供应商采取区块链技术对销售商总是有利的，从而销售商可以考虑通过信息共享策略的选择引导供应商采用区块链。下面将进一步分析区块链采用策略和信息共享策略的相互影响，研究销售商的信息共享策略选择。

6.2.4 生鲜农产品供应链的信息共享均衡策略

在本节中，结合供应商在不同信息策略情形下的区块链采用策略，首先分析在不同的区块链固定成本下信息共享策略和区块链采用策略的关系，考察两种策略之间的相互影响，在此基础上，进一步探讨销售商的信息共享策略。

根据不同信息策略情形下供应商的区块链采用策略和固定成本阈值大小关系绘制出图 6.4。当 $C<g^{\text{NN}}$ 时，无论销售商采取何种信息共享策略，供应商总是会

采用区块链，说明此时销售商不必通过信息共享策略激励供应商采用区块链；当 $C>g^{\mathrm{II}}$ 时，无论销售商采取何种信息共享策略，供应商总是不会采用区块链，说明此时销售商无法通过信息共享策略来激励供应商采用区块链。因此，当采用区块链的固定成本很低或很高时，供应商的区块链实施策略不会受销售商信息共享策略的影响。而当 $g^{\mathrm{NN}}<C<g^{\mathrm{II}}$ 时，供应商在某些信息共享策略下会采用区块链，某些信息共享策略下不会采用，这说明销售商可以根据信息共享策略的选择来激励供应商采用区块链。因此，当采用区块链的固定成本处于中间水平时，供应商的区块链策略将受到销售商信息共享策略的影响。鉴于此，本节根据供应商的区块链实施策略是否受销售商信息共享策略的影响，将上述情形分为两类，即区块链实施策略独立于信息共享策略和区块链实施策略依赖于信息共享策略。接下来将在这两类情形下研究销售商的信息共享策略。

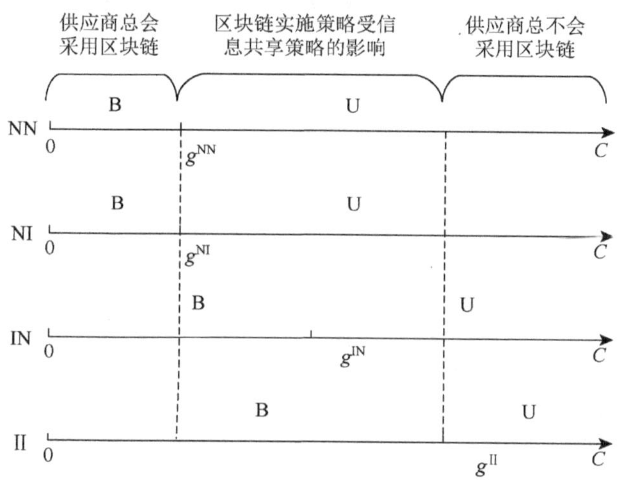

图 6.4　不同信息共享策略下的区块链实施策略

1. 区块链采用策略独立于信息共享策略的情形

当采用区块链的固定成本很低或者很高时，无论销售商如何选择信息共享策略，供应商分别总是会或不会采用区块链，说明供应商的区块链策略独立于销售商的信息共享策略，销售商只需要考虑信息共享对其利润的影响以选择最优的信息共享策略。接下来分别考察当 $C<g^{\mathrm{NN}}$ 时销售商在 NNB、NIB、INB、IIB 下的利润情况，和当 $C>g^{\mathrm{II}}$ 时销售商在 NNU、NIU、INU、IIU 下的利润情况，从而得到销售商在该类情形下的信息共享均衡策略。

引理 6.1　（1）对于相同的区块链采用策略 $R_2\in\{\mathrm{U,B}\}$，销售商在 NI 策略下的利润最高，在 IN 策略下的利润最低。

（2）$E\left[\pi_s^{\mathrm{IN}R_2}\right]<E\left[\pi_s^{\mathrm{II}R_2}\right]$，$E\left[\pi_t^{\mathrm{NI}R_2}\right]<E\left[\pi_t^{\mathrm{II}R_2}\right]$。

引理 6.1（1）表明销售商在无法通过信息共享策略影响供应商的区块链采用策略时，只与 3PL 进行信息共享是最有利的。因为相较于无信息共享（NN 策略），销售商向 3PL 共享信息（NI 或 II 策略）有助于 3PL 更加准确地调整保鲜资源以应对需求波动，从而产生资源改善效应，对销售商利润产生正向影响。而销售商一旦与供应商进行信息共享（IN 或 II 策略），便会增加供应商在批发价格决策时的信息优势，从而加剧双重边际效应，对销售商利润产生负向影响，该负向影响还会在 II 策略下抵消部分或全部资源改善效应对利润的正向影响，所以销售商的信息共享策略偏好是只与 3PL 信息共享（NI 策略）。

引理 6.1（2）表明当销售商进行部分信息共享的时候，不管是 IN 策略还是 NI 策略，得到信息的供应商或 3PL 都会将信息传递给另一方。这是因为对于供应商而言，相较于其独自拥有信息的 IN 策略，II 策略下 3PL 可以根据需求信息调整保鲜努力刺激需求，有利于供应商利润增加；对于 3PL 而言，相较于其独自拥有信息的 NI 策略，II 策略下供应商可以根据需求信息调整批发价格以增加利润，而供应商与 3PL 之间通过收益共享契约进行合作，3PL 利润也会间接增加。因此，供应商和 3PL 之间的信息传递会导致销售商的部分信息共享策略无法最终实现，从而影响销售商的信息共享策略选择。

由引理 6.1 不难看出，NIR_2 策略虽是销售商偏好的策略，但并非销售商的信息共享均衡策略。接下来将在区块链采用策略独立于信息共享策略的情形下分析销售商的信息共享策略选择，得到命题 6.7。

命题 6.7　当 $C<g^{\mathrm{NN}}$ 或 $C>g^{\mathrm{II}}$ 时，区块链实施策略独立于信息共享策略，该情形下销售商的信息共享均衡策略如表 6.9 所示。

表 6.9　独立情形下的均衡策略

条件	销售商利润	销售商策略偏好	均衡策略
$0<\delta<\min(\delta_r,\bar{\delta}^{R_2})$	$E\left[\pi_r^{\mathrm{IN}R_2}\right]<E\left[\pi_r^{\mathrm{II}R_2}\right]<E\left[\pi_r^{\mathrm{NN}R_2}\right]<E\left[\pi_r^{\mathrm{NI}R_2}\right]$	NIR_2	NNR_2
$\delta_r<\delta<\bar{\delta}^{R_2}$	$E\left[\pi_r^{\mathrm{IN}R_2}\right]<E\left[\pi_r^{\mathrm{NN}R_2}\right]<E\left[\pi_r^{\mathrm{II}R_2}\right]<E\left[\pi_r^{\mathrm{NI}R_2}\right]$		IIR_2

其中，$\delta_r=\sqrt{2/\alpha}$，当 $C<g^{\mathrm{NN}}$ 时，$R_2=\mathrm{B}$，$\bar{\delta}^{\mathrm{B}}=\min(\sqrt{4/\alpha H},L)$；当 $C>g^{\mathrm{II}}$ 时，$R_2=\mathrm{U}$，$\bar{\delta}^{\mathrm{U}}=\min\left(\sqrt{4/(1-\lambda)\alpha H},(1-\lambda)L\right)$。

证明　当 $C>g^{\mathrm{II}}$ 时，比较 NNU、NIU、INU 和 IIU 情形下销售商的期望利润，由于 $E\left[\pi_r^{\mathrm{INU}}\right]-E\left[\pi_r^{\mathrm{NNU}}\right]=-3(\lambda-1)^2(2\rho-1)^2(H-L)^2/64<0$，可得 $E\left[\pi_r^{\mathrm{INU}}\right]<$

$E\left[\pi_r^{\text{NNU}}\right]$。由于 $\alpha\delta^2-4<0$ 从而 $\alpha\delta^2-8<0$，$E\left[\pi_r^{\text{NIU}}\right]-E\left[\pi_r^{\text{NNU}}\right]=-\alpha\delta^2(\lambda-1)^2(2\rho-1)^2(H-L)^2(\alpha\delta^2-8)/16(\alpha\delta^2-4)^2>0$，因此可得 $E\left[\pi_r^{\text{NNU}}\right]<E\left[\pi_r^{\text{NIU}}\right]$。同样地，$E\left[\pi_r^{\text{IIU}}\right]-E\left[\pi_r^{\text{NNU}}\right]=-(\lambda-1)^2(2\rho-1)^2(\alpha\delta^2-2)(\alpha\delta^2-6)(H-L)^2/16(\alpha\delta^2-4)^2$，因此 $\text{sign}\left(E\left[\pi_r^{\text{IIU}}\right]-E\left[\pi_r^{\text{NNU}}\right]\right)=\text{sign}(\alpha\delta^2-2)$。当 $0<\delta<\sqrt{2/\alpha}$ 时，$E\left[\pi_r^{\text{IIU}}\right]<E\left[\pi_r^{\text{NNU}}\right]$；当 $\sqrt{2/\alpha}<\delta<\bar{\delta}$ 时，$E\left[\pi_r^{\text{IIU}}\right]>E\left[\pi_r^{\text{NNU}}\right]$。由于 $\alpha\delta^2-8<0$，$E\left[\pi_r^{\text{IIU}}\right]-E\left[\pi_r^{\text{INU}}\right]=-\alpha\delta^2(\lambda-1)^2(2\rho-1)^2(H-L)^2(\alpha\delta^2-8)/64(\alpha\delta^2-4)^2>0$，可得 $E\left[\pi_r^{\text{INU}}\right]<E\left[\pi_r^{\text{IIU}}\right]$。因为 $E\left[\pi_r^{\text{IIU}}\right]-E\left[\pi_r^{\text{NIU}}\right]=-3(\lambda-1)^2(2\rho-1)^2(H-L)^2/4(\alpha\delta^2-4)^2<0$，可得 $E\left[\pi_r^{\text{IIU}}\right]<E\left[\pi_r^{\text{NIU}}\right]$。总的来说，当 $0<\delta<\sqrt{2/\alpha}$ 时，$E\left[\pi_r^{\text{INU}}\right]<E\left[\pi_r^{\text{IIU}}\right]<E\left[\pi_r^{\text{NNU}}\right]<E\left[\pi_r^{\text{NIU}}\right]$。当 $\sqrt{2/\alpha}<\delta<\bar{\delta}^U$ 时，$E\left[\pi_r^{\text{INU}}\right]<E\left[\pi_r^{\text{NNU}}\right]<E\left[\pi_r^{\text{IIU}}\right]<E\left[\pi_r^{\text{NIU}}\right]$，其中 $\bar{\delta}^{\text{U}}=\min\left(\sqrt{4/(1-\lambda)\alpha H},(1-\lambda)L\right)$ 是保证 $0<\tau^{R_1\text{U}}<1$ 的条件。

当 $C<g^{\text{NN}}$ 时，比较 NNB、NIB、INB 和 IIB 情形下销售商的期望利润。证明过程与上述类似，故略。

命题 6.7 表明当采用区块链的固定成本很低或者很高时，如果新鲜度弹性较低，销售商不会进行信息共享；如果新鲜度弹性较高，销售商会同时与供应商和 3PL 进行信息共享。这是因为若销售商选择 NI 策略，3PL 会自发地将信息传递给供应商，造成 II 策略的结果。由此，生鲜销售商在选择信息共享策略时，会进一步考虑到 3PL 和供应商之间信息传递导致 NI 策略转变为 II 策略的情形。具体而言，当新鲜度弹性较低时，消费者不太会关注生鲜农产品的新鲜度，II 策略下双重边际效应的加剧对利润的负向影响占优于资源改善效应对利润的正向影响，此时 II 策略不如 NN 策略，从而销售商将直接选择 NN 策略；当新鲜度弹性较高时，消费者更关注生鲜农产品的新鲜度，II 策略下资源改善效应对利润的正向影响占优于双重边际效应加剧对利润的负向影响，此时 II 策略对销售商最有利，从而销售商可以选择 NI 策略或 II 策略。综上所述，当新鲜度弹性较低和较高时，销售商的信息共享均衡策略分别为 NN 策略和 II 策略。

2. 区块链采用策略依赖于信息共享策略的情形

当采用区块链的固定成本较低（$g^{\text{NN}}<C<g^{\text{IN}}$）时，供应商在 NN、NI 策略下不会采用区块链，在 IN、II 策略下会采用；当区块链的固定成本较高（$g^{\text{IN}}<C<g^{\text{II}}$）时，供应商在 NN、NI、IN 策略下不会采用区块链，在 II 策略下会采用。这说明供应商的区块链策略依赖于销售商的信息共享策略，意味着销售商可以根据信息共享策略的选择影响供应商的区块链采用策略。

在该类情形下，销售商要综合考虑信息共享和区块链采用与否对自身利润的影响，从而选择最优的信息共享策略。接下来首先考察当 $g^{\mathrm{NN}} < C < g^{\mathrm{IN}}$ 时销售商在 NNU、NIU、INB、IIB 下的利润情况，和当 $g^{\mathrm{IN}} < C < g^{\mathrm{II}}$ 时销售商在 NNU、NIU、INU、IIB 下的利润情况。结合引理 6.1，当 $g^{\mathrm{NN}} < C < g^{\mathrm{IN}}$ 时，$E\left[\pi_r^{\mathrm{NNU}}\right] < E\left[\pi_r^{\mathrm{NIU}}\right]$ 且 $E\left[\pi_r^{\mathrm{INB}}\right] < E\left[\pi_r^{\mathrm{IIB}}\right]$；当 $g^{\mathrm{IN}} < C < g^{\mathrm{II}}$ 时，$E\left[\pi_r^{\mathrm{INU}}\right] < E\left[\pi_r^{\mathrm{NNU}}\right] < E\left[\pi_r^{\mathrm{NIU}}\right]$。因此，当采用区块链的固定成本较低或较高时，主要比较销售商在 NIU 和 IIB 策略下的利润，然后分析销售商在该类情形下的信息共享均衡策略，得到命题 6.8。

命题 6.8　当 $g^{\mathrm{NN}} < C < g^{\mathrm{II}}$ 时，销售商的信息共享均衡策略如表 6.10 所示。

表 6.10　或有情形下的均衡策略

条件		销售商策略偏好	均衡策略
$0 < \lambda < \lambda_1$	$0 < \delta < \min\{\bar{\delta}, \delta_1\}$	NIU	NNU
	$\delta_1 < \delta < \bar{\delta}$		IIB
$\lambda_1 < \lambda < 1$	$0 < \delta < \min\{\bar{\delta}, \delta_2\}$	IIB	IIB
	$\delta_2 < \delta < \min\{\bar{\delta}, \delta_3\}$	NIU	NNU
	$\delta_3 < \delta < \bar{\delta}$		IIB

其中 $\lambda_1 = 1 - \sqrt{\left(4(H-L)^2\left(\rho-\dfrac{1}{2}\right)^2 + (H+L)^2\right) \Big/ \left(16(H-L)^2\left(\rho-\dfrac{1}{2}\right)^2 + (H+L)^2\right)}$，$\delta_1$、$\delta_2$ 和 δ_3 是方程 $E\left[\pi_r^{\mathrm{NNU}}\right] < E\left[\pi_r^{\mathrm{IIB}}\right] = 0$ 的根，$\bar{\delta} = \min\left(\sqrt{4/(1-\lambda)\alpha H}, (1-\lambda)L\right)$。

证明　当 $g^{\mathrm{NN}} < C < g^{\mathrm{IN}}$ 时，比较 NNU、NIU、INB 和 IIB 情形下销售商的期望利润。根据命题 6.7，有 $E\left[\pi_r^{\mathrm{NNU}}\right] < E\left[\pi_r^{\mathrm{NIU}}\right]$ 和 $E\left[\pi_r^{\mathrm{INB}}\right] < E\left[\pi_r^{\mathrm{IIB}}\right]$，从而只需比较 $E\left[\pi_r^{\mathrm{NIU}}\right]$ 和 $E\left[\pi_r^{\mathrm{IIB}}\right]$。类似地，当 $g^{\mathrm{IN}} < C < g^{\mathrm{II}}$ 时，因为 $E\left[\pi_r^{\mathrm{INU}}\right] < E\left[\pi_r^{\mathrm{NNU}}\right] < E\left[\pi_r^{\mathrm{NIU}}\right]$，只需比较 $E\left[\pi_r^{\mathrm{NIU}}\right]$ 和 $E\left[\pi_r^{\mathrm{IIB}}\right]$。$E\left[\pi_r^{\mathrm{NIU}}\right] - E\left[\pi_r^{\mathrm{IIB}}\right] = (K_1\delta + K_2)/4(\alpha\delta^2 - 4)^2$，其中 $K_1 = 4\lambda(H+L)$，$K_2 = \begin{pmatrix} 4(2\lambda-1)(2\lambda-3)(H-L)^2\rho^2 \\ -4(2\lambda-1)(2\lambda-3)(H-L)^2\rho \\ +(\lambda-1)^2(5H^2+5L^2-6HL) \\ -2(H^2+L^2) \end{pmatrix}$。易得 $\operatorname{sign}\left(E\left[\pi_r^{\mathrm{NIU}}\right] - E\left[\pi_r^{\mathrm{IIB}}\right]\right) = \operatorname{sign}(K_1\delta + K_2)$。当 $0 < \lambda < \lambda_1$ 时，可知 $K_1 > 0$ 且 $K_2 > 0$。从而 $K_1\delta + K_2 > 0$，因此 $E\left[\pi_r^{\mathrm{NIU}}\right] > E\left[\pi_r^{\mathrm{IIB}}\right]$。当 $\lambda_1 < \lambda < 1$ 时，可知 $K_1 > 0$ 且 $K_2 < 0$。此时存

在阈值 $\delta_2 \in (0,\bar{\delta})$，当 $0<\delta<\min\{\bar{\delta},\delta_2\}$ 时，可得 $K_1\delta+K_2<0$ 且 $E\left[\pi_r^{\mathrm{NIU}}\right]<E\left[\pi_r^{\mathrm{IIB}}\right]$。否则 $K_1\delta+K_2>0$，从而 $E\left[\pi_r^{\mathrm{NIU}}\right]>E\left[\pi_r^{\mathrm{IIB}}\right]$。

当销售商偏好 NIU 策略时，由于供应商和 3PL 之间存在信息传递，需要比较 $E\left[\pi_r^{\mathrm{NNU}}\right]$ 和 $E\left[\pi_r^{\mathrm{IIB}}\right]$ 以考察销售商的信息共享均衡策略。该证明与上述过程类似，故略。

命题 6.8 在区块链实施策略依赖于信息共享策略情形下，单独向 3PL 共享信息（NI 策略）不再是销售商的唯一策略偏好，当消费者对生鲜农产品的怀疑程度较高且生鲜农产品的新鲜度弹性偏低时，销售商会更偏好于同时向供应商和 3PL 共享信息来引导供应商采用区块链（即 IIB 策略）。这是因为当消费者对生鲜农产品的怀疑程度较高时，考虑到供应商有动机采用区块链，销售商需要权衡信息共享和区块链应用对自身利润的影响。进一步地，当新鲜度弹性较低时（$\delta<\min\{\bar{\delta},\delta_2\}$），相较于 NI 和 NN 策略，II 策略下虽然双重边际效应的加剧对销售商利润的负向影响占优于资源改善效应对利润的正向影响，销售商利润会有一定的下降，但是此时区块链的应用对销售商利润的提升作用更大，且能够弥补 II 策略造成的利润降低，销售商会主动选择 II 策略引导供应商采用区块链（IIB 策略）。

命题 6.8 进一步呈现了在区块链实施策略依赖于信息共享策略情形下销售商信息共享的均衡策略。当销售商偏好完全信息共享以引导供应商采用区块链（IIB 策略）时，其信息共享均衡策略与偏好策略一致。然而，当销售商偏好只与 3PL 信息共享（NIU 策略）时，由于 3PL 和供应商之间的信息传递，销售商的信息共享均衡策略与其偏好策略不一致，最终表现为 NNU 和 IIB 两种策略。具体而言，当生鲜农产品新鲜度弹性偏低时，销售商不得不选择无信息共享策略（NNU 策略）。因为新鲜度弹性偏低时信息共享加剧的双重边际效应占主导，无信息共享策略对销售商更有利。无信息共享策略下供应商不采用区块链的利润更高，从而区块链实施策略不会发生变化，即 NNU 为均衡策略。此时，信息传递只对销售商的信息共享策略转变产生影响。当生鲜农产品的新鲜度弹性偏高时，销售商只能通过完全信息共享以引导供应商采用区块链（IIB 策略）。新鲜度弹性偏高时信息共享产生的资源改善效应占主导，完全信息共享策略对销售商更有利。完全信息共享策略下供应商采用区块链的利润更高，从而会调整自身的区块链实施策略，即信息共享均衡策略为 IIB 策略。此时信息传递不仅导致销售商的信息共享策略发生变化，还会影响供应商的区块链实施策略。

命题 6.8 为销售商的信息共享策略提供了一定的管理启示。与区块链实施策略独立于信息共享策略情形不同，在区块链实施策略受信息共享策略影响的情形下，销售商不仅在销售新鲜度弹性较高的生鲜农产品时应该采取完全信息共享策略，在销售新鲜度弹性较低且受仿冒产品冲击较大的生鲜农产品时也应该采取完全信息共享策略。因为销售商可以通过完全信息共享引导供应商采用区块链，以获取由区块链应用带来的利润增量，从而在生鲜供应链上下游成员的共同努力下消费者可以购买到新鲜且保真的生鲜农产品。因此，销售商在选择信息共享策略时不仅要考虑生鲜产品的新鲜度弹性，还要关注该产品被仿冒的风险和产品防伪的相关成本。

第7章 “互联网+”生鲜农产品批发市场渠道的政府干预机制

批发市场是我国生鲜农产品的主要流通渠道，在沟通产销、农产品集散等方面发挥着难以替代的作用。通常来说，批发市场规模较大且参与者众多，包含来自全国各地的批发商，批发市场运营商为众多批发商提供交易平台并向其收取交易费用，批发商负责向上游市场订货并运往批发市场销售。鉴于批发市场的重要集散作用，其承担着保证城镇居民供给、平抑物价的公益性职能①。然而，作为日常生活必需品的生鲜农产品不仅在农业生产过程中面临产出不确定性，还在自然灾害、疫情等突发情况下容易形成供给的剧烈波动以及价格飞涨，妨碍批发市场公益性且损害消费者剩余和社会福利。为此，政府针对批发市场给出系列干预和调控措施以保证市场供给和价格的稳定，如设计交易费补贴政策应对产出不确定性造成的生鲜农产品一般性供给缺损和价格波动，推出应急储备制度应对突发事件造成的市场供给剧烈缺损和价格激增。为更好地分析政府干预政策调控生鲜市场的效果与效率，本章采用博弈理论方法，分析政府和企业的博弈行为和决策交互以及政府政策调控下企业间的博弈行为和决策交互。基于此，研究生鲜农产品产出不确定性下政府交易费补贴政策的实施效果和福利影响，以及突发事件影响下政府应急储备制度的实施效果及其福利影响。

7.1 产出不确定性下生鲜农产品批发市场的交易费补贴政策

生鲜农产品在生产过程中具有较大的不确定性，如容易受气候、降水量等影响，导致上游产地市场的供给不确定性，随着供应链流通进而影响下游批发市场生鲜农产品的供给随机性。为此，批发市场所在地政府会通过补贴批发商交易费用鼓励批发商订货，进而保证批发市场供给和价格稳定。然而，政府通过交易费补贴实施的干预效果难以界定。目前在学术界一部分学者认为政府的干预会扰乱市场，如过度或者不当的政府干预会加剧农产品市场价格的波动（Kazaz et al.，2016），甚至损害农产品市场各主体的利益（Alizamir et al.，2019）；另有一些学

① 《关于〈公益性农产品批发市场管理规范〉等2个行业标准公开征求意见的函》，http://m.mofcom.gov.cn/article/tongjiziliao/sjtj/jcktj/201806/20180602757197.shtml，2018年6月20日。

者认为政府干预能产生积极作用，因为由自私的竞争主体达到的市场均衡非社会最优状态，此时政府干预可以实现市场均衡的帕累托改善（Levi et al.，2017）。因此，研究政府交易费补贴能否有效保证批发市场供应、平抑生鲜农产品价格及价格波动，以及政府干预会对社会福利和市场经济效益等产生何种影响等具有重要意义。基于此，本节主要考虑生鲜农产品产出不确定性造成的供给和价格波动风险，首先研究供给和价格波动如何沿着供应链传导至批发市场损害其公益性，进一步分析政府交易费补贴对批发市场公益性的保障作用及其福利影响。

7.1.1 问题描述

1. 批发市场基本模型构建

考虑由 m 个同质批发商和一个运营商组成的生鲜农产品批发市场，其上游是由若干供应商组成的产地市场。产地市场供应商以古诺方式竞争，得到生鲜农产品产地出清价格 p_o。与此同时，批发市场的批发商以价格 p_o 采购生鲜农产品，运往批发市场销售，且同样以古诺方式竞争，得到销地出清价格 p_w。在批发市场内，运营商向批发商提供交易平台并向其收取单位交易费用 α。由于受到气候、降水量等影响，生鲜农产品具有一定产出不确定性 X，导致生鲜产品供给和价格的随机性。基于此，政府以一定比例 $\lambda(\lambda\in[0,1])$ 补贴批发商缴纳的单位交易费用，旨在鼓励批发商订货以确保市场供应和价格稳定（图 7.1）。批发商和运营商在运营过程中均会产生一定成本，如批发商的单位运输成本和运营商的场地清理维护费用，考虑这些成本不会影响批发市场各主体的决策，这里均标准化为 0。

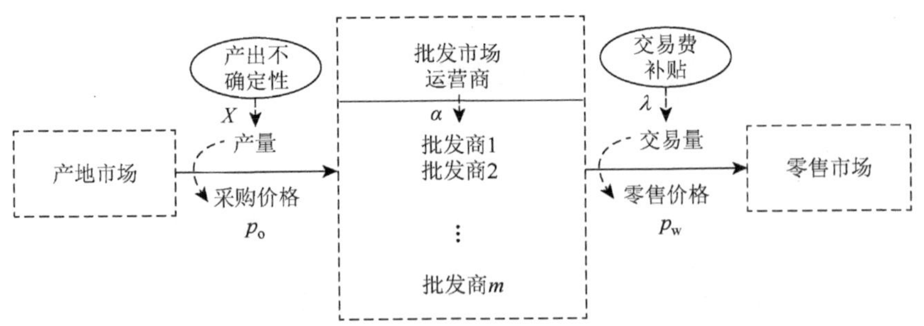

图 7.1 不确定产出下基于交易费补贴的生鲜农产品批发市场

2. 需求函数

假设产地市场生鲜农产品的总目标供应量为 Q_o，由于受到天气等不确定因素的影响，生鲜农产品具有产出不确定性 X，$X\in[L,U]$，其为密度函数为 $f(X)$、均值为μ、方差为σ^2的随机变量，随机变量X的实现值为x。一旦种植季节结束，产出不确定性发生，生鲜农产品的产出率x已知，此时产地市场总产出量为$Q_o x$。产地市场出清价格取决于其总产量，表达如下：

$$p_o = N_o - b_o Q_o x \tag{7.1}$$

其中，N_o表示生鲜农产品在产地市场的最大可能价格；$b_o(b_o>0)$表示产地市场中生鲜农产品市场价格对总供应量的敏感程度（简称价格敏感性）。本节以线性逆需求函数刻画产地市场的出清价格，线性逆需求函数的形式广泛应用于农业经济及运营管理领域（Deo and Corbett，2009；Levi et al.，2017；Alizamir et al.，2018）。

批发商在产地市场采购生鲜农产品后运往批发市场销售。其中第i个批发商从产地市场订购的生鲜农产品数量为q_{wi}，$i=1,2,\cdots,m$，此时批发市场的总供给量是$\sum_{i=1}^m q_{wi}$。由于受到上游市场生鲜农产品总产量约束，批发商的订货数量需要满足$\sum_{i=1}^m q_{wi} \leqslant Q_o x$。类似于产地市场，批发市场出清价格取决于其总供给数量，表达如下：

$$p_w = N_w - b_w \sum_{i=1}^m q_{wi} \tag{7.2}$$

其中，N_w表示批发市场生鲜农产品的最大可能价格；b_w表示批发市场的生鲜农产品市场价格对总供应量的敏感程度（简称价格敏感性）。由于生鲜农产品作为人们生活必需品，其越接近消费端需求弹性越小，批发市场相比于产地市场更接近消费端，因此，批发市场生鲜农产品需求弹性更小，如$1/b_w<1/b_o$，导致了其价格敏感性更大，即满足$b_w>b_o$

3. 事件顺序

如图 7.2 所示，在批发市场中，运营商的单位交易费用α是相对长期的决策，其通常在产出不确定性X实现前就已经确定。随着生鲜农产品产出率x的实现，销售季节开始，生鲜农产品的总体供应情况（实际产出率）传递到批发市场，此时政府决策补贴给批发商的单位交易费比例λ。随后批发商i决策生鲜农产品订购数量q_{wi}，$i=1,2,\cdots,m$，产地市场出清。最后，批发商将订购的生鲜农产品运往批发市场以古诺方式参与竞争，批发市场出清。

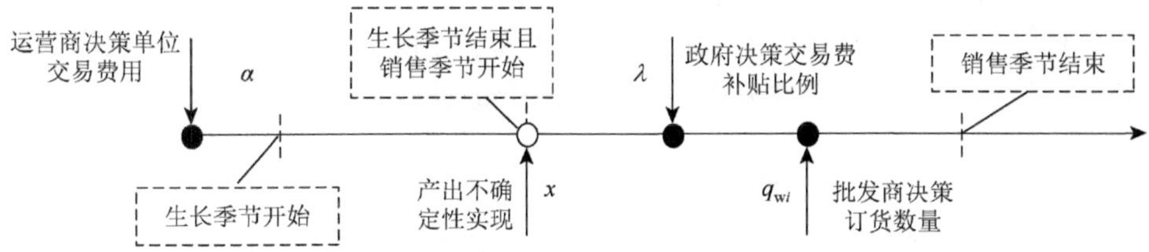

图 7.2　事件时序图

7.1.2　无交易费补贴政策下的均衡分析

本节将具体分析无交易费补贴政策下（用上标 N 表示）批发市场的均衡情况，考虑批发商与运营商之间的博弈过程，采取逆向归纳法求解均衡博弈并展开分析，即先求出批发商的订货量决策，在此基础上分析运营商的单位交易费用决策。

1. 批发商订货数量决策

批发商 i 的均衡订货量决策取决于运营商的单位交易费用 α 以及产地市场的实际产出率 x 。根据批发商对称性，本节首先求得单个批发商的订货数量决策（如批发商 i ），用于表示所有批发商的订货量决策。批发商 i 的利润函数表达式如下：

$$\begin{aligned}&\pi_{\mathrm{w}i}^{\mathrm{N}}=(p_{\mathrm{w}}-p_{\mathrm{o}}-\alpha)q_{\mathrm{w}i}\\&\text{s.t.}\ \sum\nolimits_{i=1}^{m}q_{\mathrm{w}i}\leqslant Q_{\mathrm{o}}x\end{aligned}\tag{7.3}$$

将 p_{o} 和 p_{w} 代入式（7.3）得到批发商利润函数为 $\pi_{\mathrm{w}i}^{\mathrm{N}}=\left(N_{\mathrm{w}}-N_{\mathrm{o}}-\alpha-b_{\mathrm{w}}\times\sum\nolimits_{i=1}^{m}q_{\mathrm{w}i}+b_{\mathrm{o}}Q_{\mathrm{o}}x\right)q_{\mathrm{w}i}$ 。为便于分析，我们定义 $B=N_{\mathrm{w}}-N_{\mathrm{o}}$ ，此时批发商利润简化为 $\pi_{\mathrm{w}i}^{\mathrm{N}}=\left(B-\alpha-b_{\mathrm{w}}\sum\nolimits_{i=1}^{m}q_{\mathrm{w}i}+b_{\mathrm{o}}Q_{\mathrm{o}}x\right)q_{\mathrm{w}i}$ 。明显地，当 B 更大时，批发商获取更高利润的可能性较大，因此更有可能在批发市场分销更多生鲜农产品。基于此，我们将 B 视为批发市场的分销潜力。进一步，我们定义 $r=b_{\mathrm{o}}/b_{\mathrm{w}}$ 作为产地市场和批发市场的价格敏感性比值，此时 $b_{\mathrm{o}}=rb_{\mathrm{w}}$ 。

很容易验证 $\pi_{\mathrm{w}i}^{\mathrm{N}}$ 是 $q_{\mathrm{w}i}$ 的凹函数，故存在最优解满足 $\partial\pi_{\mathrm{w}i}^{\mathrm{N}}/\partial q_{\mathrm{w}i}=0$ 。由此，我们得到批发商 i 的最优决策为 $q_{\mathrm{w}i}(\alpha,x)=(B-\alpha+rb_{\mathrm{w}}Q_{\mathrm{o}}x)/(m+1)b_{\mathrm{w}}$ 。结合产地市场生鲜农产品的产量约束，即 $\sum\nolimits_{i=1}^{m}q_{\mathrm{w}i}\leqslant Q_{\mathrm{o}}x$ ，我们得到批发商 i 的最优订货数量如下：

$$q_{\mathrm{w}i}(\alpha,x)=\begin{cases}Q_{\mathrm{o}}x/m, & x\leqslant x_1(\alpha)\\ \dfrac{B-\alpha+rb_{\mathrm{w}}Q_{\mathrm{o}}x}{(m+1)b_{\mathrm{w}}}, & x>x_1(\alpha)\end{cases}\tag{7.4}$$

其中， $x_1(\alpha)=m(B-\alpha)/(m+1-mr)b_{\mathrm{w}}Q_{\mathrm{o}}$ 。由式（7.4）可知，当生鲜农产品产出率低于一定阈值时，产地生鲜农产品总有效产量相对较低，因此所有生鲜农产品都被分销至批发市场；当生鲜农产品产出率高于该阈值时，产地市场生鲜农产品总有效产量相对较高，因此只有部分生鲜农产品被分销至批发市场。

2. 运营商的单位交易费用决策

运营商通过向批发商收取单位交易费用 α 盈利，并且在产出不确定性 X 实现之前决策，因此其期望利润表达式如下：

$$E(\pi_{\mathrm{wo}})=\sum\nolimits_{i=1}^{m}\alpha\int_{L}^{U}q_{\mathrm{w}i}(x)f(x)\mathrm{d}x \tag{7.5}$$

将式（7.4）代入式（7.5），进一步得到运营商期望利润函数如下：

$$E(\pi_{\mathrm{wo}})=\sum\nolimits_{i=1}^{m}\alpha\left(\int_{L}^{\min(x_1(\alpha),\,U)}\frac{Q_{\mathrm{o}}x}{m}f(x)\,\mathrm{d}x+\alpha\int_{\max(L,\,x_1(\alpha))}^{U}\frac{B-\alpha+rb_{\mathrm{w}}Q_{\mathrm{o}}x}{(m+1)b_{\mathrm{w}}}f(x)\,\mathrm{d}x\right) \tag{7.6}$$

根据式（7.6），给定产出率的取值范围 $x\in[L,U]$，产出率阈值 $x_1(\alpha)$ 和 L,U 的大小关系不能直接确定，其取决于运营商的交易费用决策 α 。为分析运营商的单位交易费用决策，首先比较阈值 $x_1(\alpha)$ 和 L,U 得到 $x_1(\alpha)\geqslant U$ 、 $L\leqslant x_1(\alpha)<U$ 和 $x_1(\alpha)<L$ 三种情形，其中 $x_1(\alpha)=m(B-\alpha)/(m+1-mr)b_{\mathrm{w}}Q_{\mathrm{o}}$ 。以上三种情形分别对应运营商的三种交易费策略以及批发商的不同订货数量反应。在此基础上，考虑各策略可行性以及市场成员利润非负性，求得各情形可行条件如 $B_1^{\mathrm{N}}\leqslant B<B_2^{\mathrm{N}}$ 、 $B>B_3^{\mathrm{N}}$ 和 $B_2^{\mathrm{N}}\leqslant B<B_3^{\mathrm{N}}$ ，其中，$B_1^{\mathrm{N}}=(1+1/m-r)b_{\mathrm{w}}Q_{\mathrm{o}}U$ ，$B_2^{\mathrm{N}}=rb_{\mathrm{w}}Q_{\mathrm{o}}(\mu-2L)$，$B_3^{\mathrm{N}}=rb_{\mathrm{w}}Q_{\mathrm{o}}(\mu-2L)+2(1+1/m)b_{\mathrm{w}}Q_{\mathrm{o}}L$ 。综上，批发市场的均衡结果如定理 7.1 所示。

定理 7.1 在无交易费补贴时批发市场的均衡结果如表 7.1 所示。

表 7.1 无交易费补贴时批发市场的均衡结果

情形	实现条件	运营商策略	批发商策略
NF	$B_1^{\mathrm{N}}\leqslant B<B_2^{\mathrm{N}}$	低交易费用（$\alpha^{\mathrm{N}}=B-(1+1/m-r)b_{\mathrm{w}}Q_{\mathrm{o}}U$）	完全订货（$q_{\mathrm{w}i}^{\mathrm{N}}=Q_{\mathrm{o}}x/m$）
NP	$B_2^{\mathrm{N}}\leqslant B<B_3^{\mathrm{N}}$	高交易费用（$\alpha^{\mathrm{N}}=(B+kb_{\mathrm{w}}Q_{\mathrm{o}}\mu)/2$）	部分订货（$q_{\mathrm{w}i}^{\mathrm{N}}=\dfrac{B-rb_{\mathrm{w}}Q_{\mathrm{o}}\mu+2rb_{\mathrm{w}}Q_{\mathrm{o}}x}{2(m+1)b_{\mathrm{w}}}$）
NY	$B>B_3^{\mathrm{N}}$	中等交易费用（$\alpha^{\mathrm{N}}=\alpha^{\mathrm{NY}}$）	产出依赖订货（$q_{\mathrm{w}i}^{\mathrm{N}}=q_{\mathrm{w}i}^{\mathrm{NY}}$）

其中，α^{NY} 满足表达式：$(m+1)b_{\mathrm{w}}Q_{\mathrm{o}}\mu-(m+1-mr)b_{\mathrm{w}}Q_{\mathrm{o}}\int_{x_1(\alpha)}^{U}xf(x)\,\mathrm{d}x+m(B-2\alpha)\int_{x_1(\alpha)}^{U}f(x)\mathrm{d}x=0$，$q_{\mathrm{w}i}^{\mathrm{NY}}=\begin{cases}\dfrac{1}{m}Q_{\mathrm{o}}x, & x\leqslant x_1(\alpha^{\mathrm{NY}})\\ \dfrac{B-\alpha^{\mathrm{NY}}+rb_{\mathrm{w}}Q_{\mathrm{o}}x}{(m+1)b_{\mathrm{w}}}, & x>x_1(\alpha^{\mathrm{NY}})\end{cases}$，且 $x_1(\alpha^{\mathrm{NY}})=\dfrac{m(B-\alpha^{\mathrm{NY}})}{(m+1-mr)b_{\mathrm{w}}Q_{\mathrm{o}}}$ 。

证明 通过比较阈值 $x_1(\alpha)$ 和 L,U 得到 $x_1(\alpha)\geqslant U$ 、$L\leqslant x_1(\alpha)<U$ 和 $x_1(\alpha)<L$ 三种情形，具体分析如下。

（1）当 $x_1(\alpha)\geqslant U$ 时，即满足 $\alpha\leqslant\alpha_1$ ，其中 $\alpha_1=B-(1+1/m-r)b_{\mathrm{w}}Q_{\mathrm{o}}U$ 。此时，

运营商期望利润函数为$E(\pi_{\rm wo})=m\alpha\int_L^U \frac{Q_{\rm o}x}{m}f(x){\rm d}x$，容易验证批发市场最优决策为$\left\{\alpha^{\rm N},q_{{\rm w}i}^{\rm N}\right\}=\left\{B-(1+1/m-r)b_{\rm w}Q_{\rm o}U,\ Q_{\rm o}x/m\right\}$。

（2）当$L\leqslant x_1(\alpha)<U$时，即满足$\alpha_1<\alpha\leqslant\alpha_2$，其中$\alpha_2=B-(1+1/m-r)b_{\rm w}Q_{\rm o}L$。运营商期望利润为$E(\pi_{\rm wo})=m\alpha\int_L^{x_1(\alpha)}\frac{Q_{\rm o}x}{m}f(x){\rm d}x+m\alpha\int_{x_1(\alpha)}^U\frac{B-\alpha+rb_{\rm w}Q_{\rm o}x}{(m+1)b_{\rm w}}f(x){\rm d}x$。此时，市场均衡决策如$\left\{\alpha^{\rm N},q_{{\rm w}i}^{\rm N}\right\}=\left\{\alpha^{\rm NY},q_{{\rm w}i}^{\rm NY}\right\}$。

（3）当$x_1(\alpha)<L$时，即满足$\alpha>\alpha_2$。此时，运营商期望利润函数为$E(\pi_{\rm wo})=m\alpha\int_{x_1(\alpha)}^U\frac{B-\alpha+rb_{\rm w}Q_{\rm o}x}{(m+1)b_{\rm w}}f(x){\rm d}x$。同时，容易验证得到批发市场均衡决策如$\left\{\alpha^{\rm N},q_{{\rm w}i}^{\rm N}\right\}=\left\{\frac{B+rb_{\rm w}Q_{\rm o}\mu}{2},\frac{B-rb_{\rm w}Q_{\rm o}\mu+2rb_{\rm w}Q_{\rm o}x}{2(m+1)b_{\rm w}}\right\}$。证毕。

由于批发商总体订货数量受到产地总产出量约束，即满足$mq_{{\rm w}i}\leqslant Q_{\rm o}x$，所以当批发商订货数量为$q_{{\rm w}i}^{\rm N}=Q_{\rm o}x/m$时，代表批发商已经全部订购批发市场的生鲜农产品。

根据定理 7.1 可知，对于不同分销潜力的批发市场，运营商采取不同的单位交易费用策略，进而导致批发商不同的订货数量反应。具体来说，在批发市场分销潜力较弱时，批发商分销生鲜农产品的动机相对较小，运营商只能采取较低单位交易费策略鼓励批发商订货。此时，受到低单位交易成本的激励，无论生鲜农产品产出实现情况如何，批发商总是全部订购产地市场生鲜农产品。当批发市场分销潜力增加时，运营商不再需要降低交易费用促进批发商订货，故其收取相对较高的单位交易费用以攫取利润。此时，由于单位交易成本较高，无论生鲜农产品的产出实现情况如何，批发商总是部分订购产地市场的生鲜农产品。随着批发市场分销潜力进一步增加，较高的分销潜力使得批发商和运营商都能够受益于分销更多生鲜农产品。此时，运营商会策略性降低单位交易费用并收取中等水平的交易费用以适当鼓励批发商订货。此时，运营商将会在产出实现相对较低时全部订货，而在产出实现相对较高时部分订货。

不确定产出造成产地市场生鲜农产品的价格波动，其沿着供应链传导至批发市场，从而损害批发市场公益性。为考察批发市场公益性的受损机理，本节探讨不确定产出下生鲜农产品价格波动沿供应链的传导规律，这为后文探究政府补贴平抑价格和价格波动提供启示。借鉴 Kazaz 等（2016）的做法，用均衡价格的方差刻画生鲜农产品价格波动，即$\operatorname{var}\left(p_{\rm w}^{\rm N}\right)$和$\operatorname{var}(p_{\rm o})$分别代表产地市场和批发市场的生鲜农产品价格波动，得出均衡供应和价格波动的传导规律，如命题 7.1 所示。

命题 7.1 生鲜农产品价格波动沿供应链传导趋势如下。

（1）在上游产地市场：$\mathrm{var}(p_o)=(b_o Q_o)^2\sigma^2$。

（2）在下游批发市场：①当 $B_1^{\mathrm{N}} \leqslant B < B_2^{\mathrm{N}}$ 时（情形 NF），$\mathrm{var}\left(p_w^{\mathrm{N}}\right)=(b_w Q_o)^2\sigma^2$，$\mathrm{var}(p^{\mathrm{N}}) > \mathrm{var}(w)$；②当 $B_2^{\mathrm{N}} \leqslant B < B_3^{\mathrm{N}}$ 时（情形 NP），$\mathrm{var}\left(p_w^{\mathrm{N}}\right)=(m/m+1)^2(b_o Q_o)^2\sigma^2$，$\mathrm{var}(p^{\mathrm{N}}) < \mathrm{var}(w)$；③当 $B > B_3^{\mathrm{N}}$ 时（情形 NY），能够验证在满足 $B_3^{\mathrm{N}} < B \leqslant B'$ 时，$\mathrm{var}\left(p_w^{\mathrm{N}}\right) \leqslant \mathrm{var}(p_o)$；在满足 $B > B'$ 时，$\mathrm{var}(p^{\mathrm{N}}) > \mathrm{var}(w)$。其中 B' 满足如下表达式 $\arg\limits_B\left(\mathrm{var}\left(p_w^{\mathrm{N}}\right)-\mathrm{var}(p_o)=0\right)$。

证明　在情形 NF 和 NP 下，根据批发商订货数量决策求得批发市场的价格，容易得到批发市场的价格波动表达式分别为 $\mathrm{var}\left(p_w^{\mathrm{N}}\right)=\mathrm{var}\left(p_w^{\mathrm{NF}}\right)=\left(b_w Q_o\right)^2\sigma^2$ 和 $\mathrm{var}\left(p_w^{\mathrm{N}}\right)=\mathrm{var}\left(p_w^{\mathrm{NP}}\right)=(m/m+1)^2(rb_w Q_o 0)^2\sigma^2$。在情形 NP 下，容易验证 $\mathrm{var}\left(p_w^{\mathrm{NY}}\right)$ 随着 B 的变化连续递增，并且 $\mathrm{var}\left(p_w^{\mathrm{NY}}\right)$ 取值范围为 $\left(\mathrm{var}\left(p_w^{\mathrm{NP}}\right),\mathrm{var}\left(p_w^{\mathrm{NF}}\right)\right)$。此外，根据 $\mathrm{var}\left(p_w^{\mathrm{NP}}\right) < \mathrm{var}(p_o) < \mathrm{var}\left(p_w^{\mathrm{NF}}\right)$，故存在阈值 B' 使得 $\mathrm{var}\left(p_w^{\mathrm{NY}}\right)=\mathrm{var}(p_o)$，且当满足 $B_3^{\mathrm{N}} < B < B'$ 时，$\mathrm{var}\left(p_w^{\mathrm{NY}}\right) < \mathrm{var}(p_o)$；而当 $B > B'$ 时，满足 $\mathrm{var}\left(p_w^{\mathrm{NY}}\right) > \mathrm{var}(p_o)$。证毕。

命题 7.1 表明，生鲜农产品的价格波动经由不同分销潜力的批发市场呈现出不同的变化趋势。其中，生鲜农产品价格波动受到以下因素的影响：价格对供给的敏感性系数（如 b_o 或 b_w）和供给规模（如 Q_o）。随着价格对供给敏感性逐渐增强，供给变化促使价格变化波动越来越剧烈，故价格波动加剧；供给规模越大，产出不确定性下供给变化的幅度越大，导致供给波动加剧，供给波动作用于价格波动，导致价格波动也加剧。生鲜农产品价格波动趋势取决于以上两种因素的相互作用。

具体而言，根据命题 7.1（2）①可知，当批发市场分销潜力相对较小时，产地市场生鲜农产品被完全运往该批发市场，此时此产地市场和销地市场的总供给规模相等。不过，由于批发市场相对于产地市场的价格敏感性更大，即 $b_w > b_o$，导致价格波动沿供应链加剧。根据命题 7.1（2）②可知，当批发市场分销潜力处于中等水平时，生鲜农产品被部分销往销地市场。此时，批发市场的供给规模相比于产地市场更小，即满足 $(m/m+1)Q_o < Q_o$，因此价格波动沿供应链减弱。根据命题 7.1（2）③可知，当批发市场分销潜力很大时，生鲜农产品可能全部也可能部分被分销至批发市场，使得生鲜农产品价格波动趋势不确定，且取决于价格敏感性和和供给规模两种作用的相对强弱。当分销潜力 B 相对较低时，少量的生鲜农产品被分销至批发市场。此时，批发市场供给规模相对较小，其降低价格波动的作用较为显著，占优于价格敏感性加剧价格波动的作用，所以价格波动沿供

应链减弱。然而，随着分销潜力增加，更多的生鲜农产品被分销至批发市场，批发市场供给规模增加，其降低价格波动的作用被削弱，进而被价格敏感性加剧的作用所主导，所以价格波动沿着供应链加剧。

7.1.3　交易费补贴政策下的均衡分析

本节将具体分析政府交易费补贴情形下（用上标 S 表示）批发市场的均衡情况。根据批发市场各主体博弈顺序逆序求解，即首先分析批发商的订购量决策，再分析政府对批发商缴纳的单位交易费补贴比例决策，最后分析运营商的单位交易费用决策。

1. 批发商的订货数量决策

相比于无交易费补贴政策情形，交易费补贴政策下批发商均衡数量决策不仅取决于运营商的单位交易费用决策，而且取决于政府对单位交易费用的补贴比例。同样地，由于批发商的对称性，首先求得单个批发商（如批发商 i ）的订货数量决策以代表所有批发商的订货数量。批发商 i 的利润表达式如下：

$$\begin{aligned}&\pi_{wi}^{S}=\left(p_w-p_o-(1-\lambda)\alpha\right)q_{wi}\\&\text{s.t.}\ \sum_{i=1}^{m}q_{wi}\leqslant Q_o x\end{aligned}\tag{7.7}$$

很容易验证 π_{wi}^{S} 是 q_{wi} 的凹函数，故存在最优解满足 $\partial\pi_{wi}^{S}/\partial q_{wi}=0$ 。由此，我们得到批发商 i 的最优决策为 $q_{wi}(\alpha,\lambda,x)=\left(B-(1-\lambda)\alpha+rb_wQ_ox\right)/(m+1)b_w$ 。结合产地市场生鲜农产品的产量约束 $\sum_{i=1}^{m}q_{wi}\leqslant Q_ox$ ，得到批发商 i 的最优订货数量如下：

$$q_{wi}(\alpha,\lambda,x)=\begin{cases}Q_ox/m, & x\leqslant x_1(\alpha,\lambda)\\ \dfrac{B-(1-\lambda)\alpha+rb_wQ_ox}{(m+1)b_w}, & x>x_1(\alpha,\lambda)\end{cases}\tag{7.8}$$

其中，$x_1(\alpha,\lambda)=m\left(B-(1-\lambda)\alpha\right)/(m+1-mr)b_wQ_o$ 。

2. 政府补贴比例决策

批发市场接近消费端，其公益性体现在对消费者保证生鲜农产品的及时、有效供应和价格平抑作用。因此，参考 Levi 等（2017）的研究，假设政府以消费者剩余作为目标函数决策对批发商的单位交易费用补贴比例 λ ，消费者剩余的表达式如下：

$$\text{CS}=\int_0^{\sum_{i=1}^{m}q_{wi}}p(Q)\mathrm{d}Q-p\left(\sum_{i=1}^{m}q_{wi}\right)\sum_{i=1}^{m}q_{wi}=\frac{1}{2}b_w\left(\sum_{i=1}^{m}q_{wi}\right)^2\tag{7.9}$$

代入批发商的订货数量决策，如式（7.8），消费者剩余表示如下：

$$\mathrm{CS}=\begin{cases}\dfrac{1}{2}b_{\mathrm{w}}(Q_{\mathrm{o}}x)^2, & x\leqslant x_1(\alpha,\lambda)\\ \dfrac{m^2\left(B-(1-\lambda)\alpha+rb_{\mathrm{w}}Q_{\mathrm{o}}x\right)^2}{2(m+1)^2b_{\mathrm{w}}}, & x>x_1(\alpha,\lambda)\end{cases} \tag{7.10}$$

结合政府的补贴比例约束，即 $\lambda\in[0,1]$，我们得到政府最大化消费者剩余的最优补贴比例决策如下：

$$\lambda(\alpha)=\begin{cases}0, & x<x_1(\alpha)\\ \dfrac{(m+1-mr)b_{\mathrm{w}}Q_{\mathrm{o}}x-m(B-\alpha)}{m\alpha}, & x_1(\alpha)\leqslant x<x_2(\alpha)\\ 1, & x\geqslant x_2(\alpha)\end{cases} \tag{7.11}$$

其中，$x_1(\alpha)=m(B-\alpha)/(m+1-mr)Q_{\mathrm{o}}b_{\mathrm{w}}$；$x_2(\alpha)=mB/(m+1-mr)Q_{\mathrm{o}}b_{\mathrm{w}}$。

根据式（7.11）可知，政府的最优补贴比例受到生鲜农产品实现产出率 x 的影响，为探究产出率 x 如何影响政府最优补贴比例，我们得到推论 7.1。

推论 7.1　$\partial\lambda(\alpha)/\partial x\geqslant 0$，即政府单位交易费用补贴比例与生鲜农产品的实际产出率呈正相关。

推论 7.1 表明，当生鲜农产品的实际产出率越高，即生鲜农产品有效供应越多时，政府对批发商补贴的单位交易费用比例越大，特别是当产出率大于阈值 x_2 时实现完全补贴。这是因为政府的单位交易费补贴机制旨在改善消费者福利，然而提升消费者剩余的主要手段是最大化批发市场均衡供应，即保证更多生鲜农产品从产地运往批发市场。因此，在产出率较低时，产地市场总有效供应较少，政府只需补贴较小部分单位交易费用就足以最大化销地市场均衡供应。然而，随着产出率提高，产地市场总有效供应增多，政府需要补贴更多以最大化销地市场均衡供应。

3. 运营商单位交易费用决策

政府补贴运营商的期望利润函数保持不变，为 $E\left(\pi_{\mathrm{wo}}^{\mathrm{S}}\right)=\alpha\int_L^U\sum_{i=1}^m q_{\mathrm{w}i}(x)f(x)\mathrm{d}x$。代入批发商的订货数量反应函数式（7.8）以及政府的补贴比例反应函数式（7.11），容易验证 $E\left(\pi_{\mathrm{wo}}^{\mathrm{S}}\right)$ 是 α 的单调增函数，且为保证批发商订货量为正即 $q_{\mathrm{w}i}=(B-\alpha^{\mathrm{S}}+rb_{\mathrm{w}}Q_{\mathrm{o}}L)/(m+1)b_{\mathrm{w}}\geqslant 0$，运营商的单位交易费用需满足 $\alpha^{\mathrm{S}}\leqslant B+rb_{\mathrm{w}}Q_{\mathrm{o}}L$。基于此，得到运营商的单位交易费用决策为

$$\alpha^{\mathrm{S}}=B+rb_{\mathrm{w}}Q_{\mathrm{o}}L \tag{7.12}$$

将 α^{S} 代入 $\lambda(\alpha)$ 和 $q_{\mathrm{w}i}(\alpha,\lambda,x)$，得到政府的最优补贴比例和批发商 i 的最优订货数量决策为

$$\lambda^{S}=\begin{cases}\dfrac{(m+1-mr)b_{w}Q_{o}x+mrb_{w}Q_{o}L}{m(B+rb_{w}Q_{o}L)}, & x\leqslant x_{2}\\ 1, & x>x_{2}\end{cases},\quad q_{wi}^{S}=\begin{cases}Q_{o}x/m, & x\leqslant x_{2}\\ \dfrac{B+rb_{w}Q_{o}x}{(m+1)b_{w}}, & x>x_{2}\end{cases}\tag{7.13}$$

其中，$x_2 = mB/(m+1-mr)b_wQ_o$。类似于无补贴情形，给定产出率取值范围 $x\in[L,U]$，产出率阈值 x_2 和 L，U 的大小无法确定。因此，需要比较阈值 x_2 和 L，U 得到 $x_2<L$，$L\leqslant x_2<U$，$x_2\geqslant U$，其分别代表三种情形：$B\leqslant B_2^S$，$B_2^S<B\leqslant B_1^S$，$B>B_1^S$。其中，$B_1^S=B_1^N=(1+1/m-r)b_wQ_oU$，$B_2^S=(1+1/m-r)b_wQ_oL$。综上，分析得到交易费补贴情形下批发市场的均衡结果，如定理 7.2 所示。

定理 7.2 补贴情形下的生鲜农产品批发市场的均衡结果如表 7.2 所示。

表 7.2 补贴情形下生鲜农产品批发市场的均衡结果

情形	条件	最优决策			订货策略
		α^S	λ^S	q_{wi}^S	
SP	$B\leqslant B_2^S$	$B+rb_wQ_oL$	1	$(B+rb_wQ_ox)/(m+1)b_w$	部分订货
SY	$B_2^S<B\leqslant B_1^S$	$B+rb_wQ_oL$	λ^{SY}	q_{wi}^{SY}	产出依赖订货
SF	$B>B_1^S$	$B+rb_wQ_oL$	λ^{SF}	Q_ox/m	完全订货

其中，$\lambda^{SF}=\dfrac{(m+1-mr)b_wQ_ox+mrb_wQ_oL}{m(B+rb_wQ_oL)}$，$\lambda^{SY}=\begin{cases}\lambda^{SF}, & x\leqslant x_2\\ 1, & x>x_2\end{cases}$，$q_{wi}^{SY}=\begin{cases}Q_ox/m, & x\leqslant x_2\\ \dfrac{B+rb_wQ_ox}{(m+1)b_w}, & x>x_2\end{cases}$，$x_2=\dfrac{mB}{(m+1-mr)b_wQ_o}$。

定理 7.2 表明，随着分销潜力 B 的增加，批发商订货数量 q_{wi}^S 会增加，政府补贴比例 λ^S 降低。这表明在补贴情形下，批发市场更大的分销潜力使得批发商获利可能性增加，此时，批发商有动机订购更多的生鲜农产品，政府只需要补贴较少比例的交易费就能够保证市场的有效供给。此外，通过比较定理 7.1 和定理 7.2，可以发现当政府不实施交易费补贴时，批发商的订货数量依赖于运营商交易费用，更高的交易费导致订货数降低。而当政府实施交易费补贴时，补贴对订货量的激励作用抵消了交易费用对订货数量的抑制作用，故而批发商订货量不再受到单位交易费的影响，而是直接随着批发市场分销潜力的增加而增加。

7.2 政府交易费补贴的公益性绩效与福利影响

本章节主要对比分析政府交易费补贴的公益性绩效和福利影响。根据市场均衡供应和价格波动的变化趋势衡量政府补贴保证公益性的作用。根据市场各主体的期望利润变化来考察政府补贴对市场盈利性的影响。已知对应不同分销潜力 B，政府补贴时批发市场具有三种均衡情形（见定理 7.2）；政府不补贴时批发市场也具有三种均衡情形（见定理 7.1）。为使得有无补贴下各情形具有可比性，我们分别整合有无补贴下各情形的实施条件，并得到六个可供有无补贴情形比较的可行区域，如表 7.3 所示。

表 7.3　有无补贴下各情形比较的可行区域

区域	条件	无补贴政策	补贴政策
I	$B_1^N \leqslant B < B_2^N$	Case NF	Case SF
II	$\max(B_1^N, B_2^N) < B < B_3^N$	Case NP	Case SF
III	$B > \max(B_1^N, B_3^N)$	Case NY	Case SF
IV	$\max(B_2^S, B_2^N) < B < \min(B_1^N, B_3^N)$	Case NP	Case SY
V	$B_3^N \leqslant B < B_1^N$	Case NY	Case SY
VI	$B_2^N \leqslant B < B_2^S$	Case NP	Case SP

在表 7.3 中，F 代表完全订货情形，P 代表部分订货情形，Y 代表可能完全订货也可能部分订货，取决于生鲜农产品产出率实现情况。为直观描述出上述区域，作图 7.3。其中，$r_1 = (m+1)L / m(U+\mu-2L)$，$r_2 = (m+1)(U-2L) / m(U+\mu-2L)$，$r_3 = (m+1)U / m(U+\mu-2L)$。

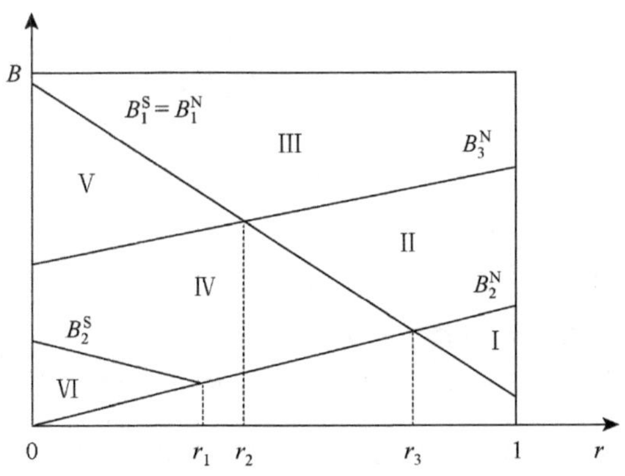

图 7.3　有无补贴下各情形的可比性区域

7.2.1 政府交易费补贴增加供应和平抑价格波动的效果

通过将政府补贴时批发市场生鲜农产品的期望供应数量与政府不补贴时进行比较，分析得政府交易费补贴对增加市场均衡数量及消费者剩余的作用。令 $\Delta E(q_{\mathrm{w}})=E\left(q_{\mathrm{w}}^{\mathrm{S}}\right)-E\left(q_{\mathrm{w}}^{\mathrm{N}}\right)$、$\Delta E(\mathrm{CS})=E(\mathrm{CS}^{\mathrm{S}})-E(\mathrm{CS}^{\mathrm{N}})$ 分别代表补贴下批发市场期望供应和消费者剩余的变化量，其中 $E\left(q_{\mathrm{w}}^{\mathrm{N}}\right)=\sum_{i=1}^{m}\left(q_{\mathrm{w}i}^{\mathrm{N}}\right)$，$E\left(q_{\mathrm{w}}^{\mathrm{S}}\right)=\sum_{i=1}^{m}\left(q_{\mathrm{w}i}^{\mathrm{S}}\right)$。

命题 7.2 （1）在区域Ⅰ中，有 $\Delta E(q_{\mathrm{w}})=0$，$\Delta E(\mathrm{CS})=0$，此时政府补贴不能增加批发市场的期望供应量和消费者剩余。

（2）在区域Ⅱ～Ⅵ中，$\Delta E(q_{\mathrm{w}})>0$，$\Delta E(\mathrm{CS})>0$，此时政府补贴能够增加批发市场的期望供应量和消费者剩余。

证明略。

命题 7.2 表明当批发市场分销潜力相对较小时（图 7.3 中区域Ⅰ），政府实施交易费补贴不会对市场供给和消费者剩余产生任何影响。而当批发市场分销潜力较大时（图 7.3 中区域Ⅱ～Ⅵ），交易费补贴能够增加市场供给进而改善消费者剩余。这是因为在分销潜力相对较低的区域Ⅰ中，即使在无补贴的情况下，批发商已经向上游市场订购所有生鲜农产品（表 7.3），此时政府补贴无法刺激到批发商的订货数量，故补贴不会影响市场供给和消费者剩余。命题 7.2（2）表明，当批发市场分销潜力相对较大时（图 7.3 中区域Ⅱ～Ⅵ），批发商在无补贴的情况下没有完全订购上游市场的生鲜农产品。政府补贴批发商的交易成本刺激了其订货数量，故能够增加市场供给且改善消费者剩余。命题 7.2 为政府的补贴策略提供了启示，即提醒政府谨慎考虑批发市场的分销潜力再去决策是否补贴，特别是补贴政策对于较低分销潜力的批发市场反而无效。

为使研究更有意义，下面将针对政府交易费补贴有效的区间（区域Ⅱ～Ⅵ）进行讨论。此外，易知对应于不同价格供应敏感程度的生鲜农产品，政府补贴效果有所不同，具体分析如推论 7.2 所示。

推论 7.2 在政府交易费补贴下，价格供应敏感程度对生鲜农产品均衡供应增量的影响如下。

（1）在区域Ⅱ～Ⅲ，$\partial\Delta E(q_{\mathrm{w}})/\partial b_{\mathrm{w}}>0$。

（2）在区域Ⅵ，$\partial\Delta E(q_{\mathrm{w}})/\partial b_{\mathrm{w}}<0$。

证明 在区域Ⅱ中，$\Delta E(q_{\mathrm{w}})=Q_{\mathrm{o}}\mu/m-(B+rb_{\mathrm{w}}Q_{\mathrm{o}}\mu)/2(m+1)b_{\mathrm{w}}$，容易验证 $\partial\Delta E(q_{\mathrm{w}})/\partial b_{\mathrm{w}}>0$。在区域Ⅲ中，$\Delta E(q_{\mathrm{w}})=(m+1-mr)Q_{\mathrm{o}}/m(m+1)\int_{x_1(\alpha^{\mathrm{NY}})}^{U}(x-x_1(\alpha^{\mathrm{NY}}))\times f(x)\mathrm{d}x$，定义 $C_1=\int_{x_1(\alpha^{\mathrm{NY}})}^{U}\left(x-x_1(\alpha^{\mathrm{NY}})\right)f(x)$，其满足 $\partial C_1/\partial b_{\mathrm{w}}=-\partial x_1(\alpha^{\mathrm{NY}})/$

$\partial b_{\mathrm{w}}\int_{x_1(\alpha^{\mathrm{NY}})}^{U} f(x)\mathrm{d}x > 0$，故容易验证 $\partial \Delta E(q_{\mathrm{w}}) / \partial b_{\mathrm{w}} > 0$。在区域Ⅵ中，$\Delta E(q_{\mathrm{w}}) = (B + rb_{\mathrm{w}}Q_{\mathrm{o}}\mu) / 2(m+1)b_{\mathrm{w}}$，容易验证 $\partial \Delta E(q_{\mathrm{w}}) / \partial b_{\mathrm{w}} < 0$。在区域Ⅵ和区域Ⅴ中，价格敏感性对于供应增量的影响取决于产出率具体分布函数，此处不再赘述。证毕。

推论 7.2 表明当批发市场分销潜力较小（大）时，随着生鲜农产品价格供应敏感性的增加，政府补贴增加均衡供应的效果更不（加）明显。这是因为在分销潜力较小（大）时，批发商的边际盈利能力也较弱（强），订货动机较小（大），所以批发市场生鲜农产品的均衡数量整体处于较低（高）水平。此时，对于价格供应敏感程度越高的生鲜农产品，销售价格降低的程度会弱（强）于采购价格降低的程度。因此，批发商为增加收益（降低损失）自身有（没有）动机增加订货量，政府交易费补贴的效果更不（加）明显。结合现实情况，针对分销潜力较弱，如市区内交易的批发市场，政府应该重点对价格供应敏感性较低，即低必需程度的生鲜农产品，如水果等进行交易费补贴。结合现实情况，针对分销潜力较强，如跨地域交易的批发市场，政府应该重点对价格供应敏感性较高，即高必需程度的生鲜农产品，如蔬菜、肉禽类等进行交易费补贴。

通过将有无补贴下批发市场均衡价格和价格波动进行比较，分析得政府交易费补贴对平抑生鲜农产品价格和价格波动的影响。令 $\Delta E(p_{\mathrm{w}}) = E\left(p_{\mathrm{w}}^{\mathrm{S}}\right) - E\left(p_{\mathrm{w}}^{\mathrm{N}}\right)$，$\Delta \operatorname{var}(p_{\mathrm{w}}) = \operatorname{var}\left(p_{\mathrm{w}}^{\mathrm{S}}\right) - \operatorname{var}\left(p_{\mathrm{w}}^{\mathrm{N}}\right)$，分别代表生鲜农产品市场期望价格以及价格波动的变化量。

命题 7.3　（1）在区域Ⅱ～Ⅴ中，$\Delta E(p_{\mathrm{w}}) < 0$，$\Delta \operatorname{var}(p_{\mathrm{w}}) > 0$，即政府补贴能平抑批发市场价格，同时加剧了其价格波动。

（2）在区域Ⅵ中，$\Delta E(p_{\mathrm{w}}) < 0$，$\Delta \operatorname{var}(p_{\mathrm{w}}) = 0$，即政府补贴能平抑批发市场的价格且不会增加其价格波动。

证明　在区域Ⅱ中，$\operatorname{var}\left(q_{\mathrm{w}}^{\mathrm{N}}\right) = r^2 Q_{\mathrm{o}}{}^2(\mu^2+\sigma^2)/(m+1)$，$\operatorname{var}\left(q_{\mathrm{w}}^{\mathrm{S}}\right) = Q_{\mathrm{o}}^2(\mu^2+\sigma^2)/m$，根据 $k<1$，容易验证 $\operatorname{var}\left(q_{\mathrm{w}}^{\mathrm{S}}\right) > \operatorname{var}\left(q_{\mathrm{w}}^{\mathrm{N}}\right)$。此外，价格是关于供应数量的线性函数，因此容易验证 $\operatorname{var}\left(p_{\mathrm{w}}^{\mathrm{S}}\right) > \operatorname{var}\left(p_{\mathrm{w}}^{\mathrm{N}}\right)$。在区域Ⅲ～Ⅴ中，由于 $mr^2Q_{\mathrm{o}}^2(\mu^2+\sigma^2) < (m+1)Q_{\mathrm{o}}^2(\mu^2+\sigma^2)$，容易验证 $\operatorname{var}\left(q_{\mathrm{w}}^{\mathrm{S}}\right) > \operatorname{var}\left(q_{\mathrm{w}}^{\mathrm{N}}\right)$ 和 $\operatorname{var}\left(p_{\mathrm{w}}^{\mathrm{S}}\right) > \operatorname{var}\left(p_{\mathrm{w}}^{\mathrm{N}}\right)$。在区域Ⅵ中，$\operatorname{var}\left(q_{\mathrm{w}}^{\mathrm{N}}\right) = r^2Q_{\mathrm{o}}^2(\mu^2+\sigma^2)/(m+1) = \operatorname{var}\left(q_{\mathrm{w}}^{\mathrm{S}}\right)$，所以 $\operatorname{var}\left(p_{\mathrm{w}}^{\mathrm{S}}\right) = \operatorname{var}\left(p_{\mathrm{w}}^{\mathrm{N}}\right)$。证毕。

命题 7.3（1）表明在分销潜力的大部分范围内（即图 7.3 的区域Ⅱ～Ⅴ），政府补贴能够通过增加供给从而降低市场价格，这是因为更高的供应会压低市场价格。然而，根据命题 7.1 可知，生鲜农产品供给规模的增加会导致更加剧烈的价格波动。这揭示了补贴政策的实施通过扩大批发市场供给规模从而加剧市场价格波动。该结论验证了 Bellemare 等（2013）和 Kazaz 等（2016）的说法，即不恰当的政府干预会加剧农产品市场的价格波动。基于此，我们建议政府在考虑价格波动的情况下应该谨慎采取交易费补贴的方式干预批发市场。

命题 7.3（2）表明，当批发市场分销潜力在一定范围时（即图 7.3 区域Ⅵ），补贴政策也能够通过增加市场供给降低市场价格。在区域Ⅵ，根据 $q_{\mathrm{w}}^{\mathrm{S}}-q_{\mathrm{w}}^{\mathrm{N}}=(B+b_{\mathrm{w}}Q_{\mathrm{o}}\mu)/2(m+1)b_{\mathrm{w}}$，交易费补贴带来了独立于产出实现的固定供给增量，这不会影响产出不确定性造成的价格波动。该发现为政府或者其他公共部门平抑批发市场价格且不加剧其价格波动提供启示，即可以对市场额外投入固定数量的生鲜农产品。该措施与现实是相符合的，如北京新发地每年都提前储备固定数量的生鲜农产品然后投入市场，有效帮助消除生鲜农产品在淡季时的供给缺损和价格波动。

7.2.2 政府交易费补贴对市场盈利性的影响

政府补贴下运营商、批发商以及批发市场整体的期望利润的变化量分别用 $\Delta E(\pi_{\mathrm{wo}})=E\left(\pi_{\mathrm{wo}}^{\mathrm{S}}\right)-E\left(\pi_{\mathrm{wo}}^{\mathrm{N}}\right)$、$\Delta E(\pi_{\mathrm{ww}})=E\left(\pi_{\mathrm{ww}}^{\mathrm{S}}\right)-E\left(\pi_{\mathrm{ww}}^{\mathrm{N}}\right)$ 与 $\Delta E(\pi_{\mathrm{w}})=\Delta E(\pi_{\mathrm{wo}})+\Delta E(\pi_{\mathrm{ww}})$ 来表示。其中 $E\left(\pi_{\mathrm{ww}}^{\mathrm{N}}\right)=E\left(\sum_{i=1}^{m}\pi_{\mathrm{w}i}^{\mathrm{N}}\right)$，$E\left(\pi_{\mathrm{ww}}^{\mathrm{S}}\right)=E\left(\sum_{i=1}^{m}\pi_{\mathrm{w}i}^{\mathrm{S}}\right)$。接下来将分析批发市场各主体均衡利润的变化，以探究政府补贴在保证批发市场公益性的同时对各主体盈利性的影响，见命题 7.4。

命题 7.4 政府干预对批发市场各主体盈利性的影响如下。

（1）$\Delta E(\pi_{\mathrm{w}})>0$，$\Delta E(\pi_{\mathrm{wo}})>0$。

（2）当 $B<B''$ 时，$\Delta E(\pi_{\mathrm{ww}})>0$，当 $B>B''$ 时 $\Delta E(\pi_{\mathrm{ww}})<0$。其中 B'' 满足 $\arg\limits_{B}\left(E\left(\pi_{\mathrm{ww}}^{\mathrm{S}}\right)-E\left(\pi_{\mathrm{ww}}^{\mathrm{N}}\right)=0\right)$。

证明 根据 $\alpha^{\mathrm{N}}<\alpha^{\mathrm{S}}$，容易验证批发商期望利润增量 $\Delta E(\pi_{\mathrm{wo}})>0$ 以及批发市场系统利润增量 $\Delta E(\pi_{\mathrm{w}})=\Delta E(\pi_{\mathrm{ww}})+\Delta E(\pi_{\mathrm{wo}})>0$。对于批发商：在区域Ⅱ，根据 $\partial\Delta E(\pi_{\mathrm{ww}})/\partial B<0$ 可知，$\Delta E(\pi_{\mathrm{ww}})$ 在范围 $B_2^{\mathrm{N}}<B<B_3^{\mathrm{N}}$ 单调递减，也就是在 $B=B_3^{\mathrm{N}}$ 处取得最小值，因此我们将 $B=B_3^{\mathrm{N}}$ 代入表达式得到 $\Delta E(\pi_{\mathrm{ww}})\left(B=B_3^{\mathrm{N}}\right)>0$。因此能够验证在范围 $B_2^{\mathrm{N}}<B<B_3^{\mathrm{N}}$（区域Ⅱ）内 $\Delta E(\pi_{\mathrm{ww}})>0$。同理，我们可以验证在区域Ⅳ和区域Ⅵ内，$\Delta E(\pi_{\mathrm{ww}})>0$。在区域Ⅲ内，批发商利润表达式为：$E\left(\pi_{\mathrm{ww}}^{\mathrm{N}}\right)=\int_L^{x_1}\left(B-\alpha^{\mathrm{N}}-(1-r)b_{\mathrm{w}}Q_{\mathrm{o}}x\right)Q_{\mathrm{o}}xf(x)\mathrm{d}x+\int_{x_1}^{U}mb_{\mathrm{w}}\left(\left(B-\alpha^{\mathrm{N}}+rb_{\mathrm{w}}Q_{\mathrm{o}}x\right)/(m+1)b_{\mathrm{w}}\right)^2f(x)\mathrm{d}x$，且容易验证 $\partial E\left(\pi_{\mathrm{ww}}^{\mathrm{N}}\right)/\partial B>0$。也就是说，无补贴下批发商利润总是随着 B 而增加的，但是有补贴下，当 $B>B_1^{\mathrm{S}}$ 时批发商利润函数不会再变化。因此，必定存在阈

值 B'' 使得 B 满足 $B > B''$ 时，$E\left(\pi_{\mathrm{ww}}^{\mathrm{N}}\right) > E\left(\pi_{\mathrm{ww}}^{\mathrm{S}}\right)$，反之，$E\left(\pi_{\mathrm{ww}}^{\mathrm{N}}\right) < E\left(\pi_{\mathrm{ww}}^{\mathrm{S}}\right)$。其中，阈值 B'' 满足 $B'' = \arg_{B}\left(E\left(\pi_{\mathrm{ww}}^{\mathrm{N}}\right) = E\left(\pi_{\mathrm{ww}}^{\mathrm{S}}\right)\right)$。

命题 7.4（1）揭示了在政府补贴支持下，批发市场系统的整体盈利性总是增强，同时，作为市场领导者，运营商总是能够设定高交易费用攫取更多的利润，因此其盈利性也增强。不过，命题 7.4（2）表明，批发商盈利性可能增强也可能受损。具体来说，当批发市场分销潜力相对较小时，批发商经由批发市场分销更多生鲜农产品的可能性较低，自身订货动机相对较低。为激励批发商订货，政府对批发商的补贴比例较大，对批发商刺激订货作用较为显著。故补贴引入对批发商产生的正向影响较强，使得批发商盈利性增强。而当批发市场分销潜力相对较大时，批发商分销更多生鲜农产品可能性较大且自身订货动机高。政府对批发商补贴比例较小，对批发商刺激订货的作用不太显著，故政府补贴给批发商带来的正向影响较弱。此外，政府补贴下更高的市场供给压低市场价格，从而对批发商利润产生不利影响。此时，对于分销潜力较大的批发市场，政府补贴带来的较弱的正向影响无法弥补销售价格降低带来的负向影响，批发商盈利性减弱。

结合现实情况，批发市场过高的交易费是“最后一公里”生鲜农产品价格加倍的重要原因，这使得销地市场的批发商（菜农、零售商）利润微薄并加重消费者负担。因此，政府在实施交易费补贴时应适当控制运营商制定的单位交易费用，在保证消费者利益的同时避免损害批发商利益。

7.2.3 交易费补贴政策的效率

7.2.2 节分析了政府的交易费补贴政策对批发市场生鲜农产品均衡供应、价格波动以及各主体均衡利润的影响。然而交易费补贴政策往往会付出一定成本，对国家或地方政府的财政造成较大负担。因此本节将进一步拓展，通过数值分析从消费者剩余和社会福利两个方面探讨交易费补贴政策的效率，并通过考察批发市场产生的净经济效益探究交易费补贴是否能同时兼顾批发市场公益目标与私益目标。

已知交易费补贴情形下政府期望支出为 $E(G) = E\left(\lambda\alpha\sum_{i=1}^{m} q_{\mathrm{w}i}\right)$，消费者剩余期望为 $\Delta E(\mathrm{CS})$，批发市场整体（包括运营商和批发商）的期望利润增量为 $\Delta E(\pi_{\mathrm{w}})$，以及社会福利增量为 $\Delta E(\mathrm{SW})=\Delta E(\mathrm{CS})+\Delta E(\pi_{\mathrm{w}})$。

为便于分析，假设产出率 X（$X \in [L,U]$）服从均匀分布。根据 $X \in (0,1)$，我们分别取两组数据 $U = 0.8$、$L = 0.2$ 和 $U = 0.85$、$L = 0.15$。参照北京新发地批发市场的实践数据，我们假设批发市场有 100 位批发商供应某种生鲜农产品，其中每位批发商每天供应 1～2 吨。该生鲜农产品在批发市场的总供给数量为 100～200 吨。由于产地市场总产量约束着批发市场的批发商订货数量，故我们假设产地市场总供给数量为 200 吨，即 $m=100$ 和 $Q_0=200$ 。此外，我们选取新发地批发市场经常被补贴交易费用的 8 种蔬菜的价格数据并设置价格敏感性参数，如表 7.4 所示。

表 7.4　北京新发地批发市场 8 种蔬菜的价格数据

蔬菜	平均市场价格/（元/吨）	最大价格/（元/吨）	价格敏感性
大白菜	232	248	0.000 8～0.001 6
土豆	248	341	0.004 65～0.009 3
洋葱	433	495	0.003 1～0.006 2
黄瓜	542	619	0.003 85～0.007 7
白萝卜	1 248	279	0.001 55～0.003 1
胡萝卜	372	403	0.001 55～0.003 1
西红柿	464	619	0.007 75～0.015 5
豆角	2 167	2 400	0.011 65～0.023 3

资料来源：http://www.xinfadi.com.cn/priceDetail.html；http://www.gov.cn/jrzg/2013-01/26/content_2320065.htm

表 7.4 是本节数值算例的基础，其中批发市场价格敏感性参数为 $b_w\in(0.0005, 0.01)$ 。根据各情形对比形成的可行性区域（图 7.3），存在 $0<r\leqslant r_1$ 、 $r_1<r\leqslant r_2$ 、 $r_2<r\leqslant r_3$ 以及 $r_3<r\leqslant 1$ 四种情形，据此可以设置产地市场的价格敏感参数。具体批发市场参数设置如表 7.5 所示。

表 7.5　批发市场参数设置

序号	情形	参数设置
1	$0<r\leqslant r_1$	$b_w=0.0040$ ， $b_o=0.0005$ ， $m=100$ ， $U=0.80$ ， $L=0.20$ ， $Q_o=200$
		$b_w=0.0040$ ， $b_o=0.0005$ ， $m=100$ ， $U=0.85$ ， $L=0.15$ ， $Q_o=200$
2	$r_1<r\leqslant r_2$	$b_w=0.0025$ ， $b_o=0.0010$ ， $m=100$ ， $U=0.80$ ， $L=0.20$ ， $Q_o=200$
		$b_w=0.0025$ ， $b_o=0.0010$ ， $m=100$ ， $U=0.85$ ， $L=0.15$ ， $Q_o=200$
3	$r_2<r\leqslant r_3$	$b_w=0.0025$ ， $b_o=0.0020$ ， $m=100$ ， $U=0.80$ ， $L=0.20$ ， $Q_o=200$
		$b_w=0.0025$ ， $b_o=0.0020$ ， $m=100$ ， $U=0.85$ ， $L=0.15$ ， $Q_o=200$
4	$r_3<r\leqslant 1$	$b_w=0.0022$ ， $b_o=0.0020$ ， $m=100$ ， $U=0.80$ ， $L=0.20$ ， $Q_o=200$
		$b_w=0.0022$ ， $b_o=0.0020$ ， $m=100$ ， $U=0.85$ ， $L=0.15$ ， $Q_o=200$

1. 对消费者剩余和社会福利的改善效率

通过分析 $E(G)$、$\Delta E(\mathrm{CS})$ 和 $\Delta E(\mathrm{SW})$ 的大小，考察政府交易费补贴对消费者剩余与社会福利的改善效率，得到图 7.4。

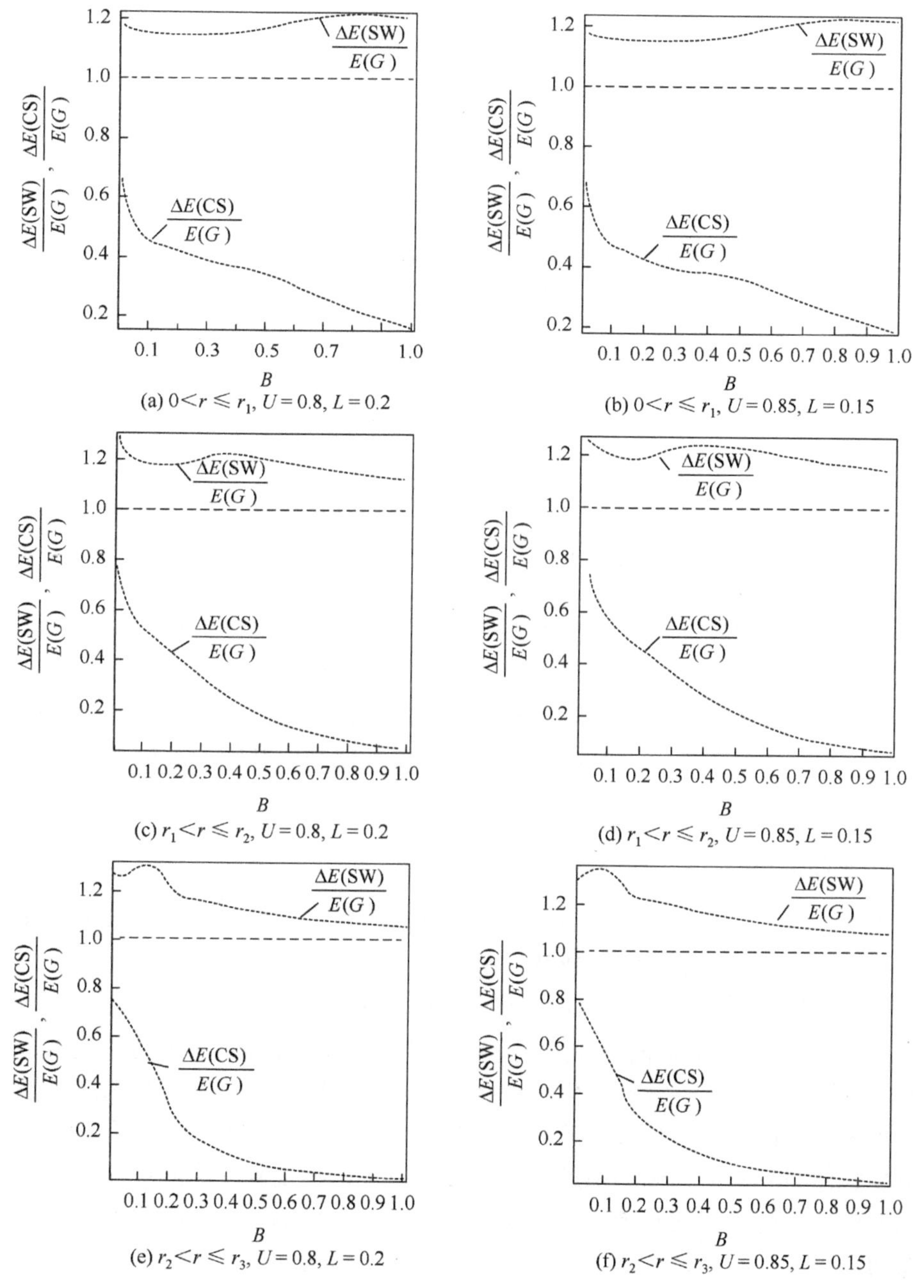

(a) $0<r\leqslant r_1$, $U=0.8$, $L=0.2$

(b) $0<r\leqslant r_1$, $U=0.85$, $L=0.15$

(c) $r_1<r\leqslant r_2$, $U=0.8$, $L=0.2$

(d) $r_1<r\leqslant r_2$, $U=0.85$, $L=0.15$

(e) $r_2<r\leqslant r_3$, $U=0.8$, $L=0.2$

(f) $r_2<r\leqslant r_3$, $U=0.85$, $L=0.15$

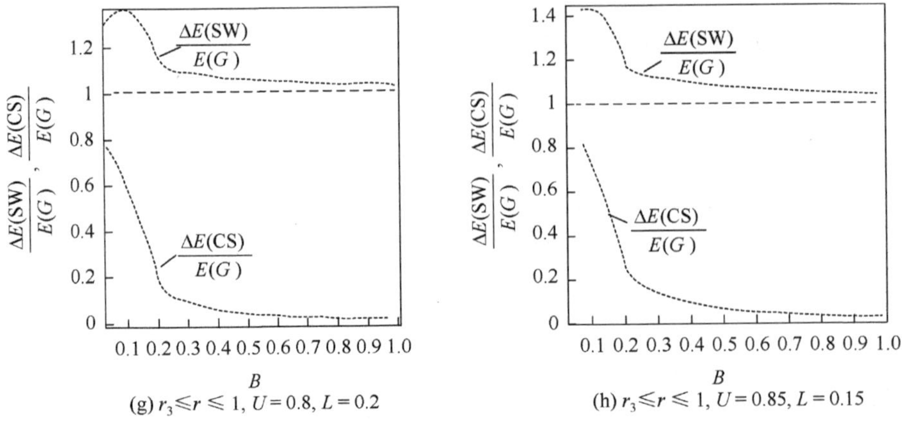

图 7.4 消费者剩余与社会福利改善效率

观察 7.1 （1），$\Delta E(\mathrm{SW})/E(G)>1$。

（2）随着 B 的增大，$\Delta E(\mathrm{CS})/E(G)$ 减小。

观察 7.1（1）表明，政府交易费补贴带来的消费者剩余增量总是小于政府支出，而带来的社会总剩余增量大于政府支出。这说明政府干预对改善消费者剩余的效率较低，但是对改善社会福利的效率较高。同时观察 7.1（2）表明，当批发市场分销潜力更大时，批发商在批发市场分销生鲜农产品的动机更大，故其自身会增加订货数量，导致对补贴的需求降低。此时，补贴对批发商激励订货的作用相对较弱，因此政府补贴改善消费者剩余的效率更低。结合命题 7.4 的分析，观察 7.1 揭示了政府的交易费补贴中仅有部分补贴支出用于改善消费者剩余，其他部分增加了批发市场的收益使其盈利性增强。结合实践，从补贴效率的视角出发政府应该补贴低盈利能力批发市场，而不应该补贴高盈利能力的批发市场，否则会导致政府支出的浪费。

2. *净经济效益*

通过分析 $E(G)$ 和 $\Delta E(\pi_{\mathrm{w}})$ 的大小，考察政府制定交易费补贴政策保证批发市场公益性时是否会产生净经济效益，得到图 7.5。

观察 7.2 存在阈值 B'''，使得 $B>B'''$ 时，$\Delta E(\pi_{\mathrm{w}})>E(G)$。

观察 7.2 表明当分销潜力超过一定阈值时，补贴交易费产生的经济收入超过其花费的支出，即净经济效益产生。该结论背后的原因如下：对于分销潜力很高的批发市场，分销所有生鲜农产品对批发市场整体而言是最优决策，有助于实现批发市场整体利润的最大化。不过在无补贴情形下，批发商考虑到更高的市场供给会压低市场价格对其利润造成不利影响，故其不会订购所有生鲜农产品。这说明批发商考虑自身利益最大化所做的决策导致批发市场的双重边际效应，从而造成

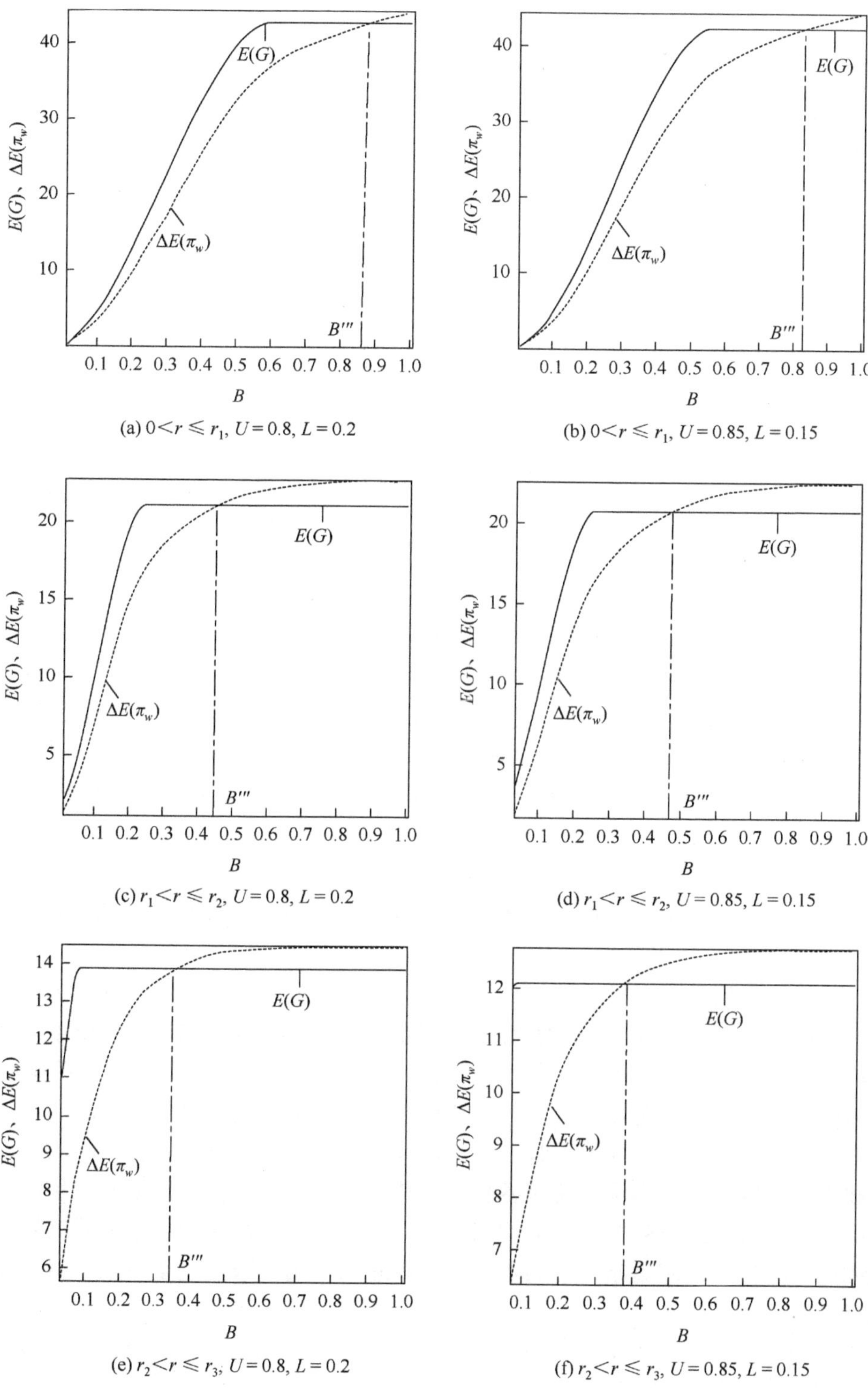

(a) $0<r\leqslant r_1$, $U=0.8$, $L=0.2$

(b) $0<r\leqslant r_1$, $U=0.85$, $L=0.15$

(c) $r_1<r\leqslant r_2$, $U=0.8$, $L=0.2$

(d) $r_1<r\leqslant r_2$, $U=0.85$, $L=0.15$

(e) $r_2<r\leqslant r_3$, $U=0.8$, $L=0.2$

(f) $r_2<r\leqslant r_3$, $U=0.85$, $L=0.15$

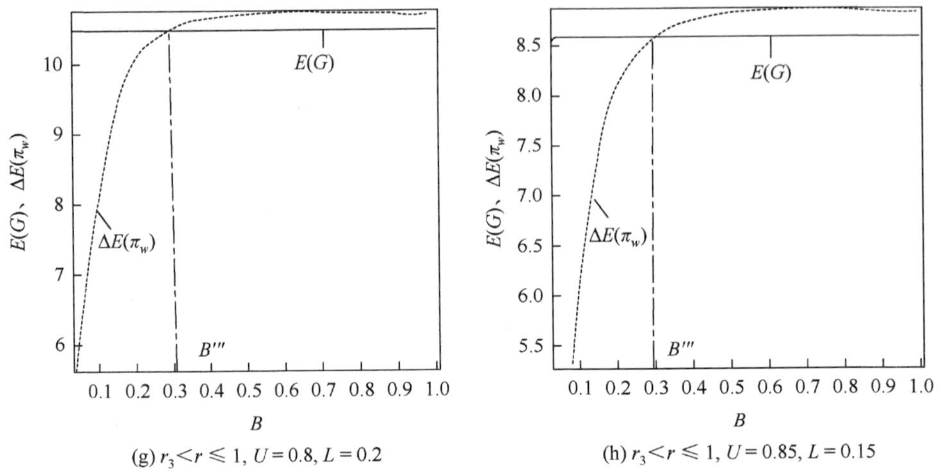

(g) $r_3 < r \leqslant 1$, $U = 0.8$, $L = 0.2$

(h) $r_3 < r \leqslant 1$, $U = 0.85$, $L = 0.15$

图 7.5 净经济效益

市场整体的利润损失。然而，当政府考虑消费者剩余最大化补贴批发商时，会刺激批发商去订购所有的生鲜农产品，即批发商的订货数量决策被调整至与批发市场整体目标一致。此时，批发市场双边际效应得到缓解且净经济效应产生。该研究发现揭示了原本专注于改善消费者剩余的政府补贴却以较高效率改善了市场盈利性。这也意味着在批发市场，盈利性与公益性并非总是相互冲突的，适当的干预措施，如交易费补贴能够调整市场成员的决策，实现市场整体盈利性和公益性双赢的局面。该发现区别于已有文献得到的强调公益的公共政策可能会扭曲农业市场，甚至损害市场利益的结论（Anderson et al.，2013；Chen et al.，2015；Sheu，2016）。

7.3 突发事件影响下生鲜农产品批发市场的应急储备制度

生鲜农产品是人们日常必需品，在自然灾害、疫情等突发情况下容易形成供给的剧烈波动以及价格飞涨。为此，政府构建了应急储备制度鼓励具有储备能力的生鲜企业（如批发市场企业）通过生鲜农产品储备来应对突发事件造成的影响①。具体来说，批发市场企业在政府补贴扶持下提前储备一定数量生鲜农产品，并在生鲜农产品严重供给缺损发生时投放至市场，以此缓解市场生鲜农产品的供应偏紧和价格稳定。政府实施应急储备制度能够使得突发事件发生时批发市场具有运营商储备产品和批发商批发产品的双源供应。双源供应是企业用于消除突发事件造成供应风险的常用策略，且其消除供应风险的作用在数量竞争背景下得到充分

① 《关于进一步做好北方大城市冬春蔬菜储备工作的通知（发改办经贸〔2019〕1043 号）》，https://www.ndrc.gov.cn/xxgk/zcfb/tz/201911/t20191112_1202509.html?code=&state=123，2019 年 11 月 1 日。

验证（Wang et al.，2010；Tang et al.，2011）。然而，批发市场中的双源供应商（即批发商与运营商）之间不仅有数量竞争关系，更有紧密的合作关系，这使得双源供应策略如何实现及其实现价值难以直接界定。基于此，本节旨在应对突发事件造成生鲜农产品供给和价格剧烈波动的问题，构建模型分析应急储备制度下实现批发市场双源供应策略的条件，并探究双源供应策略对具有竞合关系的批发市场保证公益性的价值及其对市场盈利性和总社会福利的影响。

7.3.1 问题描述

考虑一个生鲜农产品批发市场，由一个运营商和 m 个同质批发商组成。运营商向批发商提供交易平台并向其收取交易费用，其单位交易费用为 α 。批发商们从上游采购生鲜农产品后在批发市场出售，其中批发商 i 的生鲜农产品订货量为 q_{wi} ， $i=1,2,\cdots,m$ ，批发商们对批发市场的总供给量为 $\sum_{i=1}^{m} q_{wi}$ 。

当受到自然灾害、疫情等突发事件影响时，生鲜农产品在上游产地市场会遭受一定的供应缺损（如产出率受损），传至批发市场导致销地市场生鲜农产品的供给不足和价格波动，会损害其公益性。基于此，应急储备制度背景下运营商会储备数量为 Q_s 的生鲜农产品，在突发事件发生时投至批发市场（图 7.6）。

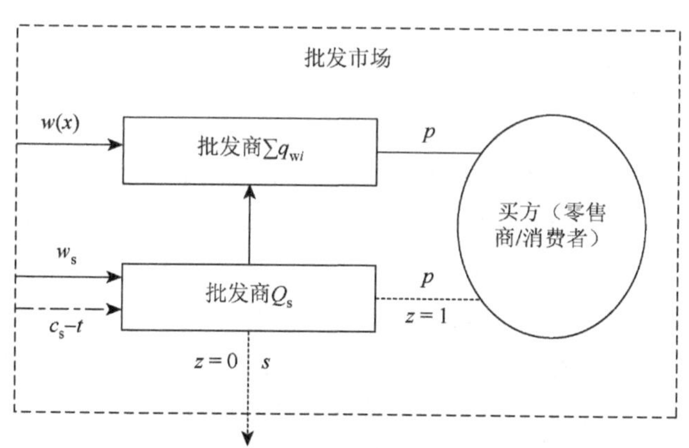

图 7.6 应急储备制度下的批发市场结构

如图 7.6 所示，在储备生鲜农产品的过程中，批发商在正常情形下对生鲜农产品的采购价格为 w_G 。突发事件情形下，上游产地市场生鲜农产品遭受供给缺损，导致其出清价格上涨（Reardon et al.，2009）。因此批发商只能以更高的采购价格 w_L 订购生鲜农产品，即 $w_L > w_G$ 。为便于表述不确定供应下生鲜农产品采购价格的大小，令 $w(x)=(1-z)w_G+zw_L$ ，其中 $z=0$ 代表正常情形， $z=1$ 代表突发事件情形，其发生概率为ρ。令$w_L = kw_G$，$k>1$代表突发事件下生鲜农产品的采购价格涨幅。考虑运营商对储备生鲜农产品的采购不受供应缺损的影响且不与批发商冲突（如因单次批量大会提前通过合同采购）。运营商承担储备生鲜农产品的单位采购费用w_s和单位存储费用c_s；获取储备生鲜农产品投放到市场时的销售收入以及未投放市场时的残余价值s，不失一般性，假设残余价值$s=0$。为了弥补运营商存储生鲜农产品产生的费用，政府在储备期间支付给运营商一定的储备费补贴，单位储备费补贴为t。此外，批发商和运营商在运营过程中均会产生一定成本，如批发商和运营商的单位运输费用和运营商场地清理维护费用。由于这些成本相对较小不会影响批发市场均衡决策，因此标准化为0（下标G代表正常情形，下标L代表突发事件情形）。

1. 批发市场需求函数

考虑到运营商和批发商在批发市场主要进行数量竞争，本节以线性逆需求函数的形式刻画产地市场的出清价格，线性逆需求函数的形式广泛应用于农业经济及运营管理领域（Deo and Corbett，2009；Levi et al.，2017；Alizamir et al.，2018）。基于此，批发市场的出清价格为$p(z)=N_w - b_w Q(z)$。其中，$Q(z)=\sum_{i=1}^{m} q_{wi} + zQ_s$为批发市场的总供应量；$N_w$为批发市场生鲜农产品最大可能价格，为便于分析将其标准化为1；b_w代表生鲜农产品的市场价格对总供应量的敏感程度。

2. 事件发生过程

考虑到运营商的单位交易费用α和应急储备量Q_s的决策是相对长期的决策，发生于生鲜农产品供应不确定性发生之前，因此批发市场的事件顺序如下。

首先，运营商决策向批发商收取的单位交易费用α以及应对突发事件的储备量Q_s。

其次，生鲜农产品不确定性供应实现。在正常情形下，批发商以价格w_G采购生鲜农产品，运营不投放储备生鲜农产品。在突发事件情形下，批发商以价格w_L采购生鲜农产品，同时运营商会投放储备生鲜农产品。

再次，批发商根据采购价格$w(x)$和运营商投放储备生鲜农产品的情况来决策订货量q_{wi}。

最后，生鲜农产品需求实现，批发市场出清。

7.3.2 应急储备制度下的均衡分析与供应策略

本节将主要分析批发市场的博弈均衡，通过运营商的储备量决策以及批发商的订货量决策给出批发市场供应策略。

1. 无应急储备情形

本节将以无储备制度的情形作为基准情形。易知在无储备制度下运营商不会储备生鲜农产品，运营商和批发商的利润函数分别如下：

$$\pi_{\mathrm{wo}}=\alpha\sum_{i=1}^{m}q_{\mathrm{w}i} \tag{7.14}$$

$$\pi_{\mathrm{w}i}=\left(p-w(z)-\alpha\right)q_{\mathrm{w}i} \tag{7.15}$$

其中，运营商决策于供应不确定性发生之前，因此其根据期望利润函数进行决策。考虑到运营商和批发商之间的博弈过程，采取逆序方式求解批发市场博弈均衡，即先分析批发商的订货量决策，再分析运营商的单位交易费用决策。具体的均衡决策如定理 7.3 所示。

定理 7.3　在无应急储备情形，生鲜批发市场运营商和批发商的均衡决策如下：

$$\begin{gathered}\alpha^{\mathrm{N}}=\frac{1}{2}(1-w_{\mathrm{G}})-\frac{1}{2}\rho(kw_{\mathrm{G}}-w_{\mathrm{G}}),\quad q_{\mathrm{w}i\mathrm{G}}^{\mathrm{N}}=\frac{1+\left(-1+(k-1)\rho\right)w_{\mathrm{G}}}{2(m+1)b_{\mathrm{w}}}\\ q_{\mathrm{w}i\mathrm{L}}^{\mathrm{N}}=\frac{1+\left((k-1)\rho-2k+1\right)w_{\mathrm{G}}}{2(m+1)b_{\mathrm{w}}}\end{gathered} \tag{7.16}$$

证明　根据 $\partial^{2}\pi_{\mathrm{w}i}/\partial q_{\mathrm{w}i}^{2}<0$，容易验证批发商利润函数是关于订货量的凹函数，因此存在最优解。得到最优订货量关于运营商单位交易费用的反应函数，将其代入运营商期望利润函数得到 $E(\pi_{\mathrm{wo}})=\rho m\alpha(1-\alpha-w_{\mathrm{L}})/(m+1)b_{\mathrm{w}}+(1-\rho)m\alpha\times(1-\alpha-w_{\mathrm{G}})/(m+1)b_{\mathrm{w}}$，可以验证 $\partial^{2}E(\pi_{\mathrm{wo}})/\partial\alpha^{2}<0$。因此，运营商的最优单位交易费用满足 $\partial E(\pi_{\mathrm{wo}})/\partial\alpha=0$。由此得到基准情形下销地批发市场批发商和运营商的均衡决策定理 7.3。证毕。

定理 7.3 表明，在无应急储备制度背景下，批发市场均衡决策 α^{N}、$q_{\mathrm{w}i\mathrm{G}}^{\mathrm{N}}$ 和 $q_{\mathrm{w}i\mathrm{L}}^{\mathrm{N}}$ 均与突发事件发生概率 ρ 和生鲜农产品采购价格涨幅 k 相关。根据 $\partial\alpha^{\mathrm{N}}/\partial\rho<0$，$\partial q_{\mathrm{w}i\mathrm{G}}^{\mathrm{N}}/\partial\rho>0$ 以及 $\partial q_{\mathrm{w}i\mathrm{L}}^{\mathrm{N}}/\partial\rho>0$ 可知，随着突发事件发生概率的增加，生鲜农产品采购价格上涨的概率增大，为了激励批发商订货，运营商总是会降低单位交易费用。此时正常情形和突发事件情形下批发商订货量都会增加。同时，$\partial\alpha^{\mathrm{N}}/\partial k<0$，$\partial q_{\mathrm{w}i\mathrm{G}}^{\mathrm{N}}/\partial k>0$ 以及 $\partial q_{\mathrm{w}i\mathrm{L}}^{\mathrm{N}}/\partial k<0$ 表明，随着突发事件下生鲜农产品采购价格涨幅的增加，运营商仍然会通过降低单位交易费用以激励批发商订货。此时，在正常情形下批发商的订货量会因为单位交易费用的降低而增加；而在突发事件情形下由于单位交易费用的降低并不能抵消采购价格的提升，所以批发商的订货量会减少。

明显地，无应急储备情形下批发市场仅具有批发商订货的单源供应策略（S）。根据定理 7.3，为保证批发商的订货量非负，需要满足 $k<\bar{k}$，其中 $\bar{k}=\left(1+(1-\rho)w_{\mathrm{G}}\right)/$

$w_G(2-\rho)$。这说明，当突发事件情形下生鲜农产品的采购价格涨幅很大，且达到一定程度$\bar{k}$时，批发商订购生鲜农产品将无利可图，所以不再有动机订货。为使得本节更有意义，后文将针对$k<\bar{k}$分析。

2. *应急储备制度情形*

应急储备制度下（用上标 F 表示），生鲜批发市场运营商和批发商的利润函数分别为

$$\pi_{wo}=\alpha\sum_{i=1}^{m}q_{wi}+Q_s\left(xp(x)+t-w_s-c_s\right) \tag{7.17}$$

$$\pi_{wi}=\left(p(z)-w(x)-\alpha\right)q_{wi} \tag{7.18}$$

考虑运营商和批发商的博弈过程，以逆序方式求解得到批发市场的决策均衡，即先根据批发商实际利润最大化求得订货量决策，再根据运营商期望利润最大化分析单位交易费用和储备量决策。为便于分析，令$\bar{c}=w_s+c_s$代表运营商储备生鲜农产品产生的单位费用。为避免运营商在不投放情况下通过储备生鲜农产品盈利，本节假定政府的单位储备费用补贴低于运营商储备生鲜农产品的单位费用，即$t<\bar{c}$成立。分析得到应急储备制度下生鲜农产品批发市场的均衡情况，如定理 7.4。

定理 7.4 应急储备制度下，生鲜批发市场运营商和批发商的均衡决策如表 7.6 所示。

表 7.6 生鲜批发市场运营商和批发商的均衡决策

区域	单位交易费用 (α^F)	储备数量 (Q_s^F)	批发商订货量	
			正常情形 (q_{wiG}^F)	突发事件情形 (q_{wiL}^F)
$1<k<k_1$	$\frac{1-w_G(1+k\rho-\rho)}{2}$	0	$\frac{1+(-1+(k-1)\rho)w_G}{2(m+1)b_w}$	$\frac{1+((k-1)\rho-2k+1)w_G}{2(m+1)b_w}$
$k_1<k<k_2$	$\frac{1-w_G(1+k\rho-\rho)}{2}$	$\frac{(mw_Gk+1)-\rho(m+1)(\bar{c}-t)}{2b_w\rho}$	$\frac{1+(-1+(k-1)\rho)w_G}{2(m+1)b_w}$	$\frac{1+((k-1)\rho-2k+1)w_G}{2(m+1)b_w}-\frac{Q_s^F}{m+1}$
$k_2<k<\bar{k}$	$\frac{1}{2}(1-w_G)$	$\frac{\rho+t-\bar{c}}{2b_w\rho}$	$\frac{1-w_G}{2(m+1)b_w}$	0

其中，$k_2=\dfrac{(m+1)(\bar{c}-t)+\rho w_G(1-\rho)}{\rho w_G(m-\rho+2)}$。

证明 容易验证批发商利润函数是关于订货量的凹函数，得到最优订货量是关于运营商单位交易费用和储备数量的反应函数，并将其代入到运营商期望利润函数得到

$$E(\pi_{\rm wo})=\rho\left(m\alpha\frac{1-\alpha-w_{\rm L}-b_{\rm w}Q_{\rm s}}{(m+1)b_{\rm w}}+Q_{\rm s}\left(1-b_{\rm w}\left(Q_{\rm s}+\sum\nolimits_{i=1}^{m}q_{{\rm w}i}\right)+t-\overline{c}\right)\right)$$
$$+(1-\rho)\left(m\alpha\frac{1-\alpha-w_{\rm G}}{(m+1)b_{\rm w}}+Q_{\rm s}(t-\overline{c})\right)$$

验证 Hessian 矩阵为负定，得到存在最优的单位交易费用和储备数量决策，满足 $\partial E(\pi_{\rm wo})/\partial\alpha=0$、$\partial E(\pi_{\rm wo})/\partial Q_{\rm s}=0$。求得运营商和批发商的均衡决策如下：

$$\alpha^{\rm F}=\frac{1}{2}(1-w_{\rm G})-\frac{1}{2}\rho(kw_{\rm G}-w_{\rm G}),\quad Q_{\rm s}^{\rm F}=\frac{(mw_{\rm G}k+1)\rho+(m+1)(t-\overline{c})}{2b_{\rm w}\rho},$$
$$q_{{\rm w}i{\rm L}}^{\rm F}=\frac{1+\left((k-1)\rho-2k+1\right)w_{\rm G}}{2(m+1)b_{\rm w}}-\frac{Q_{\rm s}^{\rm F}}{m+1},\quad q_{{\rm w}i{\rm G}}^{\rm F}=\frac{1+\left(-1+(k-1)\rho\right)w_{\rm G}}{2(m+1)b_{\rm w}}$$

同理，根据解的非负性，$\alpha^{\rm F}=\alpha^{\rm N}>0$ 恒成立，根据 $Q_{\rm s}^{\rm F}>0$ 得到 $k>k_1$，根据 $q_{i{\rm L}}^{\rm F}>0$ 得到 $k<k_2$，其中，$k_1=\dfrac{(m+1)(\overline{c}-t)-\rho}{m\rho w_{\rm G}}$，$k_2=\dfrac{(m+1)(\overline{c}-t)+\rho w_{\rm G}(1-\rho)}{\rho w_{\rm G}(m-\rho+2)}$。因此，在满足 $k_1<k<k_2$ 的区间范围内，以上是应急储备制度下批发市场均衡解。接下来将讨论 $k<k_1$ 和 $k>k_2$ 的情形。当满足 $k<k_1$ 时，$Q_{\rm s}^{\rm F}\leqslant 0$，此时运营商无储备生鲜农产品的动机。该情形等价于无储备制度的情形。当满足 $k>k_2$ 时，$q_{{\rm w}i{\rm L}}^{\rm F}\leqslant 0$，这说明批发商不会有订购生鲜农产品的动机。考虑到运营商和批发商间无信息不对称，因此该情形下运营商能够预测到批发商在缺损情形下不会订购生鲜农产品即 $q_{{\rm w}i{\rm L}}^{\rm F}=0$。此时，批发商订货量的反应函数变为：$q^{\rm N}(\alpha,Q_{\rm s})=\begin{cases}0 & ,z=1\\ \dfrac{1-\alpha-w_{\rm G}}{(m+1)b_{\rm w}} & ,z=0\end{cases}$。基于此，运营商的单位交易费用和储备量决策为 $\alpha^{\rm F}=(1-w_{\rm G})/2$，$Q_{\rm s}^{\rm F}=(\rho+t-\overline{c})/2b_{\rm w}\rho$。代入批发商反应函数求得批发商订货量为 $q_{{\rm w}i{\rm L}}^{\rm F}=0$ 和 $q_{{\rm w}i{\rm G}}^{\rm F}=(1-w_{\rm G})/2(m+1)b_{\rm w}$。证毕。

定理 7.4 表明，应急储备制度下，批发市场均衡决策 $\alpha^{\rm F}$、$Q_{\rm s}^{\rm F}$、$q_{{\rm w}i{\rm G}}^{\rm F}$ 和 $q_{{\rm w}i{\rm L}}^{\rm F}$ 不仅与突发事件发生概率 ρ 以及生鲜农产品采购价格涨幅 k 相关，还受到政府对运营商的单位储备费补贴 t 的影响。并且，根据生鲜农产品采购价格涨幅的大小（$1<k<k_1$、$k_1<k<k_2$ 和 $k_2<k<\overline{k}$），批发市场会有三种不同的均衡情况，分析可得应急储备制度下生鲜批发市场的供应策略。易知在正常情形下，生鲜农产品批发市场只会有批发商订货的单源供应策略，为使得本节研究更有意义，这里不再讨论。探究突发事件情形下批发市场生鲜农产品的均衡供应策略如命题 7.5。

命题 7.5　（1）当 $1<k<k_1$ 时，$q_{{\rm w}i{\rm L}}^{\rm F}>0$，$Q_{\rm s}^{\rm F}=0$。即生鲜批发市场具有仅批发商订货的单源供应（S）。

（2）当$k_1 < k < k_2$时，$q_{wiL}^F > 0$，$Q_s^F > 0$，即生鲜批发市场具有批发商订货和运营商存储的双源供应（D）。

（3）当$k_2 < k < \overline{k}$时，$q_{wiL}^F = 0$，$Q_s^F > 0$，即生鲜批发市场具有仅运营商存储的单源供应（O）。

为直观呈现具体的区间划分，可绘制相应的t、k取值区域，如图 7.7 所示。

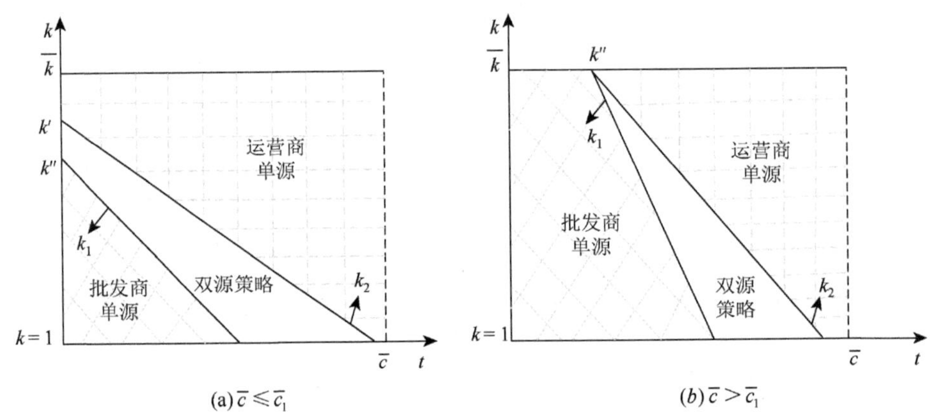

图 7.7　应急储备制度下生鲜批发市场的供应策略

证明略。

根据命题 7.5 可知，突发事件发生时，对应着不同的价格上涨幅度k和政府单位储备费补贴t，批发市场有不同的供应策略均衡。这是由于在应急储备制度背景下，批发市场批发商相对于运营商是既合作又竞争的关系。一方面，运营商通过向批发商收取交易费用盈利，当批发商的生鲜农产品交易数量越多时，运营商收取的交易费用越多，这会提高运营商利润；另一方面，批发商的生鲜农产品订购数量与运营商存储在市场形成直接的产量竞争关系。批发商的生鲜农产品交易数量越多，给运营商带来的竞争作用越强，这会降低运营商利润。批发市场在突发事件情形下的供应策略取决于这两种关系产生的作用。

具体而言，当采购价格涨幅和政府储备费补贴相对较低时（图 7.7 中批发商单源区域），批发商的单位采购成本较低，运营商的单位存储成本较高。运营商相对于批发商的竞争优势较弱，合作优势较明显。所以运营商没有储备的动机，而批发商从上游订货的动机充足，因此生鲜批发市场具有仅批发商订货的单源供应。随着采购价格上涨以及政府储备费补贴的增加（图 7.7 中双源策略区域），批发商的单位采购成本增加，运营商的单位存储费用降低。运营商相对于批发商的竞争优势增加，合作优势减弱。所以运营商开始有动机储备生鲜农产品，而批发商的订货动机减弱，生鲜批发市场具有来自批发商订货和运营商储备的双源供应。当采购价格涨幅和政府储备费补贴相对较高时（图 7.7 中运营商单源区域），批发商单位采购成本较高，运营商的单位储备费用较低。运营商对于批发商具有较强的竞争优势，不再具有合作优势。所以运营商的储备动机较大，而批发商不再有订货动机，生鲜批发市场将仅有来自运营商存储的单源供应。

根据以上分析，运营商储备生鲜农产品的动机与政府的储备费补贴密切相关。那么在无政府补贴的情况下，批发市场运营商是否仍有动机存储生鲜农产品？基于此，我们针对政府不补贴单位储备费用的情形（$t=0$），探究批发市场运营商自主储备生鲜农产品的满足条件，得到推论 7.3。

推论 7.3 在 $t=0$ 的条件下，①在 $k'<k<\bar{k}$ 时，$Q_s^F>0$，即运营商有自主储备生鲜农产品的动机；②在 $k<\min(k',\bar{k})$ 时，$Q_s^F=0$，即运营商没有自主储备生鲜农产品的动机。

其中，$k'=(m\bar{c}+\bar{c}-\rho)/m\rho w_G$。为更直观地观察推论 7.3，可以绘制出与推论 7.3 相对应的 $\bar{c}$、k 取值区域，如图 7.8 所示。

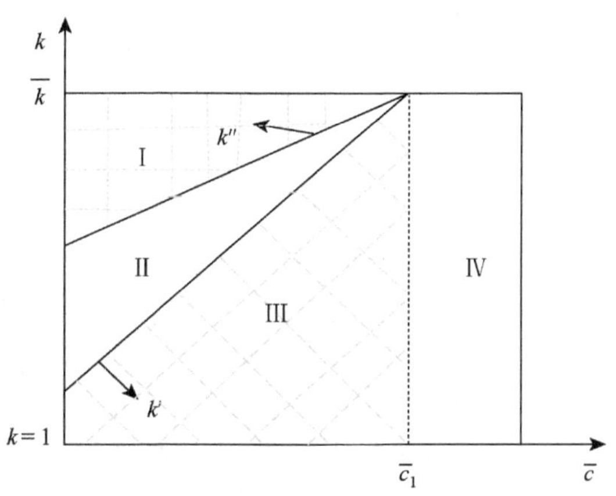

图 7.8 批发市场生鲜农产品自主储备分类图

推论 7.3①表明，当储备生鲜农产品的单位成本较低且突发事件下采购价格涨幅较高时（图 7.8 区域 I 和区域 II），批发市场运营商对于批发商竞争优势较强而合作优势较弱，所以有自主储备该类生鲜农产品的动机。结合现实生活，针对易存储、突发事件影响下价格涨跌明显的生鲜农产品，如生姜、蒜等，批发市场运营商可以自主储备，这有利于增加其收益。推论 7.3②表明，当生鲜农产品储备花费的单位成本较低，且突发事件下采购价格涨幅也较低（图 7.8 区域III）；或者当生鲜农产品储备花费的单位成本较高（图 7.8 区域IV）时，批发市场运营商相对于批发商而言无明显竞争优势或具有较强合作优势，所以没有自主储备的动机。结合现实生活，针对储备成本相对较低而价格相对稳定的生鲜农产品，如土豆、萝卜等，以及储备成本较高的生鲜农产品，如猪肉等，运营商不能够自主储备。而政府应该重点对此类生鲜农产品进行储备费补贴来应对突发事件造成的影响。

7.3.3　政府储备费补贴对双源供应的调节作用

根据前文分析可知，应急储备制度下批发市场运营商和批发商基于自身利润最大化决策，在突发事件情形下并不总是同时供应生鲜农产品。这使得批发市场生鲜农产品可能存在仅批发商订货（S）、双源供应（D）和仅运营商存储（O）等三种供应策略。同时，生鲜农产品的具体供应策略受到政府储备费补贴的影响。所以本节将探讨政府储备费补贴对生鲜农产品实现双源供应的调节作用，旨在对政府给出设定储备费补贴的政策建议。

根据生鲜农产品双源供应策略的作用区间，本节分析得到政府储备费补贴的取值范围，如命题 7.6 所示。

命题 7.6　（1）当 $k>k''$ 时，政府的单位储备费补贴无法实现生鲜农产品的双源供应。

（2）当 $k<k''$ 时，政府单位储备费补贴设定在阈值范围 $t_{\min}<t<t_{\max}$ 内，可以实现生鲜农产品的双源供应。

其中，$k''=(m\overline{c}+\overline{c}+\rho w_{\mathrm{G}}-\rho^2 w_{\mathrm{G}})/(m+2-\rho)\rho w_{\mathrm{G}}$，$t_{\min}=\overline{c}-\rho(kmw_{\mathrm{G}}+1)/(m+1)$，$t_{\max}=\overline{c}-(km+2k-k\rho+\rho-1)\rho w_{\mathrm{G}}/(m+1)$。

证明略。

根据命题 7.6（1）可知，当采购价格涨幅高于阈值 k'' 时，政府实施单位储备费补贴无法实现生鲜农产品的双源供应。这是因为采购价格涨幅很大时，批发商单位采购成本很高，因此订货动机很小。此时，政府实施储备费补贴会降低运营商的单位储备成本，加剧批发商相对于运营商的竞争劣势，使得批发商无利可图而直接放弃订购生鲜农产品。结合推论 7.3 的分析可知，运营商对于此类生鲜农产品有自主储备的动机，进一步说明政府无须对其进行储备费补贴。这与直观上我们认知的政府应该对价格波动幅度更大的生鲜农产品进行干预的结论正好相反，命题 7.6（1）揭示出对于价格上涨幅度较大的生鲜农产品，应该更多依靠市场自身的调节作用而非政府干预。

根据命题 7.6（2）可知，当采购价格涨幅不是很高时，政府能够通过设置储备费补贴（$t_{\min}<t<t_{\max}$）来保证生鲜农产品在突发事件下的双源供应。如果政府单位储备费补贴过低时（$t\leqslant t_{\min}$），运营商对于批发商具有较强的竞争优势，较弱的合作优势，所以无动机储备生鲜农产品；反之，如果单位储备费补贴过高时（$t\geqslant t_{\max}$），运营商有充足的动机储备生鲜农产品，故存储较多的生鲜农产品，

压低生鲜农产品的销售价格（市场出清价格），批发商从中无利可图从而放弃订购生鲜农产品。

命题 7.6 揭示出在应急储备制度下，通过对储备费补贴的调节能够改变生鲜农产品的供应策略，且在一定情况下能够实现突发事件发生时的双源供应。但是政府的单位储备费补贴并不是越高越好，过高的补贴会抑制批发商在批发市场的交易，这将不利于批发商的稳定持久运作，并可能造成储备生鲜农产品未投放至市场时产生浪费。

7.4 应急储备下双源供应策略的公益性表现与福利影响

批发市场作为生鲜农产品的主要流通渠道，具有保障城市供应、稳定物价等公益性功能。本节将针对应急储备制度下双源供应策略的作用范围（$k_1<k<k_2$），将双源供应策略（D）与无储备制度下仅批发商订货的单源供应策略（S）进行对比。分析批发市场均衡供应和价格波动的变化趋势以及经济效益与社会福利受到的影响，以探讨应急储备制度下双源供应策略对生鲜批发市场的价值。

7.4.1 双源供应策略增加供应和平抑价格波动的作用

为了探究应急储备制度下双源供应策略对生鲜农产品保证市场供应及平抑价格波动的价值，我们对比分析双源供应策略下市场均衡供应以及价格波动的变化情况，得到命题 7.7。其中 $E(Q^{\mathrm{S}})=\sum_{i=1}^{m}E\left(q_{\mathrm{w}i}^{\mathrm{S}}\right)$、$E(Q^{\mathrm{D}})=\sum_{i=1}^{m}E\left(q_{\mathrm{w}i}^{\mathrm{D}}\right)+E\left(Q_{\mathrm{s}}^{\mathrm{D}}\right)$ 分别代表仅批发商订货的单源供应策略和双源供应策略下的市场期望供应。同时借鉴 Kazaz 等（2016）的做法，采用均衡价格的方差刻画生鲜农产品价格波动大小，$\mathrm{var}(p^{\mathrm{S}})$、$\mathrm{var}(p^{\mathrm{D}})$ 分别代表仅批发商订货的单源供应策略和双源供应策略下的市场价格波动。进一步得到批发市场生鲜农产品均衡供应的变化量为 $\Delta E(Q)=E(Q^{\mathrm{D}})-E(Q^{\mathrm{S}})$，价格波动变化量为 $\Delta\,\mathrm{var}(p)=\mathrm{var}(p^{\mathrm{D}})-\mathrm{var}(p^{\mathrm{S}})$。

命题 7.7 当 $k_1<k<k_2$ 时，① $\Delta E(Q)>0$，$\Delta\,\mathrm{var}(p)<0$；② $\partial\Delta E(Q)/\partial k>0$，$\partial\Delta\,\mathrm{var}(p)/\partial k<0$。

证明 容易证明 $\Delta E(Q)=\rho Q_{\mathrm{s}}/(m+1)>0$。因此在 $k_1<k<k_2$ 范围内满足 $\Delta E(Q)>0$ 恒成立。根据单源供应策略和双源供应策略下生鲜农产品价格波动 $\mathrm{var}(p^{\mathrm{N}})=b_{\mathrm{w}}^2\rho(1-\rho)\left(mq_{\mathrm{wiG}}^{\mathrm{N}}-mq_{\mathrm{wiL}}^{\mathrm{N}}\right)^2$ 和 $\mathrm{var}(p^{\mathrm{D}})=b_{\mathrm{w}}^2\rho(1-\rho)\left(mq_{\mathrm{wiG}}^{\mathrm{D}}-mq_{\mathrm{wiL}}^{\mathrm{D}}-Q_{\mathrm{s}}^{\mathrm{D}}\right)^2$，容易证明在 $k_1<k<k_2$ 范围内，表达式 $\left(mq_{\mathrm{wiG}}^{\mathrm{N}}-mq_{\mathrm{wiL}}^{\mathrm{N}}\right)^2>\left(mq_{\mathrm{wiG}}^{\mathrm{D}}-mq_{\mathrm{wiL}}^{\mathrm{D}}-Q_{\mathrm{s}}^{\mathrm{D}}\right)^2$ 成立，即 $\mathrm{var}(p^{\mathrm{N}})>\mathrm{var}(p^{\mathrm{D}})$ 成立。证毕。

命题 7.7①表明，双源供应策略下批发市场的均衡供应增加、价格波动减小。这是由于突发事件影响下，生鲜农产品的采购价格上涨，主要是增加了批发商的单位采购成本进而抑制其订货。双源供应策略下运营商的储备量能部分抵消批发商订购量的缺损。这会对批发市场起到补充供应的作用，均衡供应的增加会遏制生鲜农产品出清价格（销售价格）的上涨，使得突发事件下生鲜农产品的价格波动趋于稳定。命题 7.7①揭示批发市场的双源供应策略有利于其增加均衡供应并平抑价格波动。这与 Tang 等（2011）研究得到的双源供应策略能够增加期望市场输出，并通过减少市场输出波动性而产生价值的结论类似。然而，不同于 Tang 等（2011）考虑供应商之间只存在数量竞争的关系，本节考虑批发市场上的供应商（批发商与运营商）不仅只是数量竞争关系，更有紧密的合作关系。命题 7.7①说明，双源供应策略增加期望市场输出，降低市场输出波动性的价值在竞合关系背景下同样适用。命题 7.7②表明，随着生鲜农产品采购价格涨幅的增加，批发商单位订购成本增大导致其订购数量减少；相反，运营商的储备动机增强因此储备数量更多。所以双源供应策略对增加市场供应，平抑价格波动的效果更加明显。

7.4.2　双源供应策略对消费者剩余和社会福利的影响

为了探究双源供应策略对批发市场盈利性和社会福利的价值，我们对比分析批发市场总系统均衡利润、消费者剩余以及社会福利的变化，得到命题 7.8。其中，批发市场系统均衡利润变化量为 $\Delta E(\pi_{\rm w})=\Delta E(\pi_{\rm wo})+\Delta E(\pi_{\rm ww})$，其中，$\Delta E(\pi_{\rm wo})=E\left(\pi_{\rm wo}^{\rm D}\right)-E\left(\pi_{\rm wo}^{\rm S}\right)$ 和 $\Delta E(\pi_{\rm ww})=E\left(\pi_{\rm ww}^{\rm D}\right)-E\left(\pi_{\rm ww}^{\rm S}\right)$。消费者剩余表示如下：$E({\rm CS})=\int_0^{Q^i}p(Q){\rm d}Q-p(Q^i)Q^i=b_{\rm d}E(Q^i)^2/2$，$i={\rm S,D}$，其变化量 $\Delta E({\rm CS})={\rm E}({\rm CS}^{\rm D})-E({\rm CS}^{\rm S})$。与此同时，我们考虑批发市场的社会福利 SW 由系统利润和消费者剩余构成（Wu et al.，2019），其变化量表示为 $\Delta E({\rm SW})=\Delta E(\pi_{\rm w})+\Delta E({\rm CS})$。

命题 7.8　（1）整体盈利性的变化：当 $k_1<k\leqslant k_3$ 时，$\Delta E(\pi_{\rm w})\leqslant 0$，否则当 $k_3<k\leqslant k_2$，$\Delta E(\pi_{\rm w})>0$。

（2）消费者剩余和社会福利的变化：$\Delta E({\rm CS})>0$，当满足 $k_1<k\leqslant k_4$ 时，$\Delta E({\rm SW})\leqslant 0$，否则当 $k_4<k\leqslant k_2$，$\Delta E({\rm SW})>0$。

其中，$k_4<k_3$，$k_3=\dfrac{(2m^2+3m+1)(\overline{c}-t)-\rho+2mw_{\rm G}\rho(1-\rho)}{mw_{\rm G}\rho(2m+5-2\rho)}$ 和 $k_4=\dfrac{(4m^2+7m+3)(\overline{t}-t)-3\rho-2m\rho\left(1+w_{\rm G}\rho-w_{\rm G}\right)}{mw_{\rm G}\rho\left(4m+7-2\rho\right)}$。

证明　计算得 $\Delta E(\pi_{\rm wo})=\dfrac{\left(\rho(1+kmw_{\rm G})+(m+1)(t-\overline{c})\right)^2}{4\rho b_{\rm w}(m+1)}>0$ 恒成立；批发商利

润变化量为：$\Delta E(\pi_{\text{ww}}) = \dfrac{\begin{array}{c}\left((kmw_{\text{G}}+1)\rho+(m+1)(t-\overline{c})\right)\times \\ \left(-2(k-1)\rho^2 w_{\text{G}}+(km+4k-2)\rho w_{\text{G}}-\rho+(m+1)(t-\overline{c})\right)\end{array}}{4(m+1)^2 b_{\text{w}}}$，观察 $\Delta E(\pi_{\text{ww}})$ 是关于 k 开口向上的二次函数，令 $\Delta E(\pi_{\text{ww}})>0$ 解得 $k_1<k<\dfrac{2\rho w_{\text{G}}(1-\rho)+\rho+(m+1)(\overline{c}-t)}{\rho w_{\text{G}}(m-2\rho+4)}$。由于 $k_2<\dfrac{2\rho w_{\text{G}}(1-\rho)+\rho+(m+1)(\overline{c}-t)}{\rho w_{\text{G}}(m-2\rho+4)}$。因此在区间 $k_1<k<k_2$ 范围内，批发商的期望利润恒小于 0，即 $\Delta E(\pi_{\text{ww}})<0$。根据 $\Delta E(\pi_{\text{w}})=\Delta E(\pi_{\text{wo}})+\Delta E(\pi_{\text{ww}})$ 得到如下：

$$\Delta E(\pi_{\text{w}}) = \frac{\begin{pmatrix}(k\rho w_{\text{G}}+t-\overline{c})m^2+m\left(-(k-1)w_{\text{G}}\rho^2+3(t-\overline{c})/2+(5k/4-1)\rho w_{\text{G}}\right) \\ +(t-\overline{c}+\rho)/2\end{pmatrix} \times\left(km\rho w_{\text{G}}+\rho+(m+1)(t-\overline{c})\right)}{2(m+1)^2\rho b_{\text{w}}}$$

令 $\Delta E(\pi_{\text{w}})>0$ 解得 $k_1<k<k_3$。与此同时，求得社会福利为

$$\Delta E(\text{SW}) = \frac{\begin{pmatrix}(k\rho w_{\text{G}}+t-\overline{c})m^2+ \\ \left((1-k)w_{\text{G}}\rho^2/2+\left(1/2+(7k/4-1/2)w_{\text{G}}\right)\rho+7(t-\overline{c})m/4+3(\rho+t-\overline{c})/4\right)\end{pmatrix} \times\left(km\rho w_{\text{G}}+\rho+(m+1)(t-\overline{c})\right)}{2(m+1)^2\rho b_{\text{w}}}$$

同理，解得 $k_1<k<k_4$ 范围内 $\Delta E(\text{SW})>0$。证毕。

命题 7.8（1）表明，批发市场整体盈利性可能会增强或减弱，如图 7.9（a）所示。这是因为相比于仅批发商订货情形中运营商和批发商间的简单合作关系，

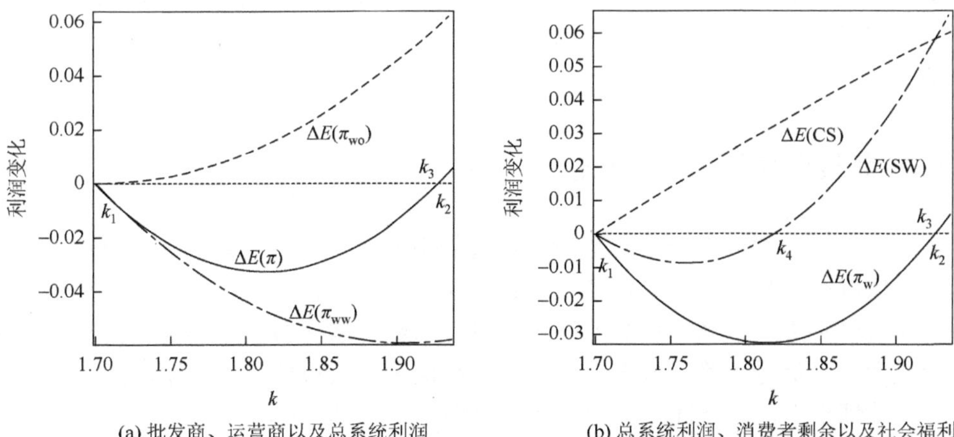

(a) 批发商、运营商以及总系统利润　　(b) 总系统利润、消费者剩余以及社会福利

图 7.9　双源供应策略对市场盈利性及社会福利的影响

双源供应策略引入了二者之间的数量竞争关系，这对市场盈利性具有负向影响，主要体现在批发商利润降低（$\Delta E(\pi_{ww})<0$）。而政府的储备费补贴能够增加批发市场盈利性，体现于运营商利润的增加（$\Delta E(\pi_{wo})>0$）。基于此，当突发事件下采购价格涨幅相对较低（$k_1<k\leqslant k_3$）时，批发商和运营商的合作优势比较明显，竞争关系的引入对市场盈利性的负向影响较大。政府储备费补贴对市场盈利性的正向影响无法弥补竞争作用的负向影响，故批发市场整体盈利性减弱。当采购价格涨幅相对较高（$k_3<k\leqslant k_2$）时，批发商和运营商的合作优势不明显，竞争关系的引入对批发商盈利性的负向影响较小。政府储备费补贴对市场盈利性的正向影响超过竞争作用对市场盈利性的负向影响，故批发市场整体盈利性增强。

命题 7.8（2）表明，由于双源供应策略下批发市场生鲜农产品的均衡供应数量会增加，消费者剩余总是会增强。结合命题 7.8（1）的分析可以发现批发市场的社会福利可能增强或减弱，如图 7.9（b）所示。具体而言，根据$\partial\Delta E(Q)/\partial k>0$，当价格上涨幅度相对较低（$k_1<k\leqslant k_4$）时，双源供应策略带来的市场均衡供应增量较少，从而消费者剩余增强的效果不明显，不足以抵消竞争引入对市场整体盈利性的负向影响，因此批发市场社会福利会减弱。当价格上涨幅度满足（$k_4<k\leqslant k_3$）时，双源供应策略带来的市场均衡供应增量较多，即对于消费者剩余增强的效果较为明显，因此能够抵消竞争引入给市场盈利性带来的负向影响，使得社会福利增加。当生鲜农产品采购价格涨幅相对较高（$k_3<k\leqslant k_2$）时，批发市场的整体盈利性和消费者剩余都会增强，因此社会福利也会增强。

命题 7.8 揭示出从社会福利的角度来看，应急储备制度下的双源供应策略不一定是对批发市场有价值的策略，取决于生鲜农产品在突发事件下的采购价格涨幅。针对采购价格涨幅相对明显的生鲜农产品，如猪肉等，政府有必要通过储备制度实现其双源供应，这有利于提升整体社会福利。否则，针对采购价格涨幅相对不明显的生鲜农产品，如蛋奶类，政府实施应急储备制度将不利于社会福利的提升。

7.4.3　储备产品不完全投放情形

本节分析运营商不一定完全投放储备的生鲜农产品，而是根据批发市场的实际供应情况按需投放。此时当突发事件发生时，运营商会依据利润最大决策投放量Q_d，$Q_d\leqslant Q_s$。同理，按照逆序过程进行求解，首先分别求得运营商的投放量与批发商的订货量决策，再求得运营商的存储量以及单位交易费用决策。

在此情形下，运营商投放量决策分为两种：一种是最优投放数量大于等于储备数量，运营商受到储备数量约束，因此只能按照储备数量投放（PS），即$Q_d=Q_s$；另一种是最优投放数量小于储备数量，运营商不受到储备数量约束，因此按照最优投放量投放（PD），即 $Q_{\rm d}=(1+m\alpha+mw_{\rm L})/(m+2)b_{\rm w}$。得到两种情形下，批发市场的均衡决策如定理 7.5。

定理 7.5 （1）按照储备数量进行决策时，$Q_{\rm d}^{\rm PS}=Q_{\rm s}^{\rm PS}=Q_{\rm s}^{\rm F}$，$\alpha^{\rm PS}=\alpha^{\rm F}$，$q_{{\rm w}i}^{\rm PS}=q_{{\rm w}i}^{\rm F}$。

（2）按照最优投放量决策时，$Q_{\rm s}^{\rm PD}=Q_{\rm d}^{\rm PD}=1/2b_{\rm w}$，$\alpha^{\rm PD}=(1-w_{\rm G})/2$，$q_{{\rm w}i{\rm G}}^{\rm PD}=(1-w_{\rm G})/2(m+1)b_{\rm w}$ 和 $q_{{\rm w}i{\rm L}}^{\rm PD}=0$。

证明 按照储备数量决策的情形和完全投放情形一致。按照最优投放数量决策分析批发商反应函数为：$Q_{\rm d}^{\rm PD}(\alpha,Q_{\rm s})=\begin{cases}\dfrac{1+m(\alpha+w_{\rm L})}{(m+2)b_{\rm w}}, & z=1\\ 0 & ,z=0\end{cases}$，$q_{{\rm w}i}^{\rm PD}(\alpha,Q_{\rm s})=\begin{cases}\dfrac{1-2(\alpha+w_{\rm G})}{(m+2)b_{\rm w}}, & z=1\\ \dfrac{1-\alpha-w_{\rm G}}{(m+1)b_{\rm w}} & ,z=0\end{cases}$。

将其代入运营商的期望利润函数中得到如下表达式：

$$E(\pi_{\rm wo})=\rho\left(m\alpha\frac{1-2(\alpha+w_{\rm G})}{(m+2)b_{\rm w}}+\frac{1+m(\alpha+w_{\rm L})}{(m+2)b_{\rm w}}\left(1-b_{\rm d}\left(\frac{1+m(\alpha+w_{\rm L})}{(m+2)b_{\rm w}}+\frac{m-2m(\alpha+w_{\rm G})}{(m+2)b_{\rm w}}\right)\right)\right)$$
$$+(1-\rho)\left(m\alpha\frac{1-\alpha-w_{\rm G}}{(m+1)b_{\rm w}}+\right)+Q_{\rm s}(t-\overline{c})$$

其 Hessian 矩阵为半负定，同时 $\partial E(\pi_{\rm wo})/\partial Q_{\rm s}<0$ 恒成立。因此存在最优的单位交易费用满足 $\partial E(\pi_{\rm wo})/\partial\alpha=0$；因为 $Q_{\rm s}^{\rm PD}\geqslant Q_{\rm d}^{\rm PD}$，所以最优的储备数量 $Q_{\rm s}^{\rm PD}=Q_{\rm d}^{\rm PD}$。代入交易费用的反应函数，容易求得突发事件下批发商的订货数量恒为负，即满足 $q_{wi{\rm L}}^{\rm PD}<0$。这说明，在该情形下批发商不会有动机订货。考虑到运营商和批发商间无信息不对称，因此运营商能够预测到批发商在突发事件情形下不会订购生鲜农产品即 $q_{i{\rm L}}^{\rm PD}=0$。代入求得批发市场均衡决策为：$\alpha^{\rm PD}=(1-w_{\rm G})/2$，$Q_{\rm s}^{\rm PD}=Q_{\rm d}^{\rm PD}=1/2b_{\rm w}$，以及 $q_{i{\rm G}}^{\rm PD}=(1-w_{\rm G})/2(m+1)b_{\rm w}$。

根据定理 7.5（1）可知，在不完全投放情形下，运营商根据储备量进行决策的情形等价于完全投放情形。根据定理 7.5（2）可知，当运营商根据最优投放量进行决策时，$q_{i{\rm L}}^{\rm PD}=0$ 表明突发事件情形下批发市场是仅有运营商存储的单源供应策略（O）。同时，$Q_{\rm s}^{\rm PD}=Q_{\rm d}^{\rm PD}$ 表明，为了避免突发事件情形下未投放的生鲜农产品造成进一步损失，运营商会根据需求量（投放量）来储备生鲜农产品。

运营商在不完全投放情形中具有更多的决策权，不仅在突发事件发生前决策生鲜农产品储备量，还能够在突发事件发生后控制投放量。为验证不完全投放情形下运营商的投放数量决策权对其是否有利，比较两种情形下运营商的期望均衡利润得到命题 7.9。

命题 7.9 $E\left(\pi_{\mathrm{wo}}^{\mathrm{P}}\right) \leqslant E\left(\pi_{\mathrm{wo}}^{\mathrm{F}}\right)$，即不完全投放情形下，运营商不能受益于其增加的投放数量决策权优势。

证明略。

命题 7.9 表明，在不完全投放情形下，运营商获得的期望利润不会高于完全投放情形。这是因为在不完全投放情形下，运营商增加的投放数量决策权进一步加大了运营商对批发商的主导优势，从而使得突发事件情形下批发商与运营商合作无利可图从而放弃与其合作，即 $q_{\mathrm{wiL}}^{\mathrm{PD}}=0$；同时，根据 $Q_{\mathrm{s}}^{\mathrm{PD}}>Q_{\mathrm{s}}^{\mathrm{PS}}$，运营商储备生鲜农产品的数量更多，产生的储备成本更大。因此，运营商的期望利润反而会减少。命题 7.9 揭示出运营商在不完全投放情形下不能从增加的决策权优势中受益，所以它需要通过储备量与单位交易费用决策传递给批发商一个完全投放的信号，即满足 $Q_{\mathrm{s}}<(1+m\alpha+mw_{\mathrm{L}})/(m+2)b_{\mathrm{w}}$。这样，运营商就能在突发事件发生时继续保持与批发商的合作关系以增加自身收益。

第 8 章　生鲜农产品供应链零售渠道考虑主体差异的政府激励策略

生鲜农产品与民众的生活息息相关，中央及各地方政府以“菜篮子”项目为抓手[①]，通过各种财政补贴工具加强生鲜农产品零售渠道建设，积极落实公益性市场“保供应、保质量、稳价格”的目标，然而不同补贴政策以及同一补贴政策对不同主体的影响是存在差异的。本章以生鲜农产品供应链的零售渠道为研究对象，先对生鲜供应商冷链投入补贴问题进行研究，并设计激励契约改善补贴策略的不足，再对生鲜销售商的采购补贴与销售补贴策略进行对比分析，在此基础上进一步研究了对生鲜供应商、销售商和消费者实施同一补贴策略的差异分析，并结合实际考虑公益性职能的可执行性以及补贴策略实施受财政预算约束等因素，从确保补贴策略的有效性及提高财政补贴支出效率的视角积极探究可行的最优补贴方案，以期为政府干预政策的制定及选择提供理论指导。

8.1　不确定需求下考虑公益性的生鲜供应商冷链投入补贴及激励契约

生鲜农产品关系民生，为向消费者提供新鲜又实惠的生鲜农产品，政府以“提供平价或微利公共服务”为宗旨推进公益性市场体系建设，同时每年给予一定的财政补贴，重点增强农产品批发市场公益性职能（张闯等，2015）。由于生鲜农产品易腐易逝的特点，加强冷链保鲜投入可以有效提高生鲜农产品的新鲜度，改善产品质量。冷链是指易腐产品在特定的温度和湿度条件下进行储存和运输的供应链系统（Bogataj et al.，2005），所以冷链保鲜投入需要配置资产专业性较高的冷藏仓储设备、冷藏运输车等。大量固定资产的投入将增加生鲜供应商的运营成本，加上消费者对生鲜农产品的需求不确定性，使得生鲜供应商运营出现“投资大、利润薄”的困境。为缓解生鲜冷链保鲜投入成本压力，党中央和地方政府出台相关政策，按照自主建设、定额补助、先建后补的程序，支持新型农业

① 《国务院办公厅关于统筹推进新一轮“菜篮子”工程建设的意见》，http://www.gov.cn/zwgk/2010-03/12/content_1554405.htm，2010 年 3 月 12 日。

经营主体新建或改扩建农产品仓储保鲜冷链设施[①]。例如，2020 年湖南省对新建产地预冷设施，总投资达 1000 万元及以上的，省财政按不超过总投资额 20%比例予以补助（最高补助额度 300 万元）[②]。政府对冷链保鲜投入进行补贴，同时会要求生鲜供应商考虑公益性。但是，生鲜供应商的逐利性目标会约束补贴策略的实施，导致其补贴效果难以确定。基于此，探究政府补贴的作用机理，评估补贴策略是否可执行，并设计激励契约以改善政府的补贴效果，这对于保证生鲜农产品供应链有效执行公益性至关重要。

8.1.1 问题描述

考虑由一个生鲜供应商（用下标 s 表示）和一个生鲜销售商（用下标 r 表示）构成的生鲜农产品供应链。生鲜供应商以批发价格 w 将单位生产成本为 c 的生鲜农产品批发给销售商；生鲜销售商采购数量 Q 的生鲜农产品，并以销售价格 p 销售生鲜农产品给消费者。生鲜供应商除了有效供给生鲜农产品外，还需考虑对冷链的保鲜投入，根据农产品保鲜要求投入一定的保鲜努力 τ，同时根据政府的要求考虑消费者福利并履行一定的公益性职能（张闯等，2015）。为鼓励实施冷链运营，政府针对供应商投入的保鲜努力按事前公示的比率 t 一次性给予补贴。此外，不失一般性，将生鲜销售商的单位销售成本以及生鲜农产品残值标准化为 0。政府补贴冷链投入的生鲜供应链结构，如图 8.1 所示。

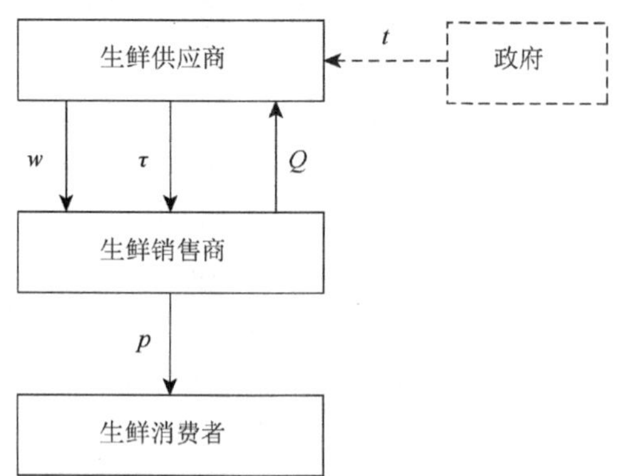

图 8.1 政府补贴冷链投入的生鲜供应链结构

① 《农业农村部关于加快农产品仓储保鲜冷链设施建设的实施意见》，http://www.moa.gov.cn/govpublic/SCYJJXXS/202004/t20200420_6341973.htm，2020 年 4 月 16 日。

② 《湖南省人民政府办公厅印发〈关于促进冷链物流业高质量发展的若干政策措施〉的通知》，http://www.hunan.gov.cn/hnszf/xxgk/wjk/szfbgt/202004/t20200409_11875094.html，2021 年 1 月 16 日。

生鲜农产品的需求量 d 受价格 p 、新鲜度 θ 和随机因素的综合影响，参考 Cai 等（2010）的研究，设需求函数为 $d=\alpha p^{-k}\theta(\tau)\varepsilon$ ，其中 α 为潜在市场规模（ $\alpha>0$ ）， k 为需求价格弹性（ $k>1$ ）。 ε 是与销售价格和新鲜度无关的连续分布随机因子， $\varepsilon\in(0,+\infty)$ 且 $E(\varepsilon)=1$ ，其概率密度函数为 $h(x)$ ，累计分布函数为 $H(x)$ ， ε 的广义失败率为 $g(x)=xh(x)/\bar{H}(x)$ ，且 $\bar{H}(x)=1-H(x)$ ， ε 具有递增的广义失败率性质。

新鲜度 θ 受到生鲜供应商对冷链投入的保鲜努力 τ （ $0<\tau\leqslant1$ ）影响，记为 $\theta(\tau)$ 。参考 Cai 等（2010）的研究，令 $\theta(\tau)=\theta_0\tau$ ，其中 θ_0 为农产品的初始新鲜度（ $0<\tau\leqslant1$ ），且令 $\theta_0=1$ ，所以 $\theta(\tau)=\tau$ 。类似于 Cai 等（2010）和 Zheng 等（2017）的研究，考虑保鲜努力投入边际成本严格递增，本节采用 $c_f=\eta\tau^2/2$ 来表示冷链保鲜成本，其中 η 为冷链保鲜成本系数（ $\eta>0$ ）。

当生鲜供应商按政府要求执行公益性职能时，参考 Benjaafar 等（2019）的做法，供应商以自身利润 π_s 和消费者剩余 CS 之和最大化为目的，此时生鲜供应商的效用函数为 $V_s=\pi_s+\beta\mathrm{CS}$ ，其中， β 为生鲜供应商的公益系数（ $0\leqslant\beta\leqslant1$ ）。类似于 Xue 等（2014）、Chen 和 Gallego（2018）的研究，消费者剩余 CS 是指消费者消费一定数量的某种商品愿意支付的最高价格与这些商品的实际市场价格之间的差额。按照政府要求并结合现实中的做法，生鲜供应商执行公益性需要考虑整个供应链的利润，因此将生鲜供应商公益性执行区间定义为在增加消费者福利的同时保证生鲜供应链利润为正的区间。

符号定义如下：下标 $i=\{s,r,\mathrm{sc}\}$ ， s 代表生鲜供应商， r 代表生鲜销售商，sc 代表生鲜供应链；上标 $j=\{\mathrm{C},\mathrm{D},\mathrm{F},\mathrm{V}\}$ ，C 表示政府补贴时集中式决策情形，D 表示政府补贴时分散式决策情形，F 表示实施成本分担激励契约情形，V 表示实施收益共享 + 转移支付组合契约情形；上标 * 表示最优值。

8.1.2　政府补贴冷链保鲜投入均衡分析

对于政府补贴生鲜供应商冷链保鲜投入，首先研究集中式决策情形；其次研究分散式决策情形，并探究供应商考虑公益性时对生鲜农产品供应链最优决策的影响；最后比较分析分散式决策与集中式决策的均衡值和最优决策变量。财政补贴策略有效指其不仅能有效改善社会整体福利，而且能在供应商考虑公益性的同时保证供应链整体的盈利。

1. 补贴冷链保鲜投入的集中式决策情形

在集中式决策情形下，生鲜供应链效用函数为 $V_{\mathrm{sc}}^{\mathrm{C}}=\pi_{\mathrm{sc}}^{\mathrm{C}}+\beta\mathrm{CS}_{\mathrm{sc}}^{\mathrm{C}}$ 。生鲜供应链

依据效用最大化，统一决策保鲜努力τ、订货数量Q和销售价格p。此时，生鲜供应链期望利润$E\pi_{sc}^{C}$、生鲜消费者剩余ECS^{C}、社会整体福利ESW^{C}、政府支出EGS^{C}分别表示如下：

$$E\pi_{sc}^{C}=pE\left[\min(Q,d)\right]-cQ-(1-t)\eta\tau^{2}/2 \tag{8.1}$$

$$ECS^{C}=E\int_{p}^{+\infty}(y-p)\phi(y)\mathrm{d}y \tag{8.2}$$

$$ESW^{C}=E\pi_{sc}^{C}+ECS^{C} \tag{8.3}$$

$$EGS^{C}=t\eta\tau^{2}/2 \tag{8.4}$$

其中，需求密度函数$\phi(y)=\alpha y^{-k}\tau\varepsilon$，$y$表示消费者支付意愿。在$0<c<w<p$约束下，求解上述博弈模型。借鉴 Petruzzi 和 Dada（1999）、Lariviere（2006）的做法，定义库存因子$z=Q/(\alpha p^{-k}\tau)$，生鲜供应链的决策变量由(p,Q,τ)转化为(z,Q,τ)。

当不考虑随机需求时，有$d=\partial p^{-k}\tau$。

参考 Xue 等（2014）的研究，当不考虑随机需求时，支付意愿分布函数为$\Phi(y)=1-\alpha y^{-k}\tau$，且$\Phi(y)=P(y<p)=1-P(y\geqslant p)=1-\alpha y^{-k}\tau$，所以$P(y\geqslant p)=1-\Phi(y)=\alpha y^{-k}\tau$。

$$\begin{aligned}CS^{C}&=\int_{p}^{+\infty}(y-p)\phi(y)\mathrm{d}y=\int_{p}^{+\infty}(y-p)\mathrm{d}\Phi(y)=(y-p)\Phi(y)\Big|_{p}^{+\infty}-\int_{p}^{+\infty}\Phi(y)\mathrm{d}y\\&=(y-p)(1-\alpha y^{-k}\tau)\Big|_{p}^{+\infty}-\int_{p}^{+\infty}(1-\alpha y^{-k}\tau)\mathrm{d}y\\&=\left[(y-p)(1-\alpha y^{-k}\tau)-\left(y-\frac{\alpha\tau}{1-k}y^{1-k}\right)\right]\Bigg|_{p}^{+\infty}=\frac{\alpha\tau}{k-1}p^{1-k}\end{aligned}$$

参考 Cai 等（2010）的研究，当考虑随机需求时，$d=\alpha p^{-k}\tau\varepsilon$，$z=Q/(\alpha p^{-k}\tau)$。

$$\begin{aligned}CS^{C}&=\frac{\alpha\tau}{k-1}p^{1-k}\varepsilon E\left[\min\left(1,\frac{Q}{d}\right)\right]=\frac{\alpha\tau}{k-1}p^{1-k}\varepsilon E\left[\min\left(1,\frac{Q}{\alpha p^{-k}\tau\varepsilon}\right)\right]=\frac{\alpha\tau}{k-1}p^{1-k}E\left[\min(\varepsilon,z)\right]\\&=\frac{\alpha z\tau}{k-1}p^{1-k}E\left[\min\left(1,\frac{\varepsilon}{z}\right)\right]=\frac{\alpha z\tau}{k-1}\left(\frac{z\alpha\tau}{Q}\right)^{\frac{1-k}{k}}E\left[\min\left(1,\frac{\varepsilon}{z}\right)\right]=\frac{1}{k-1}\left(\frac{z\alpha\tau}{Q}\right)^{\frac{1}{k}}QE\left[\min\left(1,\frac{\varepsilon}{z}\right)\right]\end{aligned}$$

$$\begin{aligned}\pi_{sc}^{C}&=pE\left[\min(Q,d)\right]-cQ-\frac{1}{2}(1-t)\eta\tau^{2}=pE\left[\min(Q,\alpha p^{-k}\tau\varepsilon)\right]-cQ-\frac{1}{2}(1-t)\eta\tau^{2}\\&=pQE\left[\min\left(1,\frac{\varepsilon}{z}\right)\right]-cQ-\frac{1}{2}(1-t)\eta\tau^{2}=\left(\frac{z\alpha\tau}{Q}\right)^{\frac{1}{k}}QE\left[\min\left(1,\frac{\varepsilon}{z}\right)\right]-cQ-\frac{1}{2}(1-t)\eta\tau^{2}\end{aligned}$$

$$V^{\mathrm{C}}=\pi_{\mathrm{sc}}^{\mathrm{C}}+\beta\mathrm{CS}_{\mathrm{sc}}^{\mathrm{C}}=pE\left[\min(Q,d)\right]-cQ-\frac{1}{2}(1-t)\eta\tau^2+\beta\int_p^{+\infty}(y-p)\phi(y)\mathrm{d}y$$

$$=\left(\frac{z\alpha\tau}{Q}\right)^{\frac{1}{k}}QE\min\left(1,\frac{\varepsilon}{z}\right)-cQ-\frac{1}{2}(1-t)\eta\tau^2+\beta\frac{1}{k-1}\left(\frac{z\alpha\tau}{Q}\right)^{\frac{1}{k}}QE\min\left(1,\frac{\varepsilon}{z}\right)$$

$$=\left(1+\frac{\beta}{k-1}\right)\left(\frac{z\alpha\tau}{Q}\right)^{\frac{1}{k}}Q\left(1-\int_0^z\left(1-\frac{x}{z}\right)h(x)\,\mathrm{d}x\right)-cQ-\frac{1}{2}(1-t)\eta\tau^2$$

通过对 $\mathrm{d}V_{\mathrm{sc}}^{\mathrm{C}}/\mathrm{d}z$ 的分析，以及 ε 的广义失败率性质，得到以下引理 8.1。

引理 8.1　最优库存因子由以下方程确定。

$$\int_0^z xh(x)\,\mathrm{d}x=\frac{z\left(1-H(z)\right)}{k-1} \tag{8.5}$$

证明　$$\frac{\mathrm{d}V^{\mathrm{C}}}{\mathrm{d}z}=\left(1+\frac{\beta}{k-1}\right)\frac{(\alpha\tau)^{\frac{1}{k}}Q^{1-\frac{1}{k}}\int_0^z xh(x)\mathrm{d}x}{kz^{2-\frac{1}{k}}}\left(\frac{z\left(1-H(z)\right)}{\int_0^z xh(x)\mathrm{d}x}-(k-1)\right)$$

定义 $G(x)=\dfrac{z\bar{H}(x)}{\int_0^z xh(x)\mathrm{d}x}$，则 $\dfrac{\mathrm{d}G(x)}{\mathrm{d}z}=\dfrac{\bar{H}(x)}{\left(\int_0^x xh(x)\mathrm{d}x\right)^2}\int_0^z\left(\dfrac{xh(x)}{\bar{H}(x)}-\dfrac{zh(z)}{\bar{H}(z)}\right)\bar{H}(x)\mathrm{d}x$。

由于 ε 的广义失败率为 $g(x)=xh(x)/\bar{H}(x)$，其中 $\bar{H}(x)=1-H(x)$，ε 具有递增的广义失败率性质，所以 $\mathrm{d}G(x)/\mathrm{d}z<0$，此时 $\lim\limits_{x\to 0}\mathrm{d}V^{\mathrm{C}}/\mathrm{d}z>0$，$\lim\limits_{x\to\infty}\mathrm{d}V^{\mathrm{C}}/\mathrm{d}z<0$，因此 V^{C} 为 z 在 $[0,+\infty)$ 上的凹函数，由凹函数性质可知存在唯一的最优库存因子 z^* 满足 $\mathrm{d}V^{\mathrm{C}}/\mathrm{d}z=0$，此时得到 $\int_0^z xh(x)\,\mathrm{d}x=z\left(1-H(z)\right)/(k-1)$。

证明完毕。

依据引理 8.1 结论，求解可得定理 8.1。

定理 8.1　（1）生鲜农产品供应链的均衡决策为：$p^{\mathrm{C}*}=\Gamma^{-1}$，$\tau^{\mathrm{C}*}=\dfrac{z^*\alpha c}{(1-t)(k-1)\eta}\Gamma^k$，$Q^{\mathrm{C}*}=\dfrac{z^{*2}\alpha^2c}{(1-t)(k-1)\eta}\Gamma^{2k}$。

（2）生鲜农产品供应链成员的均衡期望利润、消费者剩余、社会整体福利、政府支出为

$$E\pi_{\mathrm{sc}}^{\mathrm{C}*}=\frac{z^{*2}\alpha^2c^2(-2\beta k+\beta+k-1)}{2(1-t)(k+\beta-1)(k-1)^2\eta}\Gamma^{2k}，\quad E\mathrm{CS}^{\mathrm{C}*}=\frac{z^{*2}\alpha^2c^2k}{(1-t)(k+\beta-1)(k-1)^2\eta}\Gamma^{2k}$$

$$E\mathrm{SW}^{\mathrm{C}*}=\frac{z^{*2}\alpha^2c^2(-2\beta k+\beta+3k-1)}{2(1-t)(k+\beta-1)(k-1)^2\eta}\Gamma^{2k}，\quad E\mathrm{GS}^{\mathrm{C}*}=\frac{z^{*2}\alpha^2c^2t}{2(1-t)^2(k-1)^2\eta}\Gamma^{2k}$$

其中，$\Gamma=\dfrac{(k+\beta-1)(1-H(z^*))}{c(k-1)}$。

证明　根据引理 8.1，可得 $\int_0^z xh(x)\,\mathrm{d}\,x = z\big(1-H(z)\big)/(k-1)$，则

$$V^{\mathrm{C}}=\pi_{\mathrm{sc}}^{\mathrm{C}}+\beta\mathrm{CS}_{\mathrm{sc}}^{\mathrm{C}} = pE\big[\min(Q,d)\big]-cQ-\frac{1}{2}(1-t)\eta\tau^2+\beta\int_p^{+\infty}(x-p)\phi(x)\mathrm{d}x$$

$$=\left(\frac{z^*\alpha\tau}{Q}\right)^{\frac{1}{k}}QE\min\left(1,\frac{\varepsilon}{z^*}\right)-cQ-\frac{1}{2}(1-t)\eta\tau^2+\beta\frac{1}{k-1}\left(\frac{z^*\alpha\tau}{Q}\right)^{\frac{1}{k}}QE\min\left(1,\frac{\varepsilon}{z^*}\right)$$

$$=\left(1+\frac{\beta}{k-1}\right)\left(\frac{z^*\alpha\tau}{Q}\right)^{\frac{1}{k}}Q\left(1-\int_0^{z^*}\left(1-\frac{x}{z^*}\right)h(x)\,\mathrm{d}\,x\right)-cQ-\frac{1}{2}(1-t)\eta\tau^2$$

$$=\left(1+\frac{\beta}{k-1}\right)\left(\frac{z^*\alpha\tau}{q}\right)^{\frac{1}{k}}q\frac{k\big(1-H(z^*)\big)}{k-1}-cq-\frac{1}{2}(1-t)\eta\tau^2$$

由于 V^{C} 需同时决策 Q 和 τ，此时 Hessian 矩阵为

$$H_0(Q,\tau)=\begin{pmatrix} -\dfrac{\sqrt[k]{z^*\alpha\tau}\big(1-H(z^*)\big)(\beta+k-1)}{(k-1)kQ^2}Q^{1-k^{-1}} \\ \dfrac{\sqrt[k]{z^*\alpha\tau}\big(1-H(z^*)\big)(\beta+k-1)}{(k-1)k\tau Q}Q^{1-k^{-1}} \\ \dfrac{\sqrt[k]{z^*\alpha\tau}\big(1-H(z^*)\big)(\beta+k-1)}{(k-1)k\tau Q}Q^{1-k^{-1}} \\ \dfrac{-1}{(k-1)k\tau^2}\begin{pmatrix}\sqrt[k]{z^*\alpha\tau}(\beta+k-1)\big(1-H(z^*)\big)Q^{1-k^{-1}} \\ +\eta k\tau^2(1-t)(k-1)\end{pmatrix} \end{pmatrix}$$

由 $0<H(z^*)<1$、$k>1$、$0<t<1$、$0\leqslant\beta\leqslant1$，可知 Hessian 矩阵负定。

由 $\dfrac{\mathrm{d}V^{\mathrm{C}}}{\mathrm{d}Q}=\dfrac{\mathrm{d}V^{\mathrm{C}}}{\mathrm{d}\tau}=0$，联立求解解得：$Q^{\mathrm{C}*}=\dfrac{z^{*2}\alpha^2c}{(1-t)(k-1)\eta}\left(\dfrac{(\beta+k-1)1-H(z^*)}{c(k-1)}\right)^{2k}$，$\tau^{\mathrm{C}*}=\dfrac{z^*\alpha c}{(1-t)(k-1)\eta}\left(\dfrac{(\beta+k-1)\big(1-H(z^*)\big)}{c(k-1)}\right)^{k}$。将 $Q^{\mathrm{C}*}$ 和 $\tau^{\mathrm{C}*}$ 代入 $p=\left(\dfrac{z^*\alpha\tau}{Q}\right)^{1/k}$ 得 $p^{\mathrm{C}*}=\dfrac{c(k-1)}{(\beta+k-1)\big(1-H(z^*)\big)}$。将 $p^{\mathrm{C}*}$、$Q^{\mathrm{C}*}$、$\tau^{\mathrm{C}*}$ 依次代入式（8.1）～式（8.4），可分别求得 $\pi_{\mathrm{sc}}^{\mathrm{C}*}$、$\mathrm{CS}^{\mathrm{C}*}$、$\mathrm{SW}^{\mathrm{C}*}$ 和 $\mathrm{GS}^{\mathrm{C}*}$。

综上，证得定理 8.1。

2. 补贴冷链保鲜投入的分散式决策情形

在分散式决策情形，生鲜供应商效用函数为$V^{\mathrm{D}}=\pi_s^{\mathrm{D}}+\beta \mathrm{CS}^{\mathrm{D}}$。决策顺序遵从Stackelberg 博弈，生鲜供应商为博弈的领导者，生鲜销售商为博弈的跟随者。首先由生鲜供应商根据政府对冷链保鲜成本的补贴比率，以效用最大化决策批发价格w和保鲜努力τ；随后由生鲜销售商以利润最大化决策订货数量Q和销售价格p。与集中式决策情形相比较，生鲜消费者剩余和政府支出表达式不变，而生鲜供应商期望利润$E\pi_s^{\mathrm{D}}$、生鲜销售商期望利润$E\pi_r^{\mathrm{D}}$、社会整体福利$E\mathrm{SW}^{\mathrm{D}}$分别表示如下：

$$E\pi_s^{\mathrm{D}}=(w-c)Q-(1-t)\eta\tau^2/2 \tag{8.6}$$

$$E\pi_r^{\mathrm{D}}=pE\left[\min(Q,d)\right]-wQ \tag{8.7}$$

$$E\mathrm{SW}^{\mathrm{D}}=E\pi_s^{\mathrm{D}}+E\pi_r^{\mathrm{D}}+E\mathrm{CS}^{\mathrm{D}} \tag{8.8}$$

在$0<c<w<p$，$0<t<1$约束下，用逆向归纳法求解，可得定理 8.2。

定理 8.2　（1）生鲜农产品供应链的均衡决策为

$$w^{\mathrm{D}*}=\frac{ck(k-1)}{\beta k+k^2-2k+1},\quad p^{\mathrm{D}*}=\Psi^{-1},\quad \tau^{\mathrm{D}*}=\frac{z^*\alpha c}{(1-t)(k-1)\eta}\Psi^k,\quad Q^{\mathrm{D}*}=\frac{z^{*2}\alpha^2 c}{(1-t)(k-1)\eta}\Psi^{2k}$$

（2）生鲜农产品供应链成员的均衡期望利润、消费者剩余、社会整体福利、政府支出为

$$E\pi_s^{\mathrm{D}*}=\frac{z^{*2}\alpha^2c^2(-2\beta k^2+\beta k+k^2-2k+1)}{2(1-t)(k-1)^2(\beta k+k^2-2k+1)\eta}\Psi^{2k}$$

$$E\pi_r^{\mathrm{D}*}=\frac{z^{*2}\alpha^2c^2k}{(1-t)(k-1)(\beta k+k^2-2k+1)\eta}\Psi^{2k}$$

$$E\mathrm{CS}^{\mathrm{D}*}=\frac{z^{*2}\alpha^2c^2k^2}{(1-t)(k-1)^2(\beta k+k^2-2k+1)\eta}\Psi^{2k}$$

$$E\mathrm{SW}^{\mathrm{D}*}=\frac{z^{*2}\alpha^2c^2(-2\beta k^2+\beta k+5k^2-4k+1)}{2(1-t)(k-1)^2(\beta k+k^2-2k+1)\eta}\Psi^{2k}$$

$$E\mathrm{GS}^{\mathrm{D}*}=\frac{z^{*2}\alpha^2c^2t}{2(1-t)^2(k-1)^2\eta}\Psi^{2k}$$

其中，$\Psi=\dfrac{(\beta k+k^2-2k+1)\big(1-H(z^*)\big)}{ck(k-1)}$。

证明　根据引理 8.1，可得$\int_0^z xh(x)\,\mathrm{d}x=z\big(1-H(z)\big)/(k-1)$，则

$$\pi_r^{\mathrm{D}}=\left(\frac{z^*\alpha\tau}{Q}\right)^{\frac{1}{k}}QE\min\left(1,\frac{\varepsilon}{z^*}\right)-wQ=\left(\frac{z^*\alpha\tau}{Q}\right)^{\frac{1}{k}}Q\left(1-\int_0^{z^*}\left(1-\frac{x}{z^*}\right)h(x)\,\mathrm{d}x\right)-wQ$$

$$=\left(\frac{z^*\alpha\tau}{Q}\right)^{\frac{1}{k}}Q\frac{k\left(1-H(z^*)\right)}{k-1}-wQ$$

$\dfrac{\mathrm{d}\pi_r^{\mathrm{D}}}{\mathrm{d}Q}=(z^*\alpha\tau)^{\frac{1}{k}}\left(1-H(z^*)\right)Q^{-\frac{1}{k}}-w$，$\dfrac{\mathrm{d}^2\pi_r^{\mathrm{D}}}{\mathrm{d}Q^2}=-\dfrac{1}{k}(z^*\alpha\tau)^{\frac{1}{k}}\left(1-H(z^*)\right)Q^{-1-\frac{1}{k}}$，由于 $k>1$，$0\leqslant\beta\leqslant1$，$0<H(z^*)<1$，所以 $\dfrac{\mathrm{d}^2\pi_r^{\mathrm{D}}}{\mathrm{d}Q^2}<0$，存在 Q 的最优解。令 $\dfrac{\mathrm{d}\pi_r^{\mathrm{D}}}{\mathrm{d}Q}=0$，解得 $Q=\left(\dfrac{w}{1-H(z^*)}\right)^{-k}z^*\alpha\tau$，再将 Q 代入 $V^{\mathrm{D}}=\pi_s^{\mathrm{D}}+\beta\mathrm{CS}^{\mathrm{D}}$，得 $V^{\mathrm{D}}=\left(z^*\alpha\tau(w-c)+\dfrac{\beta z^*\alpha\tau wk}{(k-1)^2}\right)\left(\dfrac{w}{1-H(z^*)}\right)^{-k}-\dfrac{1}{2}(1-t)\eta\tau^2$。由于 V^{D} 需同时决策 w 和 τ，此时 Hessian 矩阵为

$$H_1(w,\tau)=\begin{pmatrix}-\dfrac{k\tau z^*\alpha\begin{pmatrix}(c-w)k^2\\-w(\beta-2)k-c-w\end{pmatrix}}{(k-1)w^2}\left(\dfrac{w}{1-H(z^*)}\right)^{-k} & \dfrac{z^*\alpha\begin{pmatrix}(c-w)k^2\\+\left((2-\beta)w-c\right)k-w\end{pmatrix}}{(k-1)w}\left(\dfrac{w}{1-H(z^*)}\right)^{-k}\\ \dfrac{z^*\alpha\begin{pmatrix}(c-w)k^2\\+\left((2-\beta)w-c\right)k-w\end{pmatrix}}{(k-1)w}\left(\dfrac{w}{1-H(z^*)}\right)^{-k} & -(1-t)\eta\end{pmatrix}$$

由 Hessian 矩阵负定，得到约束条件 $\omega_1(w,\tau)=-\dfrac{k\tau z^*\alpha\left((c-w)k^2-w(\beta-2)k-c-w\right)}{(k-1)w^2}\left(\dfrac{w}{1-H(z^*)}\right)^{-k}<0$。

构建拉格朗日函数，有 $L_1=(w-c)Q-(1-t)\eta\tau^2/2+\beta\int_p^{+\infty}(x-p)\phi(x)\mathrm{d}x+g_1\omega_1(w,\tau)$，由 KT 条件：$\dfrac{\mathrm{d}L_1}{\mathrm{d}w}=\dfrac{\mathrm{d}L_1}{\mathrm{d}\tau}=0$，$\dfrac{\mathrm{d}L_1}{\mathrm{d}g_1}<0$，$g_1\omega_1(w,\tau)=0$，$g_1=0$，联立求解得：$w^{\mathrm{D}*}=\dfrac{ck(k-1)}{\beta k+k^2-2k+1}$，$\tau^{\mathrm{D}*}=\dfrac{\alpha z^*c}{(1-t)(k-1)\eta}\left(\dfrac{ck(k-1)}{\left(1-H(z^*)\right)\left(1+k^2+(\beta-2)k\right)}\right)^{-k}$。

将 $w^{\mathrm{D}*}$ 和 $\tau^{\mathrm{D}*}$ 代入 $Q=\left(\dfrac{w}{1-H(z^*)}\right)^{-k}z^*\alpha\tau$ 得 $Q^{\mathrm{D}*}$，再将 $Q^{\mathrm{D}*}$ 代入 $p=(z^*\alpha\tau/Q)^{1/k}$ 得 $p^{\mathrm{D}*}$。将 $w^{\mathrm{D}*}$、$\tau^{\mathrm{D}*}$、$Q^{\mathrm{D}*}$、$p^{\mathrm{D}*}$ 依次代入式（8.6）、式（8.7）、式（8.2）、式（8.8）和式（8.4），可分别求得 $\pi_s^{\mathrm{D}*}$、$\pi_r^{\mathrm{D}*}$、$\mathrm{CS}^{\mathrm{D}*}$、$\mathrm{SW}^{\mathrm{D}*}$ 和 $\mathrm{GS}^{\mathrm{D}*}$。

综上，证得定理 8.2。

为了分析在政府实施补贴政策后供应商考虑公益性对生鲜供应链均衡结果的影响，由定理 8.2 得到推论 8.1。

推论 8.1　（1）$\dfrac{\partial w^{\mathrm{D}*}}{\partial\beta}<0$，$\dfrac{\partial p^{\mathrm{D}*}}{\partial\beta}<0$，$\dfrac{\partial\tau^{\mathrm{D}*}}{\partial\beta}>0$，$\dfrac{\partial q^{\mathrm{D}*}}{\partial\beta}>0$。

（2）$\dfrac{\partial E\pi_s^{\mathrm{D}*}}{\partial\beta}<0$，$\dfrac{\partial E\pi_r^{\mathrm{D}*}}{\partial\beta}>0$，$\dfrac{\partial E\mathrm{CS}^{\mathrm{D}*}}{\partial\beta}>0$，$\dfrac{\partial E\mathrm{GS}^{\mathrm{D}*}}{\partial\beta}>0$，$\dfrac{\partial E\mathrm{SW}^{\mathrm{D}*}}{\partial\beta}>0$。

证明　推论 8.1（1）：根据定理 8.2 易得 $\dfrac{\partial w^{\mathrm{D}*}}{\partial\beta}=-\dfrac{ck^2(k-1)}{\left(\beta k+(k-1)^2\right)^2}$，由于 $k>1$，所以 $\dfrac{\partial w^{\mathrm{D}*}}{\partial\beta}<0$。同理可以判断出

$$\frac{\partial p^{\mathrm{D}*}}{\partial\beta}=-\frac{ck^2(k-1)}{\left(\beta k+(k-1)^2\right)^2\left(1-F(z^*)\right)}<0$$

$$\frac{\partial\tau^{\mathrm{D}*}}{\partial\beta}=\frac{z^*\alpha k^2c}{\left(\beta k+(k-1)^2\right)(1-t)(k-1)\eta}\left(\frac{ck(k-1)}{\left(\beta k+(k-1)^2\right)\left(1-F(z^*)\right)}\right)^{-k}>0$$

$$\frac{\partial Q^{\mathrm{D}*}}{\partial\beta}=\frac{2z^{*2}\alpha^2k^2c}{\left(\beta k+(k-1)^2\right)(1-t)(k-1)\eta}\left(\frac{ck(k-1)}{\left(\beta k+(k-1)^2\right)\left(1-F(z^*)\right)}\right)^{-2k}>0$$

推论 8.1（2）：根据定理 8.2 的结果，且 $k>1$，$0\leqslant\beta\leqslant1$，$0<t<1$，易得 $\dfrac{\partial\pi_r^{\mathrm{D}*}}{\partial\beta}=\dfrac{z^{*2}\alpha^2c^2k^2(2k-1)}{\eta(k-1)(1-t)\left(1-t\beta k+(k-1)^2\right)^2}\left(\dfrac{ck(k-1)}{\left(\beta k+(k-1)^2\right)\left(1-H(z^*)\right)}\right)^{-2k}>0$。同理，可以判断

$$\frac{\partial\pi_s^{\mathrm{D}*}}{\partial\beta}=-\frac{z^{*2}\alpha^2c^2\beta k^3(2k-1)}{\eta(1-t)(k-1)^2\left(\beta k+(k-1)^2\right)^2}\left(\frac{ck(k-1)}{\left(\beta k+(k-1)^2\right)\left(1-H(z^*)\right)}\right)^{-2k}<0$$

$$\frac{\partial\mathrm{CS}^{\mathrm{D}*}}{\partial\beta}=\frac{z^{*2}\alpha^2c^2k^3(2k-1)}{\eta(1-t)(k-1)^2\left(\beta k+(k-1)^2\right)^2}\left(\frac{ck(k-1)}{\left(\beta k+(k-1)^2\right)\left(1-H(z^*)\right)}\right)^{-2k}>0$$

$$\frac{\partial \mathrm{SW}^{\mathrm{D}*}}{\partial \beta}=\frac{z^{*2}\alpha^2c^2k^2(2k-1)\big((1-\beta)k+k-1\big)}{\eta(1-t)(k-1)^2\left(\beta k+(k-1)^2\right)^2}\left(\frac{ck(k-1)}{\left(\beta k+(k-1)^2\right)\left(1-H(z^*)\right)}\right)^{-2k}>0$$

证明完毕。

推论 8.1（1）表明，在政府要求生鲜供应商考虑公益性后，供应链中最优批发价格和销售价格与公益系数呈负相关，最优保鲜努力和采购数量与公益系数呈正相关。这是因为，生鲜供应商加强公益性时，促使供应商降低批发价格，同时加强对冷链保鲜的投入，因此生鲜消费者可以购买到更新鲜的农产品，购买欲望增强。而生鲜销售商面对新增的购买需求，追加对生鲜农产品的采购订单，并且降价促销动机增强。同时，由于生鲜供应商批发价格的降价，销售价格的降价空间增加。这也表明，生鲜供应商公益性的增强，有利于惠顾于民，并能够有效平抑物价、扩大供给、提升新鲜度。

推论 8.1（2）表明，在政府要求生鲜供应商考虑公益性后，生鲜供应商的最优利润与公益系数呈负相关，而销售商利润、消费者剩余、政府支出和社会整体福利的最优值与公益系数呈正相关。这说明生鲜供应商执行公益性职能会降低自身利润，但总是对生鲜销售商和消费者有利。同时，政府投入的财政补贴资金增加，能有效促进社会整体福利改善。这是因为生鲜供应商在执行公益性职能时，不仅需要增加对冷链保鲜的投入，且批发价格低于一般市场的批发价格，盈利能力被削弱，而生鲜销售商在降价促销的过程中，对需求的有效拉动弥补价格降低造成的利润损失，总体利润呈增加趋势。此时的消费者可以较低的价格购买新鲜度更高的农产品，消费欲望增强，消费者剩余增加。最终，生鲜销售商利润和消费者剩余总的新增值高于生鲜供应商的利润损失，实现了社会整体福利改善。财政补贴随着公益性的加强而增加，说明政府如果想要加强生鲜供应商执行公益性的能力，其提供给供应商的财政补贴也要相应增加。这也表明，生鲜供应商在执行公益性职能时是以牺牲自身的利润为前提的，且在 $\beta=0$ 时利润最大。

3. 分散式与集中式决策比较分析

为便于与集中式决策比较分析，令 $E\pi_{\mathrm{sc}}^{\mathrm{D}*}=E\pi_s^{\mathrm{D}*}+E\pi_r^{\mathrm{D}*}$。为更有效开展后续分析，需确保在分散式与集中式决策下政府财政补贴策略有效，即保证 $E\pi_{\mathrm{sc}}^{\mathrm{D}*}\geqslant 0$ 且 $E\pi_{\mathrm{sc}}^{\mathrm{C}*}\geqslant 0$，进而先给出假设 8.1。

假设 8.1　$0\leqslant\beta\leqslant\min\left\{\arg\limits_{\beta}\left(E\pi_{\mathrm{sc}}^{\mathrm{C}*}=0\right),\arg\limits_{\beta}\left(E\pi_{\mathrm{sc}}^{\mathrm{D}*}=0\right)\right\}$。

其中，$\beta_2=\arg\limits_{\beta}\left(\pi_{\mathrm{sc}}^{\mathrm{C}*}=0\right)=\dfrac{k-1}{2k-1}$。存在 $\beta_1\in[0,\beta_2]$ 为 $E\pi_{\mathrm{sc}}^{\mathrm{C}*}-E\pi_{\mathrm{sc}}^{\mathrm{D}*}=0$ 的唯一解。

接下来，结合定理 8.1 和定理 8.2，在分散式决策与集中式决策情形下，对比分析政府对生鲜冷链保鲜投入的财政补贴效果，进而得到命题 8.1。

命题 8.1　（1）当$0\leqslant\beta\leqslant\beta_1$时，$E\pi_{sc}^{D*}\leqslant E\pi_{sc}^{C*}$；当$\beta_1<\beta\leqslant\beta_2$时，$E\pi_{sc}^{D*}>E\pi_{sc}^{C*}$。（2）当$0\leqslant\beta\leqslant\beta_2$时，$ESW^{D*}<ESW^{C*}$，$ECS^{D*}<ECS^{C*}$，$EGS^{D*}<EGS^{C*}$。

证明　$\dfrac{\partial\pi_{sc}^{D*}}{\partial\beta}=-\dfrac{\alpha^2z^{*2}k^2c^2(2k-1)\left((\beta-1)k+1\right)}{\eta(1-t)(k-1)^2\left(\beta k+(k-1)^2\right)^2}\left(\dfrac{ck(k-1)}{\left(\beta k+(k-1)^2\right)\left(1-H(z^*)\right)}\right)^{-2k}$，

$\dfrac{\partial\pi_{sc}^{C*}}{\partial\beta}=-\dfrac{\alpha^2z^{*2}c^2k\beta(2k-1)}{\eta(1-t)(k-1)^2(k+\beta-1)^2}\left(\dfrac{c(k-1)}{(k+\beta-1)\left(1-H(z^*)\right)}\right)^{-2k}$，令$\dfrac{\partial\pi_{sc}^{D*}}{\partial\beta}=0$，则$\beta_a=\dfrac{k-1}{k}$，所以$0<\beta<\beta_a$时，$\dfrac{\partial\pi_{sc}^{D*}}{\partial\beta}>0$，且$\pi_{sc}^{D*}\big|_{\beta=0}=\dfrac{\alpha^2z^{*2}c^2(3k-1)}{2\eta(1-t)(k-1)^3}\times\left(\dfrac{ck}{(k-1)\left(1-H(z^*)\right)}\right)^{-2k}$；令$\dfrac{\partial\pi_{sc}^{C*}}{\partial\beta}=0$，则$\beta_b=0$，所以$\beta>0$时，$\dfrac{\partial\pi_{sc}^{C*}}{\partial\beta}<0$，且$\pi_{sc}^{C*}\big|_{\beta=0}=\dfrac{\alpha^2z^{*2}c^2}{2\eta(1-t)(k-1)^2}\left(\dfrac{c}{1-H(z^*)}\right)^{-2k}$。经比较$\pi_{sc}^{D*}\big|_{\beta=0}<\pi_{sc}^{C*}\big|_{\beta=0}$，所以在$0<\beta<\beta_2$，$\pi_{sc}^{D*}$与$\pi_{sc}^{C*}$必相交于一点$\beta_1$，且$0\leqslant\beta\leqslant\beta_1$时，$\pi_{sc}^{D*}\leqslant\pi_{sc}^{C*}$，$\beta_1<\beta\leqslant\beta_2$，$\pi_{sc}^{D*}>\pi_{sc}^{C*}\geqslant 0$。其中，$\beta_2=\arg\limits_{\beta}\left(\pi_{sc}^{C*}=0\right)=\dfrac{k-1}{2k-1}$。

$\dfrac{SW^{D*}}{SW^{C*}}=\left(\dfrac{k^2+1+(\beta-2)k}{k(k+\beta-1)}\right)^{2k-1}\dfrac{2\beta k^2-k\beta-5k^2+4k-1}{k(2k\beta-\beta-3k+1)}$，又因为$k^2+1+(\beta-2)\times k-k(k+\beta-1)=1-k<0$，同时$2\beta k^2-k\beta-5k^2+4k-1-k(2k\beta-\beta-3k+1)=(1-k)(2k-1)<0$，所以$\dfrac{SW^{D*}}{SW^{C*}}<1$。

同理，$\dfrac{CS^{D*}}{CS^{C*}}=\left(\dfrac{k^2+1+(\beta-2)k}{k(k+\beta-1)}\right)^{2k-1}$，又因为$k^2+1+(\beta-2)k-k(k+\beta-1)=1-k<0$，所以$\dfrac{CS^{D*}}{CS^{C*}}<1$。

同理，$\dfrac{GS^{D*}}{GS^{C*}}=\left(\dfrac{k^2+1+(\beta-2)k}{k(k+\beta-1)}\right)^{2k}$，又因为$k^2+1+(\beta-2)k-k(k+\beta-1)=1-k<0$，所以$\dfrac{GS^{D*}}{GS^{C*}}<1$。

综上，证得命题 8.1。

命题 8.1（1）表明，在政府对生鲜供应商的冷链保鲜投入实施补贴场景下，当公益性低于一定阈值时，分散式决策情形下的供应链利润低于集中式决策的情形，而公益性大于一定阈值时，分散式决策情形下的供应链利润高于集中式决策的情形。这是因为，当公益性较弱时，分散式决策下的供应链利润受双重边际效应影响较为显著，财政补贴弥补冷链保鲜成本的效果较弱，使得供应链利润低于集中式决策的情形；当公益性较强时，由 $\partial E\pi_{sc}^{C*}/\partial\beta<0<\partial E\pi_{sc}^{D*}/\partial\beta$，$\partial ECS^{C*}/\partial\beta>\partial ECS^{D*}/\partial\beta>0$，供应链在集中式决策下牺牲的利润多于分散决策的情形，此时让渡给消费者的价值多于分散式决策情形。因此，供应链在集中式决策下的利润出现下降并低于分散式决策的情形。这也表明，适当加强公益性，生鲜供应链的盈利能力较强，但过度加强公益性时，集中式决策情形的生鲜供应链利润下降迅速，并降为负，说明集中式决策下的补贴策略在实施过程中遇到瓶颈，补贴策略易于失效。

命题 8.1（2）表明，分散式决策下的社会整体福利、消费者剩余和政府支出均低于集中式决策的情形。这是因为，分散式决策下生鲜供应商以效用最大化进行决策，生鲜销售商以自身利润最大化进行决策，双重边际效应显著，政府投入的补贴虽有一定的杠杆作用，但消费者剩余增加幅度相对较小。而集中式决策下生鲜供应链各主体以整体效用最大化进行决策，可有效规避双重边际效应，投入的补贴其激励效果显著，消费者剩余较大幅度增加。社会整体福利涉及生鲜供应链整体利润和消费者剩余，进而分散式决策下的社会整体福利小于集中式决策情形下的。这也表明，在政府对生鲜冷链保鲜投入实施补贴时，集中式决策改善社会整体福利的效果最优。

8.1.3　激励契约设计

通过上述分析得知，分散式决策会造成社会整体福利损失，应考虑向集中式决策改进。政府补贴冷链保鲜投入在分散式决策下的社会整体福利低于集中式决策情形，同时由于 $\partial\tau^{D*}/\partial\beta>0$、$\partial ESW^{D*}/\partial\beta>0$，这表明，加强公益性不仅有利于生鲜供应商加大对冷链保鲜的投入，而且有利于社会整体福利的提高。然而，由于 $\partial E\pi_{s}^{D*}/\partial\beta<0$，这表明，生鲜供应商执行公益性职能是以牺牲自身利润为前提的。因此，本节有必要设计一种机制使双方达到“共赢”的激励效果，既可以缓解生鲜供应商冷链保鲜成本压力，又可以增加供应链利润，同时有利于社会整体福利的改善，促使生鲜供应链兼顾盈利性和公益性目标。

1. 成本分担激励契约

为有效缓解生鲜供应商的冷链保鲜投入成本压力，本节设计成本分担激励契约，由生鲜供应商和销售商共同承担冷链保鲜投入。此时，生鲜销售商分担生鲜供应商投入的部分冷链保鲜成本，其中 μ 为冷链保鲜成本分担系数，即生鲜销售商分担比例为 μ 的冷链保鲜成本，生鲜供应商分担比例为 $1-\mu$ 的冷链保鲜成本。决策顺序遵从 Stackelberg 博弈，具体步骤参考政府补贴冷链保鲜投入的分散式决策情形。与分散式决策情形相比较，生鲜消费者剩余、社会整体福利和政府支出表达式不变，而生鲜供应商利润 $E\pi_s^{\mathrm{F}}$、生鲜销售商利润 $E\pi_r^{\mathrm{F}}$ 分别表示如下：

$$E\pi_s^{\mathrm{F}} = (w-c)Q-(1-\mu)(1-t)\eta\tau^2/2 \tag{8.9}$$

$$E\pi_r^{\mathrm{F}} = pE\left[\min(Q,d)\right]-wQ-\mu(1-t)\eta\tau^2/2 \tag{8.10}$$

在 $0<c<w<p$，$0<t<1$，$0<\mu<1$ 约束下，用逆向归纳法求解，可得定理 8.3。

定理 8.3　（1）生鲜农产品供应链的均衡决策为：$w^{\mathrm{F}*}=\dfrac{ck(k-1)}{\beta k+k^2-2k+1}$，$p^{\mathrm{F}*}=\Psi^{-1}$，$\tau^{\mathrm{F}*}=\dfrac{z^*\alpha c}{(1-\mu)(1-t)(k-1)\eta}\Psi^k$，$Q^{\mathrm{F}*}=\dfrac{z^{*2}\alpha^2 c}{(1-\mu)(1-t)(k-1)\eta}\Psi^{2k}$。

（2）生鲜农产品供应链的均衡期望利润、消费者剩余、社会整体福利、政府支出为

$$E\pi_s^{\mathrm{F}*}=\frac{z^{*2}\alpha^2c^2(-2\beta k^2+\beta k+k^2-2k+1)}{2(1-\mu)(1-t)(k-1)^2(\beta k+k^2-2k+1)\eta}\Psi^{2k}$$

$$E\pi_r^{\mathrm{F}*}=\frac{z^{*2}\alpha^2c^2(2k^2-3k^2\mu-\beta k\mu+4k\mu-2k-\mu)}{2(1-t)(1-\mu)^2(k-1)^2(\beta k+k^2-2k+1)\eta}\Psi^{2k}$$

$$\mathrm{ECS}^{\mathrm{F}*}=\frac{z^{*2}\alpha^2c^2k^2}{(1-\mu)(1-t)(k-1)^2(\beta k+k^2-2k+1)\eta}\Psi^{2k}$$

$$\mathrm{ESW}^{\mathrm{F}*}=\frac{z^{*2}\alpha^2c^2\left(\left(2(\beta-3)\mu-2\beta+5\right)k^2+\left(2(3-\beta)\mu+\beta-4\right)k-2\mu+1\right)}{2(1-t)(1-\mu)^2(k-1)^2\left(k^2+1+(\beta-2)k\right)\eta}\Psi^{2k}$$

$$\mathrm{EGS}^{\mathrm{F}*}=\frac{z^{*2}\alpha^2c^2t}{2(1-\mu)^2(1-t)^2(k-1)^2\eta}\Psi^{2k}$$

证明

$$V^{\mathrm{F}}=\pi_r^{\mathrm{F}}+\beta\mathrm{CS}^{\mathrm{F}}=pE\left[\min(Q,d)\right]-wq-\frac{1}{2}\mu(1-t)\eta\tau^2+\beta\int_p^{+\infty}(x-p)\phi(x)\mathrm{d}x$$

$$=\left(\frac{z^*\alpha\tau}{Q}\right)^{\frac{1}{k}}QE\min\left(1,\frac{\varepsilon}{z^*}\right)-wQ-\frac{1}{2}\mu(1-t)\eta\tau^2+\beta\frac{1}{k-1}\left(\frac{z^*\alpha\tau}{Q}\right)^{\frac{1}{k}}QE\min\left(1,\frac{\varepsilon}{z^*}\right)$$

具体推导过程参考定理 8.2，解得 $w^{\mathrm{F}*}=\dfrac{ck(k-1)}{k^2+(\beta-2)k+1}$，$\tau^{\mathrm{F}*}=\dfrac{\alpha z^* c}{(1-\mu)(1-t)(k-1)\eta}\times$

$\left(\dfrac{ck(k-1)}{\left(1-H(z^*)\right)\left(k^2+(\beta-2)k+1\right)}\right)^{-k}$。将 w^{F*} 和 τ^{F*} 代入 $Q=z^*\alpha\tau\left(\dfrac{w}{1-F(z^*)}\right)^{-k}$ 得 Q^{F*}，再将 Q^{F*} 代入 $p=\left(\dfrac{z^*\alpha\tau}{Q}\right)^{1/k}$ 得 p^{F*}。w^{F*}、τ^{F*}、Q^{F*}、p^{F*} 依次代入式（8.9）、式（8.10）、式（8.2）、式（8.8）和式（8.4），可分别求得 π_s^{F*}、π_r^{F*}、CS^{F*}、SW^{F*} 和 GS^{F*}。综上，证得定理 8.3。

此时令 $E\pi_{sc}^{F*}=E\pi_s^{F*}+E\pi_r^{F*}$。在政府补贴的基础上实施冷链保鲜成本分担激励契约，满足 $E\pi_{sc}^{F*}>E\pi_{sc}^{D*}$ 的条件，得到以下命题 8.2。

命题 8.2　基于成本分担激励契约，当 $0<\beta<\beta_3$，$\max\left(0,\dfrac{k^2-3k+1}{2(k^2-2k+1)}\right)<\mu<\min\left(\dfrac{k}{2k-1},\dfrac{4k^2-4k+1}{2(3k^2-3k+1)}\right)$ 时，$E\pi_s^{F*}>E\pi_s^{D*}$，$E\pi_r^{F*}>E\pi_r^{D*}$，$E\pi_{sc}^{F*}>E\pi_{sc}^{D*}$，$ECS^{F*}>ECS^{D*}$，$ESW^{F*}>ESW^{D*}$，实现生鲜供应链成员的帕累托改善。

其中，$\beta_3=\arg\limits_{\beta}\left(\pi_{sc}^{F*}-\pi_{sc}^{D*}=0\right)=\dfrac{3k^2\mu-2k^2-4k\mu+2k+\mu}{(2k\mu-2k-\mu)k}$。

证明　根据 $0<\beta<\beta_3<\beta_4<1$，其中 $\beta_3=\arg\limits_{\beta}\left(\pi_{sc}^{F*}-\pi_{sc}^{D*}=0\right)=\dfrac{3k^2\mu-2k^2-4k\mu+2k+\mu}{(2k\mu-2k-\mu)k}$，$\beta_4=\arg\limits_{\beta}\left(\pi_{sc}^{F*}=0\right)=\dfrac{4k^2\mu-3k^2-6k\mu+4k+2\mu-1}{k(2k\mu-2k-2\mu+1)}$，可推导出 $\max\left(0,\dfrac{k^2-3k+1}{2(k^2-2k+1)}\right)<\mu<\dfrac{4k^2-4k+1}{2(3k^2-3k+1)}$。同时由 $\pi_s^{F*}>\pi_s^{D*}$，$\pi_r^{F*}>\pi_r^{D*}$，可推导出 $\mu<\dfrac{k}{2k-1}$ 时，综上可得 $\max\left(0,\dfrac{k^2-3k+1}{2(k^2-2k+1)}\right)<\mu<\min\left(\dfrac{k}{2k-1},\dfrac{4k^2-4k+1}{2(3k^2-3k+1)}\right)$。

$$\frac{\partial\pi_{sc}^{F*}}{\partial\beta}=\frac{z^{*2}\alpha^2c^2k^2\left(\begin{array}{l}\left((2\beta-3)\mu-2\beta+2\right)k^2\\+\left((5-2\beta)\mu+\beta-3\right)k-2\mu+1\end{array}\right)}{\eta(1-t)\mu^2(\beta k+k^2-2k+1)^2(k-1)^2}\left(\frac{ck(k-1)}{\left(1-H(z^*)\right)\left(k^2+1+(\beta-2)k\right)}\right)^{-2k},$$

$\dfrac{\partial\pi_{sc}^{D*}}{\partial\beta}=-\dfrac{\alpha^2z^{*2}k^2c^2(2k-1)\left((\beta-1)k+1\right)}{\eta(1-t)(k-1)^2\left(\beta k+(k-1)^2\right)^2}\left(\dfrac{ck(k-1)}{\left(\beta k+(k-1)^2\right)\left(1-H(z^*)\right)}\right)^{-2k}$，令 $\dfrac{\partial\pi_{sc}^{F*}}{\partial\beta}=0$，则 $\beta_c=\dfrac{3k^2\mu-2k^2-5k\mu+3k+2\mu-1}{k(2k\mu-2k-2\mu+1)}$，所以 $0<\beta<\beta_c$ 时，$\dfrac{\partial\pi_{sc}^{F*}}{\partial\beta}>0$，且

$\pi_{sc}^{F*}\big|_{\beta=0}=\dfrac{\alpha^2 z^{*2}c^2(4k\mu-3k-2\mu+1)}{2\eta(1-t)(k-1)^3(1-\mu)^2}\left(\dfrac{ck}{(k-1)\left(1-H(z^*)\right)}\right)^{-2k}$。同理，令 $\dfrac{\partial\pi_{sc}^{D*}}{\partial\beta}=0$，则 $\beta_a=\dfrac{k-1}{k}$，所以 $0<\beta<\beta_a$ 时，$\dfrac{\partial\pi_{sc}^{D*}}{\partial\beta}>0$，$\pi_{sc}^{D*}\big|_{\beta=0}=\dfrac{\alpha^2 z^{*2}c^2(3k-1)}{2\eta(1-t)(k-1)^3}\left(\dfrac{ck}{(k-1)\left(1-H(z^*)\right)}\right)^{-2k}$，经比较 $\pi_{sc}^{F*}\big|_{\beta=0}>\pi_{sc}^{D*}\big|_{\beta=0}$。此时 $\pi_{sc}^{F*}-\pi_{sc}^{D*}=\dfrac{\alpha^2 z^{*2}c^2\mu\begin{pmatrix}\left(2(\mu-1)\beta-3\mu+2\right)k^2\\+(4\mu-\mu\beta-2)k-\mu\end{pmatrix}}{2\eta(1-t)(k-1)^2(1-\mu)^2\left(k^2+1+(\beta-2)k\right)}\times\left(\dfrac{ck(k-1)}{\left(1-H(z^*)\right)\left(k^2+1+(\beta-2)k\right)}\right)^{-2k}$，令 $\pi_{sc}^{F*}-\pi_{sc}^{D*}=0$，则 $\beta_3=\dfrac{3k^2\mu-2k^2-4k\mu+2k+\mu}{(2k\mu-2k-\mu)k}$；令 $\pi_{sc}^{F*}=0$，则 $\beta_4=\dfrac{4k^2\mu-3k^2-6k\mu+4k+2\mu-1}{k(2k\mu-2k-2\mu+1)}$。所以，当 $0<\beta\leqslant\beta_3$ 时，$\pi_{sc}^{F*}\geqslant\pi_{sc}^{D*}$，当 $\beta_3<\beta\leqslant\beta_4$ 时，$\pi_{sc}^{D*}>\pi_{sc}^{F*}\geqslant 0$。

$$\mathrm{SW}^{F*}-\mathrm{SW}^{D*}=\frac{\alpha^2c^2\mu z^2\begin{pmatrix}\left(2(\mu-1)\beta-5\mu+4\right)k^2\\+(4\mu-\mu\beta-2)k-\mu\end{pmatrix}}{2\eta(k-1)^2\left((k-1)^2+\beta k\right)(1-t)(\mu-1)^2}\left(\frac{ck(k-1)}{\begin{matrix}\left(1-H(z^*)\right)\\\left(k^2+1+(\beta-2)k\right)\end{matrix}}\right)^{-2k},$$

令 $\mathrm{SW}^{F*}-\mathrm{SW}^{D*}=0$，则 $\beta_6=\dfrac{5k^2\mu-4k^2-4k\mu+2k+\mu}{k(2k\mu-2k-\mu)}$，所以 $\beta_2<\beta_4<\beta_6$。若 $\mathrm{SW}^{F*}-\mathrm{SW}^{D*}\big|_{\beta=0}>0$，则需满足 $0<\mu<\dfrac{2k(2k-1)}{5k^2-4k+1}$，而 $\max\left(0,\dfrac{k^2-3k+1}{2(k^2-2k+1)}\right)<\mu<\min\left(\dfrac{k}{2k-1},\dfrac{4k^2-4k+1}{2(3k^2-3k+1)}\right)$ 满足上述关系。所以，当 $0<\beta\leqslant\beta_4$ 时，有 $\dfrac{\mathrm{SW}^{F*}}{\mathrm{SW}^{D*}}>1$。

$\dfrac{\mathrm{CS}^{F*}}{\mathrm{CS}^{D*}}=\dfrac{1}{\mu}$，因为 $0<\mu<1$，所以 $\dfrac{\mathrm{CS}^{F*}}{\mathrm{CS}^{D*}}>1$。

综上，证得命题 8.2。

命题 8.2 表明，当 β 和 μ 满足一定关系时，成本分担激励契约可行。这是因为，生鲜销售商承担一定比例的冷链保鲜成本，有助于减轻生鲜供应商的冷链保鲜成本压力，双方参与的意愿较高。当生鲜销售商承担过高比例的冷链保鲜成本时，成本压力陡增，生鲜销售商参与意愿不强。这也表明，在实践中生鲜供应商虽然是冷链保鲜投入的主要实施方，但是其承担冷链保鲜投入的能力有限，须由下游的销售商分担部分冷链保鲜成本。同时，生鲜销售商承担冷链保鲜成本的比率要适中，否则激励契约失效。

通过实施成本分担激励契约，对生鲜供应商的冷链保鲜投入进行激励后，生鲜供应商利润、销售商利润和消费者剩余均高于分散式决策情形的最优值。最终，激励后的社会整体福利高于分散式决策的情形。这是因为，社会整体福利是由生鲜供应商利润、销售商利润和消费者剩余组成。适当考虑公益性时，生鲜供应商经过激励后，冷链保鲜成本明显减少，盈利空间增大，生鲜销售商经过激励后，随着采购数量的增加，利润的新增部分弥补了对冷链保鲜投入分担的成本，同时还有多余的盈余利润，表现为生鲜销售商利润增加。此时生鲜消费者可以购买更多新鲜的农产品，获得的消费者剩余递增显著，并优于分散式决策的情形。最终，社会整体福利得到改善并高于分散式决策情形的最优值。这也表明，适度考虑公益性时，生鲜销售商对冷链投入成本的分担，生鲜供应链成员实现帕累托改善，有利于加强生鲜农产品冷链保鲜投入，此时的冷链保鲜成本分担激励契约是有效的。

通过分析实施成本分担激励契约是否对生鲜供应链的决策变量产生影响，得到命题 8.3。

命题 8.3　$w^{F*}=w^{D*}$，$p^{F*}=p^{D*}$，$Q^{F*}>Q^{D*}$，$\tau^{F*}>\tau^{D*}$。

证明　根据定理 8.2 和定理 8.3 的结果，可得 $w^{F*}=w^{D*}$，$p^{F*}=p^{D*}$。

$\frac{Q^{F*}}{Q^{D*}}=\frac{1}{\mu}$，由于 $0<\mu<1$，所以 $\frac{Q^{F*}}{Q^{D*}}>1$。同理，$\frac{\tau^{F*}}{\tau^{D*}}=\frac{1}{\mu}>1$。综上，证得命题 8.3。

命题 8.3 表明，通过成本分担激励契约，对生鲜供应商的冷链保鲜投入进行激励后，批发价格和销售价格相比于分散式决策情形都没有发生变化，最优采购数量和保鲜努力高于分散式决策的情形。这是因为，冷链保鲜投入需要大量的资金，生鲜供应商和销售商通过激励契约共同分担了冷链保鲜成本，供应商的冷链保鲜成本压力得到有效降低，而此时生鲜销售商对冷链保鲜成本的分担在可接受的能力范围内。由于供应商没有降低批发价的动力，分担了冷链保鲜成本后的销售商为了维持单位产品的现有收益，更不会主动降价销售。此时，销售商提供的农产品更新鲜，增强消费者的购买欲望，新追加的采购数量较多。这也表明，生鲜销售商对冷链保鲜成本的分担，虽然对物价依然没有影响，但能更有效提高对冷链保鲜的投入，为消费者提供更多更新鲜的农产品。这说明成本分担契约可以很好地协调生鲜供应链内部各成员的关系，有效缓解了生鲜冷链保鲜成本对供应商的压力，保鲜努力较激励前投入更高，产品更新鲜，消费购买欲望更强，可有效提高农产品的销量。同时，我们也注意到成本分担契约简便易行，并且能够有效缓解供应商的冷链保鲜成本压力，但是无法使得生鲜供应链系统达到最优效率。为此，后文将设计实现最优效率的契约。

2. 收益共享＋转移支付组合契约

为解决上述激励契约的不足，本节进一步设计了收益共享+转移支付组合契约。此时，生鲜供应商分享生鲜销售商的部分销售收益，其中 λ 为收益共享系数，即生鲜供应商分享比例为 λ 的销售商销售收益，生鲜销售商保留比例为 $1-\lambda$ 的销售收益。生鲜供应商最后转移支付 T 的收益给生鲜销售商。决策顺序遵从 Stackelberg 博弈，具体步骤参考政府补贴冷链保鲜投入的分散式决策情形。与分散式决策情形相比较，生鲜消费者剩余、政府支出和社会整体福利表达式不变，而生鲜供应商利润 $E\pi_s^{\mathrm{V}}$ 、生鲜销售商利润 $E\pi_r^{\mathrm{V}}$ 分别表示如下：

$$E\pi_s^{\mathrm{V}}=(w-c)Q+\lambda pE\left[\min(Q,d)\right]-(1-t)\eta\tau^2/2-T \tag{8.11}$$

$$E\pi_r^{\mathrm{V}}=(1-\lambda)pE\left[\min(Q,d)\right]-wQ+T \tag{8.12}$$

在 $0<c<w<p$ ， $0<t<1$ ， $0\leqslant\lambda\leqslant1$ 约束下，用逆向归纳法求解，可得定理 8.4。

定理 8.4　（1）生鲜农产品供应链的均衡决策为：$w^{\mathrm{V}*}=\dfrac{ck(1-\lambda)(k-1)}{k^2+(\beta+\lambda-2)k-\lambda+1}$，$p^{\mathrm{V}*}=\Omega^{-1}$， $\tau^{\mathrm{V}*}=\dfrac{z^*\alpha c}{(1-t)(k-1)\eta}\Omega^k$， $Q^{\mathrm{V}*}=\dfrac{z^{*2}\alpha^2c}{(1-t)(k-1)\eta}\Omega^{2k}$ 。

（2）生鲜农产品供应链的均衡期望利润、消费者剩余、社会整体福利、政府支出为

$$E\pi_s^{\mathrm{V}*}=\frac{z^{*2}\alpha^2c^2(k^2-2\beta k^2+\beta k+k\lambda-2k-\lambda+1)}{2(1-t)(k-1)^2\left(k^2+(\beta+\lambda-2)k-\lambda+1\right)\eta}\Omega^{2k}-T$$

$$E\pi_r^{\mathrm{V}*}=\frac{z^{*2}\alpha^2c^2k(1-\lambda)}{(1-t)(k-1)\left(k^2+(\beta+\lambda-2)k-\lambda+1\right)\eta}\Omega^{2k}+T$$

$$\mathrm{ECS}^{\mathrm{V}*}=\frac{z^{*2}\alpha^2c^2k^2}{(1-t)(k-1)^2\left(k^2+(\beta+\lambda-2)k-\lambda+1\right)\eta}\Omega^{2k}$$

$$\mathrm{ESW}^{\mathrm{V}*}=\frac{z^{*2}\alpha^2c^2\left((5-2\beta-2\lambda)k^2+(\beta+3\lambda-4)k-\lambda+1\right)}{2(1-t)(k-1)^2\left(k^2+(\beta+\lambda-2)k-\lambda+1\right)\eta}\Omega^{2k}$$

$$\mathrm{EGS}^{\mathrm{V}*}=\frac{z^{*2}\alpha^2c^2t}{2(1-t)^2(k-1)^2\eta}\Omega^{2k}$$

其中，$\Omega=\dfrac{\left(k^2+(\beta+\lambda-2)k-\lambda+1\right)\left(1-H(z^*)\right)}{ck(k-1)}$。

证明

$$V^{\mathrm{V}}=\pi_r^{\mathrm{V}}+\beta CS^{\mathrm{V}}=(1-\lambda)pE\left[\min(Q,d)\right]-wQ+T+\beta\int_P^{+\infty}(x-p)\phi(x)\mathrm{d}x$$

$$=(1-\lambda)\left(\frac{z^*\alpha\tau}{Q}\right)^{\frac{1}{k}}QE\min\left(1,\frac{\varepsilon}{z^*}\right)-wQ+T+\beta\frac{1}{k-1}\left(\frac{z^*\alpha\tau}{Q}\right)^{\frac{1}{k}}QE\min\left(1,\frac{\varepsilon}{z^*}\right)$$

具体推导过程参考定理2，解得：$\tau^{\mathrm{V}*}=\dfrac{\alpha z^*c}{(1-t)(k-1)\eta}\left(\dfrac{ck(k-1)}{\left(k^2+(\beta+\lambda-2)k-\lambda+1\right)\left(1-H(z^*)\right)}\right)^{-k}$，

$w^{\mathrm{V}*}=\dfrac{ck(1-\lambda)(k-1)}{k^2+(\beta+\lambda-2)k-\lambda+1}$。将$w^{\mathrm{V}*}$和$\tau^{\mathrm{V}*}$代入$Q=z^*\alpha\tau\left(\dfrac{w}{(1-\lambda)\left(1-F(z^*)\right)}\right)^{-k}$得

$Q^{\mathrm{V}*}$，再将$Q^{\mathrm{V}*}$代入$p=\left(\dfrac{z^*\alpha\tau}{Q}\right)^{1/k}$得$p^{\mathrm{V}*}$。将$w^{\mathrm{V}*}$、$\tau^{\mathrm{V}*}$、$Q^{\mathrm{V}*}$、$p^{\mathrm{V}*}$依次代入式(8.11)、式（8.12)、式（8.2)、式（8.8）和式（8.4)，可分别求得$\pi_s^{\mathrm{V}*}$、$\pi_r^{\mathrm{V}*}$、$\mathrm{CS}^{\mathrm{V}*}$、$\mathrm{SW}^{\mathrm{V}*}$和$\mathrm{GS}^{\mathrm{V}*}$。

综上，证得定理8.4。

为实现生鲜供应链协调，供应链的最优决策等于集中决策情形，由此得到命题8.4。

命题8.4　（1）基于收益共享＋转移支付组合契约下，当$0<\beta\leqslant\beta_2$，$\lambda=1$时，$E\mathrm{SW}^{\mathrm{V}*}=E\mathrm{SW}^{\mathrm{C}*}$，$E\pi_{\mathrm{sc}}^{\mathrm{V}*}=E\pi_{\mathrm{sc}}^{\mathrm{C}*}$，$E\mathrm{CS}^{\mathrm{V}*}=E\mathrm{CS}^{\mathrm{C}*}$，实现供应链的完美协调。

（2）在收益共享+转移支付组合契约下，当$E\pi_r^{\mathrm{D}*}<T<E\pi_{\mathrm{sc}}^{\mathrm{V}*}-E\pi_s^{\mathrm{D}*}$时，$E\pi_r^{\mathrm{V}*}>E\pi_r^{\mathrm{D}*}$，$E\pi_s^{\mathrm{V}*}>E\pi_s^{\mathrm{D}*}$，生鲜供应商与生鲜销售商可实现帕累托改善。

证明　（1）将$\lambda=1$代入定理8.4的均衡解，此时有$\mathrm{SW}^{\mathrm{V}*}=\mathrm{SW}^{\mathrm{C}*}$，$\pi_{\mathrm{sc}}^{\mathrm{V}*}=\pi_{\mathrm{sc}}^{\mathrm{C}*}$，$\mathrm{CS}^{\mathrm{V}*}=\mathrm{CS}^{\mathrm{C}*}$。

（2）为了激励契约成立，则$\lambda=1$，此时$\pi_r^{\mathrm{V}*}=T$，只需$\pi_r^{\mathrm{V}*}>\pi_r^{\mathrm{D}*}$，即$T>\pi_r^{\mathrm{D}*}$，生鲜销售商实现帕累托改善。同时为满足$\pi_s^{\mathrm{V}*}>\pi_s^{\mathrm{D}*}$，需$\pi_s^{\mathrm{V}*}=\pi_{\mathrm{sc}}^{\mathrm{V}*}-\pi_r^{\mathrm{V}*}=\pi_{\mathrm{sc}}^{\mathrm{V}*}-T>\pi_s^{\mathrm{D}*}$，即$T<\pi_{\mathrm{sc}}^{\mathrm{V}*}-\pi_s^{\mathrm{D}*}$，生鲜供应商实现帕累托改善。综上，此时$\pi_r^{\mathrm{D}*}<T<\pi_{\mathrm{sc}}^{\mathrm{V}*}-\pi_s^{\mathrm{D}*}$。

证明完毕。

命题8.4（1）表明，当参数β、λ满足一定关系，即$0<\beta\leqslant\beta_2$，$\lambda=1$时，生鲜供应链达到协调；命题8.4（2）表明，当参数T满足$E\pi_r^{\mathrm{D}*}<T<E\pi_{\mathrm{sc}}^{\mathrm{V}*}-E\pi_s^{\mathrm{D}*}$

时，生鲜供应链成员能够实现帕累托改善。这是因为，当生鲜供应商获得全部收益并以自身效用最大化进行决策时，实际上是代表整个供应链的利益在进行决策，能达到生鲜供应链系统最优。对于生鲜供应商来说，可以最大幅度降低冷链保鲜投入成本，同时可以获得相对较高的利润并确保利润为正。生鲜供应商和销售商如何分配供应链总利润，取决于两者之间讨价还价的能力，此时转移支付 T 在 $E\pi_r^{D*}<T<E\pi_{sc}^{V*}-E\pi_s^{D*}$ 的约束下，满足 $E\pi_r^{V*}>E\pi_r^{D*}$ 和 $E\pi_s^{V*}>E\pi_s^{D*}$，利润分配方案可行。这也表明，收益共享+转移支付组合契约在一定条件下可以实现社会整体福利的帕累托改善，并使生鲜供应链系统达到最优。强势的生鲜供应商负责保鲜投入以及利润的分配，生鲜销售商按约定价格负责销售生鲜农产品，最终生鲜供应链各成员收益达到最优。

当满足命题 8.4 的约束条件，实施上述组合契约后，如何影响生鲜供应链的决策变量，比较分析定理 8.1 和定理 8.4，得到命题 8.5。

命题 8.5　$p^{V*}=p^{C*}$，$Q^{V*}=Q^{C*}$，$\tau^{V*}=\tau^{C*}$。

证明　将 $\lambda=1$ 代入定理 8.4 的决策变量 p^{V*},Q^{V*},τ^{V*}，此时有 $p^{V*}=p^{C*}$，$Q^{V*}=Q^{C*}$，$\tau^{V*}=\tau^{C*}$。

综上，证得命题 8.5。

命题 8.5 表明，在满足一定条件下，收益共享+转移支付组合契约能够实现完美协调，生鲜农产品销售价格低于分散式决策情形，采购数量和保鲜努力高于分散式决策情形。这是因为，通过收益共享+转移支付组合契约，生鲜销售商实际上只是按约定价格销售生鲜农产品，总的利润以转移支付的形式统筹分配。组合契约的实施，一方面有利于生鲜供应链的统筹运营，另一方面有利于保鲜努力成本的合理分担，可以最大化提高系统资源的使用效率。最终，生鲜供应链各主体的利益都获得改善，参与的意愿较强，可有效降低销售价格、扩大采购数量、提升保鲜努力，并使生鲜供应链系统达到最优，社会整体福利实现帕累托改善。这也表明，该激励机制设计可以解决保鲜努力投入不足的难题，加大对冷链基础设施投入，确保“菜篮子工程”的生鲜农产品质量和供给，让消费者以较低的价格购买更多、更新鲜的生鲜农产品。

8.1.4　数值算例

为直观呈现本章中重要命题性质，并进一步揭示公益系数 β 对生鲜冷链补贴策略的影响，阐释更多管理学启示，本节进行数值算例分析。根据 $d=\alpha p^{-k}\theta(\tau)\varepsilon$，其中取 $\alpha=100$，$\varepsilon\in U[0,2]$，$c=1$，$k=2$，$t=1/2$，$\mu=1/3$，$\eta=30$，$z^*=4/3$，$F(z^*)=2/3$。对于收益共享+转移支付组合契约，主要考虑满足 $0<\beta\leqslant\beta_2$，$\lambda=1$，$\pi_r^{D*}<T<\pi_{sc}^{C*}-\pi_s^{D*}$ 的条件，生鲜供应链实现完美协调的情形。

1. 公益性对不同策略下生鲜供应链利润的影响

公益性执行区间阈值由以下关系决定 $\beta_2 = \underset{\beta}{\arg}\left(\pi_{sc}^{C*}=0\right)$，$\beta_4 = \underset{\beta}{\arg}\left(\pi_{sc}^{F*}=0\right)$，$\beta_5 = \underset{\beta}{\arg}\left(\pi_{sc}^{D*}=0\right)$。接下来，拟合不同策略下生鲜供应链利润 π_{sc}^{j*} 的情况，如图 8.2 所示。

观察图 8.2 发现，①当 $\beta \leqslant \beta_0$ 时，$\pi_{sc}^{V*} \geqslant \pi_{sc}^{F*}$，表明组合激励契约下的供应链利润高于或等于成本分担激励契约下的供应链利润；②当 $\beta_0 < \beta \leqslant \beta_2$ 时，$\pi_{sc}^{F*} > \pi_{sc}^{C*} \geqslant 0$，表明成本分担激励契约下的供应链利润高于组合激励契约下的供应链利润，且在 β_2 处 $\pi_{sc}^{C*} = 0$，随着 β 值继续增大，组合激励契约下的补贴策略失效；③当 $\beta_2 < \beta \leqslant \beta_3$ 时，$\pi_{sc}^{F*} \geqslant \pi_{sc}^{D*}$，表明成本分担激励契约下的供应链利润高于或等于不采用激励策略下的供应链利润；④当 $\beta_3 < \beta \leqslant \beta_4$ 时，$\pi_{sc}^{D*} > \pi_{sc}^{F*} \geqslant 0$，表明成本分担激励契约下的供应链利润小于不采用激励策略下的供应链利润，且在 β_4 处 $\pi_{sc}^{F*} = 0$，随着 β 值继续增大，成本分担激励契约下的补贴策略失效。这也表明，在公益性可执行的范围内，若供应商具有较低公益性，组合激励契约对销售商和供应商都有利；若供应商的公益性较高，不采用激励策略反而对销售商和供应商有利；若供应商的公益性处于中等水平，供应商和销售商应该积极地实施成本分担激励契约来达成合作。

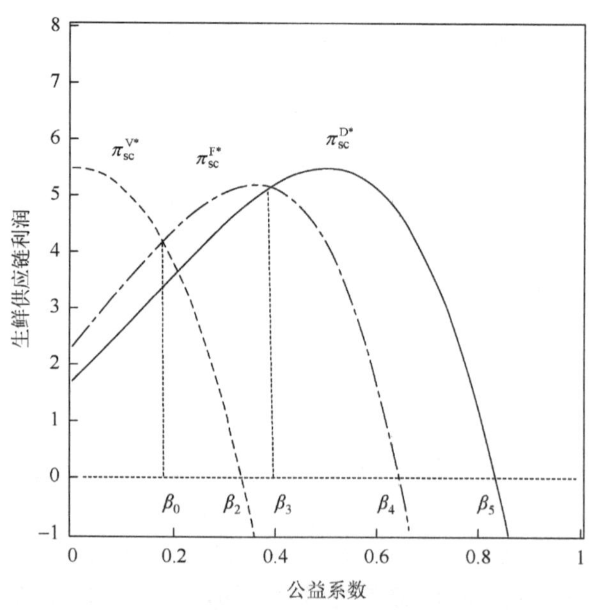

图 8.2　公益性对生鲜供应链利润的影响

2. 公益性对不同策略下社会整体福利的影响

为更全面研究公益性对社会整体福利的影响，特定义扣除补贴的社会整体福利为净社会整体福利 $\Delta SW^{j*}=SW^{j*}-GS^{j*}$，上标 $j=\{C,D,F,V\}$ 与前文定义一致。扩大公益性的执行区间就是为了更大幅度提高社会整体福利，由 $\pi_{sc}^{C*}=0$ 得 $\beta_2=0.33$，由 $\pi_{sc}^{F*}=0$ 得 $\beta_4=0.64$，依据 ΔSW^{j*} 的数值绘制图 8.3。

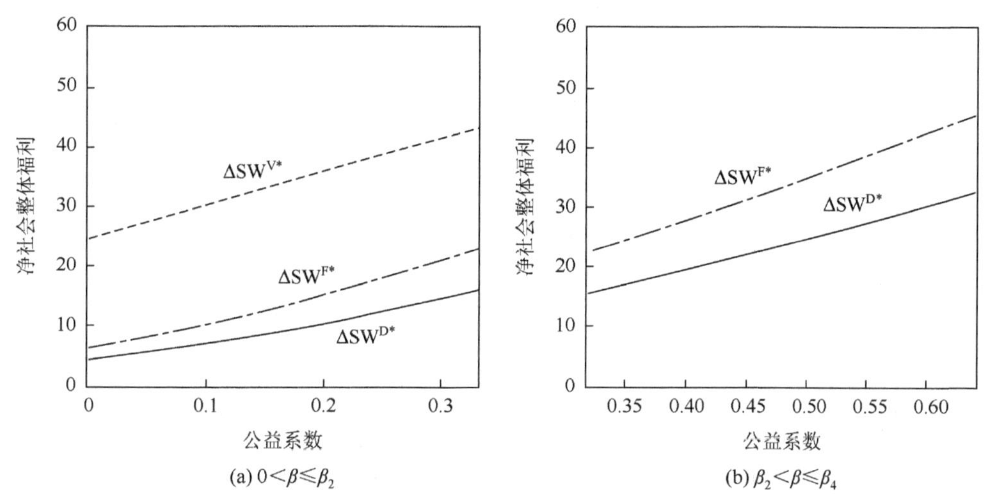

图 8.3　公益性对社会整体福利的影响

观察图 8.3 发现，①当 $0<\beta\leqslant\beta_2$，$\Delta SW^{V*}>\Delta SW^{F*}>\Delta SW^{D*}$，且净社会整体福利随着 β 值的增大呈现逐渐上升趋势，说明三种情形下的补贴策略都有效，且组合激励契约下的补贴策略最优；②当 $\beta_2<\beta\leqslant\beta_4$，$\Delta SW^{F*}>\Delta SW^{D*}$，且净社会整体福利随着 β 值的增大呈现逐渐上升趋势，说明只有两种情形下的补贴策略有效，且成本分担激励契约下的补贴策略最优。这也表明，供应商的公益性增强能有效提高净社会整体福利，因此政府应强化生鲜供应商的公益性职能。强化公益性职能会影响生鲜供应链的利润，而生鲜供应商的冷链保鲜投入占用资金较大，严重削弱供应商的盈利能力，因此政府对生鲜供应商的冷链保鲜投入进行补贴就显得格外重要。

3. 公益性对不同策略下生鲜供应链决策变量的影响

为了比较分析三种情形下公益性对生鲜供应链决策变量的影响，此时 $0<\beta<\beta_2$，即 $\beta\in(0,0.33)$，依据 p^{j*}、Q^{j*} 和 τ^{j*} 的数值绘制图 8.4。

观察图 8.4 发现，① $p^{V*}<p^{F*}=p^{D*}$，且销售价格随着 β 的增大均呈下降趋势，其中组合激励契约下的价格降价幅度最大，可有效平抑物价，但是成本分担激励契约对销售价格没有影响，其价格等于不采用激励策略情形；② $Q^{V*}>Q^{F*}>Q^{D*}$，且采购数量随着 β 的增大均呈上升趋势，其中组合激励契约下的采购数量增加最多，可有效增加供给，同时也注意到成本分担激励契约和不采用激励策略下的采购数量虽有增加，但是增加幅度不大；③ $\tau^{V*}>\tau^{F*}>\tau^{D*}$，且保鲜努力随着 β 的增大均呈上升趋势，其中组合激励契约下的冷链保鲜努力投入增加最多，可有效提升生鲜农产品的新鲜度，消费者可以购买到更新鲜的生鲜农产品，此时成本分担激励契约下的冷链保鲜努力投入相对少一些，但增加幅度依然显著。这也表明，

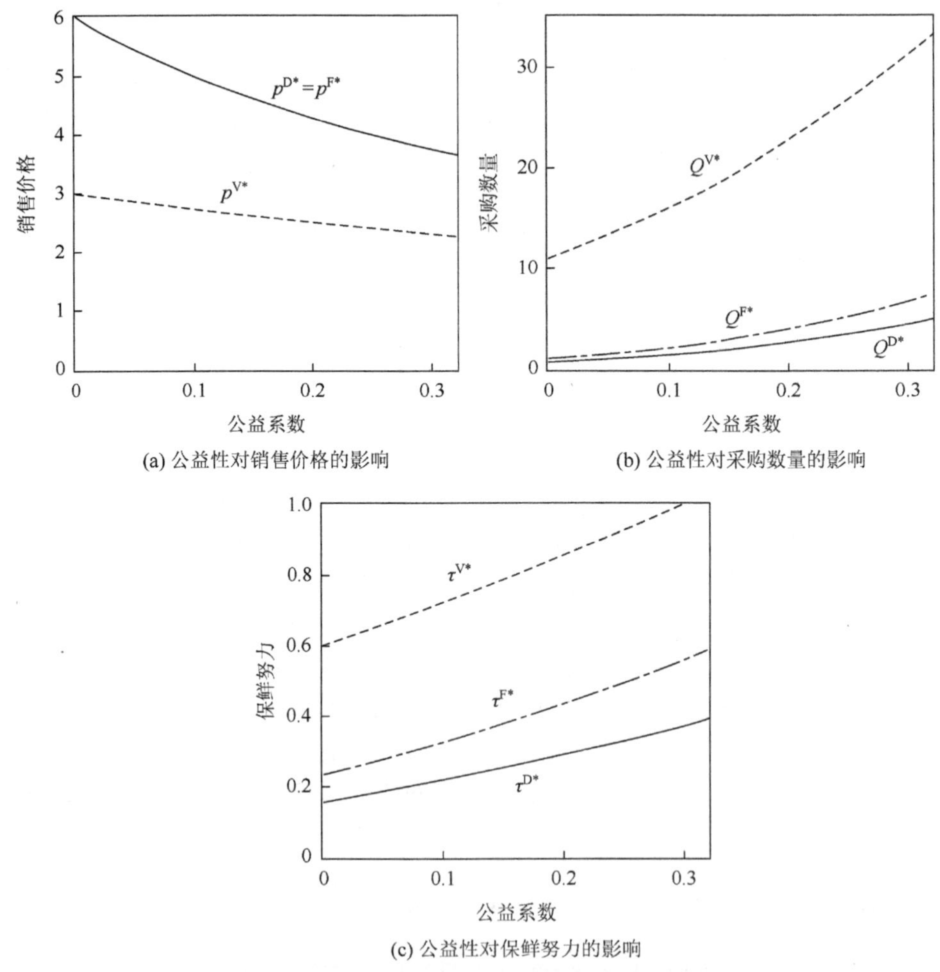

(a) 公益性对销售价格的影响

(b) 公益性对采购数量的影响

(c) 公益性对保鲜努力的影响

图 8.4　公益性对生鲜供应链决策变量的影响

组合激励契约的实施对平抑物价、扩大供给的效果最为显著，这为政府强化公益性职能提供参考。政府应该引导生鲜供应链建立新的运营模式，如将“菜篮子”蔬菜基地作为供货方，社区平价店面作为销售方，以企业联盟的形式进行运作，最后双方按一定比率分享所得利润，这样消费者可以购买到物美价廉的生鲜农产品。

8.2　不确定需求下考虑资金约束的生鲜销售商采购补贴与销售补贴策略

生鲜农产品有易腐易逝、短生命周期等特点，以及市场需求的不确定性，加剧了生鲜农产品供应链运营的困难，所以“卖菜难、买菜贵”“滞销”“供不应求”一直是新闻报道热点。2010 年，国务院提出“切实强化‘菜篮子’市长负责制”①，要求各地政府每年投入一定的专项财政补贴资金。例如，2016 年北京市政府对 8 个品种的生鲜猪肉进行了补贴销售，每斤补贴 2.5 元②。再如，针对 2019 年猪肉持续涨价开展的“肉价保卫战”，中央政府明确提出“平抑物价、增加供给”的目标，2019 年 4 月到 8 月有 29 个省区市总计下发了 20 多亿元“买肉钱”③。常见的补贴方式是销售补贴，即政府对销售商销售的生鲜农产品进行补贴；也有一部分地方政府采取采购补贴，即政府对销售商采购的生鲜农产品进行补贴。各地政府的补贴方式不统一，未颁布具体的指导性文件，补贴策略选择缺乏精准性。不同的补贴方式对生鲜农产品供应商、销售商、消费者以及政府有着显著的差异影响，并且财政预算制约政府补贴策略选择。为此，本节将研究资金约束下政府的上述两种补贴策略，以及不同补贴策略对生鲜供应链最优决策的影响。很显然，这对于政府补贴策略的选择和社会整体福利的改善具有重要的现实指导意义。

8.2.1　问题描述

考虑不确定性需求下，由一个生鲜供应商（用下标 s 表示）和一个生鲜销售商（用下标 r 表示）构成的供应链。生鲜供应商以批发价格 w 销售生鲜农产品，

---

① 《国务院关于进一步促进蔬菜生产保障市场供应和价格基本稳定的通知》，http://www.gov.cn/zwgk/2010-09/02/content_1694024.htm，2010 年 9 月 2 日。

② 《北京开卖“政府补贴肉”多家超市猪肉降价》，http://news.163.com/16/0506/02/BMBOC3QM00014AED.html，2016 年 5 月 6 日。

③ 《打响“肉价保卫战”：29 省下发 20 多亿“买肉钱”》，https://finance.sina.com.cn/roll/2019-08-24/doc-ihytcitn1596973.shtml，2019 年 8 月 24 日。

生鲜销售商从生鲜供应商订购数量Q的生鲜农产品，随后生鲜销售商以销售价格p售卖给消费者。政府对生鲜销售商实施财政补贴策略，在采购补贴下，政府会对采购的每单位生鲜农产品进行补贴，补贴金额为t^{P}；在销售补贴下，政府会对销售的每单位生鲜农产品进行补贴，补贴金额为t^{S}。政府在这个过程中不参与决策，而是根据财政预算和市场预期，提前公示单位采购补贴或单位销售补贴，执行期间不再变更。c为生鲜供应商的单位生产成本。不失一般性，假设生鲜销售商的单位销售成本为0，生鲜农产品的残值为0。本节生鲜农产品供应链结构如图8.5所示。

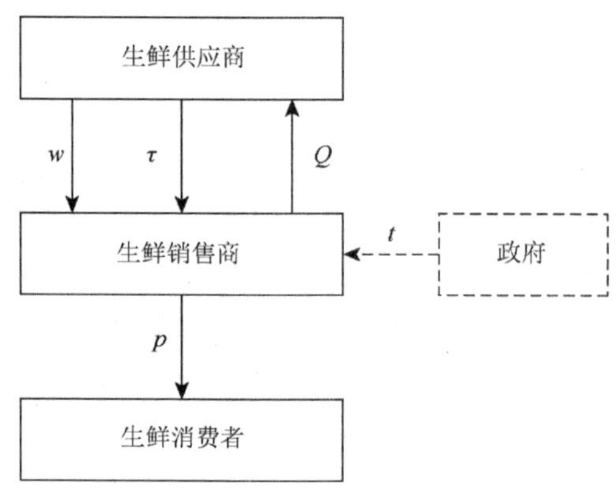

图8.5　政府补贴下生鲜农产品供应链结构

生鲜农产品的需求量d受价格p、新鲜度θ和随机因素的综合影响，参考Cai等（2010）的研究，设需求函数为$d=\alpha p^{-k}\theta(\tau)\varepsilon$，其中，$\alpha$为潜在市场规模$(\alpha>0)$，$k$为需求价格弹性$(k>1)$，$\varepsilon$是与销售价格和新鲜度无关的连续分布的随机影响因子，$\varepsilon\in(0,+\infty)$且$E(\varepsilon)=1$，其概率密度函数和累计分布函数分别为$f(x)$和$F(x)$，$\varepsilon$的广义失败率为$g(x)=xf(x)/\bar{F}(x)$，其中$\bar{F}(x)=1-F(x)$，$\varepsilon$具有递增的广义失败率性质。

新鲜度θ受到生鲜供应商对冷链投入的保鲜努力τ（$0<\tau\leqslant1$）影响，记为$\theta(\tau)$。参考Cai等（2010）的研究，令$\theta(\tau)=\theta_0\tau$，其中$\theta_0$为农产品的初始新鲜度（$0<\theta_0\leqslant1$），且令$\theta_0=1$，所以$\theta(\tau)=\tau$。类似于Cai等（2010）和Zheng等（2017）的研究，考虑保鲜努力投入边际成本严格递增，本节采用$c_f=\eta\tau^2/2$来表示冷链保鲜成本，其中η为冷链保鲜成本系数（$\eta>0$）。

政府在实施补贴策略时受财政补贴预算B的约束，采购补贴总额不能超过财政预算上限，此时$t^{\mathrm{P}}Q\leqslant B$；销售补贴总额不能超过财政预算上限，此时$t^{\mathrm{S}}\min(Q,d)\leqslant B$。

本节中各符号定义如下：下标$i=\{s,r\}$，s代表生鲜供应商，r代表生鲜销售商；上标 $j=\{\mathrm{N,P,S}\}$，N 表示无政府补贴，P 表示实施采购补贴策略，S 表示实施销售补贴策略；上标 $*$ 表示最优值。

8.2.2　基准情形及政府补贴情形分析

本节以无政府补贴为基准情形，并依据现实的补贴策略构建采购补贴模型，着重分析采购补贴策略的有效性，以及采购补贴对生鲜农产品供应链最优决策的影响。

1. 无政府干预均衡分析

在生鲜供应链中，供应商和销售商都以追逐自己的利润最大化为目的，依据生鲜供应商在市场中的主导地位，决策顺序为两阶段的序贯博弈，首先由生鲜供应商决策批发价格 w 和保鲜努力 τ；随后由生鲜销售商决策订货数量 Q 和销售价格 p。此时，生鲜供应商期望利润 π_s^{N}、生鲜销售商期望利润 π_r^{N}、生鲜消费者剩余 $\mathrm{CS^N}$、社会整体福利 $\mathrm{SW^N}$ 分别表示如下：

$$\pi_s^{\mathrm{N}}=(w-c)Q-\eta\tau^2/2 \tag{8.13}$$

$$\pi_r^{\mathrm{N}}=pE\left[\min(Q,d)\right]-wQ \tag{8.14}$$

$$\mathrm{CS^N}=\int_p^{+\infty}(x-p)\phi(x)\mathrm{d}x \tag{8.15}$$

$$\mathrm{SW^N}=\pi_s^{\mathrm{N}}+\pi_r^{\mathrm{N}}+\mathrm{CS^N} \tag{8.16}$$

其中，x 表示消费者支付意愿；$\phi(x)$ 表示支付意愿密度函数，且 $\phi(x)=\alpha kx^{-k-1}\tau\varepsilon$。类似于 Xue 等（2014）、Chen 和 Gallego（2018）的研究，消费者剩余 CS 是指消费者消费一定数量的某种商品，愿意支付的最高价格与这些商品的实际市场价格之间的差额。在 $0<c<w<p$ 约束下，生鲜供应商和销售商的决策均以利润最大化为目的，上述博弈模型用逆向归纳法求解，并借鉴 Petruzzi 和 Dada（1999）、Lariviere（2006）的做法，定义库存因子 $z=Q/(\alpha p^{-k}\tau)$，生鲜销售商的决策变量由 (p,Q) 的最优选择转化为确定最优的 (z,Q)。将 $p=(z\alpha\tau/Q)^{1/k}$ 代入式（8.14）整理得

$$\pi_r^{\mathrm{N}}=\left(\frac{z\alpha\tau}{Q}\right)^{\frac{1}{k}}QE\min\left(1,\frac{\varepsilon}{z}\right)-wQ=(z\alpha\tau)^{\frac{1}{k}}Q^{1-\frac{1}{k}}\left(1-\int_0^z\left(1-\frac{x}{z}\right)f(x)\,\mathrm{d}x\right)-wQ$$

通过对 $\mathrm{d}\pi_r^{\mathrm{N}}/\mathrm{d}z$ 的分析，以及 ε 的广义失败率性质，得到引理 8.2。

引理 8.2　最优库存因子由以下方程确定。

$$\int_0^z(k-1)xf(x)\,\mathrm{d}x=z\big(1-F(z)\big) \tag{8.17}$$

证明 $\frac{\mathrm{d}\pi_r^{\mathrm{N}}}{\mathrm{d}z}=\frac{(\alpha\tau)^{\frac{1}{k}}Q^{1-\frac{1}{k}}\int_0^z xf(x)\mathrm{d}x}{kz^{2-\frac{1}{k}}}\left(\frac{z\left(1-F(z)\right)}{\int_0^z xf(v)\mathrm{d}x}-(k-1)\right)$，定义 $\mathrm{G}(z)=z\bar{F}(z)/\int_0^z xf(x)\mathrm{d}x$，则 $\frac{\mathrm{d}G(z)}{\mathrm{d}z}=\frac{\bar{F}(z)}{\left(\int_0^z xf(x)\mathrm{d}x\right)^2}\int_0^z\left(\frac{xf(x)}{\bar{F}(x)}-\frac{zf(z)}{\bar{F}(z)}\right)\bar{F}(x)\mathrm{d}x$。

由于 ε 的广义失败率为 $h(x)=xf(x)/\bar{F}(x)$，其中 $\bar{F}(x)=1-F(x)$，ε 具有递增的广义失败率性质，所以 $\mathrm{d}G(x)/\mathrm{d}z<0$，此时 $\lim\limits_{x\to 0}\mathrm{d}\pi_r^{\mathrm{N}}/\mathrm{d}z>0$，$\lim\limits_{x\to\infty}\mathrm{d}\pi_r^{\mathrm{N}}/\mathrm{d}z<0$，因此 π_r^{N} 为 z 在 $[0,+\infty)$ 上的凹函数，由凹函数性质可知存在唯一的最优库存因子 z^* 满足 $\mathrm{d}\pi_r^{\mathrm{N}}/\mathrm{d}z=0$，得到 $\int_0^z(k-1)xf(x)\mathrm{d}x=z\left(1-F(z)\right)$。

证明完毕。

根据报童模型的定义，此时有 $0<k\left(1-F(z)\right)/(k-1)<1$，可使价格、采购数量和保鲜努力等满足正的约束条件。由引理 8.2 的结论可知，对上述无政府补贴博弈模型进行求解，得到以下定理 8.5。

定理 8.5　（1）生鲜农产品供应链的均衡决策为：$w^{\mathrm{N}*}=\frac{ck}{k-1}$，$\tau^{\mathrm{N}*}=\frac{z^*\alpha c}{(k-1)\eta}\Lambda^k$，$Q^{\mathrm{N}*}=\frac{z^{*2}\alpha^2 c}{(k-1)\eta}\Lambda^{2k}$，$p^{\mathrm{N}*}=\Lambda^{-1}$。

（2）生鲜农产品供应链成员的均衡期望利润、消费者剩余、社会整体福利为：$\pi_s^{\mathrm{N}*}=\frac{z^{*2}\alpha^2c^2}{2(k-1)^2\eta}\Lambda^{2k}$，$\pi_r^{\mathrm{N}*}=\frac{z^{*2}\alpha^2kc^2}{(k-1)^3\eta}\Lambda^{2k}$，$\mathrm{CS}^{\mathrm{N}*}=\frac{z^{*2}\alpha^2c^2k^2}{(k-1)^4\eta}\Lambda^{2k}$，$\mathrm{SW}^{\mathrm{N}*}=\frac{z^{*2}\alpha^2c^2\zeta}{2(k-1)^4\eta}\Lambda^{2k}$。

其中，$\Lambda=\frac{(k-1)\left(1-F(z^*)\right)}{ck}$，$\zeta=5k^2-4k+1$。

证明　根据引理 8.2 可得 $\int_0^{z^*}\left(1-\frac{x}{z^*}\right)f(x)\,\mathrm{d}x=F(z^*)-\frac{1-F(z^*)}{k-1}$，则

$$\pi_r^{\mathrm{N}}=(z^*\alpha\tau)^{\frac{1}{k}}Q^{1-\frac{1}{k}}k\left(1-F(z^*)\right)/(k-1)-wQ,\quad \frac{\mathrm{d}^2\pi_r^{\mathrm{N}}}{\mathrm{d}Q^2}=\frac{1}{k}(z^*\alpha\tau)^{\frac{1}{k}}\left(-1+F(z^*)\right)Q^{-1-\frac{1}{k}}$$

由于 $k>1$，$0<F(z^*)<1$，所以 $\frac{\mathrm{d}^2\pi_r^{\mathrm{N}}}{\mathrm{d}Q^2}<0$，存在 Q 的最优解。令 $\frac{\mathrm{d}\pi_r^{\mathrm{N}}}{\mathrm{d}Q}=0$，解得 $Q=z^*\alpha\tau\left(\frac{w}{1-F(z^*)}\right)^{-k}$，再将 Q 代入式（8.13）得到 π_s^{N}。

由于 π_s^{N} 需同时决策 w 和 τ，由 Hessian 矩阵负定，得到约束条件 $\omega_1(w,\tau)<0$，$\omega_2(w,\tau)<0$。构建拉格朗日函数，有 $L_1=(w-c)Q-\eta\tau^2/2+g_1\omega_1(w,\tau)+g_2\omega_2(w,\tau)$，

由 KT 条件 $\frac{dL_1}{dw}=\frac{dL_1}{d\tau}=0$ ，$\frac{dL_1}{dg_1}<0$ ，$\frac{dL_1}{dg_2}<0$ ，$g_1\omega_1(w,\tau)=g_2\omega_2(w,\tau)=0$ ，$g_1=g_2=0$ ，联立求解得 w^{N*} 和 τ^{N*} 。

将 w^{N*} 和 τ^{N*} 代入 Q 得 Q^{N*} ，再将 Q^{N*} 代入 $p=(z^*\alpha\tau/Q)^{1/k}$ 得 p^{N*} 。将 w^{N*} 、τ^{N*} 、Q^{N*} 、p^{N*} 依次代入式（8.13）、式（8.14）、式（8.15）、式（8.16），可分别求得 π_s^{N*} 、π_r^{N*} 、CS^{N*} 和 SW^{N*} 。

综上，得到定理 8.5。

2. 政府实施采购补贴的情形

为激励生鲜销售商增加生鲜农产品采购数量，政府将实施采购补贴策略对供给侧进行干预。依据生鲜供应商在市场中的主导地位，决策顺序为两阶段的序贯博弈。首先生鲜供应商参考政府公布的单位采购补贴 t^P ，并依据利润最大化来决策批发价格 w 和保鲜努力 τ ，其次由生鲜销售商依据利润最大化来决策订货数量 Q 和销售价格 p 。此时，生鲜供应商期望利润 π_s^P 、消费者剩余 CS^P 、社会整体福利 SW^P 的公式与无政府补贴的基准情形相同，此处不再列出。生鲜销售商期望利润 π_r^P 、政府支出 GS^P ，分别表示如下：

$$\pi_r^P=pE\left[\min(Q,d)\right]-wQ+E\left[\min(t^PQ,B)\right] \tag{8.18}$$

$$GS^P=E\left[\min(t^PQ,B)\right] \tag{8.19}$$

根据上述描述，在 $0<t^P<c<w<p$ 和 $Qt^P\leqslant B$ 约束下，生鲜供应商和销售商的决策以利润最大化为目的，上述博弈模型用逆向归纳法，同时考虑政府补贴超出预算的特殊情形 $Qt^P>B$ ，得到以下定理 8.6。

定理 8.6　受财政补贴预算约束，实施采购补贴策略时均衡结果存在以下两种情形。

（1）当 $B\geqslant B_1$ 时，生鲜农产品供应链的均衡决策为：$w^{P*}=\frac{ck-t^P}{k-1}$ ，$p^{P*}=\Theta^{-1}$ ，$\tau^{P*}=\frac{z^*\alpha(c-t^P)}{(k-1)\eta}\Theta^k$ ，$Q^{P*}=\frac{z^{*2}\alpha^2(c-t^P)}{(k-1)\eta}\Theta^{2k}$ 。

（2）当 $B<B_1$ 时，生鲜农产品供应链的均衡决策为：$w^{P*}=\frac{ck}{k-1}$ ，$p^{P*}=\Lambda^{-1}$ ，$\tau^{P*}=\frac{z^*\alpha c}{(k-1)\eta}\Lambda^k$ ，$Q^{P*}=\frac{z^{*2}\alpha^2c}{(k-1)\eta}\Lambda^{2k}$ 。

其中，$B_1=\frac{z^{*2}\alpha^2t^P(c-t^P)}{(k-1)\eta}\left(\frac{(k-1)\left(1-F(z^*)\right)}{ck}\right)^{2k}$ ，$\Theta=\frac{(k-1)\left(1-F(z^*)\right)}{k(c-t^P)}$ 。

上述两种情形，生鲜供应链的相关均衡期望利润、消费者剩余、财政支出、社会整体福利如表 8.1 所示。

表 8.1 政府实施采购补贴策略下最优解

最优解	$B \geqslant B_1$	$B < B_1$
$\pi_s^{\mathrm{P}*}$	$\dfrac{z^{*2}\alpha^2(c-t^{\mathrm{P}})^2}{2(k-1)^2\eta}\Theta^{2k}$	$\dfrac{z^{*2}\alpha^2c^2}{2(k-1)^2\eta}\Lambda^{2k}$
$\pi_r^{\mathrm{P}*}$	$\dfrac{z^{*2}\alpha^2k(c-t^{\mathrm{P}})^2}{(k-1)^3\eta}\Theta^{2k}$	$\dfrac{z^{*2}\alpha^2kc^2}{(k-1)^3\eta}\Lambda^{2k}+B$
$\mathrm{CS}^{\mathrm{P}*}$	$\dfrac{z^{*2}\alpha^2k^2(c-t^{\mathrm{P}})^2}{(k-1)^4\eta}\Theta^{2k}$	$\dfrac{z^{*2}\alpha^2c^2k^2}{(k-1)^4\eta}\Lambda^{2k}$
$\mathrm{GS}^{\mathrm{P}*}$	$\dfrac{z^{*2}\alpha^2t^{\mathrm{P}}(c-t^{\mathrm{P}})}{(k-1)\eta}\Theta^{2k}$	B
$\mathrm{SW}^{\mathrm{P}*}$	$\dfrac{z^{*2}\alpha^2(c-t^{\mathrm{P}})^2\zeta}{2(k-1)^4\eta}\Theta^{2k}$	$\dfrac{z^{*2}\alpha^2c^2\zeta}{2(k-1)^4\eta}\Lambda^{2k}+B$

证明 根据引理 8.2 可得$\int_0^{z^*}\left(1-\dfrac{x}{z^*}\right)f(x)\,\mathrm{d}x=F(z^*)-\dfrac{1-F(z^*)}{k-1}$，则对于定理 8.6（1），当 $B \geqslant Qt^{\mathrm{P}}$ 时，$\pi_r^{\mathrm{P}}=(z^*\alpha\tau)^{\frac{1}{k}}Q^{1-\frac{1}{k}}\dfrac{k\left(1-F(z^*)\right)}{k-1}-wQ+t^{\mathrm{P}}Q$，$\dfrac{\mathrm{d}^2\pi_r^{\mathrm{P}}}{\mathrm{d}Q^2}=\dfrac{1}{k}(z^*\alpha\tau)^{\frac{1}{k}}\left(-1+F(z^*)\right)Q^{-1-\frac{1}{k}}$。

由于 $k>1$，$0<F(z^*)<1$，所以$\dfrac{\mathrm{d}^2\pi_r^{\mathrm{P}}}{\mathrm{d}Q^2}<0$，存在 Q 的最优解。考虑约束条件，构建拉格朗函数，有 $L_2=(z^*\alpha\tau)^{\frac{1}{k}}\dfrac{k(1-F)}{k-1}Q^{1-k^{-1}}-wQ+Qt^{\mathrm{P}}+\lambda_1(-Qt^{\mathrm{P}}+B)+\lambda_2(c-t^{\mathrm{P}})$，由 KT 条件$\dfrac{\mathrm{d}L_2}{\mathrm{d}Q}=0$，$\dfrac{\mathrm{d}L_2}{\mathrm{d}\lambda_1}\geqslant 0$，$\dfrac{\mathrm{d}L_2}{\mathrm{d}\lambda_2}>0$，$\lambda_1(-Qt^{\mathrm{P}}+B)=\lambda_2(c-t^{\mathrm{P}})=0$，$\lambda_1\geqslant 0$，$\lambda_2=0$。

（1）当 $\lambda_1=\lambda_2=0$ 时，即 $B>Qt^{\mathrm{P}}$，解得 $Q=z^*\alpha\tau\left(\dfrac{w-t^{\mathrm{P}}}{1-F(z^*)}\right)^{-k}$，再将 Q 代入式（8.13），得 π_s^{P}。由于 π_s^{P} 需同时决策 w 和 τ，由 Hessian 矩阵负定，得到约束条件 $\omega_3(w,\tau)<0$，$\omega_4(w,\tau)<0$。构建拉格朗日函数，有 $L_3=(w-c)Q-\eta\tau^2/2+g_3\omega_3(w,\tau)+g_4\omega_4(w,\tau)$，由 KT 条件$\dfrac{\mathrm{d}L_3}{\mathrm{d}w}=\dfrac{\mathrm{d}L_3}{\mathrm{d}\tau}=0$，$\dfrac{\mathrm{d}L_3}{\mathrm{d}g_3}<0$，$\dfrac{\mathrm{d}L_3}{\mathrm{d}g_4}<0$，

$g_3\omega_3(w,\tau)=g_4\omega_4(w,\tau)=0$， $g_3=g_4=0$， 联立求解得 w^{P*}，τ^{P*}。将 w^{P*} 和 τ^{P*} 代入 $Q=z^*\alpha\tau\left(\dfrac{w-t^P}{1-F(z^*)}\right)^{-k}$ 得 Q^{P*}，再将 Q^{P*} 代入 $p=(z^*\alpha\tau/Q)^{1/k}$ 得 p^{P*}。将 w^{P*}、τ^{P*}、Q^{P*}、p^{P*} 依次代入式（8.13）、式（8.18）、式（8.15）、式（8.16）和式（8.19），可分别求得 π_s^{P*}、π_r^{P*}、CS^{P*}、SW^{P*} 和 GS^{P*}。

（2）当 $\lambda_1\neq 0$，$\lambda_2=0$ 时，即 $B=Qt^P$，解得的边界解是内点解的特解，合并为内点解。

对于定理 8.6(2)，当 $B<Qt^P$ 时，$\pi_r^P=(z^*\alpha\tau)^{\frac{1}{k}}Q^{1-\frac{1}{k}}k\left(1-F(z^*)\right)/(k-1)-wQ+B$，$\dfrac{d^2\pi_r^P}{dQ^2}=\dfrac{1}{k}(z^*\alpha\tau)^{\frac{1}{k}}\left(-1+F(z^*)\right)Q^{-1-\frac{1}{k}}$，由于 $k>1$，$0<F(z^*)<1$，所以 $\dfrac{d^2\pi_r^P}{dQ^2}<0$，存在 Q 最优解。

考虑约束条件，构建拉格朗日函数，$L_4=(z^*\alpha\tau)^{\frac{1}{k}}\dfrac{k(1-F)}{k-1}Q^{1-k^{-1}}-wQ+B+\lambda_3(-Qt^P+B)+\lambda_4(c-t^P)$，由 KT 条件 $\dfrac{dL_4}{dQ}=0$，$\dfrac{dL_4}{d\lambda_3}<0$，$\dfrac{dL_4}{d\lambda_4}>0$，$\lambda_3(-Qt^P+B)=\lambda_4(c-t^P)=0$，$\lambda_3=0$，$\lambda_4=0$ 联立求解得：$Q=z^*\alpha\tau\left(\dfrac{w}{1-F(z^*)}\right)^{-k}$，再将 Q 代入式（8.13），得 π_s^P。由于 π_s^P 需同时决策 w 和 τ，由 Hessian 矩阵负定，得到约束条件 $\omega_5(w,\tau)<0$，$\omega_6(w,\tau)<0$。构建拉格朗日函数，有 $L_5=(w-c)Q-\eta\tau^2/2+g_5\omega_5(w,\tau)+g_6\omega_6(w,\tau)$，由 KT 条件 $\dfrac{dL_5}{dw}=\dfrac{dL_5}{d\tau}=0$，$\dfrac{dL_5}{dg_5}<0$，$\dfrac{dL_5}{dg_6}<0$，$g_5\omega_5(w,\tau)=g_6\omega_6(w,\tau)=0$， $g_5=g_6=0$， 联立求解得 w^{P*} 和 τ^{P*}。将 w^{P*} 和 τ^{P*} 代入 $Q=z^*\alpha\tau\left(\dfrac{w}{1-F(z^*)}\right)^{-k}$ 得 Q^{P*}，再将 Q^{P*} 代入 $p=(z^*\alpha\tau/Q)^{1/k}$ 得 p^{P*}。将 w^{P*}、τ^{P*}、Q^{P*}、p^{P*} 依次代入式（8.13）、式（8.18）、式（8.15）、式（8.16）和式（8.19），可分别求得 π_s^{P*}、π_r^{P*}、CS^{P*}、SW^{P*} 和 GS^{P*}。综上，得到定理 8.6。

比较定理 8.5 和定理 8.6，从政府的视角论证采购补贴策略的有效性，可以得到命题 8.6。

命题 8.6　（1）当 $B\geqslant B_1$ 时，$SW^{P*}-GS^{P*}>SW^{N*}$，$\pi_s^{P*}>\pi_s^{N*}$，$\pi_r^{P*}>\pi_r^{N*}$，$CS^{P*}>CS^{N*}$。

（2）当 $B<B_1$ 时，$SW^{P*}-B=SW^{N*}$，$\pi_s^{P*}=\pi_s^{N*}$，$\pi_r^{P*}-B=\pi_r^{N*}$，$CS^{P*}=CS^{N*}$。

命题 8.6（1）表明：在财政补贴预算充裕时，相比于无政府补贴情形，实施采购补贴策略后社会整体福利得到改善，且新增的社会整体福利高于政府投入，补贴资金杠杆作用明显，说明此时采购补贴策略是有效的。同时，生鲜供应商和销售商的利润增加，消费者剩余获得提升，说明采购补贴策略的实施是可行的。这是因为，采购补贴策略的实施使得生鲜供应商和销售商的利润都增加，更加有利于补贴策略的实施，此时生鲜消费者也从中受益，所获得的消费剩余得到改善，社会整体福利是供应商利润、销售商利润与消费者剩余之和，最终使得社会整体福利实现帕累托改善。这也表明，当财政补贴预算充裕时，采购补贴策略有效且可行，政府应积极实施采购补贴策略，有利于“菜篮子”工程建设，提高全民福利。

命题 8.6（2）表明：在财政补贴预算不足时，采购补贴策略实施后社会整体福利虽有增加，但是新增值等于政府投入，说明此时的采购补贴策略是无效的。同时，生鲜供应商利润和消费者剩余没有发生变化，等于无政府补贴的情形，而生鲜销售商利润的新增值等于政府投入，说明采购补贴的实施不可行。这是因为，少量的补贴资金被生鲜销售商全部攫取，而生鲜供应商并没有分享到任何财政补贴，积极性无法调动起来，仅维持原有的决策，所以生鲜消费者并没有获得新增的消费者剩余，最终体现为采购补贴资金没有发挥杠杆作用，社会整体福利的增加值等于政府投入。这也表明，当政府财政补贴预算不足时，政府投入的财政专项补贴资金激励效果不明显，此时政府的明智决策是不干涉生鲜农产品市场的运营，淡化“有形的手”的作用。

政府实施采购补贴策略后，生鲜供应链各成员该如何实施定价、订货与保鲜策略，经比较分析得到命题 8.7。

命题 8.7　当 $B \geqslant B_1$ 时，$w^{\mathrm{P}*} < w^{\mathrm{N}*}$，$p^{\mathrm{P}*} < p^{\mathrm{N}*}$，$\tau^{\mathrm{P}*} > \tau^{\mathrm{N}*}$，$Q^{\mathrm{P}*} > Q^{\mathrm{N}*}$。

证明　根据定理 8.5 和定理 8.6 的结果，以及 $k>1$，$0<t<c$，$0<F(z^*)<1$，$kF(z^*)>1$ 的性质，可知 $\dfrac{w^{\mathrm{P}*}}{w^{\mathrm{N}*}}=\dfrac{ck-t}{ck}<1$，$\dfrac{p^{\mathrm{P}*}}{p^{\mathrm{N}*}}=\dfrac{c-t}{c}<1$，$\dfrac{\tau^{\mathrm{P}*}}{\tau^{\mathrm{N}*}}=\left(\dfrac{c}{c-t}\right)^{k-1}>1$，$\dfrac{Q^{\mathrm{P}*}}{Q^{\mathrm{N}*}}=\left(\dfrac{c}{c-t}\right)^{2k-1}>1$。证明完毕。

命题 8.7 表明：在财政补贴预算充裕时，采购补贴实施后的最优批发价格和销售价格都低于无政府补贴的情形，说明采购补贴对生鲜农产品价格有平抑作用；最优保鲜努力和订购数量都高于无政府补贴的情形，说明采购补贴对保鲜努力和订购数量有促进作用。这是因为，采购补贴降低了生鲜销售商单位采购成本，使得销售商采购动机增加，提升了采购量。生鲜供应商为了进一步刺激销售商增加采购，有降低批发价格的动机，同时也会提升保鲜努力投入，以进一步刺激需求，间接推动销售商增加采购量。完成生鲜农产品采购后，销售商为了将扩大采购部分的生鲜农产品售卖出去，减少生鲜农产品滞销损失，通常会选择对生鲜农产品进行降价促销，同时供应商批发价格降低，双重边际效应减弱，使得销售商提价的压力减弱，也促使销售商降价促销，这些都加速生鲜农产品的终端流通，此时生鲜消费者可购买价格便宜且更新鲜的生鲜农产品。这也表明，当政府财政补贴预算充裕时，采购补贴策略的实施能有效平抑物价、增加供给、提高保鲜努力投入，能缓解农民“卖菜难”和货源“供给不足”等问题。

3. 政府实施销售补贴的情形

为了有效促进生鲜销售商加大对生鲜农产品的销售，政府还会通过销售补贴等方式对需求侧进行干预。对于此情形，决策顺序为两阶段的序贯博弈，首先由生鲜供应商参考政府公布的单位销售补贴 t^{S}，并依据利润最大化来决策批发价格 w 和保鲜努力 τ，其次由生鲜销售商依据利润最大化来决策订货数量 Q 和销售价格 p。此时，生鲜供应商期望利润 π_s^{S}、生鲜消费者剩余 CS^{S}、社会整体福利 SW^{S} 的公式与无政府补贴的基准情形相同，此处不再列出。生鲜销售商期望利润 π_r^{S}、政府支出 GS^{S} 分别表示如下：

$$\pi_r^{\mathrm{S}} = pE\left[\min(Q,d)\right] - wQ + E\left[\min\left(t^{\mathrm{S}}\min(Q,d), B\right)\right] \tag{8.20}$$

$$\mathrm{GS}^{\mathrm{S}} = E\left[\min\left(t^{\mathrm{S}}\min(Q,d), B\right)\right] \tag{8.21}$$

根据上述描述，在 $0 < t^{\mathrm{S}} < c < w < p$ 和 $t^{\mathrm{S}}\min(Q,d) \leqslant B$ 约束下，生鲜供应商和销售商的决策是以利润最大化为目的，同时考虑政府补贴超出预算的特殊情形 $t^{\mathrm{S}}\min(Q,d) > B$，此博弈模型用逆向归纳法求解，步骤与定理 8.6 类似，得到定理 8.7。

定理 8.7　受财政补贴预算约束，实施销售补贴策略时均衡结果存在两种情形：

（1）当 $B \geqslant B_2$ 时，生鲜农产品供应链的均衡决策为：$w^{\mathrm{S}*} = \dfrac{k\left(F(z^*)t^{\mathrm{S}} + ck - c - t^{\mathrm{S}}\right)}{(k-1)^2}$，$\tau^{\mathrm{S}*} = \dfrac{z\alpha\left(1-F(z^*)\right)}{k\eta}\Gamma^{k-1}$，$Q^{\mathrm{S}*} = \dfrac{z^{*2}\alpha^2\left(1-F(z^*)\right)}{k\eta}\Gamma^{2k-1}$，$p^{\mathrm{S}*} = \Gamma^{-1}$。

（2）当 $B < B_2$ 时，生鲜农产品供应链的均衡决策为：$w^{\mathrm{S}*} = \dfrac{ck}{k-1}$，$\tau^{\mathrm{S}*} = \dfrac{z^*\alpha c}{(k-1)\eta}\Lambda^k$，$Q^{\mathrm{S}*} = \dfrac{z^{*2}\alpha^2 c}{(k-1)\eta}\Lambda^{2k}$，$p^{\mathrm{S}*} = \Lambda^{-1}$。

其中，$B_2=\frac{z^{*2}\alpha^2t^{\mathrm{S}}\left(1-F(z^*)\right)^2}{(k-1)\eta}\left(\frac{(k-1)^2\left(1-F(z^*)\right)}{\left(\left(F(z^*)t^{\mathrm{S}}+c-t^{\mathrm{S}}\right)k-c\right)k}\right)^{2k-1}$，$\Gamma=\frac{(k-1)^2\left(1-F(z^*)\right)}{\left(\left(F(z^*)t^{\mathrm{S}}+c-t^{\mathrm{S}}\right)k-c\right)k}$。

上述两种情形，生鲜供应链的相关均衡期望利润、消费者剩余、财政支出、社会整体福利如表 8.2 所示。

表 8.2 政府实施销售补贴策略下最优解

最优解	$B\geqslant B_2$	$B<B_2$
$\pi_s^{\mathrm{S}*}$	$\frac{z^{*2}\alpha^2\left(1-F(z^*)\right)^2}{2k^2\eta}\Gamma^{2k-2}$	$\frac{z^{*2}\alpha^2c^2}{2(k-1)^2\eta}\Lambda^{2k}$
$\pi_r^{\mathrm{S}*}$	$\frac{z^{*2}\alpha^2\left(1-F(z^*)\right)^2}{k(k-1)\eta}\Gamma^{2k-2}$	$\frac{z^{*2}\alpha^2kc^2}{(k-1)^3\eta}\Lambda^{2k}+B$
$\mathrm{CS}^{\mathrm{S}*}$	$\frac{z^{*2}\alpha^2k^2\delta}{(k-1)^6\eta}\Gamma^{2k}$	$\frac{z^{*2}\alpha^2c^2k^2}{(k-1)^4\eta}\Lambda^{2k}$
$\mathrm{GS}^{\mathrm{S}*}$	$\frac{z^{*2}\alpha^2\left(1-F(z^*)\right)^2t^{\mathrm{S}}}{(k-1)\eta}\Gamma^{2k-1}$	B
$\mathrm{SW}^{\mathrm{S}*}$	$\frac{z^{*2}\alpha^2\delta\zeta}{2\eta(k-1)^6}\Gamma^{2k}$	$\frac{z^{*2}\alpha^2c^2\zeta}{2(k-1)^4\eta}\Lambda^{2k}+B$

其中，$\delta=\left(\left(F(z^*)t^{\mathrm{S}}+c-t^{\mathrm{S}}\right)k-c\right)^2$。

证明 根据引理 8.2 可得$\int_0^{z^*}\left(1-\frac{x}{z^*}\right)f(x)\,\mathrm{d}x=F(z^*)-\frac{1-F(z^*)}{k-1}$，则

（1）$B\geqslant t^{\mathrm{S}}\min(Q,d)$ 时，$\pi_r^{\mathrm{S}}=\left((z^*\alpha\tau)^{\frac{1}{k}}Q^{-\frac{1}{k}}+t^{\mathrm{S}}\right)\left(1-\int_0^{z^*}\left(1-\frac{x}{z^*}\right)f(x)\,\mathrm{d}x\right)-wQ=\left((z^*\alpha\tau)^{\frac{1}{k}}Q^{-\frac{1}{k}}+t^{\mathrm{S}}\right)Q\frac{k\left(1-F(z^*)\right)}{k-1}-wQ$，$\frac{\mathrm{d}\pi_r^{\mathrm{S}}}{\mathrm{d}Q}=\frac{k\left(1-F(z^*)\right)}{k-1}\left((k-1)(z^*\alpha\tau)^{\frac{1}{k}}Q^{-\frac{1}{k}}+kt^{\mathrm{S}}\right)-w$，$\frac{\mathrm{d}^2\pi_r^{\mathrm{S}}}{\mathrm{d}Q^2}=\frac{1}{k}(z^*\alpha\tau)^{\frac{1}{k}}\left(1-F(z^*)\right)Q^{-1-\frac{1}{k}}$。由于$k>1$，$0<F(z^*)<1$，所

以 $\frac{\mathrm{d}^2\pi_r^{\mathrm{S}}}{\mathrm{d}Q^2}<0$ ，存在 Q 的最优解。考虑约束条件，构建拉格朗日函数，$L_6=\left((z^*\alpha\tau)^{\frac{1}{k}}Q^{-\frac{1}{k}}+t^{\mathrm{S}}\right)Q\frac{k\left(1-F(z^*)\right)}{k-1}-wQ+\lambda_5\left(-Qt^{\mathrm{S}}\frac{k\left(1-F(z^*)\right)}{k-1}+B\right)+\lambda_6(c-t^{\mathrm{S}})$ ，

由 KT 条件 $\frac{\mathrm{d}L_6}{\mathrm{d}Q}=0$ ，$\frac{\mathrm{d}L_6}{\mathrm{d}\lambda_5}\geqslant 0$ ，$\frac{\mathrm{d}L_6}{\mathrm{d}\lambda_6}>0$ ，$\lambda_5\left(-Qt^{\mathrm{S}}\frac{k\left(1-F(z^*)\right)}{k-1}+B\right)=\lambda_6(c-t^{\mathrm{S}})=0$ ，$\lambda_5\geqslant 0$ ，$\lambda_6=0$ 。求解过程参考定理 8.6，解得 $w^{\mathrm{S}*}$ 、$\tau^{\mathrm{S}*}$ 、$Q^{\mathrm{S}*}$ 、$p^{\mathrm{S}*}$ ，并依次代入式（8.13）、式（8.20）、式（8.15）、式（8.16）和式（8.21），可分别求得 $\pi_s^{\mathrm{S}*}$ 、$\pi_r^{\mathrm{S}*}$ 、$\mathrm{CS}^{\mathrm{S}*}$ 、$\mathrm{SW}^{\mathrm{S}*}$ 和 $\mathrm{GS}^{\mathrm{S}*}$ 。

（2）当 $B<t^{\mathrm{S}}\min(Q,d)$ 时，$\pi_r^{\mathrm{S}}=\left((z^*\alpha\tau)^{\frac{1}{k}}Q^{-\frac{1}{k}}\right)\left(1-\int_0^{z^*}\left(1-\frac{x}{z^*}\right)f(x)\,\mathrm{d}x\right)-wQ+B=\left((z^*\alpha\tau)^{\frac{1}{k}}Q^{-\frac{1}{k}}\right)Q\frac{k\left(1-F(z^*)\right)}{k-1}-wQ+B$ ，$\frac{\mathrm{d}\pi_r^{\mathrm{S}}}{\mathrm{d}Q}=\left(1-F(z^*)\right)z^*\alpha\tau)^{\frac{1}{k}}Q^{-\frac{1}{k}}-w$ ，$\frac{\mathrm{d}^2\pi_r^{\mathrm{S}}}{\mathrm{d}Q^2}=\frac{1}{k}(z^*\alpha\tau)^{\frac{1}{k}}\left(-1+F(z^*)\right)Q^{-1-\frac{1}{k}}$ 。由于 $k>1$，$0<F(z^*)<1$，所以 $\frac{\mathrm{d}^2\pi_r^{\mathrm{S}}}{\mathrm{d}Q^2}<0$ ，存在 Q 的最优解。考虑约束条件，构建拉格朗日函数，$L_7=\left((z^*\alpha\tau)^{\frac{1}{k}}Q^{-\frac{1}{k}}\right)Q\frac{k\left(1-F(z^*)\right)}{k-1}-wQ+B+\lambda_7\times\left(-Qt^{\mathrm{S}}\frac{k\left(1-F(z^*)\right)}{k-1}+B\right)+\lambda_8(c-t^{\mathrm{S}})$ 。

由 KT 条件 $\frac{\mathrm{d}L_7}{\mathrm{d}Q}=0$ ，$\frac{\mathrm{d}L_7}{\mathrm{d}\lambda_7}<0$ ，$\frac{\mathrm{d}L_6}{\mathrm{d}\lambda_8}>0$ ，$\lambda_7\left(-Qt^{\mathrm{S}}\frac{k\left(1-F(z^*)\right)}{k-1}+B\right)=\lambda_8(c-t^{\mathrm{S}})=0$ ，$\lambda_7=0$ ，$\lambda_8=0$ 。具体求解过程参考定理 8.6，解得 $w^{\mathrm{S}*}$ 、$\tau^{\mathrm{S}*}$ 、$Q^{\mathrm{S}*}$ 、$p^{\mathrm{S}*}$ ，并依次代入式（8.13）、式（8.20）、式（8.14）、式（8.16）和式（8.21），可分别求得 $\pi_s^{\mathrm{S}*}$ 、$\pi_r^{\mathrm{S}*}$ 、$\mathrm{CS}^{\mathrm{S}*}$ 、$\mathrm{SW}^{\mathrm{S}*}$ 和 $\mathrm{GS}^{\mathrm{S}*}$ 。

综上，得到定理 8.7。

比较定理 8.5 和定理 8.7，从政府的视角论证销售补贴策略的有效性，可以得到命题 8.8。

命题 8.8　（1）当 $B\geqslant B_2$ 时，$\mathrm{SW}^{\mathrm{S}*}-\mathrm{GS}^{\mathrm{S}*}>\mathrm{SW}^{\mathrm{N}*}$ ，$\pi_s^{\mathrm{S}*}>\pi_s^{\mathrm{N}*}$ ，$\pi_r^{\mathrm{S}*}>\pi_r^{\mathrm{N}*}$ ，$\mathrm{CS}^{\mathrm{S}*}>\mathrm{CS}^{\mathrm{N}*}$ 。

（2）当 $B<B_2$ 时，$\mathrm{SW}^{\mathrm{S}*}-B=\mathrm{SW}^{\mathrm{N}*}$ ，$\pi_s^{\mathrm{S}*}=\pi_s^{\mathrm{N}*}$ ，$\pi_r^{\mathrm{S}*}-B=\pi_r^{\mathrm{N}*}$ ，$\mathrm{CS}^{\mathrm{S}*}=\mathrm{CS}^{\mathrm{N}*}$ 。

命题 8.8（1）表明：在财政补贴预算充裕时，实施销售补贴策略后，社会整

体福利优于无政府补贴情形，且新增的社会整体福利高于政府投入，说明补贴策略是有效的。同时，相对于无政府补贴情形，生鲜供应商利润、销售商利润和消费者剩余均得到提高，说明补贴策略是可行的。这是因为，社会整体福利由生鲜农产品供应链各成员的利润组成，销售补贴策略对三者的影响为正，都得到不同程度增加，最终使得社会整体福利实现帕累托改善。这也表明，当财政补贴预算充裕时，销售补贴策略有效且可行，政府实施销售补贴策略可改善生鲜供应链的运营状况，生鲜供应商、销售商、消费者以及政府都从中获益。

命题 8.8（2）表明：在财政补贴预算不足时，实施销售补贴策略后，社会整体福利的增加值等于政府投入，说明补贴策略是无效的。生鲜供应商利润和消费者剩余没有增加，而生鲜销售商利润的增加值等于政府投入，说明补贴策略是不可行的。这是因为，对于刚性需求较大的生鲜农产品，实际销售数量远超财政预算限制的阈值，少量的财政补贴预算被生鲜销售商全部攫取，生鲜销售商依然维持原有的决策，此时生鲜供应商更不会主动改变决策，所以消费者剩余维持原有水平，最终使得社会整体福利的新增部分等于政府投入，投入的补贴资金没有发挥杠杆作用。这也表明，当财政补贴预算不足时，如政府对每个生鲜销售店铺补贴少量的资金，补贴被生鲜销售商全部攫取，并不能产生任何激励效果，政府对市场的干预是徒劳的。

政府实施销售补贴策略后，生鲜供应链各成员该如何实施定价、订货与保鲜策略，经比较分析得到命题 8.9。

命题 8.9　当 $B \geqslant B_2$ 时，$w^{S*} < w^{N*}$，$p^{S*} < p^{N*}$，$\tau^{S*} > \tau^{N*}$，$Q^{S*} > Q^{N*}$。

证明　根据定理 8.5 和定理 8.7 的结果，以及 $k>1$，$0<t<c$，$0<F(z^*)<1$ 的性质，可知 $\dfrac{w^{S*}}{w^{N*}} = \dfrac{c(k-1)-\left(1-F(z^*)\right)t}{c(k-1)} < 1$，$\dfrac{p^{S*}}{p^{N*}} = \dfrac{c(k-1)-\left(1-F(z^*)\right)kt}{c(k-1)} < 1$，

$$\frac{\tau^{S*}}{\tau^{N*}} = \left(\frac{c(k-1)}{c(k-1)-\left(1-F(z^*)\right)kt}\right)^{k-1} > 1,\quad \frac{Q^{S*}}{Q^{N*}} = \left(\frac{c(k-1)}{c(k-1)-\left(1-F(z^*)\right)kt}\right)^{2k-1} > 1。$$

证明完毕。

命题 8.9 表明：在财政补贴资金充裕时，销售补贴实施后的最优批发价格和销售价格都低于无政府补贴的情形，说明销售补贴策略对生鲜农产品的价格有平抑作用；最优保鲜努力和订购数量都高于无政府补贴的情形，说明销售补贴策略对保鲜努力和订购数量有促进作用。这是因为，单位销售补贴提高生鲜销售商的边际收益，提升了销售商销售动力，进而使得其增加了采购量。同时销售补贴也降低了销售商提价的压力，此时降价带来的需求提升的正向作用占优于单位收益减损造成的负向影响。销售商采购量的增加使得供应商降低批发价格的动机增强，也即此时降低批发价格带来的采购量增加的正向作用占优于降低批发价格带来的

边际收益的减损的负向影响。保鲜努力的提升能刺激需求，间接刺激销售商增加采购量。面对新增的采购订单，生鲜供应商不仅降低了批发价格，而且加大对保鲜努力的投入，此时生鲜农产品价格便宜且更新鲜，消费者购买欲望增强。这也表明，当政府财政预算充裕时，销售补贴策略可以有效平抑物价、拉动需求、促进保鲜努力投入，能缓解“买菜贵”和“内需不足”等社会痛点。

8.2.3 政府补贴策略比较分析

1. 政府补贴策略选择

为评估采购补贴策略和销售补贴策略的优劣，作为政府干预市场运作时策略选择的依据。为此，令单位补贴相等，即 $t^{\mathrm{P}}=t^{\mathrm{S}}=t$，并在 $B\geqslant\min(B_2,B_1)$ 内，即考虑至少有一种补贴策略生效的情形，而不考虑两种策略都无效的情形，对定理 8.6 和定理 8.7 进一步比较分析得到命题 8.10。

命题 8.10 通过对两种补贴策略消费者剩余和社会整体福利的比较，政府的补贴策略如表 8.3 所示。

表 8.3 政府补贴策略

参数范围	消费者剩余	社会整体福利	政府补贴策略
$B_2\leqslant B<B_1$	$\mathrm{CS}^{\mathrm{S}*}>\mathrm{CS}^{\mathrm{P}*}$	$\mathrm{SW}^{\mathrm{S}*}>\mathrm{SW}^{\mathrm{P}*}$	S
$B\geqslant B_1$	$\mathrm{CS}^{\mathrm{P}*}>\mathrm{CS}^{\mathrm{S}*}$	$\mathrm{SW}^{\mathrm{P}*}>\mathrm{SW}^{\mathrm{S}*}$	P

证明 当 $B_2\leqslant B<B_1$ 时，根据定理 8.6 和定理 8.7 的结果，可知 $\dfrac{\mathrm{CS}^{\mathrm{S}*}}{\mathrm{CS}^{\mathrm{P}*}}=\left(\dfrac{c(k-1)}{c(k-1)-\left(1-F(z^*)\right)kt}\right)^{2k-2}$，$c(k-1)-\left(c(k-1)-\left(1-F(z^*)\right)kt\right)=kt\left(1-F(z^*)\right)$，由于 $k>1$，$0<t<c$，$0<F(z^*)<1$，此时有 $kt\left(1-F(z^*)\right)>0$，所以 $\dfrac{\mathrm{CS}^{\mathrm{S}*}}{\mathrm{CS}^{\mathrm{P}*}}>1$。

对 SW 进行比较时，取阈值上限且令 $B=B_1$，此时 $\dfrac{\mathrm{SW}^{\mathrm{S}*}}{\mathrm{SW}^{\mathrm{P}*}}=\left(\dfrac{c(k-1)}{c(k-1)-\left(1-F(z^*)\right)kt}\right)^{2k-2}\left(1+\dfrac{t(k-1)\left(1-F(z^*)\right)}{(c-t)\left(kF(z^*)-F(z^*)/2+1/2\right)}\left(\dfrac{c}{c-t}\right)^{2k-2}\right)$，由于 $k>1$，$0<t<c$，$0<F(z^*)<1$，$kF(z^*)>1$，此时 $c(k-1)-\left(c(k-1)-\left(1-F(z^*)\right)kt\right)=$

$kt\left(1-F(z^*)\right)>0$，且 $\dfrac{\mathrm{SW}^{\mathrm{S}*}}{\mathrm{SW}^{\mathrm{P}*}}=\dfrac{t(k-1)\left(1-F(z^*)\right)}{(c-t)\left(kF(z^*)-F(z^*)/2+1/2\right)}\left(\dfrac{c}{c-t}\right)^{2k-2}>0$，所以 $\dfrac{\mathrm{SW}^{\mathrm{S}*}}{\mathrm{SW}^{\mathrm{P}*}}>1$。

当 $B\geqslant B_1$ 时，根据定理 8.6 和定理 8.7 的结果，可知 $\dfrac{\mathrm{CS}^{\mathrm{S}*}}{\mathrm{CS}^{\mathrm{P}*}}=\left(\dfrac{(c-t)(k-1)}{c(k-1)-\left(1-F(z^*)\right)kt}\right)^{2k-2}$，$(c-t)(k-1)-\left(c(k-1)-\left(1-F(z^*)\right)kt\right)=-\left(kF(z^*)-1\right)t$，由于 $0<t<c$，$kF(z^*)>1$，此时有 $-\left(kF(z^*)-1\right)t<0$，所以 $\dfrac{\mathrm{CS}^{\mathrm{S}*}}{\mathrm{CS}^{\mathrm{P}*}}<1$。同理，$\dfrac{\mathrm{SW}^{\mathrm{S}*}}{\mathrm{SW}^{\mathrm{P}*}}=\dfrac{(c-t)(k-1)}{c(k-1)-\left(1-F(z^*)\right)kt}^{2k-2}<1$。

证明完毕。

命题 8.10 表明：在财政补贴预算相对于销售补贴充裕，但是对于采购补贴不足时，实施销售补贴策略时消费者剩余和社会整体福利的最优值大于采购补贴策略，说明销售补贴激励效果强。这是因为，由于需求的不确定性，实际销售的生鲜农产品数量小于或等于采购数量，所以销售补贴所需的财政预算小于或等于采购补贴预算。此时，相对于采购补贴而言，财政补贴预算显得不足，无法产生正向激励，消费者所获得的消费者剩余没有变化，对社会整体福利没有起到杠杆作用，即此时采购补贴是无效的；相对于销售补贴而言，财政补贴预算充裕，正向激励效果明显，可有效改善消费者剩余和社会整体福利。这也表明，政府应该权衡财政预算和实际补贴所需资金是否有缺口，选择能产生激励且激励效果好的补贴策，所以此时政府只能选择销售补贴策略，对生鲜农产品的需求侧进行干预。

在财政补贴预算对所有补贴策略都充裕时，实施采购补贴策略时消费者剩余和社会整体福利大于销售补贴策略，说明采购补贴激励效果强。这是因为，虽然需求的不确定性使得两种补贴策略所需的财政资金有差异，但是在财政补贴预算很充裕的情形下，能确保采购的所有生鲜农产品都能获得补贴，而且是在采购阶段便可以获得补贴，有效规避需求不确定性的负向影响，此时采购补贴激励效果凸显，其对消费者剩余的增加幅度高于销售补贴，最终对社会整体福利的改善优于销售补贴。这也表明，若专项财政补贴预算充裕，政府应优先考虑采购补贴策略，因为此时采购补贴的激励效果最为明显。

财政补贴资金缺口不仅与财政预算有关，而且与单位补贴的设置相关。为此，对补贴阈值进行分析得到推论 8.2。

推论 8.2　$\dfrac{\partial(B_1-B_2)}{\partial t}>0$。

证明

$$
\begin{aligned}
&\frac{\partial(B_1-B_2)}{\partial t}\\
&=\frac{z^2\alpha^2}{(k-1)^2\eta}\left(\frac{k(c-t)}{(k-1)\left(1-F(z^*)\right)}\right)^{-2k}\left(\begin{array}{l}(k-1)\left(2(k-1)t+c\right)\\ -\left(\dfrac{(c-t)(k-1)}{\left(\left(F(z^*)-1\right)t+c\right)k-c}\right)^{2k}\\ \times\left(c+2kt\left(1-F(z^*)\right)k\left(1-F(z^*)\right)\right)\end{array}\right)\\
&>\frac{z^2\alpha^2}{(k-1)^2\eta}\left(\frac{k(c-t)}{(k-1)\left(1-F(z^*)\right)}\right)^{-2k}\left((k-1)\left(2(k-1)t+c\right)-\left(c+2kt\left(1-F(z^*)\right)k\right)\left(1-F(z^*)\right)\right)\\
&=\frac{z^2\alpha^2}{(k-1)^2\eta}\left(\frac{k(c-t)}{(k-1)\left(1-F(z^*)\right)}\right)^{-2k}\left(c+2t\left((k-1)+\left(1-F(z^*)\right)k\right)\right)>0
\end{aligned}
$$

备注：因为 $(c-t)(k-1)-\left(\left(F(z^*)-1\right)t+c\right)k-c=-t\left(F(z^*)k-1\right)<0$，所以 $\dfrac{(c-t)(k-1)}{\left(\left(F(z^*)-1\right)t+c\right)k-c}<1$。

证明完毕。

推论 8.2 表明：财政补贴阈值的差值，即采购补贴策略无效且销售补贴策略有效的区域，随着单位补贴的增大而增大。这是因为，由于需求的随机性，采购数量大于销售数量，采购补贴策略所需的财政预算大于销售补贴策略，而随着单位补贴的增大，采购补贴策略的预算缺口增大，采购补贴策略越容易失效。这也表明，随着单位补贴的增大，采购补贴失效而销售补贴仍然有效的范围增大，即只能实施销售补贴策略的区域增大。

2. 补贴策略实施后决策变量的变化

上述从政府干预的视角对两种补贴策略进行初步判断，接下来分析不同补贴策略实施后决策变量的变化，探讨不同补贴策略干预后产生差异的原因，通过比较分析得到命题 8.11。

命题 8.11　当 $B\geqslant B_1$ 时，$w^{P*}<w^{S*}$，$p^{P*}<p^{S*}$，$\tau^{P*}>\tau^{S*}$，$Q^{P*}>Q^{S*}$。

证明　根据定理 8.6 和定理 8.7 的结果，可知 $\dfrac{w^{P*}}{w^{S*}}=\dfrac{(ck-t)(k-1)}{\left(c(k-1)-\left(1-F(z^*)\right)t\right)k}$，$(ck-t)(k-1)-\left(\left(c(k-1)-\left(1-F(z^*)\right)t\right)k\right)=-\left(kF(z^*)-1\right)t$，由于 $0<t<c$，$kF(z^*)>1$，

此时有 $-\left(kF(z^*)-1\right)t<0$ ，所以 $\frac{w^{P*}}{w^{S*}}<1$ 。同理 $\frac{p^{P*}}{p^{S*}}=\frac{(c-t)(k-1)}{c(k-1)-\left(1-F(z^*)\right)kt}$ ，$(c-t)(k-1)-\left(c(k-1)-\left(1-F(z^*)\right)kt\right)=-\left(kF(z^*)-1\right)t<0$ ，所以 $\frac{p^{P*}}{p^{S*}}<1$ 。$\frac{\tau^{S*}}{\tau^{P*}}=\left(\frac{c(k-1)-\left(1-F(z^*)\right)kt}{(c-t)(k-1)}\right)^{k-1}<1$ ，$\frac{Q^{S*}}{Q^{P*}}=\left(\frac{c(k-1)-\left(1-F(z^*)\right)kt}{(c-t)(k-1)}\right)^{2k-1}<1$ 。

证明完毕。

命题 8.11 表明：在财政补贴资金充裕时，实施采购补贴策略的批发价格和销售价格都低于销售补贴策略，保鲜努力和订购数量高于销售补贴策略，说明采购补贴策略对价格的平抑作用大于销售补贴策略，对订购数量和保鲜努力的促进作用大于销售补贴策略。这是因为，由于消费者需求的随机性，对于生鲜销售商来说，采购补贴策略的实施可以使得所采购的生鲜农产品提前获得补贴，能有效减少经营风险，而销售补贴属于事后补贴，即生鲜农产品必须卖出后才能获得补贴，对于销售不出去的农产品不但不能获得补贴，而且会产生一定的亏损。所以，采购补贴策略更能鼓励生鲜销售商积极备货，增加采购数量，同时降价促销的幅度大于销售补贴策略，此时生鲜供应商积极提高对保鲜努力的投入，说明采购补贴策略的激励效果大于销售补贴策略。这也表明，当财政补贴预算充裕时，采购补贴策略相比于销售补贴策略更能有效降低生鲜销售商经营风险，因此更能有效激励生鲜供应链成员积极参与运营。

单位补贴设置的高低是否会影响政府干预的效果，尤其是对不同补贴策略最优值影响的差异？为了为今后单位补贴的设置提供理论依据，我们通过比较分析得出推论 8.3。

推论 8.3 当 $B\geqslant B_1$ 时，$\frac{\partial w^{P*}}{\partial t}<\frac{\partial w^{S*}}{\partial t}<0$ ，$\frac{\partial p^{P*}}{\partial t}<\frac{\partial p^{S*}}{\partial t}<0$ ，$\frac{\partial \tau^{P*}}{\partial t}>\frac{\partial \tau^{S*}}{\partial t}>0$ ，$\frac{\partial Q^{P*}}{\partial t}>\frac{\partial Q^{S*}}{\partial t}>0$ ；$\frac{\partial \mathrm{CS}^{P*}}{\partial t}>\frac{\partial \mathrm{CS}^{S*}}{\partial t}>0$ ，$\frac{\partial \mathrm{SW}^{P*}}{\partial t}>\frac{\partial \mathrm{SW}^{S*}}{\partial t}>0$ 。

证明 因为 $k>1$ ，$0<\frac{k\left(1-F(z^*)\right)}{k-1}<1$ ，故 $\frac{\partial w^{P*}}{\partial t}=-\frac{1}{k-1}<0$ ，$\frac{\partial w^{S*}}{\partial t}=-\frac{k\left(1-F(z^*)\right)}{(k-1)^2}<0$ ，$\frac{\partial w^{P*}}{\partial t}\bigg/\frac{\partial w^{S*}}{\partial t}=\frac{k-1}{k\left(1-F(z^*)\right)}>1$ ，故 $\frac{\partial w^{P*}}{\partial t}<\frac{\partial w^{S*}}{\partial t}<0$ 。其他不等式证明参考上述推导过程。

证明完毕。

推论 8.3 表明：在财政补贴资金充裕时，不管实施何种补贴，均衡批发价格和销售价格与单位补贴变化趋势相反，均衡保鲜努力、采购数量、消费者剩余和社会整体福利与单位补贴变化趋势相同。同时，单位采购补贴对价格的负向影响强于单位销售补贴，对保鲜努力、采购数量、消费者剩余和社会整体福利的正向影响强于单位销售补贴。随着单位补贴增大，生鲜供应商更愿意降低批发价和提高保鲜努力，生鲜销售商更愿意降低销售价和增加采购量，给消费者剩余和社会整体福利带来的正向影响增大，补贴策略的激励效果更明显。这也表明，若是财政补贴预算充裕，为了强化补贴策略的激励效果，政府应优先考虑采购补贴策略，同时可将单位补贴拟定相对高一些。

3. 补贴策略风险分析

任何政府干预都是一柄“双刃剑”，补贴策略的实施会产生一定的负面影响。为此，通过比较分析在不同补贴策略下产生的滞销损失，借以评估不同补贴策略的风险，得到以下命题 8.12。

命题 8.12　当 $B \geqslant B_1$ 时，$\left(Q^{\mathrm{P}*}-E\left[\min(Q^{\mathrm{P}*},d^{\mathrm{P}*})\right]\right)w^{\mathrm{P}*} > (Q^{\mathrm{S}*}-E[\min(Q^{\mathrm{S}*}, d^{\mathrm{S}*})])w^{\mathrm{S}*}$。

证明　$\left(Q^{\mathrm{P}*}-E\left[\min(Q^{\mathrm{P}*},d^{\mathrm{P}*})\right]\right)w^{\mathrm{P}*} / \left(Q^{\mathrm{S}*}-E\left[\min(Q^{\mathrm{S}*},d^{\mathrm{S}*})\right]\right)w^{\mathrm{S}*}$

$$=\frac{(ck-t)(k-1)}{k\left(\left(F(z^*)-1\right)t+ck-c\right)}\left(\frac{(c-t)(k-1)}{\left(\left(F(z^*)-1\right)t+c\right)k-c}\right)^{1-2k}$$

$$>\frac{(ck-t)(k-1)}{k\left(\left(F(z^*)-1\right)t+ck-c\right)}\left(\frac{(c-t)(k-1)}{\left(\left(F(z^*)-1\right)t+c\right)k-c}\right)^{-1}>1$$

其中，$\left(\left(\left(F(z^*)-1\right)t+c\right)k-c\right)(ck-t)(k-1)-k\left(\left(F(z^*)-1\right)t+ck-c\right)(c-t)(k-1)=(k-1)^2ck\left(F(z^*)k-1\right)>0$。

证明完毕。

命题 8.12 表明：在财政补贴预算充裕时，生鲜销售商在采购补贴下的期望损失将大于销售补贴情形。这是因为，由于消费者需求的随机性，采购补贴使得生鲜销售商在采购时就能获得政府补贴，而销售补贴是生鲜销售商在将产品售卖完之后才能获得补贴，所以采购补贴策略有力促进生鲜销售商积极增加采购数量，且新增的采购数量高于销售补贴情形。但是，不是所有的生鲜农产品都能及时销售出去，滞销的生鲜农产品变质且价值为零，将产生一定的损失，由于采购补贴鼓励采购的数量高于销售补贴情形，可能产生的损失将高于销售补贴情形。这也表明，政府应权衡采购补贴策略和销售补贴策略的利弊，根据市场供需情况有侧重点地选择补贴策略，而且应实时地掌握补贴策略可能带来的负面影响，避免生鲜农产品供过于求，造成不必要的浪费。

4. 补贴策略效率分析

两种补贴策略的激励效果不一样，除了比较绝对值的变化大小以外，还需考虑财政补贴资金的使用效率，为此，针对财政预算充裕的情形，重点比较分析社会整体福利和消费者剩余，得到以下命题 8.13。

命题 8.13 当 $B \geqslant B_1$ 时，$\frac{\text{SW}^{\text{P*}}}{\text{GS}^{\text{P*}}} < \frac{\text{SW}^{\text{S*}}}{\text{GS}^{\text{S*}}}$；$\frac{\text{CS}^{\text{P*}}}{\text{GS}^{\text{P*}}} < \frac{\text{CS}^{\text{S*}}}{\text{GS}^{\text{S*}}}$。

证明 当 $B \geqslant B_1$ 时，因为 $\frac{\text{SW}^{\text{P*}}}{\text{GS}^{\text{P*}}} = \frac{(c-t)\left(2kF(z^*)-F(z^*)+1\right)}{2(k-1)\left(1-F(z^*)\right)t}$，$\frac{\text{SW}^{\text{S*}}}{\text{GS}^{\text{S*}}} = \frac{\left(\left(F(z^*)t+c-t\right)k-c\right)\left(2kF(z^*)-F(z^*)+1\right)}{2k(k-1)\left(1-F(z^*)\right)^2 t}$，所以 $\frac{\text{SW}^{\text{P*}}}{\text{GS}^{\text{P*}}} - \frac{\text{SW}^{\text{S*}}}{\text{GS}^{\text{S*}}} = -\frac{\left(2kF(z^*)-F(z^*)+1\right)\left(kF(z^*)-1\right)c}{2k(k-1)\left(1-F(z^*)\right)^2 t} < 0$。备注：$kF(z^*)-1>0$。

同理，可证 $\frac{\text{CS}^{\text{P*}}}{\text{GS}^{\text{P*}}} - \frac{\text{CS}^{\text{S*}}}{\text{GS}^{\text{S*}}} < 0$。

证明完毕。

命题 8.13 表明：在财政补贴预算充裕时，实施采购补贴策略后，单位财政补贴对应的社会整体福利和消费者剩余低于销售补贴情形，这说明销售补贴策略对财政补贴资金的使用效率相对较高。这是因为，在资金充裕的情形，不仅单位补贴拟定较高，并且可补贴生鲜农产品数量较大，两种补贴策略下的社会整体福利和消费者剩余都显著增加；由于需求的不确定性，随着单位补贴的增加，采购数量比销售数量增加较多，使得社会整体福利和消费者剩余的增量高于销售补贴策略，但是此时财政补贴资金的边际效率在递减，单位财政补贴对应的社会整体福利和消费者剩余低于销售补贴策略的情形。这里出现了补贴的悖论，采购补贴策略使得整体社会福利提升更高，但采购补贴策略下资金效率较低。所以这里引出一个值得思考的问题：在政府评价补贴策略时，如何在社会整体福利和资金效率之间进行权衡？这也表明，政府在选择补贴策略时，以施政目标为主，同时也应兼顾财政资金的使用效率，根据不同情形有侧重点地选择补贴策略。

8.2.4 数值算例

基于上述理论分析结果，为进一步揭示 t 和 k 对生鲜供应链决策变量、消费者剩余和社会整体福利的影响，采用数值算例直观呈现上述重要命题，从政府干预的视角挖掘更多管理学启示。根据 $d=\alpha p^{-k}\theta(\tau)\varepsilon$ ，其中取 $\alpha=100$ ， $\varepsilon\in U[0,2]$ ， $c=1$ ， $\eta=30$ ， $B=2$ ， $z^*=4/(k+1)$ ， $F(z^*)=1-z^*/4$ 。为确保 $0<\tau\leqslant 1$ ，此时 $0<t^j<0.88$ ，取 $t^j\in[0.05,0.85]\in[0,c)$ 。

1. 不同补贴策略对消费者剩余和社会整体福利的影响

观察图 8.6 发现：①当 $B\geqslant B_1$ 时［图 8.6（a）］， $\mathrm{CS}^{\mathrm{P}*}>\mathrm{CS}^{\mathrm{S}*}>\mathrm{CS}^{\mathrm{N}*}$ ， $\mathrm{SW}^{\mathrm{P}*}>\mathrm{SW}^{\mathrm{S}*}>\mathrm{SW}^{\mathrm{N}*}$ ，表明采购补贴策略激励效果强于销售补贴策略，并且消费者剩余和社会整体福利随着 t 的增大而上升，单位采购补贴可设置高一些；②当 $B_2\leqslant B<B_1$ 时［图 8.6（b）］， $\mathrm{CS}^{\mathrm{S}*}>\mathrm{CS}^{\mathrm{P}*}=\mathrm{CS}^{\mathrm{N}*}$ ， $\mathrm{SW}^{\mathrm{S}*}>\mathrm{SW}^{\mathrm{P}*}=\mathrm{SW}^{\mathrm{N}*}+B$ ，表

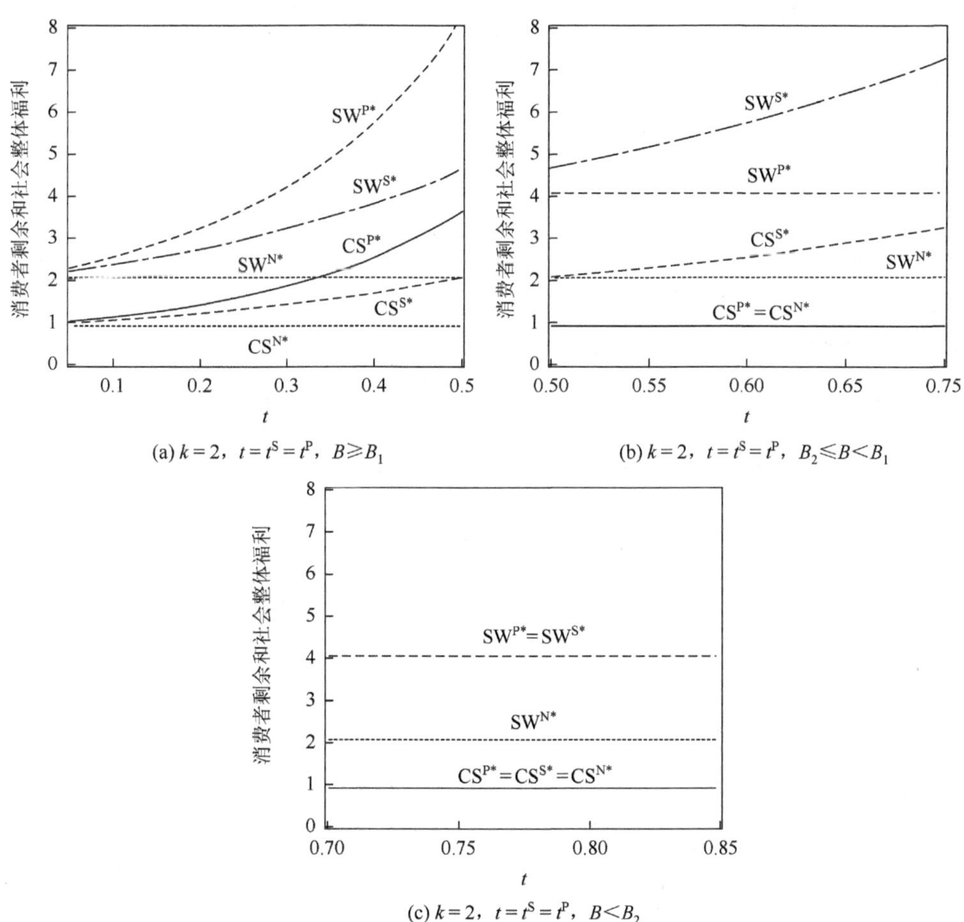

图 8.6　不同补贴策略对消费者剩余和社会整体福利的影响

明销售补贴策略激励效果强于采购补贴策略，并且消费者剩余和社会整体福利随着 t 的增大而上升，单位销售补贴可设置高一些；③当 $B<B_2$ 时［图 8.6（c）］，$\mathrm{CS}^{\mathrm{P}*}=\mathrm{CS}^{\mathrm{S}*}=\mathrm{CS}^{\mathrm{N}*}$，$\mathrm{SW}^{\mathrm{P}*}=\mathrm{SW}^{\mathrm{S}*}=\mathrm{SW}^{\mathrm{N}*}+B$，消费者剩余没有随着 t 的增大而发生变化，补贴策略的实施没有激励效果，并且社会整体福利的增加值仅等于投入的财政补贴资金，并没有产生杠杆作用。

2. 不同补贴策略对最优决策的影响

在财政补贴预算充裕时，为研究不同补贴对不同类型生鲜农产品的影响，取 $k_1=1.7$、$k_2=2.0$、$k_3=2.5$，分别代表蔬菜、肉类、海鲜三种生鲜农产品，并用下标 1、2、3 分别表示。这是因为，蔬菜是人们日常必须消费的农产品且价格较低，此时蔬菜的价格需求弹性较小；而海鲜不是人们日常必需消费的农产品且价格较高，此时海鲜的价格需求弹性较大；而肉类的价格需求弹性介于两者之间。观察图 8.7 发现：①如图 8.7（a）～图 8.7（c）所示，$p^{\mathrm{P}*}<p^{\mathrm{S}*}$，$Q^{\mathrm{P}*}>Q^{\mathrm{S}*}$，$\tau^{\mathrm{P}*}>\tau^{\mathrm{S}*}$，表明采购补贴策略平抑物价、增加供给、提升保鲜投入的效果强于销售补贴策略，并且随着 t 的增大，上述效果更加明显；②如图 8.7（a）所示，$p_3^{\mathrm{P}*}<p_2^{\mathrm{P}*}<p_1^{\mathrm{P}*}$，表明采购补贴对于海鲜、肉类两类产品价格的平抑作用显著，对于蔬菜类的平抑作用稍微差一点；③如图 8.7（b）所示，$Q_1^{\mathrm{P}*}>Q_2^{\mathrm{P}*}>Q_3^{\mathrm{P}*}$，$Q_1^{\mathrm{S}*}>Q_2^{\mathrm{S}*}>Q_3^{\mathrm{S}*}$，表明采购补贴对三类生鲜农产品增加供给的作用都很显著，但是略有区别，对蔬菜最为显著，对肉类次之，对海鲜较弱，销售补贴的作用次序类似采购补贴，但是对海鲜的作用不是特别明显；④如图 8.7（c）所示，$\tau_1^{\mathrm{P}*}>\tau_2^{\mathrm{P}*}>\tau_3^{\mathrm{P}*}$，$\tau_1^{\mathrm{S}*}>\tau_2^{\mathrm{S}*}>\tau_3^{\mathrm{S}*}$，表明两种补贴对三类生鲜农产品增加保鲜投入的作用次序一致，对蔬菜最显著，对肉类次之，对海鲜较弱，需留意销售补贴对海鲜的促进作用不是特别明显。在实践中，对于刚性需求较大的蔬菜类生鲜农产品，采购补贴能有效平抑物价、增加供

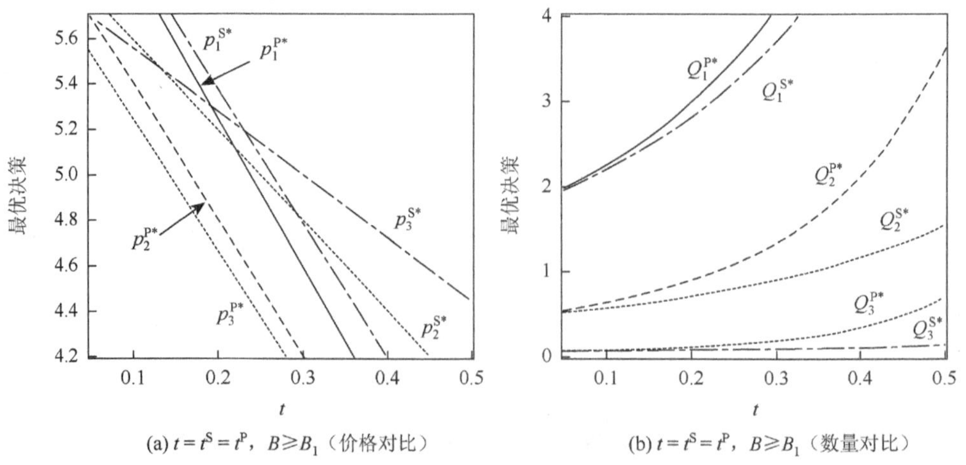

(a) $t=t^{\mathrm{S}}=t^{\mathrm{P}}$，$B\geqslant B_1$（价格对比）　　(b) $t=t^{\mathrm{S}}=t^{\mathrm{P}}$，$B\geqslant B_1$（数量对比）

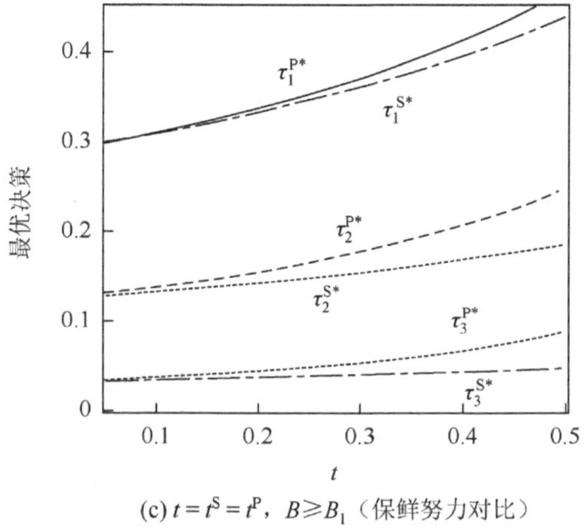

(c) $t=t^S=t^P$，$B \geqslant B_1$（保鲜努力对比）

图 8.7　不同补贴策略对最优决策的影响

给、提升保鲜投入，而销售补贴依然有效，只是相对弱一些，为次优策略；针对 2019 年猪肉批发价格飙升至每公斤约 30 元，出现供不应求的现象，各地政府投入 20 多亿元的专项补贴款，为有效抑制价格上涨、保障有效供给，政府应首选采购补贴策略，其次再考虑财政补贴资金的使用效率问题。

3. 不同补贴策略的财政资金效率比较

为了比较分析政府实施采购补贴策略和销售补贴策略的效率，特定义补贴资金杠杆率 ρ^j 为实施补贴策略下社会整体福利最优值 SW^{j*} 与无政府补贴最优值 SW^{N*} 的差值，与政府补贴支出最优值 GS^{j*} 的比值，即 $\rho^j=(SW^{j*}-SW^{N*})/GS^{j*}$。由于表达式过于复杂，只能采取数值分析的形式，经过观察图 8.8 得到以下观察。

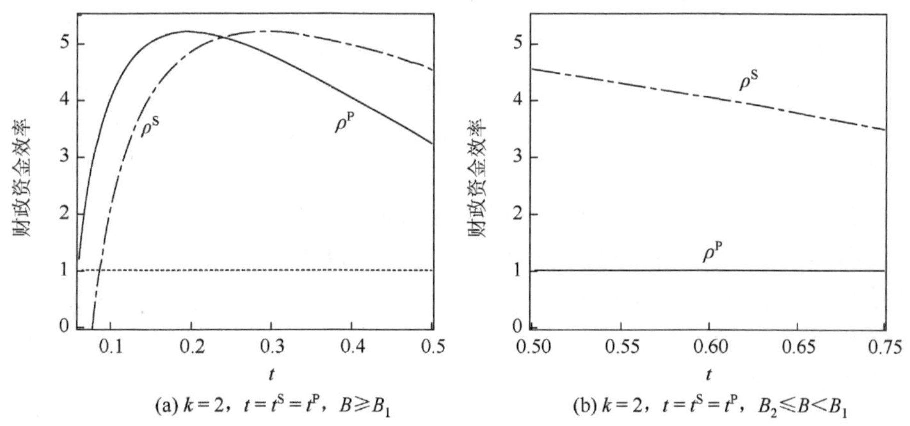

(a) $k=2$，$t=t^S=t^P$，$B \geqslant B_1$

(b) $k=2$，$t=t^S=t^P$，$B_2 \leqslant B < B_1$

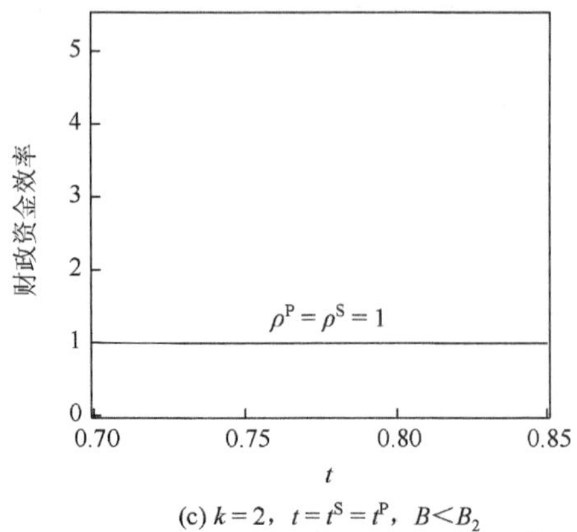

(c) $k=2$，$t=t^S=t^P$，$B<B_2$

图 8.8　不同补贴策略的财政资金效率

观察 8.1　（1）当 $B \geqslant B_1$ 且 $r \leqslant 0.24$ 时，则 $\rho^P \geqslant \rho^S$ 且 $\rho^P > 1$；且 $r > 0.24$ 时，则 $\rho^S > \rho^P > 1$。

（2）当 $B_2 \leqslant B < B_1$ 时，则 $\rho^S > \rho^P = 1$。

（3）当 $B < B_2$ 时，则 $\rho^P = \rho^S = 1$。

观察 8.1（1）表明：当 $B \geqslant B_1$ 时［图 8.8（a）］，若 $r \leqslant 0.24$ 时，$\rho^P \geqslant \rho^S$ 且 $\rho^P > 1$，说明采购补贴策略的资金效率高于或等于销售补贴策略，采购补贴策略的杠杆率大于 1，且在 $r=0.20$ 时达到极大值，所以此区域实施采购补贴策略不仅资金效率高，而且与采购补贴策略激励效果优于销售补贴策略相一致，所以此时实施采购补贴策略是最优策略；若 $r > 0.24$，$\rho^S > \rho^P > 1$，说明销售补贴策略的资金效率高于采购补贴策略，杠杆率大于 1，且在 $r=0.29$ 时达到极大值，但此时销售补贴策略激励效果低于采购补贴策略，此时映射了政府补贴尴尬的地方，即补贴效果与补贴效率不可兼得的矛盾。

观察 8.1（2）表明：当 $B_2 \leqslant B < B_1$ 时［图 8.8（b）］，$\rho^S > \rho^P = 1$，销售补贴策略的资金效率高于采购补贴策略，销售补贴策略的杠杆率大于 1，并与销售补贴策略激励效果高于采购补贴策略相一致，所以此区间实施销售补贴为最优策略。

观察 8.1（3）表明：当 $B < B_2$ 时［图 8.8（c）］，$\rho^P = \rho^S = 1$，投入的补贴资金没有起到杠杆作用，财政资金效率低，所以现实中财政预算不足时，少量补贴资金的投入不但不能有效激励生鲜市场的活力，反而由于补贴资金被生鲜销售商全部攫取，容易引起社会不公，此时政府不干预市场运营反而是最优策略。

8.3　不确定需求下考虑公益性和主体差异的生鲜供应链政府补贴策略

生鲜农产品关系民生建设，商务部会同有关部门围绕“保供应、稳价格”开展公益性农产品市场建设，并明文规定公益性市场“提供平价或微利公共服务”①。在现实中，通过公益性农产品批发市场、平价菜店和社区菜店实施。生鲜农产品具有易腐易逝、生命周期短等特点，其供应易受外部环境冲击，以及市场需求的随机性，使得生鲜农产品供应链运营面临价格波动大、供应不稳定、市场需求变化快等困难。为此，各地政府从加强民生的角度，每年投入一定的专项财政补贴资金，如 2019 年遭受非洲猪瘟的影响猪肉持续涨价，为有效“平抑物价、增加供应”，截至 2019 年 11 月上旬，全国累计下发财政补贴 55.1 亿元②。但由于缺乏具体的指导性文件，各地政府补贴策略不同，从补贴主体角度而言，有生鲜供应商生产成本补贴、生鲜销售商销售成本补贴，以及生鲜消费者购买单价补贴。然而，补贴策略的不同，专项补贴资金的财政杠杆作用不同，对生鲜供应链的决策有着差异影响。因此，政府如何选择合适的主体进行补贴，不同的补贴策略怎样影响最优决策，以及公益性如何影响补贴策略，这些都是亟待研究和解决的现实问题。

8.3.1　问题描述

考虑随机需求环境下，对于由一个生鲜供应商（用下标 s 表示）和一个生鲜销售商（用下标 r 表示）构成的供应链，生鲜供应商将单位生产成本为 c 的生鲜农产品以批发价格 w 进行销售，生鲜销售商从生鲜供应商订购数量 Q 的生鲜农产品，随后生鲜销售商以销售价格 p 售卖给消费者。政府针对供应链中的一个主体进行补贴时，分别是针对供应商售卖给销售商的每单位生鲜农产品给予成本补贴；针对销售商销售出去的每单位生鲜农产品给予销售补贴；针对消费者购买的每单位生鲜农产品给予价格补贴。政府提前公示单位补贴 t，且后续不参与市场的决策。不失一般性，对结果没有实质性影响，假设生鲜销售商的单位销售成本为 0，生鲜农产品的残值为 0。政府对不同主体实施补贴策略的生鲜农产品供应链结构如图 8.9 所示。

① 《商务部等 12 部门关于加强公益性农产品市场体系建设的指导意见》，https://www.gov.cn/xinwen/2016-04/18/content_5065531.htm，2016 年 4 月 18 日。

② 《为了稳定猪肉价格 各地累计发放补贴 55.1 亿元》，http://finance.china.com.cn/industry/20191110/5118639.shtml，2019 年 11 月 10 日。

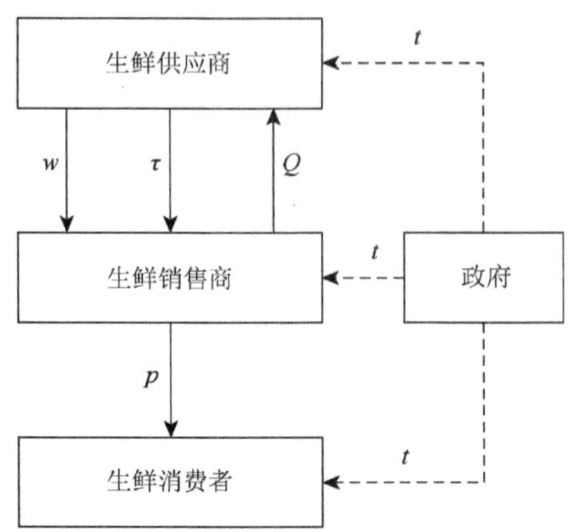

图 8.9 政府补贴下生鲜农产品供应链结构

由于生鲜农产品的需求量d受价格p、新鲜度θ和随机因素的综合影响，参考 Cai 等（2010）的研究，设需求函数为$d=\alpha p^{-k}\theta(\tau)\varepsilon$，其中$\alpha$为市场最大潜在规模的度量（$\alpha>0$），$k$为市场的需求价格弹性（$k>1$），$\theta(\tau)$为生鲜农产品的新鲜度。$\varepsilon$是与销售价格和新鲜度无关的连续分布的随机影响因子，$\varepsilon\in(0,+\infty)$且$E(\varepsilon)=1$，其概率密度函数和累计分布函数分别为$f(x)$和$F(x)$，$\varepsilon$的广义失败率为$h(x)=xf(x)/\bar{F}(x)$，其中$\bar{F}(x)=1-F(x)$，$\varepsilon$具有递增的广义失败率性质。

考虑供应商对生鲜农产品投入的保鲜努力τ（$0<\tau\leqslant1$），此时$\theta(\tau)=\theta_0\tau$，其中$\theta_0$为生鲜农产品的初始新鲜度（$0<\theta_0\leqslant1$），且令$\theta_0=1$，所以$\theta(\tau)=\tau$。类似于 Cai 等（2010）和 Zheng 等（2017）的研究，保鲜努力的投入将产生一定的成本，且保鲜边际成本严格递增，特定义保鲜成本函数为$c(\tau)=\eta\tau^2/2$，其中η为生鲜农产品保鲜成本敏感系数（$\eta>0$）。

在生鲜供应链中，考虑公益性的销售商执行“保供应、稳价格”的职能所以在决策时不仅追逐自身的利润π_r，同时还需兼顾消费者剩余 CS，并以两者之和最大化为目的。类似于 Xue 等（2014）、Chen 和 Gallego（2019）的研究，消费者剩余是指消费者消费一定数量的某种商品愿意支付的最高价格与这些商品的实际市场价格之间的差额。参考 Benjaafar 等（2019）的做法，生鲜销售商效用函数为$V_r=\pi_r+\beta\text{CS}$，其中β为生鲜销售商的公益系数（$0\leqslant\beta\leqslant1$），当$\beta=0$时，生鲜销售商为纯营利性组织；当$\beta=1$时，生鲜销售商为纯公益性组织。

决策顺序遵从 Stackelberg 博弈，生鲜供应商为博弈的主导者，生鲜销售商为博弈的跟随者。首先，生鲜供应商以利润最大化决策批发价格w和保鲜努力τ；随后，生鲜销售商以效用最大化决策订货数量Q和销售价格p。

本节中各符号定义如下：下标$i=\{s,r\}$，s代表生鲜供应商，r代表生鲜销售商；上标 $j=\{\mathrm{N,S,R,C}\}$ ，N 表示无政府补贴，S 表示补贴主体为供应商，R 表示补贴主体为销售商，C 表示补贴主体为消费者；上标 $*$ 表示最优值。

8.3.2　基准情形及政府补贴情形分析

首先研究无政府补贴的基准情形，以及销售商考虑公益性后对生鲜农产品供应链最优决策的影响，其次分别研究政府对生鲜供应商、销售商和消费者实施补贴政策的情形。

1. 无政府干预均衡分析

在政府不干预生鲜农产品市场时，生鲜销售商效用函数为 $V_r^{\mathrm{N}}=\pi_r^{\mathrm{N}}+\beta\mathrm{CS}^{\mathrm{N}}$ 。此时，生鲜供应商期望利润 π_s^{N} 、生鲜销售商期望利润 π_r^{N} 、生鲜消费者剩余 CS^{N} 、社会整体福利 SW^{N} ，分别表示如下：

$$\pi_s^{\mathrm{N}}=(w-c)Q-\eta\tau^2/2 \tag{8.22}$$

$$\pi_r^{\mathrm{N}}=pE\left[\min(Q,d)\right]-wQ \tag{8.23}$$

$$\mathrm{CS}^{\mathrm{N}}=\int_P^{+\infty}(x-p)\phi(x)\mathrm{d}x \tag{8.24}$$

$$\mathrm{SW}^{\mathrm{N}}=\pi_s^{\mathrm{N}}+\pi_r^{\mathrm{N}}+\mathrm{CS}^{\mathrm{N}} \tag{8.25}$$

其中，需求 $\phi(x)=\alpha x^{-k}\tau\varepsilon$ 。在 $0<c<w<p$ 约束下，上述博弈模型用逆向归纳法求解。借鉴 Petruzzi 和 Dada（1999）、Lariviere（2006）的做法，定义库存因子 $z=Q/(\alpha p^{-k}\tau)$ ，生鲜销售商的决策变量由 (p,Q) 的最优选择转化为确定最优的 (z,Q) 。此时，销售商目标函数 $V_r^{\mathrm{N}}=\pi_r^{\mathrm{N}}+\beta\mathrm{CS}^{\mathrm{N}}$ 的具体推导过程如下。

参考 Xue 等（2014）的研究，当不考虑随机需求时，有 $d=\alpha p^{-k}\tau$ 。

$$\because \Phi(x)=1-\alpha x^{-k}\tau,\ \Phi(x)=\mathrm{P}(x<p)=1-\mathrm{P}(x\geqslant p)=1-\alpha x^{-k}\tau$$

$$\therefore P(x\geqslant p)=1-\Phi(x)=\alpha x^{-k}\tau$$

（1）

$$\begin{aligned}\mathrm{CS}^{\mathrm{N}}&=\int_P^{+\infty}(x-p)\phi(x)\mathrm{d}x=\int_P^{+\infty}(x-p)\mathrm{d}\Phi(x)=(x-p)\Phi(x)\Big|_P^{+\infty}-\int_P^{+\infty}\Phi(x)\mathrm{d}x\\&=(x-p)(1-\alpha x^{-k}\tau)\Big|_P^{+\infty}-\int_P^{+\infty}(1-\alpha x^{-k}\tau)\mathrm{d}x\\&=\left[(x-p)(1-\alpha x^{-k}\tau)-\left(x-\frac{\alpha\tau}{1-k}x^{1-k}\right)\right]\Bigg|_P^{+\infty}=\frac{\alpha\tau}{k-1}p^{1-k}\end{aligned}$$

（2）当考虑随机需求时， $d=\alpha p^{-k}\tau\varepsilon$ ， $z=Q/(\alpha p^{-k}\tau)$ ，则

$$\mathrm{CS}^{\mathrm{N}}=\frac{\alpha\tau}{k-1}p^{1-k}\varepsilon E\min\left(1,\frac{Q}{\alpha p^{-k}\tau\varepsilon}\right)=\frac{\alpha\tau}{k-1}p^{1-k}E\min(\varepsilon,z)$$

（3）

$$\begin{aligned}V_r^{\mathrm{N}}&=\pi_r^{\mathrm{N}}+\beta\mathrm{CS}^{\mathrm{N}}=pE\left[\min(Q,d)\right]-wQ+\beta\int_p^{+\infty}(x-p)\phi(x)\mathrm{d}x\\&=pE\left[\min(Q,\alpha p^{-k}\tau\varepsilon)\right]-wQ+\beta\frac{\alpha\tau}{k-1}p^{1-k}E\min(\varepsilon,z)\\&=pQE\left[\min(1,\alpha Q^{-1}p^{-k}\tau\varepsilon)\right]-wQ+\beta\frac{\alpha\tau}{k-1}p^{1-k}E\min(\varepsilon,z)\\&=pQE\min\left(1,\frac{\varepsilon}{z}\right)-wQ+\beta\frac{\alpha z\tau}{k-1}p^{1-k}E\min\left(1,\frac{\varepsilon}{z}\right)\\&=\left(\frac{z\alpha\tau}{Q}\right)^{\frac{1}{k}}QE\min\left(1,\frac{\varepsilon}{z}\right)-wQ+\beta\frac{1}{k-1}\left(\frac{z\alpha\tau}{Q}\right)^{\frac{1}{k}}QE\min\left(1,\frac{\varepsilon}{z}\right)\\&=\left(1+\frac{\beta}{k-1}\right)\left(\frac{z\alpha\tau}{q}\right)^{\frac{1}{k}}q\left(1-\int_0^z\left(1-\frac{x}{z}\right)f(x)\,\mathrm{d}x\right)-wq\end{aligned}$$

通过对 $\mathrm{d}V_r^{\mathrm{N}}/\mathrm{d}z$ 的分析，以及 ε 的广义失败率性质，得到以下引理 8.3。

引理 8.3　最优库存因子由以下方程确定。

$$\int_0^z xf(x)\,\mathrm{d}x=\frac{z\left(1-F(z)\right)}{(k-1)}\tag{8.26}$$

证明　$\dfrac{\mathrm{d}V_r^{\mathrm{N}}}{\mathrm{d}z}=\left(1+\dfrac{\beta}{k-1}\right)\dfrac{(\alpha\tau)^{\frac{1}{k}}Q^{1-\frac{1}{k}}\int_0^z xf(x)\mathrm{d}x}{kz^{2-\frac{1}{k}}}\left(\dfrac{z\left(1-F(z)\right)}{\int_0^z xf(x)\mathrm{d}x}-(k-1)\right)$，定义 $G(x)=z\overline{F}(x)/\int_0^z xf(x)\mathrm{d}x$，则

$$\frac{\mathrm{d}G(x)}{\mathrm{d}z}=\frac{\overline{F}(x)}{\left(\int_0^z xf(x)\mathrm{d}x\right)^2}\int_0^z\left(\frac{xf(x)}{\overline{F}(x)}-\frac{zf(z)}{\overline{F}(z)}\right)\overline{F}(x)\mathrm{d}x$$

由于 ε 的广义失败率为 $h(x)=xf(x)/\overline{F}(x)$，其中 $\overline{F}(x)=1-F(x)$，ε 具有递增的广义失败率性质，所以 $\mathrm{d}G(x)/\mathrm{d}z<0$，此时 $\lim\limits_{x\to 0}\mathrm{d}V_r^{\mathrm{N}}/\mathrm{d}z>0$，$\lim\limits_{x\to\infty}\mathrm{d}V_r^{\mathrm{N}}/\mathrm{d}z<0$，因此 V_r^{N} 为 z 在 $[0,+\infty)$ 上的凹函数，由凹函数性质可知存在唯一的最优库存因子 z^* 满足 $\mathrm{d}V_r^{\mathrm{N}}/\mathrm{d}z=0$，此时得到 $\int_0^z xf(x)\,\mathrm{d}x=z\left(1-F(z)\right)/(k-1)$。

证明完毕。

此时 $0<k\left(1-F(z)\right)/(k-1)<1$，可满足 $p>0$，$Q>0$，$\tau>0$。依据引理 8.3 的结论，逆序求解可得定理 8.8。

定理 8.8　（1）生鲜农产品供应链的均衡决策为：$w^{N*}=\dfrac{kc}{k-1}$，$p^{N*}=\Omega^{-1}$，$\tau^{N*}=\dfrac{z^*\alpha c}{\eta(k-1)}\Omega^k$，$Q^{N*}=\dfrac{z^{*2}\alpha^2 c}{\eta(k-1)}\Omega^{2k}$。

（2）生鲜农产品供应链成员的均衡期望利润、消费者剩余、社会整体福利为：

$$\pi_s^{N*}=\frac{z^{*2}\alpha^2c^2}{2\eta(k-1)^2}\Omega^{2k},\quad \pi_r^{N*}=\frac{z^{*2}\alpha^2c^2k(1-\beta)}{\eta(k-1)^2(k+\beta-1)}\Omega^{2k}$$

$$\mathrm{CS}^{N*}=\frac{z^{*2}\alpha^2c^2k^2}{\eta(k-1)^3(k+\beta-1)}\Omega^{2k},\quad \mathrm{SW}^{N*}=\frac{z^{*2}\alpha^2c^2}{2\eta(k-1)^3(k+\beta-1)}\Theta\Omega^{2k}$$

其中，$\Omega=\dfrac{(k+\beta-1)\left(1-F(z^*)\right)}{kc}$，$\Theta=(-2\beta+5)k^2+(3\beta-4)k-\beta+1$。

证明　根据引理 8.3，可得$\int_0^z xf(x)\mathrm{d}x=z\left(1-F(z)\right)/(k-1)$，则

$$\begin{aligned}V_r^N=\pi_r^N+\beta\mathrm{CS}^N&=\left(\frac{z^*\alpha\tau}{Q}\right)^{\frac{1}{k}}QE\min\left(1,\frac{\varepsilon}{z^*}\right)-wQ+\beta\frac{1}{k-1}\left(\frac{z^*\alpha\tau}{Q}\right)^{\frac{1}{k}}QE\min\left(1,\frac{\varepsilon}{z^*}\right)\\&=\left(1+\frac{\beta}{k-1}\right)\left(\frac{z^*\alpha\tau}{Q}\right)^{\frac{1}{k}}Q\left(1-\int_0^{z^*}\left(1-\frac{x}{z^*}\right)f(x)\mathrm{d}x\right)-wQ\\&=\left(1+\frac{\beta}{k-1}\right)\left(\frac{z^*\alpha\tau}{Q}\right)^{\frac{1}{k}}Q\left(\frac{k\left(1-F(z^*)\right)}{k-1}\right)-wQ\end{aligned}$$

$\dfrac{\mathrm{d}V_r^N}{\mathrm{d}Q}=\left(1+\dfrac{\beta}{k-1}\right)\left(\dfrac{z^*\alpha\tau}{Q}\right)^{\frac{1}{k}}\left(1-F(z^*)\right)Q^{-\frac{1}{k}}-w$，$\dfrac{\mathrm{d}^2V_r^N}{\mathrm{d}Q^2}=-\left(1+\dfrac{\beta}{k-1}\right)\dfrac{1}{k}(z^*\alpha\tau)^{\frac{1}{k}}\left(1-F(z^*)\right)Q^{-1-\frac{1}{k}}$，由于$k>1$，$0<\beta\leqslant1$，$0<F(z^*)<1$，所以$\dfrac{\mathrm{d}^2V_r^N}{\mathrm{d}Q^2}<0$，存在$Q$的最优解。令$\dfrac{\mathrm{d}V_r^N}{\mathrm{d}Q}=0$，解得$Q=z^*\alpha\tau\left(\dfrac{w(k-1)}{(k+\beta-1)\left(1-F(z^*)\right)}\right)^{-k}$，再将$Q$代入$V_r^N$表达式，得$V_r^N$。由于$\pi_s^N$需同时决策$w$和$\tau$，由 Hessian 矩阵负定，得到约束条件：$\omega_1(w,\tau)<0$，$\omega_2(w,\tau)<0$。构建拉格朗日函数，有$L_1=(w-c)Q-\eta\tau^2/2+g_1\omega_1(w,\tau)+g_2\omega_2(w,\tau)$，由 KT 条件$\dfrac{\mathrm{d}L_1}{\mathrm{d}w}=\dfrac{\mathrm{d}L_1}{\mathrm{d}\tau}=0$，$\dfrac{\mathrm{d}L_1}{\mathrm{d}g_1}<0$，$\dfrac{\mathrm{d}L_1}{\mathrm{d}g_2}<0$，$g_1\omega_1(w,\tau)=g_2\omega_2(w,\tau)=0$，$g_1=g_2=0$，联立求解得：$w^{N*}$，$\tau^{N*}$。将$w^{N*}$和$\tau^{N*}$代入

$Q=z^*\alpha\tau\left(\dfrac{w(k-1)}{(k+\beta-1)\left(1-F(z^*)\right)}\right)^{-k}$ 得 Q^{N*}，再将 Q^{N*} 代入 $p=(z^*\alpha\tau/Q)^{1/k}$ 得 p^{N*}。将 w^{N*}、τ^{N*}、Q^{N*}、p^{N*} 依次代入式（8.22）、式（8.23）、式（8.24）和式（8.25），可分别求得 π_s^{N*}、π_r^{N*}、CS^{N*} 和 SW^{N*}。

综上，得到定理 8.8。

为了分析公益性对生鲜供应链各决策变量和均衡值的影响，经分析得到以下推论 8.4。

推论 8.4 （1）$\dfrac{\partial w^{N*}}{\partial\beta}=0$，$\dfrac{\partial p^{N*}}{\partial\beta}<0$，$\dfrac{\partial\tau^{N*}}{\partial\beta}>0$，$\dfrac{\partial Q^{N*}}{\partial\beta}>0$。

（2）当 $0\leqslant\beta\leqslant\dfrac{1}{2}$ 时，$\dfrac{\partial\pi_r^{N*}}{\partial\beta}\geqslant0$；当 $\dfrac{1}{2}<\beta\leqslant1$ 时，$\dfrac{\partial\pi_r^{N*}}{\partial\beta}<0$。$\dfrac{\partial\pi_s^{N*}}{\partial\beta}>0$，$\dfrac{\partial CS^{N*}}{\partial\beta}>0$，$\dfrac{\partial SW^{N*}}{\partial\beta}>0$。

证明 推论 8.4（1）：根据定理 8.8 的结果，易得 $\dfrac{\partial w^{N*}}{\partial\beta}=0$，$\dfrac{\partial p^{N*}}{\partial\beta}=\dfrac{-kc}{(k+\beta-1)^2\left(1-F(z^*)\right)}$，由于 $k>1$，$0<\beta\leqslant1$，$0<F(z^*)<1$，所以 $\dfrac{\partial p^{N*}}{\partial\beta}<0$。同理可以判断出 $\dfrac{\partial\tau^{N*}}{\partial\beta}>0$，$\dfrac{\partial Q^{N*}}{\partial\beta}>0$。

推论 8.4（2）：根据定理 8.8 的结果，易得 $\dfrac{\partial\pi_r^{N*}}{\partial\beta}=\dfrac{2z^{*2}\alpha^2c^2k^2(1-\beta/2)}{\eta(k-1)^2(k+\beta-1)^2}\left(\dfrac{(k+\beta-1)\left(1-F(z^*)\right)}{kc}\right)^{2k}$，由于 $k>1$，$0<\beta\leqslant1$，$0<F(z^*)<1$，所以当 $0\leqslant\beta\leqslant\dfrac{1}{2}$ 时，$\dfrac{\partial\pi_r^{N*}}{\partial\beta}\geqslant0$；当 $\dfrac{1}{2}<\beta\leqslant1$ 时，$\dfrac{\partial\pi_r^{N*}}{\partial\beta}<0$。同理可以判断出 $\dfrac{\partial\pi_s^{N*}}{\partial\beta}>0$，$\dfrac{\partial CS^{N*}}{\partial\beta}>0$，$\dfrac{\partial SW^{N*}}{\partial\beta}>0$。

证明完毕。

推论 8.4（1）表明：批发价格不受公益系数的影响，最优销售价格与公益系数成反比，最优保鲜努力、采购数量与公益系数成正比，说明加强销售商公益性，有利于"保供应、稳价格"。这是因为，虽然生鲜销售商是否考虑公益性对批发价格没有影响，但当加强销售商的公益性时，促使供应商增加对保鲜努力的投入，新鲜度较高的农产品使得消费者需求增加，销售商提高采购量的动机增强，并在销售环节降价促销的意愿增强。这也表明，增强生鲜销售商的公益性，有利于"菜篮子"项目建设。

推论 8.4（2）表明：对于销售商而言，随公益性的加强销售商利润呈现先增加后降低的趋势。供应商利润、消费者剩余和社会整体福利的最优值与公益系数呈正比，说明加强销售商公益性总是对供应商和消费者有利，并促进社会整体福利改善。这是因为，销售商利润受销售价格和需求的联合影响，加强公益性使得边际收益受负向影响、需求受正向影响。公益系数较低时，正向影响占优，销售商利润增加；公益系数较高时，负向影响占优，销售商利润降低。此外，从生鲜销售商利润函数 $\pi_r^{\mathrm{N}} = pE[\min(Q,d)] - wQ$、需求函数 $d = \alpha p^{-k}\tau\varepsilon$，以及 $\partial w^{\mathrm{N}*} / \partial\beta = 0$，$\partial p^{\mathrm{N}*} / \partial\beta < 0$，$\partial\tau^{\mathrm{N}*} / \partial\beta > 0$，$\partial Q^{\mathrm{N}*} / \partial\beta > 0$，可知批发价格不受公益系数影响，当公益系数较低时，销售价格随着公益系数的增大而降低，采购数量和需求数量随着公益系数的增大而增加，说明此时降价促销效果显著，生鲜销售商的利润呈上升趋势；当公益系数较高时，由 $\partial^2 p^{\mathrm{N}*} / \partial\beta^2 = 2kc / \left((k+\beta-1)^3\left(1-F(z^*)\right)\right)$ 可知价格下降的幅度放缓，且人们对生鲜农产品的需求数量受到一定的限制，说明此时降价促销效果不显著，生鲜销售商的利润呈下降趋势。此时，加强生鲜销售商公益性，消费者能以更低的价格购买到新鲜度更高的产品，增加了消费者的剩余，最终使得社会整体福利增加。这也表明，生鲜销售商在一定范围内考虑公益性，有利于利润的增加，但公益性绝非越高越好，所以企业在投入公益性销售事业时需要谨慎。

2. 补贴主体为供应商的情形

政府为缓解生鲜供应商的生产成本压力，对供应商提供的每单位生鲜农产品进行补贴。例如，广东省佛山市 2015 年 3 月在推进生鲜鸡试点运营过程中，为有效降低定点屠宰、冷链配送等新增成本，对供应商供应的每一只鸡给予 2 元的补贴①。与无政府补贴的基准情形不同，此时生鲜供应商期望利润 π_s^{S}、政府支出 GS^{S}，分别表示如下：

$$\pi_s^{\mathrm{S}} = (w-c+t)Q - \eta\tau^2/2 \tag{8.27}$$

$$\mathrm{GS}^{\mathrm{S}} = tQ \tag{8.28}$$

在 $0 < t < c < w < p$ 约束下，用逆向归纳法，得到以下定理 8.9。

定理 8.9　（1）生鲜农产品供应链的均衡决策为：$w^{\mathrm{S}*} = \dfrac{k(c-t)}{k-1}$，$p^{\mathrm{S}*} = \Psi^{-1}$，$\tau^{\mathrm{S}*} = \dfrac{z^*\alpha(c-t)}{\eta(k-1)}\Psi^k$，$Q^{\mathrm{S}*} = \dfrac{z^{*2}\alpha^2(c-t)}{\eta(k-1)}\Psi^{2k}$。

① 《佛山生鲜鸡：宰一只补 2 元，卖出去再补 2 元》，https://xinm123.nfncb.cn/html/n-poultry/391232.html，2015 年 3 月 12 日。

（2）生鲜农产品供应链成员的均衡期望利润、消费者剩余、社会整体福利、政府支出为：$\pi_s^{S*}=\dfrac{z^{*2}\alpha^2(c-t)^2}{2\eta(k-1)^2}\Psi^{2k}$，$\pi_r^{S*}=\dfrac{z^{*2}\alpha^2k(c-t)^2(1-\beta)}{\eta(k+\beta-1)(k-1)^2}\Psi^{2k}$，$\mathrm{CS}^{S*}=\dfrac{z^{*2}\alpha^2k^2(c-t)^2}{\eta(k+\beta-1)(k-1)^3}\Psi^{2k}$，$\mathrm{SW}^{S*}=\dfrac{z^{*2}\alpha^2(c-t)^2}{2\eta(k+\beta-1)(k-1)^3}\Theta\Psi^{2k}$，$\mathrm{GS}^{S*}=\dfrac{z^{*2}\alpha^2t(c-t)}{\eta(k-1)}\Psi^{2k}$。

其中，$\Psi=\dfrac{(k+\beta-1)\left(1-F(z^*)\right)}{k(c-t)}$。

证 明 $V_r^S=\pi_r^S+\beta\mathrm{CS}^S=\left(\dfrac{z^*\alpha\tau}{Q}\right)^{\frac{1}{k}}QE\min\left(1,\dfrac{\varepsilon}{z^*}\right)-wQ+\beta\dfrac{1}{k-1}\left(\dfrac{z^*\alpha\tau}{Q}\right)^{\frac{1}{k}}Q\times E\min\left(1,\dfrac{\varepsilon}{z^*}\right)$。具体推导过程参考定理 8.8，解得 τ^{S*}, w^{S*}。将 w^{S*} 和 τ^{S*} 代入 $Q=z^*\alpha\tau\left(\dfrac{w(k-1)}{(k+\beta-1)\left(1-F(z^*)\right)}\right)^{-k}$ 得 Q^{S*}，再将 Q^{S*} 代入 $p=(z^*\alpha\tau/Q)^{1/k}$ 得 p^{S*}。将 w^{S*}、τ^{S*}、Q^{S*}、p^{S*} 依次代入式（8.27）、式（8.23）、式（8.24）、式（8.25）和式（8.28），可分别求得 π_s^{S*}、π_r^{S*}、CS^{S*}、SW^{S*} 和 GS^{S*}。

综上，得到定理 8.9。

3. 补贴主体为销售商的情形

为有效促进生鲜销售商加大对生鲜农产品的销售，增强其履行公益性职能的能力，政府会对生鲜销售商销售的每单位产品进行补贴。例如，2016 年从 5 月 5 日到 7 月 4 日，为有效抑制猪肉的价格上涨并扩大供给，北京市政府对销售商每销售一斤猪肉给予 2.5 元的补贴。与无政府补贴的基准情形不同，此时生鲜销售商期望利润 π_r^R、政府支出 GS^R 分别表示如下：

$$\pi_r^R=(p+t)E\left[\min(Q,d)\right]-wQ \tag{8.29}$$

$$\mathrm{GS}^R=tE\left[\min(Q,d)\right] \tag{8.30}$$

在 $0<t<c<w<p$ 约束下，用逆向归纳法求解，得到以下定理 8.10。

定理 8.10 （1）生鲜农产品供应链的均衡决策为：$w^{R*}=\dfrac{k\left(F(z^*)t+ck-c-t\right)}{(k-1)^2}$，$p^{R*}=\Gamma^{-1}$，$\tau^{R*}=\dfrac{z^*\alpha\left(\left(F(z^*)t+c-t\right)k-c\right)}{\eta(k-1)^2}\Gamma^k$，$Q^{R*}=\dfrac{z^{*2}\alpha^2\left(\left(F(z^*)t+c-t\right)k-c\right)}{\eta(k-1)^2}\Gamma^{2k}$。

（2）生鲜农产品供应链成员的均衡期望利润、消费者剩余、社会整体福利、政府支出为

$$\pi_s^{R*}=\frac{z^{*2}\alpha^2\left(\left(F(z^*)t+c-t\right)k-c\right)^2}{2\eta(k-1)^4}\Gamma^{2k}$$

$$\pi_r^{R*}=\frac{z^{*2}\alpha^2 k(1-\beta)\left(\left(F(z^*)t+c-t\right)k-c\right)^2}{\eta(k+\beta-1)(k-1)^4}\Gamma^{2k}$$

$$\mathrm{CS}^{R*}=\frac{z^{*2}\alpha^2 k^2\left(\left(F(z^*)t+c-t\right)k-c\right)}{\eta(k+\beta-1)(k-1)^5}\Gamma^{2k}$$

$$\mathrm{SW}^{R*}=\frac{z^{*2}\alpha^2\left(\left(F(z^*)t+c-t\right)k-c\right)^2}{2\eta(k+\beta-1)(k-1)^5}\Theta\Gamma^{2k}$$

$$\mathrm{GS}^{R*}=\frac{z^{*2}\alpha^2 kt\left(1-F(z^*)\right)\left(\left(F(z^*)t+c-t\right)k-c\right)}{\eta(k-1)^3}\Gamma^{2k}$$

其中，$\Gamma=\frac{(k-1)(k+\beta-1)\left(1-F(z^*)\right)}{k\left(\left(F(z^*)t+c-t\right)k-c\right)}$。

证明

$$V_r^{\mathrm{R}}=\pi_r^{\mathrm{R}}+\beta\mathrm{CS}^{\mathrm{R}}=\left(\left(\frac{z^*\alpha\tau}{Q}\right)^{\frac{1}{k}}+t\right)QE\min\left(1,\frac{\varepsilon}{z^*}\right)-wQ+\beta\frac{1}{k-1}\left(\frac{z^*\alpha\tau}{Q}\right)^{\frac{1}{k}}QE\min\left(1,\frac{\varepsilon}{z^*}\right)。$$

具体推导过程参考定理 8.8，解得 τ^{R*}，w^{R*}。将 w^{R*} 和 τ^{R*} 代入 $Q=z^*\alpha\tau\left(\frac{\left(\left(-1+F(z^*)\right)t+w\right)k-w}{(k+\beta-1)\left(1-F(z^*)\right)}\right)^{-k}$ 得 Q^{R*}，再将 Q^{R*} 代入 $p=(z^*\alpha\tau/Q)^{1/k}$ 得 p^{R*}。将 w^{R*}、τ^{R*}、Q^{R*}、p^{R*} 依次代入式（8.22）、式（8.29）、式（8.24）、式（8.25）和式（8.30），可分别求得 π_s^{R*}、π_r^{R*}、CS^{R*}、SW^{R*} 和 GS^{R*}。

综上，得到定理 8.10。

4. 补贴主体为消费者的情形

为了有效拉动消费需求，或者缓解物价上涨压力等，政府会采取直接补贴消费者的政策。例如，2019 年受非洲猪瘟的影响，猪肉价格持续上涨，人们的购买能力下降，消费欲望不强，截至 2019 年 11 月上旬中央财政累计发放 55.1 亿元的补贴给消费者。此时，消费者的需求函数变为 $d=\alpha(p^{\mathrm{C}}-t)^{-k}\theta(\tau)\varepsilon$，将 $p=p^{\mathrm{C}}-t$ 代入式（8.24）可得生鲜消费者剩余 CS^{C}，具体如下：

$$\mathrm{CS}^{\mathrm{C}}=\int_p^{+\infty}\left(x-(p^{\mathrm{C}}-t)\right)\phi(x)\mathrm{d}x \tag{8.31}$$

$$\mathrm{GS}^{\mathrm{C}}=tE\left[\min(Q,d)\right] \tag{8.32}$$

在 $0<t<c<w<p$ 约束下，用逆向归纳法求解，得到以下定理 8.11。

定理 8.11 （1）生鲜农产品供应链的均衡决策为：$w^{C*}=\dfrac{k\left(F(z^*)t+ck-c-t\right)}{(k-1)^2}$，

$p^{C*}=\Gamma^{-1}+t$，$\tau^{C*}=\dfrac{z^*\alpha\left(\left(F(z^*)t+c-t\right)k-c\right)}{\eta(k-1)^2}\Gamma^k$，$Q^{C*}=\dfrac{z^{*2}\alpha^2\left(\left(F(z^*)t+c-t\right)k-c\right)}{\eta(k-1)^2}\Gamma^{2k}$。

（2）生鲜农产品供应链成员的均衡期望利润、消费者剩余、社会整体福利、政府支出为

$$\pi_s^{C*}=\frac{z^{*2}\alpha^2\left(\left(F(z^*)t+c-t\right)k-c\right)^2}{2\eta(k-1)^4}\Gamma^{2k}$$

$$\pi_r^{C*}=\frac{z^{*2}\alpha^2k(1-\beta)\left(\left(F(z^*)t+c-t\right)k-c\right)^2}{\eta(k+\beta-1)(k-1)^4}\Gamma^{2k}$$

$$\mathrm{CS}^{C*}=\frac{z^{*2}\alpha^2k^2\left(\left(F(z^*)t+c-t\right)k-c\right)}{\eta(k+\beta-1)(k-1)^5}\Gamma^{2k},$$

$$\mathrm{SW}^{C*}=\frac{z^{*2}\alpha^2\left(\left(F(z^*)t+c-t\right)k-c\right)^2}{2\eta(k+\beta-1)(k-1)^5}\Theta\Gamma^{2k}$$

$$\mathrm{GS}^{C*}=\frac{z^{*2}\alpha^2kt\left(1-F(z^*)\right)\left(\left(F(z^*)t+c-t\right)k-c\right)}{\eta(k-1)^3}\Gamma^{2k}$$

证明 将 $p=p^{C}-t$ 代入式（8.24）可得生鲜消费者剩余 $\mathrm{CS}^{C}=\int_p^{+\infty}\left(x-(p^{C}-t)\right)\phi(x)\mathrm{d}x$。此时 $V_r^{C}=\pi_r^{C}+\beta\mathrm{CS}^{C}=\left(\left(\dfrac{z^*\alpha\tau}{Q}\right)^{\frac{1}{k}}+t\right)QE\min\left(1,\dfrac{\varepsilon}{z^*}\right)-wQ+\beta\dfrac{1}{k-1}\left(\dfrac{z^*\alpha\tau}{Q}\right)^{\frac{1}{k}}QE\min\left(1,\dfrac{\varepsilon}{z^*}\right)$。具体推导过程参考定理 8.8，解得 τ^{C*},w^{C*}。将 w^{C*} 和 τ^{C*} 代入 $Q=z^*\alpha\tau\left(\dfrac{\left(\left(-1+F(z^*)\right)t+w\right)k-w}{(k+\beta-1)\left(1-F(z^*)\right)}\right)^{-k}$ 得 Q^{C*}，再将 Q^{C*} 代入 $p=(z^*\alpha\tau/Q)^{1/k}$ 得 p^{C*}。将 w^{C*}、τ^{C*}、Q^{C*}、p^{C*} 依次代入式（8.22）、式（8.23）、式（8.31）、式（8.25）和式（8.32），可分别求得 π_s^{C*}、π_r^{C*}、CS^{C*}、SW^{C*} 和 GS^{C*}。

综上，得到定理 8.11。

比较定理 8.10 和定理 8.11，可得以下命题 8.14。

命题 8.14 （1）$w^{R*}=w^{C*}$，$p^{R*}=p^{C*}-t$，$\tau^{R*}=\tau^{C*}$，$Q^{R*}=Q^{C*}$。

（2）$\pi_s^{R*}=\pi_s^{C*}$，$\pi_r^{R*}=\pi_r^{C*}$，$\mathrm{CS}^{R*}=\mathrm{CS}^{C*}$，$\mathrm{GS}^{R*}=\mathrm{GS}^{C*}$，$\mathrm{SW}^{R*}=\mathrm{SW}^{C*}$。

命题 8.14 表明：政府对生鲜消费者实施补贴时，最优批发价格、保鲜努力和采购数量等于对生鲜销售商补贴的情形；最优销售价格减去单位补贴后等于补贴销售商情形的销售价格。这是因为，直接对生鲜消费者实施补贴，使得消费者实际支付减少，隐形的可支配收入增加，将增加对生鲜农产品的购买能力。此时，政府对生鲜消费者直接进行价格补贴的效果，等同于对销售商补贴的效果，且名义销售价格与实际销售价格的差值等于单位补贴，所以对批发价格、保鲜努力和采购数量的影响等同于对销售商补贴的情形，对应的利润、消费者剩余、政府补贴支出、社会整体福利的最优值等于对销售商补贴的情形。这也表明，由于政府对生鲜消费端实施补贴的效果等同于对销售端补贴的效果，并且政府对消费者直接发放补贴的成本较高，可控性不强，而对销售端的补贴操作性较强且成本低，建议政府选择对销售端实施补贴。

证明　将定理 8.10 和定理 8.11 进行比较分析，易得命题 8.14。

8.3.3　政府补贴策略比较分析

由于对生鲜销售商的补贴效果等同于对消费者补贴的效果，接下来重点评估政府对生鲜供应商和销售商实施补贴策略的优劣，作为政府选择干预策略的依据。为阐述方便，特定义新增社会整体福利 $\Delta SW^{j*}=SW^{j*}-SW^{N*}-GS^{j*}$。实施补贴策略后用新增社会整体福利来衡量，若 $\Delta SW^{j*}>0$ 则表明补贴策略的激励作用显著，特定义为有激励效果。

1. *政府补贴策略选择*

比较分析定理 8.8～定理 8.10，可得以下命题 8.15。

命题 8.15　通过对两种补贴策略社会整体福利新增值的比较，政府的补贴策略如表 8.4 所示。

表 8.4　政府补贴策略

参数范围	新增社会整体福利	供应商利润	销售商利润	消费者剩余	政府补贴策略
$0<t\leqslant t_1$	$\Delta SW^{S*}\geqslant\Delta SW^{R*}>0$	$\pi_s^{S*}>\pi_s^{R*}>\pi_s^{N*}$	$\pi_r^{S*}>\pi_r^{R*}>\pi_r^{N*}$	$CS^{S*}>CS^{R*}>CS^{N*}$	S
$t_1<t<t_2$	$\Delta SW^{R*}>\Delta SW^{S*}>0$	$\pi_s^{S*}>\pi_s^{R*}>\pi_s^{N*}$	$\pi_r^{S*}>\pi_r^{R*}>\pi_r^{N*}$	$CS^{S*}>CS^{R*}>CS^{N*}$	R
$t_2\leqslant t<c$	$\Delta SW^{R*}>0\geqslant\Delta SW^{S*}$	$\pi_s^{S*}>\pi_s^{R*}>\pi_s^{N*}$	$\pi_r^{S*}>\pi_r^{R*}>\pi_r^{N*}$	$CS^{S*}>CS^{R*}>CS^{N*}$	R

注：$t_1=H_1^{-1}(\Delta SW^{S*}-\Delta SW^{R*}=0)$，$t_2=H_2^{-1}(\Delta SW^{S*}=0)$，其中 $H_i^{-1}(\cdot)$ 为 t_i 的反函数。

证明　根据定理 8.8、定理 8.9 和定理 8.10 的结果，可得 $\dfrac{\pi_s^{\mathrm{S}*}}{\pi_s^{\mathrm{R}*}}=\left(\dfrac{\big(F(z^*)t+c-t\big)k-c}{(c-k)(k-1)}\right)^{2k-2}$，而 $\big(F(z^*)t+c-t\big)k-c-(c-k)(k-1)=t\big(kF(z^*)-1\big)$，由于 $k>1$，$kF(z^*)>1$，所以 $\dfrac{\pi_s^{\mathrm{S}*}}{\pi_s^{\mathrm{R}*}}>1$。同理可证 $\dfrac{\pi_s^{\mathrm{R}*}}{\pi_s^{\mathrm{N}*}}>1$。综上可得 $\pi_s^{\mathrm{S}*}>\pi_s^{\mathrm{R}*}>\pi_s^{\mathrm{N}*}$。以此类推，可得 $\pi_r^{\mathrm{S}*}>\pi_r^{\mathrm{R}*}>\pi_r^{\mathrm{N}*}$，$\mathrm{CS}^{\mathrm{S}*}>\mathrm{CS}^{\mathrm{R}*}>\mathrm{CS}^{\mathrm{N}*}$。

由定义知 $\Delta\mathrm{SW}^{\mathrm{S}*}=\mathrm{SW}^{\mathrm{S}*}-\mathrm{SW}^{\mathrm{N}*}-\mathrm{GS}^{\mathrm{S}*}$，$\Delta\mathrm{SW}^{\mathrm{R}*}=\mathrm{SW}^{\mathrm{R}*}-\mathrm{SW}^{\mathrm{N}*}-\mathrm{GS}^{\mathrm{R}*}$，所以

$$\frac{\partial\Delta\mathrm{SW}^{\mathrm{S}*}}{\partial t}=\frac{-2z^{*2}\alpha^2}{\eta k^2(c-t)}\left(\frac{(k-1)\big(k\beta F(z^*)-kF(z^*)-\beta+k\big)}{k^2(c-t)}\right)^{2k-1}$$
$$\times\left(\big(F(z^*)(\beta-1)c+t\big)k^2+\left(-\frac{1}{2}t(\beta-1)F(z^*)-\beta c-\frac{1}{2}t\right)k+\frac{1}{2}\beta t\right)$$

$$\frac{\partial\Delta^2\mathrm{SW}^{\mathrm{S}*}}{\partial t^2}=\frac{-4(k-1/2)z^{*2}\alpha^2}{\eta k^2(c-t)^2}\left(\frac{(k-1)\big(k\beta F(z^*)-kF(z^*)-\beta+k\big)}{k^2(c-t)}\right)^{2k-1}$$
$$\times\left(\big(F(z^*)(\beta-1)c+t\big)k^2-\frac{1}{2}\beta(c-t)+\left(\frac{1}{2}(\beta-1)(c-t)F(z^*)+\left(\frac{1}{2}-\beta\right)c-\frac{1}{2}t\right)k\right)$$

令 $\dfrac{\partial\Delta\mathrm{SW}^{\mathrm{S}*}}{\partial t}=0$，则 $t_{01}=\dfrac{2ck\big(k(\beta-1)F(z^*)-\beta\big)}{-2k^2+\big(1+(\beta-1)F(z^*)\big)k-\beta}$；令 $\dfrac{\partial\Delta^2\mathrm{SW}^{\mathrm{S}*}}{\partial t^2}=0$，则 $t_{02}=\dfrac{2c\big(k(\beta-1)F(z^*)-\beta\big)(k-1)}{\big(F(z^*)-1\big)\big(-2k^2+\big(1+(\beta-1)F(z^*)\big)k-\beta\big)}$。若 $t<t_{02}$，$\dfrac{\partial\Delta^2\mathrm{SW}^{\mathrm{S}*}}{\partial t^2}>0$，且 $\Delta\mathrm{SW}^{\mathrm{S}*}\big|_{t=0}=0$，根据凸函数性质知 $\Delta\mathrm{SW}^{\mathrm{S}*}>0$；若 $t\geqslant t_{02}$，$\dfrac{\partial\Delta^2\mathrm{SW}^{\mathrm{S}*}}{\partial t^2}<0$，且 $\Delta\mathrm{SW}^{\mathrm{S}*}\big|_{t=c}<0$，$\Delta\mathrm{SW}^{\mathrm{S}*}\big|_{t=t_{01}}=\max\Delta\mathrm{SW}^{S*}>0$，根据凹函数连续性可知在 $[t_{01},c]$ 存在一点 t_2 使得 $\Delta\mathrm{SW}^{\mathrm{S}*}=0$ 成立。

同理可证 $\dfrac{\partial\Delta\mathrm{SW}^{\mathrm{R}*}}{\partial t}$，$\dfrac{\partial\Delta^2\mathrm{SW}^{\mathrm{R}*}}{\partial t^2}$。令 $\dfrac{\partial\Delta\mathrm{SW}^{\mathrm{R}*}}{\partial t}=0$ 得到 t_{03}；令 $\dfrac{\partial\Delta^2\mathrm{SW}^{\mathrm{R}*}}{\partial t^2}=0$ 得到 t_{04}。以此类推，若 $t<t_{04}$，$\dfrac{\partial\Delta^2\mathrm{SW}^{\mathrm{R}*}}{\partial t^2}>0$，且 $\Delta\mathrm{SW}^{\mathrm{R}*}\big|_{t=0}=0$，根据凸函数性质知 $\Delta\mathrm{SW}^{\mathrm{R}*}>0$；若 $t\geqslant t_{04}$，$\dfrac{\partial\Delta^2\mathrm{SW}^{\mathrm{R}*}}{\partial t^2}<0$，且 $\Delta\mathrm{SW}^{\mathrm{R}*}\big|_{t=c}>0$，$\Delta\mathrm{SW}^{\mathrm{R}*}\big|_{t=t_{03}}=\max\Delta\mathrm{SW}^{\mathrm{R}*}>0$，根据凹函数连续性可知在 $[t_{03},c]$，$\Delta\mathrm{SW}^{\mathrm{R}*}>0$ 恒成立。

同时，$t_{03}/t_{01}=(k-1)/\big(k\big(1-F(z^*)\big)\big)$，由于 $k>1$，$kF(z^*)>1$，所以推出 $t_{03}>t_{01}$；

且得到 $\frac{\Delta SW^{S*}}{\Delta SW^{R*}}\Big|_{t=c/2}$，由于 $k>1$，$kF(z^*)>1$，推出 $\Delta SW^{S*}\big|_{t=c/2}>\Delta SW^{R*}\big|_{t=c/2}$。由以上两个条件，可知在 $[t_{01},t_2]$ 区间 ΔSW^{S*} 和 ΔSW^{R*} 必相交于某一点 t_1。所以，当 $0<t\leqslant t_1$ 时，$\Delta SW^{S*}\geqslant\Delta SW^{R*}>0$；当 $t_1<t<t_2$ 时，$\Delta SW^{R*}>\Delta SW^{S*}>0$；当 $t_2\leqslant t<c$ 时，$\Delta SW^{R*}>0\geqslant\Delta SW^{S*}$。

综上，证得命题 8.15。

命题 8.15 表明：当单位补贴较低（$0<t\leqslant t_1$）时，政府对生鲜供应商实施补贴策略后，社会整体福利的新增值大于对销售商实施补贴策略的新增值，说明政府对供应商实施补贴策略的激励效果强。同时，政府对供应商实施补贴策略后，供应商利润、销售商利润和消费者剩余高于对销售商补贴的情形，且高于无政府补贴的情形，说明补贴策略有效且利于执行。这是因为，由于需求的不确定性，销售商的采购数量基本高于销售数量，补贴策略降低供应商生产成本的效果强于对销售商边际利润的提高。同时，由于单位补贴较低，投入的财政补贴资金杠杆作用明显，对生鲜供应商和销售商投入的补贴资金有效。这也表明，单位补贴设置的高低影响政府补贴的激励效果，当单位补贴较低时，政府对生鲜农产品供应端的干预强于对销售端的干预，此时对生鲜供应端的干预策略为最优策略。

当单位补贴处于中等水平（$t_1<t<t_2$）时，政府对生鲜供应商实施补贴策略后，社会整体福利的新增值小于对销售商实施补贴策略的新增值，说明政府对销售商实施补贴策略的激励效果强。这是因为，当单位补贴处于中等水平时，政府是依据销售商的采购数量对供应商进行的补贴，投入的补贴资金相对较多，补贴策略降低供应商生产成本的效果弱于对销售商边际利润的提高。这也表明，随着单位补贴的增加，政府对生鲜农产品供应端的激励效果逐渐减弱，而对销售端的激励效果逐渐增强，并最终强于对供应端的干预，此时对生鲜销售端的干预策略为最优策略。

当单位补贴较高（$t_2\leqslant t<c$）时，对生鲜供应商补贴时，供应商利润、销售商利润和消费者剩余虽然有增加，但是新增总额将低于投入的财政补贴资金，说明补贴发生了漏损，投入的补贴资金杠杆作用逐渐减弱，甚至出现杠杆作用完全失效的情形，即新增的社会整体福利小于投入的补贴资金。然而，此时政府对生鲜销售商实施的补贴是依据销售数量进行，投入的财政补贴资金没有发生漏损，其财政资金杠杆作用依然有效，激励效果依然显著。这也表明，单位补贴设置过高时，政府对生鲜农产品销售端的干预效果强于对供应端的干预，此时对生鲜销售端的干预策略为最优策略；过高的单位补贴反而会降低对生鲜供应链的补贴效率，不但加重当地政府的财政支出，而且造成的漏损加剧了社会资源的浪费。这

也映射出地方政府对某种生鲜农产品进行大额补贴时，如 2019 年的猪肉补贴，选择对销售端实施补贴的较多，而选择对供应端实施补贴较少的现实。

为考察生鲜销售商公益性的大小对政府补贴策略的选择是否有影响，对上述命题进一步分析得到以下推论 8.5。

推论 8.5 （1）当$0<t<t_3$时，则$\dfrac{\partial \Delta SW^{S*}}{\partial \beta}>\dfrac{\partial \Delta SW^{R*}}{\partial \beta}>0$。

（2）当$t_3\leqslant t<t_4$时，则$\dfrac{\partial \Delta SW^{R*}}{\partial \beta}\geqslant\dfrac{\partial \Delta SW^{S*}}{\partial \beta}>0$。

（3）当$t_4\leqslant t<t_5$时，则$\dfrac{\partial \Delta SW^{R*}}{\partial \beta}>0\geqslant\dfrac{\partial \Delta SW^{S*}}{\partial \beta}$。

（4）当$t_5\leqslant t<c$时，则$\dfrac{\partial \Delta SW^{S*}}{\partial \beta}<\dfrac{\partial \Delta SW^{R*}}{\partial \beta}\leqslant 0$。

其中，$t_3=\dfrac{\left(\left(kF(z^*)\right)^{2k-1}-1\right)}{\left(\left(kF(z^*)\right)^{2k-1}+F(z^*)\right)}t_4$，$t_4=\dfrac{c\left((\beta-2)k-\beta+1\right)(2k-1)}{-2k^3+2k^2+(\beta-2)k-\beta+1}$，$t_5=\dfrac{(k-1)}{k\left(1-F(z^*)\right)}t_4$。

证明 根据定理 8.9 和定理 8.10 的结果，可得

$$\frac{\partial \Delta SW^{S*}}{\partial \beta}=\frac{-2z^{*2}\alpha^2k(c-t)}{\eta(k+\beta-1)^2(k-1)^3}\left(\frac{(k+\beta-1)\left(1-F(z^*)\right)}{k(c-t)}\right)^{2k}\times\left(k^3t+(\beta c-2c-t)k^2+\left(\left(-\frac{3}{2}c-\frac{1}{2}t\right)\beta+2c+t\right)k+\frac{1}{2}(\beta-1)(2+t)\right)$$

$$\frac{\partial \Delta SW^{R*}}{\partial \beta}=\frac{2z^{*2}\alpha^2k\left(\left(F(z^*)t+c-t\right)k-c\right)}{\eta(k+\beta-1)^2(k-1)^5}\left(\frac{(k-1)(k+\beta-1)\left(1-F(z^*)\right)}{k\left(\left(F(z^*)t+c-t\right)k-c\right)}\right)^{2k}$$
$$\times\left(\begin{aligned}&\left(F(z^*)-1\right)k^4t+\left(\left(1-F(z^*)\right)t-(\beta-2)c\right)k^3+\left(-\frac{1}{2}(\beta-2)\left(F(z^*)-1\right)t+c\left(\frac{5}{2}\beta-5\right)\right)k^2\\&+\left(\frac{1}{2}(\beta-1)\left(F(z^*)-1\right)t-2c\left(\beta-\frac{5}{4}\right)\right)k+\frac{1}{2}c(\beta-1)\end{aligned}\right)$$

令$\dfrac{\partial \Delta SW^{S*}}{\partial \beta}\Big/\dfrac{\partial \Delta SW^{R*}}{\partial \beta}=1$，则得到$t_3$；令$\dfrac{\partial \Delta SW^{S*}}{\partial \beta}=0$，则得到$t_4$；令$\dfrac{\partial \Delta SW^{R*}}{\partial \beta}=0$，则得到$t_5$。

结合命题 8.15 的结论，易证推论 8.5 的关系。

综上，证得推论 8.5。

推论 8.5（1）表明：当单位补贴小于阈值 t_3 时，对不同主体实施补贴策略后，社会整体福利新增值与公益系数变化趋势相同，且对供应商的正向影响强于对销售商的影响。这是因为，单位补贴较低时，加强公益性对供应商补贴效益的促进作用较强，财政补贴资金杠杆作用较明显，使得社会整体福利的新增值大于对销售商进行补贴的情形。这也表明，在单位补贴比较低时，通过“保供稳价”等措施加强生鲜销售商的公益性，更能促进供应端的正向激励效果。

推论 8.5（2）～推论 8.5（4）表明：当单位补贴大于等于阈值 t_3 时，对不同主体实施补贴策略后，社会整体福利新增值与公益系数变化趋势变得复杂，此时加强公益性对销售商的激励效果强于对供应商；随着单位补贴进一步增大，加强公益性对供应商的激励逐渐减弱；当单位补贴大于等于阈值 t_4 时，加强公益性对供应商的影响由激励转为削弱；当单位补贴大于等于阈值 t_5 时，加强公益性对供应商和销售商的影响均为削弱，且对供应商的削弱速度快于对销售商的情形。这是因为，单位补贴较高时，加强销售商的公益性使得对应的政府补贴支出增加，同时由于采购数量基本高于销售数量，因此对供应商投入的财政补贴高于对销售商补贴的情形，最终导致社会整体福利的新增值小于对销售商补贴的情形。这也表明，在单位补贴比较高时，加强生鲜销售商公益性对销售端的激励作用相对显著，但是单位补贴设置过高反而弱化补贴策略的正向激励。

2. 补贴策略实施后决策变量的变化

上述对两种补贴策略进行了初步判断，接下来分析不同补贴策略实施后对决策变量的影响，比较分析得到命题 8.16。

命题 8.16　$w^{S*}<w^{R*}<w^{N*}$，$p^{S*}<p^{R*}<p^{N*}$，$\tau^{S*}>\tau^{R*}>\tau^{N*}$，$Q^{S*}>Q^{R*}>Q^{N*}$。

证明　根据定理 8.8～定理 8.10 的结果，可得 $\dfrac{w^{S*}}{w^{R*}}=\dfrac{(c-t)(k-1)}{\big(F(z^*)t+c-t\big)k-c}$，而 $(c-t)(k-1)-\Big(\big(F(z^*)t+c-t\big)k-c\Big)=-t\big(kF(z^*)-1\big)$，由于 $k>1$，$kF(z^*)>1$，所以 $\dfrac{w^{S*}}{w^{R*}}<1$。同理可证 $\dfrac{w^{R*}}{w^{N*}}<1$。综上可得 $w^{S*}<w^{R*}<w^{N*}$。依此类推，可得 $p^{S*}<p^{R*}<p^{N*}$，$\tau^{S*}>\tau^{R*}>\tau^{N*}$，$Q^{S*}>Q^{R*}>Q^{N*}$。

综上，证得命题 8.16。

命题 8.16 表明：对不同主体实施补贴策略后，最优批发价格和销售价格都低于无政府补贴的情形，说明此时实施的补贴策略起到平抑物价的作用；最优保鲜努力和订购数量都高于无政府补贴的情形，说明此时的补贴策略起到提升质量和扩大供应的作用。这是因为，政府对生鲜供应商实施补贴策略后，有效降低了单位生产成本，此时供应商会主动降低批发价格和增加对保鲜努力的投入，并向市场提供更新鲜的农产品。批发价格的降低，使得生鲜销售商的采购成本降低，增加采购量有利于利润和消费者剩余的增加。为了将购进的生鲜农产品及时销售出去，同时考虑让惠于民，销售商将对生鲜农产品进行降价促销。面对既便宜又更新鲜的生鲜农产品，消费者购买欲望加强。同样，政府对生鲜销售商实施补贴策略后，单位补贴不仅提高了生鲜销售商的边际收益，而且增强了履行公益性职能的能力，主动增加采购量，并通过降价售价让利于民。面对新增的订单，生鲜供应商会主动降低批发价格和增加保鲜努力投入，提供的农产品更新鲜。这也表明，当政府对生鲜供应端和销售端进行干预时，补贴策略可以有效平抑物价、增加供应、拉动需求和提升质量，可缓解生鲜农产品“卖菜难、买菜贵”“供应不足”和“滞销”等社会问题。

经过比较分析，对生鲜供应商实施补贴策略时的批发价格和销售价格都低于对销售商进行补贴的情形，保鲜努力和采购数量高于对销售商进行补贴的情形，说明对供应商实施补贴策略时平抑价格、扩大供应、提升保鲜投入的作用更显著。这是因为，在消费者需求随机性影响下，生鲜供应商在供应农产品时获得补贴，而销售商在售卖农产品后获得补贴，补贴时间的延后加剧了生鲜农产品的经营风险。同时，政府对生鲜销售商实施补贴策略时，有效提高销售商边际收益的影响弱于降低供应商边际成本的影响，此时供应商主动降低批发价格和增加保鲜努力投入的力度相对弱一些，提供产品的新鲜度相对较低，销售商增加采购数量和降价促销的力度也相对弱一些。这也表明，虽然对生鲜销售商实施的补贴可提高其边际收益，减轻运营成本压力，增强履行公益性职责的能力，但是补贴策略对决策变量的影响稍弱于对供应商补贴的情形，因此，对生鲜供应商进行补贴时效果相对较强。

为考察生鲜销售商公益性的大小对最优决策的影响是否有差异，经比较分析得到以下推论 8.6。

推论 8.6 $\frac{\partial w^{S*}}{\partial\beta}=\frac{\partial w^{R*}}{\partial\beta}=0$，$\frac{\partial p^{R*}}{\partial\beta}<\frac{\partial p^{S*}}{\partial\beta}<0$，$\frac{\partial Q^{S*}}{\partial\beta}>\frac{\partial Q^{R*}}{\partial\beta}>0$，$\frac{\partial\tau^{S*}}{\partial\beta}>\frac{\partial\tau^{R*}}{\partial\beta}>0$。

证明 根据命题 8.15 的结果，易得 $\frac{\partial w^{S*}}{\partial\beta}=\frac{\partial w^{R*}}{\partial\beta}=0$。

$$\frac{\partial p^{S*}}{\partial\beta}=\frac{-k^2(c-t)\left(kF(z^*)-1\right)}{\left(\left(F(z^*)\beta-F(z^*)+1\right)k-\beta\right)^2(k-1)}, \quad \frac{\partial p^{R*}}{\partial\beta}=\frac{-k^2\left(\left(F(z^*)t+c-t\right)k-c\right)\left(kF(z^*)-1\right)}{\left(\left(F(z^*)\beta-F(z^*)+1\right)k-\beta\right)^2(k-1)^2},$$

由于 $k>1$，$0<t<c$，$kF(z^*)>1$，所以 $\frac{\partial p^{S*}}{\partial \beta}<0$，$\frac{\partial p^{R*}}{\partial \beta}<0$。$\frac{\partial p^{S*}}{\partial \beta}\Big/\frac{\partial p^{R*}}{\partial \beta}=\frac{(c-t)(k-1)}{\left(F(z^*)t+c-t\right)k-c}$，而 $(c-t)(k-1)-\left(\left(F(z^*)t+c-t\right)k-c\right)=-t\left(kF(z^*)-1\right)$，由于 $kF(z^*)>1$，所以 $\frac{\partial p^{S*}}{\partial \beta}\Big/\frac{\partial p^{R*}}{\partial \beta}<1$。综上可得 $\frac{\partial p^{R*}}{\partial \beta}<\frac{\partial p^{S*}}{\partial \beta}<0$。以此类推，可得 $\frac{\partial Q^{S*}}{\partial \beta}>\frac{\partial Q^{R*}}{\partial \beta}>0$，$\frac{\partial \tau^{S*}}{\partial \beta}>\frac{\partial \tau^{R*}}{\partial \beta}>0$。

综上，证得推论 8.6。

推论 8.6 表明：尽管补贴主体有差异，但是批发价格不受公益系数变化的影响；销售价格与公益系数变化趋势相反，且对生鲜销售商进行补贴的负向影响强于对供应商进行补贴的情形；采购数量和保鲜努力与公益系数变化趋势相同，且对生鲜供应商进行补贴的正向影响强于对销售商进行补贴的情形。这是因为，随着公益系数增大，生鲜销售商履行公益性职责的任务加强，将更大力度地增加订购量，更大幅度地降价促销，此时生鲜供应商加大保鲜努力投入，农产品新鲜度得到有力提高。同时，考虑履行公益性职责，生鲜销售商在获得补贴后降价幅度相对较大，但由于批发价格不受公益性的影响，此时销售商新增的采购数量小于对供应商补贴的情形，对应的保鲜努力新增投入的力度也相对弱一些。这也表明，无论采取何种补贴策略，加强生鲜销售商的公益性都有利于平抑物价，这也正是政府鼓励生鲜销售商考虑公益性的目的所在，但此时扩大供应、提升保鲜努力的激励效果相对较弱，所以对不同的主体实施补贴策略其激励效果略有不同。

为更好地分析对不同主体实施补贴政策后对保鲜努力的差异影响，即对生鲜农产品新鲜度的差异影响，特定义生鲜农产品的平均保鲜努力投入水平 $\lambda^{j*}=\tau^{j*}/Q^{j*}$，比较分析可得到以下推论 8.7。

推论 8.7　（1）$\lambda^{N*}>\lambda^{R*}>\lambda^{S*}$。

（2）$\frac{\partial \lambda^{N*}}{\partial \beta}<\frac{\partial \lambda^{R*}}{\partial \beta}<\frac{\partial \lambda^{S*}}{\partial \beta}<0$。

证明　推论 8.7（1）：根据命题 8.16 的结果，易得 $\frac{\tau^{N*}}{Q^{N*}}=\frac{1}{z\alpha}\left(\frac{kc}{(k+\beta-1)\left(1-F(z^*)\right)}\right)^k$，$\frac{\tau^{R*}}{Q^{N*}}=\frac{1}{z\alpha}\left(\frac{k\left(\left(c+\left(-1+F(z^*)\right)t\right)k-c\right)}{(k-1)(k+\beta-1)\left(1-F(z^*)\right)}\right)^k$，

$$\frac{\tau^{S*}}{Q^{N*}}=\frac{1}{z\alpha}\left(\frac{k(c-t)}{(k+\beta-1)\left(1-F(z^*)\right)}\right)^k。$$

此时，$\frac{\tau^{N*}}{Q^{N*}} \Big/ \frac{\tau^{R*}}{Q^{R*}} = \left(\frac{(k-1)c}{\left(c+\left(-1+F(z^*)\right)t\right)k-c} \right)^k$，其中 $(k-1)c-\left(\left(c+\left(-1+F(z^*)\right)t\right)k-c\right)=tk\left(1-F(z^*)\right)>0$，$0<F(z^*)<1$，所以 $\frac{\tau^{N*}}{Q^{N*}} \Big/ \frac{\tau^{R*}}{Q^{R*}}>1$。同理可以推导 $\frac{\tau^{R*}}{Q^{R*}} \Big/ \frac{\tau^{S*}}{Q^{S*}}>1$。综上可得 $\frac{\tau^{N*}}{Q^{N*}}>\frac{\tau^{R*}}{Q^{R*}}>\frac{\tau^{S*}}{Q^{S*}}$。

推论 8.7（2）：$\frac{\partial}{\partial\beta}\left(\frac{\tau^{N*}}{Q^{N*}}\right)=-\frac{k}{(k+\beta-1)z\alpha}\left(\frac{kc}{(k+\beta-1)\left(1-F(z^*)\right)}\right)<0$，同理可证 $\frac{\partial}{\partial\beta}\left(\frac{\tau^{R*}}{Q^{R*}}\right)<0$，$\frac{\partial}{\partial\beta}\left(\frac{\tau^{S*}}{Q^{S*}}\right)<0$。此时，可得到 $\frac{\partial}{\partial\beta}\left(\frac{\tau^{N*}}{Q^{N*}}\right)\Big/\frac{\partial}{\partial\beta}\left(\frac{\tau^{R*}}{Q^{R*}}\right)>1$。同理可以推导 $\frac{\partial}{\partial\beta}\left(\frac{\tau^{R*}}{Q^{R*}}\right)\Big/\frac{\partial}{\partial\beta}\left(\frac{\tau^{S*}}{Q^{S*}}\right)>1$。综上可得 $\frac{\partial}{\partial\beta}\left(\frac{\tau^{N*}}{Q^{N*}}\right)<\frac{\partial}{\partial\beta}\left(\frac{\tau^{R*}}{Q^{R*}}\right)<\frac{\partial}{\partial\beta}\left(\frac{\tau^{S*}}{Q^{S*}}\right)<0$。

推论 8.7（1）表明：对不同主体实施补贴策略后，生鲜农产品的平均保鲜努力投入水平呈下降趋势，且对生鲜供应商进行补贴的负向影响强于对销售商进行补贴的情形。这是因为，对生鲜供应商进行补贴时，虽然生鲜供应商投入的保鲜努力相对较多，但补贴政策激励的采购数量更多，最终使得单位产品的保鲜努力相对较小。这也表明，当政府对生鲜供应商进行补贴时，投入一定的保鲜努力使得可以保鲜的数量较多，保鲜冷链设施利用率较高，且高于对生鲜销售商进行补贴的情形。

推论 8.7（2）表明：对不同主体实施补贴策略后，生鲜农产品的平均保鲜努力投入水平与公益系数变化趋势相反，且对生鲜销售商进行补贴的负向影响强于对供应商进行补贴的情形，相对弱于无政府补贴的情形。这是因为，随着公益系数增大，生鲜销售商履行公益性职责的能力加强，降价促销的力度更大，采购数量更多，此时生鲜农产品的平均保鲜努力投入呈下降趋势，而且下降幅度相对强于对生鲜供应商补贴的情形，相对弱于无政府补贴的情形。这也表明，无论采取何种补贴策略，随着公益性的加强，生鲜农产品的平均保鲜努力投入水平均呈下降趋势，说明可保鲜的生鲜农产品数量增多，保鲜冷链设施利用率均得到了提高。

8.3.4　数值算例

为进一步揭示 t 和 β 对生鲜供应链补贴策略、财政补贴资金效率的影响，本节采用数值算例直观呈现上述重要命题，并阐释更多管理学启示。根据$d=\alpha p^{-k}\theta(\tau)\varepsilon$，其中取$\alpha=100$，$\varepsilon\in U[0,2]$，$c=1$，$k=2$，$\eta=30$，$z^*=4/3$，$F(z^*)=2/3$。

1. 单位补贴对不同补贴策略有效性的影响

对生鲜供应链不同主体实施补贴策略时，单位补贴的大小对补贴策略的有效性有影响，为此在$t\in[0,1]$区间，取$\beta=1$，依据$\Delta\mathrm{SW}^{j*}$的数值绘制图 8.10。

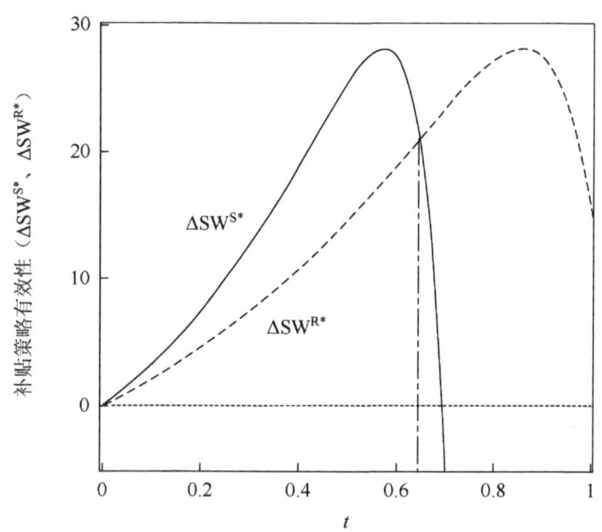

图 8.10　单位补贴对不同补贴策略有效性的影响

观察图 8.10 发现：①当$t\leqslant 0.65$时，$\Delta\mathrm{SW}^{S*}\geqslant\Delta\mathrm{SW}^{R*}>0$，表明对生鲜供应商实施补贴时正向激励效果强于对销售商补贴的情形；②当$0.65<t\leqslant 0.69$时，$\Delta\mathrm{SW}^{R*}>\Delta\mathrm{SW}^{S*}\geqslant 0$，表明对销售商实施补贴时激励效果强于对供应商补贴的情形；③当$t>0.69$时，$\Delta\mathrm{SW}^{S*}<0$，$\Delta\mathrm{SW}^{R*}>0$，表明对供应商实施的补贴策略失效，而对销售商补贴的激励效果依然为正。

2. 公益性对不同补贴策略相对优势的影响

生鲜销售商公益性大小会对补贴策略的相对优势产生影响，为此分别取$\beta=0$，$\beta=0.5$，$\beta=1$，依据$\Delta\mathrm{SW}^{S*}-\Delta\mathrm{SW}^{R*}$的数值绘制图 8.11。

观察图 8.11 发现：①随着β的增大，$\Delta\mathrm{SW}^{S*}-\Delta\mathrm{SW}^{R*}$呈现先逐渐上升，到达峰值后加速下降的趋势，并且使$\Delta\mathrm{SW}^{S*}-\Delta\mathrm{SW}^{R*}=0$的$t$取值在逐渐减小。②随着$\beta$的增大，$\Delta\mathrm{SW}^{S*}-\Delta\mathrm{SW}^{R*}$的峰值逐渐降低。表明公益性削弱了补贴策略的相对优势，加速了两种补贴策略相对优势的转变。

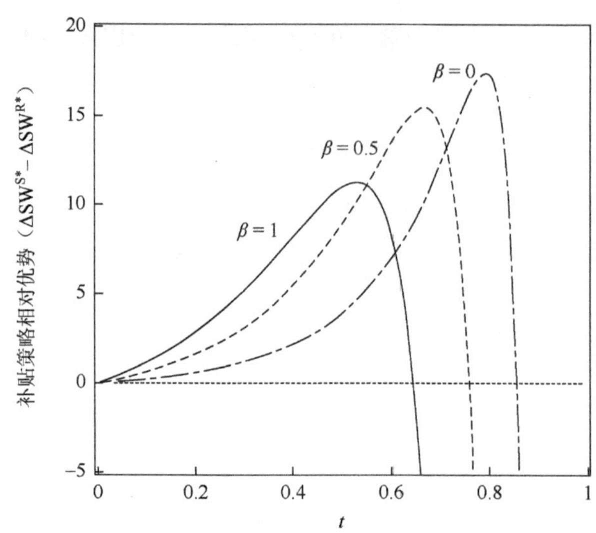

图 8.11　公益性对不同补贴策略相对优势的影响

3. 公益性对财政补贴资金效率的影响

为了比较分析不同补贴策略的效率，特定义补贴资金杠杆率 $\rho^j=(SW^{j*}-SW^{N*})/GS^{j*}$。生鲜销售商公益性大小对财政补贴资金效率有影响，取 $t=0.5$，且在 $\beta\in[0,1]$ 区间，依据 ρ^j 的数值绘制图 8.12。

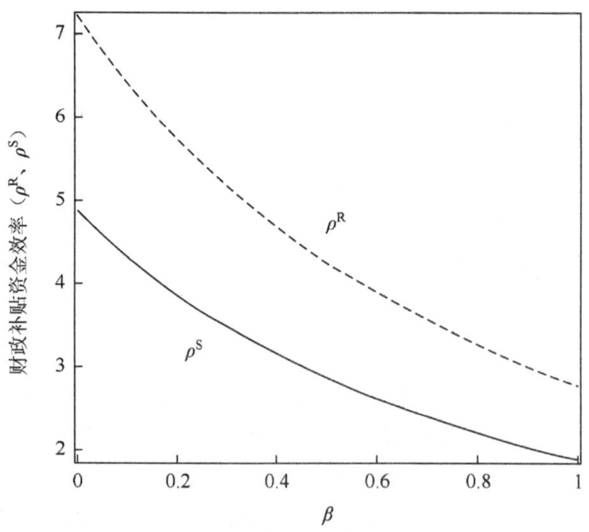

图 8.12　公益性对财政补贴资金效率的影响

观察图 8.12 发现：①随着 β 的增大，ρ^{R} 和 ρ^{S} 呈递减趋势，且 $\rho^{\mathrm{R}} > \rho^{\mathrm{S}} > 1$，表明对生鲜供应链不同主体实施补贴后，补贴资金杠杆率与公益性系数负相关。这也表明，随着生鲜销售商公益性的加强，单位财政补贴资金带来的社会整体福利新增值呈减少趋势，财政补贴资金使用效率不断降低。②随着 β 的增大，$\rho^{\mathrm{R}} - \rho^{\mathrm{S}}$ 的值逐渐减少。这也表明，加强生鲜销售商的公益性将削弱财政补贴资金效率的相对优势。

参考文献

艾瑞咨询. 2018. 2018年中国生鲜电商行业消费洞察报告[EB/OL]. https://www.iresearch.com.cn/Detail/report?id=3123&isfree=0[2018-01-07].

艾瑞咨询. 2021. 2021年中国生鲜电商行业研究报告[EB/OL]. http://report.iresearch.cn/report/202105/3776.shtml[2021-05-15].

波士顿咨询，阿里研究院. 2016. 2016年中国生鲜消费趋势报告[EB/OL]. http://www.199it.com/archives/520365.html[2016-09-26].

曹晓宁，王永明，薛方红，等. 2021. 供应商保鲜努力的生鲜农产品双渠道供应链协调决策研究[J]. 中国管理科学，29（3）：109-118.

曹裕，李业梅，李青松. 2019. 基于提前支付的易变质产品批量订货策略研究[J]. 管理评论，31（4）：206-216.

曹裕，周默亭，胡韩莉. 2020. 考虑政府补贴与企业社会责任的两级供应链优化[J]. 中国管理科学，28（5）：101-111.

陈军，但斌. 2009. 基于实体损耗控制的生鲜农产品供应链协调[J]. 系统工程理论与实践，29（3）：54-62.

陈军，但斌，张旭梅. 2009. 多级价格折扣下基于损耗控制的生鲜农产品EOQ模型[J]. 系统工程理论与实践，29（7）：43-54.

崔玲，彭凯，胡劲松，等. 2016. 易腐商品需求同时依赖库存量与延期支付期限的库存策略及模型[J]. 系统管理学报，25（6）：1128-1135.

但斌，陈军. 2008. 基于价值损耗的生鲜农产品供应链协调[J]. 中国管理科学，16（5）：42-49.

但斌，陈军，王磊，等. 2012. 生鲜农产品供应链补货与协调[M]. 北京：科学出版社.

但斌，陈振江，刘墨林，等. 2023.到岸价格模式生鲜供应链需求信息共享与激励[J]. 系统工程理论与实践，43（4）：1172-1191.

但斌，丁松. 2012. 基于顾客分类的生鲜农产品二次补货策略[J]. 中国管理科学，20（6）：87-93.

但斌，丁松，伏红勇. 2013. 信息不对称下销地批发市场的生鲜供应链协调[J]. 管理科学学报，16（10）：40-50.

但斌，刘墨林，邵兵家，等. 2017. “互联网+”生鲜农产品供应链的产品服务融合商业模式[J]. 商业经济与管理，（9）：5-14.

但斌，马崧萱，刘墨林，等. 2022. 考虑3PL保鲜努力的生鲜农产品供应链信息共享研究[EB/OL]. https://kns. cnki.net/kcms/detail/11.2835.g3.20220304.1735.002.html[2022-03-09].

但斌，郑开维，刘墨林，等. 2016. 基于社群经济的“互联网+”生鲜农产品供应链C2B商业模式研究[J]. 商业经济与管理，（8）：16-23.

但斌，郑开维，吴胜男，等. 2018. “互联网+”生鲜农产品供应链C2B商业模式的实现路径——基于拼好货的案例研究[J]. 经济与管理研究，39（2）：65-78.

范辰，张琼思，陈一鸣. 2022. 新零售渠道整合下生鲜供应链的定价与协调策略[J]. 中国管理科学，30（2）：118-126.
范林榜，姜文，邵朝霞. 2019. 电子商务环境下收益共享的生鲜农产品双渠道供应链协调研究[J]. 农村经济，（6）：137-144.
冯颖，李智慧，张炎治. 2018. 零售商主导下 TPL 介入的生鲜农产品供应链契约效率评价[J]. 管理评论，30（3）：215-225.
冯颖，余云龙，张炎治，等. 2015. TPL 服务商参与决策的生鲜农产品三级供应链协调机制[J]. 管理工程学报，29（4）：213-221.
耿凯平，徐渝，贾涛. 2009. 商业信用下两阶段可变腐败率商品库存决策问题研究[J]. 运筹与管理，18（4）：31-37.
龚媛媛，肖勇波. 2019. 新鲜产品跨季销售中的动态库存管理策略研究[J]. 中国管理科学，27（7）：83-93.
古川. 2015. 农产品公益性批发市场和民营批发市场的机制比较研究[J]. 农业技术经济，（3）：99-107.
官子力，张旭梅，但斌. 2019. 需求不确定下制造商服务投入影响销售的供应链信息共享与激励[J]. 中国管理科学，27（10）：56-65.
胡定寰，俞海峰，Reardon T. 2003. 中国超市生鲜农副产品经营与消费者购买行为[J]. 中国农村经济，（8）：12-17.
华连连，邓思捷，王建国，等. 2021. 考虑顾客效用和时变品质度的乳品供应链品质激励契约研究[J]. 中国管理科学，29（11）：146-157.
贾涛，郑毅，徐渝，等. 2013. 顾客部分延期付款下两级商业信用易腐品订货策略[J]. 运筹与管理，22（2）：150-158.
靖富营，潘杨. 2018. 仓储能力约束和缺货下两易逝品联合采购动态批量决策[J]. 系统工程，36（7）：47-54.
柯炳生. 2018. 三种农业补贴政策的原理与效果分析[J]. 农业经济问题，（8）：4-9.
雷婷，但斌，刘墨林，等. 2023. 考虑政府补贴的生鲜农产品批发市场应急代储策略[J]. 系统工程理论与实践，43（2）：455-468.
雷婷，但斌，马崧萱，等. 2023. 突发事件下考虑政府限价政策的生鲜供应链应急产品投放策略[EB/OL]. https://dx.doi.org/10.16381/j.cnki.issn1003-207x.2022.0186[2022-09-02].
李贵萍，张柯檬，杜碧升. 2021. 生鲜产品的订购、定价与保鲜技术投资策略[J]. 工业工程与管理，26（1）：130-138.
李琳，范体军. 2015. 零售商主导下生鲜农产品供应链的定价策略对比研究[J]. 中国管理科学，23（12）：113-123.
林略，杨书萍，但斌. 2010. 收益共享契约下鲜活农产品三级供应链协调[J]. 系统工程学报，25（4）：484-491.
林略，杨书萍，但斌. 2011. 时间约束下鲜活农产品三级供应链协调[J]. 中国管理科学，19（3）：55-62.
刘墨林，但斌，马崧萱. 2020. 考虑保鲜努力与增值服务的生鲜电商供应链最优决策与协调[J]. 中国管理科学，28（8）：76-88.
马雪丽，王淑云，金辉，等. 2018. 考虑保鲜努力与数量/质量弹性的农产品三级供应链协调优化[J]. 中国管理科学，26（2）：175-185.

士明军，王勇，但斌，等. 2019. 绿色供应链中不对称需求预测下的信息共享研究[J]. 中国管理科学，27（4）：104-114.

苏雪玲，马中华. 2016. 提前支付条件下考虑缺货的生鲜产品的定价和库存决策问题[J]. 中国管理科学，24（S1）：617-625.

孙书省，浦徐进，韩广华. 2019. 考虑线下权力结构的制造商线上销售模式选择研究[J]. 中国管理科学，27（5）：119-129.

孙玉玲，石岿然，张琳. 2013. 库存能力约束下损失规避型零售商的鲜活农产品订货决策[J]. 系统工程理论与实践，33（12）：3020-3027.

唐润，李倩倩，彭洋洋. 2018. 考虑质量损失的生鲜农产品双渠道市场出清策略研究[J]. 系统工程理论与实践，38（10）：2542-2555.

唐润，彭洋洋. 2018. 考虑渠道特征的生鲜食品供应链双渠道协调演化博弈分析[J]. 统计与决策，34（13）：56-60.

唐跃武，范体军，刘莎. 2018. 考虑策略性消费者的生鲜农产品定价和库存决策[J]. 中国管理科学，26（11）：105-113.

田宇，但斌，刘墨林，等. 2022. 保鲜投入影响需求的社区生鲜 O2O 模式选择与协调研究[J]. 中国管理科学，30（8）：173-184.

万光羽，曹裕，易超群. 2021. 考虑渠道碳排放差异的零售商渠道选择策略[J]. 系统工程理论与实践，41（1）：77-92.

汪旭晖，张其林. 2016. 电子商务破解生鲜农产品流通困局的内在机理——基于天猫生鲜与沱沱工社的双案例比较研究[J]. 中国软科学，（2）：39-55.

王聪，杨德礼，程兴群. 2017. 考虑零售商风险偏好的双渠道供应链信息共享研究[J]. 工业工程与管理，22（2）：83-88，96.

王磊，但斌. 2014. 基于消费者选择行为的生鲜农产品保鲜和定价策略研究[J]. 管理学报，11（3）：449-454.

王文隆，姚锐，张涑贤. 2022. 考虑制造商创新的供应链双向需求信息共享研究[J]. 中国管理科学，30（5）：226-235.

王宪杰，黄佳伟，王淑云. 2016. 一类具有生存/危险特征的生鲜品价格策略研究[J]. 中国管理科学，24（9）：133-139.

文悦，王勇，士明军. 2019. 网络平台销售模式中的需求信息共享策略与博弈结构决策研究[J]. 系统工程理论与实践，39（6）：1449-1468.

吴庆，但斌，钱宇，等. 2014. 努力水平影响损耗的低值易逝品 TPL 协调合同[J]. 管理科学学报，17（12）：15-26.

吴忠和，陈宏，梁翠莲. 2015. 时间约束下不对称信息鲜活农产品供应链应对突发事件协调模型[J]. 中国管理科学，23（6）：126-134.

肖群，马士华. 2016. 信息不对称对闭环供应链 MTO 和 MTS 模式的影响研究[J]. 中国管理科学，24（5）：139-148.

肖勇波，陈剑，徐小林. 2008. 到岸价格商务模式下涉及远距离运输的时鲜产品供应链协调[J]. 系统工程理论与实践，（2）：19-25，34.

熊峰，方剑宇，袁俊，等. 2019. 盟员行为偏好下生鲜农产品供应链生鲜努力激励机制与协调研究[J]. 中国管理科学，27（4）：115-126.
熊峰，彭健，金鹏，等. 2015. 生鲜农产品供应链关系契约稳定性影响研究——以冷链设施补贴模式为视角[J]. 中国管理科学，23（8）：102-111.
徐兵，邱芳. 2021. 基于消费者选择和产品平均新鲜度的生鲜农产品两阶段定价研究[J]. 工业工程与管理，26（2）：118-126.
许明辉，孙康泰，杨东升. 2018. 竞争性制造商成本削减下的信息共享策略研究[J]. 管理学报，15（12）：1872-1882.
杨磊，肖小翠，张智勇. 2017. 需求依赖努力水平的生鲜农产品供应链最优定价策略[J]. 系统管理学报，26（1）：142-153.
杨亚，范体军，张磊. 2016. 新鲜度信息不对称下生鲜农产品供应链协调[J]. 中国管理科学，24（9）：147-155.
叶俊，顾波军，付雨芳. 2023. 不同贸易模式下生鲜农产品供应链冷链物流服务与定价决策[J]. 中国管理科学，31（2）：95-107.
余星，张卫国，刘勇军. 2020. 基于相对浮动价和政府补贴的订单农业协调机制研究[J]. 管理工程学报，34（3）：134-141.
岳柳青，刘咏梅，朱桂菊. 2016. 零售商主导的生鲜双渠道供应链协调契约研究[J]. 软科学，30（8）：123-128，144.
张闯，夏春玉，刘凤芹. 2015. 农产品批发市场公益性实现方式研究——以北京新发地市场为案例[J]. 农业经济问题，36（1）：93-100，112.
张浩，孙庆莉，安玉发. 2009. 中国主要农产品批发市场的效率评价[J]. 中国农村经济，（10）：51-57.
张伟，周根贵. 2015. 一次提前订购下生鲜农产品的最优订货[J]. 中国管理科学，23（11）：138-144.
张晓，安世阳. 2021. 保鲜成本分担下考虑零售商公平关切的生鲜品双渠道供应链协调[J]. 工业工程与管理，26（2）：15-22.
张旭梅，朱江华，但斌，等. 2022a. 考虑补贴和公益性的生鲜冷链保鲜投入激励[J]. 系统工程理论与实践，42（3）：738-754.
张旭梅，朱江华，但斌，等. 2022b. 公益性影响下考虑主体差异的生鲜农产品政府补贴策略[J]. 管理工程学报，36（4）：230-239.
张炎治，王同心，冯颖. 2018. 考虑弹性产出时间的生鲜农产品产运销供应链协调[J]. 系统工程，36（12）：58-66.
张应语，张梦佳，王强，等. 2015. 基于感知收益-感知风险框架的O2O模式下生鲜农产品购买意愿研究[J]. 中国软科学，（6）：128-138.
张云丰，王勇，龚本刚，等. 2020. 需求受销售价格与变质时间影响的时滞变质品供应链协调研究[J]. 中国管理科学，28（3）：142-151.
周茂森，但斌，于辉. 2017. 互补品制造供应链的集团采购与需求信息共享[J]. 管理科学学报，20（8）：63-79.
朱江华，张旭梅，但斌，等. 2022. 不确定需求下考虑资金约束的生鲜农产品政府补贴策略[J]. 中国管理科学，30（8）：231-242.
朱满德，程国强. 2011. 中国农业政策：支持水平、补贴效应与结构特征[J]. 管理世界，（7）：

52-60.

Abad P L. 2008. Optimal price and order size under partial backordering incorporating shortage，backorder and lost sale costs[J]. International Journal of Production Economics，114（1）：179-186.

Abhishek V，Jerath K，Zhang Z J. 2016. Agency selling or reselling? Channel structures in electronic retailing[J]. Management Science，62（8）：2259-2280.

Adida E，Dey D，Mamani H. 2013. Operational issues and network effects in vaccine markets[J]. European Journal of Operational Research，231（2）：414-427.

Ahumada O，Villalobos J R. 2009. Application of planning models in the agri-food supply chain：a review[J]. European Journal of Operational Research，196（1）：1-20.

Akkaya D，Bimpikis K，Lee H L. 2016. Agricultural supply chains under government interventions[D]. California：Stanford University.

Akkaya D，Bimpikis K，Lee H L. 2021. Government interventions to promote agricultural innovation[J]. Manufacturing & Service Operations Management，23（2）：437-452.

Alizamir S，Iravani F，Mamani H. 2019. An analysis of price vs. revenue protection：government subsidies in the agriculture industry[J]. Management Science，65（1）：32-49.

Amores A F，Contreras I. 2009. New approach for the assignment of new European agricultural subsidies using scores from data envelopment analysis：application to olive-growing farms in Andalusia （Spain）[J]. European Journal of Operational Research，193（3）：718-729.

Anand K S，Goyal M. 2009. Strategic information management under leakage in a supply chain[J]. Management Science，55（3）：438-452.

Anderson K，Rausser G，Swinnen J. 2013. Political economy of public policies：insights from distortions to agricultural and food markets[J]. Journal of Economic Literature，51（2）：423-477.

Arifoğlu K，Deo S，Iravani S M R. 2012. Consumption externality and yield uncertainty in the influenza vaccine supply chain：interventions in demand and supply sides[J]. Management Science，58（6）：1072-1091.

Babich V，Hilary G. 2020. OM forum—distributed ledgers and operations：what operations management researchers should know about blockchain technology[J]. Manufacturing & Service Operations Management，22（2）：223-240.

Banerjee S，Agrawal S. 2017. Inventory model for deteriorating items with freshness and price dependent demand：optimal discounting and ordering policies[J]. Applied Mathematical Modelling，52：53-64.

Bellemare M F，Barrett C B，Just D R. 2013. The welfare impacts of commodity price volatility：evidence from rural Ethiopia[J]. American Journal of Agricultural Economics，95（4）：877-899.

Benjaafar S，Kong G，Li X，et al. 2019. Peer-to-peer product sharing：implications for ownership，usage，and social welfare in the sharing economy[J]. Management Science，65（2）：477-493.

Berenguer G，Feng Q，Shanthikumar J G，et al. 2017. The effects of subsidies on increasing consumption through for-profit and not-for-profit newsvendors[J]. Production and Operations Management，26（6）：1191-1206.

Bian W L，Shang J，Zhang J L. 2016. Two-way information sharing under supply chain competition[J]. International Journal of Production Economics，178：82-94.

Bogataj M，Bogataj L，Vodopivec R. 2005. Stability of perishable goods in cold logistic chains[J]. International Journal of Production Economics，93/94：345-356.

Borodin V，Bourtembourg J，Hnaien F，et al. 2016. Handling uncertainty in agricultural supply chain management：a state of the art[J]. European Journal of Operational Research，254（2）：348-359.

Brekke K R，Siciliani L，Straume O R. 2008. Competition and waiting times in hospital markets[J]. Journal of Public Economics，92（7）：1607-1628.

Cai X Q，Chen J，Xiao Y B，et al. 2010. Optimization and coordination of fresh product supply chains with freshness-keeping effort[J]. Production and Operations Management，19（3）：261-278.

Cai X Q，Chen J，Xiao Y B，et al. 2013. Fresh-product supply chain management with logistics outsourcing[J]. Omega，41（4）：752-765.

Cachon G P，Lariviere M A. 2005. Supply chain coordination with revenue-sharing contracts：strengths and limitations[J]. Management Science，51（1）：30-44.

Cao W，Jiang B，Zhou D M. 2010. The effects of demand uncertainty on channel structure[J]. European Journal of Operational Research，207（3）：1471-1488.

Chamhuri N，Batt P J. 2013. Segmentation of Malaysian shoppers by store choice behaviour in their purchase of fresh meat and fresh produce[J]. Journal of Retailing and Consumer Services，20（6）：516-528.

Chen F. 2003. Information sharing and supply chain coordination[J]. Handbooks in Operations Research and Management Science，11：341-421.

Chen J X，Dong M，Rong Y，et al. 2018. Dynamic pricing for deteriorating products with menu cost[J]. Omega，75：13-26.

Chen J X，Liang L，Yao D Q，et al. 2017. Price and quality decisions in dual-channel supply chains[J]. European Journal of Operational Research，259（3）：935-948.

Chen N Y，Gallego G. 2018. Welfare analysis of dynamic pricing[J]. Management Science，65（1）：139-151.

Chen P P，Zhao R Q，Yan Y C，et al. 2020. Promotional pricing and online business model choice in the presence of retail competition[J]. Omega-International Journal of Management Science，94：102085.

Chen X，Wu S Y，Wang X J，et al. 2019. Optimal pricing strategy for the perishable food supply chain[J]. International Journal of Production Research，57（9）：2755-2768.

Chen Y H，Wan J Y，Wang C. 2015. Agricultural subsidy with capacity constraints and demand elasticity[J]. Agricultural Economics，61（1）：39-49.

Chen Z J，Dan B，Ma S X，et al. 2024. Demand information sharing of fresh produce supply chain considering competing suppliers' freshness-keeping effort[J]. International Transactions in Operational Research，31（2）：1206-1231.

Chernonog T，Avinadav T. 2019. Pricing and advertising in a supply chain of perishable products under asymmetric information[J]. International Journal of Production Economics，209：249-264.

Choi T. 2019. Blockchain-technology-supported platforms for diamond authentication and certification in luxury supply chains[J]. Transportation Research Part E：Logistics and Transportation Review，128：17-29.

Choi T M，Ouyang X. 2021. Initial coin offerings for blockchain based product provenance authentication platforms[J]. International Journal of Production Economics，233：107995.

Chung K J，Huang T S. 2007. The optimal retailer's ordering policies for deteriorating items with limited storage capacity under trade credit financing[J]. International Journal of Production Economics，106（1）：127-145.

Cui Q Q. 2019. Quality investment，and the contract manufacturer's encroachment[J]. European Journal of Operational Research，279（2）：407-418.

Dan B，Lei T，Zhang X M，et al. 2023. Modeling of the subsidy policy in fresh produce wholesale markets under yield uncertainty[J]. Economic Modelling，126：106413.

Dan B，Tian Y，Zhang X M，et al. 2023. Cooperation mode selection and information sharing in a fresh produce supply chain with freshness-keeping effort[J]. International Journal of Electronic Commerce，27（2）：270-294.

Dan B，Zhang H Y，Zhang X M，et al. 2021. Should an online manufacturer partner with a competing or noncompeting retailer for physical showrooms?[J]. International Transactions in Operational Research，28（5）：2691-2714.

Dan B，Zhang S G，Zhou M S. 2018. Strategies for warranty service in a dual-channel supply chain with value-added service competition[J]. International Journal of Production Research，56（17）：5677-5699.

Demirdöğen A，Olhan E，Chavas J P. 2016. Food vs. fiber：an analysis of agricultural support policy in Turkey[J]. Food Policy，61：1-8.

Deo S，Corbett C J. 2009. Cournot competition under yield uncertainty：the case of the U.S. influenza vaccine market[J]. Manufacturing & Service Operations Management，11（4）：563-576.

Dong C W，Liu Q Y，Shen B. 2019. To be or not to be green? Strategic investment for green product development in a supply chain[J]. Transportation Research Part E：Logistics and Transportation Review，131：193-227.

Dye C Y，Hsieh T P. 2012. An optimal replenishment policy for deteriorating items with effective investment in preservation technology[J]. European Journal of Operational Research，218（1）：106-112.

Fagerstrøm A，Eriksson N，Sigurdsson V. 2020. Investigating the impact of Internet of Things services from a smartphone app on grocery shopping[J]. Journal of Retailing and Consumer Services，52：101927.

Fan T J，Xu C，Tao F. 2020. Dynamic pricing and replenishment policy for fresh produce[J]. Computers & Industrial Engineering，139：106127.

Feng Q，Lai G M，Lu L X. 2015. Dynamic bargaining in a supply chain with asymmetric demand information[J]. Management Science，61（2）：301-315.

Ferguson M，Ketzenberg M E. 2006. Information sharing to improve retail product freshness of perishables[J]. Production and Operations Management，15（1）：57-73.

Ferguson M E，Koenigsberg O. 2007. How should a firm manage deteriorating inventory?[J].

Production and Operations Management，16（3）：306-321.

Fu H，Ke G Y，Lian Z T，et al. 2021. 3PL firm's equity financing for technology innovation in a platform supply chain[J]. Transportation Research Part E：Logistics and Transportation Review，147：102239.

Geng X J，Tan Y R，Wei L. 2018. How add-on pricing interacts with distribution contracts[J]. Production and Operations Management，27（4）：605-623.

Goering G E. 2008. Welfare impacts of a non-profit firm in mixed commercial markets[J]. Economic Systems，32（4）：326-334.

Guan Z L，Zhang X M，Zhou M S，et al. 2020. Demand information sharing in competing supply chains with manufacturer-provided service[J]. International Journal of Production Economics，220：107450.

Guda H，Rajapakshe T，Dawande M，et al. 2016. Agricultural support prices in developing economies：operational analysis and its use in policy making[R]. Working paper，Technical Report.

Guo L A. 2009. The benefits of downstream information acquisition[J]. Marketing Science，28（3）：457-471.

Guo L A，Iyer G. 2010. Information acquisition and sharing in a vertical relationship[J]. Marketing Science，29（3）：483-506.

Guo L A，Li T A，Zhang H T. 2014. Strategic information sharing in competing channels[J]. Production and Operations Management，23（10）：1719-1731.

Gupta S，Dawande M，Janakiraman G，et al. 2017. Distressed selling by farmers：model，analysis，and use in policy-making[J]. Production and Operations Management，26（10）：1803-1818.

Ha A Y，Tian Q，Tong S L. 2017. Information sharing in competing supply chains with production cost reduction[J]. Manufacturing & Service Operations Management，19（2）：246-262.

Ha A Y，Tong S L. 2008. Contracting and information sharing under supply chain competition[J]. Management Science，54（4）：701-715.

Ha A Y，Tong S L，Zhang H T. 2011. Sharing demand information in competing supply chains with production diseconomies[J]. Management Science，57（3）：566-581.

Hagiu A，Wright J. 2015. Marketplace or reseller? [J]. Management Science，61（1）：184-203.

He B，Gan X H，Yuan K F. 2019. Entry of online presale of fresh produce：a competitive analysis[J]. European Journal of Operational Research，272（1）：339-351.

Hou X Y，Liu D C. 2017. Building fresh product supply chain cooperation in a typical wholesale market[J]. The Journal of the Operational Research Society，68（5）：566-576.

Hsu P H，Wee H M，Teng H M. 2010. Preservation technology investment for deteriorating inventory[J]. International Journal of Production Economics，124（2）：388-394.

Huang S，Chen S T，Guan X. 2020. Retailer information sharing under endogenous channel structure with investment spillovers[J]. Computers & Industrial Engineering，142：106346.

Huang S，Guan X，Chen Y J. 2018. Retailer information sharing with supplier encroachment[J]. Production and Operations Management，27（6）：1133-1147.

Huang S，Guan X，Xiao B Q. 2018. Incentive provision for demand information acquisition in a dual-channel supply chain[J]. Transportation Research Part E：Logistics and Transportation Review，116：42-58.

Huang S Y，Hung J S，Ho J W. 2017. A study on information sharing for supply chains with multiple suppliers[J]. Computers & Industrial Engineering，104：114-123.

Ingene C A，Parry M E. 2004. Mathematicl Models of Distribution Channel[M]. New York：Springer New York.

Iyer G，Narasimhan C，Niraj R. 2007. Information and inventory in distribution channels[J]. Management Science，53（10）：1551-1561.

Ishii H，Nose T. 1996. Perishable inventory control with two types of customers and different selling prices under the warehouse capacity constraint[J]. International Journal of Production Economics，44（1/2）：167-176.

Jaggi C K，Gupta M，Kausar A，et al. 2019. Inventory and credit decisions for deteriorating items with displayed stock dependent demand in two-echelon supply chain using Stackelberg and Nash equilibrium solution[J]. Annals of Operations Research，274（1/2）：309-329.

Jain A，Seshadri S，Sohoni M. 2011. Differential pricing for information sharing under competition[J]. Production and Operations Management，20（2）：235-252.

Jain A，Sohoni M. 2015. Should firms conceal information when dealing with common suppliers?[J]. Naval Research Logistics （NRL），62（1）：1-15.

Janssen L，Claus T，Sauer J. 2016. Literature review of deteriorating inventory models by key topics from 2012 to 2015[J]. International Journal of Production Economics，182：86-112.

Jiang B J，Tian L，Xu Y F，et al. 2016. To share or not to share：Demand forecast sharing in a distribution channel[J]. Marketing Science，35（5）：800-809.

Jiang L，Hao Z Y. 2016. Incentive-driven information dissemination in two-tier supply chains[J]. Manufacturing & Service Operations Management，18（3）：393-413.

Jin Y N，Hu Q Y，Kim S W，et al. 2019. Supplier development and integration in competitive supply chains[J]. Production and Operations Management，28（5）：1256-1271.

Kazaz B，Webster S，Yadav P. 2016. Interventions for an artemisinin-based malaria medicine supply chain[J]. Production and Operations Management，25（9）：1576-1600.

Ketzenberg M E，Ferguson M E. 2008. Managing slow-moving perishables in the grocery industry[J]. Production and Operations Management，17（5）：513-521.

Kong G W，Rajagopalan S，Zhang H. 2013. Revenue sharing and information leakage in a supply chain[J]. Management Science，59（3）：556-572.

Lariviere M A. 2006. A note on probability distributions with increasing generalized failure rates[J]. Operations Research，54（3）：602-604.

Lee H L，So K C，Tang C S. 2000. The value of information sharing in a two-level supply chain[J]. Management Science，46（5）：626-643.

Lee S，Yoo S，Kim D. 2016. When is servitization a profitable competitive strategy?[J]. International Journal of Production Economics，173（C）：43-53.

Lei H，Wang J R，Shao L S，et al. 2020. Ex post demand information sharing between differentiated suppliers and a common retailer[J]. International Journal of Production Research，58（3）：

703-728.

Lei M，Liu H H，Deng H H，et al. 2014. Demand information sharing and channel choice in a dual-channel supply chain with multiple retailers[J]. International Journal of Production Research，52（22）：6792-6818.

Lemeilleur S，Codron J M. 2011. Marketing cooperative vs. commission agent：the Turkish dilemma on the modern fresh fruit and vegetable market[J]. Food Policy，36（2）：272-279.

Levi R，Perakis G，Romero G. 2017. On the effectiveness of uniform subsidies in increasing market consumption[J]. Management Science，63（1）：40-57.

Levi R，Singhvi S，Zheng Y C. 2022. Artificial shortage in agricultural supply chains[J]. Manufacturing & Service Operations Management，24（2）：746-765.

Li G，Zheng H，Sethi S P，et al. 2020. Inducing downstream information sharing via manufacturer information acquisition and retailer subsidy[J]. Decision Sciences，51（3）：691-719.

Li J，Yi L，Shi V G，et al. 2021. Supplier encroachment strategy in the presence of retail strategic inventory：Centralization or decentralization?[J]. Omega，98：102213.

Li L. 2002. Information sharing in a supply chain with horizontal competition[J]. Management Science，48（9）：1196-1212.

Li L，Zhang H T. 2008. Confidentiality and information sharing in supply chain coordination[J]. Management Science，54（8）：1467-1481.

Li R H，Teng J T. 2018. Pricing and lot-sizing decisions for perishable goods when demand depends on selling price，reference price，product freshness，and displayed stocks[J]. European Journal of Operational Research，270（3）：1099-1108.

Li T A，Zhang H T. 2015. Information sharing in a supply chain with a make-to-stock manufacturer[J]. Omega，50：115-125.

Li X J，Chen J，Ai X Z. 2019. Contract design in a cross-sales supply chain with demand information asymmetry[J]. European Journal of Operational Research，275（3）：939-956.

Li Z X，Gilbert S M，Lai G M. 2014. Supplier encroachment under asymmetric information[J]. Management Science，60（2）：449-462.

Lian J W，Ke C K. 2016. Using a modified ELECTRE method for an agricultural product recommendation service on a mobile device[J]. Computers & Electrical Engineering，56：277-288.

Lindberg U，Salomonson N，Sundström M，et al. 2018. Consumer perception and behavior in the retail foodscape-a study of chilled groceries[J]. Journal of Retailing and Consumer Services，40：1-7.

Liu C，Chen W D，Zhou Q，et al. 2021a. Modelling dynamic freshness-keeping effort over a finite time horizon in a two-echelon online fresh product supply chain[J]. European Journal of Operational Research，293（2）：511-528.

Liu C，Dan Y R，Dan B，et al. 2020. Cooperative strategy for a dual-channel supply chain with the influence of free-riding customers[J]. Electronic Commerce Research and Applications，43：101001.

Liu H，Özer Ö. 2010. Channel incentives in sharing new product demand information and robust contracts[J]. European Journal of Operational Research，207（3）：1341-1349.

Liu M L，Dan B，Guan Z L，et al. 2023. Information sharing in an e-tailing supply chain for fresh produce with supplier encroachment[J]. International Transactions in Operational Research，DOI：10.1111/itor.13262.

Liu M L，Dan B，Zhang S G，et al. 2021b. Information sharing in an E-tailing supply chain for fresh produce with freshness-keeping effort and value-added service[J]. European Journal of Operational Research，290（2）：572-584.

Lusiantoro L，Yates N，Mena C，et al. 2018. A refined framework of information sharing in perishable product supply chains[J]. International Journal of Physical Distribution & Logistics Management，48（3）：254-283.

Ma P，Gong Y M，Jin M Z. 2019. Quality efforts in medical supply chains considering patient benefits[J]. European Journal of Operational Research，279（3）：795-807.

Ma X L，Wang J，Bai Q G，et al. 2020. Optimization of a three-echelon cold chain considering freshness-keeping efforts under cap-and-trade regulation in Industry 4.0[J]. International Journal of Production Economics，220：107457.

Ma X L，Wang S Y，Islam S M N，et al. 2019. Coordinating a three-echelon fresh agricultural products supply chain considering freshness-keeping effort with asymmetric information[J]. Applied Mathematical Modelling，67：337-356.

Mamani H，Adida E，Dey D. 2012. Vaccine market coordination using subsidy[J]. IIE Transactions on Healthcare Systems Engineering，2（1）：78-96.

Mishra B K，Raghunathan S，Yue X H. 2009. Demand forecast sharing in supply chains[J]. Production and Operations Management，18（2）：152-166.

Mittendorf B，Shin J，Yoon D H. 2013. Manufacturer marketing initiatives and retailer information sharing[J]. Quantitative Marketing and Economics，11（2）：263-287.

Moon I，Dey K，Saha S. 2018. Strategic inventory：manufacturer vs. retailer investment[J]. Transportation Research Part E：Logistics and Transportation Review，109：63-82.

Muriana C. 2016. An EOQ model for perishable products with fixed shelf life under stochastic demand conditions[J]. European Journal of Operational Research，255（2）：388-396.

Niu B，Mu Z，Cao B，et al. 2021. Should multinational firms implement blockchain to provide quality verification?[J]. Transportation Research Part E: Logistics and Transportation Review，145：102121.

Otrodi F，Yaghin R G，Torabi S A. 2019. Joint pricing and lot-sizing for a perishable item under two-level trade credit with multiple demand classes[J]. Computers & Industrial Engineering，127：761-777.

Peng H J，Pang T. 2019. Optimal strategies for a three-level contract-farming supply chain with subsidy[J]. International Journal of Production Economics，216：274-286.

Perdikaki O，Kostamis D，Swaminathan J M. 2016. Timing of service investments for retailers under competition and demand uncertainty[J]. European Journal of Operational Research，254（1）：188-201.

Petruzzi N C，Dada M. 1999. Pricing and the newsvendor problem：a review with extensions[J].

Operations Research，47（2）：183-194.

Pigou A. 1920. The Economics of Welfare[M]. London：Macmillan Publishers Limited.

Piramuthu S，Zhou W. 2013. RFID and perishable inventory management with shelf-space and freshness dependent demand[J]. International Journal of Production Economics，144（2）：635-640.

Qin X L，Liu Z X，Tian L. 2020. The strategic analysis of logistics service sharing in an e-commerce platform[J]. Omega，92：102153.

Qin Y Y，Wang J J，Wei C M. 2014. Joint pricing and inventory control for fresh produce and foods with quality and physical quantity deteriorating simultaneously[J]. International Journal of Production Economics，152：42-48.

Reardon T，Barrett C B，Berdegué J A，et al. 2009. Agrifood industry transformation and small farmers in developing countries[J]. World Development，37（11）：1717-1727.

Sarker B R，Jamal A M M，Wang S J. 2000. Supply chain models for perishable products under inflation and permissible delay in payment[J]. Computers & Operations Research，27（1）：59-75.

Sckokai P，Moro D. 2006. Modeling the reforms of the common agricultural policy for arable crops under uncertainty[J]. American Journal of Agricultural Economics，88（1）：43-56.

Sebatjane M，Adetunji O. 2020. A three-echelon supply chain for economic growing quantity model with price-and freshness-dependent demand：pricing，ordering and shipment decisions[J]. Operations Research Perspectives，7：100153.

Shamir N，Shin H. 2016. Public forecast information sharing in a market with competing supply chains[J]. Management Science，62（10）：2994-3022.

Shang W，Ha A Y，Tong S. 2016. Information sharing in a supply chain with a common retailer[J]. Management Science，62（1）：245-263.

Sheu J B. 2016. Supplier hoarding，government intervention，and timing for post-disaster crop supply chain recovery[J]. Transportation Research Part E：Logistics and Transportation Review，90：134-160.

Soto-Silva W E，Nadal-Roig E，González-Araya M C，et al. 2016. Operational research models applied to the fresh fruit supply chain[J]. European Journal of Operational Research，251（2）：345-355.

Song Z，He S. 2019. Contract coordination of new fresh produce three-layer supply chain[J]. Industrial Management and Data Systems，119（1）：148-169.

Sumner D A，Alston J M，Glauber J W. 2010. Evolution of the economics of agricultural policy[J]. American Journal of Agricultural Economics，92（2）：403-423.

Sun X J，Tang W S，Chen J，et al. 2019. Manufacturer encroachment with production cost reduction under asymmetric information[J]. Transportation Research Part E：Logistics and Transportation Review，128：191-211.

Tan Y R，Carrillo J E. 2017. Strategic analysis of the agency model for digital goods[J]. Production and Operations Management，26（4）：724-741.

Tang C S，Wang Y L，Zhao M. 2015. The implications of utilizing market information and adopting agricultural advice for farmers in developing economies[J]. Production & Operations

Management，24（8）：1197-1215.

Tang S Y，Kouvelis P. 2011. Supplier diversification strategies in the presence of yield uncertainty and buyer competition[J]. Manufacturing & Service Operations Management，13（4）：439-451.

Thow A M，Verma G，Soni D，et al. 2018. How can health，agriculture and economic policy actors work together to enhance the external food environment for fruit and vegetables? A qualitative policy analysis in India[J]. Food Policy，77：143-151.

Tian L，Vakharia A J，Tan Y R，et al. 2018. Marketplace，reseller，or hybrid：strategic analysis of an emerging e-commerce model[J]. Production and Operations Management，27(8)：1595-1610.

Tian Y，Dan B，Lei T，et al. 2023. Supplier encroachment and information transparency on fresh produce e-commerce platform：Impacts on the traditional channel[J]. Managerial and Decision Economics，44（2）：733-752.

Tian Y，Dan B，Liu M L，et al. 2023. Strategic introduction for competitive fresh produce in an e-commerce platform with demand information sharing[J]. Electronic Commerce Research，23(4)：2907-2941.

Tiwari S，Cárdenas-Barrón L E，Shaikh A A，et al. 2020. Retailer's optimal ordering policy for deteriorating items under order-size dependent trade credit and complete backlogging[J]. Computers & Industrial Engineering，139：105559.

Tsay A A，Agrawal N. 2000. Channel dynamics under price and service competition[J]. Manufacturing & Service Operations Management，2（4）：372-391.

Tsiros M，Heilman C M. 2005. The effect of expiration dates and perceived risk on purchasing behavior in grocery store perishable categories[J]. Journal of Marketing，69（2）：114-129.

Victor O，Owusu A M. 2013. Consumer willingness to pay a premium for organic fruit and vegetable in Ghana[J]. International Food and Agribusiness Management Review，16（1）：67-86.

Walker M. 2009. Outsourcing transport and warehousing：pricing，honesty and contentious issues[J]. Australasian Freight Logistics，4（3）：24-27.

Wang C，Chen X. 2017. Option pricing and coordination in the fresh produce supply chain with portfolio contracts[J]. Annals of Operations Research，248（1/2）：471-491.

Wang M，Zhao L D. 2021. Cold chain investment and pricing decisions in a fresh food supply chain[J]. International Transactions in Operational Research，28（2）：1074-1097.

Wang T Y，Li Y L，Yang H T，et al. 2021. Information sharing strategies in a hybrid-format online retailing supply chain[J]. International Journal of Production Research，59（10）：3133-3151.

Wang X J，Li D. 2012. A dynamic product quality evaluation based pricing model for perishable food supply chains[J]. Omega，40（6）：906-917.

Wang Y M，Gilland W，Tomlin B. 2010. Mitigating supply risk：dual sourcing or process improvement?[J]. Manufacturing & Service Operations Management，12（3）：489-510.

Wang Z，Yao D Q，Yue X H. 2017. E-business system investment for fresh agricultural food industry in China[J]. Annals of Operations Research，257（1/2）：379-394.

Warr P，Yusuf A A. 2014. Fertilizer subsidies and food self-sufficiency in Indonesia[J]. Agricultural Economics，45（5）：571-588.

Wei L Q，Zhang J X，Zhu G W. 2021. Incentive of retailer information sharing on manufacturer volume flexibility choice[J]. Omega-International Journal of Management Science，100：102210.

Wu J J，Wang H Y，Shang J. 2019. Multi-sourcing and information sharing under competition and supply uncertainty[J]. European Journal of Operational Research，278（2）：658-671.

Wu Q，Mu Y P，Feng Y. 2015. Coordinating contracts for fresh product outsourcing logistics channels with power structures[J]. International Journal of Production Economics，160：94-105.

Wu X L，Zhou Y. 2019. Buyer-specific versus uniform pricing in a closed-loop supply chain with third-party remanufacturing[J]. European Journal of Operational Research，273（2）：548-560.

Wu X Y，Fan Z P，Cao B B. 2023. An analysis of strategies for adopting blockchain technology in the fresh product supply chain[J]. International Journal of Production Research，61（11）：3717-3734.

Xiao T J，Xu T T. 2013. Coordinating price and service level decisions for a supply chain with deteriorating item under vendor managed inventory[J]. International Journal of Production Economics，145（2）：743-752.

Xiao Y B，Chen J A. 2012. Supply chain management of fresh products with producer transportation[J]. Decision Sciences，43（5）：785-815.

Xue W L，Demirag O C，Niu B Z. 2014. Supply chain performance and consumer surplus under alternative structures of channel dominance[J]. European Journal of Operational Research，239（1）：130-145.

Yan B，Chen X X，Cai C Y，et al. 2020. Supply chain coordination of fresh agricultural products based on consumer behavior[J]. Computers & Operations Research，123：105038.

Yang H X，Chen W B. 2018. Retailer-driven carbon emission abatement with consumer environmental awareness and carbon tax：revenue-sharing versus Cost-sharing[J]. Omega，78：179-191.

Yang J，Liu H R，Yu X D，et al. 2016. Emergency coordination model of fresh agricultural products' three-level supply chain with asymmetric information[J]. Mathematical Problems in Engineering，3：1-9.

Yang L，Tang R H. 2019. Comparisons of sales modes for a fresh product supply chain with freshness-keeping effort[J]. Transportation Research Part E：Logistics and Transportation Review，125：425-448.

Yayla-Küllü H M，Palsule-Desai O D，Gavirneni S. 2022. Reining in onion prices by introducing a vertically differentiated substitute：models，analysis，and insights[J]. Manufacturing & Service Operations Management，24（6）：3283-3305.

Ye F，Zhang L，Li Y N. 2018. Strategic choice of sales channel and business model for the hotel supply chain[J]. Journal of Retailing，94（1）：33-44.

Yu C H，Qu Z B，Archibald T W，et al. 2020. An inventory model of a deteriorating product considering carbon emissions[J]. Computers & Industrial Engineering，148：106694.

Yu J，Sumner D A. 2018. Effects of subsidized crop insurance on crop choices[J]. Agricultural Economics，49（4）：533-545.

Yu Y L，Xiao T J. 2017. Pricing and cold-chain service level decisions in a fresh agri-products supply chain with logistics outsourcing[J]. Computers & Industrial Engineering，111：56-66.

Yu Y L，Xiao T J，Feng Z W. 2020. Price and cold-chain service decisions versus integration in a fresh agri-product supply chain with competing retailers[J]. Annals of Operations Research，287（1）：465-493.

Yue X H，Liu J. 2006. Demand forecast sharing in a dual-channel supply chain[J]. European Journal of Operational Research，174（1）：646-667.

Zhang H T. 2002. Vertical information exchange in a supply chain with duopoly retailers [J]. Production and Operations Management，11（4）：531-546.

Zhang H Y，Dan B，Zhang X M. 2021. Discourage or encourage? An online manufacture’s response to competing product introduction under physical showroom cooperation[J]. Electronic Commerce Research and Applications，47：101038.

Zhang J X，Liu G W，Zhang Q A，et al. 2015. Coordinating a supply chain for deteriorating items with a revenue sharing and cooperative investment contract[J]. Omega，56：37-49.

Zhang K J，Ma M Q. 2020. Differential game model of a fresh dual-channel supply chain under different return modes[J]. IEEE Access，9：8888-8901.

Zhang S C，Zhang J X. 2020. Agency selling or reselling：e-tailer information sharing with supplier offline entry[J]. European Journal of Operational Research，280（1）：134-151.

Zhang S G，Dan B，Zhou M S. 2019a. After-sale service deployment and information sharing in a supply chain under demand uncertainty[J]. European Journal of Operational Research，279（2）：351-363.

Zhang Q，Tang W S，Zaccour G，et al. 2019b. Should a manufacturer give up pricing power in a vertical information-sharing channel?[J]. European Journal of Operational Research，276（3）：910-928.

Zhang Z，Song H M，Shi V，et al. 2021. Quality differentiation in a dual-channel supply chain[J]. European Journal of Operational Research，290（3）：1000-1013.

Zheng Q，Ieromonachou P，Fan T，et al. 2017. Supply chain contracting coordination for fresh products with fresh-keeping effort[J]. Industrial Management & Data Systems，117（3）：538-559.

Zheng Q，Zhou L，Fan T J，et al. 2019. Joint procurement and pricing of fresh produce for multiple retailers with a quantity discount contract[J]. Transportation Research Part E：Logistics and Transportation Review，130：16-36.

Zhou M S，Dan B，Ma S X，et al. 2017. Supply chain coordination with information sharing：the informational advantage of GPOs[J]. European Journal of Operational Research，256（3）：785-802.